2018 年全国工伤保险研究优秀论文集

中国工伤保险
理论研究与实践探索

中国医疗保险研究会
工伤保险专业委员会

中国劳动社会保障出版社

图书在版编目（CIP）数据

中国工伤保险理论研究与实践探索：2018 年全国工伤保险研究优秀论文集/中国医疗保险研究会工伤保险专业委员会组织编写. -- 北京：中国劳动社会保障出版社，2020

ISBN 978-7-5167-4595-3

Ⅰ.①中… Ⅱ.①中… Ⅲ.①工伤保险-中国-文集 Ⅳ.①F842.61-53

中国版本图书馆 CIP 数据核字（2020）第 107124 号

中国劳动社会保障出版社出版发行

（北京市惠新东街 1 号　邮政编码：100029）

*

北京市艺辉印刷有限公司印刷装订　　新华书店经销

787 毫米×1092 毫米　16 开本　28 印张　611 千字

2020 年 7 月第 1 版　　2020 年 7 月第 1 次印刷

定价：98.00 元

读者服务部电话：（010）64929211/84209101/64921644

营销中心电话：（010）64962347

出版社网址：http://www.class.com.cn

前　言

2018年是我国改革开放40周年。40年来，特别是2004年《工伤保险条例》实施以来，我国工伤保险事业取得了长足的发展。截至2017年年底，工伤保险参保人数达2.27亿人，初步建立了工伤预防、工伤康复和工伤补偿三位一体的现代工伤保险制度体系，维护了广大劳动者的工伤保障权益，有效化解了用人单位的风险，促进了社会和谐稳定。

进入新时代后，工伤保险制度也在改革完善、政策创新、体系建设等方面面临着许多新的矛盾和挑战，需要加强工伤保险理论政策的学术研究探讨，以不断推动工伤保险制度的完善和发展。

为更好地贯彻党的十九大提出的完善工伤保险制度的要求，促进工伤保险领域学术交流和理论政策创新，推动健全工伤预防、工伤康复和工伤补偿三位一体的工伤保险制度建设，中国医疗保险研究会工伤保险专业委员会在全国范围内开展了以“新时代工伤保险制度建设与发展”为主题的2018年全国工伤保险学术论文征集与优秀论文评选活动。人力资源和社会保障部工伤保险司、社会保险事业管理中心和各地人力资源社会保障部门、相关学会、研究会对活动给予了大力支持。广大工伤保险理论研究与实际工作者踊跃投稿参选，共征集论文280篇。工伤保险专业委员会成立了论文评选委员会，按照“公开、公平、公正”的评选原则，评选专家秉持“严肃、严格、严谨”的治学态度，通过两轮网上评分、复核和集中终评评审，评出优秀论文62篇，其中一等奖2篇，二等奖5篇，三等奖8篇，优秀奖47篇。

获奖论文紧紧围绕本次征文主题，论点明确、论据充分、资料翔实，条理明晰，论述精当。论文的选题涉及工伤保险制度的主要内容和工作环节，在制度建设、法规政策、工伤预防、工伤认定、劳动能力鉴定、工伤医疗、工伤康复、工伤待遇和基金管理、工伤争议处理等各个方面进行了较为深入的分析研究，形成的研究成果有很好的理论创新和现实指导意义。这里特别要指出的是，除了术业有专攻的学者积极参与外，为数众多的在一线从事工伤保险行政和经办管理的实际工作者也踊跃投稿，反映出论文作者强烈的时代感和现实感，体现了对理论政策创新和实际工作探索的“问题导向”。我们将所有获奖论文汇编成论文集，供社会各界和专业人士研究参考。

工伤保险学术论文征集与优秀论文评选活动作为聚贤纳言的重要渠道和立说献策的广阔平台，今年是第一次组织实施，已经在工伤保险领域和社会有关方面产生了良好的反应。获奖论文中一些有价值的理论创新、实践探索和政策建议已经提供给有关决策层、管理层作为参考。工伤保险专业委员会今后还将继续组织论文征集与优秀论文评选活动，助力工伤保险事业进一步完善发展。

感谢为本次论文征集与评选活动做出努力和贡献的组织者和投稿者，感谢所有参与论文评选工作的论文评选专家，感谢广大工伤保险工作者和各领域劳动者的关注、关心和支持，感谢中国人力资源和社会保障出版集团对本次活动的大力支持。

中国医疗保险研究会工伤保险专业委员会

《中国工伤保险理论研究与实践探索》编委会

2018 年 12 月

目　录

一等奖（2 篇）

二等奖（5 篇）

三等奖（8 篇）

优秀奖（47 篇）

工伤认定中的伤病关系判定

袁雨静　章艾武　上海市劳动能力鉴定中心

【摘　要】通过对上海市工伤认定中需明确伤病关系的典型案例分析，结合司法鉴定中伤病因果关系的判定，研究具有工伤特色的损伤参与程度划分标准，将损伤与疾病的关系划分为6档，即没有关系、轻微作用（损伤参与程度0%~15%）、较次要作用（损伤参与程度16%~29%）、一定程度关系（损伤参与程度30%~44%）、同等程度关系（损伤参与程度45%~55%）、直接因果关系（损伤参与程度56%~100%）。通过明确工伤认定中的伤病关系程度划分，为工伤认定提供更具有说服力的证据，维护职工和用人单位双方的利益。

【关键词】工伤认定　伤病关系

工伤认定作为职工发生事故后获得医疗救治和经济补偿的第一步，其结论对于受伤职工及用人单位至关重要。在认定工作开展中往往会遇到损伤与疾病同时存在的情况，客观公正地判断损伤在现有后果中的作用直接影响到是否认定工伤，受伤职工是否可以享受相应待遇。而损伤与疾病关系的判断专业性强，如何使其结论更加易懂，更具有说服力，让职工、用人单位及法院看懂并认可，将矛盾缓解于第一步，是工伤认定工作的一大难点。

一、现状分析

目前，上海市遇到损伤与疾病同时存在的工伤认定案件，在难于区分现有后果是否为损伤还是疾病所造成时，根据司法鉴定结论或者区劳动能力鉴定委员会医学咨询结论予以认定。在2017年度浦东新区办结的9 563件工伤认定案件中，共有118件需要判定损伤与疾病的作用关系，占到总案件数的1.2%，其中93件判定依据为司法鉴定，25件判定依据为劳动能力鉴定委员会医学咨询。部分区工伤认定案件中凡涉及行政复议及诉讼，为保证工伤认定证据链的完整性及可靠性，100%进行司法鉴定或劳动能力鉴定委员会医学咨询。

二、研究方法和目的

借鉴司法鉴定中损伤与疾病的作用关系的理论基础，通过对典型疑难案例进行分析，多次召开研讨会，分别听取区劳动能力鉴定机构，市、区劳动能力鉴定专家以及部分司法鉴定机构负责人及专家的意见，反复论证，最终提出工伤认定中损伤与疾病的作用关系划分标准。

三、司法鉴定中损伤与疾病的作用关系

司法鉴定中判定损伤与疾病的作用关系时有两方面考量：一是定性分析。在刑事案件中，需要有充分的依据来明确必然因果关系，为案件的刑事侦查、起诉、审判提供证据。二是定量分析。在民事赔偿案件中，需要分析损伤在目前后果中的原因及比例，以便于划分损害赔偿比例。

司法鉴定将损伤与疾病的作用关系分为完全作用、主要作用、同等作用、次要作用、轻微作用和没有作用共 6 档，其参与程度划分详见表 1。对于伤病关系的判定，一般遵循以下原则：损伤性疾病，损伤在前，疾病在后，损伤为原因，疾病为结果，损伤与疾病之间存在直接因果关系；损伤时疾病，疾病在前，损伤在后，疾病为基础，损伤为同等作用、次要作用、轻微作用或没有作用。

表 1　司法鉴定中的损伤与疾病参与程度划分　%

损伤在后果中的作用	损伤参与程度
没有作用（无，缺乏，微不足道，……）	0~4
轻微作用（略有一点儿，很低，……）	5~15
次要作用（一般，……）	16~44
同等作用（大致相同，……）	45~55
主要作用（很高，非常高，……）	56~95
完全作用（全部，……）	96~100

四、工伤认定中损伤与疾病的作用关系

工伤认定中的伤病关系划分标准基于司法鉴定的损伤与疾病的作用关系，同时根据工伤保险的特性，人社部门长期与司法机关沟通协调，劳动能力鉴定专家和司法鉴定专家探讨后形成。工伤认定中的损伤与疾病参与程度划分详见表 2。

表 2　工伤认定中的损伤与疾病参与程度划分　%

<table>
<tr><th>损伤与疾病关系</th><th colspan="2">损伤参与程度</th></tr>
<tr><td>损伤与疾病没有关系</td><td colspan="2">忽略不计</td></tr>
<tr><td>损伤对疾病有轻微作用</td><td>0~15</td><td rowspan="2"><30</td></tr>
<tr><td>损伤对疾病有较次要作用</td><td>16~29</td></tr>
<tr><td>损伤与疾病有一定程度关系</td><td>30~44</td><td rowspan="2">30~55</td></tr>
<tr><td>损伤与疾病有同等程度关系</td><td>45~55</td></tr>
<tr><td>损伤与疾病有直接因果关系</td><td colspan="2">56~100</td></tr>
</table>

（一）损伤与疾病没有关系

既有损伤，又有疾病，若后果完全由疾病造成，即损伤与疾病不存在因果关系。当咨询意见为没有关系时不记载损伤参与程度。

（二）损伤对疾病有轻微作用

外界各种致伤因素作用于人体患病组织、器官，在正常情况下该损伤不至于引起组织、器官解剖学结构的连续性、完整性破坏及功能障碍，而在已有器质性病变的基础上，使已存在的疾病被诱发。当损伤为诱因时，咨询意见为轻微作用，建议损伤参与程度表述为<15%。

（三）损伤对疾病有较次要作用

外界各种致伤因素作用于人体患病组织、器官，在已有器质性病变的基础上，使已存在的疾病症状显现或复发。当损伤使症状显现或复发时，咨询意见为较次要作用，建议损伤参与程度表述为16%~28%。

（四）损伤与疾病有一定程度关系

既有损伤，又有疾病，当损伤加重了原有疾病，并令原有疾病性质发生改变时，咨询意见为有一定程度关系，建议损伤参与程度表述为30%~44%。

（五）损伤与疾病有同等程度关系

既有损伤，又有疾病，若疾病与损伤两者独自存在都不可能造成现存的后果，当损伤实质上是增加疾病损害结果发生的客观可能性和不可缺少的条件时，咨询意见为有同等程度关系，建议损伤参与程度表述为45%~55%。

（六）损伤与疾病有直接因果关系

疾病主要由损伤造成，即损伤与疾病之间存在直接因果关系，损伤是导致疾病的主要原因或唯一原因。当损伤为主要原因时，建议损伤参与程度表述为56%~95%；当损伤为唯一原因时，建议损伤参与程度表述为96%~100%。

五、案例分析

（一）损伤与疾病没有关系

案情1：朱某，工作时摔倒后因左肘疼痛就医，根据第二天拍摄的X光片，显示：左肱骨外髁及肘关节间隙内见小骨片，骨片边缘光滑，密度增高，左肘关节周围软组织无明显肿胀。

分析：撕脱性骨折，起止于骨骼肌上的肌腱和（或）韧带由于肌肉突然、快速、猛力的牵拉作用造成附着处小块骨骼撕脱。新鲜骨折往往边缘锐利，局部有肿胀。结合本案例，患者受伤后一天 X 光片显示“骨片边缘光滑，密度增高，左肘关节周围软组织无明显肿胀”，该影像学表现提示为“左肘陈旧性骨折”。故此判定朱某的左肱骨骨折与该次事故没有关系。

案情 2：江某，女，46 岁，在工作过程中下楼梯时摔倒，臀部着地，六个月后因腰痛半年就诊，诊断为 L5 峡部裂伴 L5 轻度滑脱行腰后路减压融合术。

分析：腰椎峡部裂的发病机制为椎弓化骨核分离、遗传性椎弓缺陷或发育不良及应力作用长期慢性劳损所致。王立新等研究表明，92. 3%的案例损伤与后果之间无因果关系，多为长期应力作用而发生的疲劳性骨折。若系直接暴力所致，通常暴力程度较大，会引起严重的合并损伤，影像学资料显示除椎弓外，出现椎管内损伤或锥体粉碎性骨折，断端粗糙，并且未见明显陈旧性改变；而暴力损伤较轻微，需综合考虑其自身疾病基础。若影像学资料显示相对应面光整且断面硬化，椎体相邻缘明显骨质增生、形成假关节等退行性改变，一般认为是非暴力导致的椎弓崩裂。结合本案例，专家查看受伤当时 CT 片认为：双侧峡部骨折线密度增高，局部软组织无明显肿胀。未伴有椎体或其附件的骨折，考虑为原有疾病。故此判定江某的 L5 峡部裂与该次事故没有关系。

（二）损伤对疾病有轻微作用

案情：周某，男，49 岁，在驾驶出租车时发生车辆追尾事故，事发后回家休息。次日出现嗜睡、行走不稳等症状就医，后收治入院，诊断为“脑梗塞、糖尿病、高血压”。事发后四天头颅 MRI 报告：“左丘脑梗塞”。

分析：外伤性脑梗死是指颅脑损伤后，由于各种原因直接或间接引起脑血管严重痉挛或者闭塞，导致相应区域脑组织发生缺血、梗死，并出现一系列脑功能障碍。该病诊断时需明确：①有明确的颅脑损伤；②广泛蛛网膜下隙出血导致脑血管痉挛；③外伤后休克或补液不足，脱水药物应用致脑灌注不足；④外力致使颈部过伸或过屈，同时结合患者年龄（年龄较轻）、外伤与临床神经系统损害出现的时间（不超过两周）及基础疾病（无高血压、动脉硬化病史）进行判断。结合本案例，根据病史记载，患者头部软组织无瘀伤、颅骨无骨折等外伤表现，无明确的损伤基础，同时，患者既往有糖尿病、高血压病史，可排除“外伤性脑梗死”，但外伤与脑梗死发生时间较为密切，对有脑梗死危险因素基础的人，不排除该次车祸是其疾病发作的诱发因素。故此判定损伤对疾病有轻微作用，损伤参与程度<15%。

（三）损伤对疾病有较次要作用

案情：张某，女，37 岁，搬运硬管时脚底打滑摔倒，伤后出现腰痛、右下肢牵拉痛等症状。一周后 CT 检查提示 L3-4 椎间盘突出。

分析：椎间盘突出症主要系椎间盘各组成部分（如髓核、纤维环、软骨板等）发生不同程度的退行性变后，在外界因素的作用下，椎间盘的纤维环破裂，髓核组织从破裂之处突出（或脱出）于后/侧方，从而导致相邻的组织（如脊神经根和脊髓等）受到刺激或压迫，产生一系列临床症状。外力作用是重要因素：一次性暴力，系当脊柱轻度负荷和快速旋转时，可引起纤维环水平状破裂，常见于儿童及少年；积累伤力，反复弯腰、扭转动作，常见于驾驶员及体力劳动者等。结合本案例，患者椎间盘突出的基础为自身性退行性疾病，伤后影像未提示一次性暴力外伤后改变如椎体骨折、脱位、软组织肿胀等，不支持本次外伤与椎间盘突出存在直接因果关系。但考虑事故当天患者摔倒，腰部受到扭曲作用，对原有椎间盘突出有加重因素，患者受伤前无明显神经根受压症状，外伤后出现该症状，本次外伤使其原有疾病的症状显现。故此判定损伤对疾病有较次要作用，损伤参与程度 16%~29%。

（四）损伤与疾病有一定程度关系

案情：曹某，女，47 岁，在保洁工作中摔倒，诊断为：双上肢软组织损伤、颈椎过伸伤。三天后颈椎 MRI 提示：C3-4、5-6、6-7 椎间盘突出伴椎管狭窄，颈髓变性。一个月后行颈前路减压融合内固定术。体格检查：四肢肌力及肌张力（-），右侧霍夫曼征（+）。

分析：外力有一定强度，损伤后立即出现椎间盘突出压迫脊髓或者脊神经根的症状及体征，影像学资料显示没有脊柱骨折和脱位，以及椎间盘突出节段周围明显软组织损伤的信号改变，同时可见椎体明显的退行性改变的征象，椎管有狭窄，且突出的椎间盘并未显现明显的钙化等陈旧性改变，表明患者伤前四肢运动正常。患者原有颈椎间盘退变及多节段颈椎间盘突出，本次外伤令原有疾病性质发生改变。故此判定损伤与疾病有一定程度关系，损伤参与程度为 30%~44%。

（五）损伤与疾病有同等程度关系

案情：甘某，男，37 岁，工作时被砸伤，诊断为：左眼外伤，孔源性视网膜脱离。

分析：孔源性视网膜脱离的病变基础是视网膜变性和玻璃体变性，高度近视是其主要危险因素。正常眼在遭受较大的外力作用（如外力造成眼底出血、睫状体脱离、眼底视网膜脉络膜裂伤等）可发生视网膜脱离；高度近视存在眼底病变时，轻微外力或者眼球的轻微震动就可以发生孔裂以致视网膜脱离。结合本案例，经调查发现，甘某患有高度近视，本次外伤造成了眼睑受损，表明了左眼遭受了一定强度的外力，外伤与原有疾病共同作用造成了视网膜脱离。故此判定损伤与疾病有同等程度关系，损伤参与程度为 45%~55%。

（六）损伤与疾病有直接因果关系

案情：胡某，男，41 岁，工作时高处坠落致双侧多发性肋骨骨折、右肺挫伤、双侧胸腔积液、左侧髂骨骨折、腰椎骨折。住院行肋骨及脊柱骨折切开复位内固定术，留置导尿管三月后拔除，出现尿潴留。

分析：尿潴留常见于各种器质性病变造成尿道或膀胱出口的机械性梗阻，或者神经系统病变引起的排尿动力障碍所致的动力性梗阻。神经源性膀胱是脊髓损伤最常见的并发症，由于膀胱和尿道不能协调，表现为尿潴留或尿失禁，进而出现泌尿系统感染、肾积水甚至慢性肾功能衰竭等并发症。结合本案例，患者次日腰椎 MRI 显示：T12-L1 椎体骨折脱位、椎管狭窄、脊髓受压水肿；L5 椎体附件骨折，硬膜囊受压；L2-3 附件骨折，腰椎周围软组织肿胀；肛门反射减弱。影像学及体格检查均能证明存在脊髓损伤，尿潴留为神经源性膀胱引起。故此判定损伤与疾病有直接因果关系，损伤参与程度为 56%~100%。

六、讨论及结论

（一）认定标准

工伤认定中损伤与疾病的作用关系基于事实层面，为判定目前后果是否为工伤所致提供依据，工伤认定与否决定了基金是否赔付，这不同于司法鉴定对于民事案件处理时，通过损伤参与程度来划分损害赔偿比例。由于工伤保险的社会保障属性，决定了在判定时也不同于司法鉴定对于刑事案件处理时“就轻不就重”“排除合理怀疑”的原则，以免加重被告人的刑事责任。为了更加规范地开展工伤认定工作，需建立基于工伤的伤病关系划分标准，即通过量化损伤参与程度来明确责任，更便于工伤认定的操作，也更易于工伤保险工作人员向职工个人、用人单位甚至法院解释司法鉴定及医学咨询结论。

在司法鉴定中一般认为次要作用（损伤参与程度为 16%~44%）中损伤仅在疾病过程中起到辅助作用，疾病本身是主因，不应认定为损伤造成。而工伤认定机构从保护劳动者权益出发，在取得广泛共识后，认为对损伤参与程度≥30%，损伤已改变原有疾病性质，表明损伤有明确参与的一类应认定为工伤；对损伤参与程度<30%，原有疾病为主要发病基础，损伤或事故仅起到诱发或使原有疾病症状显现或复发，疾病性质未发生改变的一类应不予认定工伤。

（二）操作原则

对于损伤及疾病关系难以辨别的工伤认定案例，建议通过司法鉴定来明确。由于司法鉴定现有的判断思维适用于刑事及民事案件的处理，并不完全适用于工伤认定，故在作出鉴定结论时应考虑到工伤认定案件的特殊性，结合应用工伤保险的伤病关系划分标准。对职工或用人单位不愿进行司法鉴定的案件，可通过区人社局委托区劳动能力鉴定委员会进行医学咨询，区劳动能力鉴定专家应根据工伤保险的伤病关系划分标准做出医学咨询结论。

（三）影响因素及解决对策

1. 调查取证难以全面。损伤与疾病关系判定时需明确外伤作用，还原事故经过。工伤认定工作人员应多方取证，相互核实，做到尽可能真实还原事故经过。

2. 病史记载不够详尽。首次就诊记录最能客观真实反映受伤情况，但常由于就近急诊就诊，受限于诊疗等客观条件，会出现病史记载不够详尽的情况，需要通过复诊就诊记录及既往疾病情况和现有检查情况进行相互验证。

3. 影像检查不够及时。相较于主观的主诉症状，影像学检查更为客观，及时进行相对应的影像学检查对于明确伤病关系起到至关重要的作用，但往往受限于设备与费用未能及时检查。如椎间盘突出症，三个月内核磁共振检查可帮助明确与损伤的关联性，但费用较X光及CT检查高，首诊很少会选择核磁共振检查。工伤认定可以通过提出申请具有时间限制的特点（大部分工伤认定为在一个月之内由单位提出申请），明确疾病后，要求进行相关医学检查以确定伤病关系。

工伤认定中伤病关系难以厘清的情形是长期困扰工伤认定部门和劳动能力鉴定部门的问题，上海市劳动能力鉴定部门在长期认定、鉴定实践的基础上，探索制定了工伤认定中伤病关系判定依据以及相关的程序性规范，较好地平衡了用人单位和职工双方的利益，同时也具有较高的专业性，获得了广泛的社会认同，相信会对工伤认定和劳动能力鉴定实践形成有益的补充。

参考文献

［1］范利华，吴军，牛伟新．损伤与疾病［M］．上海：复旦大学出版社，2014：7-9.

［2］王立新，朱光烈，戚莉群，等，椎弓崩裂与外伤伤病关系法医学鉴定26例分析［J］．法医学杂志，2016，32（6）：434-437.

［3］王鹏，朱广友，范利华，等，撕脱骨折与永存骨骺、籽骨、副骨的影像学鉴别［J］．法医学杂志，2007，23（5）：335-337.

“网约工”工伤保障权的实现路径研究

——以网约送餐工为例

邱 婕 李靖垚 华东师范大学

【摘 要】随着互联网经济的蓬勃发展，一种通过网络平台建立的新型用工形式随之出现，我们熟悉的网约送餐工即是其中一类。他们通过各种 App 接受订单、提供配送服务，但是与网络平台之间的法律关系却难以定性。在现有的与劳动关系捆绑的社会保险制度下，工伤事故频发的网约送餐工却难以得到工伤保障，工伤争议已经成为网约送餐工与网络平台的主要劳动纠纷类型。本文通过文献研究法对相关研究以及部分判例进行了梳理，通过问卷调查法和访谈法对网约送餐工的工作和保险情况进行了实证研究，在结合相关理论分析的基础上，论述了将网约送餐工纳入工伤保障的可行性路径。

【关键词】网约工 工伤 工伤保险 劳动关系

一、引言

互联网的迅速发展催生并繁荣了共享经济和平台经济，从滴滴打车到三大外卖平台，平台经济已经成为百姓生活中不可或缺的一部分，随着其规模和影响的不断扩大，吸引了大批就业人群进驻到各类共享平台。根据中国电子商务研究中心的数据，2016 年共享经济平台的就业人数约 585 万人，比上年增加 85 万人。而国家信息中心预计，到 2020 年，这个就业规模将达到 2 000 万人。网约司机、网约送餐工、网约厨师、网约保洁工等各类“网约工”职业也应运而生。

外卖已然成为我们日常生活中不可缺少的一部分，外卖骑手即网约送餐工的数量也快速增长，其劳动权益保障方面存在的很多问题也随之凸显出来。网约送餐工需要在交通高峰期争分夺秒地将餐送达，导致在送餐过程中发生事故频率极高。一则有关外卖送餐的数据显示，2017 年上半年上海市外卖送餐行业发生交通伤亡事故共 76 起，平均每 2. 5 天约有 1 名送餐工伤亡，其中“饿了么”和“美团”在交通伤亡事故中各占 26%。网约送餐工的工作安全风险极高，但他们的风险保障却严重缺失。由于网约送餐工普遍没有与网络平台签订劳动合同，无法享受工伤保险的保障，一旦出现工伤就需要承担高昂的医药费和无法工作带来的生活压力。

全民化是社会保障的重要趋势，千万级就业规模的互联网新业态群体不能成为盲区。从国家战略的高度看，数千万人被排除在社会保障体系外必将构成对整体国家社会保障系统的威胁和重大社会风险。研究、健全、完善网约送餐工的工伤保险制度，实现网约送餐工的社会保障权是亟待解决的重大现实问题。

二、网约工职业风险和工伤保障现状的实证研究——以网约送餐工为研究对象

本文将从问卷调查以及访谈结果来分析网约工的劳动现状及其权益保障方面的问题，鉴于我国目前社会保险的"全有、全无"模式，本文并未单独对工伤保险列出。

（一）网约送餐工问卷调查及访谈结果分析

笔者在上海市多个商圈或小吃街附近网约送餐工聚集休息的地方进行问卷（见附录）发放，共发放问卷211份，有效回收了105份，回收率约为49.76%，数据基本情况如下。

1. 个人信息。网约送餐工多为青年男性，接受调查的网约送餐工中男性的比例高达95.24%，年龄在39岁以下的占94.29%。教育水平多为高中及以下，占比80.95%。婚姻家庭状况以未婚和已婚有孩子为主，分别占比37.14%和45.71%。健康状况自我评价都很高，认为自己健康状况很好和较好的人占比92.38%。

2. 工作相关情况。网约送餐工的收入情况较良好，70.47%的网约送餐工月平均收入在5 000元以上，收入高于6 000元的占比更是达到了44.76%。工资比较高是吸引许多网约送餐工从事这份工作的重要原因之一。从工资构成来看，网约送餐工的工资主要是"按单计费"，60%的网约送餐工选择了"按单计费"，21.9%的网约送餐工选择了"按单计费+奖金"。76.19%的网约送餐工的工资结算方式为月结，16.19%为日结。从工作年限来看，从事网约送餐工作6个月以下的人最多，占比37.4%，从事2年以上的仅有13.33%，这表明不断有新的网约送餐工加入，同时一直从事这份工作超过2年的人非常少，可见网约送餐工的流动率比较高。从工作时间来看，网约送餐工每天工作时长以8~12小时为主，占比71%。从每天接单量来看，30单以上占比最多，为49.52%。从工伤情况来看，一年中受伤1次以上的人数占比约达49%，工伤发生较频繁。

3. 社会保险相关情况。该部分问题涉及劳动合同、劳动关系、社会保险和商业保险等较专业的概念，绝大部分网约送餐工难以理解或不了解相关情况，因此收集到的数据并不能较准确地反映真实情况。例如大部分网约送餐工并不知道自己与公司签订的是劳动合同还是协议；有的虽然知晓社会保险，但并不知晓社会保险的"五险一金"具体是指什么，有的不清楚参加的保险是社会保险还是商业保险，当做到"您是否参加了工伤保险?"等题时，许多人误以为意外伤害险就是工伤保险、意外医疗险就是医疗保险而选择了"是"，导致问卷结果中参加了工伤保险和医疗保险的比例高达57.14%和56.19%。而参加了养老

保险、失业保险、生育保险以及有住房公积金的比例分别仅为 29.52%（养老保险可以自缴，因此比例可能较高）、15.24%、9.52%、10.48%。因此，笔者进行了一系列访谈来进一步了解网约送餐工的就业和保障情况。

通过访谈得知网约送餐工主要有团队和众包两种形式。团队主要负责某个区域的配送，该区域的配送业务被某家第三方公司承包或代理，而团队中的送餐工与第三方公司签订劳动合同。而众包的送餐工表示仅在 App 中上传资料、通过审核即可开始配送，并没有和“美团”等外卖平台公司签过任何纸质协议。鉴于《中华人民共和国劳动合同法》对书面劳动合同的强制要求，可以认为未订立劳动合同书。

问卷调查结果中有 53.33%的人可以自由决定是否接单，这和 54.29%的人不需要进行考勤打卡的情况是相互印证的。工资一般都为月结，但众包送餐工第二天即可申请提现前一天的工资，这可能也是问卷调查结果中有 16.19%的人选择工资结算方式是日结的原因。部分第三方公司为团队送餐工缴纳社会保险费用，同时缴纳每天 2 元的意外伤害商业保险。而众包送餐工一般仅有每天 2 元的意外伤害商业保险。

（二）网约送餐工工伤保障存在的问题

1. 网约送餐工工伤事故频发。在接受调查的网约送餐工中，工作中一年受伤 1 次及以上的人数为 51 人，比例将近 50%，工伤事故发生频率较高。从工作形态上看，网约送餐工工作中大部分时间都在路上骑行，其受工伤的风险自然较大。另外由于送餐时间的限制，网约送餐工可能会时常处于争分夺秒的紧张状态，并且绝大多数网约送餐工的收入都是按单计费，因此有的送餐工可能会违章行驶、疲劳作业，这大大增加了发生工伤事故的概率。

笔者通过“北大法宝”对美团、饿了么、百度外卖、E 代驾、AA 租车、好厨师、58 到家 7 家网约工平台企业的机动车交通事故侵权责任判例进行搜索。从 2015 年起，共收集到 77 件判例，网约工交通事故发生概率高，其中有不少严重伤亡事故。同时，前文所述 2017 年上半年上海市送餐外卖行业平均约 2.5 天 1 名送餐工伤亡的报道说明了，网约工就业的“移动性”决定了这个群体属于“工伤高发群体”。

2. 大部分网约送餐工没有工伤保障。从访谈结果看，网约送餐工的劳动保护装备往往只有一个头盔，少部分人会有护膝等，如果发生事故很难起到有效的保护作用。在站点工作的团队送餐工可能会在入职时接受公司的安全培训，了解安全须知，有的公司可能还会提供安全防护装备。而众包形式的送餐工则极少有参加安全教育培训的机会，劳动保护装备也需要自己购买。

在“北大法宝”对 7 家互联网平台企业的劳动争议判例搜索中，最主要的案由是劳动关系认定，占比 44.64%。而网约工主张确认劳动关系的主要目的是获得工伤保障。按照现有法律规定，如果认定存在劳动关系，则企业必须为员工缴纳社会保险，一旦员工受到工伤，企业要承担相应的保障责任。但从调查问卷看，网约工的参保比例并不高。

3. 网约送餐工纳入工伤保险的需求与现有制度不兼容。从问卷数据看，对于是否愿意参加社会保险的问题，非常愿意的达到 45.71%，而比较愿意的也有 19.05%，两者合计达到64.76%，可以说网约工的参保意愿非常强烈。

然而，现有制度中工伤保险要与劳动关系挂钩，缴费需要通过用人单位进行，网约送餐工无法通过自行缴费的方式获得工伤保险的保障。众包形式的网约送餐工形势比较严峻，他们与"饿了么"等网络平台之间的法律关系模糊，在没有确定和平台是劳动关系前，众包形式的网约送餐工无法加入现有的工伤保险体系中。还有部分和第三方公司签订劳动合同的网约送餐工，由于公司逃避缴费而不能得到有效的工伤保障。

4. 企业对员工进行劳动保障的意识薄弱。企业虽然强制网约送餐工购买了统一的商业保险，但主要还是为了规避企业的风险，并非以劳动者权益保障为出发点来考虑。例如有的网约送餐工与第三方公司确定了劳动关系，但公司会找借口拖延不为送餐工缴纳社会保险费用。也有公司利用网约送餐工希望拿到较多的薪水而忽略长远的保障计划，双方约定好不缴纳社会保险费用。此外，多数企业没有积极采取工伤预防措施。

三、将网约工纳入工伤保障的应然性分析

对于将网约送餐工乃至全体的网约工纳入工伤保障体系的重要性和应然性，笔者相信对大部分人来说不必多加赘言，在此仅做简要论证，为后文的具体建议提供理论支撑。

（一）网约工的社会保险权

网约工有没有社会保险权？这一点本身不应有争议，网约工也是我国公民，作为公民享有宪法赋予的公民权，社会保险权是基于《中华人民共和国宪法》第四十五条的规定。社会保险制度又被称为劳动保险制度，因为其保护对象是劳动法中的劳动者。传统理论认为，社会保险权是对劳动者生存权的保障。但也有学者认为，社会保险权的主体并非"劳动者"。杨思斌认为社会保险权是"公民在遭遇社会风险时，可以请求国家和社会提供物质帮助，以确保每一个公民有尊严地、体面地生活，共享社会经济发展的成果"。这一将社会保险权主体定位在公民的思路，也是我国台湾地区的主流观点。台湾学者林炫秋认为，社会保险权是指人民请求国家机关（特别是立法机关）建立与维护社会保险法律制度，并且依据这样的法律制度，让人民得以参加社会保险成为被保险人，而且享有保险给付等权利。

从对学者观点的梳理可以发现，在理论层面社会保险权的主体并不仅仅是"劳动关系中的劳动者"。笔者认为，从劳动法的权利体系出发，认为劳动关系中的劳动者享有社会保险权并无不当，但也不能因此否认劳动者之外的群体享有此权利。从《中华人民共和国社会保险法》看，第一条就开宗明义表述，社会保险法的主体是公民而非劳动者。

目前，困扰网约工加入社会保险的主要障碍是"劳动关系的认定"。在收集整理的诸多案例中，相当比例要求认定劳动关系诉讼的目的是获得工伤保障。从现实看，公民要想获得工伤保障，必须要有劳动关系。按照《工伤保险条例》第二条的规定，将工伤保险的缴费义务规定为雇主责任，劳动者无须缴费，全部由雇主缴纳。究其原因在于，工伤保险施行的是"无过错责任原则"。这固然极大地保护了劳动者，但从发展的眼光看，在今天恰恰变成一种限制。

我们应该认识到网约工和其他新型就业的出现说明了：就业形态已经开始转变，且不再以传统第二产业部门为主，而是在第三产业部门快速增加，并向着更新的形态发展，工伤保障制度的基本理念和立法模式需要顺势做出调整。

（二）社会保障全覆盖的国家目标

党的十九大报告在第八部分对社会保障体系建设提出了新的原则和要求，全面建成覆盖全民多层次的社会保障体系。普遍性是社会保障的重要原则，《世界人权宣言》和《经济、社会、文化权利国际公约》均规定人人有权享受社会保障。这一理念应被体现在两个方面：一是制度覆盖度，不应设置不合理的准入门槛；二是应当在制度的覆盖框架内，推进所有人员参保。工伤保险是社会保险的一种，自然也需要遵循普遍性原则，将网约送餐工纳入其中。

网约送餐工是典型的体力劳动者，如果身体出现问题也就失去了生存的本钱，对网约送餐工及其家人生存造成威胁。生存是发展的前提，网约送餐工最基本的生存权利理应受到保护。网约送餐工需要以预防、补偿和康复三位一体的工伤保险来进行保障。

四、将网约工纳入工伤保障的实现路径

（一）以制度创新为长期性目标

从长期看，解决网约工社会保障的终极手段是创造符合他们就业特征的保险制度。现有主要由雇主承担的城镇职工社会保险与主要由个人承担的城乡居民社会保险均不能满足他们的需求。

新业态就业在各个方面发生了根本性改变，用传统社会保险形式保障显然受局限、不兼容，需要建立一个更具有灵活性、普惠性的社会保险制度。希望能在以雇主为主的职工险和以个人为主的居民险之间建立一个针对自雇群体的险种，既保障基本养老、医疗等人身需求，也涵盖工伤、失业等职业需求。

（二）以制度优化为阶段性目标

当然，构建一个新的社会保险种类，不可能一蹴而就。在当前阶段，可通过优化现有制度尽快实现保障互联网新业态就业人员的目标。笔者考虑可以采取以下几种办法：

1. 借鉴学生实习责任险模式。2010 年教育部印发了《关于在中等职业学校推行学生实习责任保险的通知》，为同样存在工伤保障盲区的在校实习学生提供基本保险。这一模式可以作为短期内建立互联网新业态就业者工伤保障的经验加以借鉴。

2. 借鉴上海外劳力综合险模式。2002 年，上海市为了解决当时非本地户籍员工的社会保险问题，设计了一种涵盖工伤（或者意外伤害）、住院医疗和老年补贴等三项保险待遇的模式。这种情况与今天互联网新业态从业者因为户籍问题，而无法参加地区灵活就业险的情况很类似。尽管随着我国制度的不断完善，上海外劳力综合险已经退出历史舞台，但从多年执行的经验看，在一定阶段切实解决了从业人员保障问题，还是十分值得借鉴的。

3. 设计独立的职业伤害险。可以考虑扩大《工伤保险条例》的保障对象，将网约工纳入工伤保险体系的范畴，另外设计一个单独的职业伤害险。允许网约工自行参保，根据网约工的工资待遇、工作强度与工作量以及工作时间的长短等因素制定不同的参保缴费比例进行自愿缴费。

此外，有必要对传统工伤认定标准加以改进。按照目前的规定，认定工伤的原则是：在工作时间、工作场所，因工作原因受伤。而互联网就业的“移动性”决定了从业人员没有固定的工作场所，互联网就业的“自主性”决定了从业人员的工作时间也较为灵活。因此，相关工伤认定标准也需要与时俱进。

（三）以政府主导为推进主力

目前团队承包配送服务网约工的社会保险缴费存在的问题与传统用工形式有相似之处，政府部门需要加强对网络平台企业的规范，特别是对其费用结算、用工管理，以及资金监管等方面进行监督与指导。同时，工伤问题应该更加重视预防，做好事前防范工作。

结合“互联网+政务”的开展，通过微信、微博、平台企业和各类 App 渠道向新业态从业人员宣传社会保障信息，提高他们的参保意识；简化参保程序，让从业人员能以更便捷的方式参保。鼓励平台企业参与制度创新，技术是平台企业的优势，要发挥他们的积极性。

（四）以多方参与为辅助手段

成立网约行业联合工会，吸引和帮助网约工入会，并积极调研和了解群体的维权需求，同时根据“互联网+”模式下的行业发展形势进行工会的职能构架，更好地为成员服务，让工会成为网约工寻求救济、维护合法权益的重要渠道。工会可以建立行业标准，让群体的利益诉求进入公众视野，发挥工会的协调商榷作用，将群体亟待解决的工伤保险、失业救济等社会保障问题及时向有关部门反映。对成员合法权益受到侵害的纠纷，工会应当积极给予法律援助，为维护网约工的合法权益进行专业法律救济。

五、结语

网约送餐工仅仅是“互联网+就业”模式下就业群体的一小部分，随着我国改革的深化和推进，这一群体必将快速壮大起来。随之而来的一系列问题需要我们逐一解决，既要有发展的眼光，充分肯定互联网新业态对扩大就业的重要价值，也不能忽视数千万乃至上亿就业群体的基本社会保障。

参考文献

[1] 白永亮. 共享经济下灵活就业法律制度重构 [J]. 江西社会科学，2017，37 (10)：209-217.

[2] 曾煜. 对完善灵活就业人员社会保险制度的思考 [J]. 中国劳动关系学院学报，2008 (1)：50-54.

［3］常凯. 劳权本位：劳动法律体系构建的基点和核心——兼论劳动法律体系的几个基本理论问题［J］. 工会理论与实践. 中国工运学院学报，2001（6）：10-15.

［4］常凯. 劳权论——当代中国劳动关系的法律调整研究［M］. 北京：中国劳动社会保障出版社，2004：78.

［5］陈敏. "非职工"群体纳入工伤保险制度保障探析［J］. 政治与法律，2017（2）：151-161.

［6］陈韫竹，倪宏. 关于现阶段灵活就业人员职业伤害保障的思考［J］. 中国医疗保险，2017（10）：62-65.

［7］邓大松，杨洁. 灵活就业人员社会保险现状与对策［J］. 统计与决策，2007（19）：144-145.

［8］董斐. "互联网+"背景下非标准劳动关系的法律规制［D］. 南京：南京工业大学，2017.

［9］杜鹃，王丽. 现行工伤保险制度下的补充工伤保险探索［J］. 中国劳动，2017（4）：30-33.

［10］葛弘斐，严瑶婷，潘洋，朱胜楠. 灵活就业人员社会保险问题研究综述［J］. 社科纵横（新理论版），2013，28（3）：70-71.

［11］韩俊江，任玉霜，韩烨. 完善灵活就业人员社会保险制度研究［J］. 税务与经济，2009（2）：41-44.

［12］侯钧. 劳动关系认定标准之法律探析［D］. 上海：华东政法大学，2012.

［13］华迎放. 灵活就业群体的社会保障［J］. 中国劳动保障，2005（3）：17-18.

［14］黄韵. "互联网+"环境下劳动关系的认定［J］. 法制与社会，2017（29）：207-208.

［15］柯振兴. 网约用工的规制路径及权益保障——以美国Uber司机为例［J］. 工会理论研究. 上海工会管理职业学院学报，2017（3）：15-18.

［16］雷蒙德·瓦尔特曼. 德国劳动法［M］. 沈建峰，译. 北京：法律出版社，2014：47-48.

［17］黎娅. 基于社会稳定：灵活就业人员的社会保障问题分析［J］. 人力资源管理，2015（9）：222-223.

［18］李峰. 分享经济背景下劳动关系探析——以网约车为例［J］. 中国劳动，2017（1）：13-17.

［19］李悦. 我国共享经济时代下的劳动关系认定研究［D］. 深圳：深圳大学，2017.

［20］刘雪瑜. 我国灵活就业现状研究［J］. 商，2016（26）：39.

［21］穆随心，王昭. 共享经济背景下网约车司机劳动关系认定探析［J］. 河南财经政法大学学报，2018，33（1）：34-42.

［22］乔庆梅. 中国职业风险与工伤保障：演变与转型［M］. 北京：商务印书馆，2010：196-205.

［23］全军，吴克孟. "互联网+"经营模式下劳动关系认定的把握尺度［J］. 北京市

工会干部学院学报，2017，32（3）：43-46.

［24］史尚宽. 劳动法原论［M］. 台北：正大印书馆，1978：2.

［25］睢利萍. 和谐社会构建背景下农民工工伤保险制度：现实困境与发展策略［J］. 理论与改革，2013（3）：88-92.

［26］孙树菡，朱丽敏. 新中国工伤保险制度六十年的发展变迁［J］. 河北学刊，2009，29（6）：1-6.

［27］孙莹. 我国灵活就业人员失业保险存在的问题及对策［J］. 企业改革与管理，2016（5）：78.

［28］唐镳，胡夏枫. 网约工的劳动权益保护［J］. 社会科学辑刊，2018（2）：109-115.

［29］王卉. "互联网+"趋势下的特殊劳动关系管理新思路［J］. 现代商业，2017（10）：111-112.

［30］王秋媛，谢增毅. 非全日制用工工伤保险制度的困境及其解决［J］. 海峡法学，2014，16（4）：63-67.

［31］王全兴. "互联网+"背景下劳动用工形式和劳动关系问题的初步思考［J］. 中国劳动，2017（8）：7-8.

［32］王天玉. 基于互联网平台提供劳务的劳动关系认定——以"e代驾"在京、沪、穗三地法院的判决为切入点［J］. 法学，2016（6）：50-60.

［33］王峥. 灵活就业人员养老保险问题研究［D］. 太原：山西财经大学，2014.

［34］闻效仪. 正确认识和把握共享经济对劳动关系的影响［N］. 工人日报，2017-08-29（7）.

［35］徐虎. "互联网+"模式下企业与从业者劳动关系［J］. 中国工人，2016（2）：58-61.

［36］徐新鹏，高福霞，张昕宇. 共享经济的冷思考——以劳动保护为视角［J］. 理论导刊，2016（11）：64-67.

［37］杨思斌. 我国工伤保险制度的重大发展与理念创新［J］. 中国劳动关系学院学报，2011，25（4）：77-81.

［38］叶安林. 浅谈社会保障制度滞后对灵活就业人员的影响［J］. 新闻世界，2014（10）：217-218.

［39］应永胜. 中国农民工工伤保险制度演进及运行效果评介［J］. 北京航空航天大学学报（社会科学版），2014，27（1）：6-12.

［40］张波. 农民工合法权益保护的十大问题与出路［J］. 南京社会科学，2006（5）：126-134.

［41］张开云，吕惠琴，许国祥. 农民工工伤保险制度：现实困境与发展策略［J］. 广西民族大学学报（哲学社会科学版），2011，33（1）：49-56.

［42］郑尚元. 工伤保险法律制度研究［M］. 北京：北京大学出版社，2004：30-48.

［43］郑武. "互联网+"劳动者更需加强权益保护［J］. 劳动保障世界，2016（34）：

32-33.

［44］朱家甄，张塞. 中国社会保险工作全书［M］. 北京：中国统计出版社，1995：86.

［45］朱鸣. "网约工权益保障研讨会"综述［J］. 工会理论研究（上海工会管理职业学院学报），2017（3）：9-14.

［46］朱则，谢展风. 灵活就业人员养老保险参保率低的原因和对策思考［J］. 劳动保障世界（理论版），2011（10）：4-7.

附录　调查问卷

外卖骑手参加社会保险现状与参保意愿研究

尊敬的朋友：

您好！为了了解当前外卖骑手参加社会保险的意愿，探索既能适应我国当前的社会经济发展水平又能满足外卖骑手需要的社会保险模式，现开展此项调查。本调查不会记录您的姓名等隐私信息，您填写的信息也会被严格保密，所选的答案没有正确错误之分，请您根据自己的实际情况和真实想法放心填写。

由衷感谢您的支持与配合！

一、基本情况

1. 您的性别：

（1）男

（2）女

2. 您的年龄：

（1）30 岁以下

（2）30~39 岁

（3）40~49 岁

（4）50~59 岁

（5）60 岁及以上

3. 您的受教育水平：

（1）初中及以下

（2）高中/中专

（3）大专

（4）本科及以上

4. 您的婚姻家庭状况：

（1）未婚

（2）已婚无孩子

（3）已婚有孩子

（4）离婚有需抚养的孩子

（5）丧偶且有孩子

5. 您当前的健康状况：

（1）很好

（2）较好

（3）一般

（4）不太好

（5）很不好

6. 您的月平均收入：

（1）3 000元以下

（2）3 000~4 000元（不含4 000元）

（3）4 000~5 000元（不含5 000元）

（4）5 000~6 000元（不含6 000元）

（5）6 000元及以上

二、工作相关情况

7. 您选择外卖骑手这份工作的原因是（多选）：

（1）工资高

（2）工作时间灵活

（3）就业门槛低

（4）多劳多得

（5）受老板的管理限制较少

（6）其他（请填写）____________________

8. 您在哪个平台上从事送餐工作（多选）？

（1）饿了么

（2）美团

（3）百度外卖

（4）其他平台（请填写）____________________

9. 您从事目前这份工作多长时间了？

（1）6个月以下

（2）6个月~1年（不含1年）

（3）1~2年（不含2年）

（4）2~3年（不含3年）

（5）3年及以上

10. 您的平均每日接单数：

（1）10单以下

（2）10~20单（不含20单）

（3）20~30单（不含30单）

（4）30单及以上

11. 您的工资构成：

（1）固定工资

（2）固定工资+提成

（3）固定工资+提成+奖金

（4）按单计费

（5）按单计费+奖金

（6）其他（请填写）____________________
12. 您的工资结算方式：
（1）月结
（2）周结
（3）双周结
（4）日结
（5）按单立即结算
（6）其他（请填写）____________________
13. 您每天的工作时间：
（1）8 小时以下
（2）8~10 小时（不含 10 小时）
（3）10~12 小时（不含 12 小时）
（4）12 小时及以上
14. 您可以自由决定是否接单吗？
（1）是
（2）否
15. 您需要进行考勤打卡吗？
（1）需要
（2）不需要
如需要，是谁要求您进行考勤打卡（多选）？
（1）饿了么
（2）美团
（3）百度外卖
（4）其他外卖 App 公司（请填写）____________________
（5）其他非外卖 App 公司（请填写）____________________
16. 您一年内送餐受伤的次数：
（1）0 次
（2）1~3 次
（3）4~6 次
（4）6 次以上

三、劳动争议和社会保险相关情况

17. 您是否签订了劳动合同？
（1）是
（2）否
如是，和您签劳动合同的单位是：
（1）饿了么
（2）美团

（3）百度外卖
（4）其他（请填写）____________________
如否，是否和饿了么/美团/百度外卖签订了其他协议？
（1）是（请填写）____________________
（2）否
18. 您和饿了么/美团/百度外卖的法律关系？
（1）劳动关系
（2）劳务派遣关系
（3）合作关系
（4）其他（请填写）____________________
19. 您认为您和饿了么/美团/百度外卖是劳动关系吗？
（1）是
（2）否
20. 您是否参加了工伤保险？
（1）是
（2）否
21. 您是否参加了医疗保险？
（1）是
（2）否
22. 您是否参加了养老保险？
（1）是
（2）否
23. 您是否参加了失业保险？
（1）是
（2）否
24. 您是否参加了生育保险？
（1）是
（2）否
25. 您是否缴存了住房公积金？
（1）是
（2）否
26. 单位是否为您购买过商业保险？
（1）是
（2）否
如是，单位为您购买的是哪种商业保险？
（1）意外伤害商业保险
（2）重大疾病商业保险

（3）团体医疗商业保险
（4）公众责任商业保险
（5）第三者责任商业保险
（6）其他（请填写）____________________
如是，商业保险的保费为________元（请填写）
如是，商业保险的保费由谁缴纳？
（1）个人
（2）饿了么/美团/百度外卖
（3）其他公司（请填写）____________________
如是，若发生商业保险理赔，您可以获得________元（请填写）
27. 您或您的工友在发生工伤事故后，各种费用由谁承担？
（1）工伤保险基金承担
（2）只买了商业保险，公司和个人还得承担一部分
（3）没有买保险，个人和公司各承担一部分
（4）没有买保险，公司承担
（5）没有买保险，个人承担
（6）没遇过工伤事故，不了解
28. 您是否有过因劳动争议（如工资、劳动关系认定等）与公司产生过纠纷的经历？
（1）有
（2）无
如有，产生的纠纷为（请填写）____________________
如有，您是如何解决纠纷的？
（1）申请劳动争议仲裁
（2）和公司私下解决
（3）其他（请填写）____________________
如有，您的主张是否能基本达成？
（1）是
（2）否
29. 您是否有过因工伤保险赔付相关事宜与公司产生纠纷的经历？
（1）有
（2）无
如有，产生的纠纷为（请填写）____________________
如有，您是如何解决纠纷的？
（1）申请劳动争议仲裁
（2）和公司私下解决
（3）其他（请填写）____________________
如有，您的主张是否能基本达成？

（1）是

（2）否

30. 您是否愿意参加社会保险?

（1）非常愿意

（2）比较愿意

（3）一般

（4）不愿意

（5）完全不愿意

31. 如果缴纳社会保险，个人将承担工资约 11%的社会保险缴费，您是否认为该比例较高?

（1）是

（2）否

长沙市创新工伤保险医疗费用管控研究

长沙市工伤保险管理服务局　湖南省社会科学院联合课题组

【摘　要】为破解工伤医疗控费难与疗效好这对矛盾，长沙市工伤保险管理服务局直面工伤医疗控费的五大行业难题，创新性通过制度建设做“加法”、管理职责做“减法”、监督管理做“除法”、创新服务做“乘法”，取得了长沙市工伤保险医疗管控“三赢”成绩，实现了既治好了病又控好了费，既重了民生情也算了经济账。本文通过对长沙市工伤保险医疗费用管控方面的研究，认为改善工伤保险费用管控模式需要在理念上注重以人民为中心，在路径上注重堵疏结合，在模式上注重分类管理，在制度上注重适时调整，从而形成工伤医疗费用管控方面的有效实践，为探索工伤保险医疗费用管控工作带来新启示、新变化。

【关键词】工伤保险　医疗费用　医疗控费

党的十九大报告指出，要提高保障和改善民生水平。为落实这个要求，完善工伤保险制度是其中重要的一环。近年来，随着工伤保险事业的不断发展，工伤保险制度在切实保障工伤职工权益、减轻工伤职工和用人单位经济负担以及促进社会民生发展方面发挥了越来越重要的作用。然而，随着工伤保险参保覆盖面的不断扩大，工伤医疗费用支出的快速增长与更有效保障工伤职工治疗权益之间的矛盾也逐渐凸显出来，这也是党的十九大报告中提出的“人民群众日益增长的美好生活需要和不平衡不充分的发展之间的矛盾”在工伤保险工作中的具体体现。解决这一矛盾的关键是，进一步合理高效地对工伤保险医疗费用进行管控，这既是当前及今后一段时期工伤保险工作的重要内容，也是本课题研究的主要内容。

一、长沙市工伤保险医疗费用管控的“四法”

工伤保险具有的“无门槛、高报销、有补贴”政策特性，一方面充分体现了工伤医疗的优越性，另一方面也带来了潜在的过度医疗、过度救治风险，易造成工伤医疗费用的不合理支出和不正常增长。除了受工伤伤情类别、经济发展需要等客观因素影响外，工伤旧伤复发难确认、工伤过度医疗现象难控制、工伤职工医疗预期难满足、工伤医疗造假行为难遏制、工伤医疗费用监管难到位等问题使得工伤保险医疗费用管控工作任重而道远。

面对工伤保险费用管控中出现的难点问题，长沙市工伤管理服务部门牢固树立以人民为中心的发展理念，贯彻落实中央“放管服”改革精神，密切结合工作实际与人民需求，锐意进取、开拓创新，出台了一系列针对性强、操作性好的管理举措，为破解工伤保险医疗控费难题作出了有益尝试。

（一）加强制度建设做“加法”，夯实医疗费用管控基础

制度是一切工作的前提和保证，长沙市人力资源社会保障部门一直高度重视工伤医疗费用管控相关制度建设。一是摸清“家底”提升政策制定的针对性。搞清长沙市工伤保险工作的现状，才能更好地制定相关管理制度。为此，长沙市工伤保险管理服务部门做了大量基础性的工作。2010 年，长沙市工伤保险管理服务部门联合湖南大学对长沙市工伤职工的现状进行了详细的调研，形成了《长沙市工伤人员生存质量调查报告》，摸清了长沙市工伤职工的年龄结构、生存质量及与医疗责任的关系。2013 年，长沙市出台了《关于开展参保工伤职工定期伤情健康检查的通知》，给每个工伤职工建立档案并共享信息，使得每一位新纳入统筹管理的工伤职工，特别是老工伤人员在纳入统筹之时就对其自身的伤与病进行了评估与区分。二是多角度全方位不断完善制度体系。近年来，长沙市相继出台了《长沙市工伤保险医疗管理办法》《关于进一步规范长沙市工伤保险协议医疗机构管理的通知》《关于进一步规范工伤保险单列病例费用结算的通知》《长沙市工伤人员工伤复发长期门诊医疗管理办法》等一系列的医疗管控制度文件。从门诊、住院以及短期治疗与长期医疗依赖等多方面构建了立体、全覆盖的制度网。三是与时俱进不断提升制度的适应性。工伤保险医疗费用管控工作情况复杂，涉及多方利益，难免出现这样或那样的问题，相关制度政策一定要随时跟进。针对新情况新问题，长沙市工伤保险管理服务局先组织医疗专家拿出方案，再交叉提建议，确认可操作性，通过一段时间的试运行，对医疗机构、用人单位和伤者进行三方回访和摸底调查，及时调整和完善政策，保证了相关制度和政策的适应性。通过加强制度建设，进一步提高了政策制定的精准性和适应性，较好地解决了现实工作中出现的问题，为工伤保险事业的发展提供了制度上的保障。

（二）厘清管理职责做“减法”，转变医疗费用管控思路

随着市场经济的不断发展和社会变革的不断深入，政府管理的理念也在不断发生转变，以前那种什么都想管却什么都不好管的做法，已经不再适应新时代发展的要求。取而代之的是“大社会、小政府”的发展趋势，政府定好自己的位置，重新界定好与市场、社会的边界与关系，各自做好自己擅长的事情。在这种大环境、大趋势之下，长沙市工伤保险管理服务部门找准医疗费用管控难的关键与症结所在，厘清管理职责，积极调整工作思路。一是审批权限回归，工伤医疗费用管控变前置审批为事后监管。以前，职工新发生工伤、旧伤复发是否符合住院指征，能否办理住院手续，需由协议医疗机构到工伤保险经办

机构审批。后经过反复研究，长沙市工伤保险管理服务部门认为旧伤是否复发以及是否需要住院治疗，应该是医疗行为，不应该通过行政方式来确定受理。从2011年开始，长沙市将审批权限回归到协议医疗机构，由协议医疗机构成立工伤住院审批、旧伤复发确认小组，具体承担审批权限。对于达不到入院指征的病人由临床医生配合医保科做好解释工作，提出更有效的门诊治疗方案。工伤保险经办机构只需严把医疗费用审核关口，发现有不规范诊疗行为的，按照《长沙市工伤医疗服务协议》相关条款进行处罚。二是转变工作职能，以医院监管为核心的医疗费用管控新思路逐渐形成。医疗费用管控工作中，无论是新发工伤的收治还是工伤复发治疗与工伤康复，协议医院的监管都是核心与关键，管住了医院，就管住了多余费用的产生。随着部分审批权限的下放，长沙市工伤保险管理服务部门将协议医疗机构纳入了工伤医疗控费管理者的队伍，有效调动了医疗机构的主动性，同时也使得工伤保险经办机构能够集中资源，进一步发挥自身政府监管的优势，制定和完善相关监管制度与政策，更有效地牵住协议医院这个医疗费用管控的“牛鼻子”。

（三）强化监督管理做“除法”，清除医疗费用管控问题

协议医院是医疗费用管控的核心，长沙市工伤保险管理服务部门采取了多种方式加强监管。一是充分利用信息平台实行动态监管。通过信息平台时时监测信息系统内医院病人收治情况，如发现反复多次收治、出入院指征把握不严、收治病人突增等异常情况，将采取突击检查等方式及时进行现场检查。二是加强与协议医疗机构的联系。及时签订医疗康复协议，组织召开协议机构座谈会，重大伤亡工伤事故及时沟通了解相关情况，早期介入管理。三是加大对违规行为的查处。不定期对协议医疗机构进行病例抽查或现场检查，对发现问题的医院，按照相关规定进行暂停协议资格、双倍拒付等严厉处罚，保障工伤医疗费用支出的合理、规范、安全。自2011年以来，根据协议和有关规定先后处理协议医疗康复机构11家次。四是开展工伤医疗监管的“亮剑”行动。为保障工伤医疗保险基金安全，尝试通过公开举报渠道、地毯式复查等方式，有力打击骗保、套保、重复享受医疗待遇等涉及医疗欺诈行为，净化医疗环境，保障基金安全。同时，拟建立工伤违规医院档案信息库，对违规处理的相关情况进行记录，实行扣分累计考核制度，并根据年度扣分情况，最高给予撤销工伤医疗保险服务协议，3年内不得再次申请的处罚。

（四）搞好创新服务做“乘法”，提升医疗费用管控成效

长沙市工伤保险管理服务部门在医疗费用管控的“放”与“管”全面深刻变化的基础上，创新了一系列的服务管理模式和服务机制，进一步提升了医疗费用管控的成效。一是实现工伤医疗费用联网结算。自2011年起，长沙市在全省率先实现了协议医院联网结算。认定工伤后经确认的工伤患者到协议医院就医，不必自己先垫付医药费，可直接由医院挂账结算，一方面减轻了用人单位垫付医疗费用的负担，方便了工伤职工就医；另一方面强化了工伤保险监管机构对协议医院监管，控制了不合理诊疗行为的发生。二是建立“工伤住院次均费用控制+部分病种单列管理”的模式。控制工伤医疗费用与保障有效诊疗是一对矛盾体，寻找合理次均费用与保障有效诊疗这一平衡点是化解矛盾体的关键。一方面通过综合历年医院工伤医疗费用情况、医院级别、收治病种特点等情况合理确定协议医院次均费用；另一方面出台《关于进一步规范工伤保险单列病例费用结算的通知》（长工伤险发〔2014〕8号），将重型颅脑损伤、重度烧伤等部分病种列入单列病例，每年年初统计协议医院上年度超标费确定拒付金额。三是实现血吸虫等病种的住院分级管理。对血吸虫、尘肺等病种进行精细化管理，如2015年起试行了血吸虫病人分级分类管理，将血吸虫病人分为有长期医疗依赖和普通血吸虫病人两类，在协议中明确医院收治的普通血吸虫病人年度住院次数原则上不得超过1次，有长期医疗依赖的血吸虫病人年度住院次数原则上不得超过2次。四是建立灵活多样的诊疗方式。在开放门诊报销的基础上，以“先申请确认，后限额享受”为基本原则，确定尘肺、颅脑损伤、创伤性关节炎等11个有长期医疗依赖且可通过门诊治疗的病种，经专家确认后纳入长期门诊范围，合理有序地引导工伤复发门诊就医，避免过度医疗的发生。明确工伤复发二次住院资质，通过综合考虑工伤职工就诊需求、协议医院布局及医院救治能力，在47家协议医疗机构中，确定12家医院的二次入院收治资格，实现了工伤复发住院收治上的医院分级分类管理，有效控制了反复收治工伤复发住院的乱象。实行特殊病种家庭病床管理，将尘肺、截瘫、持续“植物人”状态等行动不便、长期卧床且有长期医疗依赖的工伤人员纳入家庭病床管理，由协议医院在工伤职工家里提供合理诊疗，费用按每天100~550元实行包干结算。

二、长沙市工伤保险医疗费用管控的“三赢”

长沙市工伤保险管理服务部门在费用管控方面采取了诸多措施，取得了显著的成绩。尤为可喜的是，在长沙市工伤保险费用得到有效控制的同时，协议医院与工伤职工两方的利益也得到了合理的满足，可以说是达到了“三赢”的结果。

（一）工伤保险基金实现高效可持续运行

工伤保险基金关系到维护千百万劳动者的基本权利和切身利益，关系到人民生活、经济发展和社会稳定。近年来，在工伤保险覆盖面不断扩大的背景下，出现了工伤发生人数逐年递增的情况。长沙市加大了工伤康复工作力度，实现了工伤康复人数逐年增加，工伤康复费用逐年增多。这种情形，得益于良好的工伤保险医疗费用管控水平，长沙市工伤保险基金呈现出安全、可持续发展的良好态势。一是医疗费用支出增速逐年放缓，工伤保险基金持续运行能力不断增强。2013—2015年，长沙市工伤保险管理服务局直接经办管理的医疗总费用依次为5 426万元、6 349万元、7 177万元，医疗总费用增速从17%降低至13%；医疗费用（包括康复费用）占基金总支出连续两年在30%左右，2016年和2017年，全市工伤康复费用分别为2 900万元和3 455.3万元，分别占医疗费支出的16.7%和17.9%，控制水平在全省最好，比很多地方医保费用控制效果还好。二是人均医疗费用支出保持基本平稳，工伤保险基金管控水平不断提高。以新发工伤住院费用为例，2017年新工伤住院人均费用为21 029.36元，比2013年19 201.52元增加1 827.84元，年均增长约2.4%；而根据OECD（经济合作与发展组织）的数据，我国最近7年通货膨胀率年均在2.5%左右。因此，考虑通货膨胀等价格因素，长沙市4年间实际医疗费用可以说是保持稳定甚至略有下降。

（二）医疗机构实现经济效益与社会效益平衡发展

目前，长沙市工伤保险管理服务部门已与47家医院签订协议。2010—2017年，长沙市工伤保险管理服务部门支付的医疗费用总额由4 376万元增加到15 027万元，年均增速达到19.27%，这些费用成为医院增收的重要来源。在合作过程中，长沙市工伤医疗控费注重经济效益和社会效益的平衡，既保证了医疗机构合理利润，又防止过度医疗事件发生。一是以医疗机构甄选为基础，引导医疗机构由只关注经济效益向经济效益和社会效益平衡转变。在所选合作医疗机构中，部分医院“知名度”并不高，但专业水平比较高，如湖南省劳动卫生职业病防治所附属医院和湖南省血吸虫病防治所附属湘岳医院属于职业病诊断与治疗医院，通过与这些医院合作，既提高了其知名度，又激活了其医疗资源，有利于其更好地开展其他医疗服务。同时，由于这些医疗机构资源相对丰富，相对而言医疗成本偏低，也为医疗控费提供了便利。二是以梯次管理为重点，建立经济效益与社会效益协调管控体系。在合作单位中，长沙市既选择了三甲医院，也选择了街道社区卫生服务中心等基层医疗机构，所合作的医院既覆盖了城区，也包含了县市，形成了全覆盖的工伤医疗服务体系。同时，明确工伤职工就诊需按照一定的程序分层级推进，年度内工伤复发2次（含）以上住院需到具有收治资格的医院，这种分类管理模式既方便了工伤职工，体现了社会效益，也防止了工伤职工过度追求到大医院就诊等问题的产生。

（三）工伤职工合理医疗需求获得有效满足

不同情况的工伤职工，其治疗需求各不相同。长沙市工伤保险经过多年的发展，满足各类工伤职工合理医疗需求的能力得到了大幅提升。一是医疗供给形式实现多样化，长沙市工伤保险管理服务局通过深入调查研究，积极探索医疗供给形式，出台了《长沙市工伤人员工伤复发（部分病种）门诊医疗管理试行办法》《关于进一步规范工伤人员家庭病床的通知》等系列文件，确保工伤职工可以根据病情进行门诊、家庭护理、住院以及转诊治疗，其中长沙市开放工伤门诊治疗在全国也是先行先试地区之一。二是老工伤人员医疗需求得到有效满足，截至2013年年底，长沙市已基本完成了老工伤人员纳入统筹管理工作，共1.45万名老工伤人员纳入了统筹管理。三是工伤康复需求得到有效满足。在不断提高医疗康复水平，最大限度保障工伤职工身体机能的基础上，长沙市工伤保险管理服务局一直致力于职业康复的探索，拓宽工伤职工就业之路，使其身心健康回归社会。截至2017年，长沙市接受工伤康复治疗人数超过1万人次，工伤职工康复训练成功典范层出不穷，工伤康复水平在全国保持领先地位。

三、长沙市工伤保险医疗费用管控的“四启”

回顾长沙市工伤保险改革历程，长沙市工伤医疗费用管控取得明显成效，其在理念上注重以人民为中心，在路径上注重堵疏结合，在模式上注重分类管理，在制度上注重适时调整等经验有助于改善工伤保险费用管控模式，值得深思。

（一）树立以人民为中心的参保职工利益优先理念是医疗费用管控的基础与前提

公众或者说企业参加工伤保险，其出发点在于维护自身利益，而医疗费用的保障则是实现这一目标的关键，医疗费用是否能适时有效保障，事关参保职工切身利益，也是体现工伤保险暖人心的关键环节。在工伤医疗费用管控中，长沙市工伤保险管理服务部门始终坚持以人民为中心的理念，强调合理性，特别是从注重参保职工当前利益和长远利益出发设计了系列制度，形成了关注人、为了人的发展环境。

（二）建立堵疏结合、疏重于堵的管理模式是优化医疗费用管控的重点与关键

工伤医疗费用管控，不能简单地通过限制协议医疗机构、控制医疗费用总额来控制成本，而是要通过有效疏导，在保障职工医疗需求的前提下寻求最合理的治疗方案。多年来，长沙市工伤保险管理服务部门展开探索，尊重专业意见，引导工伤职工适度医疗，建立社会化管理模式；放开门诊医疗，引导工伤职工按需就医；建立家庭医疗，引导工伤职工便捷就医，探索形成了堵疏结合、疏重于堵的医疗管控模式。

（三）顺时应势建立政策动态调整机制是优化医疗费用管控的必要保障

依政策办事是工伤医疗费用管控的基本要求，完善的政策不仅可以有效防范工伤医疗争议，而且可以为降低诊疗成本进而实现医疗总费用的控制提供依据。为解决制度执行过程中出现的政策滞后、操作性不强等问题，长沙市工伤保险管理服务部门坚持“三个注重”顺时应势地对政策进行调整，一是注重政策的时效性，二是注重政策的针对性，三是注重政策的合理性。这种机制有效地解决了不少现实问题的困难，同时也满足了医院等主体在参与工伤医疗过程中发现的各类问题。

（四）创新医院分级分类管理模式是优化医疗费用管控的有效支撑

精细化推进医疗费用管控，重要途径之一就是建立医院分级分类管理体系，规避工伤职工一哄而上选择高等医院的处理模式，长沙市工伤保险管理服务部门对此展开探索。如建立分级就诊管理、医院审批—工伤保险管理服务局审批的分级费用管理、定期评价医院等制度。通过这些制度，实现了医疗资源的有效利用，实现了医疗费用由工伤保险部门一家费力到多主体合作，为医疗费用管控奠定了基础。

参考文献

[1] 习近平. 决胜全面建成小康社会 夺取新时代中国特色社会主义伟大胜利——在中国共产党第十九次全国代表大会上的报告 [M]. 北京：人民出版社，2017.

[2] 湖南大学，长沙市工伤保险管理服务局. 长沙市工伤人员生存质量调查报告 [N]. 湖南大学报，2010.

联合课题组成员

课题组组长：

陈贵平　　长沙市人力资源和社会保障局工伤保险管理服务局局长

李　晖　　湖南省社会科学院经济所所长、研究员

课题组成员：

肖　欣　　湖南省社会科学院经济所助理研究员

陶庆先　　湖南省社会科学院经济所副研究员

周小燕　　湖南省社会科学院经济所助理研究员

陈双华　　长沙市人力资源和社会保障局工伤保险管理服务局副局长

彭　清　　长沙市人力资源和社会保障局工伤保险管理服务局副科长

王　虹　　长沙市人力资源和社会保障局工伤保险管理服务局科员

吴　纯　　长沙市人力资源和社会保障局工伤保险管理服务局科员

试论“超龄者”工伤权益保障路径

——以劳动保障基准完善为视角

任宪华　上海市嘉定区人力资源和社会保障局

【摘　要】 理论与实务界对超过法定退休年龄的劳动者再就业或“超龄”农民工是否是劳动法意义上的劳动者，及可否享受工伤保险保障等多有分歧。本文从劳动保障基准完善角度，呈现现行法律、法规、司法解释、相关文件规定基于制度分歧形成的三种基准冲突；着重分析社会各界在退休年龄（行为性质）、劳动者主体资格禁制、劳动权与社会保险权关系三方面体现出的思想差异。主张进一步突出达到退休年龄的劳动者领取社会保险待遇权利属性，立法明确劳动年龄上限；“超龄者”与用人单位间确立法律关系应依照相应法律关系构成要件判断；进一步明确工伤保险保障的对象和规避风险功能定位，协调好其与劳动关系的良好互动，助推良法善治。

【关键词】 退休年龄　工伤保险

一、问题提出

1967年出生的非沪籍女性农民工李某，自2011年入职上海市某实业公司，普工，2017年9月6日达到法定退休年龄，“城职保”（城镇职工基本养老保险）参保6年。鉴于李某劳动能力良好、工作能力突出并有在该公司继续劳动的意愿，该公司继续聘用李某在原岗位工作。其间社会保险经办机构告知单位账户封存（不能继续参保），聘用一个半月后李某发生工伤被鉴定为四级伤残并由单位支付工伤待遇。

“超龄”劳动者继续劳动存在权益保障突出问题：一是其与雇主间系劳动、劳务（含雇佣）关系不明；二是工伤保险法律关系能否确立观点不一；三是劳动与工伤保险法律关系脱节，包括但不限于依据政策认定工伤而工伤待遇向谁领取、领取多少、领到何时不明晰。在退休年龄延长的社会趋势和优化营商环境等背景下，此类基准模糊难称良法善治。

二、制度表现：权益保障标准对立与突围

（一）劳动关系（合同终止）三种基准

1. 依法享受基本养老保险待遇标准。《中华人民共和国劳动合同法》第四十四条第（二）项规定，劳动者开始依法享受基本养老保险待遇的，劳动合同终止。《最高人民法院关于审理劳动争议案件适用法律若干问题的解释（三）》（以下简称司法解释（三））第七条规定，用人单位与其招用的已经依法享受养老保险待遇或领取退休金的人员发生用工争议，向人民法院提起诉讼的，人民法院应按劳务关系处理。制定法依据是法律和司法解释。特点是对未领取或未享受基本养老保险待遇者继续劳动的法律关系未予明确，最高人民法院行政庭有关答复对此类人群适用《工伤保险条例》等作出肯定。

2. 达到法定退休年龄标准。《中华人民共和国劳动合同法实施条例》第二十一条规定，劳动者达到法定退休年龄的，劳动合同终止。持该看法者认为，“超过法定退休年龄的人员从法律上已不再具备劳动者的劳动能力，就不能成为劳动法所规定的劳动者，且已不能办理养老保险及工伤保险，因此，不能与用人单位再建立劳动关系，如这些人在从事受雇工作中发生工伤，应不纳入工伤保险范围，只能按其与用人单位的约定或按劳务关系向单位主张权利”，相关裁判“填补了现行司法解释的漏洞”。[①] 制定法依据是行政法规，部分实务部门给予肯定。特点是与其上位法规定冲突，将领取待遇等同丧失劳动能力。

3. 综合标准。《天津法院劳动争议案件审理指南》第十条规定，已经享受基本养老保险待遇或者退休金的人员与用人单位之间形成实际用工关系的，按劳务关系处理。因用人单位原因致使已经达到法定退休年龄的劳动者尚未享受基本养老保险待遇或者尚未领取退休金，劳动者与原用人单位之间形成实际用工关系的，按照劳动关系处理。制定法依据是地方高级人民法院的规范性文件。特点是基本秉持《中华人民共和国劳动合同法》第四十四条第（二）项规定精神，作限缩解释：对未领取或未享受基本养老保险待遇者，突出强调用人单位原因要素会导致有利于劳动保障权益的做法。上海市高级人民法院也有类似规定。[②]

（二）实务处置四种做法

1. 两对立做法。持享受待遇标准者，一般认为李某存在劳动关系，认定工伤及享受工伤待遇于法有据，“其与其他劳动者一样享有最低工资、工作时间、休息休假、未签订劳

---

① 常媛媛. 已超过退休年龄且未享受基本养老保险待遇或领取退休金的人员与单位之间是否成立劳动关系——李喜娥诉宝鸡高新开发区金诺郎养生烧烤自助餐厅确认劳动关系案［M］//国家法官学院案例开发研究中心. 中国法院2018年度案例·劳动纠纷（含社会保险纠纷）. 北京：中国法制出版社，2018：44-45.

② 《上海市高级人民法院劳动争议案件审理要件指南（一）》（2013）第八条的说明认为，应区分不同情况作出处理：一是严格执行司法解释（三）之规定；二是到龄但仍继续用工，未按规定办理退休手续的，按劳动关系处理；三是到龄且解除劳动关系，只要补缴社会保险费后即可享受养老保险待遇的，再就业按劳务关系处理。

动合同的双倍工资、经济补偿等一系列劳动法上的权利"。[①] 持法定到龄标准者认为，李某劳动关系不存在，"其不能依据《中华人民共和国劳动合同法》的规定主张劳动报酬及福利待遇，应按照其与被上诉人的约定获得报酬"。[②]

2. 第三路径。《关于实施〈上海市工伤保险实施办法〉若干问题处理意见的通知》（沪人社福发〔2014〕36号）第四条规定，从业人员达到法定退休年龄未办理按月领取基本养老保险待遇手续或者不符合按月领取基本养老保险待遇条件、继续在原用人单位工作期间发生事故伤害的，申请人可提出工伤认定申请。《人力资源社会保障部关于执行〈工伤保险条例〉若干问题的意见（二）》（人社部发〔2016〕29号）第二条规定，达到或超过法定退休年龄，但未办理退休手续或者未依法享受城镇职工基本养老保险待遇，继续在原用人单位工作期间受到事故伤害或患职业病的，用人单位依法承担工伤保险责任；用人单位招用已经达到、超过法定退休年龄或已经领取城镇职工基本养老保险待遇的人员，在用工期间因工作原因受到事故伤害或患职业病的，如招用单位已按项目参保等方式为其缴纳工伤保险费的，应适用《工伤保险条例》。其按项目参保可不受"超过退休年龄或已经领取城镇职工基本养老保险待遇"限制的规定，应归类为突破性的第三路径。

3. 社会保险经办及仲裁口径。上海市社会保险经办机构对来沪人员缴费不满一定年限的，如10年，达到法定退休年龄实施关账处理；也有地方社会保险经办机构对超过退休年龄已继续缴费并被认定工伤的待遇申报回复"在发生事故时已达法定退休年龄（58岁），认定工伤后由用人单位承担赔偿责任"。[③] 劳动人事争议仲裁机构对工伤待遇申请，如判断无劳动关系的，通知申请人不予受理。对人力资源社会保障部第三路径而言，前述做法与之矛盾。

三、原因分析：现行基准的思想差异

（一）退休制度的博弈

1. 强制退休问题。《中华人民共和国劳动合同法实施条例》第二十一条不问劳动者延迟退休意愿，到龄即禁制劳动者主体资格。《中华人民共和国劳动合同法》第四十四条第（二）项及前述司法解释体现了劳动者延迟领取退休待遇前参保情况、健康状况、个人意愿及医学专家意见等因素。劳动者退休是否应考虑个人意愿和参保情况，还是依靠政策"一刀切"是个问题。"达到法定退休年龄且享受养老保险待遇的劳动者通常并未丧失劳动能力，之所以将他们与用人单位之间的关系按劳务关系处理，是出于社会政策的考虑"；

① 钟晓奇，刘亚若．孙长生诉郑州市馨禧成物业服务有限公司劳动争议纠纷案——超过法定退休年龄人员的用工性质的认定［M］//最高人民法院中国应用法学研究所．人民法院案例选（2014年第3辑）．北京：人民法院出版社，2015：194.

② 刘继红．超过退休年龄的"劳动者"与用人单位是否构成劳动关系——史云升诉太原朝云会议服务有限公司劳务合同案［M］//国家法官学院案例开发研究中心．中国法院2013年度案例·劳动纠纷（含社会保险纠纷）．北京：中国法制出版社，2013：56.

③ 李军，郎平，代温世．超过退休年龄人员发生工伤后工伤保险待遇的支付［N］．人民法院报，2017-08-30.

农民身份与农村集体土地结合，"农民不存在'退休'，也没有硬性退休年龄"。[①] 对相关问题立法应早作取舍。

2. 延迟退休趋势。人力资源和社会保障部发布执行《工伤保险条例》相关政策时，作为政策解读在有关媒体上曾明确：随着劳动者身体健康水平的提高，现实中有一些达到或超过法定退休年龄的人员仍在继续工作，当其遭遇事故伤害或患职业病后如何保障其权益，一直是社会关注的焦点。在实践中各地做法不一。为更好地保障这部分人员的工伤保险权益需制定新政策。[②] 这无疑是对"目前我国职工平均退休年龄偏低（约54岁）""适当提高我国法定退休年龄是一种必然趋势"[③] 的务实回应。须知，当下领取基本养老保险待遇的时间应依据《中华人民共和国社会保险法》确定，劳动年龄上限应依据《中华人民共和国劳动法》确定。

3. 小结。在退休年龄的标准问题上，现行退休制度不能很好地适应当前社会实际。表现在：①主体有遗漏，限于全民所有制企业、事业单位和国家机关、人民团体的工人。②有关规定与延迟退休年龄的大趋势冲突。具体表现为务实的领取退休待遇标准与有关年龄"一刀切"标准的博弈。持后一标准的地区有愈演愈烈之势，完全不顾国家、人力资源和社会保障部或整个社会延迟退休年龄的呼声。试问，已开展试点的延迟退休人群难道也得执行有关规定到龄即终止劳动合同吗？根本原因是现行退休年龄政策已不能适应当前社会实际。③退休年龄的政策依据不符合《中华人民共和国劳动法》《中华人民共和国社会保险法》规定。《中华人民共和国劳动法》第七十三条规定，劳动者退休则依法享受社会保险待遇，劳动者享受社会保险待遇的条件和标准由法律法规规定。《中华人民共和国社会保险法》此处缺位，也未规定到龄即能领取待遇。④人力资源和社会保障部第三路径说明，到达"退休年龄"意味着：不是不再参加劳动而是形式上可领取基本养老保险待遇，但这未必被有关法律法规及法院、仲裁机构、行政机关认可。

（二）劳动者主体资格禁制标准博弈

理论界普遍认为，我国对劳动者资格仅在年龄方面作了下限限制，譬如童工；"法律并没有规定劳动关系中劳动者一方的年龄不得高于法定退休年龄，只要未违反法律禁止性规定的有劳动能力的人员，均能成为劳动关系中的劳动者"。[④]

那么，问题是有关做法是如何将劳动者依法享受社会保险待遇的年龄转换为取消其主体资格的年龄的？前者是一种权利，因何变为法定义务难以理解。本文认为，劳动者依法享受社会保险待遇要体现出劳动者权利特征，但不妨碍在退休年龄之上设定劳动年龄的上限限制（强制性或倡议性另论）。与保护未成年人身心健康的童工年龄限制相比，超龄劳

---

① 程立武. 达到法定退休年龄的农民工和用人单位之间的法律关系——孟清霞诉欧艾斯物业管理（北京）有限公司劳动争议案［M］//国家法官学院案例开发研究中心. 中国法院2014年度案例·劳动纠纷（含社会保险纠纷）. 北京：中国法制出版社，2014：23.

② 王伟. 解决实操难点 维护职工权益——人社部工伤保险司负责人就《关于执行〈工伤保险条例〉若干问题意见（二）》答记者问［N］. 中国劳动保障报，2016-05-31.

③ 金维刚. 应当理性认识提高法定退休年龄［N］. 中国劳动保障报，2014-05-09.

④ 奚晓明. 最高人民法院劳动争议司法解释（三）的理解与适用［M］. 北京：人民法院出版社，2010：100.

动者的年龄限制应系出于丧失劳动权利能力和劳动行为能力，不适合参与劳动关系的制度设计。

（三）劳动权与社会保险权关系博弈

涉及本文的实质问题是工伤保险权等是否以劳动法上的劳动权为前提。“附随结果说”认为，一般是先有劳动关系，后有社会保险关系；先有个人受雇于正规部门实现就业，国家基于此将劳动者强制纳保。[①]“当然延伸说”认为，个人社会保险权的实际享有有赖于劳动权的实现，是劳动权的当然延伸。[②]“劳动权囊括说”认为，应将社会保险权纳入劳动权的内容结构中，或将其作为劳动关系的产物，或将其视作个别劳动权中的非核心权利。[③]“独立发展趋势说”认为，社会保险制度起源于劳动者保护，社会保险权一度专属于劳动者，从属于劳动权；当前态势是两者相互独立又大量交集，逐步远离劳动权。[④]

将“独立发展趋势说”理解为人力资源和社会保障部相关政策的指导思想，能说明第三路径是站在宪法层面，从“就是要将每一名社会成员都纳入到现行社会保险体系中，全体社会成员都有权享受社会保险权”的角度制定政策。[⑤]劳动权仍强调劳动法意义上的狭义劳动者（雇佣关系大多不在此列，劳动关系中的雇主是否强制参保有争议）与之相比有不协调处。继续以狭义的劳动法意义上的劳动者限定社会保险受益人无异于“削足适履”。

无雇工的个体工商户、自谋职业劳动者等（上海市允许）自愿参保，参加劳动的雇主本人允许参保（合法性另议），建筑业违法转包关系中的雇工按项目参保，社会保险越来越用于应对社会风险而不囿于劳动关系中的职业风险。[⑥]本文有条件地支持“独立发展趋势说”。社会保障基准应随着理论研究和社会发展的深入越来越明晰和成熟。超龄人员劳动和社会保障权益的解决具有现实意义。

四、解题思路：有关基准研究与设定

（一）领取基本养老保险待遇年龄和劳动年龄上限禁制

建议改“退休年龄”为领取基本养老保险待遇的年龄。

1. 政府不能缺位，领取基本养老保险待遇年龄的制定政策应上升为法律或行政法规。明确退休年龄具有劳动者权利属性，用人单位在劳动者退休年龄届至前6个月内应征求劳动者意愿。禁止随意关停社会保险账户。

2.《中华人民共和国劳动合同法实施条例》第二十一条应与《中华人民共和国劳动合同法》第四十四条第（二）项规定含义一致。

---

① 黄飞．退休人员再就业的劳动关系探析［D］．上海：华东政法大学，2014.

② 李志明．社会保险权与社会权、劳动权的分野［J］．重庆社会科学，2012（6）.

③ 许建宇．劳动权的界定［J］．浙江社会科学，2005（2）.

④ 栗燕杰．试论社会保险权与劳动权的关系［N］．中国劳动保障报，2013-03-19.

⑤ 马莉娟．论导游人员参加社会保险的法律障碍与制度完善［D］．南京：南京大学，2013.

⑥ 任宪华．谈工伤保险的社会保险属性［J］．中国劳动，2014（2）.

3. 设定劳动年龄上限禁制的政策性意见。人力资源和社会保障部应拟订劳动者劳动年龄上限，全国范围内征求意见，报请国务院制定行政法规。本文认为，可参考此前有关单位返聘职工截至70岁作为倡导性年龄上限；劳动者超过退休年龄的，用人单位有权审查劳动者的劳动意愿、劳动行为能力（权利能力）情况。

（二）超龄者与用人单位间法律关系

1. 劳动关系问题。在养老保险中，只有存在已经建立劳动法律关系的劳动者，才会产生用人单位与养老保险机构的缴费关系。而超龄者与用人单位间成立非标准劳动关系、劳务（雇佣）关系还是劳动关系？本文主张如无违法则延续原劳动关系。因为社会保障权是社会权，社会权是一种在性质上完全不同于自由权诉求的权利类型，因为它要求的是并非国家停止作为，而是国家积极作为、积极给付，因此对劳动者权益保障不力的其他类法律关系不符合社会权特征。有关情形按照现行“拟制的劳动关系”推进是稳妥的；其他法律关系建立参保制度问题，应做好细节论证后实施。

2. 投保人等制度问题。有观点认为，可将建筑业违法转包关系中的用工单位与劳动者间“不存在真实的劳动关系”套用于此。[①] 其与雇佣关系纳入参保范围存在同样问题：①社会保险法律关系确立时间难以确定；②用人单位或雇主的社会责任难以强制落实；③雇工证明违法转包关系、雇佣关系或举证不能。相关司法解释涉及的建筑业违法转包规定实已将包工头与劳动者间工伤保险责任纳入保障范围，因为司法解释明确了承担工伤保险责任的用人单位和社会保险经办机构在实际承担工伤保险责任后，可以根据实际支出的工伤保险待遇，向实际侵权人行使追偿权。由单位或雇主支付的款项与社会保险基金支付的工伤保险待遇显著不同。工伤保险作为社会保险的一种险种尚未从理论上明晰其投保人（国家征收为投保行为还是自主申报缴费）、保费缴纳方式（征收还是申报）、法律关系生效时间（用工日还是缴费日）等制度基准问题。从制度初衷及权益维护角度，本文主张在制度基准抉择中选择前者，从基金安全运行角度主张同步解决强制征缴税费问题，逐步落实。

3. 投保险种问题。建议工伤保险强制参保，其他险种视已缴费（能否享受社会保障权益）情形可选择。

（三）开展劳动与社会保障法庭试点

执法及裁判适用法律基准及执法、司法机构须统一。劳动与社会保障法既不是单纯的民法（合同法），也不是单纯的行政法，社会保险行政部门、经办机构、劳动争议仲裁机构、民事法庭、行政法庭应持统一的社会法视角，依法行政，避免立法、执法、司法不一致的情形出现。建议最高人民法院、人力资源和社会保障部联合发文，开展劳动与社会保障法庭试点；社会保险行政部门对应成立劳动与社会保障确权委员会，整合劳动仲裁、劳

---

① 马永欣，李涛，杨科雄.《最高人民法院关于审理工伤保险行政案件若干问题的规定》的理解与适用［N］. 人民法院报，2014-08-21.

动监察、工伤认定、社会保险经办等相应职能统一行使确权职能。

参考文献

[1] 国家法官学院案例开发研究中心. 中国法院2018年度案例·劳动纠纷（含社会保险纠纷）[M]. 北京：中国法制出版社，2018.

[2] 王全兴. 劳动法（第四版）[M]. 北京：法律出版社，2017.

[3] 王全兴. 劳动法（第三版）[M]. 北京：法律出版社，2008.

[4] 林嘉. 社会保障法学 [M]. 北京：北京大学出版社，2012.

[5] 董保华. 社会保障的法学观 [M]. 北京：北京大学出版社，2005.

[6] 董保华. 社会法原论 [M]. 北京：中国政法大学出版社，2001.

[7] 郑尚元，李坤刚. 劳动和社会保障法学 [M]. 北京：北京师范大学出版社，2010.

[8] 黎建飞. 劳动法与社会保障法：原理、材料与案例 [M]. 北京：北京大学出版社，2015.

[9] 国家法官学院案例开发研究中心. 中国法院2013年度案例·劳动纠纷（含社会保险纠纷）[M]. 北京：中国法制出版社，2013.

[10] 国家法官学院案例开发研究中心. 中国法院2014年度案例·劳动纠纷（含社会保险纠纷）[M]. 北京：中国法制出版社，2014.

关于工伤保险待遇基金核发规则的综合研究

汪建锋　东莞市社会保障局

【摘　要】 在工伤保险基金核发工伤保险待遇工作中，因受参保、缴费、工伤认定申请时间、职业病诊断时间等因素的综合影响，形成了多种极其复杂的待遇核定情形，给具体工作带来了较多问题。理顺工伤保险待遇基金核发规则，确保经办机构在工伤保险待遇基金支付过程中规则清晰、准确、统一，是落实“以人民为中心”、切实保障工伤职工合法权益及维护工伤保险基金安全的重要工作。笔者以《工伤保险条例》为依据，结合相关政策规定及多年基层工作实践，对工伤保险待遇基金核发规则进行了完整的分析研究，并对不同情形下工伤保险待遇基金如何准确支付提出了具体建议。

【关键词】 工伤保险　基金支出　待遇管理

在工伤保险基金核发工伤保险待遇工作中，受工伤保险参保手续办理时间、参保开始时间、单位是否按照规定时间缴纳社会保险费、事故发生时间（职业病诊断时间，本文下同）、工伤认定申请时间、工亡职工死亡时间、劳动能力鉴定时间等因素的综合影响，形成了极其复杂的工伤保险参保缴费及待遇核定情形，给具体工作带来了较多问题。理顺工伤保险待遇基金核发规则，清理政策空白地带，确保经办机构在工伤保险待遇基金支付过程中规则清晰、准确、统一，是落实“以人民为中心”、切实保障工伤职工合法权益及维护工伤保险基金安全的重要工作，更是工伤保险管理必须解决的基础性研究工作。笔者以《工伤保险条例》为依据，结合相关政策规定及多年基层工作实践，对工伤保险待遇基金核发规则进行了完整的分析研究，提出完整的工伤保险待遇基金核发规则，[①] 包括：①根据工伤保险参保缴费情况对待遇支付资格起点的判断核定；[②] ②根据有关规定对工伤保险待遇支付时点（时段）的核定；③根据文件规定对工伤保险待遇不予支付、终止领取情形

① 由于篇幅有限，本文暂不对待遇资格及具体核定进行展开描述。

② 工伤保险待遇不予支付、部分支付的情形，如未按规定时限提出工伤认定申请的，属于极少数个案，为了整体业务信息化联网处理方便，本文建议放在最后进行排除性审核，分段核定。

核定三个环节。由此精准地解决了绝大多数工伤保险待遇的工伤保险基金核发规则问题。

一、基金核发工伤保险待遇的参保缴费情况判断规则

以工伤事故发生时点为基准点，综合工伤事故发生时点工伤职工工伤保险参保状态、当月社会保险费缴费状态（含当月社会保险费是否补缴等），根据《工伤保险条例》第七条、参照《社会保险费征缴条例》规定，按照“工伤保险待遇核发资格起点为工伤保险参保状态和当月社会保险费缴费同时正常时点”判断规则，核定出当前工伤保险参保缴费情况下具有享受工伤保险待遇核发资格的起始时点。

（一）工伤保险参保状态

参保状态影响因素有：①用人单位办理工伤保险参保手续时点（判断发生事故时是否办理手续）；②工伤保险关系生效时点；③非即时生效的，约定工伤保险参保时点（如下月 1 日）。

根据上述 3 个影响因素，综合产生 6 种影响工伤保险待遇核发资格的工伤保险参保状态：①未参保；②已办理参保手续，但工伤保险关系未生效；③已办理参保手续，工伤保险关系已生效；④约定时点参保的，已办理参保手续，但未至约定参保时点，工伤保险关系未生效；⑤约定时点参保的，已参加工伤保险，但工伤保险关系未生效；⑥约定时点参保的，工伤保险关系已生效，见表 1。

表 1　工伤保险参保状态

序号	参保手续			关系生效	对应工伤保险参保状态
	未办理参保	已办理参保			
		即时参保	约定参保		
1	√	—	—	—	未参保
2	—	√	—	×	已参保、未生效
3	—	√	—	√	已参保、已生效
4	—	—	√	×	已办手续，未至约定时点，未生效
5	—	—	√	×	已办手续，已至约定时点，未生效
6	—	—	√	√	已办手续，已至约定时点，已生效

（二）工伤保险缴费状态

工伤保险缴费状态影响因素有：①发生事故当月社会保险费缴纳时间（含：a. 是否缴纳；b. 是否在正常缴费周期内缴纳；c. 核定工伤保险待遇核发资格时点）；②约定时点参加工伤保险的，发生事故时当月社会保险费缴费状态（含：a. 是否在正常缴纳周期内；b. 是否属于约定参保时点之前）。

综合上述影响因素，得出如下 7 种影响工伤保险待遇核发资格的工伤保险缴费状态：①未缴费；②即时参保，未按规定周期缴费；③即时参保，正常周期缴费；④约定时点参

保，约定时点之前发生事故，约定时点按周期缴费，发生事故当月未补缴；⑤约定时点参保，约定时点之前发生事故，约定时点按周期缴费，发生事故当月已补缴；⑥约定时点参保，约定时点之前发生事故，约定时点当月未按周期缴费，发生事故当月未补缴；⑦约定时点参保，约定时点之前发生事故，约定时点当月未按周期缴费，发生事故当月已补缴，见表2。

表2　工伤保险缴费状态

序号	即时参保		约定时点参保		对应工伤保险缴费状态
	是否已缴	是否周期	缴费状态	是否补缴	
1	×	—	—	—	未缴费
2	√	×	—	—	即时参保，未按周期缴费
3	√	√	—	—	即时参保，正常周期内缴费
4	—	—	√	×	约定时点，按周期缴费，未补缴
5	—	—	√	√	约定时点，按周期缴费，已补缴
6	—	—	×	×	约定时点，未按周期缴费，未补缴
7	—	—	×	√	约定时点，未按周期缴费，已补缴

（三）工伤保险参保缴费状态

综合工伤保险参保状态及缴费状态因素叠加，排除其中的纯理论对工伤保险待遇核发资格无影响的因素，综合整理出如下15种有效的影响工伤保险待遇核发资格的工伤保险参保缴费状态，见表3。

表3　工伤保险参保缴费状态

序号	事故发生时是否参保	事故发生时未参保的，事故后是否参保	事故发生时参保的，当月参保还是次月参保	选择当月参保的，工伤保险关系是否生效	选择当月参保的，事故发生当月是否按规定缴费	选择下月参保的，参保当月是否按规定缴费	未参保或选择下月参保的，当月是否有缴费记录或补缴	是否办理手续当月发生事故	参保缴费状态
1	×	×	—	—	—	—	—	—	未参保
2	×	√	—	—	—	—	—	—	未参保，事故发生后参保
3	×	√	—	—	—	—	√	—	未参保，事故发生后参保，但当月在其他单位有缴费记录
4	√	—	当月	×	√	—	—	√	当月参保，已参保未生效（办理增员手续后当天发生事故的），参保当月缴费正常
5	√	—	当月	×	×	—	—	√	当月参保，已参保未生效（办理增员手续后当天发生事故的），参保当月未按规定缴费

续表

序号	事故发生时是否参保	事故发生时未参保的，事故后是否参保	事故发生时参保的，当月参保还是次月参保	选择当月参保的，工伤保险关系是否生效	选择当月参保的，事故发生当月是否按规定缴费	选择下月参保的，参保当月是否按规定缴费	未参保或选择下月参保的，当月是否有缴费记录或补缴	是否办理手续当月发生事故	参保缴费状态
6	√	—	次月	×	—	×	—	√	次月参保，已参保未生效（办理增员手续后当天发生事故的），参保当月未按规定缴费
7	√	—	次月	×	—	√	×	√	次月参保，已参保未生效（办理增员手续后当天发生事故的），参保当月按规定缴费，事故发生当月无参保记录的
8	√	—	次月	×	—	√	√	√	次月参保，已参保未生效（办理增员手续后当天发生事故的），参保当月按规定缴费，事故发生当月补缴社会保险费或有参保记录的
9	√	—	当月	√	√	—	—	—	当月参保，已生效，按规定缴费
10	√	—	当月	√	×	—	—	—	当月参保，已生效，未按规定缴费
11	√	—	次月	√	√	—	—	×	次月参保，已生效，非参保当月发生事故，当月按规定缴费
12	√	—	次月	√	×	—	—	×	次月参保，已生效，非参保当月发生事故，当月未按规定缴费
13	√	—	次月	√	—	×	—	√	次月参保，已生效，办理当月发生事故，参保当月未按规定缴费
14	√	—	次月	√	—	√	√	√	次月参保，已生效，办理当月发生事故，参保当月按规定缴费，当月有参保记录或补缴
15	√	—	次月	√	—	√	×	√	次月参保，已生效，办理当月发生事故，参保当月按规定缴费，当月无参保记录或补缴的

（四）不同“工伤保险参保缴费状态”对应工伤保险基金核发工伤保险待遇支付规则建议

根据“待遇发生时点在工伤保险参保、关系、缴费同时正常的工伤保险待遇，方可正常支付”的原则，核定出当前工伤保险参保缴费情况下具有享受工伤保险待遇核发资格的起始时点。画图对12种“工伤保险参保缴费状态”（3种状态为中间状态）逐一分析，得出待遇可支付时段（起点）如下（表4为工伤保险参保缴费关系分析图例）：

表4　　工伤保险参保缴费关系分析图例

序号	图标	解释	简写
1	△ X	受伤职工办理工伤保险参保增员手续时间	办理时间
2	△ X+1	受伤职工办理增员手续次日零时起，如果是当月参保的，即“工伤保险生效”	办理次日或生效时间
3	▨	“参保当月”工伤保险费的缴费周期，选择下月参保的，对应下月的缴费周期	缴费周期
4	⊗	受伤职工事故发生时间	事故时间
5	⇩	“参保当月”社会保险费的“缴费日期”	缴费日期
6	▬	受伤职工待遇可按条例规定支付时段	待遇报销时段

1. 职工发生事故时“工伤保险未参保”的。

情形（1）：发生事故时未办理参保手续，事故后也未办理参保的，全部按“非参保”处理。图略。

情形（2）：发生事故时工伤保险“未参保”，发生事故之后办理增员手续参加工伤保险，事故发生当月职工在统筹地区无参保记录的。根据《工伤保险条例》第六十二条第三款规定，“用人单位参加工伤保险并补缴应当缴纳的工伤保险费、滞纳金后，由工伤保险基金和用人单位依照本条例的规定支付新发生的费用。”相关工伤保险待遇在单位按照劳动监察部门查处要求完成补缴并理顺参保关系之后，从单位当月社会保险费“缴费日期”之日起按照政策规定支付，见图1。

情形（3）：发生事故时职工在事故发生单位工伤保险“未参保”，发生事故之后办理增员手续参加工伤保险，事故发生当月职工在统筹地区其他单位正常参保缴费的。根据《工伤保险条例》第六十二条第三款规定，“用人单位参加工伤保险并补缴应当缴纳的工伤保险费、滞纳金后，由工伤保险基金和用人单位依照本条例的规定支付新发生的费用。”相关工伤保险待遇在单位按照劳动监察部门查处要求完成补缴并理顺参保关系之后，从受伤者所在单位办理增员手续时间次日起按照政策规定支付，见图2。

2. 职工发生事故时“工伤保险参保未生效”的。

情形（4）：选择“当月办理，当月参保”，发生事故时已参保但未生效（即办理增员手续之后当天发生事故），参保当月缴费正常的，工伤保险待遇从工伤保险关系生效之日

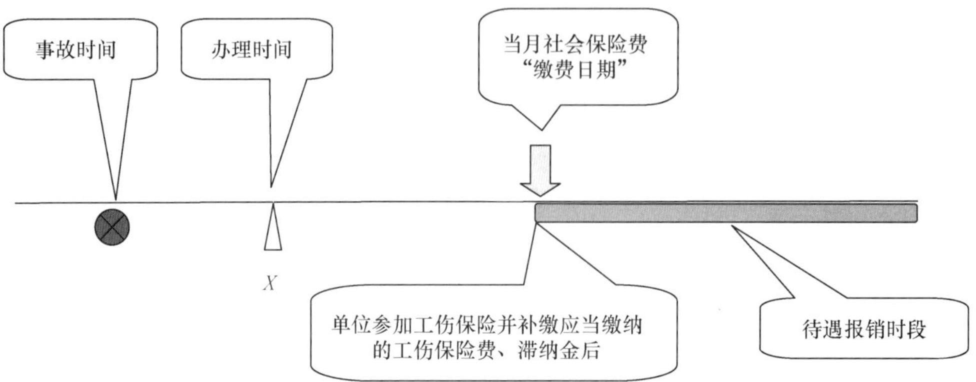

图 1　发生事故时未参保，事故发生后参保，事故发生当月职工在统筹地区无参保记录的

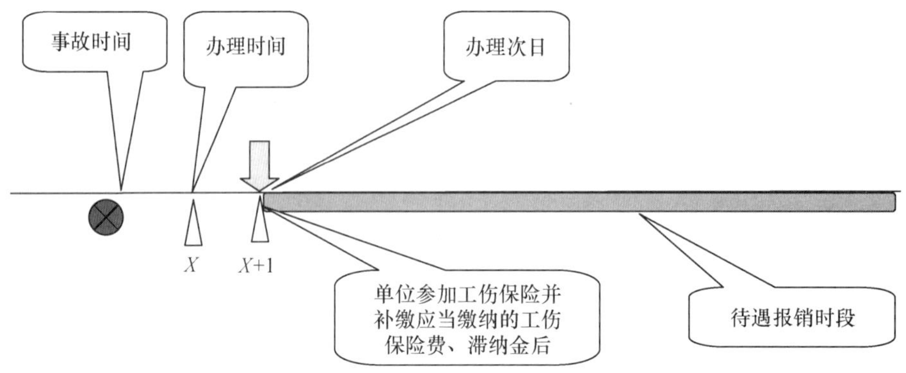

图 2　发生事故时受伤单位未参保，事故发生后参保，事故发生当月在统筹地区其他单位工伤保险正常参保缴费的

起（办理手续次日）按政策规定支付，见图 3。

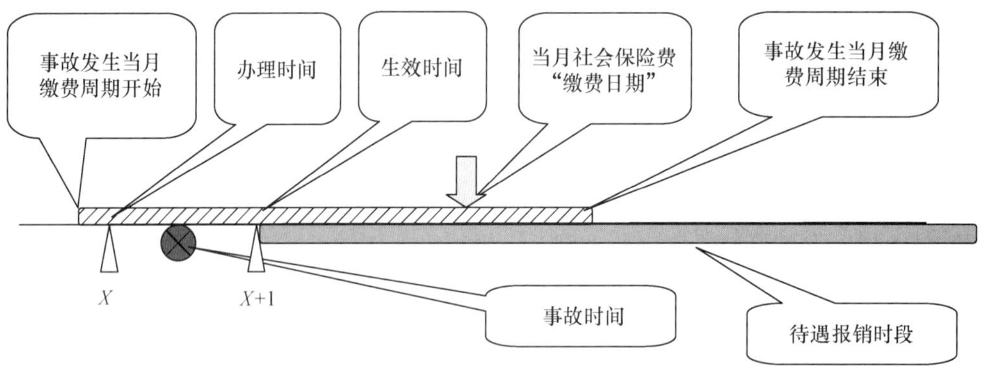

图 3　“当月办理，当月参保”，参保但未生效，参保当月按规定正常缴费的

情形（5）：选择“当月办理，当月参保”，发生事故时已参保但未生效的（即办理增员手续之后当天发生事故的），参保当月未按规定缴费的，工伤保险待遇从事故发生当月（参保当月）社会保险费“缴费日期”起支付，见图 4。

情形（6）：选择“当月办理，次月参保”，在办理当日发生事故，办理次月（参保当

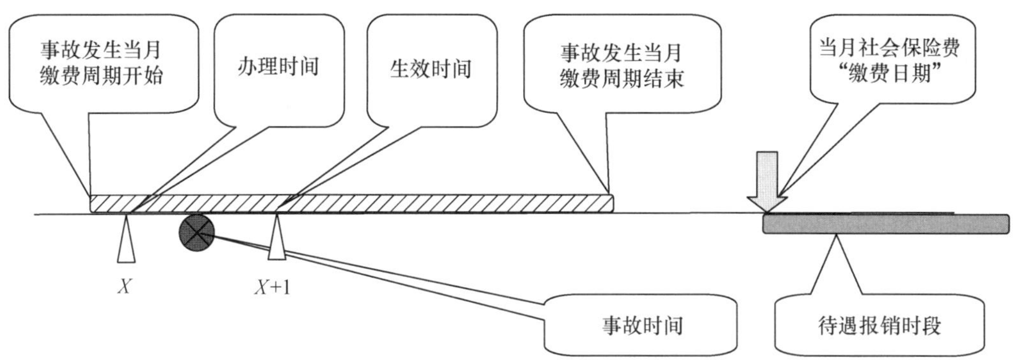

图 4 “当月办理，当月参保”，参保但未生效，参保当月未按规定缴费的

月）未按规定缴纳社会保险费的，工伤保险待遇从“办理次月”（即参保当月）社会保险费“缴费日期”起支付，见图 5。

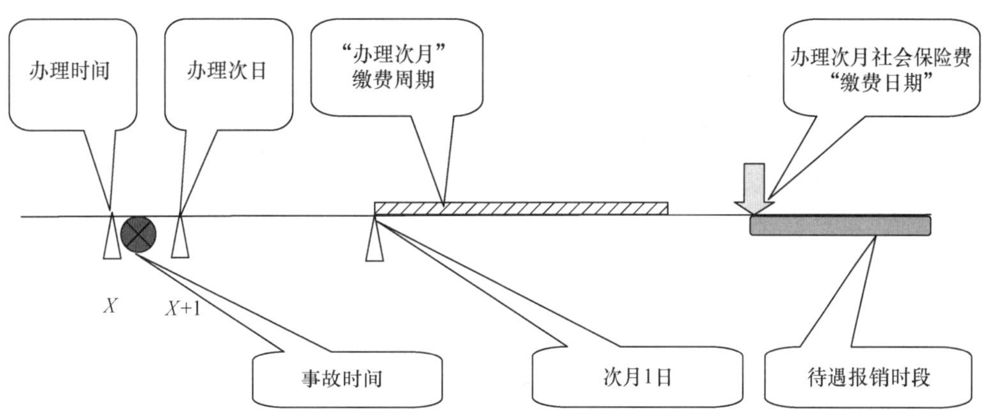

图 5 “当月办理，次月参保”，办理当日发生事故，办理次月未按规定缴费的

情形（7）：选择“当月办理，次月参保”，在办理当日发生事故，办理次月（参保当月）按规定缴纳社会保险费的，如未补缴当月的，工伤保险待遇从办理次月 1 日起支付，见图 6。

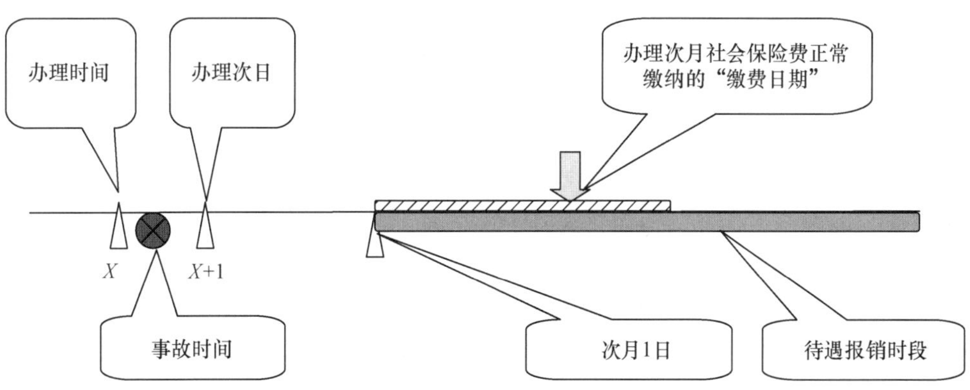

图 6 “当月办理，次月参保”，办理当日发生事故，办理次月按规定正常缴费且未补缴当月的

情形（8）：选择“当月办理，次月参保”，在办理当日发生事故，办理次月（参保当月）按规定缴纳社会保险费，并且补缴事故发生当月社会保险费或办理当月在统筹地区有工伤保险缴费记录的，工伤保险待遇从办理手续次日起支付，见图7。

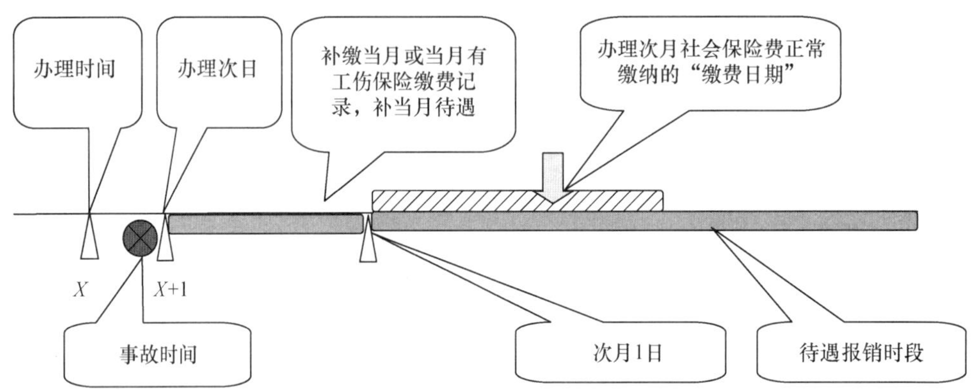

图7　“当月办理，次月参保”，办理当日发生事故，办理次月按规定正常缴费且补缴当月的

3. 职工发生事故时“工伤保险参保生效”的。

情形（9）：选择“当月办理，当月参保”，发生事故时工伤保险关系已生效，参保当月缴费正常的，工伤保险待遇从事故发生之日起支付，见图8。

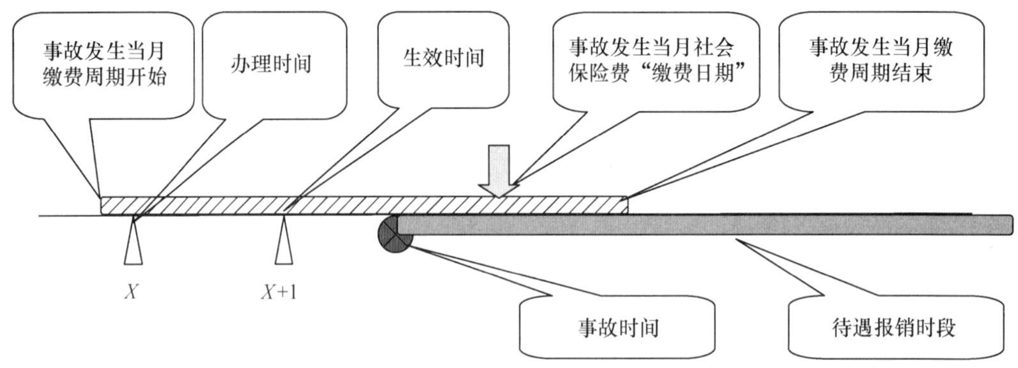

图8　“当月办理，当月参保”，参保生效，参保当月按规定正常缴费的

情形（10）：选择“当月办理，当月参保”，发生事故时工伤保险关系已生效，参保当月未按规定缴费的，工伤保险待遇从当月社会保险费“缴费日期”起支付，见图9。

情形（11）：选择“当月办理，次月参保”，在办理次日后本月内发生事故，办理次月（参保当月）按规定缴纳社会保险费，且当月在统筹地区无工伤保险参保记录或未补缴当月的社会保险费，工伤保险待遇自次月1日起支付，见图10。

情形（12）：选择“当月办理，次月参保”，在办理次日后本月内发生事故，办理次月（参保当月）按规定缴纳社会保险费，且当月在统筹地区有工伤保险参保记录或已补缴事故发生当月社会保险费的，工伤保险待遇从事故发生之日起支付，见图11。

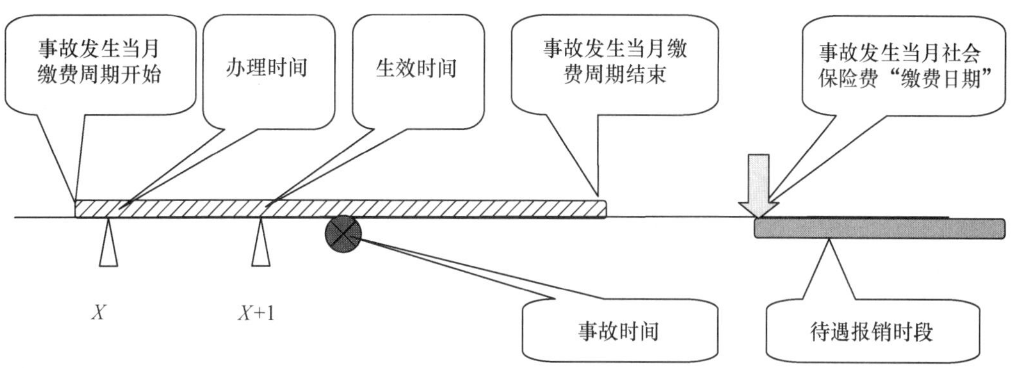

图 9 “当月办理，当月参保”，参保生效，参保当月未按规定缴费的

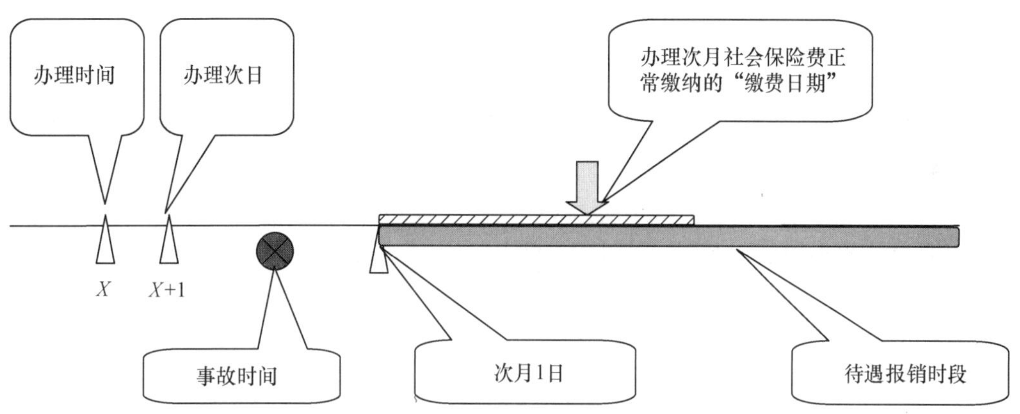

图 10 “当月办理，次月参保”，参保生效，办理次月按规定缴纳社会保险费且未补缴当月的

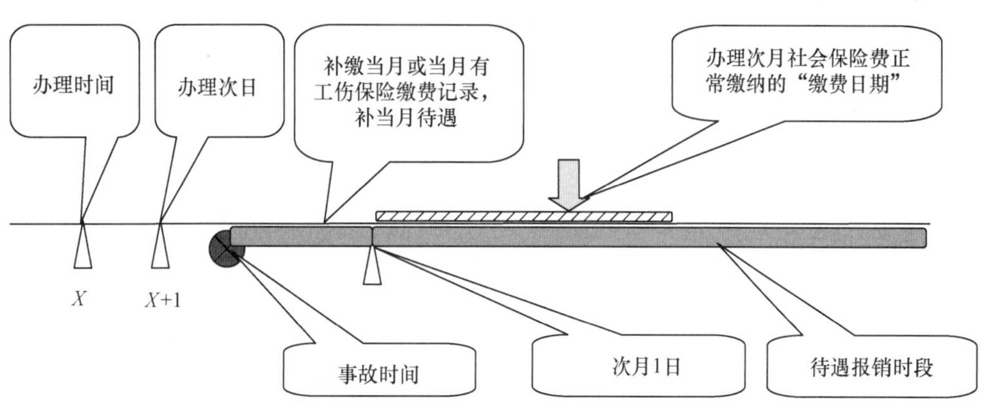

图 11 “当日办理，次月参保”，参保生效，办理次月按规定缴纳社会保险费且补缴当日的

二、基金核发工伤保险待遇的待遇项目支付时点（时段）核定规则

在上述根据工伤保险参保缴费状态核定享受工伤保险待遇资格的始点的前提下，综合《工伤保险条例》、《人力资源社会保障部关于印发〈工伤保险经办规程〉的通知》（人社

部发〔2012〕11号)、《人力资源社会保障部关于执行〈工伤保险条例〉若干问题的意见》(人社部发〔2013〕34号)等有关规定及业务实践，笔者进一步梳理各项待遇具体的触发起点和结束终点的简要规则如下：

1.《工伤保险条例》和《工伤保险经办规程》等明确规定工伤保险待遇起始时点、时段和结束时点的，应严格按照有关规定明确计发。

2. 与《工伤保险条例》和《工伤保险经办规程》等规定的待遇资格时段相关的工伤保险待遇项目，应严格按对应待遇资格时段规定计发。如“工伤医疗费”待遇计发的时段为“医疗期内”，“工伤康复费”计发时段为“康复期内”等，待遇核定受相关时段、时限规定制约。

3. 与劳动能力鉴定（确认）结论相关的工伤保险待遇项目，除《工伤保险条例》有明确规定的之外，应以“劳动能力鉴定（确认）时间”为待遇触发时点，相关待遇从鉴定当月起开始计发，如“一次性伤残补助金”等。

4. 与工亡相关的工伤保险待遇项目，除《工伤保险条例》和《工伤保险经办规程》等有明确规定之外，应以工伤职工“死亡时间”为待遇触发时点，相关待遇从工伤职工死亡当月开始计发，如“丧葬补助金”“一次性工亡补助金”。

5. 与解除劳动关系相关的工伤保险待遇项目，应以“解除劳动关系”为待遇触发时点，相关待遇以解除劳动关系当月为时点计发，如“一次性工伤医疗补助金”“一次性伤残就业补助金”。

工伤保险待遇支付项目对应待遇支付时点（时段）建议见表5。

表5　　工伤保险待遇支付项目对应待遇支付时点（时段）建议

编号	待遇项目名称	待遇触发点（情形）	待遇计发时点（时段）	依据（或推导）
1	工伤医疗费	门诊住院	对应医疗期	《工伤保险条例》第三十条推导
2	工伤康复费	康复治疗	对应康复期	《工伤保险条例》第三十条推导
3	住院伙食补助费	住院治疗	住院治疗期	《工伤保险条例》第三十条规定
4	市外就医交通食宿费	转院	市外就医期	《工伤保险条例》第三十条规定
5	一次性伤残补助金	劳动能力鉴定结论作出	劳动能力鉴定结论作出当月	《工伤保险经办规程》第六十八条推导
6	辅助器具装配费	装配康复器具	—	《工伤保险条例》第三十二条规定
7	停工留薪期工资福利	停工留薪期	对应停工留薪期	《工伤保险条例》第三十三条规定
8	停工留薪期护理费	停工留薪期	对应停工留薪期	《工伤保险条例》第三十三条规定
9	辅助器具维修更换费	康复器具维修更换	—	《工伤保险辅助器具配置管理办法》第十五条规定
10	伤残津贴	劳动能力鉴定结论作出	劳动能力鉴定结论作出下月起	《工伤保险条例》第三十五、第三十六条推导

续表

编号	待遇项目名称	待遇触发点（情形）	待遇计发时点（时段）	依据（或推导）
11	生活护理费	劳动能力鉴定结论作出	劳动能力鉴定结论作出下月起	《工伤保险条例》第三十四条推导
12	一次性工伤医疗补助金	解除劳动关系	解除劳动关系当月	《工伤保险经办规程》第六十八条规定
13	一次性伤残就业补助金	解除劳动关系	解除劳动关系当月	《工伤保险经办规程》第六十八条推导
14	丧葬补助金	职工死亡	死亡当月	《工伤保险经办规程》第六十九条规定
15	一次性工亡补助金	职工死亡	死亡当月	《工伤保险经办规程》第六十九条规定
16	供养亲属抚恤金	职工死亡（下落不明除外）	从死亡下月起	《工伤保险条例》实施意见第八条
		事故发生时间（属下落不明的）	从事故发生的第 4 个月起	《工伤保险经办规程》第七十一条规定

三、基金核发工伤保险待遇中不予支付、终止领取情形的核定规则

《工伤保险条例》规定的工伤保险待遇项目除受工伤保险参保缴费状态、待遇项目核定规则影响之外，职工和用人单位工伤保险业务的具体办理也会对工伤保险待遇基金核发产生影响：

1. 用人单位未在规定的时限内提交工伤认定申请的，根据《工伤保险条例》第十七条规定，“在此期间发生符合本条例规定的工伤保险待遇等有关费用由该用人单位负担”，即事故发生之日至工伤认定申请之日时段内的工伤保险待遇基金不予支付，以工伤认定申请之日为触发工伤保险待遇基金核发资格的时点。

2. 未参加工伤保险的用人单位职工发生工伤的，用人单位按照《工伤保险条例》第六十二条规定参加工伤保险并补缴应当缴纳的工伤保险费、滞纳金，以补缴手续完毕、补缴当月费用到账之日为触发工伤保险待遇基金核发资格的时点，待遇项目按照《人力资源社会保障部关于执行〈工伤保险条例〉若干问题的意见（二）》（人社部发〔2016〕29号）第三条规定执行。

3. 工伤职工存在《工伤保险条例》第四十二条规定的停止享受工伤保险待遇情形的，以情形确认时点触发待遇停发时点，至停发情形消除期间工伤保险待遇基金不予核发，且不可补发（根据《人力资源社会保障部关于执行〈工伤保险条例〉若干问题的意见》（人社部发〔2013〕34号）第十一条规定综合）。

4. 根据《工伤保险条例》第十七条规定，经诊断、鉴定为职业病的职工，其事故发生时间为“职业病诊断、鉴定”时间，其中：①“中暑”类职业病实际事故发生时间和

职业病诊断、鉴定时间存在时间差，基金应当从"诊断、鉴定时间"之日起核发待遇（以事故伤害情形申请的，按照实际时间认定并核发待遇）；②诊断和鉴定结论一致均为职业病的，以诊断时间为事故发生时间；③诊断为非职业病，鉴定为职业病的，以鉴定时间为事故发生时间。

5. 是否涉及第三方支付或先行支付，以及对于经鉴定存在伤残等级的工伤职工，劳动关系（或工伤保险关系）续存期间，因非工伤疾病、其他意外原因死亡、办理退休手续等，都会影响基金核发工伤保险待遇资格的具体判断。

综上所述，工伤事故发生之后，工伤职工的工伤保险待遇资格认定和工伤保险待遇享受不应受任何外来因素的影响，应当予以及时、足额保障。根据《中华人民共和国社会保险法》《工伤保险条例》《社会保险费征缴暂行条例》等规定，工伤保险基金在核发工伤保险具体待遇时，应当严格按照规定和规则精准执行。

尽管本文所述的规则体系已经相对完善，但也存在部分待遇支付项目的时点（时段）以及待遇支付起点的判断规则等是在《工伤保险条例》无明确规定的前提下，按照政策精神和条例规则，在和条例不冲突的基础上确定的，而"工伤保险参保缴费"情形，因各地业务具体操作程序的不同可能不完全一致。本文尝试提供一种工作思路和操作实践，仅供业务参考。

参考文献

[1] 胡晓义，刘梅. 工伤保险 [M]. 北京：中国劳动社会保障出版社，2012：120-142.

[2] 李建，孔昌生，陈刚. 工伤保险条例释义与应用 [M]. 北京：人民出版社，2011：104-128.

[3] 齐海鹏，金双华，刘明慧. 社会保障 [M]. 大连：东北财经大学出版社，2000：248-249.

[4] 邱明月. 建设法治工伤保险亟待破解的困惑与难点——"工伤保险制度发展与相关法律制度的关系研讨会"综述 [J]. 中国医疗保险，2016 (8)：57-60.

我国工伤康复标准体系建设构想及探索

欧阳亚涛　陈　叙　唐　丹
广东省工伤康复中心　广东省劳动能力鉴定中心

【摘　要】 按照工伤保险三位一体的政策要求，工伤康复近年来已在全国范围内逐步试点并推广。为提高工伤康复的管理和服务质量，需要建立更科学的业务规范和标准，本文提出了构建工伤康复标准体系的目的与原则，参照国家服务业标准体系编写指南的基本要求，按照该原则设计了标准体系的基本框架。该框架主要由 4 个子体系组成，即基础标准、技术标准、管理标准和服务标准。基础标准子体系分为 2 层，其他 3 个标准子体系分为 3 层，共 51 个具体标准集群。构建我国工伤康复标准体系，有利于各地工伤康复工作的规范开展，促进服务质量的提升和整个行业的可持续发展，也在世界康复标准化进程中发出中国声音。

【关键词】 工伤康复　服务标准　体系

早在 2007 年，劳动和社会保障部印发了《关于加强工伤康复试点工作的指导意见》（劳社厅发〔2007〕7 号），提出了“探索工伤康复政策体系，探索工伤康复管理服务模式、技术规范和相关标准”的工作目标，当时全国与康复相关的标准仅有《残疾人辅助器具分类和术语》（GB/T 16432）和《综合医院康复医学科管理规范》（卫医发〔1996〕第 13 号），我国工伤康复工作在 21 世纪初才启动，是一个全新的领域，其政策体系、技术标准体系基本处于空白阶段。

广东省工伤康复中心于 2001 年成立后在国内首先开展工伤康复服务，于 2006—2008 年先后协助地方政府制定发布了《广东省工伤康复诊疗规范》《工伤康复服务项目及支付标准》《工伤康复协议机构准入标准》和《工伤康复早期介入标准》等，实现了我国工伤康复标准零的突破。劳动和社会保障部在广东省相关标准的基础上制定并颁布了《工伤康复诊疗规范（试行）》和《工伤康复服务项目标准（试行）》，指导全国工伤康复试点工作。2014 年，广东省工伤康复中心又在多年实践的基础上，协助人力资源和社会保障部研究制定了《工伤保险职业康复操作规范（试行）》（人社部发〔2014〕88号），推动工伤康复服务的进一步规范发展。但由于我国康复医学起步较晚，社会对康复工作的认识欠缺，康复标准化工作整体上仍落后于国际水平，目前还处于片状化发展阶段，缺乏整体性和系统性。

当前，社会保障事业发展已经进入统筹城乡、全民覆盖、提高统筹层次的新阶段，加快推进各项工作标准化的开展既是必要的也是重要的一项工作。但由于我国工伤康复工作走的是地方先行先试、国家逐步规范完善的路子，从全国范围来看，工伤康复工作面临着一些严峻的问题，表现在：工伤康复概念不统一，技术标准体系尚未建立，服务水平参差不齐；保障水平、管理和服务模式地区差异较大；职业康复和工伤再就业政策不完善；工伤康复信息系统建设滞后于社会保险信息系统建设平均水平，无法实现信息的互联互通和交换利用。这些问题归根结底，是工伤康复相关标准制定与工伤康复工作进展步伐不相适应所致。

党的十九大报告指出，要加强残疾康复服务。工伤康复是工伤保险制度下的残疾康复，是劳动者应该享有的健康权益。近年国务院颁发的《残疾预防和残疾人康复条例》（国务院令第675号），要求“康复机构应当依照有关法律、法规和标准、规范的规定，为残疾人提供安全、有效的康复服务”。但在工伤保险领域，还没有一套顶层设计的工伤康复规范和标准体系。鉴于此，笔者根据工伤康复工作发展的客观规律和现实需要，制定了工伤康复标准的研制框架，希望形成一个层次分明、结构合理和关联配套的体系，逐步建立术语、编码和内涵相统一的系列标准，并使这些管理、服务和技术标准互相关联、互为支撑，面向各级工伤保险行政、经办和服务部门，以期引导工伤康复工作的健康发展。

一、工伤康复标准体系的编制目的和原则

（一）主要目的

1. 解决我国工伤康复基础研究薄弱、工伤康复标准体系缺乏问题。
2. 为我国工伤康复事业的创新发展提供技术、管理与服务规范。
3. 为各级工伤康复管理和服务机构实现科学和规范管理提供依据。
4. 促进工伤康复标准化协调发展，为政府部门统计分析提供数据基础。
5. 促进我国工伤康复事业在管理和技术上与国际工伤康复接轨。

（二）基本原则

1. 科学性、系统性、完整性原则：科学、系统地表述工伤康复各业务、技术领域的内在有机联系，并基本涵盖相关专业、技术领域。

2. 前瞻性、实用性、可操作性原则：能够代表工伤康复标准化的发展趋势与重点，指导各部门、行业的具体工作，与工伤保险现行政策和发展趋势相一致。

3. 按照工伤保险三位一体要求进行设计：体现以医疗康复为基础、职业康复为核心、回归工作岗位和社会为目标的整体化运作规律和统一管理模式。

4. 遵循以人为本的管理和服务理念：以工伤职工实际需求为导向，体现工伤保险对工伤康复在技术、服务、管理、信息支持各方面的人性化要求。

5. 标准体系要具备良好的拓展性：借鉴其他行业标准体系研究的经验，为今后适应工伤保险政策发展和康复技术研究成果留出余地，也考虑不同地区经济发展水平的差异，为各地制定符合本地区实际需要的补充标准留出扩充空间。

二、工伤康复标准体系的编制依据

工伤康复标准体系是由针对工伤康复工作环节制定的多个工伤康复标准所组成的、具有内在联系的有机整体。工伤康复标准体系设计根据《标准体系表编制原则和要求》(GB/T 13016—2009)① 中对于标准体系表的研究与编制提出的要求，做到目标明确、全面成套、层次适当、划分清楚。

工伤康复具有较强的专业性、政策性和社会性，标准体系建设应充分考虑特定的国情，因此需要遵守国家和地方相应的法律、法规和政策性文件要求。同时工伤康复属于交叉学科，业务涉及社会保险、医疗卫生和辅助器具工程等领域，以服务为主要形式，因此在标准体系建设过程中需要借鉴相关领域的标准技术文件。

三、工伤康复标准体系的框架构建

工伤康复包括工伤预防性康复、医疗康复、职业康复、社会康复和康复辅助器具配置等内容，所以标准体系应涵盖工伤康复工作的各个环节，各项具体标准的使用者包括纳入工伤康复体系的医疗卫生、辅助器具装配等相关技术服务机构，以及工伤康复服务监督机构、工伤保险基金管理机构及其相关从业人员。因此，工伤康复标准体系可根据工作内容(见图 1) 和参与对象的需要进行框架设计。

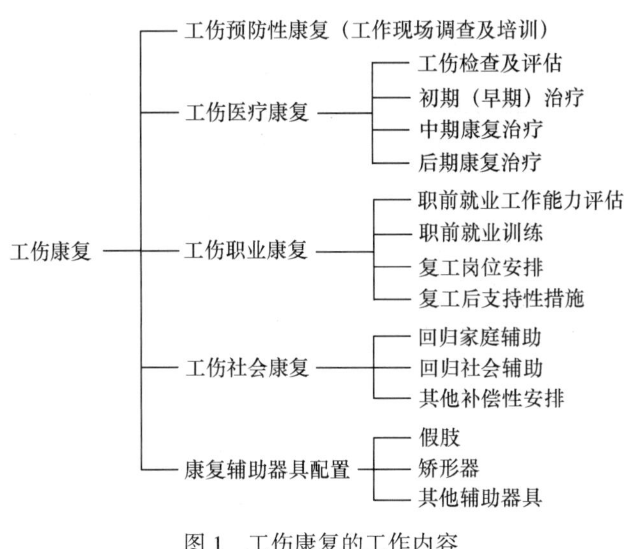

图 1 工伤康复的工作内容

① 《标准体系表编制原则和要求》（GB/T 13016—2009）于 2018 年 9 月 1 日被《标准体系构建原则和要求》(GB/T 13016—2018) 代替。

考虑到标准体系本身应具有一定的可扩展性，所以对其进行分层时，既要考虑当前急需，又要兼顾发展趋势，因此在每一层都留有“其他”以便以后补充完善。工伤康复标准体系第一层是按照工伤康复标准化对象特征的不同，分为基础标准、技术标准、管理标准和服务标准。除基础标准下设一层以外，其他几类标准构架分别设下两层。第二层是根据标准规范的范畴进行分类，第三层是根据上一层涉及的各个环节进行具体的标准化规定。工伤康复标准体系整体框架见图 2。

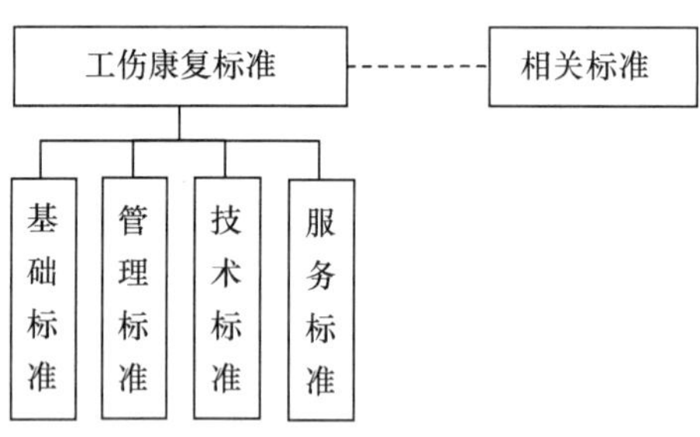

图 2 工伤康复标准体系整体框架

（一）基础标准

工伤康复基础标准是对工伤康复相关概念和术语进行规范，并根据信息统计要求进行编码，是进一步制定工伤康复相关规范标准、促进地区间交流和工伤康复服务规范化、标准化工作的基础（见图 3、表 1）。

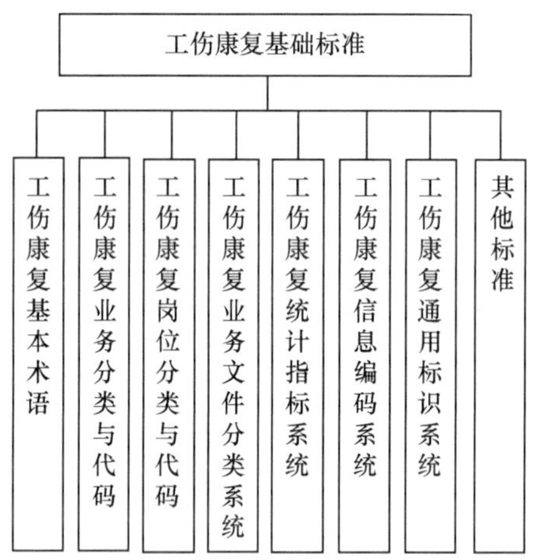

图 3 工伤康复标准体系层次结构：基础标准

表 1 工伤康复标准体系——基础标准

标准名称	标准内容简述
工伤康复基本术语	对工伤康复基本专业术语名词进行统一界定
工伤康复业务分类与代码	规范工伤康复经办、医疗康复、职业康复、社会康复和康复辅助器具装配业务类别，并对其进行编码

续表

标准名称	标准内容简述
工伤康复岗位分类与代码	规范工伤康复业务岗位（包括康复医生、康复护士、康复治疗师、康复工程师、职业咨询师、社会工作者、工伤个案管理员及康复辅助器具装配、工伤职工技能培训和鉴定岗位等）类别，并对其进行编码
工伤康复业务文件分类系统	规范工伤康复经办和服务机构的各项业务文件、图表、表格和报表的名称、代号、格式、内容、计量单位等
工伤康复统计指标系统	规范工伤康复各类统计指标类别、概念和统计方法
工伤康复信息编码系统	规范工伤康复业务编码类别、原则、编码设计等
工伤康复通用标识系统	规范与工伤康复管理和业务相关标识的形式和概念，以及其分类和说明

（二）管理标准

工伤康复管理标准是工伤康复工作各流程进行程序化制度建设的指导，因此要考虑工伤康复工作实践过程中参与的机构和个体，主要是针对康复服务机构和康复受益人群建立一定的管理标准，见图4、表2。

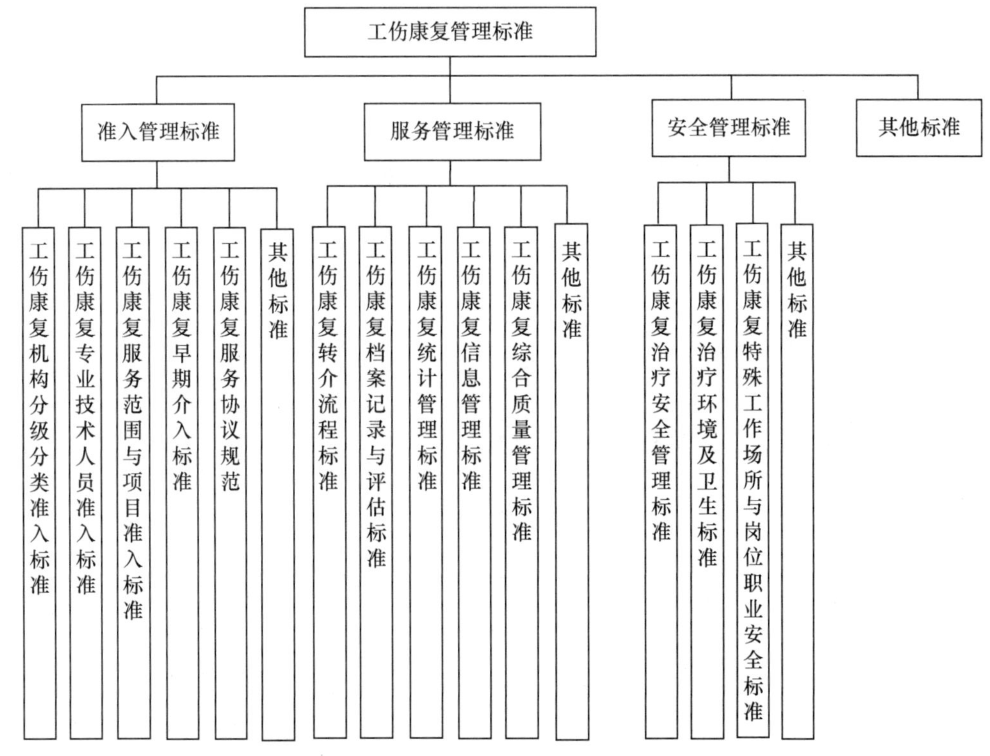

图4　工伤康复标准体系层次结构：管理标准

表 2 工伤康复标准体系——管理标准

标准名称	标准内容简述
准入管理标准	
工伤康复机构分级分类准入标准	针对国家、省、市三级工伤康复机构、医疗康复和职业康复两类机构，分别在机构设置、人员配备、服务场地、设备器材、服务项目、业务管理、服务质量等方面予以规范
工伤康复专业技术人员准入标准	包括对从事不同工伤康复服务的专业人员的基本学历、专业和人文素质等的准入要求，以及对工伤康复医生、康复护士、康复治疗师、康复工程师等的相应资质的准入标准
工伤康复服务范围与项目准入标准	包括对工伤康复机构的人员、设施、技术、管理等软硬件水平，在医疗、职业、社会康复业务分配上，分别对其收治病种、诊疗范围、开展项目及收费标准等方面予以准入规定
工伤康复早期介入标准	包括对颅脑损伤、脊柱脊髓损伤、脊神经损伤、骨关节损伤、截肢、手外伤和烧伤等常见工伤病种，在早期康复和转入康复机构指征及转介时间、转介流程予以规范
工伤康复服务协议规范	对社会保险经办机构与康复机构之间的服务协议内容，包括资质确认、业务管理、入院与转诊程序、服务项目管理、医疗安全责任、费用支付办法、质量监督管理等予以规范
服务管理标准	
工伤康复转介流程标准	针对不同阶段和伤病残情况的工伤职工对工伤康复的需要，规范在各级工伤医疗和康复机构之间的转诊工作，包括转诊工作的组织、监督
工伤康复档案记录与评估标准	对各类康复临床医疗、护理记录文件、康复评估记录文件、康复训练记录、社区康复服务记录等，在表单结构、记录方式、档案查阅和档案质量等级评估等方面进行规范
工伤康复统计管理标准	规范工伤康复统计工作的职责、组织、数据收集、整理、质量监控、统计资料归档管理等
工伤康复信息管理标准	规范工伤康复信息网络建设、信息填报、分析和发布以及查询和使用等
工伤康复综合质量管理标准	规范工伤康复中质量目标、服务标准、各项目标服务要素质量和环节质量控制、终末质量要素等
安全管理标准	
工伤康复治疗安全管理标准	包括对治疗中患者的安全保护、医疗康复器材安全检查与维护、治疗用品与耗材的无害处理、医疗安全的责任划分、安全宣教及安全监察、医疗差错事故防范、报告及应急处理等的规范
工伤康复治疗环境及卫生标准	针对不同康复治疗区域的空间要求、环境布置、卫生条件、隔音要求、通风条件、温度湿度条件、色彩布置等的规范及监督检查规定
工伤康复特殊工作场所与岗位职业安全标准	对康复机构的特殊工作场所如义肢矫形制作车间、石膏房、高频电疗室、水疗室等的基本安全防范标准，及对在噪声、高温、粉尘、放射线环境下作业人员的安全保护措施、安全作业标准的规范
其他标准	
工伤康复服务综合评价标准	包括对政策环境、经费保障、组织网络、康复队伍建设、各项工伤康复服务情况、信息管理和宣传教育工作开展情况制定评分标准和评价实施方法

（三）技术标准

工伤康复技术标准是从工伤康复技术内容入手，对技术的内涵和相关指标进行具体的规定（见图5、表3）。

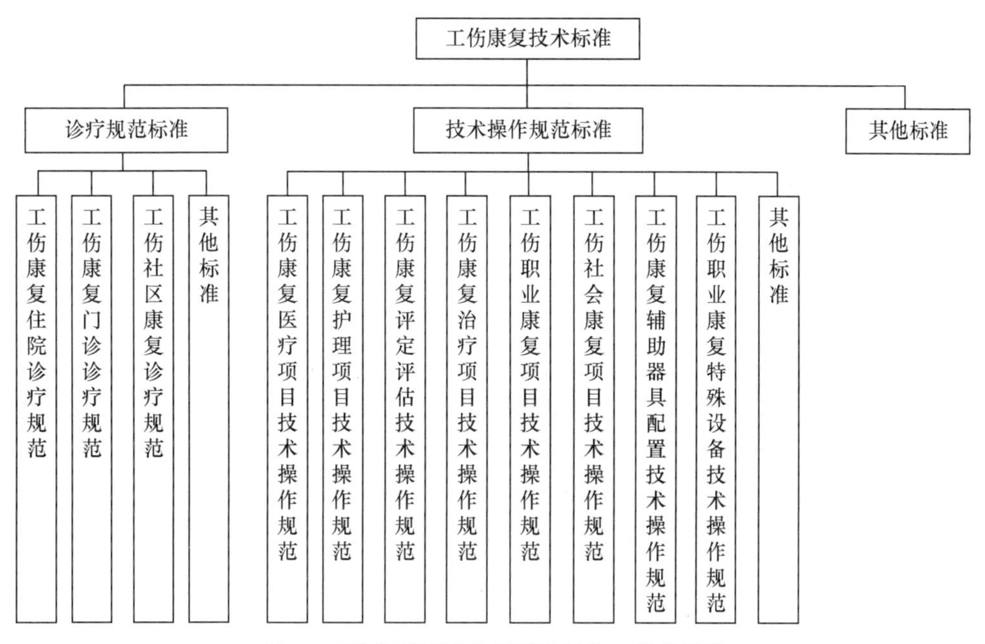

图5　工伤康复标准体系层次结构：技术标准

表3　工伤康复标准体系表——技术标准

标准名称	标准内容简述
诊疗规范标准	
工伤康复住院诊疗规范	对常见工伤种类的住院诊疗各方面业务内容进行规范，包括康复住院标准、住院时限、临床检查范围、常规治疗与常见并发症处理、康复护理、康复评价与康复治疗、职业康复与社会康复、康复出院标准等
工伤康复门诊诊疗规范	对常见工伤种类的门诊诊疗各方面业务内容进行规范，包括临床检查、功能评估、治疗疗程标准和疗效评价等
工伤社区康复诊疗规范	对常见工伤种类的社区康复诊疗各方面业务内容进行规范，包括检查、评价、治疗、咨询、辅助器具使用指导、社会资源协调、家居环境改造指导的工作流程和就业指导、残疾管理、随访等
技术操作规范标准	
工伤康复医疗项目技术操作规范	对常见工伤康复的临床检查和治疗等具体操作技术进行规范

续表

标准名称	标准内容简述
工伤康复护理项目技术操作规范	对常见工伤的康复护理评估、体位护理、膀胱与肠道功能训练、间歇导尿、二便管理、日常生活活动（ADL）护理、压疮护理与管理、烧伤疤痕护理等具体操作技术进行规范
工伤康复评定评估技术操作规范	对综合运动功能评价、肌力评价、肌痉挛评价、关节活动范围评价、感觉评价、反射评价、平衡协调评价、ADL 评价、疼痛评价、步态分析、精神心理评定、言语功能评定等具体操作技术进行规范
工伤康复治疗项目技术操作规范	对运动疗法、理疗、水疗、作业治疗、认知知觉训练、ADL 训练、言语治疗、行为心理治疗等具体操作技术进行规范
工伤职业康复项目技术操作规范	对个案面谈、就业评估、工作需求分析、职业能力评价、功能性能力评估、人体功效学评估及功能性能力训练、职业咨询、就业选配、技能培训、工作适应与调整、沟通技巧训练等业务活动进行规范
工伤社会康复项目技术操作规范	对社会功能评价、家居环境评估及政策指导、伤残适应指导、家庭关系指导、社区资源使用指导、长期病患照顾技巧指导、家庭康复技巧指导、家居环境无障碍改造指导、家庭财政安排与未来生计指导、重返社区指导等活动进行规范
工伤康复辅助器具配置技术操作规范	对常用工伤康复辅助器具生产、装配、调试、训练及维修、更换等操作流程与技术要求进行规范
工伤职业康复特殊设备技术操作规范	对职业康复特殊设备的使用操作、适用范围、安全指标、设备维护和监管进行规范
其他标准	
工伤职工技能培训和技能鉴定标准	规范各类伤残情况的工伤职工接受技能培训的条件、培训计划的设计、培训的实施和培训质量的监督考核；规范培训后技能鉴定的组织实施、考核方法、鉴定标准

（四）服务标准

工伤康复服务标准是对各种水平的工伤康复技术、产品进行分类界定，对纳入工伤保险范围内的康复服务和支付水平进行规范（见图 6、表 4）。目前并非所有的康复技术都能够纳入工伤保险范围内，工伤保险对不同的工伤康复服务的支付方式也要根据服务的特点、性质来确定，支付的水平要考虑伤者、单位的利益，同时也需要考虑工伤保险基金的承受能力。

服务标准下设 3 类标准，分别为服务给付标准、服务流程标准和服务岗位标准。在当前工伤康复服务项目存在明显地区差别的情况下，首先需要明确的是工伤康复服务项目与支付标准，从技术安全性、有效性和经济性等多个角度对现有康复技术进行遴选，引导各地工伤康复工作的有序开展。在完成项目遴选之后，需要对工伤康复服务的支付方式、支付水平和监督管理方法给予界定，以解决服务补偿问题，确保工伤康复服务的可持续开展。

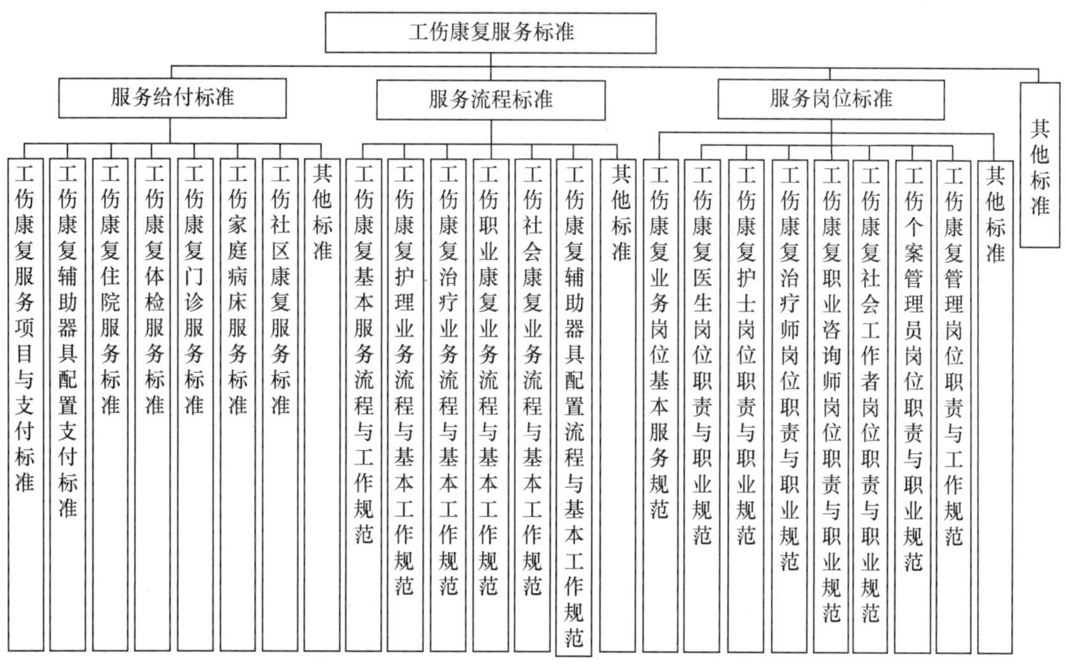

图6　工伤康复标准体系层次结构：服务标准

表4　　工伤康复标准体系表——服务标准

标准名称	标准内容简述
服务给付标准	
工伤康复服务项目与支付标准	包括医疗康复评定、康复治疗、康复护理，职业和社会康复评估、训练、咨询、培训等项目的规定，每项包括项目编码、名称、计价单位、除外内容、临床意义、操作说明、适用范围及质量标准
工伤康复辅助器具配置支付标准	包括治疗训练的辅助器具、矫形器、假肢、生活自理和防护辅助器具、个人移动的辅助器具和康复辅助器具使用训练项目的规定，每项包括项目编码、名称、计价单位、除外内容、临床意义、操作说明、适用范围及质量标准
工伤康复住院服务标准	包括工伤康复住院服务设施的配置，服务设施费用包含的项目内容，支付责任在工伤保险基金、单位和个人之间的分配，费用中不纳入工伤保险基金支付责任的项目，住院床位费的支付办法，以及其他相关管理规定
工伤康复体检服务标准	包括工伤康复体检服务设施的配置，体检费用包含的具体项目内容，支付责任在工伤保险基金、单位和个人之间的分配，费用中不纳入工伤保险基金支付责任的项目，体检床位费的支付办法，以及其他相关管理规定
工伤康复门诊服务标准	包括工伤康复门诊服务设施的配置，康复费用包含的具体项目内容，支付责任在工伤保险基金、单位和个人之间的分配，费用中不纳入工伤保险基金支付责任的项目，以及其他相关管理规定
工伤家庭病床服务标准	包括工伤康复家庭病床服务设施的配置，服务费用包含的具体项目内容，支付责任在工伤保险基金、单位和个人之间的分配，费用中不纳入工伤保险基金支付责任的项目，以及其他相关管理规定

续表

标准名称	标准内容简述
工伤社区康复服务标准	包括工伤社区康复服务设施的配置，服务费用包含的具体项目内容，支付责任在工伤保险基金、单位和个人之间的分配，费用中不纳入工伤保险基金支付责任的项目，以及其他相关管理规定
服务流程标准	
工伤康复基本服务流程与工作规范	包括对接诊基本流程，治疗基本流程，住院服务，小组工作模式，康复评价制度，康复延伸服务标准，医生、治疗师、护士协作机制等规范
工伤康复护理业务流程与基本工作规范	包括基础护理、体位护理、日常生活活动护理、心理护理及生活管理的流程规范和各环节工作职责
工伤康复治疗业务流程与基本工作规范	包括物理治疗、作业治疗、言语治疗和心理治疗等康复评定和治疗的流程规范和各环节工作职责
工伤职业康复业务流程与基本工作规范	包括从早期介入至重返工作流程，多学科协作机制、各参与者角色任务标准、职业康复工作内容、服务途径与模式、服务质量标准、风险管理标准、残疾管理标准等规范
工伤社会康复业务流程与基本工作规范	包括社会康复基本流程，社会康复工作内容、工作模式、服务质量标准、风险管理标准、个案管理模式标准等规范
工伤康复辅助器具配置流程与基本工作规范	包括辅助器具基本配置、更换和维修的流程、工作模式、训练和装配调试、使用说明、服务质量标准、风险管理标准等规范
服务岗位标准	
工伤康复业务岗位基本服务规范	包括工伤康复岗位基本资格要求、工作内容与要求、共同职业行为规范、责任与权限、纪律要求、检查与考核要求等
工伤康复医生岗位职责与职业规范	包括该岗位人员学历教育背景要求、人员资格、工作内容与要求、专业技能要求、专业伦理道德要求、能力建设要求、工伤保险政策水平要求、考核与奖惩等规定
工伤康复护士岗位职责与职业规范	包括该岗位人员学历教育背景要求、人员资格、工作内容与要求、专业技能要求、专业伦理道德要求、能力建设要求、工伤保险政策水平要求、考核与奖惩等规定
工伤康复治疗师岗位职责与职业规范	包括该岗位人员学历教育背景要求、人员资格、工作内容与要求、专业技能要求、专业伦理道德要求、能力建设要求、工伤保险政策水平要求、考核与奖惩等规定
工伤康复职业咨询师岗位职责与职业规范	包括该岗位人员学历教育背景要求、人员资格、工作内容与要求、专业技能要求、专业伦理道德要求、能力建设要求、工伤保险政策水平要求、考核与奖惩等规定
工伤康复社会工作者岗位职责与职业规范	包括该岗位人员学历教育背景要求、人员资格、工作内容与要求、专业技能要求、专业伦理道德要求、能力建设要求、工伤保险政策水平要求、考核与奖惩等规定
工伤个案管理员岗位职责与职业规范	包括该岗位人员学历教育背景要求、人员资格、工作内容与要求、专业技能要求、专业伦理道德要求、能力建设要求、工伤保险政策水平要求、考核与奖惩等规定
工伤康复管理岗位职责与工作规范	包括该岗位人员学历教育背景要求、人员资格、工作内容与要求、专业技能要求、专业伦理道德要求、能力建设要求、工伤保险政策水平要求、考核与奖惩等规定

四、总结与展望

工伤康复属于广义的服务业范畴，其标准体系的建立与服务标准化工作具有同样的意义，即形成行业发展的制度环境、确保服务质量、提高服务水平、保障服务对象合法权益、深化行业内涵和应对国际竞争等。首先，构建工伤康复标准体系，编制相应的标准，有利于规范指导各地工伤康复服务和管理，促进服务质量提升和整个行业的可持续发展。这对于保障工伤职工权益，促进行业和技术发展具有重要意义。其次，医疗服务行业标准呈现国际化趋势，构建我国工伤康复标准体系，开展标准编制，有利于在全世界工伤康复标准化工作中发出中国声音。国际医疗卫生机构认证联合委员会（JCI）、国际康复认证委员会（CARF）和澳大利亚医疗服务标准委员会（ACHS）评估已经被世界同行认可，一个好的标准运用区域已经不局限于一个地区或一个国家，标准化评估业已成为一项全球性的有偿服务。因此，开展工伤康复标准体系建设和标准编制工作，对于跻身世界康复标准化工作和开辟新兴医疗服务市场具有重要意义，相关政府职能部门应对此予以足够重视和支持。

不同国家和地区公务员工伤保障制度研究

翁仁木　中国劳动和社会保障科学研究院

【摘　要】我国公务员和企业职工长期实行不同的公（工）伤保障制度，造成一些矛盾和问题。为完善我国工伤保险制度建设，本文通过对47个国家和地区的公务员工伤保障制度模式、工伤保障基金筹集方式、工伤保障管理部门、公务员与军人工伤保障制度比较、公务员与企业职工工伤待遇比较等重点方面进行有针对性的研究，结合我国制度现状，得出对我国公务员工伤保障制度建设的几点重要启示。

【关键词】公务员　工伤保险　伤残抚恤

长期以来，我国公务员和企业职工分别实行不同的公（工）伤保障制度。1950年颁布的《革命工作人员伤亡褒恤暂行条例》，对当时公务员的公伤医疗、公残、公亡抚恤等作出了全面规定。1988年《军人抚恤优待条例》颁布后，公务员因公伤亡待遇参照《军人抚恤优待条例》的规定执行，该条例先后于2004年和2011年进行修订，调整和提高了相关待遇标准。中华人民共和国成立初期，企业职工的工伤保险制度按照《劳动保险条例》的有关规定执行，2003年《工伤保险条例》颁布并于2010年进行了修订，现阶段企业、事业单位等各类用人单位职工均实行了工伤保险制度。目前，公务员公伤抚恤制度与企事业单位等其他各类用人单位职工工伤保险制度双轨运行，待遇项目不一，资金来源不同，标准各有高低，造成了一些矛盾和问题。

对不同国家和地区公务员工伤保障制度进行比较全面的研究，对关键问题进行分析，总结其经验做法，将对建立和完善我国公务员工伤保障制度有重要的启示作用。考虑到制度成熟程度、可借鉴性等因素，本文重点对35个OECD（经济合作与发展组织）成员国、金砖五国中的其他四国、部分东盟国家（马来西亚、泰国、印度尼西亚、菲律宾、越南、新加坡）、我国香港和台湾地区等47个国家和地区公务员工伤保障制度进行梳理研究。

一、公务员工伤保障制度模式

根据被研究国家和地区公务员工伤保障制度是否已建立专门的制度，可以将制度模式分为单独制度模式和统一制度模式（见表1）。

表1　　公务员工伤保障制度模式

单独制度模式	统一制度模式
欧洲：奥地利、比利时、捷克、法国、德国、希腊、意大利、葡萄牙、西班牙、土耳其、英国 美洲：美国、加拿大、巴西、墨西哥 亚洲：日本、韩国、马来西亚、中国台湾地区、泰国、印度 大洋洲：澳大利亚	欧洲：丹麦、爱沙尼亚、芬兰、匈牙利、冰岛、爱尔兰、拉脱维亚、卢森堡、荷兰、挪威、波兰、斯洛伐克、斯洛文尼亚、瑞典、瑞士、俄罗斯 美洲：智利 亚洲：中国香港地区、新加坡、印度尼西亚、菲律宾、越南、以色列 非洲：南非 大洋洲：新西兰

资料来源：作者根据各国政府网站信息以及 United States Social Security Administration 和 International Social Security Association 联合出版的《Social Security Programs Throughout the World》收集整理。

（一）单独制度模式

属于单独制度模式的国家和地区公务员群体的工伤保障制度通常独立于其他人群而单独建立，其中包括单独的公务员补偿法例的制定和管理机构的设立。在美国，1916年实施的《联邦雇员补偿法案》（Federal Employees' Compensation Act，FECA）专门针对发生工伤事故的联邦雇员规定了具体补偿方案，并在美国劳工部下特设劳动补偿办公室（Office of Workers' Compensation Program），根据此法案对公务员进行补偿。在日本，1951年和1967年分别颁布实施《国家公务员灾害补偿法》和《地方公务员灾害补偿法》，以此建立了法定的国家和地方公务员工伤补偿制度。在韩国，针对企业职工的产灾保险制度不适用于公务员，韩国公务员工伤保障制度由1962年通过的《公务员年金法》统一覆盖。在我国台湾地区，1958年就公布实施了《公务员保险法》，建立了包括工伤在内的公务人员社会保险制度。在马来西亚，公务员工伤保险相关待遇分别由年金制度和医疗保险制度覆盖。

采取单独制度模式的原因，一是传统因素，如德国、法国等，本身就有社团自治的传统，其社会保险制度碎片化严重，多数按照不同行业、不同人群来划分参保，公务员工伤保障制度单独设立也并不是搞特殊化的表现；二是政治体制原因，比如美国、澳大利亚、加拿大、奥地利、巴西等联邦制国家，州具有很大的自治权力，工伤保障制度由各个州自行确定，联邦雇员只能采取单独的制度，而州的工伤保险制度则并不统一，有的州公务员有单独制度，有的州则是统一制度。

（二）统一制度模式

还有一些国家和地区并没有单独建立针对公务员的工伤保障制度，而是将其纳入统一的工伤保险体系。北欧五国挪威、瑞典、丹麦、芬兰和冰岛均采取统一制度模式，在这些高福利国家，政府试图通过社会保障高水平的转移支付来消除人与人之间因能力等差异所导致的收入和生活水平差异，以实现收入分配和社会财富的“公平合理”，公务员与其他人群享受同样的工伤保险政策。在俄罗斯，受历史和政治体制原因的影响，将公务员与其他人群的工伤保障制度统一制定来追求人群之间的“平等”。在我国香港地区，为了加强公务员队伍建设，方便有能力的人员补充进公务员队伍时社会保障制度的衔接，所有雇员的工伤补偿都依照《雇员补偿条例》执行。在印度尼西亚，2004 年通过了新的《社会保障法》，扩大了工伤保险覆盖范围，将公务员等群体纳入统一制度。

二、公务员工伤保障基金筹集

统一制度模式工伤保障基金筹集采用的往往是保险模式，因此公务员与企业职工一样，由政府作为雇主进行缴费，并享受相应的工伤待遇。在具体形式上，既有社会保险模式，也有商业保险模式，但前者居多。商业保险模式的典型是我国香港地区和新加坡。在这些国家和地区，工伤保险完全是雇主责任，雇主通过投保商业保险公司的工伤补偿保险来为劳动者提供工伤保障，政府作为雇主也不例外。

单独制度模式工伤保障基金筹集则分为财政直接负担模式和保险模式，并以后者居多，具体来看：

（一）财政直接负担模式

有些国家并没有建立工伤保险制度，而是对公务员的工伤进行直接补偿，实际上是财政直接负担。比如，美国劳工部劳动补偿办公室（OWCP）在向事故人员或家属支付补偿金后，会在财年结束时，将补偿金的明细单发送给各个联邦机构（目前已经达到 70 多家），联邦机构在下一个财年向国会申请预算，并按明细偿付 OWCP。美国联邦雇员没有建立工伤保险制度，但专门建立机构来负责补偿工作，其好处是：一方面，减少了不同机构实行统一缴费规定的资金浪费和分配不公的问题；另一方面，政府机构作为第三方来支付补偿费用，可以提高补偿效率。

在日本，国家公务员灾害补偿费用由国家财政承担，也没有形成缴费和基金制度，但地方公务员的灾害补偿来源于各公共团体缴费、第三方赔偿金、利息和有价证券股息收益等。

（二）保险模式

采取这一模式，公务员群体的工伤保险待遇享受与企业职工一样，也通过雇主缴费的方式获得。有一些国家专门建立了工伤保险基金，由雇主缴费形成，并由专门机构管理，比如法国、德国、澳大利亚等国。

还有不少国家没有建立独立的工伤保险基金，工伤保险与其他保障体系同属于社会保障系统，公民只有在缴纳一定的费用后，才可以获得享受包括工伤保险在内的社会保障的权利。在西班牙，公务员与其他行业从业人员一样，强制性缴纳社会保险费用的个人部分，以获得享受包括工伤保险在内的各项社会保险的权利，公务员个人缴纳的社会保险费直接上缴财政部。在英国，同样没有单独的工伤保险基金，工伤保险待遇由社会保险基金支付。社会保险基金来源有 3 个渠道：一是雇主和雇员共同承担的国民保险税；二是政府的一般性税收收入；三是国民保险基金的投资收益。每个公民要通过向国家缴纳国民保险税来获取享受社会福利的资格。在韩国，公务员年金制度履行对公务员的综合性社会福利职能，除了提供退职年金给付以外，还提供灾害补偿给付等多种给付项目。公务员年金制度同样需要个人缴费，但灾害补偿部分属于雇主责任，由国家或地方政府全额承担。

三、公务员工伤保障管理部门

无论实行何种模式的公务员工伤保障制度，多数国家工伤保障行政管理职能由劳动保障部门来承担。在实施统一制度模式的国家和地区中，基本都由劳动保障部门进行工伤保障行政管理，其他部门如卫生部门等进行配合（见表2）。在实施单独制度模式的国家和地区中，公务员工伤保障管理部门则更加多样化（见表3）。

表2　　统一制度模式国家和地区公务员工伤保障管理机构

国家和地区	管理机构	国家和地区	管理机构
丹麦	就业部提供总体监管，丹麦金融监管局对私营经办机构提供直接监管	波兰	家庭、劳动和社会政策部对现金待遇提供总体监管，社会保险局具体经办管理现金待遇，卫生部对医疗待遇提供总体监管
爱沙尼亚	社会事务部负责总体管理和监督，医保基金相关部门负责医疗待遇，社会保险理事会负责伤残待遇	斯洛伐克	劳动、社会事务和家庭部提供总体监管，社会保险署具体经办项目，卫生部管理医疗服务待遇
芬兰	社会事务和卫生部提供总体监管，职工补偿中心协调立法，私营保险公司经办	斯洛文尼亚	劳动部提供总体监管，养老金部门管理长期待遇，卫生部门管理医疗待遇
匈牙利	国家医保基金相关部门负责短期工伤待遇，国家养老保险中央管理局管理长期工伤待遇	瑞典	社会保险署提供中央管理和监管，地方社会保险机构具体管理工伤项目
冰岛	福利部提供总体监管，社会保险管理局通过地方机构管理	瑞士	联邦公共卫生办公室提供总体监督，工伤保险基金具体管理
爱尔兰	社会保护部管理现金待遇，卫生和儿童部管理医疗服务	俄罗斯	联邦社会保险基金和地区基金管理短期伤残待遇，养老基金管理长期伤残待遇，卫生部管理医疗服务
拉脱维亚	福利部提供总体监管，国家社会保障局管理相关待遇	智利	劳动和社会保障部提供总体监管，职业安全协会具体管理工伤保险项目
卢森堡	社会保障部提供总体监管，工伤保险联合会管理工业、农业和林业工人项目	以色列	劳动和社会事务部提供总体监管，全国保险协会具体管理工伤保险
荷兰	社会事务和就业部提供总体监管，医疗保障局管理医疗待遇，养老金相关部门管理长期待遇	南非	劳动部提供总体监管，工伤保险补偿委员会具体管理项目
挪威	卫生部、劳动和社会事务部提供总体监管，劳动和福利管理局经办管理全国项目	中国香港地区	劳工处监管，商业保险公司具体经办

资料来源：作者收集整理。

表 3　　单独制度模式国家和地区公务员工伤保障管理机构

国家或地区	管理机构	国家或地区	管理机构
奥地利	卫生部提供总体监管，工伤保险联合会经办管理工伤待遇	加拿大	联邦就业和社会发展部设置联邦雇员补偿服务办公室专门负责联邦雇员的工伤保障问题
比利时	对于地方政府公务员，国家社会保障办公室（NSSO）是总体负责机构；对于其他公务员，雇用当局本身负责收取和支付待遇（除了医疗保健缴费在普通雇员计划中）	美国	美国劳工部下特设劳动补偿办公室
德国	联邦劳动和社会事务部负责职业安全和健康项目，公共部门事故保险机构具体经办	西班牙	财政部下属工资保险福利司全面执行国家关于公务员社会保险的政策和规定，以及缴费和保险金的发放
韩国	行政安全部管理运营公务员年金制度。公务员年金管理公团履行公务员年金业务，支付包括工伤在内的给付金，征收贡献金、承担金和其他费用，实施其他行政安全部长官委托的事业	意大利	青年和国家公务员部专门管理国家公务员基金，其中包括工伤补偿
日本	国家公务员灾害补偿的主管部门为日本人事院职员福祉局及各地方人事局对应部门；地方公务员灾害补偿由地方公务员灾害补偿基金事务所负责	澳大利亚	安全、康复和补偿委员会（SRCC）主要负监管职责；Comcare（国家职业健康、安全及职工补偿机构）主要作为工伤保险经办机构、全国职业卫生安全监管者和计划管理者
中国台湾地区	“考试院铨叙部退抚司”专门负责公务员的退休、保险、抚恤、福利	马来西亚	劳动部管理政府公务员退休基金支付相关待遇

资料来源：作者收集整理。

（一）劳动保障部门负责型

这一类型占多数，包括美国、加拿大、澳大利亚、马来西亚、德国、比利时等。在美国，劳工部下属的劳工补偿办公室（OWCP）及其 12 个地方办公室，专门负责公务员及其他 3 种特殊人群补偿金的发放、收取和管理，并且帮助受伤雇员重返工作岗位等。在德国，联邦劳动和社会事务部负责公务员职业安全和健康项目，工伤保险具体经办由公共部门同业联合会及其地方分支来完成。

（二）公务员部门负责型

也有一些国家和地区的公务员工伤保障制度由公务员管理部门来承担管理职责。在韩国，公务员工伤保障由《公务员年金法》统一覆盖，公务员年金由负责公务员综合管理等职责的行政安全部来管理运营，公务员年金管理公团则负责具体经办。在日本，国家公务员灾害补偿的主管部门为日本人事院职员福祉局及各地方人事局对应部门；地方公务员灾害补偿由地方公务员灾害补偿基金事务所负责。在意大利，青年和国家公务员部专门管理国家公务员基金，其中包括工伤补偿。在我国台湾地区，“考试院铨叙部退抚司”专门负责公务员的退休、保险、抚恤和福利。

（三）其他部门负责型

还有一些个别国家和地区由其他部门负责公务员工伤保障制度管理。比如，在西班牙，财政部下属工资保险福利司全面执行国家关于公务员社会保险的政策和规定，以及缴费和保险金的发放。在奥地利，由卫生部提供总体监管，工伤保险联合会则具体管理工伤待遇。

四、公务员与军人工伤保障制度比较

虽然公务员和军人都是财政供养人口，都是维持国家机器运转的职业人群，但军人职业更为特殊，作为保家卫国的武装力量，其伤亡概率比一般职业人群远远要高。因此，为了适应战争和国防的需要，各国军队一般拥有独立而优良的医疗资源，军人的社会保障经费通常来自独立的国防费用，军人的保障体系更为完善，保障内容更为全面。

绝大多数现代国家的公务员与军人工伤保障制度是分开的，并且后者享受更为优厚的待遇。在韩国，针对企业职工的产灾保险制度不适用于公务员，公务员工伤保障制度由《公务员年金法》统一覆盖，军人则由《军人年金法》统一覆盖。个别国家即便原来是统一的，目前也开始分开。比如，澳大利亚联邦政府雇员和军人在 2004 年之前由同一个制度覆盖，但从 2004 年开始，新招募的军人由专门的新制度覆盖，新制度针对军人的职业特点，能更好满足军人及其家属的需求。

另外，值得注意的是，作为公务员系统中相对特殊的群体，部分国家和地区的警察也执行单独的工伤保障制度，与公务员工伤保障制度分立，如以色列、新加坡、南非、意大利、波兰、斯洛伐克、中国香港地区等。即便执行统一的工伤保障制度，考虑到职业的特殊性，警察群体的工伤保障力度往往更大，待遇也更加优厚，在制度安排上往往有多层次工伤保障制度，除了基本保障以外，还会有补充保险等。除了保险之外，一般还由财政拨款或者社会各界捐赠等形式设立警察福利基金，对工伤或工亡警察进行抚恤。

五、公务员与企业职工工伤待遇比较

无论是单独制度模式还是统一制度模式，都与工伤保障待遇水平没有必然联系。部分国家和地区公务员工伤保障制度单独设立，但并不意味着公务员与企业职工工伤保障待遇水平存在明显差距。从本文研究的国家和地区来看，执行统一制度模式的国家和地区，公务员与企业职工工伤保障待遇水平是基本一致的。执行单独制度模式的国家和地区，主要原因是历史传统或政治体制等因素形成，并非为了让公务员实行特殊保障待遇水平，因此与企业职工相比并没有明显的差距。但总的来说，公务员工伤待遇略微优厚，并有更大可能享受补充保障制度。

在日本，地方公务员与国家公务员享受种类相同的灾害补偿待遇，且待遇水平基本相同，公务员与企业职工待遇水平也基本相同，但考虑到个别公职人员的特殊性质，待遇会稍好些。

有些国家和地区实施多层次工伤保障制度，但公务员和企业职工待遇差别也并不绝对化。在瑞典，公务员既参加法律强制规定的国家主办的社会工伤保险，又可以参加保险公司主办、以雇主和雇员达成谈判协议为基础的集体公约工伤保险。但是集体公约工伤保险并不是公务员所独享，集体公约工伤保险覆盖了 90%以上瑞典从业人员。

在英国，针对因公受伤或牺牲公务员家庭收入的补偿，除了统一的工伤保险补偿之外，英国政府专门制定了 CSIBS（Civil Service Injury Benefits Scheme）计划，详细规定了对于事故人员家庭收入能力降低的受益人、补偿水平等相关补偿事宜，并且规定因公死亡公务员的补偿将直接支付给其遗属。

在澳大利亚，联邦政府雇员的工伤保险待遇并没有比一般雇员的显著优越，有些州的工伤保险待遇甚至高于联邦政府，如工亡待遇。但联邦政府雇员也有补充计划，针对特殊情况下的工作伤害，由联邦就业部管理。联邦政府雇员工伤保险制度由雇主缴费，2013—2014 年度缴费率为 1. 19%，低于各州的平均水平 1. 48%。

另外，有些国家和地区公务员工伤争议解决机制与一般企业职工存在不同。在美国，联邦雇员在工伤保障待遇上存有争议的，在调解机制上，采取行政方式而非诉讼方式，避免了联邦政府耗费大量时间和成本，这与一般雇员的方式有很大差别。

在日本，工伤争议解决也存在差异。劳动者灾害补偿保险法、地方公务员灾害补偿法，适用的是抗告诉讼；而国家公务员灾害补偿法适用的是当事人诉讼。当事人诉讼是日本行政法中确认或者形成当事人之间的法律关系的处分或裁决的诉讼。当事人诉讼与抗告诉讼有明显的区别：后者是针对公权力行使不服提起的，被告一定是行使公权力的行政机关，前者是把法律关系的当事人一方作为被告提起的诉讼；后者是与民事诉讼完全不同的诉讼类型，前者则与通常的民事诉讼属于大体相同的类型。

六、不同国家和地区公务员工伤保障制度对我国的启示

本文研究的多数国家和地区工伤保险制度以及公务员工伤保障制度建立时间较早，经过长时间发展和制度变革，已经形成了比较固定和比较成熟的制度模式。通过对典型国家和地区公务员工伤保障制度进行比较研究，结合我国公务员工伤保障制度现状，主要有以下几点启示：

（一）必须通过立法明确公务员工伤待遇

本文研究的大多数国家和地区，都通过专门立法的方式，规范了公务员工伤待遇，对管理部门、认定机构、资金来源、劳动能力鉴定、调解机制等工伤管理服务制度作出明确的规定。将公务员工伤待遇纳入法制化轨道，由法律明确和详细规定，保障了公务员群体的合法权益，维护了所有职业人群工伤待遇的公平合理。

我国必须改变以笼统的形式规定公务员因公伤亡抚恤参照军人办理的现状，通过立法

的方式对制度予以明确，不再捆绑军人优待抚恤制度。应当通过专门立法进一步明确公务员因公伤亡抚恤的目的、管理体制、适用对象、认定条件、评定程序、抚恤方式、资金保障和法律责任等内容。

（二）公务员工伤保障制度模式必须基于本国国情

在对不同国家和地区公务员工伤保障制度模式进行研究时，很难判断哪种模式更为优越，哪种模式运行效果更好。究其原因，主要因为公务员工伤保障制度模式的选择，与各个国家的历史文化、传统观念、政治体制、经济社会发展阶段等密切相关，即使是相同的制度模式，其制定初衷亦不尽相同。所以，各国公务员工伤保障制度模式没有优劣之分，只有是否适合本国国情之别。公务员实行社会工伤保险制度模式，并由劳动保障部门管理，是多数国家和地区的选择。

我国公务员工伤保障制度模式的选择，也要充分结合我国的国情，因地制宜。从宏观方面来看，我国的政治制度、传统观念、经济社会发展阶段等都会影响公务员工伤保障制度模式选择。从微观方面来看，公务员其他社会保险制度改革、工伤保险制度现有模式等因素的影响，在选择公务员工伤保障制度模式时也要充分考虑。

（三）工伤保障制度的建立必须符合公务员职业特点

有国外学者（Frank Eich，2009）认为，公共部门职员尤其是公务员享有特殊社会保障制度的原因如下：确保公共部门职员的独立性（最小化腐败和贿赂）；保证公共部门职业有吸引力（吸引和留住优秀人才）；使公务员享有一种政治上和社会可接受的体面生活。另外，政治领导人也希望能赢取公共部门雇员的拥护，依赖他们出台和实施政策。而且许多国家的公务员和公共部门职员一般有强大的游说集团，往往工会组织强大。另外，由于公务员和一般企业雇员的工作性质存在一定差异，各国公务员尤其事务官，一般不随执政党的变化而轮换，保持相对的稳定，公务员一般没有退出工作岗位的机制，有些国家公务员没有罢工的权利。因此，虽然各国公务员工伤保障待遇与企业雇员没有明显差距，但一般在伤残津贴的给付方面也有一定的差别。尤其是达到一定年龄的公务员，一旦伤残可以得到高于企业雇员的伤残津贴。

我国在制定公务员工伤保障制度时可考虑这一做法，同时也要充分考虑我国公务员在国家管理中的特殊地位以及现有的待遇安排。特别是制定公、检、法、司系统公务员工伤保障制度时，必须充分考虑公务人员面临的特殊风险，予以妥善安排。

（四）公务员和军人应当分别建立保障制度

虽然公务员和军人的职业有一定的共同点，都承担着维护国家机器正常运行的职责，但二者职业性质、保障制度的差别也同样明显。公务员和军人合并建立伤残保障制度面临着筹资以及医疗资源难以整合的多方面问题，因此，公务员和军人的伤残保障问题不适宜通过一个制度解决。本文研究的多数国家和地区为公务员和军人分别建立了保障制度。

我国最初把公务员和军人伤残抚恤制度联系在一起，有一定的历史原因，也有合理性。但时至今日，普通公务员面临的工伤风险与一般企业职工已经比较接近，工伤保障需求比较相近，应该与企业职工工伤保险制度保持基本一致，才能更充分满足公务员需求和保障公务员工伤权益，不应该再捆绑军人的伤残抚恤制度。

参考文献

[1] United States Social Security Administration, International Social Security Association. Social Security Programs Throughout the World [M]. 2001.

[2] Safe Work Australia. Comparison of workers′ compensation arrangements in Australia and New Zealand [M]. 2016.

[3] 郝玉玲，宫安. 中日公务员及企业职工工伤保险参保实践与思考 [J]. 中国医疗保险，2012 (5)：60-63.

[4] 金钟范. 韩国社会保障制度 [M]. 上海：上海人民出版社，2011.

与商业保险合作工伤事故调查的探索与思考

——基于唐山市实践

邵万玖　毛亚娟　毛　徽
河北省唐山市人力资源和社会保障局
河北省唐山职业技术学院
中国二十二冶集团装备制造有限公司

【摘　要】自 2016 年 11 月起，唐山市开展与商业保险公司合作进行工伤事故调查探索。工伤事故合作调查即以政府购买商业保险服务的方式，将工伤事故现场勘查及相关客观证据提取固定等事项，委托商业保险公司实施。工伤事故合作调查在提高工伤保险服务质量、保障工伤保险基金运行安全等方面取得了积极成效。

【关键词】工伤事故　商业保险　合作调查

自 2016 年 11 月起，唐山市开展与商业保险公司合作进行工伤事故调查探索。与商业保险合作进行工伤事故调查（以下简称工伤事故合作调查），是通过政府购买商业保险公司商业服务的方式，将原由用人单位承担的工伤事故现场及考勤、监控等客观性证据的收集、固定提交等事项，及部分工伤保险行政部门根据需要进行的事故现场勘查核实等工作，委托商业保险公司实施。工伤事故合作调查充分利用了商业保险公司在补充医疗、车险理赔等业务平台的优势，实现在第一时间、第一现场提取固定与工伤事故紧密关联的第一手客观性证据材料。这既大幅减轻了用人单位和职工组织提交证据材料的负担，又有效解决了工伤保险行政部门调查力量不足的难题，保证了证据的全面、客观、真实，有效提升了工伤认定的准确性。工伤事故合作调查受到了用人单位和职工普遍欢迎，赢得了社会广泛认可，降低了工伤保险基金运行风险，促进了服务质量大幅提升。

一、合作模式

工伤事故合作调查，是工伤保险行政部门为更好履行职能、改善服务而主动与社会发展相适应的创新之举，实现了工伤保险服务能力建设目标、用人单位及职工现实需求、商业保险公司业务发展的有效统一。

（一）依法合作

根据《国务院关于加快发展现代保险服务业的若干意见》（国发〔2014〕29 号）规定，商业保险要成为政府改进公共服务、加强社会管理的有效工具，首要问题是合法性。

1. 合作内容合法。工伤事故合作调查基于政府服务的社会化，内容限于原应由用人单位或职工承担的证明事故伤害属于工伤的客观性证据的收集、保存及提交等事项，及部分工伤保险行政部门在事故伤害发生后必要的事故现场勘查核实行为，而不是完全取代或代理工伤保险行政部门在受理工伤认定申请后的工伤认定调查等行政职能。

2. 合作的形式合法。工伤事故合作调查，以工伤保险行政部门主导，商业保险公司协作的方式开展。商业保险公司接受工伤保险行政部门任务指派，严格按规定的范围和内容勘查取证；商业保险公司在工伤保险行政部门的指导监督下实施调查取证，调查可配合进行，也可独立实施；商业保险公司调查取证行为保持相对独立，以确保证据真实、客观。

3. 依法签订合同。双方的权利、义务以合同约定方式依法明确，主要包括：勘查人员、车辆及器材保障标准，调查组织实施程序和取证范围，证据的提取与保存规定，合作调查档案文书制作与移交制度，风险防控及违约责任等。

（二）有偿服务

工伤事故合作调查，必须遵守市场规律，依照国家政策法律规定，以政府采购社会服务途径实现。

1. 服务成本测算。工伤事故合作调查成本一般包括人工、车辆保障、勘查器材及办公等支出。工伤保险行政部门在采购服务前，应针对本地区工伤案件发生特点及核查取证需求，委托会计师事务所或其他第三方对工伤事故合作调查成本进行测算，并依此确定采购服务参考成本。

2. 服务供应商采购。按照《中华人民共和国社会保险法》《工伤保险条例》及人力资源和社会保障部文件规定，工伤事故合作调查费用从工伤保险基金中列工伤认定调查费支出，所以，需按照《中华人民共和国政府采购法》规定，以公开招标方式采购商业保险公司工伤事故合作调查服务。

3. 服务费用支付方式。根据工伤事故合作调查的特点，既可以调查工伤事故单件服务费用标的招标，也可以服务总价标的打包的方式招标。支付方式既可阶段性结算，也可年初先行部分预付、年底结算，或合同期满一次性结算。

（三）风险防控

工伤事故合作调查，需要综合考虑社会效益和经济效益，坚持“互惠互利、合作共赢”的原则，制定和完善相关制度，有效预防和控制合作风险。

1. 建立竞争机制。通过选择两家以上商业保险公司合作、建立准入退出机制等鼓励竞争，防止服务被“垄断”，确保合作良性发展。

2. 择优选取合作对象。工伤事故合作调查，与医疗大病补充险等商业保险合作存在一定差异，合同履行质量与工伤保险行政部门的行政执法形象、工伤保险基金安全联系更紧密，社会关注度更高，所以，应选择社会公共服务经验丰富、服务平台与民生保障联系紧密、社会责任感强的商业保险公司合作。

3. 建好风险“防火墙”。一方面，工伤保险行政部门要严格按照合同约定，认真检查考核商业保险公司的调查服务，对违约现象及时纠正，确保商业保险公司按照约定的服务事项、服务标准提供服务。另一方面，工伤保险行政部门要为商业保险公司调查取证提供充分保障，支持商业保险公司“独立”实施调查，避免人为干涉，确保核查取证更加客观、公正。

二、合作成效分析

工伤事故合作调查，切实提高了工伤保险服务能力，给工伤保险发展注入了新动力。

（一）补齐工伤认定调查短板

与商业保险公司开展工伤事故合作调查后，由于对事故伤害现场勘查及时，客观性证据提取固定及时，工伤认定调查薄弱问题得到很好解决。工伤保险行政部门通过审核分析商业保险公司提交的合作调查档案，即能提取到事故伤害的“工作时间、工作场所、工作原因”等要素，并依法作出正确的工伤认定结论。

1. 现场核查率得到保障。以唐山市为例，以往工伤认定调查率不足15%，事故现场核查率不足5%，与商业保险公司合作后，现场核查率提升到80%以上，上下班途中交通事故和死亡等重大事故现场核查率达到100%（见表1、表2）。

表1　　2014年10月至2018年9月唐山市工伤事故合作调查统计情况

时间＼项目数据	工伤发生数/件	现场勘查数/件	现场勘查率/%	认定调查数/件	认定调查率/%
2014年10月至2015年9月	9 833	366	3.7	1 045	10.6
2015年10月至2016年9月	8 452	402	4.8	996	11.8
2016年10月至2017年9月	8 372	5 052	60.3	5 257	62.8
2017年10月至2018年9月	9 491	7 807	82.3	7 912	83.4
备注	现场勘查率=现场勘查数÷工伤发生数×100% 认定调查数=工伤保险行政部门调查数+商业保险公司合作调查数 认定调查率=认定调查数÷工伤发生数×100%				

表2　　2017年10月至2018年9月唐山市工伤事故合作调查分类统计情况

数据＼项目	工伤发生重大伤亡事故	交通事故	生产事故	其他事故	合计
案件数/件	316	648	7 783	744	9 491
完成调查数/件	316	648	6 468	375	7 807
比例/%	100	100	83.1	50.4	82.3

2. 调查时效性明显提升。2017 年 8 月 28 日 14 时许，某公司煤气供应站李某进行安全检查过程中，突然发病倒地，单位拨打“120”急救电话并通过手机微信报备系统报告事故。接到事故报告信息，工伤保险行政部门即刻下达调查指令，工伤事故合作调查组几乎与“120”救护车同时到达现场，对事故过程进行了现场取证（见图 1）。对死亡、上下班交通事故等重点疑难案件，做到事故发生 24 小时以内现场勘查取证，有的与“110”“120”急救车同时到达，实现第一时间、第一现场调查。因为客观证据在用人单位提交书面工伤认定申请前已由商业保险公司完成提取固定，减轻了工伤保险行政部门后期调查负担，事故伤害主、客观证据链完整，致工伤保险行政部门作出工伤认定周期缩短一半以上。

图 1　工伤事故合作调查场景

3. 取证能力明显提升。部分商业保险公司已经与政府开展补充医疗保险等服务合作，且其医疗、寿险及财险等业务网络覆盖城乡，基本实现全域和实时性覆盖，可第一时间提取到工伤事故发生后的医疗救治、事故现场、交通事故酒精检测报告等证据材料。一些商业保险公司业务覆盖全国，依托其业务网点能够实现对异地工伤事故实施快捷高效的调查取证。唐山市开展工伤事故合作调查以来，全市利用其他商业保险业务信息达到 5%左右，事故证据信息来源更加广泛，证据链更加完整（见表 3）。

表 3　唐山市工伤事故合作调查调用保险公司业务信息统计数据

名称＼时间	2016 年 10 月至 2017 年 9 月	2017 年 10 月至 2018 年 9 月
调用补充医疗类保险信息/件	78	146
调用车辆财产类保险信息/件	101	213
调用人身意外类保险信息/件	31	68
调用建筑业意外伤害险信息/件	42	55
小计/件	252	482
调查案件数/件	5 257	7 912
调用商业险信息所占比例/%	4. 8	6. 1

（二）优化工伤保险行政部门工作

1. 加速推进工伤认定一次性服务。与商业保险公司合作工伤事故调查配套建设的“工伤保险网上申报系统”，提供用人单位和职工通过微信、互联网办理事故报备及认定（劳动能力鉴定）申请服务。用人单位应用网上申报系统，进行事故报告、认定申请等操作，系统自动生成工伤认定申请表，用人单位可下载打印相关格式材料，实现工伤认定申请一次性办理，工伤认定周期较规定期限缩短一半以上，实现了“数据多跑路、百姓少跑腿”，工伤认定服务更加便捷高效（见表4）。

表4　唐山市工伤认定申请受理及认定工作效率统计

项目 时间	工伤发生数/件	网上申请数/件	网上申请比例/%	认定平均跑办次数/（次/件）	快速认定数/件	快速认定比例/%
2014年10月至2015年9月	9 833	—	—	1.9	2 359	23.9
2015年10月至2016年9月	8 452	—	—	1.7	2 413	28.5
2016年10月至2017年9月	8 372	3 865	46.2	1.4	4 394	52.5
2017年10月至2018年9月	9 491	8 679	91.2	1.1	7 281	76.7
备注	快速认定：指按照《工伤认定办法》第二十一条规定，自受理工伤认定之日起15日内或按照《工伤保险条例》第二十条规定，自受理工伤认定申请之日起提前至30日内作出工伤认定决定					

2. 促进工伤保险行政部门职能优化。与商业保险公司合作工伤事故调查，将工伤保险行政资源从繁重的工伤认定调查事务中解放出来，腾出更多精力组织开展工伤保险政策宣传、工伤预防和工伤康复，使工伤保险工作能够精准发力，高质量推进。

3. 增强工伤认定社会公信力。与商业保险公司合作工伤事故调查，实现在工伤认定取证环节嵌入独立的“第三方”服务，有效堵塞弄虚作假的漏洞，进一步强化社会对工伤保险政策的认知，形成用人单位、职工依法申请工伤与工伤保险行政部门依法认定工伤的良性互动。

（三）降低工伤保险服务成本

1. 工伤调查费使用效能提高。未与商业保险公司合作工伤事故调查前，唐山市每个县（市、区）配置一辆工伤认定调查专用车，年均支付调查费近200万元。合作后，支付商业保险公司服务费同比增幅不到50%，但工伤事故调查率却提高5倍以上，其中事故现场勘查率提高近20倍。

2. 有效降低工伤保险基金运行风险。工伤事故合作调查开展后，唐山市全市域内工伤事故100%实现现场调查，其中24小时内到达占60%以上。重大伤亡事故、交通事故均实现100%24小时内现场勘查取证。调查时效性的提高，保证了客观性证据提取固定及时，有效防范了证据材料灭失或伪造等风险。唐山市工伤事故合作调查开展一年多时间里，共查出包括18件死亡在内的152件申报事由与事实不符，避免了工伤保险基金流失（见表5）。

表5　2017年10月至2018年9月唐山市工伤事故合作调查完成时限统计

时限＼事项	重大伤亡事故	交通事故	生产事故	其他事故	合计
	316	648	6 468	375	7 807
24小时内完成/件	316	648	3 923	219	5 106
所占比例/%	100	100	60.6	58.4	65.4
48小时内完成/件	—	—	1 873	144	2 017
所占比例/%	—	—	29.0	38.6	25.8
72小时内完成/件	—	—	672	12	684
所占比例/%	—	—	10.4	3.0	8.8
备注	时限：自保险公司接到工伤保险行政部门调查指令至实施工伤事故现场调查取证的时间				

3. 工伤保险服务社会评价大幅提升。与商业保险公司合作工伤事故调查后，客观性证据被及时、准确、完整提取固定，既减轻用人单位组织证据负担，也减轻“人情”负担，依法申请工伤认定的正风良俗得到进一步规范。

三、合作需关注的问题

与商业保险公司合作工伤事故调查，要保证方向正确、运行规范、效果理想，应把握好3个关系。

（一）工伤保险行政部门与商业保险公司地位关系

此项合作，工伤保险行政部门是规则制定和服务需求方，商业保险公司是履约和服务提供方。作为合作规则制定和服务需求方，工伤保险行政部门应严格把握行政职能权力与非行政职能事项的界定，合作规则的制定必须严格遵守法律、法规，严格执行社会保险法和工伤保险政策法规，切实保障工伤保险行政职能不流失，兜住底线。商业保险公司作为服务的提供方，应严格依据法律和合约提供服务，独立实施事故调查取证，承担违约、违法的风险和责任。

（二）工伤保险行政部门与商业保险公司业务关系

工伤事故合作调查必须坚持工伤保险行政部门的组织指导，对调查对象、时间、要素及证据采集、保存方式等要予以明确，具体工作都要列明详细标准，必要时组织带领调查取证，但不能干涉具体取证。商业保险公司应接受工伤保险行政部门的指导，在约定范围内独立完成证据核实、提取及固定，以取得调查材料为基础，独立制作工伤事故调查档案。为确保合作紧密，双方应建立指挥中心，统一调度合作调查。工伤数量大的，可采取工伤保险行政人员与商业保险公司调查员合署办公。

（三）工伤保险行政部门与商业保险公司的责任风险关系

合作责任风险表现在分担与共担2个方面。

1. 分担性风险。工伤保险行部门主要防范工伤保险行政权力的缺失、流失风险，行政职能不能委托商业保险公司代理代办，行政指导不能缺失，行政监管不能缺失。商业保险公司要强化履约能力和内控检查，防止核查人员与用人单位、职工串联，故意伪造、灭失证据，臆造、伪造调查档案，谋取不当利益等。

2. 共担性风险。双方都要共同维护依法合作，向社会提供公正、高效的工伤保险服务。

四、发展趋势

随着政府服务职能的转化，工伤保险行政部门与商业保险公司合作工伤事故调查将是一种趋势，范围会越来越宽，内容会越来越丰富。

（一）工伤保险“大数据”信息保障与工伤事故合作调查需求进一步匹配

用人单位能应用网络实时报送工伤事故信息，商业保险公司能实时提取事故及用人单位、工伤职工的相关信息，工伤保险行政部门对商业保险公司事故调查能实时组织远程调度、监控。

（二）工伤保险“体系化”服务为工伤事故合作调查提供更广阔平台

工伤保险统筹层次不断提高，为商业保险公司调查事故提供更广的共享区域。工伤保险信息平台与医疗等其他社会公共服务信息平台高度链接融合，工伤事故合作调查将获得更全面系统的信息支撑。

（三）商业保险“专业化”合作调查服务助推工伤保险发展

工伤事故合作调查将进一步激活商业保险的社会化服务能力，吸引更多的商业保险资源围绕工伤保险发展需求、拓展服务产品，推动工伤保险健康持续发展。

参考文献

［1］杨瑞勇. 商业保险与社会保险互补性关系的时代考察［J］. 时代金融，2013（21）.

［2］万亨利. 浅议如何促进我国社会保险与商业保险的协调发展［J］. 现代企业文化·理论版，2016（13）.

工伤认定行政行为证明责任研究

向春华 《中国社会保障》杂志社

【摘 要】《中华人民共和国行政诉讼法》第三十四条规定："被告对作出的行政行为负有举证责任"。这一规定主要是针对秩序行政下的侵害型行政行为而作出的规制，而不应适用于福利行政下授益型行政行为，从而导致司法实践中"同案不同判"混乱状态。工伤认定的直接属性为行政确认行为，而本质属性则为社会给付，目前在我国是作为行政行为而处理其争议的，其本质属性则应确定为行政给付。在工伤认定行政程序中，应由申请人主要承担证明责任。而在工伤认定行政诉讼中，行政机关认定或视同为工伤的，应由行政机关与申请人共同承担证明责任；行政机关未认定或视同为工伤的，应由申请人承担证明责任。

【关键词】工伤认定 证明责任 行政程序 行政诉讼

一、问题之提出

在司法实践中，证明责任（举证责任）的分配和确定是至关重要的，它往往在很大程度上决定着诉讼的结果，如果证明责任分配有误，就会直接导致判决错误。在目前社会保障争议案件中，工伤保险争议所占比例较高，司法机关对一些工伤认定行为的审查标准不一，其中非常重要的原因就是对证明责任的分配把握不一。举证责任直接与裁判结果关联，对工伤认定决定和工伤认定行政诉讼案件的判决有决定性影响。

以单方交通事故工伤认定争议为例，在苏某某、杜某某诉聊城市人力资源和社会保障局工伤行政确认案中，法院认为，交警部门没有出具交通事故责任认定书，但是聊城市人力资源和社会保障局也未能提供证据证明杜某某负交通事故的主要责任，聊城市人力资源和社会保障局以申请人不能提供相应证据为由而作出不予认定工伤决定，实际上等同于推定杜某某在交通事故中承担主要或全部责任，此种推定没有事实依据。法官在解释中提出，按照举证规则，聊城市人力资源和社会保障局既然明确作出不予认定工伤决定，就应提供证明其决定正确合法的依据，即承担提供杜某某在事故中承担主要责任或全部责任证据依据的举证责任，聊城市人力资源和社会保障局在没有足够证据证明杜某某承担事故全部或主要责任的情况下作出不予认定工伤决定，属于主要证据不足。① 此案中法院认为证明责任在行政机关。根据同样的证明责任分配观点，在郭某某诉灵武市人力资源和社会保障局工伤认定案②、杨某诉德阳市劳动和社会保障局工伤认定案③中，行政机关作出的不予认定为工伤的认定决定均被法院撤销。

而将证明责任分配给工伤认定的申请人，则会导致相反的结果。在陆某诉上海市宝山区人力资源和社会保障局、上海市人力资源和社会保障局劳动保障纠纷案中，法院认为，现有证据无法证明陆某发生了非本人主要责任的交通事故，在诉讼中陆某也未提交证据证明其主张，故宝山区人力资源和社会保障局认为陆某申请工伤认定的情形不符合《工伤保险条例》《上海市工伤保险实施办法》认定工伤或者视同工伤的情形，决定不予认定或者视同工伤，认定事实清楚，适用法律正确，依法应予支持。关于陆某认为用人单位应当对其所受伤害不属于工伤承担举证责任的诉称意见，法院认为，因本案中陆某所称事故地点在上班途中，而非用人单位的工作场所，陆某应当对事故的存在及非本人主要责任承担举证不能的法律责任。判决维持了行政机关不予认定或视同工伤的决定。④ 在陈某某诉福建省龙岩市人力资源和社会保障局工伤认定案中，法院亦持同样意见而维持了行政机关不予认定工伤或视同工伤的决定。⑤ 很明显，在这两起案件中，法院均未适用《中华人民共和国行政诉讼法》关于证明责任的分配规则。

司法实践中对工伤认定行政行为证明责任分配的对立性认知，来源于现行行政诉讼法证明责任分配规则与行政行为类型化发展之间的冲突，来源于从秩序行政向福利行政转变过程中司法审查制度发展的脱节，也来源于行政法与社会法不同法律部门之间司法理念的差异。只有在深刻认识行政、社会保障和司法体系发展的背景下才有可能探寻和确立合理的工伤认定行政行为证明责任分配制度。

二、行政诉讼程序与行政程序中的证明责任及其缺陷

（一）证明责任及其构造

证明责任是诉讼当事人在审判中向法庭提供证据证明其主张之案件事实的责任，是一定的诉讼主体对其所主张、所认定的案件事实是否存在负有提出证据、运用证据加以证明

① 该案是山东省高级人民法院公布的2014年十大民告官典型案例。

② 灵武市人民法院（2012）灵行初字第10号行政判决，银川市中级人民法院（2012）银行终字第30号行政判决。

③ 德阳市旌阳区人民法院（2008）旌阳行初字第20号行政判决，德阳市中级人民法院（2008）德行终字第13号行政判决。

④ 上海市宝山区人民法院（2016）沪0113行初51号行政判决，上海市第二中级人民法院（2016）沪02行终504号行政判决。

⑤ 龙岩市中级人民法院（2014）岩行终字第68号行政判决，福建省高级人民法院（2015）闽行申字第361号行政裁定。

的义务，主要解决“谁来证明”的问题。这类定义是就诉讼程序中的证明责任来说的，就行政行为是单方面的、行政法上的命令行为或其他具有法律效果的事实行为并对相对人产生直接或间接的法律效果而言，在行政程序中同样存在证明责任的分配问题。这对于工伤认定行政行为而言，同样是应当予以重视，而此前几乎没有给予关注的领域。

证明责任包含3层含义：①提供证据的行为责任，即诉讼当事人就其事实主张向法庭提供证据的责任；②说服事实裁判者的行为责任，即诉讼当事人使用符合法律要求的证据说服事实裁判者相信其事实主张的责任；③承担不利后果的责任，即诉讼当事人在不能提供证据或者不能说服裁判者而且案件事实处于不清状态时承担不利诉讼后果的责任。即提供证据责任、说服责任和后果责任。其中，最为重要的是后果责任，即在未完成证明责任（举证不能）时承担败诉后果。

虽然“举证责任”之表述在中文语境中更为常见，其本质为“败诉责任”亦为共识，亦即法谚“举证责任之所在，败诉之所系”。但是一方面，“举证”字面含义仅仅是提供证据，没有显示“证明”的根本目的，即“举证”是为了“证明”待证事实；另一方面，对举证责任的功能、内涵，确实有观点认为仅仅指提供证据的责任，而不包括说服责任和后果责任。例如，美国联邦最高法院在1994年之前认为《联邦行政程序法》第556节（d）款仅规定了提供证据的责任，而不包括说服责任。就理论而言，也有将举证责任区分为行为意义上的责任——提供证据的责任和结果意义上的责任——结果责任，容易将二者割裂。为了更好地体现提供证据责任、说服责任、后果责任的共同内涵，本文主张采用“证明责任”之表述。①

对于证明责任的目的和意义，一般认为有3个方面：第一，有助于查清案件事实；第二，有助于各诉讼主体实现其诉讼目的；第三，有助于办理案件的国家专门机关特别是法院在案件事实真伪不明的情况下及时处理案件。

相对于民事诉讼“谁主张、谁举证”和刑事诉讼“公诉人承担证明责任”的共识，对于行政诉讼中是否存在证明责任分配的一般规则，仍存在一定争议。如认为举证责任分配“由法官针对具体争议点，考量多种因素来完成”。举证责任不是从头到尾都停留在一方当事人身上，而只是当事人在事实调查的阶段应当承担的证明责任，不是一次性和最终意义上的责任，宜在具体案件中通过法官“对与具体情境相关的社会价值的衡量”确定举证责任的分配。这些观点有一定道理，由于事实现象的复杂性，基本规则作为对举证责任分配的概括规定，可能无法应对复杂现实。同时由于基本规则的原则性和抽象性，针对具体事实往往需要解释和具体化，需要法官以恰当的方式发挥司法能动性，公平确定个案的举证责任，实现实质正义。但是无论如何，一个不确定的举证责任将无法发挥法定导向功能，失却法的教育性和预防性作用。举证责任分配诉讼风险，必须像其他法那样事先存在并能够为人们把握，否则法的可预见性和可预测性将荡然无存。

（二）现行行政诉讼中证明责任分配的缺陷

对于我国行政诉讼中证明责任的分配，1989年《中华人民共和国行政诉讼法》第三

① 本文在引证中尊重作者的表述，如果原文为“举证责任”，则按原文引述。对法律、法规亦如此。

十二条规定："被告对作出的具体行政行为负有举证责任，应当提供作出该具体行政行为的证据和所依据的规范性文件。"《最高人民法院关于行政诉讼证据若干问题的规定》（法释〔2002〕21号）第一条规定："根据行政诉讼法第三十二条和第四十三条的规定，被告对作出的具体行政行为负有举证责任，应当在收到起诉状副本之日起10日内，提供据以作出被诉具体行政行为的全部证据和所依据的规范性文件；被告不提供或者无正当理由逾期提供证据的，视为被诉具体行政行为没有相应的证据。"2014年《中华人民共和国行政诉讼法》第三十四条延续这些规定："被告对作出的行政行为负有举证责任，应当提供作出该行政行为的证据和所依据的规范性文件；被告不提供或者无正当理由逾期提供证据，视为没有相应证据。"对此，我国行政法学界一般认为，我国在行政诉讼中，应由被告行政主体对其作出的行政行为的合法性承担证明责任。即证明行政行为所认定的基本事实清楚，适用行政法规范和行政规范性文件正确，符合法定程序，没有超过职权和滥用职权，或没有不履行、拖延履行法定职责，以及没有明显不当，如果被告不能证明或拒绝证明行政行为的合法性，将承担败诉的风险或不利后果。

对于被告承担证明责任的原理，多数学者认为，行政诉讼中被诉具体行政行为违法的主张由原告提出，但具体行政行为的合法性由被告行政机关承担举证责任，实行举证责任倒置。但也有学者认为，这一规定并不违背"谁主张、谁举证"的一般原理，恰恰是这一原理在行政诉讼领域的特殊体现。合法性属于积极事实，违法性属于消极事实，提出积极事实、主张具体行政行为具有合法性的正是作出该行为的被告行政机关，被告行政机关当然应该提出证据负责证明其主张的成立。

现行《中华人民共和国行政诉讼法》规定的证明责任分配规则最主要的缺陷是没有考虑不同行政行为类型的权力（权利）义务关系，忽视了不同行政行为类型所存在的本质的差异。在不同类型的行政诉讼中，举证责任的分配及具体内容都有所差异，不能一概而论。对我国行政诉讼举证责任的分析，或许必须针对不同类型的诉讼形式一一展开。其中，最根本的问题在于，没有考虑从秩序行政向福利行政（给付行政）转变的历史。

在现代依法治国理念下，给付行政可能更多采取行政私法或行政契约的方式实施，给付行政与助长行政、经济辅助以及生存照顾等众多领域，被归入私法的行为形式与组织形式之中；公法不该用完全一样的拘束内容，而应该依侵害、给付或计划行政等不同现象的适用，而有区隔。更进一步来说，社会保险给付主要属于社会给付，并不完全属于行政给付，更不一定由行政主体给付，不但在行政诉讼中不应单纯适用被告承担证明责任的规则，需要更多考虑民事诉讼的证明责任分配规则，甚至不能适用行政诉讼，更无从考虑被告承担证明责任的规则。凡提出某种要求、控诉或申请的人，应承担举证责任，即凡主张某种事实的人，对该事实负有举证责任。

（三）行政程序中的证明责任与行政诉讼中证明责任的关系

一些国家的立法对行政程序中的证明责任分配规则作了规定，如美国《联邦行政程序法》第556节（d）款规定："除法律另有规定外，法规或裁定的提议人应负举证的责任。"根据这一规定，"谁主张、谁举证"是一般规则，与此不同的特别证明责任分配则由法律特别规定。葡萄牙《行政程序法》第 88 条规定，利害关系人负证明其陈述的事实的责任，但不影响与有权机关的义务。其证明责任分配规则类似。一般而言，在行政程序中证明责任的分配也仍然需要考虑不同的行政行为类型。当事人在行政过程中的举证责任，取决于行政行为的性质，如行政处罚中，查明公民、法人或者其他组织的违法行为是行政机关的义务，被处罚人不负有举证责任；在行政许可申请中，原则上由申请人对其符合行政许可条件承担举证责任。行政机关作出不利于相对人的决定时，行政机关承担举证责任；行政机关依相对人的申请，作出对相对人有利的决定时由相对人承担举证责任。

三、工伤认定行政程序与行政诉讼中的证明责任

（一）工伤认定行政程序中的证明责任

第一，需要明确的是，《工伤保险条例》（本文以下简称《条例》和《工伤认定办法》（人力资源社会保障部令第 8 号，本文以下简称《办法》）关于证明责任（举证责任）的规定属于对工伤认定行政程序中证明责任的规定，并非对诉讼程序中证明责任的规定。

第二，《条例》和《办法》对于工伤认定行政程序中证明责任的规定并不明确。《条例》第十八条规定，提出工伤认定申请应当提交下列材料：①工伤认定申请表；②与用人单位存在劳动关系（包括事实劳动关系）的证明材料；③医疗诊断证明或者职业病诊断证明书（或者职业病诊断鉴定书）。工伤认定申请表应当包括事故发生的时间、地点、原因以及职工伤害程度等基本情况。其中第②、③项属于证据；第①项实际为当事人陈述，虽然也属于法定证据形式之一，但从实践来看，其几乎没有证明力。一方面，该条款并未对②、③项的证明责任负担者作出明确规定；另一方面，对于作为工伤构成主要要件的工作、工作与伤害之间的关联（因果关系、工作时间和工作场所等客观状况）的证据，该条款亦未规定证明责任负担者。

《条例》第十九条第二款规定："职工或者其近亲属认为是工伤，用人单位不认为是工伤的，由用人单位承担举证责任。"不少判决据此认定应当由用人单位承担证明责任，如认为"正和公司应当就'袁某某不是该公司职工'主张承担举证责任，而正和公司在金寨县人力资源和社会保障局向其送达举证通知书时未提交证据。正和公司辩称袁某某不是本公司职工，没有证据证明，不予支持。"① 这一判决理由与劳动关系确认劳动仲裁、民事审判证明责任完全对立。劳动关系确认是劳动争议仲裁、民事诉讼的主要案由，法院行政庭在工伤认定案件中虽然也可以对劳动关系有无进行判断，但无论是基于该类案件的法律属性还是审理劳动关系确认裁审案件的数量，行政审判对劳动关系的判断必须尊重民事审判意见。而从理论上来说，对于同一事实，司法机关（不管民事诉讼还是行政诉讼，在我国都属于同一司法机关）作出完全相反的性质判断，违背了"同样事实、同样对待"

① 安徽正和市政建设工程有限公司与金寨县人力资源和社会保障局工伤认定案，安徽省六安市中级人民法院（2015）六行终字第 00062 号行政判决。

的法治原则。[1] 而从现实来看，实行这一证明责任分配规则，会得出极其荒谬的结论。

《条例》第十九条第二款未对“职工或者其近亲属认为是工伤”是否涉及证明责任的分配作出明确规定，在此前提下径行规定“用人单位不认为是工伤的，由用人单位承担举证责任”容易造成误解，需要进行修订完善。

第三，工伤认定行政程序中的证明责任应当主要由工伤认定申请人承担。①工伤认定行为本质上属于授益型行政（社会）给付行为，应当由申请人承担主要的证明责任。工伤认定行为虽然其直接属性是行政确认行为，但实施工伤认定并非其目的本身，工伤认定仅仅是过程和手段，其根本目的在于确定被保险人或其受益人是否获得工伤保险待遇给付。因此在相当程度上，工伤认定行为是工伤保险待遇给付行为的准备行为。在许多国家，工伤认定和工伤保险待遇给付是一体的，没有先行工伤认定的行为，但是不管如何，工伤认定行为在实质上决定了是否给付工伤保险待遇，是工伤保险给付的核心组成部分。申请人对其申请材料所反映的实质内容的真实性负责。给付行为之所以由申请人承担主要证明责任，主要根源在于，无论是行政给付还是社会给付，给付请求权人要求行政主体或社会主体给付，该公法上请求权与私法上请求权就其履行过程来看，并无本质差别，应当贯彻“谁主张、谁举证”之一般举证原则。如果给付请求权人无须对其诉求承担证明责任，而要求被给付人承担证明责任，其结果必然是绝大多数不符合享受待遇条件的人都要给付待遇。当由否定诉求者承担证明责任时，因为根本无法提供完全否定情形，那就只能接受诉求。这是极其不合理的。②在直接的法律属性上，工伤认定行为作为确认行为，仅仅是依据当事人之间的申请和主张对相关材料进行审核确定。行政主体并不必然具有调查的职责。根据《条例》规定，社会保险行政部门是否有调查职责及其法律后果，需要进一步探讨。

第四，用人单位的证明责任。用人单位并非被保险人，其主要属于投保人。但是与商业保险主要遵循契约自由原则不同，在稳定劳动关系下，社会保险遵循强制性原则；基于雇主与雇员的人身依赖关系，雇主除了承担投保人的职责以外，还需要协助工伤职工或其近亲属申请工伤认定。基于此，用人单位主要应当作为工伤认定申请行为的履行辅助人。抛开理论上的分析不论，依据《条例》第十九条第二款，认为劳动者一方不承担证明责任，而仅由用人单位承担证明责任也是不恰当的。其根源在于，工伤认定行为作为行政给付/社会给付的组成部分，如果认为给付请求权人无须承担证明责任，而由被给付请求权人或第三人承担证明责任，同样犯了上述错误。

用人单位的证明责任体现在 2 个方面：一是用人单位作为工伤认定申请人，其必须承担申请人的证明责任；二是劳动者一方作为工伤认定申请人，用人单位对是否构成工伤持异议。对此情形，劳动者一方在承担了证明责任以后，并且达到了优势证据的证明标准后，如果用人单位否认属于工伤，应当对劳动者一方的证据提出反证。如果用人单位不能提供反证，则应当采纳劳动者一方的证据，判令用人单位承担证明不能的后果责任。

---

① 即使司法机关不同，如普通法院与行政法院分设的国家，如果不同法院对同一事实作出不同法律认定，仍然违背这一法治原则。

（二）社会保险行政部门在工伤认定行政程序中的调查责任

鉴于司法机关撤销社会保险行政部门的工伤认定决定，其最主要的理由是，认为行政机关未能完成证明责任。《条例》第十九条第一款规定，社会保险行政部门受理工伤认定申请后，根据审核需要可以对事故伤害进行调查核实。这是裁量性规定，而非强制性规定。即不能认为社会保险行政部门对申请的每起工伤认定案件进行调查核实。但是也不能据此认为行政机关可以完全自由裁量。裁量并没有给予行政机关自由或任意，“自由裁量”是不存在的，只有“合义务的裁量”或者“受法律约束的裁量”。对于如何确定行政机关应当进行调查的范围，目前尚缺乏深入研究。可以遵循这一原则：先行确定行政机关必须进行调查核实的情形，除此以外的情况则由行政机关酌定。

在行政程序中，行政机关针对申请人的申请作出工伤认定决定，其主要法律属性为行政确认行为。行政机关依据申请人的申请和自己调查核实的材料作出工伤认定，行政机关在工伤认定行政程序中不存在证明责任，但具有调查核实的裁量性义务。

（三）工伤认定行政诉讼中证明责任分配的立法、实践和理论分析

现行《中华人民共和国行政诉讼法》主要是依照警察行政等传统的秩序行政而设立，没有充分考虑行政给付内在构造的巨大差异。证明责任的分配具有偏正性，即证明责任的分配总要偏向于一方，这种偏向应该符合于司法的公平正义。

在两大诉讼体系中，刑事诉讼中证明责任由公诉方承担，源于“无罪推定”“疑罪从无”，任何人无须“自证清白”；民事诉讼实行“谁主张、谁举证”，源于双方的平等性。不少国家的行政诉讼制度脱胎于民事诉讼，有些国家仍在沿用民事诉讼程序处理行政诉讼，即使在我国和日本这类建立了独立的行政诉讼制度的国家，在特定情况下，民事诉讼规则也处于被准用的地位。但因政府享有干预个人、组织权利的内在权力，因而国家和公民之间存在重大的、不可避免的不对等性，行政诉讼和刑事诉讼在这一点是共通的。秩序行政下的侵害型行政行为限制乃至剥夺社会主体的财产，限制和剥夺公民的自由和财产，当然应由公权力机构证明相对人符合限制或剥夺自由和财产的条件；而授益型行政行为中申请人是否符合待遇享受条件，无法用同一证明责任分配方式确定。在行政诉讼类型视野下，举证责任并不能完全按照现行法律的规定进行分配，尤其是在行政给付诉讼中，对于授益行政行为，一般而言，原告需对其申请符合法定条件负举证责任。在行政给付诉讼中，原告提起诉讼的前提和基础是其享有确实的行政给付请求权，只有其享有该种权利，行政主体才负担给付义务，因此原告应就其具有请求权的原因事实负举证责任，故而在行政给付诉讼中，一般实行“谁主张、谁举证”的举证责任分配原则。不能基于行政主体的身份就必然认为应由行政主体承担举证责任。依据当事人身份地位的不同推导出举证责任分配的基本原则是不可能的。在我国台湾地区，行政给付诉讼以及公法关系存在与否之确认诉讼，举证责任分配基本上与民事诉讼无异，凡请求法院为权利保护者，必须证明其请求所依据的法定要件已经存在。

在更深层次上，社会保险给付并不完全是行政给付，应将其界定为社会给付。如果从

社会请求权角度分析，传统民事和行政处理社会给付争议都有一定的缺陷。如德国《联邦行政程序法》就将《社会法典》排除在外。日本在生存照护、资助行政等领域，采用私法形式执行给付行政任务的倾向日益明显。囿于我国民事、刑事、行政三大诉讼体系格局，未来宜对社会给付争议建立特殊的裁审体系，而在现阶段，法院则需要针对不同行政行为类型采行不同的证明责任分配规则。

根据前述分析，行政程序中的证明责任通常要带入行政诉讼程序中。据此，本文认为，工伤认定行政诉讼中证明责任的分配规则宜确定如下：

第一，劳动者一方作为原告的事实证明责任。这种情况通常是行政机关不予认定或视同为工伤时而发生，原告应完全承担证明责任，如果举证不能应承担败诉后果。而且原告的证明必须达到优势证据标准，即依凭支持原告诉求的证据能够证明其诉求事实的存在。极其罕见的情形是，如果劳动者不同意行政机关认定或视同为工伤，这种情形则需要行政机关承担证明责任。

第二，用人单位作为原告时的事实证明责任。这种情形主要是用人单位不服行政机关认定或视同为工伤，行政机关承担构成工伤的证明责任，用人单位承担否定工伤或视同工伤的证明责任。用人单位的反证成立或行政机关举证不能时，行政机关承担败诉后果；用人单位反证不成立或行政机关完成证明责任时，用人单位承担败诉后果。

第三，行政机关有义务证明自己的工伤认定行为合法、合理。①同意认定时的事实证明责任。在此种情形下，不管是原告或第三人提交的证据材料，还是行政机关自己调查搜集的证据，行政机关都需要承担提供证据责任、说服责任和后果责任。当然由于工伤认定行政行为被撤销，对劳动者一方构成不利后果，因此行政机关和作为第三人的劳动者一方是“一条绳上的蚂蚱”，共同承担证明责任。②对拒绝认定或视同为工伤的事实不承担证明责任。此时应主要由原告承担证明责任。③程序性证明责任。对于工伤认定行政程序的合法性，应由行政机关承担证明责任。④适用法律、法规、规范性法律文件正确的证明责任，应当由行政机关承担。规范基础是行政机关作出行政行为的基本前提，其作为行政主体也应当娴熟掌握，对此由行政机关承担证明责任是公平的。

第四，用人单作为第三人参与诉讼的工伤认定案件中，应当对其主张提供相应的证据，否则有可能承担举证不能之不利后果。用人单位作为第三人参与诉讼，根据其对工伤认定行为意见的不同，可以分为 3 种情形：①用人单位同意行政机关认定、视同或不认定、不视同为工伤的决定。对于此种情形，主要的证明责任承担者为原告个人和行政机关，但因举证不能而导致工伤认定行为被撤销时，对用人单位存在利害关系——劳动者有可能向用人单位索赔，因此用人单位可能承担不利后果。当然这只是可能的，不利后果不一定发生。②用人单位不同意行政机关认定、视同或不认定、视同为工伤的决定。在用人单位未在工伤认定行政程序提出异议，但在作为第三人参与行政诉讼中时提出这一主张，法院通常难以采纳。由于其在工伤认定行政程序中并未提出此主张，难以认为其需要承担证明责任。③用人单位对诉讼结果表示“无所谓”，即遵照法院判决——维持或撤销都接受。由于哪一种结果都是用人单位接受的，因此其不存在证明责任。

参考文献

[1] 何家弘. 司法证明方法与推定规则 [M]. 北京：法律出版社，2018：134-147

[2] 王东伟. 论工伤认定行政诉讼案件中的举证责任 [J]. 证据科学，2016（1）：72.

[3] 陈光中. 证据法学（第3版）[M]. 北京：法律出版社，2015：325-349.

[4] H. Maurer. 行政法学总论 [M]. 高家伟，译. 台北：元照出版有限公司，2002：169-224.

[5] 理查德·J·皮尔斯. 行政法（第5版）[M]. 苏苗罕，译. 北京：中国人民大学出版社，2016：746.

[6] 沈岿. 行政诉讼举证责任个性化研究之初步 [J]. 中外法学，2000（4）：74.

[7] 何海波. 行政诉讼举证责任分配：一个价值衡量的方法 [J]. 中外法学，2003（2）：83.

[8] 应松年. 当代中国行政法 [M]. 北京：中国方正出版社，2005：1794-1798.

[9] 汉斯·普维庭. 现代证明责任问题 [M]. 吴越，译. 北京：法律出版社，2000：352-368.

[10] 姜明安. 行政法与行政诉讼法（第6版）[M]. 北京：北京大学出版社，2015：461-462.

[11] 叶必丰. 行政法与行政诉讼法（第3版）[M]. 北京：高等教育出版社，2015：210.

[12] 何家弘. 证据学论坛（第4卷）[C]. 北京：中国检察出版社，2002：213.

[13] 杨海坤，章志远. 中国行政法基本理论研究 [M]. 北京：北京大学出版社，2004：574.

[14] Eberhard Schmidt-Aβmann. 行政法总论作为秩序理念：行政法体系构建的基础与任务 [M]. 林明锵，译. 台北：元照出版有限公司，2009：315-318.

[15] 王名扬. 美国行政法（上）[M]. 北京：中国法制出版社，2005：468-469.

[16] 何海波. 行政诉讼法（第2版）[M]. 北京：法律出版社，2016：424.

[17] 向春华. 工伤理论与案例研究 [M]. 北京：中国劳动社会保障出版社，2008：132.

[18] C. Arthur Williams，Jr. An International Comparison of Workers'Compensation [J]. New York：Springer，1991：27-105.

[19] 刘善春. 行政诉讼举证责任分配规则论纲 [J]. 中国法学，2003（3）：74.

[20] 向春华. 交通事故工伤中非本人主要责任的证明 [J]. 人民司法，2016（32）：86.

[21] Carol Harlow，Richard Rawlings. Law and Administration，Butterworths a Division of Reed Elsevier（UK）[M]. London：Ltd. Halsbury House，1997：44.

[22] 熊勇先. 行政给付诉讼研究 [M]. 北京：法律出版社，2016：232-240.

[23] 林胜鹞. 行政法总论 [M]. 台北: 三民书局, 2002: 720-521.

[24] 埃贝哈德・施密特—阿斯曼, 等. 德国行政法读本 [M]. 于安, 译. 北京: 高等教育出版社, 2006: 393.

重塑工伤补偿、预防和康复制度机制　构建工伤保险现代治理体系探析

邱天平 王建朝　吉林省人力资源和社会保障厅

【摘　要】党的十九大明确全面深化改革的总目标是完善和发展中国特色社会主义制度，推进国家治理体系和治理能力现代化。按照兜底线、织密网、建机制的要求，全面建成覆盖全民、城乡统筹、权责清晰、保障适度、可持续的多层次社会保障体系。本文通过分析工作中遇到的问题，探讨了改革完善工伤保险制度应坚持的原则、现有制度体系中应当变革的关键环节，以及大力推进信息化建设，以期构建现代化工伤保险治理体系，在工伤保险领域形成有效的社会治理，不断促进社会公平正义，使人民的获得感、幸福感、安全感更加充实、更有保障、更可持续。

【关键词】现代治理体系　工伤预防　工伤康复

从 1951 年政务院颁布实施《中华人民共和国劳动保险条例》开始，经过 1996 年劳动部颁布实施《企业职工工伤保险试行办法》，到 2004 年国务院颁布实施《工伤保险条例》，2010 年修订实施，我国的工伤保险制度经过近 70 年的发展。如今工伤预防、康复、补偿“三位一体”的工伤保险制度初步建立，为我国广大职工提供了工伤保险保障。但现实中出现的一些问题，促使我们致力于进一步完善工伤保险制度，努力构建工伤保险事业现代治理体系，以适应国家治理体系与治理能力现代化的新要求。

一、重温立法原则

工伤保险作为社会保障的重要组成部分，担负着为工伤职工群体提供工伤权益保障的责任，有利于分散用人单位风险，维护社会和谐稳定，在全面建成小康社会的征程中防止因工伤致贫、返贫现象的发生。现行工伤保险制度设计，在执行中遇到一些问题，比如不同地区上下班发生交通事故的工伤案例中，有的工伤人员获得了工伤保险基金和第三方的

分别补偿或赔付，有的却仅仅得到了一方的补偿或赔付；有的工伤人员家属为了得到一次性工亡补助金，在 48 小时之内放弃治疗，暴露了人性中的不良因素；有的为得到较高的一次性工伤待遇，恶意解除劳动关系或者不积极进行工伤康复等。重温立法原则并反思这些问题，有利于完善工伤保险制度。

（一）立法的科学原则

“立法遵循科学原则，有助于提升立法质量和产生良法，有益于尊重立法规律、克服立法中的主观随意性和盲目性，也有利于在立法中避免或减少错误和失误，降低成本，提高立法效益。”具体到工伤保险法律条款的设计，一定要符合科学原则，要从人性的角度进行审视，不能预设人性本善，而应当以止恶倡善为导向，调动各法律主体的积极性，避免负面激励效应的出现。

（二）立法的民主原则

党的十九大报告提出“以人民为中心”的发展思想。“良法应当反映最广大人民群众的意志和利益，符合公平正义要求，维护个人的基本权利，反映社会的发展规律。立法要坚持以民为本、以人为本，努力反映社会发展的客观规律，反映国情民情。”“正义是社会制度的首要价值，正像真理是思想体系的首要价值一样。”习近平总书记在党的十九大报告中强调了社会公平正义对于形成有效的社会治理、良好的社会秩序的重要性。具体到工伤保险法律条款的设计，应当维护参加工伤保险职业群体的权益，要遵守“保险不可获得意外受益”的原则，以公平正义和保障工伤职工的各项权益为依托，兜底保障全体工伤职工这个群体。

（三）立法的法治原则

《中华人民共和国立法法》明确规定：“立法应当依照法定的权限和程序，从国家整体利益出发，维护社会主义法制的统一和尊严。”“良法善治的基本途径是否定工具主义的法治观，既重视法律的政治性，更注重法律的公理性。具体而言，就是法律要做到‘三个善待’，即善待个人，善待社会，善待自然”“法律天生具有一种内在的道德属性，包含着基本的伦理目标和道德准则。”法律是一种社会生活规范，应当以追求良好有序的社会效果为标的。法治原则要求法律条款的设置要有利于形成良法善治，要符合社会伦理，要符合社会发展的客观规律，要有利于形成整体协调的法律体系，有利于形成社会治理的合力。

二、修订完善工伤保险相关法律条款

在新时代历史背景下，立法原则为改革完善工伤保险制度体系提供了遵循，为修订完善相关政策条款指明了方向。

（一）扩大覆盖范围，在职人群应保尽保

至2018年5月，我国工伤保险的参保人数为22 876万人，已突破2.2亿人[①]。但《2017年度人力资源和社会保障事业发展统计公报》显示2017年年末全国就业人员为77 640万人，[②] 两个数据对比，全国范围内参加工伤保险人数仅占就业总人数的29.46%。从社会保障的层面来看，工伤保险作为职业人群的职业伤害保险，我国当前的工伤保险保障范围和对象还远没有达到制度设计的保障水平。因此，在制度设计上，工伤保险要覆盖和保障所有在职人群，尽快实现职业人群工伤保险应保尽保，从而充分发挥防止工伤事故，促进安全生产，推进工伤康复，维护工伤职工的职业从业权、生命健康权，促进劳动力再生产等方面的重要作用。

（二）修订工伤认定有关条款

"无论立法者多么高明，规章条文也不能网罗一切行为准则，不能覆盖一切具体案件，因此，在某种意义上可以认为：法律本身的天然局限性就是法律解释学的根源。"在中国语言文字语义丰富的语境下，同样的工伤诉讼案件，法院的判决可能截然相反，造成了当今我国工伤保险诉讼案件居高不下，有的案件对工作原因、工作时间和工作场所的解释有扩大化倾向。要解决这个问题，应当从立法原则的角度重新审视工伤保险诉讼案件多发的相关条款，重申工伤保险法律条款的立法本意，科学修订有关条款。

1. 删除上下班交通事故可以认定工伤条款。上下班交通事故，涉及第三方责任，现有的很多诉讼案件涉及此条款。对于"上下班"的界定，有的法院为平息事端，对未经请假的"早退"也视为下班，备受法学界及社会关注和讨论。此外认定工伤后的"单赔"和"双赔"问题也是争论不休。"我国实体法以及程序法并未对此种赔偿竞合问题的解决之道作出具体明确的规定，导致司法实务中出现了3种不同的裁判模式——兼得模式、补充模式、折中模式，引发同案不同判的问题，极大地损害了司法的权威，增加了当事人的诉累，影响了我国经济的发展。""工伤保险赔偿与侵权损害赔偿是劳动者遭受损害时最主要的两种救济制度，二者相互促进、相互补充，都对受害职工的救助发挥着不可替代的作用。"笔者认为，侵权伤害赔偿属于民事法律关系范畴，侵权方有义务为其侵权行为负责，并承担相应后果。而工伤保险赔偿的介入使民事关系复杂化，以"单赔"来说，无论是补充模式还是折中模式，不仅在实际操作中会遇到各种复杂情况，使侵权方的赔偿与工伤保险的补偿对接操作性不强，导致案件复杂化，工伤职工的权益很难得到及时保障；而且模糊了法律关系，使工伤保险为民事侵权方"背锅"，减轻了民事侵权方的责任，破坏了权利与义务相对等的法律原则。而"双赔"则显失公平，使发生交通事故认定工伤的职工获得的赔偿比其他认定情形的职工获得的补偿多很多，客观上会有"鼓励"发生上下班交通事故的可能，出现考验人性的情况，为社会治理现代化带来困扰。

---

① 数据来源于人力资源和社会保障部《2018年1-5月人力资源和社会保障统计数据》。

② 数据来源于人力资源和社会保障部《2017年度人力资源和社会保障事业发展统计公报》。

2. 删除突发疾病死亡或48小时之内经抢救无效死亡视同工伤条款。从工伤保险的职业伤害保险性质来看，疾病严格来说不属于职业伤害，因此不应属于工伤保险保障范围，而应属于医疗保险的保障范围。“48小时”的规定在现实中有很多诉讼案件，也出现了无形中考验人性的乱象。48小时时点内外，家属得到的补偿差别悬殊，全力抢救符合人伦道德，一旦超过48小时没有抢救成功，家属将面临数十万的“损失”，加上抢救医疗费可达上百万元。而不积极抢救的家属，却能避免抢救医疗花费，之后还能得到数十万元的一次性工亡补助金。待遇差别如此悬殊，使有的家属在抢救的“48小时内”放弃治疗，更有甚者未经全力抢救。笔者认为，此法条有“纵恶”的导向，不利于工伤保险现代治理体系的构建。

工伤认定条款的设计应当聚焦“工作原因”推定，回归工伤保险为职业伤害保险的本质，对现实中随意扩大工作原因、工作时间和工作地点解释范围的情况，要作出进一步的说明。工伤认定决定，要公开、透明，使工伤认定始终处于阳光之下，保障工伤认定质量和水平。

（三）重塑工伤保险待遇标准体系

日常工作中，有的工伤职工或家属为了领取相关的工伤保险待遇而不择手段；有的工伤职工为领取一次性工伤待遇而主动辞职；有的工伤职工为享受住院伙食补助费而“挂床”；有的工伤职工为领取待遇而故意“碰瓷”受伤；有的工伤职工则担心康复后降低等级，造成补偿下降，不愿意进行工伤康复；加上前文所述突发疾病“48小时”之内放弃救治，以及因工伤待遇赔偿而产生的“维权”产业链等，这些为得到高额工伤待遇而暴露出来的道德问题是与工伤保险立法本意相违背的。

以上这些问题多数与一次性待遇有关，因此应当对一次性工伤待遇标准再商榷。首先，从工伤职工本人来说，发生伤害后最需要的是及时有效的工伤医疗和工伤康复，而三个一次性工伤待遇的给付是在病情稳定并进行劳动能力鉴定之后才能领取，因此会造成一定的负面效应；其次，从用人单位来说，有的工伤职工为了得到一次性工伤医疗补助金和一次性伤残就业补助金，要求解除劳动合同，更有甚者与用人单位达成协议，表面解除劳动合同领取一次性工伤医疗补助金后，继续在原用人单位就业；最后，从工伤保险基金来说，工伤保险基金具有共济性质，是为了分散用人单位用工风险，保障工伤职工权益，发放三个一次性工伤待遇并没有对这两个目的有增益作用。如果将这三个一次性工伤待遇分解在工伤医疗和工伤康复中，将更能发挥工伤保险基金的效用，更能保障工伤职工和用人单位的权益，并能消解不良社会现象的发生。对于一次性工亡补助金，职工已经去世，此款项对职工本身已经没有任何意义，从获益对象来看是职工家属，而供养亲属抚恤金就是用来补偿工亡职工生前供养亲属的，建议将一次性工亡补助金分解为按月支付，参照工亡职工生前的工资水平提高供养亲属抚恤金标准。总之，工伤保险待遇标准的设计要以“增益职工工伤医疗和康复”为根本目的，兼顾保障伤情较重工伤职工的长期待遇，避免因领取工伤待遇而出现负面效应。

三、系统协调构建工伤预防和工伤康复制度机制

工伤预防、康复、补偿三位一体，三者紧密联系、互相促进，共同组成了保障工伤职工权益的保护网。工伤预防可以有效减少工伤事故的发生，减轻工伤补偿和康复的负担和压力；工伤康复可以减轻工伤职工伤情，降低伤残等级，降低工伤补偿支出，同时工伤职工回归社会后可以成为有效开展工伤预防宣传的有力说服者；通过对工伤补偿的分析，可以明确工伤预防和工伤康复开展的重点。当前，我国工伤保险事业发展仍处于“重补偿、轻预防和康复”阶段，工伤补偿相对完善，工伤预防和工伤康复尚处于起步阶段。因此，应更加注重“三位一体”制度结构的均衡发展，以“先预防，后康复；先康复，后补偿”为工作原则，着力推进工伤预防和工伤康复事业发展。

（一）统筹推进工伤预防体系建设

工伤保险的最终目的是保障职工的身心健康，降低用人单位风险，维护社会和谐稳定发展。保障职工身心健康，最直接有效的办法是使职工免受工伤事故伤害。因此，工伤预防应该成为工伤保险事业最为优先的工作内容，工作中应牢固树立“预防优于补偿”的理念，着力构建工伤预防制度及服务体系。

用人单位作为职工发生职业伤害的主要相关方，能否高效开展工伤预防直接决定着职工的职业伤害发生率。现实中，用人单位主动开展工伤预防工作的积极性不足，还有很多用人单位没有为职工参加工伤保险，尤其是私营企业。私营企业追求的主要目标是利润，开展工伤预防投入的人力、物力、财力成本大，是一项系统工程，因此缺乏开展工伤预防的动力和专业能力，认为发生职业伤害事件，对职工的直接赔偿不仅简单而且总体成本低，这种情况在私营煤矿企业具有很强的代表性。国有企业因考核指标并不仅仅是利润一项，还有相关管理人员的职业前途等，所以对工伤预防工作较为重视，工伤事故发生率也相对较低。

工伤预防是工伤保险工作的重要组成部分，但我国工伤保险行政与经办机构对开展工伤预防还没有形成科学高效的制度机制。目前开展工伤预防的方式主要集中在宣传和培训方面，相对单一，且覆盖面较为有限。这与我国工伤保险业务的部门架构围绕“补偿”而建立，缺少专业的机构和专业的人员开展专业的工伤预防工作密切相关。

为高效开展工伤预防，首先应当确保在职人群应保尽保，将所有用人单位职工纳入工伤保险，从而保证工伤保险浮动费率机制的调控作用得到充分发挥。其次，充分调动用人单位的积极性和主动性，对有效开展工伤预防提出明确要求，对于持续高频率发生工伤事故的用人单位开展重点督导，监督其规范开展工伤预防工作。最后，工伤保险行政和经办部门应当变革管理体制，设置专门开展工伤预防的部门和人员，并在全国范围内广泛开展工伤预防专业人员培训，提升专业素养。此外，依托有关社会资源，建设不同领域和层级的工伤保险宣传、教育和培训平台，对工伤预防开展成本高、专业性不强的相关领域或小型企业开展多种方式的预防工作，增强职业人员的预防意识和能力。在日常宣传工作中，应加大工伤预防部分的比例，增强全社会的工伤预防意识。同时，应积极探索与工会组

织、安全生产监督管理部门、各类行业协会的合作模式，形成合力。

（二）系统开展工伤康复体系建设

职工发生工伤后，最重要的是尽最大努力，采取一切适合的手段，对职工进行最好的康复，使工伤职工能够重返工作岗位并享受生活，从而“降低社会总成本”。做好工伤康复的社会效益是明显的，工伤职工通过工伤康复尤其是职业康复，可以恢复受损的劳动力，重新回到工作岗位，这不仅保障了受伤职工本人的身心健康权益，也能够有效减少相应的工伤医疗和康复等费用。

受经济发展水平限制，我国目前的工伤康复仅停留在医疗康复阶段，工伤康复机制存在缺失，主要体现在：一是我国工伤康复制度机制不够健全，虽然确定了“康复早期介入”“先康复、后评残”的工作机制，但仅限于医疗康复，且停留在假肢装配和疗养的初级保障水平。二是工伤康复采取的是“购买服务，协议管理”的制度，对于工伤康复的专业化发展是不利的。当前医疗产业化，医疗机构的关注点偏重利润。工伤职工作为特殊群体，受伤害的部位不同、轻重不同、精神创伤程度不同，需要的医疗康复、职业康复和社会康复方式有别。在协议管理模式下，工伤职工的这些需求基本上都被利润意识所覆盖，可能得不到相应的科学康复治疗而延误了康复的最佳时机。三是受限于当前康复医学的发展水平，我国缺少专业的工伤康复机构和从业人员，以及工伤康复、职业康复和社会康复所需的先进设备和技术。

为解决以上问题，应当建立系统科学的工伤康复体系。首先，在工伤保险行政或经办部门中设立专门的工伤康复部门，形成工伤预防、康复、补偿“三位一体”的机构设置体系。其次，在全国范围内规划构建工伤康复专业机构体系，建立国家级、省级和市级工伤康复专业机构，设置相关专业科室，打造全流程工伤康复机制。培养工伤康复专业人才，引进先进的工伤康复设备设施，学习国外前沿的工伤康复技术，短期内加快提升我国工伤康复领域人才、设备和技术的再造能力。最后，协商教育部门和卫生部门在医学学科体系中单独设立工伤康复专业，课程设置应包含医疗康复、心理康复、职业康复和社会康复等专门课程，加强和提升研究水平。

四、让信息化“点睛”工伤保险现代治理体系

在“互联网+”高度发展的今天，亟待将大数据应用与工伤保险业务深度融合，即基于互联网架构，依托大数据应用手段，从工伤保险参保、工伤认定、劳动能力鉴定、待遇赔付等方面加快信息系统建设，以信息技术手段推出面向社会的公共服务模式，在向社会宣传工伤保险政策的同时，减少和避免因信息不对称造成的各种社会矛盾，让参保群体和享受待遇的工伤职工有更多的获得感。工伤保险事业应该积极对接“互联网+”，以推进工伤保险省级统筹为契机，构建工伤保险信息系统，融合工伤预防、工伤认定、劳动能力鉴定、待遇给付、工伤康复等业务板块，对接税务、工商、公安、安全生产、工会、金融、司法、铁路、民航等相关部门，通过工伤保险数据的归集运用及统计分析，重塑工伤保险业务流程，提升工伤保险各项业务的办理效能，规避以往业务办理中出现的各种问

题，破解工伤认定、劳动能力鉴定等环节的上访诉讼难题，从而形成工伤保险现代治理体系，推动工伤保险事业跨越式发展，助力“全面建成覆盖全民、城乡统筹、权责清晰、保障适度、可持续的多层次社会保障体系”目标的实现。

参考文献

[1] 周旺生. 论中国立法原则的法律化、制度化 [J]. 法学论坛，2003 (3)：35.

[2] 王利明. 法治：良法与善治 [J]. 中国人民大学学报，2015 (2)：115.

[3] 邱明月. 建设法治工伤保险亟待破解的困惑和难题 [J]. 中国医疗保险，2016 (7).

[4] 张文显. 和谐精神的导入与中国法治的转型 [J]. 吉林大学社会科学学报，2010 (3)：9.

[5] 李建华，徐刚. 立法原则的伦理解读 [J]. 河北法学，2005 (6)：6.

[6] 杨文龙. 工伤保险与第三人侵权赔偿竞合问题的改良路径构建 [C] //最高人民法院. 法院改革与民商事审判问题研究——全国法院第 29 届学术讨论会获奖论文集 (下). 最高人民法院：国家法官学院科研部，2018：326-337.

[7] 安瑞鹏. 工伤保险赔偿与民事侵权赔偿关系研究 [J]. 法律适用，2011 (8)：21.

[8] 刘吉欣. 德国工伤保险制度及启示 [J]. 山东劳动保障，2006 (10)：28.

[9] 季卫东. 法秩序的建构 [M]. 北京：中国政法大学出版社，1999.

[10] 刘文华，白宁. 社会保险法治化政策研究专题 [J]. 中国劳动，2018.

[11] 约翰·罗尔斯. 正义论 [M]. 北京：中国社会科学出版社，2005.

[12] 杨小宾.《工伤保险条例》具体实施过程中疑难问题思考 [J]. 管理科学，2018 (6).

[13] 李建华，徐刚. 立法原则的伦理解读 [J]. 河北法学，2005 (6).

[14] 应永胜. 德美日国家工伤保险制度探赜及启示 [J]. 北京航空航天大学学报 (社会科学版)，2013 (7).

[15] 谢丹青，刘平. 大数据在工伤保险中的应用与发展构想 [J]. 中国医疗保险，2018 (1).

[16] 陈敏. 非职工群体纳入工伤保险制度保障探析 [J]. 政治与法律，2017 (2).

[17] 许衡. 把握立法原意 坚守公平原则 [J]. 中国医疗保险，2018 (4).

[18] 张军. 工伤保险从职工全覆盖走向职业劳动者全覆盖 [J]. 中国人力资源社会保障，2018 (4).

[19] 张军. 对完善工伤保险制度的一些思考 [J]. 中国医疗保险，2018 (2).

基于工伤保险覆盖下尘肺病治疗策略的研究

樊晶光　唐艾华　张建芳　田占鹏　王丽丽　王海椒
职业安全卫生研究中心

【摘　要】目的：为实施健康中国战略，探索研究制定工伤保险基金覆盖下的尘肺病治疗管理规范方案。方法：通过对尘肺病患者全面询问病史、体格检查、完善各项辅助检查以及相关问卷，评估患者生活质量状况、呼吸困难程度、尘肺期别、肺功能状况、心功能状况、是否并发肺结核等方面，综合评估尘肺病的严重程度，以此为依据，对尘肺病患者进行分类。结果：根据尘肺病综合评估表，将患者分为 A、B、C、D 4 类，据此提出对患者进行医养结合分类管理、分类治疗康复模式方案。结论：采取医养结合分类管理、分类治疗的方案，有利于控制尘肺病患者的病情，有利于指导尘肺病患者的治疗康复，有利于降低国家和尘肺病患者的疾病负担，对合理使用好工伤保险基金有重大的现实意义。

【关键词】工伤保险　尘肺病　治疗策略

目前尘肺病是危害我国产业工人最严重的职业病，是一个没有医疗终结的致残性职业病，尚无特效药物治疗。尘肺病医疗负担重，对患者健康构成严重威胁，时有群体事件发生，易在国内外造成恶劣影响。职业病防治事关劳动者身体健康和生命安全，事关经济发展和社会稳定大局。党中央、国务院高度重视职业病预防和治疗工作。《“健康中国 2030”规划纲要》明确提出，要强化行业自律和监督管理职责，推动企业落实主体责任，推进职业病危害源头治理，预防和控制职业病发生。《国家职业病防治规划（2016—2020 年）》明确提出，要切实保障劳动者职业健康权益，切实减轻职业病病人负担。党的十九大报告针对实施健康中国战略指出，为人民群众提供全方位全周期健康服务。《工伤保险条例》在保障因工作遭受事故伤害或者患职业病的职工获得医疗救治和经济补偿，促进工伤预防和职业康复等方面也发挥了积极的作用。

对尘肺病患者早期发现、早期诊断、规范治疗、定期检查和长期管理，采取医养结合管理模式，可以有效减轻患者症状，减少病情加重发生率，显著改善患者的生存质量，有效降低国家和患者的疾病负担。

一、我国尘肺病现状

（一）总体情况

据国家卫生行政部门公布的全国职业病报告，截至 2017 年，全国累计报告尘肺病超过 85 万例，尘肺病占职业病总数近 90%，成为全国职业病的“主力”。

（二）疾病负担

尘肺病是一个没有医疗终结的致残性职业病，有的需要反复住院，甚至长期住院治疗。尘肺病患者胸闷、胸痛、咳嗽、咳痰、劳力性呼吸困难、易感冒，严重影响生活质量，而且病情会进展，并发肺结核，合并肺部感染，最后常因肺心病、呼吸衰竭而死亡。目前，对该病尚无特效药物治疗。尘肺病患者医疗费用负担重，因病返贫、因病致贫问题已经成为越来越严重的公共卫生和社会问题。

（三）尘肺病及其并发症、合并症的诊治情况

尘肺病是一种慢性致残性疾病，需长期治疗和管理。在临床观察中，肺部感染和肺结核病是尘肺病患者病情加重的最常见、最主要的原因，而且是许多尘肺病患者致死合并症的主要诱因和加重因素，如果不能早期干预、早期诊断、合理治疗，一方面可致使肺间质纤维化加重、矽结节融合，从而促进尘肺晋级，另一方面肺间质纤维化加重后，引发小血管纤维化加重、肺循环阻力增加、肺功能严重受损，导致呼吸衰竭、肺性脑病、肺心病、心力衰竭、电解质紊乱等致命合并症。因此，预防、控制、早期诊断、规范治疗肺部感染和肺结核病是控制患者病情，保护患者心肺功能的重要环节。由于患者常于呼吸道症状逐渐加重时才到医院就诊，对于并发严重肺结核感染、慢性呼吸衰竭和肺心病心衰的患者，医疗花费巨大，而且治疗效果不佳。

（四）存在的问题

根据长期实践的积累，笔者认为，目前一是对尘肺病的病情评估和治疗缺乏统一规范；二是许多尘肺病患者没有得到及时有效的治疗，同时也部分存在被过度治疗的情况；三是很大程度上存在尘肺病及其并发症、合并症治疗不规范、漏诊、误诊的现象。以上这些问题严重影响尘肺病患者的身心健康和生活质量。

二、尘肺患者的病情评估

要对尘肺病进行科学、规范的综合评估，必须通过全面询问病史、体格检查、各项辅助检查以及相关问卷调查等方式，对患者生活质量状况、呼吸困难程度、尘肺期别、肺功能状况、心功能状况、是否并发肺结核，以及远期不良风险（如急性加重、住院）等方面

进行全面判定和分析。

（一）尘肺期别

尘肺病壹期：肺内病变分布相对局限。
尘肺病贰期：肺内病变分布弥漫。
尘肺病叁期：肺内病变有大块纤维化。

（二）尘肺并发症

因尘肺病的发生，可并发多种呼吸系统疾病，被称为尘肺病并发症，会对尘肺病的预后产生巨大影响。

1. 呼吸系统感染。这是较为常见的并发症之一，多在冬春换季时出现。

2. 肺结核。据报道，尘肺病患者有10%~30%会合并肺结核，矽肺和煤矽肺发病率较高，不及时诊断、治疗肺结核病将严重损害患者的肺功能。

3. 气胸。尘肺尤其是矽肺病人，由于肺广泛纤维化，及易产生肺大泡，有的病人感染肺结核，有大块纤维化病灶，在用力和剧烈咳嗽等诱发下可使大泡破裂导致气胸。

4. 慢性阻塞性肺疾病。长期慢性非特异性炎症可以导致气道的慢性病变，阻塞性肺疾病分为轻、中、重、极重度。

5. 肺源性心脏病。尘肺时由于肺部弥漫性纤维化，肺内小动脉内膜增厚、狭窄，有时有小血栓形成，长期慢性病变，导致肺循环阻力增高，肺动脉高压。肺源性心脏病分为代偿性和失代偿性两种。

6. 肺癌。在石棉肺患者中肺癌及胸膜间皮瘤也较常见。

这些并发症会直接影响尘肺病患者的病情严重程度和尘肺病的晋级，与患者的住院率及死亡率紧密关联，应积极予以预防、控制。

（三）常见合并症

老年尘肺病常合并其他系统疾病，被称为尘肺病合并症，会对尘肺病的预后产生重大影响。

1. 心脑血管疾病（包括高血压病、缺血性心脏病和脑梗塞等）。这是尘肺病的主要合并症，也是尘肺病最常见和最重要的合并症。

2. 骨关节疾病。这是尘肺病患者的常见合并症，会导致患者生活质量下降。

3. 焦虑/抑郁和认知功能障碍。通常不能被及时诊断，会导致患者生活质量下降，往往提示预后较差。

4. 代谢综合征和糖尿病。合并糖尿病会对患者肺功能产生影响。

这些合并症会影响尘肺病患者的死亡率以及入院率，应注意进行常规相关检查，并选择合适的治疗方案。

（四）询问病史和体格检查重点内容

症状有无：咳嗽、咳痰、咳血、呼吸困难、喘憋、胸痛等；职业性粉尘接触史、工龄、职业病诊断史；吸烟史；既往病史，包括肺结核病、糖尿病、高血压病、心脑血管疾病、肿瘤等；体征有无：口唇、甲床紫绀，杵状指，颈静脉怒张，桶状胸，肋间隙增宽，胸部语颤，呼吸音降低，啰音，双下肢浮肿等。

（五）根据患者病情需要，选择相应的检查项目

检查项目包括：血常规、血生化、血沉、C 反应蛋白、痰培养、痰特殊染色找抗酸杆菌、痰结核杆菌培养、PPD（结核菌素试验，必要时选择）、X 线胸片、心电图、动脉血气分析、超声心动图、胸部 CT（电子计算机断层扫描）检查（必要时选择）、D-二聚体（必要时选择）、BNP（脑钠肽、必要时选择）、肿瘤标记物（必要时选择）。

医生需要完成病史询问、体格检查、理化检查项目及部分选检项目检查，对尘肺病患者进行临床综合评估。建议：主要根据患者尘肺期别、症状、肺功能程度、心功能程度、是否并发肺结核等导致病情加重风险方面进行综合分析和评估，编制尘肺病综合评估表，将患者分为 A、B、C、D 4 类。根据分类情况对尘肺病患者进行分类管理，并进一步指导治疗。尘肺病综合评估具体内容见表 1。

表 1　尘肺病综合评估

患者分类	患者病情	尘肺期别	生活质量评估	呼吸困难评估	肺功能分级	心功能分级	并发肺结核	每年急性加重次数
A	低危症状少	壹期	<10 分	0~1 级	正常或轻度损伤	Ⅰ级	无病灶	0~1 次
B	低危症状多	壹期	≥10 分	≥2 级	轻度或中度损伤	Ⅰ级	病灶硬结钙化	≥2 次
C	高危症状少	贰期、叁期	<10 分	0~1 级	中度或重度损伤	Ⅱ级	病灶稳定	0~1 次
D	高危症状多	贰期、叁期	≥10 分	≥2 级	重度损伤	Ⅲ级、Ⅳ级	病灶活动	≥2 次

①患者病情特点依据医生对患者临床表现的主观判断获得。

②尘肺期别依据职业病诊断结论获得。

③生活质量评估依据相应评估问卷做出，具体见表 2。

④呼吸困难评估通过呼吸困难程度分级获得，具体见表 3。

⑤肺功能分级根据患者肺功能检查结果获得，具体见表 4。

⑥心功能分级，采用美国纽约心脏病学会（NYHA）1928 年提出的分级方案进行，具体见表 5。

⑦在全面评估并发症和合并症的基础上，由于肺结核病严重影响尘肺病病情进展及肺功能损伤，故选择是否并发肺结核病作为评价指标。

⑧每年急性加重次数，以最近 1 年加重≥2 次者，作为加重的高危因素，通过问诊、门诊病历、住院病历等资料获得。

表 2　尘肺病患者生活质量评估问卷

1	我从不咳嗽	0	1	2	3	4	5	我总是咳嗽
2	我肺里一点痰都没有	0	1	2	3	4	5	我有很多痰
3	我一点也没有胸闷、胸痛的感觉	0	1	2	3	4	5	我有很重的胸闷、胸痛的感觉
4	当我在爬坡或爬一层楼梯时我并不感觉喘不过气来	0	1	2	3	4	5	当我在爬坡或爬一层楼梯时我感觉非常喘不过气来
5	我在家里能够做任何事情	0	1	2	3	4	5	我在家里做任何事情都很受影响
6	尽管我有尘肺病，但我对离家外出活动很有信心	0	1	2	3	4	5	由于我有尘肺病，我对离家外出活动一点信心都没有
7	我的睡眠非常好	0	1	2	3	4	5	由于我有尘肺病，我的睡眠相当差
8	我体力充沛	0	1	2	3	4	5	我一点力气都没有

表 3　呼吸困难分级

呼吸困难评价等级	呼吸困难严重程度	呼吸困难严重程度简略描述
0 级	只有在剧烈活动时才感到呼吸困难	费力才喘
1 级	在平地快步行走或步行爬小坡时出现气短	快走会喘
2 级	由于气短，平地行走时比同龄人慢或者需要停下来休息	平路会喘
3 级	在平地行走 100 米左右或数分钟后需要停下来喘气	百米会喘
4 级	因严重呼吸困难以至于不能离开家，或在穿衣服、脱衣服时出现呼吸困难	稍动就喘

表 4　肺功能分级　%

级别	FVC	FEV1	MVV	FEV1/FVC	RV/TLC	DLco
正常	>80	>80	>80	>70	<35	>80
轻度损伤	60~79	60~79	60~79	55~79	36~45	60~79
中度损伤	40~59	40~59	40~59	35~54	46~55	45~59
重度损伤	<40	<40	<40	<35	>55	<45

注：FVC 为用力肺活量，FEV1 为一秒用力呼气容积，MVV 为最大自主通气量，RV 为残气容积，TLC 为肺总量，DLco 为单位时间内、单位压力差下通气肺泡毛细血管膜进入毛细血管血液中的一氧化碳量。

表 5　心功能分级

分级	症状描述
Ⅰ级	病人患有心脏病但体力活动不受限制。平时一般活动不引起疲乏、心悸、呼吸困难、心绞痛等症状
Ⅱ级（轻度心衰）	体力活动轻度受限。休息时无自觉症状，一般的活动可出现上述症状，休息后很快缓解
Ⅲ级（中度心衰）	体力活动明显受限。休息时无自觉症状，轻于平时一般的活动即引起上述症状，休息较长时间后方可缓解
Ⅳ级（重度心衰）	不能从事任何体力活动。休息时亦有心衰的症状，体力活动后加重

三、尘肺病患者医养结合分类管理原则

根据以上分类评估结果，建立尘肺病分类诊疗、医养结合管理模式，明确分类管理原则，充分发挥专业团队服务的作用，指导尘肺患者合理就医、规范治疗，减轻呼吸道症状，减少疾病急性加重发生，预防、监测并积极治疗并发症，延缓患者心、肺功能的下降，指导患者居家康复护养，提高患者生命生活质量。

（一）A 类患者管理原则

居家、社区治疗、养护康复治疗。①家庭氧疗；②酌情按医嘱服用止咳、平喘、祛痰药等；③掌握正确的排痰方法，进行肺康复训练；④认识吸烟的危害，戒烟；⑤加强个人防护，平时要注意休息，在寒冷季节或气候转变时，注意防寒保暖，预防冷空气刺激及伤风感冒；⑥在职业病防治院和基层医疗卫生机构建立专病档案，每半年或按需要门诊检查血常规、X 线胸片、肺功能、心电图、血生化。

（二）B 类患者管理原则

到职业病防治院和基层医疗卫生机构门诊治疗。①建立专病档案；②门诊给予止咳药、祛痰药、止喘药等，必要时给予雾化吸入治疗及抗菌药治疗；③医院氧疗与家庭长期氧疗相结合；④每季度或按需要门诊检查血常规、X 线胸片、肺功能、血气分析、心电图、血生化、血沉，必要时检查胸部 CT、超声心动图、C 反应蛋白、D-二聚体、BNP 等，早期发现肺部感染、肺结核等；⑤每半年评估一次患者的心肺功能，评估肺内结核病灶是否活动；⑥必要时建议患者住院治疗，住院治疗可按照单病种付费方式。

（三）C 类患者管理原则

到职业病防治院和基层医疗卫生机构门诊或住院治疗，住院可按照单病种付费方式，出院后门诊随访。

（四）D 类患者管理原则

此类患者心肺功能差，多住院依赖，需长期住院治疗，可按照项目付费方式。由二级以上医院及专科医院对危重患者进行救治，进行病情鉴别诊断，制定疑难病例的诊治方案。待患者病情稳定后转职业病防治院和基层医疗卫生机构继续治疗。

四、尘肺病患者分类治疗原则

根据尘肺病患者医养结合分类管理原则，进一步规范尘肺病患者的分类治疗。

（一）尘肺病稳定期的家庭护养管理与治疗

尘肺病患者稳定期护养管理目标：减轻症状，改善运动耐力及健康状况；延缓疾病进展，降低未来风险，预防急性加重，提高患者生活质量。这项工作非常重要，在尘肺病治

疗中占有非常重要的地位。

1. 利用各种宣传途径，通过集中培训和个别宣讲相结合的方式，指导尘肺病患者强化生活方式管理与控制。

（1）戒烟：尘肺病患者群体吸烟率较高，应指导患者戒烟。

（2）生活起居行个性化指导：指导患者加强呼吸防护，预防感冒，尽可能避免雾霾等空气污染物或刺激性气体等诱发呼吸道感染发生。

（3）合理膳食：指导患者饮食，保持营养均衡摄入。

（4）适量运动调养：指导患者选择个性化运动方式（如散步、气功等），合理控制运动量、运动时间和运动频率，进行呼吸保健操、缩唇呼吸、腹式呼吸等肺康复锻炼。

（5）保持心态平衡：帮助患者树立抗病信心，指导患者合理选择音乐和娱乐活动等，调畅情志，愉悦心情。

2. 非药物治疗。尘肺病的非药物治疗包括疫苗防控、合理氧疗、雾化吸入治疗等。

3. 药物治疗，包括止咳治疗、化痰治疗、止喘治疗，中医中药治疗及对症支持治疗等。

4. 尘肺病合并症的诊断治疗。尘肺病常伴有多种合并症，包括心脑血管疾病、糖尿病、骨关节疾病、肺癌等。这些合并症对患者的疾病进展、住院率和病死率有显著影响。应该及早发现尘肺病合并症并给予规范、适当的治疗。

（二）尘肺病急性加重期的治疗

尘肺病因并发症急性加重会使患者心肺功能恶化，降低生活质量，甚至导致患者死亡，加重个人和社会经济负担，需及时门诊或住院治疗。

1. 各级医疗卫生机构在尘肺病治疗与管理中的任务。

（1）职业病防治院和基层医疗卫生机构。由于尘肺病治疗大多在职业病防治院，所以职业病防治院医生对尘肺病的诊断和治疗负有重要使命，主要包括对尘肺病患者及疑似患者的识别、建立专病档案、患者教育、戒烟干预、稳定期治疗、康复治疗和长期随访。为保证患者治疗，应将重症患者及时转到二级以上医院及专科医院，启动双向转诊机制。

（2）二级以上医院及专科医院。二级以上医院及专科医院负责对尘肺病危重患者进行救治，制定疑难病例的诊治方案；参加尘肺病合并症、并发症等的诊治；开展患者病情综合评估，制定稳定期医养结合方案；协助职业病防治院和基层医疗卫生机构制定诊治方案，指导急性加重治疗，共同管理尘肺病患者。

2. 医院双向转诊标准。

（1）上转至二级以上医院及专科医院的标准如下：

1）患者病情控制不满意，需要改变诊疗方案。

2）出现急性加重，需要及时改变治疗方案。例如，咳嗽加剧，痰量增加，发热，呼吸困难加重，喘息，胸闷，胸痛等；出现全身不适、失眠、嗜睡、意识不清等症状；出现口唇紫绀、外周水肿体征；出现严重并发症如呼吸衰竭，心力衰竭等。

3）出现疑似尘肺合并肺结核，需转结核病专科医院诊治。

4）出现尘肺病严重合并症，需要进一步评估和诊治。

（2）下转至基层医疗卫生机构的标准如下：

1）尘肺病急性加重治疗后病情稳定。

2）尘肺病合并症已确诊，制定了治疗方案，评估了疗效，且病情已得到稳定控制。

通过对尘肺病患者病情进行评估，实行分类管理，采取医养结合方式，分类治疗康复模式，有利于监测控制患者病情，减轻患者症状，减少肺部感染发生，早期发现肺结核病灶活动，及时诊断规范治疗，指导尘肺病患者的康复；有利于保护患者的心肺功能，提高患者的生活质量；有利于有效延缓尘肺病病程进展，减轻尘肺病患者的痛苦，延长其寿命；还有利于减少总治疗费用，降低国家和患者的疾病负担，对合理使用好工伤保险基金有重大的现实意义。

参考文献

[1] 马骏. 实用尘肺病临床学 [M]. 北京：煤炭工业出版社，2007.

[2] 李德鸿. 尘肺病 [M]. 北京：化学工业出版社，2010.

[3] 熊小明，童国强，吴健卫，等. 慢性阻塞性肺疾病患者 mMRC 症状评估与 CAT 症状评分对病情严重程度评估差异的研究 [J]. 实用医学杂志，2014（1）.

[4] 刘梅. 职工工伤劳动能力鉴定标准应用指南 [M]. 上海：上海科学技术文献出版社，2015.

苏州市工伤康复结算工作的探索和实践

盛　政　赵建军　李　明　谢　天　苏州市社会保险基金管理中心

【摘　要】工伤康复是“三位一体”工伤保险制度体系的重要组成部分，也是社会工伤保险功能的重要环节。苏州市自2006年开始探索建立工伤康复制度，2010年4月正式启动工伤康复工作，建立了工伤康复管理机构和定点医疗机构，取得了帮助工伤职工尽快恢复劳动能力和生活自理能力、减轻用人单位和工伤保险基金支出负担的双重效果。目前，苏州市工伤康复工作仍存在治疗费用缺乏控制、中止康复缺少沟通、病史资料归档不够及时、部分治疗项目未纳入报销范围等实际问题。下一步将通过完善工伤康复操作体系，健全考核评估机制，进一步加强康复定点医疗机构建设，搭建好省级康复定点平台，继续扩大苏州市工伤康复受益范围。

【关键词】工伤康复

一、引言

根据世界卫生组织的定义，“康复”是指综合协调地应用医学的、教育的、职业的、社会的和其他一切措施，对伤残者进行治疗和训练，运用一切辅助手段以达到尽可能补偿、提高或者恢复伤残者已丧失或削弱的功能，增强其能力，促进其适应或重新适应社会生活的目的。现代观点的康复包括了医学康复、教育康复、职业康复、社会康复、心理康复等几大基本方面。

工伤康复是工伤保险制度重要的组成部分，也是社会工伤保险功能的重要环节。苏州市在建立和完善覆盖城乡居民的社会保障体系的基础上，自2006年开始探索建立工伤康复制度，2010年4月正式启动工伤康复工作，建立了工伤康复管理机构和定点医疗机构，8年来不断完善管理办法，提高工伤康复水平，运行情况良好，取得了帮助工伤职工尽快恢复劳动能力和生活自理能力、减轻用人单位和工伤保险基金支出负担的双重效果。

二、工伤康复工作政策背景

为做好工伤康复工作，苏州市先后制定出台了《苏州市工伤康复管理暂行办法》《苏州市工伤职工伤情相对稳定期参照标准》《苏州市工伤康复定点医疗机构检查考核办法（试行）》等政策文件，形成了较为完整的工伤康复制度框架。在康复政策框架内，苏州市进一步制定了相关业务规范，主要包括《参保职工工伤康复管理操作办法》《康复诊疗常规》《康复诊疗病种入院时限及康复时限》《康复评估办法》《康复项目支付标准》等，用于更好地指导工伤康复治疗、鉴定、管理等方面具体操作的实施，规范和促进了工伤康复工作健康开展，保证了工伤保险基金安全运行。

三、工伤康复工作开展情况

（一）工伤康复定点医疗机构管理情况

苏州市在对医疗机构经过严格的筛选后，审核确认了苏州大学附属瑞华医院和苏州市第五人民医院作为苏州市首批工伤康复定点医疗机构。2013 年 6 月底，苏州瑞兴集团以瑞华医院康复科为基础，按照三级专科医院标准，投资兴建的瑞盛康复医院投入使用，实现苏州市工伤康复实施阵地由一个科室向整个医院过度升级。目前瑞盛康复医院专业技术人员当中，医师占比 20%，康复治疗师占比 39%，康复护士占比 41%；在专业职称人员当中，中级职称占比 39%，高级职称占比 20%（见图 1）。苏州市第五人民医院职业病科是集职业病体检、诊断与康复为一体的职业病防治机构，2017 年经整体搬迁升级后，康复医疗条件大幅提升，在苏州市职业病职工康复工作中发挥了重要作用。

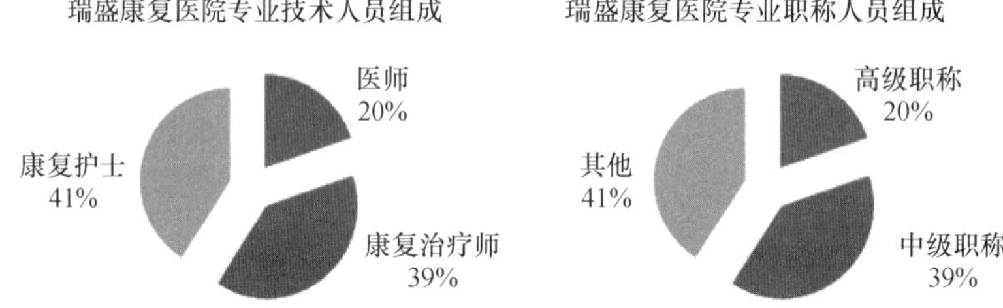

图 1　苏州市瑞盛康复医院专业人员构成

（二）苏州市工伤康复基本情况

1. 工伤康复住院人次情况分析。

从图 2 中可以看出，2017 年苏州市区工伤康复住院人次从 2011 年的 48 人次上涨到 63 人次，涨幅为 31.25%。2011—2017 年苏州市区工伤康复住院人次每年浮动不是很大，最少为 2012 年 38 人次，最多为 2017 年 63 人次，说明工伤康复人次近年来维持平衡。

2. 工伤康复住院费用情况分析。

从图 3 中可以看出，苏州市区工伤康复住院费用基金支付从 2011 年的 62.61 万元上

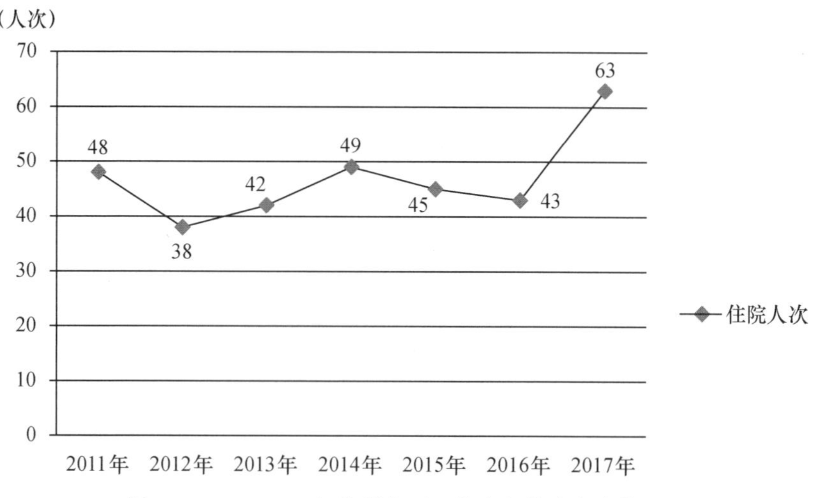

图 2　2011—2017 年苏州市区工伤康复住院人次情况

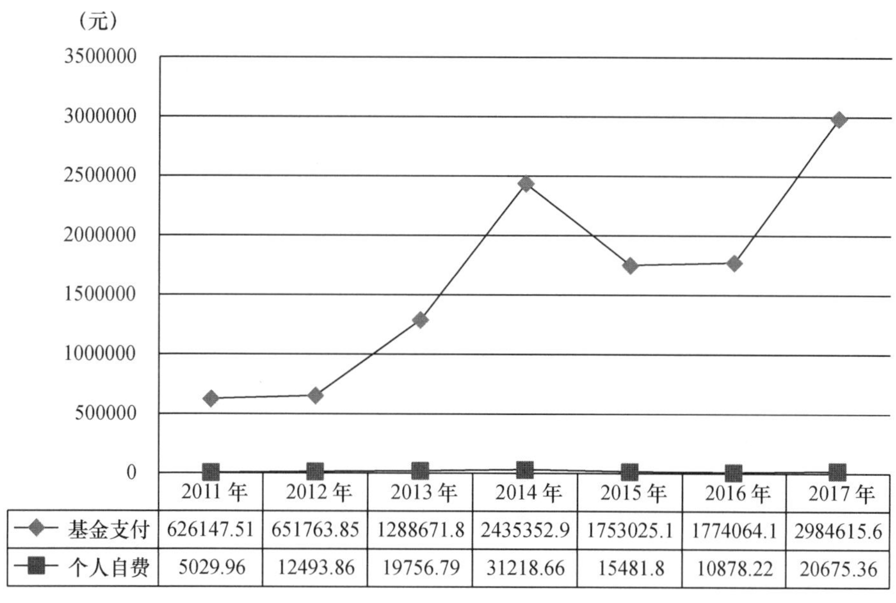

	2011 年	2012 年	2013 年	2014 年	2015 年	2016 年	2017 年
基金支付	626147.51	651763.85	1288671.8	2435352.9	1753025.1	1774064.1	2984615.6
个人自费	5029.96	12493.86	19756.79	31218.66	15481.8	10878.22	20675.36

图 3　2011—2017 年苏州市区工伤康复住院费用情况

涨到 2017 年的 298.46 万元，涨幅为 376.7%；个人自费从 2011 年的 5 029.96 元上涨到 2017 年的 20 675.36 元，涨幅为 311.04%。随着工伤康复人员的增多及其对工伤康复的认识逐渐深入，工伤康复费用逐年有较大涨幅，同时工伤诊疗项目的多样性和纳入工伤康复报销类目的滞后性，使得个人自费也增加不少。

（三）建立工伤康复评估制度

苏州市着力于规范工伤康复管理服务制度的同时，依托现有的工伤保险管理架构，建立并完善工伤康复评估评价体系，规范了康复治疗流程。苏州市邀请了国内知名的康复医学专家，成立了工伤康复专家咨询委员会，负责对市工伤康复制度与康复效果评估评价体系建设进行业务指导。在康复对象的选择上，苏州市采取了“双通道”模式：一方面，工伤认定机构在职工申请工伤认定时，筛选出具有康复价值的工伤职工；另一方面，在劳动能力鉴定过程中，经鉴定医疗专家检查认定具有康复价值的工伤职工暂缓定级，提出康复治疗建议。“双通道”模式保证了工伤康复早期介入，实现了“先治疗康复、后鉴定补偿”的目标。

工伤职工康复期满出院前，由市劳动能力鉴定委员会组织3名以上医疗专家对其进行康复效果评价与劳动能力鉴定。康复评价结论数据通过金保信息系统传送至社会保险经办机构，社会保险经办机构对康复有效人员的费用按月实时结付，对康复无效的费用由康复医疗机构承担。考核以日常检查与年度考核相结合，符合工伤保险基金支付范围的工伤康复费用，由经办机构按费用总额的95%按月结付给工伤康复医疗机构。全年预留的5%，经年终考核合格后，予以全额拨付。若年终考核不合格，则中止工伤康复定点资格。

四、工伤康复工作仍存在的一些问题

（一）治疗费用缺乏控制

工伤康复中有一些康复病种，比如颅脑损伤和烧伤等重症患者，工伤康复治疗费用一直居高不下，而且需要多次进行工伤康复，没有将治疗效果和治疗费用控制有机结合，导致工伤保险基金负担很大，并且使用效率不高。

（二）中止康复缺少沟通

工伤康复定点医疗机构对中止康复的认识还不够充分，在中止康复方面与患者沟通不够充分，与工伤认定机构的协调不够完善。

（三）病史资料归档不够及时

目前工伤病史资料只有文本格式，对病史资料的管理制度不够完善，未有效通过扫描上传等方式建立电子病史资料档案，没有建立行之有效的病史资料文案归档流程。

（四）部分诊疗项目未纳入报销范围

由于工伤保险诊疗项目的维护存在一定的滞后性，部分符合《工伤康复服务项目（试行）》的诊疗项目未及时纳入工伤保险报销范围，使得工伤康复职工在医疗费用方面存在着一定的负担，不利于工伤保险基金合理使用。

五、促进工伤康复结算工作有效实施

（一）完善职业康复工作，制定出台服务标准及收费目录

提高工伤康复的立法层次，尽快建立并完善工伤康复的决策咨询机制，为研究制定我国工伤康复事业的整体发展规划提供政策咨询。继续完善职业康复工作，更多地引进、培

养职业康复、社会康复专业人才。探索拟定职业康复配套政策体系，探索工伤康复向社会康复延伸的办法。随着工伤康复需求的不断扩大，对一些需要长期康复的患者，探索将工伤康复向社区延伸，研究拟定相关政策办法。

（二）推动“先康复、后评残”制度的建立及实施

当公平、正义、共享成为时代发展主题，更应强调工伤职工的机会均等，促进和保护所有工伤职工充分和平等地享有一切工伤保障权利和待遇。加大工伤康复宣传力度，使工伤职工了解康复工作对于其自身的意义及作用。同时积极探索“先康复、后评残”及早期康复制度的建立及实施路径，保证康复工作的顺利实施，提高工伤康复效果，让这一民生工程惠及更多工伤职工。

（三）完善工伤康复实施操作体系，健全考核评估机制

完善工伤康复实施操作体系，使其更为方便、快捷、有效；进一步健全对康复定点医疗机构的考核、评估机制，确保工伤康复的实施质量及效能；制定出台工伤康复早期介入的办法及流程，将早期介入制度化、规范化，鼓励和引导工伤职工及时到工伤康复定点医疗机构进行早期康复治疗，抓住最佳的康复时机。

（四）进一步加强康复定点医疗机构建设，打造良好的工伤康复基础条件

以投入使用为契机，进一步加强工伤康复定点医疗机构建设；对康复医疗机构加强监督与指导，鼓励医疗机构开展工伤康复按病种实行临床路径管理的探索；强化对康复效果的全程评估与评价，通过康复效果反馈的情况不断更新升级各项医疗设施。

（五）建立工伤康复职工信息库，完善工伤康复信息化管理

完善工伤康复信息化管理工作，建立健全工伤康复职工动态信息库，全方位收集、录入工伤康复职工信息，建立个人档案，对工伤职工实行康复纳入、康复治疗、康复训练、康复出院、就业创业等方面的全程跟踪服务。根据工伤职工的动态信息，探索拟定工伤康复管理服务模式、制度模式，提高康复服务质量和覆盖范围。

（六）搭建好省级康复定点平台，扩大苏州市工伤康复辐射范围

搭建好康复服务的平台，加强与周边地区工伤保险行政与经办部门的沟通协调工作。做好对其他地区工伤职工的接收工作。通过制度的完善和优质的服务，全面提升康复质量，为更多的工伤职工提供康复治疗服务。

六、大力推进“创建工伤康复示范点”工作

从维护和满足工伤职工权益出发，坚持以人为本、科学施治、注重实效的原则，开展扎实有效的示范点创建工作。通过优化工伤康复服务模式，制定技术规范和相关标准，强化质量控制，提升康复医疗业务能力，最大限度地恢复和提高工伤职工的身体功能、生活

自理能力和职业劳动能力，促进其回归社会、重返工作岗位。

（一）加强队伍建设，强化专科管理

一是结合示范点建设要求，努力提高医务人员的康复专业素质，建立康复理论和康复治疗技术的学习培训制度，组织医务人员参加国家职称考试，提高康复治疗师职称考试通过率；二是加强学科带头人及技术骨干的培养，指导中级以上职称人员制定职业发展规划；三是结合专科技术开展应急演练，每年分类组织医师、护士、治疗师进行业务知识考试和技能操作竞赛，提高医院康复专科诊疗能力、治疗技能和护理水平。

（二）建立协作平台，促进人才成长

加强与各大医学院校和三级医院建立协作关系，促进工伤康复人才的培养。通过定点机构教学平台，与高校建立长期协作关系；与三级医院建立会诊制度，促进提高综合康复诊疗技术；与医院重点科室建立双向转诊制度和专家共同查房制度，以“医联体”的形式，实现资源共享。多渠道的技术协作平台为医院专业康复人才的培养和康复医疗水平的提高提供了必要的技术支撑和保障。

（三）规范质控体系，强化质量管理

规范工伤康复医疗流程，认真学习相关文件和诊疗规范，试点开展部分病种的康复临床路径管理。强化定点医疗机构科室内部的质控管理，明确实行科主任负责制，将康复医疗质量列入全员目标责任制考核范围，建立起一套较为完整的医疗质量监控体系，引导因病施治、合理检查、合理治疗、合理收费，保证工伤康复治疗质量。同时建立定期回访登记制度，对每个出院患者进行定期电话回访，定期对已出院的大部分丧失劳动能力的工伤康复人员继续进行无偿的家庭与社会康复指导。

（四）开展早期筛查，动态评估疗效

通过早期筛查，促进重症工伤患者早期康复的及时介入。医疗实践证明，早期康复介入可利用康复的最佳时期，采取有效的康复治疗手段，最大限度地提高康复治疗效果，缩短住院天数，降低工伤职工的伤残率。

借助信息系统建立康复对象动态效果评估体系，使康复效果评估评价工作贯穿于整个康复治疗过程中，通过对影像资料的实时采集，实现对治疗效果的动态跟踪，及时根据评价结果调整完善治疗方案，提高康复治疗效果。

（五）开展课题研究，提升科研能力

促进“产、学、研、用”合作，充分融合高等院校在基础研究与技术开发方面的优势，以及医疗机构在康复医疗、经营及行业影响力方面的先进条件，促进学校和医院共同发展，加快科研成果转化为高端医疗装备的步伐，提升医疗康复产业科技创新水平。

（六）积极探索实践，开展职业康复和社会康复

针对大部分工伤职工受伤后一直生活在医院，社交能力下降，存在较大的心理障碍，为促进工伤职工的职业康复，定期组织工伤职工职业技能培训、创业经验分享会，开展户外社会适应性治疗活动，以增加工伤职工与现实社会中人和事的接触机会，改善其精神面貌和心理处境，增强他们重返社会、重返工作岗位的信心。

参考文献

[1] 彭玲. 建立工伤康复机制的探讨 [J]. 中小企业管理与科技，2010（6）.

[2] 饶惠霞，唐丹，欧阳亚涛，等. 论工伤康复服务体系的构建与完善——基于广东省国家级工伤康复基地建设的研究 [J]. 特区经济，2010（12）.

[3] 赵永生. 中国工伤康复战略发展构想 [J]. 中国医疗保险，2013（6）.

打造共建共治共享工伤预防工作新格局

李　辉　广东省人力资源和社会保障厅

【摘　要】 工伤预防是工伤保险的重要功能，工伤预防有利于从源头上减少工伤事故和职业病的发生。工伤预防要始终坚持以人民为中心的发展思想，坚持预防优先的理念，搭建完整的工伤预防制度体系和工作体系，构建"政府提供、单位负责、职工参与"的共建共治共享的工伤预防工作新格局，取得良好的经济效益和社会效益。

【关键词】 工伤预防　制度体系　保障机制

党的十九大报告指出，必须始终把人民利益摆在至高无上的地位，让改革发展成果更多更公平惠及全体人民。人民群众对美好生活的向往对工伤保险提出了更高要求，体现为对更全面的保障、更优质的服务的追求。工伤预防是工伤保险的一项重要功能，与补偿、康复构成了我国"三位一体"的现代工伤保险制度体系。为了实现"最大限度地减少工伤"的最终目标，广东省始终坚持"以人民为中心"的发展思想，按照共建共治共享的社会治理理念，积极开展工伤预防工作，取得经济效益和社会效益的"双丰收"。近五年，广东省参保单位工伤发生率从0.47%降至0.35%，下降幅度达25.5%，工亡事故发生率下降幅度达3.6%，全省工伤保险平均费率从0.63%降至0.32%，下降幅度达49.2%，为用人单位减少缴费64亿元，有力支持了实体经济的发展。

一、高度重视，明确工伤预防工作定位

思想是行动的先导。预防的意义在于防患于未然。为了强化工伤事故源头治理，做好工伤预防工作意义重大，关键要明确理念、原则和方针等工作定位，做到"三个坚持"。

（一）坚持工伤预防优先的理念

工伤是工业化的产物，企业要进行生产活动，就存在发生伤亡事故和职业病的可能。虽然工伤事故的总体发生率较低，但会导致经济损失和人员伤亡，给个人、家庭和社会造

成不幸和灾难。据统计，现有职业安全事故80%以上是可以通过落实安全生产管理和技术等措施避免的，说明工伤预防工作的迫切性和重要性。评价社会进步的标准是：发展是否为了人民群众的根本利益；发展的生产力是否归人民所有，由人民共享；发展的过程是否让人民群众有幸福感。工伤预防工作直接关系劳动者的生命安全和身体健康，是一项重大民生工作。做好工伤预防工作，可从源头上减少工伤事故和职业病的发生，保障劳动者的生命权和健康权，分散企业风险，提高基金使用效率，降低人力资源和经济资源的浪费，有利于促进社会和谐稳定，充分彰显社会文明、时代进步，而且对于经济社会健康、可持续发展等都具有显著的促进作用。因此，工伤保险制度要坚持预防优先的理念。

（二）坚持共建共治共享的原则

工伤预防工作涉及政府、单位、职工，一头连着经济社会发展，一头连着千家万户，既是社会治理的重要内容，也是人民安居乐业的重要保障。保障社会成员免受意外伤害和损失是政府的社会职能，工伤预防是人力资源社会保障部门的法定职责。人力资源社会保障部门作为主管部门，要充分发挥好牵头作用。工伤预防主体责任是用人单位，用人单位有义务保障职工在生产经营过程中的人身安全。加强和创新工伤预防工作，必须坚持人民主体地位，坚持共建是基础，共治是关键，共享是根本，要在法规政策、体制机制上系统谋划，作出有效的制度安排，构建“政府提供、单位负责、职工参与”的共建共治共享的工伤预防工作新格局，形成多方共赢、良性互动的政策效应。

（三）坚持社会化、法治化、精准化、专业化的“四化”方针

“社会化”就是广泛动员全社会，激发强大的社会参与和自主能动力量，主动做好工伤预防；“法治化”就是坚持以法律和法规为依据，界定工伤预防相关方的权利义务，明确责任界限，使工作规范有序开展，保障良性运行；“精准化”就是构建业务全流程一体化办理信息系统，精确、高效地开展工伤预防；“专业化”就是着力培养一批专业的社会组织、服务机构，用先进的理念、科学的态度、专业的方法、精细的标准，提供专业的工伤预防服务。

二、建章立制，着力构建工伤预防制度体系

为了做到有章可循、有法可依，从1998年以来，广东省就对工伤预防工作作出了制度安排，以地方性法规、政策赋予了工伤预防的法律地位和制度基础，推动工伤预防制度化、规范化和常态化。

（一）立法保障工伤预防开展

《广东省工伤保险条例》把“促进工伤预防”作为立法的宗旨之一，提出了“工伤保险工作应当坚持预防、救治、补偿和康复相结合的原则”，明确工伤保险基金可用于工伤预防支出，规定了工伤预防费提取比例，并将其作为专项经费管理使用，奠定了工伤预防法制基础。

（二）规范工伤预防费管理使用

制定了《广东省工伤保险专项经费管理办法》，明确了工伤预防费支出范围、使用主体、预算管理、用款程序和监督管理等内容，厘清边界、细化程序、明确责任、强化监管，定期披露工伤预防费的使用情况，确保工伤预防费规范使用。

（三）建立科学工作模式

根据国家部署，结合具体实践，广东省工伤预防按照“政府主导、专业运作”的工作模式，实行项目管理。为了确保项目规范、有序开展，广东省制定出台了《广东省工伤预防项目实施办法》，对工伤预防项目重点领域确定与发布、申报、项目遴选及确定、组织实施、绩效目标、评估验收、结算等具体过程作出规定。明确面向全省行业和大中型企业开展的工伤预防项目，由相关行业协会和大中型企业等社会组织作为申报主体并组织实施；面向社会和中小微型企业的工伤预防项目，由人力资源社会保障、卫生、安监等部门参照政府采购法等相关规定，从符合规定的机构中选择提供服务的机构，推动项目实施。明确实施的关键是做好全流程管控，为确保落到实处，重点“抓一头一尾、管中间”。“一头”是确定预防重点领域及项目，根据近三年基金收支及工伤事故危害情况，经工伤预防联席会议研究，确定下一年度工伤预防重点领域。根据项目申报情况，由工伤预防专家组成专家评委会采用公开评审和集中答辩等方式进行评审，提出评审意见。工伤预防联席会议再根据专家评委会的评审意见，集体研究确定纳入下一年度的工伤预防项目。“一尾”是对项目进行验收评估，建立预防项目评估指标体系和定量定性指标相结合的绩效考核标准，由人力资源社会保障部门牵头组织第三方中介机构或聘请相关专家对项目进行评估验收，提升预防费使用效能。强化事中事后监督，明确项目服务机构要定期将项目进展和成效等情况报社会保险经办机构，建立档案管理制度，实现可查询、可追溯的全过程痕迹管理，开展定期或不定期的专项监督检查。

（四）制定行业工伤预防规范标准

工伤事故的发生具有突发性、不可预测性，诱发工伤事故的因素很多，但通过对各类事故发生的规律、造成的危害进行认识和预测，可以尽量避免。为了实现对工伤危险因素的全面识别和控制，在实践基础上，广东省部分试点城市与大学等科研机构合作，开展了“工伤危险因素风险评估”研究，找出生产过程中潜在的危险有害因素，识别系统中存在的薄弱环节和可能导致事故和职业危害发生的条件，针对这些环节和条件，提出相应的对策措施。制定了制造、建筑等 22 个行业工伤危险因素风险识别及预防措施实施办法，组织编印成册免费发放给企业，引导企业加强工伤预防及安全管理，提高企业安全管理水平，使企业安全管理由事后处理变为事先预防，从纵向单一管理变为全员、全方位、全过程、全天候的系统管理。

三、加大投入，形成工伤预防三项保障机制

工伤预防政策性强，涉及面广，广东省注重建立长效保障机制，推动工伤预防工作健

康平稳开展。

（一）建立部门协作机制

工伤预防与安全生产关系密切，存在互相促进的辩证关系，涉及多个部门，需部门联动协作，才能取得更好效果。广东省各级人力资源社会保障部门注重与安监、卫生、财政、住建等部门协作，发挥人力资源社会保障部门经费保障优势和安监、卫生、住建等部门行政主管优势，在宣传培训、信息共享、监督检查等方面密切合作，自上而下建立工伤预防联席会议工作制度，由人力资源社会保障、卫生、安监等部门作为成员单位，会议由人力资源社会保障部门牵头定期召开，研究工伤预防项目重点领域的确定、项目遴选及确定、预算管理、监督检查等工作。建立了安全生产与职业卫生监督检查联合行动制度，安监、卫生、人力资源社会保障等部门每年定期开展联合执法行动，重点规范电子制造、电池制造、运动器材制造等行业和有机溶剂使用重点行业领域的劳动安全，切实维护劳动者的职业健康权益。

（二）建立技术保障机制

组建省、市两级工伤预防专家库，专家由各相关部门推荐择优组成，负责在工伤预防项目遴选评审中提出评估意见、在项目评估验收中提供技术支撑。组建工伤预防专业机构及团队，以省工伤康复中心为依托，深入企业开展现场互动式培训和环境检测，指导企业改进生产环境，提供专业的预防服务。发挥其示范引领作用，积极培育从事相关宣传、培训的社会、经济组织参与到工伤预防工作中来。

（三）建立经费保障机制

广东省工伤预防费纳入人大预算管理，发生支出时据实列支。近五年，从工伤保险基金中依法提取费用开展工伤预防宣传、培训等工作，年均支出 8 000 万元，占基金征缴的 2%，有力地支持了工伤预防工作的开展。

四、突出重点，抓好工伤预防宣传和培训

宣传和培训是工伤预防的主要手段。为了取得实效，广东省将工伤事故及职业病发生率高的重点行业、企业、岗位优先作为宣传、培训对象，通过宣传和培训，强化预防理论和技术知识的普及，提高用人单位和职工的安全生产意识和防控事故的能力，有效遏制工伤事故和职业病的发生，起到了事半功倍的效果。

（一）抓活宣传，增强工伤预防理念

广东省着力构建全方位、立体化的宣传格局，在全社会经常性地开展工伤预防宣传，普及工伤预防知识和技能，推动劳动者从“要我预防”向“我要预防”，到“我会预防”，甚至“我能传递预防知识”的转变。一是以“点”为支撑，开展针对性宣传。推进工伤预防宣传教育进企业、进社区、进公共场所，通过发放宣传资料、提供咨询服务、关注相

关微信公众号、参与知识竞答等，推广普及工伤预防知识和技能，防范职业风险。二是以“线”为主轴，突出重点行业宣传。重点抓好制造、建筑、陶瓷、五金、黏胶等行业工伤预防宣传教育，制作高危行业工伤预防宣传资料，每年深入企业发放宣传海报、手册、折页等。三是以“面”为基础，打造宣传品牌。打造“大讲堂”“百厂行”“巡回义演”“知识竞答”“技能大比拼”“个人防护品体验与展示”六大宣传品牌活动，持续扩大宣传覆盖面。四是以“活”为特点，创新宣传载体。既发挥报刊、电台、电视等传统媒体的权威优势，又利用互联网、微信、微博等新媒体的覆盖优势，构建工伤预防立体化宣传格局。比如，在主流媒体定期解读法规政策、发布典型案例、宣传安全知识；开通“工伤预防网”和微信公众号，推送法规政策、工作动态、事故案例分析、安全防护知识等内容；建立工伤事故警示教育基地，通过图片展示、事故案例影片、3D（三维）工伤情景模拟、防护用品试用、工伤职工现场分享等方式，让参观者获得直观、生动、深刻的教育；制作“建筑业工伤保险”“工伤预防保平安”等视频和宣传海报、扑克牌、环保袋、安全帽等宣传品，在全省推广使用；联合省总工会举办“工人在线”访谈，聚焦职工劳动安全等。

（二）抓实培训，增强工伤预防技能

以精准性和实效性为目标导向，贴近企业和职工需求，推动工伤预防培训模式从“传统的单向被动灌输”向“双向互动与持续改善”转变。一是利用大数据找准培训重点。开发全省集中的业务全流程一体化办理的工伤保险信息系统，从认定、鉴定环节抓取数据，从外协信息平台读取安监、卫生部门的相关数据，建立工伤预防数据库，利用大数据找准培训重点群体，精准开展工伤预防。比如根据建筑业工伤事故多发的情况，2016 年以来广东省各级人力资源社会保障、住建部门联合举办两期建筑业工伤保险与安全生产“千企万人”集中培训，共培训 1 万家建筑企业的 3.8 万名管理人员，实现了建筑企业培训全覆盖。二是制定标准化和个性化培训内容。为了便于广泛推广，组织省工伤康复中心制定了工伤预防培训项目的工伤危险因素评估标准、培训大纲，编写培训教材。针对具体培训企业，在对其生产现场进行巡查和评估的基础上，拟订出理论和实际相结合的个性化的培训内容和课件，做到“一企一课”，更符合企业需求和实际，保证了培训效果。三是推行有实效的互动培训方法。从 2009 年起，推行全员参与和双向互动式培训，在制造、建筑、陶瓷、五金、黏胶等行业试点，累计培训企业 600 多家、参训员工 7.7 万人。这种培训模式因针对性强，投入少、回报高、易实践，深受企业和职工认可。培训前，由专业机构对参训企业工伤危险因素“全面体检”，出具评估报告，提出改善措施，制定培训内容。培训时，一线职工及管理人员参与小组讨论、角色互换、案例分享和风险识别等，运用“双向互动”方法调动参训人员的积极性，帮助企业培养培训导师，成立工伤预防委员会，促进企业持续开展工伤预防。培训后，持续跟进回访，组织“回头看”，检查和指导企业落实改善措施，提高职工预防意识，推动企业安全环境持续改善。四是开发在线学习培训系统。与专业机构合作开发了“工伤保险在线学习培训系统”，利用网络、微信等新媒体进行培训，将工伤预防知识点，利用互联网新技术，加上动态效果，配合“工伤小超人”的形象，以生动活泼的形式授课，还设计答题环节，考察培训效果。通过持续、灵活、多样

的在线学习，有效提升了职工工伤预防意识和技能，深受广大职工的欢迎。

五、奖惩结合，发挥费率经济杠杆作用

广东省在执行新的工伤保险八类行业差别费率的基础上，建立了费率浮动管理机制，将工伤保险费使用、工伤发生率、职业病危害程度、安全生产标准化建设等指标纳入浮动费率考核体系，每1~3年对参保单位的工伤风险状况进行全面评估，确定其费率是否浮动及浮动的档次，对安全生产状况差、基金使用多的用人单位上调费率，对安全生产情况好、基金使用少的用人单位下调费率，上下浮动幅度最高达50%，有效促进用人单位做好工伤预防，减少了工伤事故与职业病的发生。

六、典型引路，积极开展预防专项试点

按照人力资源社会保障部《关于选择部分地区开展工伤预防专项试点工作的函》的部署，广州、东莞、中山市被国家列为工伤预防专项试点城市，为此，省人社厅大力支持和指导试点城市积极开展试点工作，努力形成可复制、可推广的工作经验，带动全省工伤预防工作全面开展。

（一）精准确定试点行业

根据经济产业等实际情况，选取3个工伤事故发生率较高的建筑业、制造业、黏胶剂生产使用行业典型行业作为试点行业，通过数据分析，选出这些行业的高风险企业、工种、岗位以及工伤危险因素等，开展工伤预防专项试点。

（二）积极采取预防措施

通过政府购买服务、公开招标的方式，组织工伤预防专业服务机构或社会组织来推动实施，还组织专业技术部门制定针对性工伤预防指导规范及措施，如东莞市通过和华中科技大学材料成型与模具技术国家重点实验室合作，出版了《模具行业工伤预防指导规范》，提供给五金模具行业协会和机械模具行业协会，由其进行推广并组织实施。通过持续开展工伤预防宣传和培训，使企业加强管理、完善制度、改善条件、强化监督，使职工了解及掌握安全知识，加强自我安全保护，切实做好工伤预防工作。

（三）探索效果评估体系

为提升资金使用效能，确保工伤预防费合理合规使用和取得实效，主管部门对工伤预防项目开展不定期的巡查监督，发现问题及时予以纠正，确保项目规范实施。同时，还建立了项目评估验收机制，如广州市人力资源社会保障局会同市工伤预防项目责任单位组成项目绩效评价和验收小组，从服务对象满意度、经济效益变化、工伤发生率变化、基金支付情况等方面对工伤预防项目进行绩效评价。采取现场检查、查阅资料和召开座谈会等方法，通过定性和定量相结合的评估方式，量化项目评估指标，由验收组对项目完成情况进行验收评估打分，验收总分为100分，得分≥85分为合格；得分<85分则需整改，于验收

后一个月再次验收直至达到合格。项目验收合格后按相关协议支付项目费用。

（四）取得阶段性成效

2017 年，广州市现场互动与持续改善式工伤预防项目对 100 家建筑工地完成工伤危险因素巡查评估，提出了 1 009 条改善建议，97%以上的企业职工认为培训有利于他们提高对工伤预防和安全生产的认知，参加该项目培训的 201 家工地近一年的工伤事故发生率仅为 0.073 2%。参加试点的企业和职工对工伤预防试点工作给予了充分肯定。

附：人力资源社会保障、安监等部门推动中小型企业组织实施工伤预防项目典型案例

广东某电器设备股份有限公司主营高低压成套开关设备、气体绝缘金属封闭开关设备以及电力电子产品等，工作环节中黏胶剂使用较多。因为工伤事故发生较多，工作环节中涉及的工伤危险因素多，通过大数据分析，经人力资源社会保障、安监部门共同筛选，确定列入 2016 年工伤预防培训企业。

一、公开招标确定第三方工伤预防专业服务机构

由人力资源社会保障部门牵头对工伤预防项目进行政府采购，经公开招标（见图 1），确定项目由第三方工伤预防专业服务机构组织实施，项目费用为 2.5 万元，按合同约定先付 30%预付款。

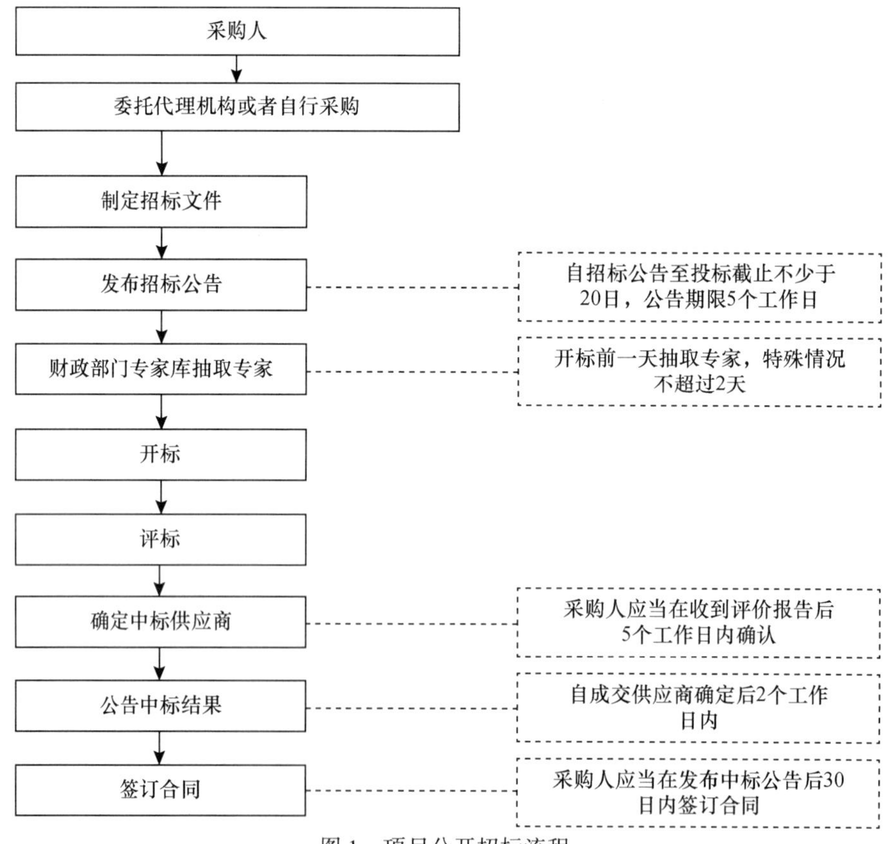

图 1　项目公开招标流程

二、第三方工伤预防专业服务机构组织实施

第三方工伤预防专业服务机构依照合同组织实施项目，内容包括现场工伤危险因素评估、现场互动式培训、评估验收（见图2）。

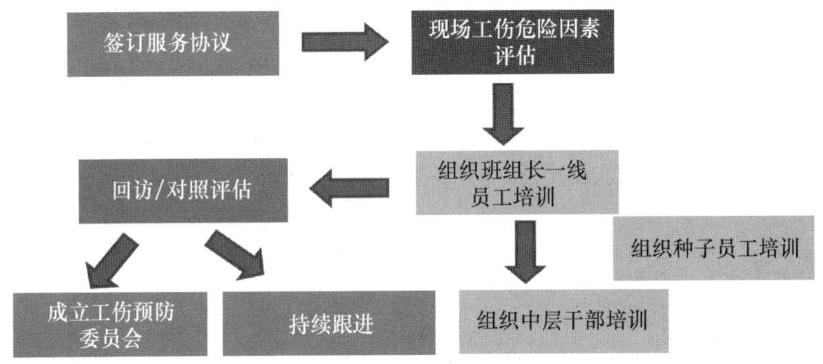

图2　中小型企业工伤预防实施流程

（一）工伤危险因素评估

培训前，第三方工伤预防专业服务机构对企业进行工伤危险因素评估（见图3），排查出60多条工伤危险因素，并提交了工伤危险因素评估报告。

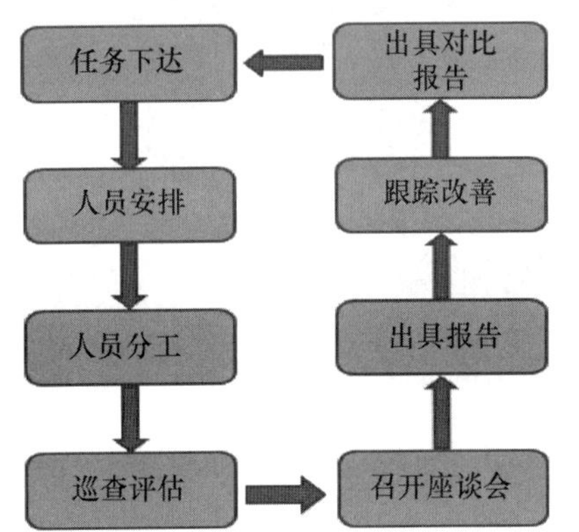

巡查要求：
1. 巡查人员必须至少有职业卫生、安全管理2个不同专业的人员。
2. 了解企业情况。巡查前，通过多种途径，充分了解企业产品、行业类属、经营规模、用材等信息。
3. 了解企业的组织架构、工艺流程。
4. 了解企业职业病监测报告和安全生产评估报告。
5. 了解企业工伤事故发生情况。
6. 做好照片的拍摄与视频资料的录制（照片要求：一张带有企业名字的全景照，车间照和细节照片，一个企业至少拍30张）。
7. 巡查要求从人、机、物、环、管5个方面进行。

图3　工伤危险因素评估流程

（二）现场互动式培训

编制针对性教材，持续半年开展现场互动式培训，培训情况见表1。

表1　开展现场互动式培训情况

培训内容	培训人群	参加培训人次
工伤预防意识与隐患排查处置（本企业）	一线员工、班组长	200
有机溶剂使用常见意外伤害防治	一线员工、班组长	200
精益生产与工伤预防的关联性	班组长、中层干部	180
心理调适与减压技巧	班组长、中层干部	180
工伤预防培训导师技能培训	导师培训	80
黏胶剂行业工伤危险因素排查标准与技能	导师培训	110

（三）评估验收

培训结束后，人力资源社会保障部门组织安监、卫生、审计、财务、工会等部门及专家对该企业进行验收考核。采取到企业现场考察、审阅项目实施相关资料、召开座谈会听取意见等形式，对所实施的项目从员工、企业和社会3个层面来进行验收（见图4）。

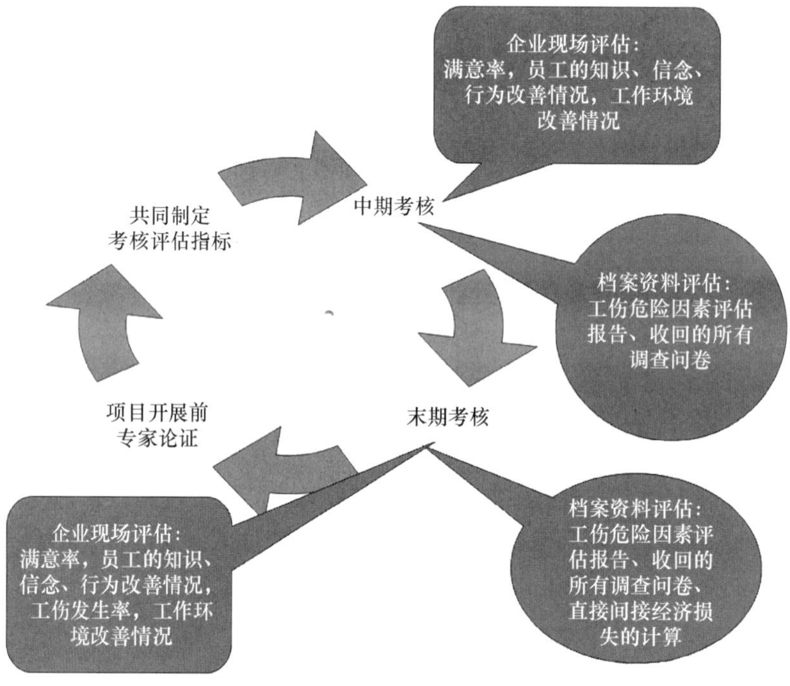

图4　项目考核评估流程

工伤预防培训考核内容主要包括工伤危险因素评估考核和培训考核。

1. 工伤危险因素评估考核。

（1）评估人员要求：评估人员资质、评估人员专业对口情况。

（2）评估内容：方法的科学性、指标的科学合理性、内容的客观全面性、建议措施的针对性与合理性。

（3）评估报告撰写情况：内容的完整性、撰写的及时性。

2. 培训考核。

（1）导师资质：学历、专业和从业经验能否满足企业的需求，表达和沟通能力。

（2）培训方式：是否采用了互动式培训方式，听课者的参与程度。

（3）培训内容：针对性、实用性与专业性，是否符合教学要求，满足教学目标。

（4）满意度调查：培训对象对授课老师进行评分，企业对授课方进行评分。

（5）跟进回访考核：回访形式是否能满足要求，回访记录的及时性与真实性，回访报告是否客观、真实，满足要求。

（6）档案管理：是否有专门的档案管理室，档案管理室需要严格按照年度、地区、行业进行分类整理、及时归档，各企业现场工作环境巡查评估报告、企业基本信息调查表、各类调查问卷、协议、培训人员名单、专题评估报告是否完整、齐全、分类归档，所有原始档案资料需保存10年。

(7) 其他：事前、事中、事后环节质量管理制度是否健全，工作制度和流程图是否已上墙。

3. 评估结果。

经验收总分在85分以上，评估结果合格，按合同约定支付95%的项目费用，留5%的项目费用用于服务机构对项目1年的跟踪服务。1年后，首次评估发现的60条工伤危险因素全部整改，整改率100%，经验收合格，采购方支付余下的5%项目费用。

(1) 员工工伤预防知识、信念和行为改善情况见表2。

表2　员工工伤预防知识、信念和行为改善情况

项目	培训前	培训后	培训后6个月	培训后11个月
知识	7.14分	9.12分	8.74分	8.66分
信念	6.73分	9.07分	9.13分	8.87分
行为	6.41分	8.56分	8.90分	8.96分

(2) 近3年企业工伤事故发生费用支出情况见表3。

表3　近3年企业工伤事故发生费用支出情况

年份	费用支出/万元		工伤预防投入/万元	工伤人数/人次	伤残等级	投入产出比值	投入产出比	节约直接经济成本/万元
	单位支付	基金支出						
2015	18.75	84.27	0	12	1个九级，11个未达级	—	—	—
2016	4.245	12.74	2.5	3	未达级	0.029	1∶34.48	86.025
2017	0.52	1.6	0.5	1	未达级	0.033	1∶30.30	14.865

(3) 企业工作环境改善情况：企业安全管理制度健全，成立了专门的工伤预防委员会。

(4) 企业和员工满意率调查：满意率100%。

参考文献

[1] 人力资源和社会保障部工伤保险司. 工伤预防培训教材［M］. 北京：中国劳动社会保障出版社，2017：29-40.

[2] 张学文，刘辉霞. 现场互动与持续改善式工伤预防培训项目实施手册［M］. 北京：中国劳动社会保障出版社，2016：115-146.

网约工工伤保险问题研究

庞圣祥　臧　骞　湖南天恒健律师事务所

【摘　要】网约工在工作中受伤无法避免，但由于其与互联网平台是否存在劳动关系尚存在争议，当前普遍不能享受工伤保险待遇。这就导致网约工受到伤害后无法得到充分救济。基于公平正义和保障民生的要求，无论与平台是否存在劳动关系，网约工都应当享受工伤保险待遇。将网约工纳入工伤保险体系能实现多方共赢。应通过法规规章或政策明确网约工的工伤保险主体资格，网约工的工伤认定、劳动能力鉴定等内容均可以适用《工伤保险条例》。

【关键词】平台　网约工　工伤保险

“互联网+”催生了网约工这一新的职业群体，也带来了网约工的劳动权益保障难题。实践中，网约工虽然通过平台进行劳动，双方却没有建立被平台承认的劳动关系。这样一来，当网约工因工作原因受到伤害时，将无法从国家和社会获得物质帮助，这有违公平正义，不利于保障、改善民生和维护社会和谐。

一、网约工的特殊性与社会保障现状

广义的网约工是通过互联网平台为消费者提供服务的劳动者群体的统称。将平台等企业内部的劳动者排除在外，本文讨论的网约工仅限于“是否与平台存在劳动关系”问题尚存在争议的网约工，如人们所熟知的网约车司机、网约代驾司机、网约快递小哥、外卖平台配送员等。需要说明的是，本文讨论的网约工也不包括那些只是通过平台偶尔做兼职的人群。目前网约工的特征主要表现为如下几个方面：第一，工作灵活、繁重，人员流动性大。第二，工作风险相对较高，工作时间大多在途中，往往要拼时间、拼速度，且经常要使用手机等智能设备，尤其容易发生交通事故。以送餐员为例，官方数据显示，上海市2017年上半年共发生涉及外卖送餐行业的道路交通伤亡事故76起；南京市2017年上半年共发生涉及外卖送餐电动自行车的各类交通事故3 242起；连经济相对不发达的银川市，在2017年共发生涉及外卖车辆的交通事故235起，伤人事故116起，伤117人。第三，没有与平台签订劳动合同，劳动关系存在争论，往往只被平台承认合作关系。第四，平台不为他们参加社会保险。以快递员和外卖员为例，笔者通过检索、分析相关案例，得出了图1、图2、图3和图4中的数据。由图可知，网约工的工伤保险纠纷愈发常见。

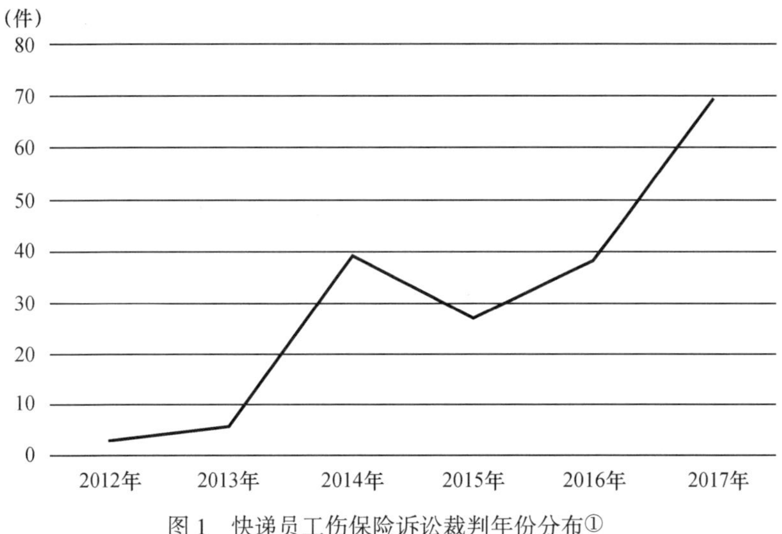

图1　快递员工伤保险诉讼裁判年份分布①

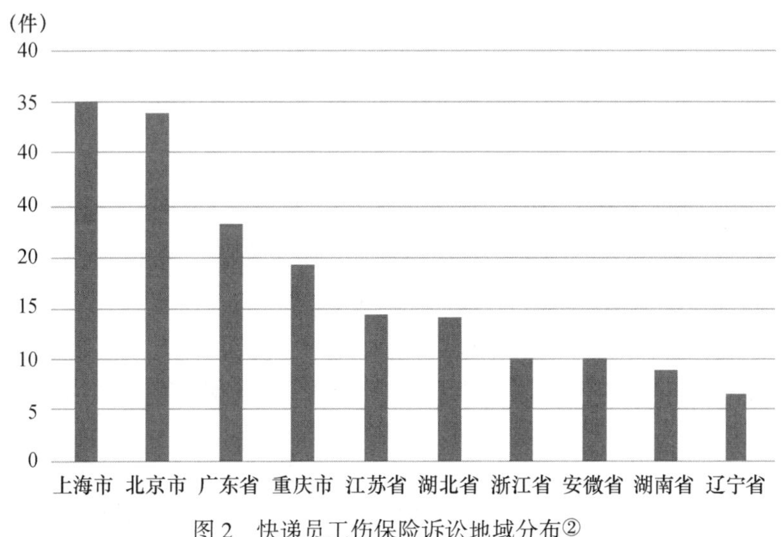

图2　快递员工伤保险诉讼地域分布②

网约工的社会保障，特别是工伤保险待遇问题已成为我国当前社会保障工作中不可忽视的内容。政策上，党的十九大报告明确提出，要按照兜底线、织密网、建机制的要求，全面建成覆盖全民、城乡统筹、权责清晰、保障适度、可持续的多层次社会保障体系。

① 数据来源：无讼案例。
② 数据来源：无讼案例。

图 3 外卖员工伤保险诉讼裁判年份分布①

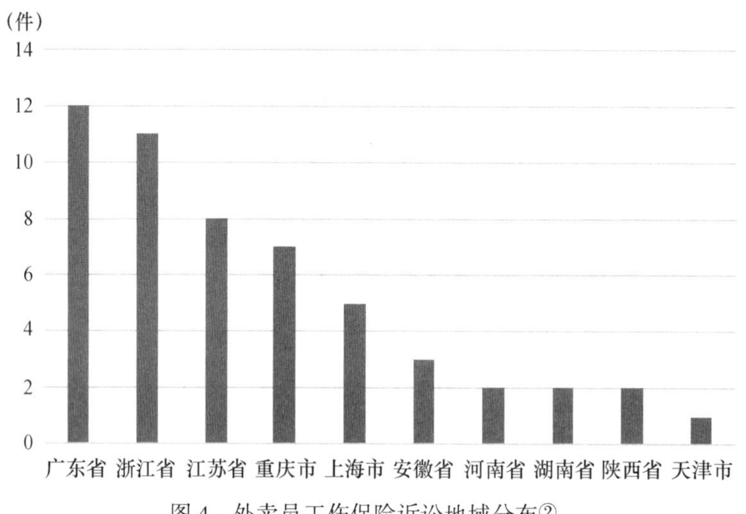

图 4 外卖员工伤保险诉讼地域分布②

2017 年 7 月，国家发改委等八部门《关于促进分享经济发展的指导性意见》第十二条也提出要“积极发挥分享经济促进就业的作用，研究完善适应分享经济特点的灵活就业人员社会保险参保缴费措施，切实加强劳动者权益保障”。仲裁和司法实践中，有些网约工请求享受工伤保险待遇的诉求得到了仲裁院或法院的支持，而有些却因为劳动关系被否认进而未被仲裁院或法院支持工伤保险待遇。

学者们对是否应将网约工纳入工伤保险体系存在争议。反对方认为：工伤保险参保以劳动关系为前提，且网约工的工伤认定调查取证难、认定难，不应将网约工纳入工伤保险

① 数据来源：无讼案例。
② 数据来源：无讼案例。

体系。支持方认为：网约工工作的自主性、灵活性没有从根本上改变网约工与平台的从属地位，网约工同样存在职业风险，要将网约工纳入工伤保险体系，单独缴纳工伤保险费也不至于给企业造成过重的负担，劳动者在发生意外伤害事故时还能够获得基本保障。笔者认为，在劳动关系的认定存在困难的现实困境中，为了更好地保护发生事故的网约工，应强制平台为网约工单独缴纳工伤保险费。工伤保险在建筑行业已经允许单独参加（以项目方式参保），应该敞开怀抱，把网约工也纳入工伤保险范围，而劳资双方之间是什么关系不重要。江苏省太仓市的工伤保险参保对象包括“本市户籍劳动年龄段的灵活就业人员”，这为扩展工伤保险参保对象提供了一定的思路。

二、将网约工纳入工伤保险体系的必要性

（一）事实层面：网约工发生事故时救济无力

据统计，我国现阶段的网约工数量已达 7 000 万，且正以惊人的速度飞速增长。这一庞大的人群是我国社会保障体系中的一大缺口。网约工在工作中受伤无法避免，由于其工作内容和工作特点，网约工甚至比其他的职业群体更容易出现工伤。而现行的工伤保险体系却未将他们纳入，如果在工作中受到伤害，他们只能根据《中华人民共和国侵权责任法》的相关规定，主张民事赔偿。

但是单纯依靠侵权责任无法充分为网约工因工负伤提供救济，理由至少有三：一是，与工伤保险的无过错责任原则不同，侵权责任采取过错责任原则，以过错作为承担责任的基础。那么如果工伤事故是由于网约工自身的责任导致的，将无法得到任何赔偿。二是，侵权赔偿能否实现还取决于加害人的赔付能力，因工作受到伤害的网约工的基本生活能否得到保障还是未知数。这种救济的不确定不充分很有可能降低受伤网约工的生活水平，挫伤他们的工作积极性，乃至影响整个行业、整个社会经济的发展。三是，侵权责任的事后救济特性无法降低网约工工伤事故的发生率。

当然，一些平台为网约工或网约工为自身购买了商业性人身伤害保险，但商业保险的营利目的及自愿投保原则也决定了其不能最大限度地保障网约工的合法权益。而将网约工纳入工伤保险体系却能督促平台健全安全措施，对其管理的网约工加强安全教育，在源头上避免工伤事故的发生、减少社会的不幸，在很大程度上起到预防的作用。商业保险只适合作为工伤保险的补充。

（二）制度层面：保障民生的必然要求

工伤保险是社会保险的重要组成部分。社会保险是社会保障的主要内容。社会保障权作为基本人权之一，应该是人人享有的。《中华人民共和国宪法》明确保障全体公民的社会保障权利。《中华人民共和国社会保险法》第一条、第二条和第三条规定，坚持广覆盖、保基本、多层次、可持续的方针，国家保障公民在年老、疾病、工伤、失业、生育等情况下依法从国家和社会获得物质帮助的权利，维护公民参加社会保险和享受社会保险待遇的合法权益，使公民共享发展成果。工伤保险法律制度是社会保险法的范畴而不是劳动法范

畴，其宗旨是实现劳动者在工伤保障层面的共济，实现风险的社会化。若工伤风险只是由就业人员自己承担，那将是对社会保险宗旨的背离。因此，工伤保险的指向应该是所有的劳动者，而不应该仅仅是传统意义上的“职工”。网约工也是劳动者，也通过自己的劳动换取报酬，被排除在工伤保险体系之外的理由和依据何在？显然，将劳动者人为区分为享受工伤保险待遇的人群和不享受工伤保险待遇的人群是不合理的，不符合公平正义的要求，是一种制度歧视。只要是劳动者，只要受伤是因为工作，从国家和社会获得帮助就是理所应当的。

我国已有一些学者意识到了这些问题，如王显勇教授等人认为网约工同其他劳动者一样为社会经济的发展做出了不可忽视的贡献，其理应受到公平对待，国家应该通过相应的制度安排使其能够共享经济的发展成果，从而促进社会主义和谐社会的建设；陈敏教授认为将“非职工”排除在工伤保险体系之外不适应和谐社会发展和经济全球化的要求，也不适应劳动关系多元化、复杂化和非正规就业现象出现的要求，更与工伤保险作为社会保险的风险分担宗旨不符；胡大武教授指出现代社会保险立法正在经历从以主体间存在劳动关系为享受工伤保险权益的基础到以主体有从事劳动的行为为享受工伤保险权益基础的变迁，这种变迁是新经济时代的必然要求，也是工伤保险制度重构的时代基础，更是宪法所规定的劳动者社会保障权的必然演绎。

（三）社会层面：实现多方共赢的应有之意

将网约工纳入工伤保险体系能实现多方共赢、良性循环。就网约工及其家庭而言，能减轻事故后的经济负担。就平台而言，解决了网约工最为关心的问题，能降低谈判成本、诉讼成本，激发网约工的潜力，提高他们的工作积极性和责任感，而且能分散用工风险，又通过社会责任的承担提升企业形象，获得消费者和社会的信任，有利于平台的发展壮大。就消费者而言，网约工的工作积极性提高能使消费者获得更好的消费体验。就政府而言，应履行控制风险、监管和保障职责，工伤保险在不断扩展职业覆盖面，政府不能对新职业形态采取回避态度。

三、将网约工纳入工伤保险体系的可行性

有学者根据下列原因认为不能把网约工纳入工伤保险体系：“新业态从业人员的工作时间、工作场所非常灵活，可以有专门的办公场所，可以在家办公，也可能流动工作，工作场所和生活场所也容易混淆在一起，这种情况下，受伤是因为工作原因还是非工作原因就很难区分。另外，新业态从业人员多是独自工作，对其受伤情况，首先是很难调查取证，其次是很难判断是否是因工受伤。”笔者认为这些理由在一定程度上站不住脚。只要是为了执行工作任务，就能认为是工作原因，从而认定工伤。应用软件的使用也在一定程度上便于工作时间、工作地点和工作原因的确定。受伤过程也可以向相对应的消费者、目睹受伤事件经过的路人调查取证。判断是否是工伤原因，可能会比一般职工难，但也不是无法判断。再者，不能因为工伤认定工作相对复杂、困难就逃避，就不给网约工工伤保障。

现在很多平台都给自己的网约工购买了商业性人身伤害保险，这部分保险费完全可以用来缴纳工伤保险，再由国家分担一部分工伤保险费。当网约工发生事故伤害时，赔付经费从工伤保险基金中支出。

四、网约工工伤保险制度构建

在网约工的工伤保险制度构建上，最核心的是明确网约工的工伤保险主体资格，而劳动能力鉴定、工伤保险待遇的计算和支付等一系列问题，均可以适用《工伤保险条例》对一般职工的规定。

（一）设置富有特色的缴费机制

适时制定关于网约工工伤保险的法规或规章，健全配套政策，加强劳动行政部门、仲裁机构和司法机关的协同，着力破解当前各方意见不一致的困境。第一，在国家层面对什么是网约工，保障他们的哪些权利以及如何保障他们的权利进行明确，尤其明确网约工的工伤保险权利。第二，基于“谁用工谁负责”“谁获益谁负责”的原则，应强制平台为网约工缴纳工伤保险费；考虑到扶持平台和共享经济发展的需要，国家也应负担一定比例的工伤保险费，适当减轻平台的负担。第三，网约工的灵活性决定了其难以适用正规就业者的参保和缴费机制，应打破以工资为基准确定工伤保险缴费数额的传统方法，适应平台的经营发展模式，可以规定以平台收入或网约工所获报酬的一定比例为基准缴费。第四，允许各省根据工伤保险基金收支情况和平台所处行业风险大小适时调整工伤保险费率。如有学者提出，在快递行业，各地可以探索按照快递量、单件快递工资含量和相应的费率，计算缴纳工伤保险费，先试点后推广。

（二）设置相对灵活的工伤认定程序

网约工的工作场所极其不固定，工伤认定相对较困难。建议规定只要是工作时间，在执行工作任务中发生的伤害均属于工伤。《工伤保险条例》第十四条、第十五条规定的 7 种应当认定为工伤的情形和 3 种视同工伤的情形，对网约工的工伤认定同样应当适用。另外，因网约工人数较多、事故较多，他们的工伤认定可以采取网约工本人申请制，申请途径要灵活，可以通过网络申请，也可以在现场申请，网约工需如实填写自己所从事的职业类型，事故发生的时间、地点、经过，并提供医疗诊断证明。与一般职工申请工伤认定不同的是，网约工不需要提供与平台存在劳动关系的证明材料，只需要证明自己发生事故时是在执行平台指派的工作任务即可。

五、结语

网约工工伤事故几乎每天在发生。在劳动关系尚未被平台和社会各界普遍承认的背景下，其他社会保险暂且不论，网约工的工伤保险问题已经到了急需解决的程度。应将网约工纳入工伤保险体系，由平台和政府各负担一部分工伤保险费，从而为发生事故的网约工提供经济保障，维护社会的安定和谐。

参考文献

[1] 张军. 新业态从业人员参加工伤保险难点及对策建议 [J]. 中国医疗保险, 2017 (6): 57-59.

[2] 高扬. 工伤保险, 能否惠及 300 万快递小哥 [N]. 检察日报, 2018-06-27 (5).

[3] 陈敏. "非职工" 群体纳入工伤保险制度保障探析 [J]. 政治与法律, 17 (2): 151-160.

[4] 胡大武. 家庭雇佣型家政工人工伤保险制度研究 [J]. 现代法学, 2012, 34 (1): 57-64.

[5] 班小辉. 论 "分享经济" 下我国劳动法保护对象的扩张——以互联网专车为视角 [J]. 四川大学学报 (哲学社会科学版), 2017 (2): 154-161.

[6] 周南. 新业态从业人员参保期待创新突破 [N]. 中国劳动保障报, 2017-12-19 (3).

[7] 王全兴. 劳动法 [M]. 北京: 法律出版社, 2008: 392-400.

[8] 倪弋, 李福妃. "网约工" 碰撞现行用工制度 [N]. 安徽法制报, 2018-05-25 (A4).

[9] 王显勇, 夏晴. 共享经济平台下的网约工纳入工伤保险的理论依据与制度构想 [J]. 中国劳动, 2018 (6).

[10] 王全兴, 王茜. 我国 "网约工" 的劳动关系认定及权益保护 [J]. 法学, 2018 (4).

浙江省第三人侵权构成工伤回归补充模式后实证研究

——以浙江省湖州市为例

张　弦　湖州市人力资源和社会保障局

【摘　要】近年来，第三人侵权构成工伤从补充模式走向司法主导的兼得模式后，2018 年浙江省以地方立法的方式又重回补充模式。笔者以工伤保险补偿和民事侵权赔偿关系为切入点，通过梳理分析湖州市在《浙江省工伤保险条例》施行补充模式后所取得的成效和遇到的问题，提出个人的意见和建议，以期对今后我国工伤保险制度建设提供借鉴和参考。

【关键词】浙江省工伤保险条例　补充模式　实证研究

一、引言

我国现行法律对第三人侵权构成工伤处理模式缺乏具体、明确的规定，模式争议一直困扰着工伤保险理论界和实务界。2018 年 1 月 1 日起《浙江省工伤保险条例》正式施行，浙江省重回补充模式，本文围绕补充模式在地方实际运行情况展开分析研究。

二、第三人侵权构成工伤处理模式概述

（一）第三人侵权构成工伤处理模式历史沿革

1996 年劳动部《企业职工工伤保险试行办法》，确立了第三人侵权构成工伤的补充模式。2004 年《工伤保险条例》实施，《企业职工工伤保险试行办法》退出历史舞台，但《工伤保险条例》对第三人侵权构成工伤处理模式未作规定，而《最高人民法院公报》2006 年第 8 期“杨文伟诉二十冶公司人身损害赔偿纠纷案”案例摘要以及《最高人民法院关于因第三人造成工伤的职工或其亲属在获得民事赔偿后是否还可以获得工伤保险补偿问题的答复》（〔2006〕行他字第 12 号）倾向于兼得模式，补充模式开始遭遇挑战。2010 年《中华人民共和国社会保险法》仍未明确处理模式后，《最高人民法院关于审理工伤保

险行政案件若干问题的规定》（法释〔2014〕9号）第八条第三款和2015年《第八次全国法院民商事审判工作会议（民事部分）纪要》第九条，分别在行政审判领域、民事审判领域确立了兼得模式的主导地位。近年来有关第三人侵权构成工伤处理模式4种法律层级的规定，具体见表1。

表1　　第三人侵权构成工伤处理模式的法律规定

法律层级	法律名称	对竞合问题的态度
法律	《中华人民共和国社会保险法》第四十二条	工伤保险基金在先行支付医疗费的情况下有权向第三人行使追偿权
行政法规	《工作保险条例》	立法未提及
部门规章	《社会保险基金先行支付暂行办法》第十一条	明确医疗费不可兼得，对其他费用是否可兼得未具体规定
司法解释	《最高人民法院关于审理人身损害赔偿案件适用法律若干问题的解释》第十二条	受害劳动者具有双重请求权，但未明确实际如何赔偿
	《最高人民法院关于因第三人造成工伤的职工或其亲属在获得民事赔偿后是否还可以获得工伤保险补偿问题的答复》	受害劳动者具有双重请求权，但未明确实际如何赔偿
	《最高人民法院关于审理工伤保险行政案件若干问题的规定》第八条	明确医疗费不可兼得，其他费用可再次获赔，但对其他费用是兼得还是补充未具体规定

浙江省自2009年《浙江省人民政府关于进一步做好工伤保险工作的通知》（浙政发〔2009〕50号）转向兼得模式后，2018年施行的《浙江省工伤保险条例》第三十二条第二款、第三款规定："工伤职工先向第三人要求赔偿后，赔偿数额低于其依法应当享受的工伤保险待遇的，可以就差额部分要求工伤保险基金或者用人单位支付。工伤职工直接向工伤保险基金或者用人单位要求支付工伤保险待遇的，工伤保险基金或者用人单位有权在其支付的工伤保险待遇范围内向第三人追偿，工伤职工应当配合追偿"，标志着浙江省重回补充模式。

（二）第三人侵权构成工伤处理模式分析

从上述历史沿革可以看出，我国在第三人侵权构成工伤处理模式的争论主要集中在应采用兼得模式还是补充模式上。

支持兼得模式观点主要有3点：一是工伤保险待遇与民事侵权赔偿不能替代。工伤保险待遇属于公法领域的补偿，人身损害赔偿则属于私法领域的赔偿，二者法律关系性质不同，不能混用，也不能相互替代。二是侵权损害填平法则难以适用于人身损害赔偿。生命无价，保险法规定人身保险的被保险人可以同时获得保险人的给付和第三人的侵权损害赔偿，保险人没有追偿权，工伤保险也应如此。三是兼得模式不存在不公平。法律没有限制当事人可以重复获得赔偿，当事人有权重复获得赔偿。

支持补充模式观点主要也有3点：一是应体现社会法功能。工伤保险作为一种社会保险，应体现社会保障性，而不是福利性。第三人侵权认定工伤已属延伸保护，补充模式更加符合工伤保险分散用人单位风险的目的。二是侵权损害适用于填平法则。工伤保险具有补偿功能，兼得模式系用民法理念适用行政领域，并无厚重的法理支持。例如王利明教授主持起草的民法典第1996条就明确支持补充模式。三是兼得模式有违社会保障的公平原则。兼得模式有过度保护之嫌，造成一般工伤待遇与第三人侵权构成工伤待遇之间的不公平，有违“不能获得意外收益”的公平原则。

笔者认为，第三人侵权构成工伤待遇兼得模式与补充模式之争，关键在于双方对工伤保险的保险属性认识不同，如果认为工伤保险类同于商业保险中的人身保险，可多买多得，则基本认可兼得模式；如果认为工伤保险责任脱胎于民法上的雇主责任，工伤保险类同于雇主责任保险，可填补损失，则倾向赞同补充模式。在法律尚未对工伤保险属性达成共识的情况下，立法论上无对错之分，只有方案优劣区别。国家法制进步离不开探索、争论和实践，浙江省勇于探索、敢于创新，从保基本原则出发，在强化先行支付确保工伤职工工伤保险待遇的基础上，坚持工伤保险公平理念与立法初衷，以地方立法的形式回归补充模式，这种做法值得肯定。

三、浙江省湖州市回归补充模式后施行成效

2018年1月1日《浙江省工伤保险条例》正式施行后，第三方侵权构成工伤回归补充模式实际运行效果、各方反应如何一直是笔者关注的重点，施行半年多来成效主要归纳为以下几方面：

（一）用人单位减负初显成效

工伤保险筹资原则为以支定收，用人单位缴费，个人不用缴费，因此工伤保险基金支出最终还是由用人单位负责。党的十八届三中全会提出“适时适当降低社会保险费率”，目的在于减轻用人单位负担。浙江省通过扩大第三人侵权构成工伤基金先行支付范围，确保工伤职工获得不少于工伤保险待遇同时，采取补充模式减少工伤保险基金重复支出，减轻了用人单位工伤保险缴费负担。例如，对比湖州市2015—2018年上半年（按工伤认定时间）第三方侵权构成工伤案件工伤保险基金支出（见图1）[①]，2015—2017年期间基金支出较为接近，而2018年上半年认定工伤的基金支出仅为2017年的18.39%。对比湖州市2015—2018年上半年（按支付年度）第三方侵权构成工伤案件工伤保险基金支出（见图2）[②]，2015—2017年期间基金支出增长较快，而2018年上半年基金支出为2017年的34.63%。上述数据虽然存在2018年上半年发生第三方侵权尚未申报工伤或停工留薪期内尚未进行劳动能力鉴定等因素，致基金支出还未完全释放，但回归补充模式后，第三方侵权构成工伤基金支出减少已基本成为事实。

---

① 湖州市社会保险统计数据。

② 湖州市社会保险统计数据。

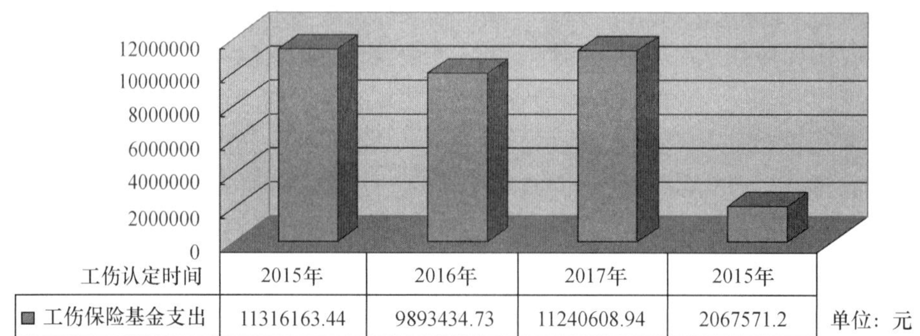

图 1 湖州市 2015—2018 年上半年（按工伤认定时间）第三方侵权构成工伤案件工伤保险基金支出

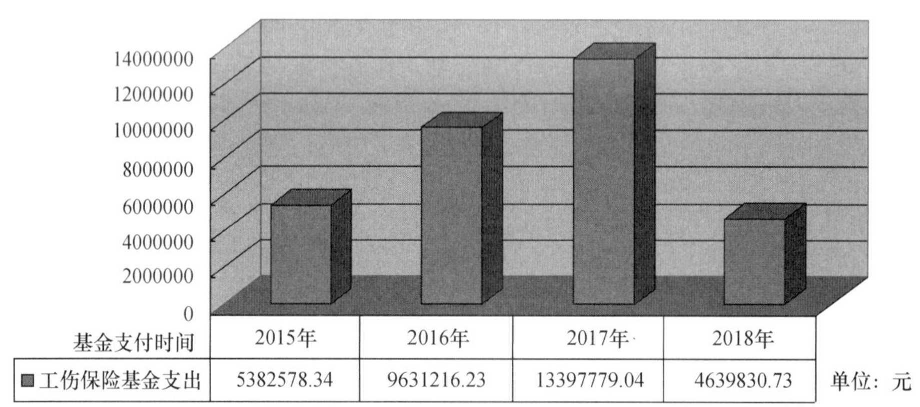

图 2 湖州市 2015—2018 年上半年（按支付年度）第三方侵权构成工伤案件工伤保险基金支出

（二）劳动关系更加和谐

劳动关系是否和谐，事关广大职工和企业的切身利益，事关经济发展与社会和谐。党的十八大明确提出构建和谐劳动关系。一是政府与用人单位关系更加和谐。由于第三方侵权特别是交通事故基本发生在用人单位管理范围以外，相对于其他认定工伤条件，用人单位对第三方侵权认定工伤认可度偏低，尤其在兼得模式下，工伤职工无论是否参加工伤保险、是否获得侵权第三人赔偿，用人单位均需支付工伤职工工伤期间误工费。用人单位普遍不理解工伤职工已经从侵权第三人方面获得误工费等赔偿，为何用人单位还需要额外支付其误工费。在回归补充模式后，用人单位抵触情绪明显减少，更加支持、配合工伤保险工作，参保积极性进一步提升。以湖州市为例，截至 2018 年 6 月，湖州市工伤保险参保人数 88.26 万人，相比 2017 年年底新增 4.69 万人，增幅达 5.6%，半年增长人数已经接近 2017 年工伤保险参保人数全年增长人数。二是用人单位与职工关系更加和谐。稳定的劳动关系不仅关系社会和谐，同样影响用人单位长远发展和职工合法权益。在处理具体工伤赔偿实践中，很多用人单位觉得提出兼得诉求的工伤职工很难沟通、要求过高，采取不理不睬、诉讼拖延甚至停发医药费用等方式，逼迫工伤职工作出让步，进而影响用人单位内部团结和商业信誉。对于工伤职工而言，“赢了官司、丢了工作”的情形屡见不鲜，特别是因工伤造成中度伤残的中年职工，作为家庭的经济支柱，失业后被推向社会重新就业面临极大的困难，容易成为社会不安定因素。在回归补充模式后，湖州市未发生第三人侵权构成工伤职工因无法及时获得赔偿而聚众妨碍用人单位正常生产、集体上访等维稳事件。三是职工之间关系更加和谐。良好平和的工作心态、关系融洽的工作环境有助于职工之间团结协作，兼得模式容易引发工伤职工之间赔偿金额攀比、质疑赔偿不公等不良心态。在回归补充模式后，工伤职工在相同伤残等级的情况下获得赔偿大体相同，工伤职工之间因赔偿金额引发的争执基本消失。例如，2018 年上半年湖州市劳动监察、工伤保险行政部门未接到工伤职工之间涉及赔偿不公的投诉、举报。

（三）工伤纠纷有效化解

快速妥善化解工伤矛盾纠纷是政府、用人单位、工伤职工共同的愿望。一是工伤调解效果显著。调解是化解工伤矛盾纠纷的重要手段，在未参保工伤赔偿调解中，第三人侵权特别是交通事故因双方期望差距过大，调解效果差强人意。在回归补充模式后，工伤职工期望值有所下调，用人单位参与调解意愿更加强烈，调解成功率提升明显。例如湖州市工伤保险行政部门参与调解的未参保交通事故工伤案件中，采用兼得模式的工伤调解成功率不到 60%，采用补充模式后的调解成功率提升至 85%左右。二是减轻行政司法诉累。根据现行权利救济政策，未参保用人单位如采取拖延方式，最多可能出现多达 8 次诉讼（劳动关系确认阶段 3 次：劳动仲裁，人民法院初审、终审；工伤认定阶段 3 次：行政复议，人民法院初审、终审；工伤待遇支付 2 次：劳动仲裁，人民法院申请撤销一裁终局）及 1 次劳动能力再次鉴定，旷日持久的诉讼不仅消耗了大量的行政、司法资源，大幅度延长了工伤职工获得待遇时间，其兼得模式获得的额外赔偿也大多用于支付高昂的诉讼代理人费用。在回归补充模式后，在一定范围内将“多输”转化为“多赢”。例如，2015 年至 2018 年上半年期间，湖州市涉及第三人侵权构成工伤行政诉讼、行政复议案件稳定在 2~4 件，且均为兼得模式案件。尽管补充模式实施时间不满一年，该数据证明能力有限，但笔者相信采取补充模式后此类行政诉讼、行政复议将呈下降趋势。三是职工群体反应平稳。在兼得模式实施过程中，笔者通过对职工座谈沟通，发现大多数职工同样不赞同采用兼得模式，尤其对在厂外发生交通事故获得的赔偿反而比厂内工作时受伤还要多意见很大。在回归补充模式后，职工群体产生波动并不明显。例如，2018 年上半年湖州市没有发生一起因第三人侵权待遇下降引发的诉讼、投诉或者信访。

四、《浙江省工伤保险条例》施行回归补充模式后存在的问题

（一）存在法律适用混乱风险

鉴于《中华人民共和国社会保险法》《工伤保险条例》没有对第三人侵权构成工伤处理模式作出明确规定，浙江省地方性法规与最高人民法院司法解释规定的处理模式存在冲

突，《最高人民法院关于审理工伤保险行政案件若干问题的规定》第八条第三款在适用解释过程中大部分法官倾向将该款解释为兼得模式，而《浙江省工伤保险条例》第三十二条第二款、第三款明确要求采用补充模式，使得浙江省内在行政诉讼、行政复议、劳动人事争议仲裁及调解过程中容易因适用法律产生争议。

笔者认为，地方上如没有支持补充模式的地方性法规，应适用司法解释精神，以兼得模式支付第三人侵权构成工伤待遇；如地方性法规明确支持补充模式，则第三人侵权构成工伤待遇采用补充模式为宜。浙江省应按照地方性法规规定执行补充模式，理由如下：

一是应严格遵循法律适用的基本规则。二者属于不同的领域：《浙江省工伤保险条例》是地方性法规，属行政法领域，在浙江省域范围内依法行政领域应当严格执行；《最高人民法院关于审理工伤保险行政案件若干问题的规定》是司法解释，属行政审判领域，行政审判时在对具有立法权的地域就此类问题没有明确规定时，应当严格执行。因此，根据《中华人民共和国行政诉讼法》第六十三条规定："人民法院审理行政案件，以法律和行政法规、地方性法规为依据。地方性法规适用于本行政区域内发生的行政案件"，在浙江省内适用地方性法规符合法律适用的基本规则。

二是行政机关应当依法行政。在上位法未明确规定的情况下，《浙江省工伤保险条例》是地方性法规，在浙江省域范围内工伤保险行政及经办部门显然应当严格执行，这是依法行政的基本要求，也是行政法领域法律适用的基本规则。如行政机关依法作出行政行为后各方没有异议，其行政行为即告结束，并不涉及行政审判复议领域的法律适用问题。

三是审判机关应当依法审查。《中华人民共和国行政诉讼法》第六条规定："人民法院审理行政案件，对行政行为是否合法性进行审查。"可见，人民法院审理行政案件的基本原则是审查具体行政行为的合法性，对于行政机关依据地方性法规作出的具体行政行为，自应以地方性法规作为法律规范标准审查其合法性。

（二）经办采用何种补充方式的争议

补充模式在经办待遇支付环节上，地方上主要形成两种观点：一种是将第三方侵权赔偿（精神损害赔偿除外）视为赔偿整体，在工伤保险基金补差或追偿过程中予以剔除；另一种是将第三方侵权赔偿与工伤保险待遇项目逐项比对剔除。

笔者认为，两者各有利弊，前者操作相对简单，由于具体项目没有细分，在行政案件举证倒置背景下，对单项争议行政部门举证困难，存在行政败诉风险。后者操作较为复杂，且容易因项目不清出现重复支付待遇，在工伤保险基金审计时同样存在风险。具体采用何种观点，关键应解决两个问题：一是具体项目间能否适用损益相抵规则，也就是项目溢价能否填平其他项目不足。例如，一起第三人侵权构成工伤案件中，按第三人侵权医药费赔偿 20 万元，伤残赔偿 20 万元，但按照工伤保险待遇标准，医药费只能报销 15 万元，伤残补助金却有 25 万元，人力资源社会保障部门是否应对伤残补助金补差 5 万元。二是第三人侵权赔偿判决书、调解书涉及金额部分能否按工伤保险赔付项目进行细化。在调解实践中，为做到一次性案结事了，人民法院、基层调解组织等部门在制作调解协议书时均采用案件所有诉求一次性赔偿的方式，基本不会分项列出具体项目赔偿金额，具体哪些项目放弃、具体放弃金额难以查清。而在司法判决中，由于民事赔偿与工伤待遇项目、标准存在不一致，补差项目比对做到一一对应存在困难。

五、意见与建议

针对浙江省在第三人侵权构成工伤回归补充模式后存在的问题，提出以下意见与建议：

（一）密切关注最高人民法院司法解释动向

鉴于地方性法规与司法解释均向全国人大常委会进行备案，目前没有迹象表明两者抵触而被提出审查意见，可以看出在法律层面上第三人侵权构成工伤补充模式仍有可操作余地。但人力资源社会保障部和浙江省人民代表大会常务委员会仍需积极联系争取各级人民法院支持，紧盯最高人民法院司法解释动态以及浙江省内行政审判、民事司法中产生的问题，必要时可依照《中华人民共和国各级人民代表大会常务委员会监督法》第三十二条规定提出审查要求，确保给予地方探索补充模式的法律空间。

（二）完善工伤保险行政司法联席会议机制

浙江省第三人侵权构成工伤实行补充模式是否能落实到位、平稳运行，离不开浙江省各级人力资源社会保障部门、人民法院、复议机关和基层人民调解组织相互支持配合。浙江省及所辖地市应及时召集由人力资源社会保障部门、人民法院、复议机关等相关单位参加工伤保险工作联席会议，建立工伤保险定期研讨机制与信息共享制度，加强各单位间的沟通协调，及时获取当事人工伤保险待遇发放和第三方侵权赔偿执行情况，统一思想认识、形成工作合力。例如，上文提到的项目间损益相抵和补差项目细化问题应尽快讨论形成会议纪要，前者需要浙江省人力资源社会保障部门与人民法院、复议机关形成共识，如认可具体项目间适用损益相抵规则，则建议采用第三方侵权赔偿（精神损害赔偿除外）整体剔除方式，提升工伤待遇经办工作效率；后者需要浙江省人民法院、复议机关、基层人民调解组织积极配合，如能够实现民事赔偿与工伤待遇项目基本匹配、调解赔偿项目规范细化，则第三方侵权赔偿与工伤保险待遇项目比对剔除方式亦可实行。

（三）法官在个案中宜作出不抵触的适用解释

《最高人民法院关于审理工伤保险行政案件若干问题的规定》第八条尽管倾向兼得模式，但笔者认为该法条仍有适用解释的余地，其“提起民事诉讼”不代表实际已经获得赔偿，“但第三人已经支付的医疗费用除外”这一条款亦不能反推兼得模式。浙江省内各级人民法院应当通过解释方法对司法解释和地方性法规尽可能作出不抵触的适用解释，妥善处理好行政权与司法权的关系。

六、结语

工伤保险制度建设关系用人单位与职工直接利益，是构建和谐劳动关系的重要组成，是实现社会长治久安的重要保障，也是体现现代政府管理水平的重要职能。相信随着我国工伤保险领域学术研究不断深入，与时俱进的工伤保险制度必将在化解工伤纠纷、保障职工权益、分散企业风险等方面发挥更加重要的作用。新时代工伤保险制度建设与发展没有终点站，只有连续不断的新起点。

参考文献

[1] 徐宗杰. 第三人侵权下的工伤保险与人身损害赔偿竞合问题研究——基于对全国各地 396 份司法判例的案例研究［D］. 南京：南京大学，2015.

[2] 高帅帅. 第三人侵权下工伤保险与人身损害赔偿竞合关系之研究［D］. 济南：山东大学，2017.

[3] 巴媛媛. 第三人侵权责任与工伤保险责任竞合研究［D］. 北京：北方工业大学，2016.

[4] 杨青青. 论第三人侵权造成工伤事故的损害赔偿责任［D］. 北京：中国政法大学，2016.

[5] 张毓桐. 我国工伤保险待遇补偿与第三人侵权损害赔偿竞合研究［D］. 北京：中国青年政治学院，2016.

[6] 杨科雄. 第三人侵权造成工伤的救济模式探讨［J］. 法律适用，2014（10）：52-53.

[7] 许衡. 把握立法原意　坚守公平原则——谈第三人侵权造成的交通事故与工伤相竞合时不应“双赔”及解决思路［J］. 中国医疗保险，2018（4）：68.

[8] 邱明月. 建设法治工伤保险亟待破解的困惑与难点［J］. 中国医疗保险，2016（8）：59-60.

新时代背景下我国工伤康复体系建设：基础、困境及构想

刘　雯　夏　驰
湖南省社会科学院　湖南省医疗工伤生育保险管理服务局

【摘　要】当前我国进入社会主义新时代，主要矛盾的转化给工伤康复工作提出了全新的更高要求。本文在分析我国工伤康复体系建设发展基础和困境的基础上，提出工伤康复体系建设要“抓住一条主线、依托一个平台、创建分级网络、构建三大基地、突出六个重点”的发展构想，从而最大限度地实现工伤职工重返家庭、职业、社会的“三大回归”目标。

【关键词】新时代　工伤康复体系建设　三大回归

改革开放以来，我国经济取得了世人瞩目的成绩。然而在快速增长的经济发展背后，却是每年数量庞大的劳动者因工伤事故和职业病陷入生存危机或走向死亡。虽然我国建立了工伤保险制度，为工伤职工实施了必要的工伤康复，但目前我国工伤康复制度发展仍存在制度缺位、相对滞后等客观因素，与广大工伤职工日渐增强的康复服务需求和全面发展的意识之间存在着显著差距。当前我国进入社会主义新时代，主要矛盾已经转化为人民日益增长的美好生活需要和不平衡不充分的发展之间的矛盾，这一转变也给工伤康复工作提出了全新的、更高的要求。站在新的历史定位下，面对新问题和新挑战，如何更好地以人民为中心，健全和完善工伤康复服务体系建设，就成为新时代背景下我国工伤保险制度建设的重要任务。

一、我国工伤康复体系的发展基础

我国工伤康复事业起步晚、基础弱，但经过十几年的发展，我国工伤康复体系从制度安排到服务内容与项目的设置等都取得了一些可圈可点的成绩，主要表现在以下几个方面：

（一）工伤康复制度先行，政策体系不断完善

近年来，我国工伤康复立法体系不断完善，既有宏观制度的指导性政策，又有部分工伤康复的具体细化规则，确保了工伤康复工作的有效实施。

1. 我国先后出台了一系列有关工伤保险的宏观制度，明确了工伤康复在社会保障制度中的地位和责任。如 1951 年制定颁布的《劳动保险条例》明确了因工伤残人员救治和康复性工作的责任承担；1996 年制定颁布的《企业职工工伤保险试行办法》首次将工伤保险作为单独的保险制度组织实施；2004 年施行的《工伤保险条例》明确“促进工伤预防和职业康复”；2010 年修订的《工伤保险条例》进一步明确了工伤保险基金、工伤认定、劳动能力鉴定以及工伤保险待遇等内容与标准。

2. 中央和地方分别出台了工伤康复相关行业细则，积极探索工伤康复试点工作。2004 年《工伤保险条例》施行以后，我国陆续在部分省市积极推行工伤康复的综合试点工作；2007 年先后印发了《工伤康复（试点）管理办法》《工伤康复诊疗规范（试行）》《工伤康复服务项目（试行）》等文件，明确工伤康复的诊疗规范、服务项目、经费结算等业务指南和工作规程；2009 年，在全国范围内遴选了 35 家工伤康复试点机构试点推广工伤康复工作。

（二）工伤康复观念转变，认可程度不断提升

党的十八大以来，以习近平同志为核心的党中央进一步推进健康中国建设，全民健康意识以及康复观念进一步转变，工伤康复认可程度不断提升。

1. 工伤康复在宏观政策中的转变。2002 年《关于进一步加强残疾人康复工作的意见》、2006 年《劳动和社会保障事业发展“十一五”规划纲要》、2012 年《社会保障“十二五”规划纲要》等文件，逐步将工伤康复工作发展纳入国家相关规划。

2. 工伤康复在运行职能中的革新。首先，工伤保险的管理重点从过去注重“事后处理”的工伤补偿向注重“源头治理”的工伤预防和“事中治疗”的工伤康复转变；其次，工伤康复的服务重点从过去低水平的疗养医治向注重职业社会康复转变。

3. 工伤康复在社会观念中的改善。近年来，工伤康复作为工伤职工一项非经济补偿待遇，其重要性逐渐被工伤职工所认识。另外，许多省份在政策上明确工伤职工接受工伤康复并不影响工伤保险补偿，进一步消除了工伤职工对工伤康复的疑虑，主动放弃工伤康复的现象得到改善。

（三）工伤康复网络初建，服务体系不断健全

1. 不断完善工伤康复服务网络。2004 年《工伤保险条例》施行后，我国积极推行工伤康复综合试点工作。截至 2015 年，我国已在全国范围内确立了 4 家区域性工伤康复示范平台、35 家试点工伤康复医疗机构，超过 200 家工伤康复协议机构，初步形成了工伤康

复服务网络。①

2. 购买工伤康复服务模式不断得到规范。为提高工伤康复服务质量和水平，各地工伤保险管理部门充分利用当地医疗康复资源，积极探索以政府购买、签订服务协议的管理模式，进一步规范了工伤康复的服务内容、服务质量、服务范围、费用结算、费用审核与控制等内容。

（四）工伤康复技术提升，人才队伍不断壮大

从2001年我国首家工伤康复专业性服务机构在广州成立以来，经过十几年的发展，我国的工伤康复技术不断提升，人才队伍不断壮大。

1. 工伤康复服务项目特色开展，康复技术不断提升。广东省工伤康复中心作为全国首家集康复、教学、科研、预防为一体的工伤康复专科机构，已建立起以神经康复、骨创康复、烧伤康复为特色的专业技术体系。享受工伤康复服务的工伤职工逐年增多，工伤职工经康复治疗后生理机能、自理能力和心理状态明显改善。

2. 康复医学专业培养体系建立，人才队伍不断壮大。据全国康复医学资源2015年调查结果显示，全国共有康复治疗专业技术人员27 494名，其中康复专科医院医务人员有3 728名，人才队伍不断壮大。

（五）工伤康复大胆尝试，探索试点稳步推进

随着国外工伤康复理念和技术的逐步引入，我国开始大胆尝试、积极开展工伤康复工作。

1. 在工伤康复服务上积极探索“哑铃式康复服务模式”。例如，自2006年成立之初，湖南省工伤康复中心积极探索以医疗康复为基础，早期干预与职业社会康复并重的“哑铃式康复服务模式”。康复医院设立资源中心，通过“快报制度”获悉工伤职工，加强早期介入，把握工伤康复治疗的黄金时间。此外，康复中心不仅在院内加强职业训练，还与长沙市职业介绍中心、长沙市职业培训中心达成协议，为工伤职工提供多样化职业康复服务。

2. 在工伤康复管理上积极探索“政府购买、协议管理”模式。为充分利用优势康复医疗资源，目前我国积极探索工伤康复服务机构“政府购买、协议管理”模式。按照受理医疗机构提交的资料，工伤保险管理部门审查资料、实地考核、综合评估，最终确认并签订服务协议。

二、我国工伤康复体系的发展困境

尽管我国工伤康复体系建设已取得了初步成绩，但在工伤康复管理和运行中仍存在一些发展困境，制约着我国工伤康复体系的长远发展。

---

① 数据来源：人力资源社会保障部《关于设立公布第一批区域性工伤康复示范平台名单有关问题的通知》。

（一）康复观念存误区，与现代康复发展要求有偏差

1. 部分省份工伤康复服务内容仍以医疗康复为主，康复“早期介入”、职业和社会能力的康复训练较少，甚至处于空白阶段。

2. 大多数劳动者对工伤保险政策知之甚少，对“先康复、后补偿”做法心存疑虑。根据北京市致诚农民工法律援助中心公布的一份“农民工工伤康复与再就业的调查报告”，受访的73位工伤农民工中，没有一位农民工接受过康复治疗，甚至没有一位农民工真正了解工伤康复。

3. 相当部分的企业对工伤康复缺乏积极性，不愿意承担责任，导致众多工伤职工延误了康复治疗的最佳时机，甚至丧失康复机会。

（二）未能建立适应经济改革和与工业化进程相匹配的工伤康复制度

工伤康复政策的缺陷源于法制的不健全。《工伤保险条例》修订后虽然提高了赔付标准，并指出工伤职工进行工伤康复的费用由工伤保险基金支付，但是对于经费提取比例、用途、康复与治疗的衔接等问题没有明确规定，导致各地工伤保险管理部门以及康复机构在具体问题上处于迷茫状态。又如康复与治疗、评残、补偿等关系没有厘清，许多工伤职工在康复结束后是否需要重新评残，或领取一次性待遇终结劳动关系后的各种后续治疗和康复如何解决等问题重重。

（三）康复资源稀缺，专业人才匮乏

与巨大的康复需求相比较，工伤康复资源供给绝对量远远不足，供需矛盾依然突出。据调查，我国现有专业康复治疗师13 747人，其中拥有博士学历的仅有18人（0.1%），拥有硕士学历的仅有304人（2.2%），拥有大专及中专学历的有9 400余人（约68%）；矫形器制作和装配师、心理咨询师人数最少，分别仅有264人和490人；华东、华南、华中地区康复治疗师分布约占全国的60%，而西南、西北地区仅为13%。目前我国仍没有康复治疗师资格认证标准及执业注册制度。

（四）康复信息不完善，康复“信息孤岛”问题存在

我国工伤康复管理起步晚，信息化建设力度不大。许多工伤职工信息被分散在各个“信息孤岛”中，企业、医院、人力资源社会保障部门等信息系统都有自己的数据库、应用软件、操作系统，各自为政，信息不互联互通，大大增加了工伤康复管理成本，严重制约了工伤康复的发展。

三、我国工伤康复体系建设的基本构想

作为社会保障体系的重要组成部分，工伤康复体系建设既是帮助工伤职工保持和恢复适当职业能力，实现重返家庭、职业、社会“三大回归”的重要途径，更是工伤保险事业保障社会稳定和谐发展的具体体现。因此，加快我国工伤康复体系建设，要坚持以人民为

中心，以改善民生为重点，充分利用现有医疗和康复资源，紧紧围绕“抓住一条主线、依托一个平台、创建分级网络、构建三大基地、突出六个重点”的战略思路（见图 1），促进以医疗康复为基础、职业康复为核心、社会康复为纽带的工伤康复体系建设，推动工伤康复事业发展，让全面建成小康社会的发展成果更好更多地惠及广大工伤职工。

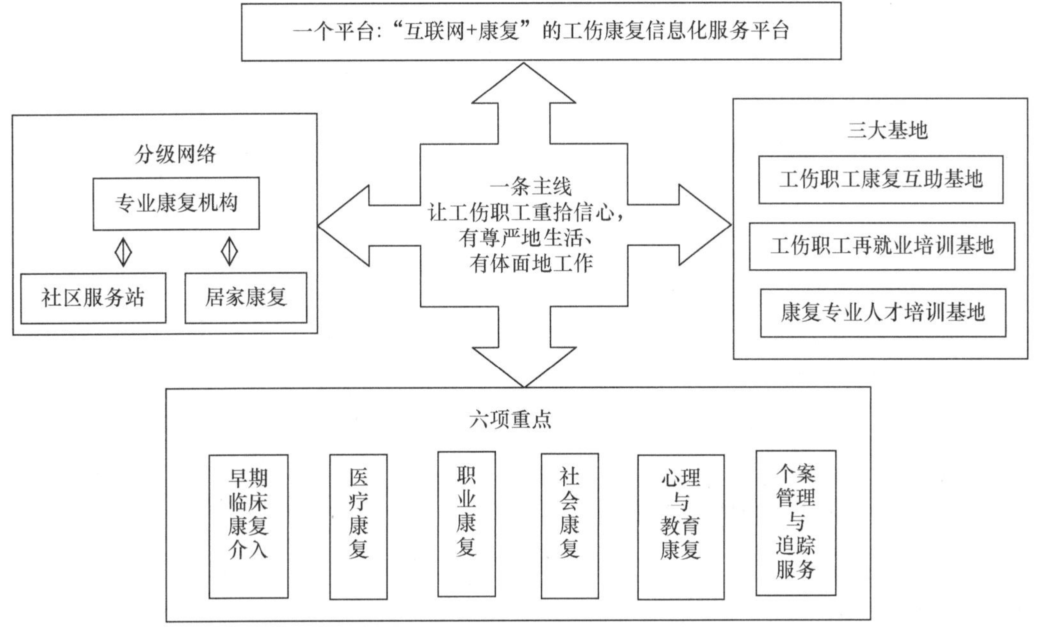

图 1　社会主义新时代背景下工伤康复体系建设的战略思路

（一）构建布局合理、功能完备的工伤康复分级服务新格局

要充分利用现有医疗和康复资源，构建以专业性工伤康复医疗服务机构为核心，以社区康复、居家康复为补充的分级康复服务网络。

1. 加强不同层次的专业性工伤康复医疗机构建设。引导和激励通过考核标准的国家级和区域性工伤康复示范机构坚持以康复临床需求为导向，完善康复技术规范和标准，充分发挥引领示范作用；鼓励和支持尚未评估达标的地区级工伤康复服务机构改善康复设施设备，强化康复技术水平，促进工伤职业康复和社会康复发展。

2. 加强社区康复和居家康复服务建设。目前，我国大量分散的工伤康复服务人群与少量集中的工伤康复专业服务机构极不匹配。要鼓励和支持各地政府充分利用初级卫生保健网络和社区服务网络，采取购买服务等方式，为社区内工伤职工提供医疗、教育、职业和社会康复服务。

3. 健全分层级分阶段的双向转诊康复医疗服务制度。目前，我国康复医疗服务体系尚未实现分级诊疗、双向转诊，要加快建立省、市、县、区、乡镇联动的康复医疗服务体系。各级康复服务机构要明确分工，综合性医院康复医学科以危急重工伤患者的临床康复为重点；专业性康复医疗机构承接稳定期的工伤职工转介服务，改善或重建患者的身体功能；社区康复服务机构主要承担工伤患者后续的康复指导和服务（见图2）。

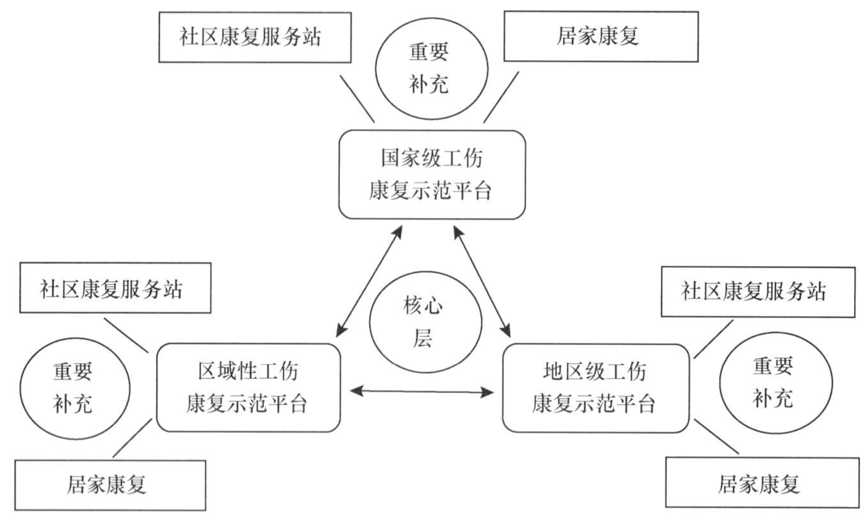

图2　分级康复服务模式

（二）拓展和丰富工伤康复服务内容

1. 突出早期临床康复介入。康复临床实践反复证实，早期康复远比后期治疗重要，科学的康复训练开始得越早，康复效果越显著。要鼓励早期康复介入，在工伤康复定点医院开设工伤康复咨询和受理窗口，制定详细的操作细则，一旦工伤职工急性期后生命体征平稳，立即实行工伤康复早期介入，把握最佳工伤康复时期。

2. 加强医疗康复。紧跟现代康复医学前沿发展，加强重点特色优势医疗学科建设，以学科带头人“传帮带”并组织康复骨干加强学习与交流，提升专业医疗康复技术服务水平；加大对工伤康复服务机构财政支持力度，加强机构硬件和软件建设，加快医疗康复标准化建设，不断提升管理水平和服务质量。

3. 加强工伤职业康复，最大限度地提高工伤职工返岗水平。首先，要强化职业能力评定，包括对伤残人员心理状况、身体素质、能力限度等进行综合评价；其次，要加强职业咨询，针对职业评定结果以及工伤职工的特殊就业情况进行综合考察；最后，要对工伤职工进行职业训练。此外，还要进行跟踪服务，对工伤职工就业情况进行评定，并根据需求进行再培训。

4. 加强社会康复，促进工伤职工融入社会。鼓励和支持康复治疗医护人员、工伤职工家属或同事、社区居民、康复心理专家、社会工作者等多方参与，营造平等、关爱的社会环境，加强与工伤职工的沟通和交流，让其感受到自己生活在被关心、被重视的环境中，促进工伤职工敞开心扉，重新融入社会。

5. 加强心理康复，促进工伤职工身心健康。要坚持将心理咨询、心理治疗和心理疏导贯穿于康复服务全过程，创建多形式的工伤职工交流平台，如成立互助组织，开展文娱活动，或以座谈、讲座、医患沟通会等形式疏导工伤职工异化心理。此外，加强工伤康复服务机构与高校合作，聘请心理康复客座教授，逐步形成科研、教学、实践为一体的合作模式，提高心理康复治疗水平。

6. 加强工伤个案管理和追踪服务，提升工伤康复服务质量和效率。首先是注重康复辅导，协助工伤患者及其家人建立适当的康复目标，指导情绪管理的技巧与方法等；其次是社区探访，协助工伤职工与家庭、单位保持较好的沟通关系，获得他们的接纳与支持等；最后是社区安置与持续跟进，包括社区资源转介、家居环境的改造指导等，协助制订未来生活计划等。

（三）构建“互联网+康复”的工伤康复信息化服务平台

构建“互联网+康复”的工伤康复信息化服务平台，疏解工伤职工康复服务的“痛点”和“堵点”，让工伤职工少跑腿，让数据多跑路，切实提高工伤康复服务质量和可及性。

1. 加快工伤康复综合信息服务平台建设。依托信息化平台，健全全国性的工伤职工健康档案库，实时管理和监控工伤康复的具体实施情况；针对工伤人群建立完善的信息统计数据库，统计与分析职业社会康复评定、返岗再就业水平、康复费用支出等，为制定工伤康复政策提供理论依据；建立健全工伤康复预测系统，统计和分析工伤康复潜在需求与实际供给等，为我国工伤康复服务体系建设提出科学预测和远景规划。

2. 加快工伤康复诊疗服务平台建设。充分利用云计算、云存储、物联网等技术手段，开发“康复 App+医疗”“云康复”等新型康复医患交互功能，为工伤职工特别是偏远地区或是行动不便的中、重度工伤职工，提供远程康复教育与咨询、在线康复护理、双向转诊、社区康复服务等工伤康复管理服务。

3. 加快工伤康复政务服务平台建设。加强工伤康复政策推送、工伤康复常见问题咨询答疑、工伤康复业务办理申报等电子政务服务，提高工伤康复办事效率；加强对实际康复过程的实时监控，明确康复收费项目、康复服务规范、康复常用药品、辅助器具与矫形器的配备等内容，为立法明确工伤康复的实施细则提供信息依据。

4. 加快工伤康复电子商务平台建设。加快工伤康复电子商务平台，提供“辅助器具在线适配评估”以及辅助器具选购等指导，有效实现辅助器具快速适配、工伤职工辅助器具补贴政策在线申请、专家在线咨询、个性化定制、辅助器具新品发布、辅助器具网络公益众筹等多样化服务。

（四）加快基地建设，为工伤康复体系建设提供重要支撑

工伤康复服务水平的提高，主要依赖康复技术水平和康复服务质量，而三大基地的建设也为促进工伤职工重返工作、融入社会，以及为工伤康复体系的健全和完善提供了重要支撑。

1. 加强工伤职工就业返岗培训基地建设。试点“康复医院+职业培训机构”的再就业服务模式，采用医校合作的方式有针对性地为工伤职工提供更多的再就业技术培训选择。同时，加强与职业介绍中心联系，为工伤职工提供职业介绍、模拟面试、岗位探访、参观

及分享自主创业经验等一系列的职业康复服务。

2. 加强工伤职工康复互助基地建设。不定期组织企业、工伤职工、康复医护人员开展内容丰富、形式多样的宣讲交流、户外娱乐等活动，为工伤职工提供一个情感倾诉、经验交流、互帮互助的场所，鼓励工伤职工敞开心扉，走出房间，回归工作、家庭、社会。

3. 加强工伤康复人才培养基地建设。动态调整学科专业设置、培养层次、招生规模等，形成完整的康复专业人才培养体系；加强康复领军人才培养，尽快培养一批站在康复行业前沿、具有国际视野的领军人物，充分发挥其骨干引领和示范带动作用；加强康复实用人才培养，按照《工伤康复专业人员认证标准》（职业治疗师、职业培训师、职业咨询师、工伤康复顾问）制定《职业康复教学大纲》，开展康复实用人才培养。

参考文献

［1］赵永生．工伤康复战略发展研究［M］．北京：法律出版社，2014.

［2］陈成文，赵玲．工伤康复中的社区康复：国外模式及启示［J］．中国软科学，2008（11）.

［3］孙树菡．探索适合中国国情的工伤康复模式［J］．社会保障研究，2005（6）.

［4］饶惠霞，唐丹，欧阳亚涛，等．论工伤康复服务体系的构建与完善——基于广东省国家级工伤康复基地建设的研究［J］．特区经济，2010（12）.

关于进一步优化工伤人员医药费报销流程的几点设想

夏　非　上海市人力资源社会保障局

【摘　要】工伤医药费主要是指职工因工作遭受事故伤害或者患职业病进行抢救或治疗所产生的医药费。工伤医疗待遇（即工伤医药费）报销是为保障工伤人员相应的权益而设立的。本文从上海市现有工伤医药费报销流程出发，找出其中的不足，分析成因，提出短期过渡方案，以及完善未来工伤医药费报销流程的设想。

【关键词】工伤医药费结算　数据流转

一、现有工伤医药费报销流程

（一）对现有工伤医药费报销流程的简述

现阶段的工伤医药费报销流程（见图1）是在职工发生工伤到定点医疗机构抢救及治疗，并至相应工伤认定部门申请认定工伤，所产生的医药费先经由个人支付或单位垫付之后，携带相关材料至社保中心或社区事务受理中心申请报销。社保中心或社区事务受理中心在受理了个人或单位的申请之后，将相关工伤医药费发票移送至医保中心，由医保中心根据相应规定进行审核，将与工伤无关发票及自费部分予以剔除，再将发票原件返还至社保中心，经相关审核人员审核之后对发票进行逐条录入，并将经审核后的医药费支付给个人或单位。另外，在工伤认定书出具之后，工伤人员在医院治疗工伤可以实现工伤医药费直接结算，无须在治疗之后再至社保中心申请报销（见图2），但上海市定点医疗机构尚未全部实现工伤医药费结算功能，对工伤人员及单位造成了一定的不便。

（二）现有流程的不足之处

现阶段的工伤医药费报销流程虽能解决工伤医药费报销的相关问题，但整体流程相对较为烦琐，同时由于个人与单位需在先行支付医药费之后再前往社保中心申请报销，不仅

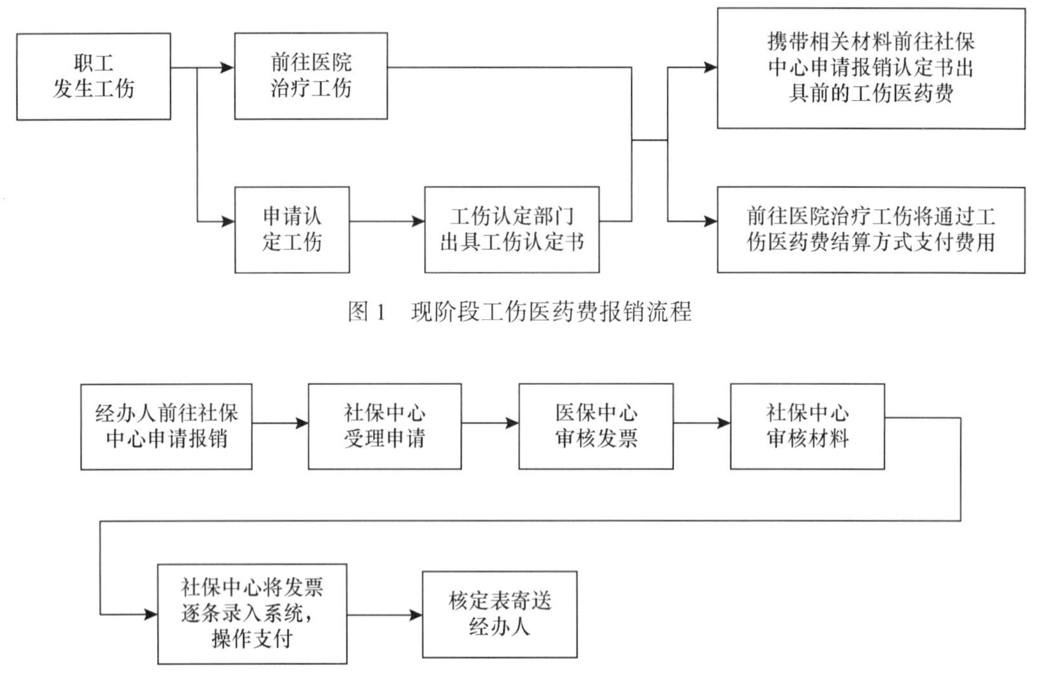

图 1　现阶段工伤医药费报销流程

图 2　现阶段个人（或单位）前往社保中心柜面申请报销工伤医药费的流程

增加了工伤人员及单位的经济负担，增加了经办人往返社保中心的不便，同时也增加了相关经办机构的业务量，影响了经办效能。同时社保中心在审核操作时仍需要手工录入报销凭证的相关信息，大大增加了社保中心审核人员的工作量，不利于提升相关部门的办事效能。

（三）不足之处背后的成因

经过对现阶段整个工伤医药费报销流程的分析之后，可以总结出以下几个问题：①针对尚未报销的工伤医药费发票，经办人员仍需前往社保中心柜面进行申报；②社保中心审核操作报销时由于数据交换不完整，大部分发票仍需逐条录入，影响经办效能；③上海市定点医疗机构尚未全部实现工伤医药费结算。

二、对造成现有工伤医药费报销流程烦琐的原因分析

（一）未实现网上无纸化申报

未实现网上无纸化申报，主要原因有 2 个：一个是能在医院直接结算的发票未直接结算；另一个是无法直接结算的工伤医药费发票只能前往社保中心柜面申请报销，无法在网上自助申请。

针对工伤医药费未在医院直接结算的情况，其原因主要在于不少工伤人员不了解有关工伤医药费结算这项功能，只知道在医院看完病之后携相关材料至社保中心申请报销这一

个渠道。

工伤医药费结算需要认定之后才能实现，对于认定之前已经产生的医药费，由于个人或者单位已经支付，无法通过工伤医药费结算来支付，现阶段只能由经办人携带相关材料前往社保中心报销。针对发票报销无法在网上进行的情况，结合现有的工伤医药费报销流程和系统，尚无法实现网上无纸化申报。工伤医药费报销毕竟不是新事物，短期之内现有的报销系统很难通过打补丁和升级的方式直接实现与外界互联网连接并接收网上申报，故短期内未结算的发票还只能通过柜面申报方式完成。

（二）医药费数据交换不足

针对发票数据交换问题，近期已有所改观，社保中心和医保中心之间关于送审的相关发票已经开始实现数据交换，即社保中心受理的工伤医药费发票在送达医保中心审核并返回社保中心之后，社保中心相关审核人员在进行支付操作时部分发票已经可以通过数据交换直接显示，无须再逐条录入。但相关程序仍需不断优化，进一步提升数据交换的发票数量。

（三）定点医疗机构未全部实现工伤医药费结算的原因

针对上海市医保定点医疗机构尚未全部实现工伤医药费结算这一问题，除了在系统上尚需不断优化和完善之外，还包括由于工伤人员向医院提出工伤医药费直接结算，但是苦于部分医院相关流程拖拉、复杂，不能及时办理，工伤人员只能在医院治疗之后携带包含发票在内的相关材料前往社保中心进行报销等原因。

三、针对优化现有工伤医药费报销流程提出的近期过渡方案

针对上述的几个问题，笔者针对性地提出了近期过渡解决方案以及远期愿景，希望通过自身系统优化、多部门之间的协调以及大数据交换，通过多渠道减轻相关工伤人员的经济负担，减少经办人员为办理工伤医药费报销的来回奔波，同时也进一步提升相关部门的经办效能。

之所以先提出近期过渡方案，主要是因为远期愿景需要跨部门的深度数据交换等，需要对现有的流程和系统进行较大调整和升级，这些都不是在短期之内可以完成的，无法一步到位。提出一个近期方案，不仅能起到过渡效果，较好地衔接现阶段的报销流程和未来模式，同时也可为远期愿景作铺垫。

（一）尽可能减少对工伤人员的不便

针对之前提出的无法实现网上无纸化申报以及医院尚未全部实现工伤医药费直接结算的情况，提出以下建议：

1. 多渠道加强对工伤医药费结算的宣传。为进一步减少工伤人员报销工伤医药费的不便，需要多渠道加强对工伤医药费结算方式的宣传，如在工伤认定部门的柜面放置相应的宣传册；大厅屏幕滚动播放相应的视频及介绍；社会保险等部门的 App 上开通相应的宣传

栏目；在工伤认定信息出具之后通过短信方式告知工伤人员若再至定点医疗机构治疗工伤可以直接进行工伤医药费结算等。

2. 在定点医疗机构进一步推广工伤医药费结算。工伤医药费结算不能仅局限于部分定点医疗机构，需要进一步增强医疗机构在工伤医药费结算上的重视程度，将工伤医药费结算推广至所有定点医疗机构，并设置相应的考核机制与抽查机制，确保工伤人员可以在上海市全部定点医疗机构实现工伤医药费结算。在定点医疗机构也要设置较为明显的指示牌，方便工伤人员办理相应结算手续。

（二）提升相关部门的经办效能

针对社保中心审核操作报销时由于数据交换不完整、大部分发票仍需逐条录入的问题，需要保证社保中心、医保中心以及定点医疗机构之间数据交换完整、及时。进一步加强数据交换，力争每一张工伤医药费发票都可以实现数据交换，不仅可在现阶段节省录入时间，提升经办效能，也为之后实现网上业务申请以及进一步数据交换奠定基础。

四、关于优化现有工伤医药费报销流程提出的远期愿景

（一）对未来工伤医药费报销流程的一种设想

近期方案在一定程度上能够改善现有的工伤医药费报销流程，但是随着时代的不断发展，对相关部门的经办效能要求会与日俱增，仅仅对现有流程不断打补丁在未来是无法满足需求的。在此笔者大胆提出设想，未来的工伤医药费报销流程将会是这样的：在职工发生工伤之后，虽至定点医疗机构所产生的发票仍需个人支付或者单位垫付，但在职工认定工伤之后，个人通过 App 或者单位通过 CA 数字证书即可实现在网上申请报销业务，所有的资料全部实现无纸化、网络化，无须个人或单位再至社保中心柜面申请，而认定工伤之后再至医院治疗工伤，也无须经过申请即可实现工伤医药费结算。社保中心审核发票将和医保中心联网，无须再将发票送至医保中心，通过数据交换就可以迅速知道哪些可以报销，大大节约了经办时间，优化了经办流程，进一步提升了经办效能，也更方便了工伤人员。而社保中心在完成整个申报业务之后将通过短信等方式及时告知个人或单位经办人，让相关人员尽快获知结果（见图 3、图 4）。

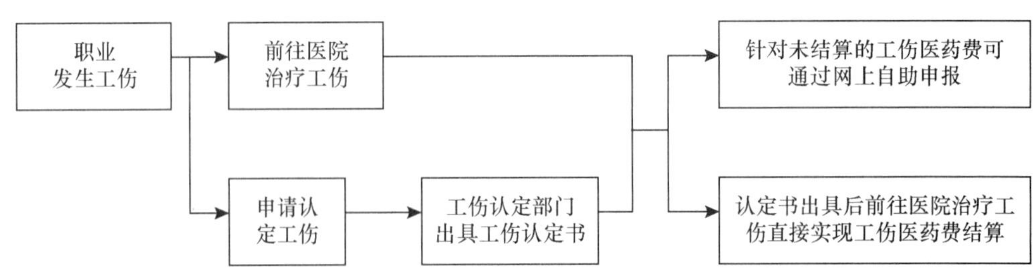

图 3　设想中工伤医药费报销流程

在对未来的工伤医药费报销流程的设想中，现阶段所遇到的几个问题都迎刃而解。发

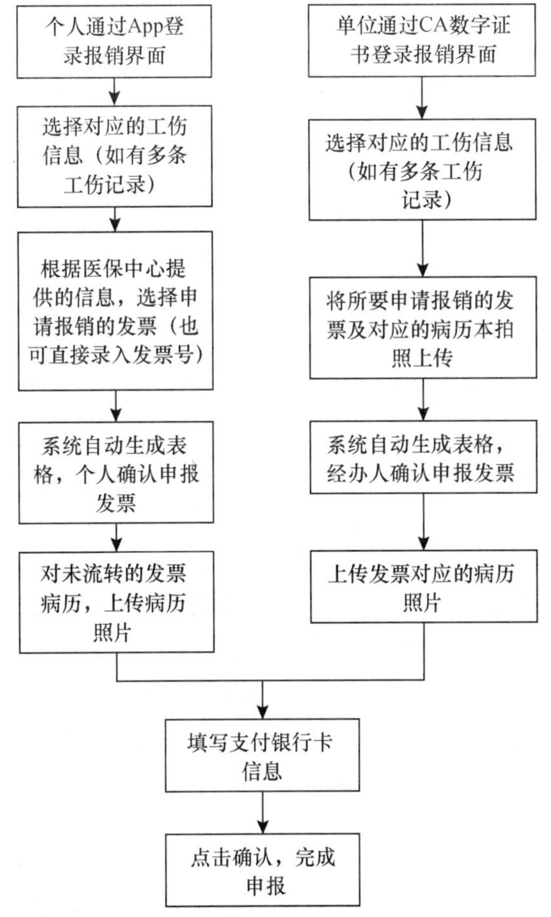

图4　设想中个人（或单位）在网上申请工伤医药费报销的流程

票报销实现网上申请，发票审核采取跨部门数据流转，工伤人员至定点医疗机构治疗工伤将直接实现工伤医药费结算。那么，该如何实现这一设想呢？

（二）实现该设想的具体措施

1. 让互联网数据替工伤人员多跑腿，完成工伤医药费报销。先来阐述在设想中，如何解决针对无法实现直接结算的工伤医药费发票，经办人员需前往社保中心柜面进行申报这一问题。

工伤医药费结算并不能解决所有的发票报销问题，比如在工伤认定书出具之前已经产生的发票、在外省市工伤就医所产生的发票或者是数据交换过程中被认定为不属于工伤医药费结算人员的发票（如单位欠费导致个人缴费不正常等情况无法进行工伤医药费结算）。这就涉及前文所提到的无法直接结算的工伤医药费发票，经办人员需前往社保中心柜面进行申报这一“老大难”问题。为避免在特殊情况之下所产生的发票仍需要工伤人员或其所在单位特地跑至社保中心申请报销的情况，未来的报销系统将以社保中心操作系统3.0为依托，通过个人手机App及单位CA数字证书实现业务的网上申报及资料的网上上传，上传成功的资料无须个人（或单位）再提交至社保中心。社保中心也将通过网络对申请的工伤医药费报销业务进行审核及支付。

具体而言，个人将通过手机 App 或单位通过 CA 数字证书登录相关页面，选择申请工伤医药费报销业务之后，上传相关资料。诸如工伤认定书、身份证之类的可以通过信息流转获得的信息无须由个人提供。如有多次工伤，仅需个人确认该次申报属于哪一次即可。个人只需将工伤医药费发票原件及病历本通过手机拍照上传，无须填写表格，之后再由个人或者单位填写银行卡号，如选择支付给单位，则单位需要上传垫付凭证。

再进一步，如果定点医疗机构、医保中心与社保中心及 App 之间的信息交换达到足够充分，个人将不用拍照上传所需报销的发票，所有发票信息及病历信息均将通过信息流转的方式供个人自己选择。这样也避免了拍照可能带来的图像不清晰的问题。同时，为保证个人隐私问题，该功能仅针对个人 App，且在 App 显示界面中，隐去不必要的信息。在这种情况之下，个人登录之后，仅需选择所对应的工伤及相关发票，再勾选支付方向并上传个人银行卡号之后，即可完成该次申报。

2. 用大数据思维解决发票信息流转，提升相关部门经办效能。对于社保中心审核操作报销时由于数据交换不完整，大部分发票仍需逐条录入，影响经办效能这一问题，其解决途径在前文已有所涉及。现从大数据的角度来看，定点医疗机构所出具的所有发票及对应的病历信息均存入定点医疗机构数据库之中，相关信息库再与医保中心联网。社保中心在收到个人或者单位通过网络所提交的报销申请之后，系统识别相关发票凭证号，将该凭证号反馈至医保中心，由医保中心通过调取定点医疗机构数据库中的发票及病历信息进行审核，审核之后将相关信息通过网络流转至社保中心，就可实现全程无纸化，见图 5。针对外省市的发票，通过直接流转相关发票及病历照片进行审核，无须通过纸质材料流转，最大限度地缩短了审核时间。这样也无须审核人员逐条录入凭证信息，进一步提升了相关部门的经办效能。

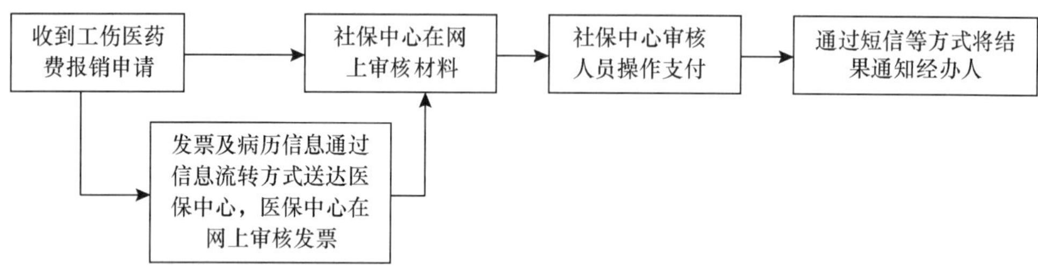

图 5　设想中社保中心受理审核网上工伤医药费申请的流程

3. 进一步优化工伤医药费结算功能，让结算系统更好地为工伤人员服务。在对未来的工伤医药费报销流程的设想中，工伤认定部门根据相关规定为工伤人员认定工伤并出具工伤认定书之后，相关认定信息将通过网络及时流转至社保中心。随后社保中心将自动对该人员是否符合工伤医药费结算标准进行判断，及时生成相应的工伤医药费结算标识，并将该信息于当天通过数据交换的方式流转至医保中心。医保中心在接收该信息之后通过系统自动导入至医药费结算系统中，全市所有定点医疗机构均与该系统连接。这样，工伤人员自工伤认定书出具第二天起所产生的发票无须再至社保中心申请报销，也无须由工伤人员本人携带相关材料单独至定点医疗机构告知相关部门，全部由系统自动联网完成。而定点医疗机构完成相关结算之后将相关结算信息反馈至医保中心，再由医保中心与社保中心结算相关费用。

整个结算标识生成过程均由系统自动完成，只要工伤人员至定点医疗机构治疗工伤，相关信息就会和结算系统联网，判断其属于工伤医药费结算人员且所治疗的项目确实属于工伤范围后，就会自动进行结算。通过系统自动匹配完成结算确认，工伤人员不再需要为报销医药费专程前往社保中心，也不用为先垫付后报销的经济负担而苦恼。

同时，不仅是对系统完善之后的工伤人员采取这种方式，针对系统完善前的工伤人员也要进行一次大的数据交换（如数据量过大可分多批次交换直至最后全部完成交换）。这样不仅新发生工伤的人员可以享受这一项便民措施，在系统完善前的工伤人员也能够享受到（包括老工伤人员）。当然，无论是针对新发生工伤的人员，还是对系统完善前的工伤人员信息的大交换，都需要包括社保中心、医保中心、工伤认定部门及定点医疗机构在内的相关部门的紧密配合保证信息的充分交换。

（三）工伤医药费报销流程中的几种特殊情况

除了上面所阐述的报销流程之外，工伤医药费还会有部分特殊情况。比如，针对建筑业参保的医药费，需要社保中心与住建部门的“实名制信息系统”之间实现实时数据交换，这样，工伤认定书出具之后再产生的医药费就可以实现工伤医药费结算，而认定之前所产生的医药费也可以通过网上申请。而除此之外，单位欠费之后再清欠的、单位事后进行补缴的导致无法实现工伤医药费结算的情况，也可以通过网上申请来完成申报。充分利用搭建的平台以及跨部门的数据交换，将所需要至柜面办理的事项减到最少。

遇到道路交通事故或者第三方侵权的工伤医药费，则相关数据与公安部门联网，无须个人提供相应的证明。而遇到有法院判决的工伤医药费申请报销，则社保中心直接与法院联网，调取相关材料与法律文书，完成工伤医药费的审核及支付，避免个人前往法院调取相关材料的不便。

这个设想在很大程度上避免了工伤人员或者单位经办人往返社保中心的奔波，但是考虑到一部分年纪大的工伤人员或者部分单位经办人不会或不方便使用相关电子化设备，对于未实现工伤医药费结算的发票报销，仍应开放柜面申报，作为对整个系统的一种补充。而该笔柜面申报业务将同步延伸到社区事务受理中心，方便工伤人员申报该业务。社保中心受理之后扫描并上传相关材料，再通过数据流转与相关部门进行数据交换，完成整个工伤医药费支付环节。

五、总结

本文通过对上海市现有工伤医药费报销流程进行描述，对整个流程不足之处及其背后成因进行了分析，并针对现有不足提出了短期过渡解决方案和远期发展完善建议。在远期的设想中，工伤人员在工伤认定书出具之后前往定点医疗机构治疗工伤直接实现工伤医药费结算，而认定书出具之前的工伤医药费只需要在网上自助提交申请就可以轻松完成申报。整个报销流程通过多部门之间的协调与数据流转，以及网络化的电子申报手段与柜面申报手段相结合，最大限度地为工伤人员提供服务。当然，没有完美的系统，只有不断完善和优化的系统，在不断优化和改进现有工伤医药费报销流程的过程中，要不断发挥人的主观能动性与创造性，以为人民服务为宗旨，尽最大努力为工伤人员提供更便捷、更好的服务。

靖江市开展工伤预防的实践与探索

徐乔华　江苏省靖江市人力资源和社会保障局

【摘　要】2013年起，江苏省靖江市开始启动工伤预防工作，近年来坚持工伤预防优先的原则，在加强工伤预防意识、完善和规范工伤预防费的使用及开展预防项目等方面进行了积极探索，初步搭建了工伤预防费用使用范围和项目架构，建立起“预防、补偿、康复”三位一体的工伤保险制度。

【关键词】工伤预防　实践　探索

2013年起，江苏省靖江市开始启动工伤预防项目，近年来坚持工伤预防优先的原则，在加强工伤预防意识、完善和规范工伤预防费的使用及开展预防项目等方面进行了积极探索，初步搭建了工伤预防费用使用范围和项目架构，建立起“预防、补偿、康复”三位一体的工伤保险制度。本文从基本情况、取得成效、工作实施、现行模式、体会与思考、下一步打算6个方面来介绍靖江市在开展工伤预防工作中的实践与探索。

一、基本情况

截至2017年，靖江市工伤保险参保单位6 374户，正常缴费参保人数16.28万人。2015年10月起，靖江市所有用人单位由原来的三类风险行业调整为八类风险行业，一类至八类行业基准费率调整为0.6%、1.0%、1.2%、1.4%、1.6%、2.0%、2.2%、2.4%。2017年，靖江市认定工伤事故1 620例，工伤保险基金收入9 116万元，提取工伤预防费用273万元，工伤保险基金支出7 512万元，有2 347人享受了工伤保险待遇。

二、取得成效

靖江市实施工伤预防以来，一定程度上扭转了企业和职工轻预防、重补偿的观念，取得一定的效果，工伤事故发生率降低，事故发生率控制在1%上下，2016年最低为0.65%，详见图1。

图 1 2013—2017 年度靖江市工伤事故发生率统计

三、工作实施

（一）成立工伤预防工作小组

为有效推进工伤预防工作，形成工作合力，靖江市由市政府办牵头，人力资源社会保障局、财政局、安全生产监督管理局、卫生计生委、广播电视局、靖江日报社、市场监督管理局、经信委、商务局、医保中心等部门组成工伤预防工作小组，下设办公室，办公室设在市医保中心。工作小组建立联席会议制度，定期召开会议，研究分析工伤预防工作措施，了解工伤预防费用使用情况，协调工伤预防工作中遇到的问题和矛盾。在工作开展中，借助安全生产监督管理部门现有的培训平台，向用人单位和职工普及工伤预防知识，开展工伤预防技能培训，加大了宣传力度。在工伤保险参保扩面上，人力资源社会保障部门与安全生产监督管理、市场监督管理部门联动，把用人单位参加工伤保险作为其办理安全生产许可证、工商年检的前置条件。部门协调机制的建立，有效推动了工伤预防工作。

（二）建立工伤预防制度

泰州市政府《关于印发泰州市工伤预防费管理暂行办法的通知》（泰政办发〔2012〕109 号）文件明确，工伤预防费用按不超过上年工伤保险基金收入的 3% 比例提取。靖江市根据全市用工和工伤事故发生情况，每年年初制定工伤预防实施方案，明确当年度工伤预防费用使用项目和金额。工伤预防费用实行专款专用，规范使用程序，纳入每年度工伤保险基金预算管理。靖江市工伤预防项目主要分三大类：宣传教育培训、职业健康体检和工伤风险评估。

（三）开展工伤预防项目

1. 成立靖江市工伤预防教育培训基地。基地设在靖江市安全生产宣传教育中心内，与安全生产监督管理局共建，主要为人员培训提供专门场所。

2. 建立工伤预防警示教育馆。基地内成立教育馆，馆内设置工伤保险法律法规、工伤预防知识宣传专栏、图片栏，定期向培训人员开放，开展工伤预防宣传。

3. 举办安全生产教育培训班。对企业安全生产管理人员、重点高危行业作业人员、特种作业人员等开展培训。培训中通过 PPT（演示文稿）、图片、工伤案例分析等形式将工伤保险政策、安全生产技能融入安全生产教育。与安全生产监督管理部门合作以来，共开展 43 期安全培训班，培训人员达 6 518 人。

4. 与电视台联合开设宣传专栏。制作了《百姓利益》电视栏目和《安全与健康热线》《工伤预防与保险热线》等专题节目。宣传、解读《工伤保险条例》政策法规，共制作并播放了 14 期工伤预防及 2 期相关新闻专题节目，工伤预防公益广告每天新闻后循环播放，全方位宣传工伤预防和安全生产知识，提高从业人员的自我保护意识和工伤保险意识。

5. 开展职业健康体检。根据靖江市用工实际，每年选择一些高危行业，对其人员进行体检。近年来主要对铸造、船舶装配、打磨、油漆等岗位人员，特别是同一岗位工作多年人员，开展职业健康体检。3 年来共为 6 297 名职工进行了体检。

（四）监督与绩效评估

1. 签订合作协议。年初与合作单位签订合作协议，明确双方权利与义务，确保活动取得效果。在与安全生产监督管理部门合作的协议中，包括培训基地建设、工伤保险扩面、教育培训、费用结算、违约责任等内容。同时分别与市广播电视台、靖江日报社、市医保职工康复医院等签订合作协议。

2. 年底考核评估。年底对全年工作开展情况进行考核，对未执行协议条款的，将从应付款中扣除费用。在与安全生产监督管理部门的合作协议中，要求安全生产监督管理部门督促全市用人单位，力争将工伤事故发生率控制在 0.75%以下，年终如未达指标将扣除部分费用。

四、现行模式

与安全生产监督管理部门、广播电台、电视台等合作，加大工伤预防培训宣传力度，有效降低了工伤事故发生率，但在参保扩面上未达预期效果。结合 2015 年实施公车和办公经费改革，受几方面影响，2016 年起靖江市探索政府购买服务的形式，将部分业务外包给商业保险公司，有效解决前述问题。有了此想法后，靖江市相关部门便与商业保险公司交流沟通，对合作模式及项目可行性进行认证。

经过前期一年多的探索和调研，通过政府采购，以购买服务方式，委托第三方机构实施工伤预防工作。2017 年 2 月政府通过招投标，确定了中国人寿保险公司靖江支公司为合作伙伴。确定合作对象后，靖江市相关部门与保险公司对合作项目、合作模式及预期效果进行了谈判协商，双方无异议后于 2017 年 4 月 1 日签订了靖江市工伤预防服务协议。合作项目包括工伤预防的宣传及安全培训、审核和调查等。双方成立工伤预防联合管理办公室，保险公司派驻 4 人与靖江市人力资源社会保障局相关部门合署办公，并提供所需办公设备及用车保障。充分利用商业保险公司遍布靖江市各镇办事处 23 家服务网点及服务人员 500 名，实现宣传和培训全覆盖。合作以来，已开展工伤预防安全教育培训进企业活动 40 多场，培训人员 3 500 名左右，主要针对靖江市工伤事故发生率较高及 40 人以上企业的安全生产管理人员、重点高危行业作业人员、特种作业人员等开展培训。培训中通过 PPT、图片、工伤案例分析等形式将工伤保险知识融入安全生产教育，促进企业重视安全生产，降低工伤事故发生率，保障职工生命安全和健康。同时，开展室外宣传活动，组织了多次在厂区范围内的政策咨询和工伤预防宣传。

五、体会与思考

（一）工作中受条件限制

部分企业和职工思想观念还未转变，对安全生产重视程度不够，存在重产量、轻安全的现象。在开展职工健康体检中，有的企业报名不积极，存在担心职工查出职业病的顾虑，不主动让职工参加体检。另外，靖江市属于县级城市，因医疗资源和技术的限制，缺少职业病检查权威医疗资质机构，平时检查也只是普通体检项目，检查结果对企业也没有说服力。

（二）缺乏科学绩效评估机制

靖江市实施工伤预防以来，通过宣传、培训等，提高了企业和职工工伤预防的意识，取得一定的效果，工伤事故发生率逐年降低并控制在1%以下，2017 年为 0.9%。在宣传培训项目中，靖江市采取了多种措施，与安全生产监督管理部门联动、社商合作，通过培训班、电视节目等大力宣传。工伤风险评估中对设备进行检测和技能培训，但工作中没有一套科学的绩效评估机制，无法掌握实施效果，调整预防项目，调优预防方案，以达到预期目的。

（三）需加强制度设计

目前靖江市工伤预防工作还处于探索阶段，可以参考的现成模式较少，需要根据实际情况摸索。工伤预防工作涉及面广人多，如开展企业风险评估、对企业进行安全检查等，需要多部门通力协作、专业人员指导，同时也需要全市企业积极配合，仅凭某一个部门推动实施较为困难。

六、下一步打算

（一）深化合作，拓展合作项目

1. 利用好“一线一台一屏”。“一线”就是 24 小时咨询热线电话，由专职人员接听，同时作为工伤案件备案电话。目前热线已开通，下一步要加大宣传，充分利用好。“一台”就是 24 小时手机短信平台，主要用于工伤预防知识宣传、报案、工伤认定及待遇业务经办流程宣传等。“一屏”就是目前 23 个服务网点要开设电子显示屏，宣传工伤预防及工伤保险政策等。

2. 拓展合作项目。根据“放管服”要求，能下放的业务下放，让群众少跑腿。工伤定期待遇领取人员资格认证委托保险公司实施，由商业保险公司安排各网点人员进行认证，行动不便的上门进行服务认证。

（二）有的放矢，提升培训质量

2016 年靖江市认定工伤案件数 1 067 件，其中属于工作原因受伤的有 812 件，占认定总数的 76%。2017 年工伤认定 1 620 件，因工作原因受伤的有 1 398 件，占认定总数的 86%（详见图 2、图 3），从图 2、图 3 可以看出，目前因工作原因受到事故伤害的仍是靖江市工伤事故的主要因素，2017 年达到 86%。预防工作应坚持问题导向，将安全生产预防作为工作的重点，每年年初制订宣传培训计划，将工伤事故和职业病发生率高、工亡和高等级伤残职工多、工伤保险费支缴率高的用人单位作为宣传培训的主要对象，认真分析事故原因，查找问题症结，有的放矢进行安全培训，提升培训质量。

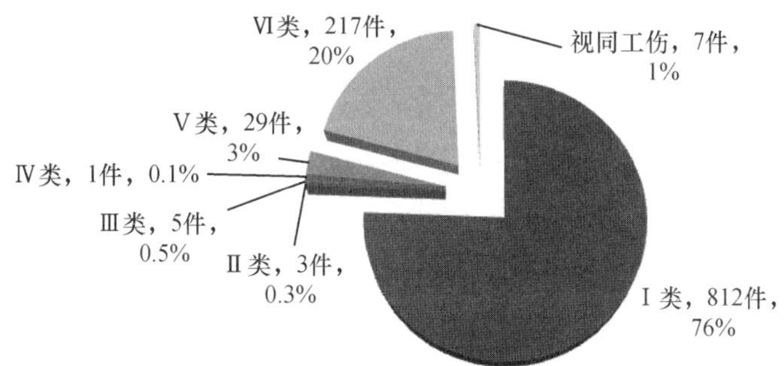

图 2　2016 年工伤认定情形分布

说明：Ⅰ类表示因工作原因受到事故伤害的情形，Ⅵ类为上下班途中受到交通事故伤害的情形。

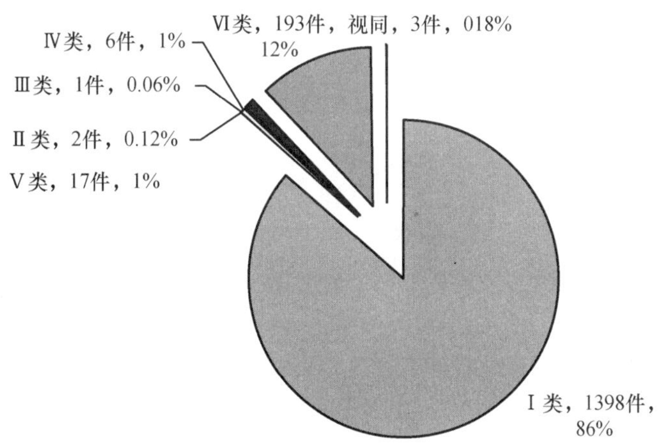

图 3　2017 年工伤认定情形分布

（三）制作节目，加大宣传力度

与电视台、报社等新闻媒体合作。在报纸、广播、电视节目中开设专版、热线或专栏进行工伤预防宣传，制作经典节目，不断扩大影响。根据靖江市工伤事故的特点，结合近几年一些典型案例，制作靖江市工伤预防宣传片。通过制作节目，加大宣传力度，在全社会营造参保安全生产的良好氛围。

（四）探索实施奖励项目

从工伤预防费用中提取一定的奖励资金，与安全生产监督管理部门联合对参保企业进行考评，对安全生产工作好、工伤事故低的企业给予表彰和一定的奖励。在全市范围内，开展工伤预防先进单位评选活动，对评选先进单位工伤预防一些好的做法和经验进行宣传报道。通过表彰奖励及媒体的宣传，调动企业主动抓好工伤预防的积极性，促进企业更加自觉做好预防。

（五）探索建立评估机制

开展工伤预防绩效评估，对开展的预防项目制定考核标准和评估办法，提升预防工作实效，提高工伤预防费的使用效率。将一些关键指标，如培训对象满意率、预防知识技能掌握情况、工伤保险政策掌握情况、工伤事故发生率等纳入绩效评估。必要时探索委托第三方服务机构进行评估。通过评估，了解项目实施效果、薄弱点和问题，有针对性地进行调优，确保预防项目取得实效。

参考文献

[1] 乔庆梅. 德国工伤保险的成功经验 [J]. 中国医疗保险，2015 (1).

[2] 王跃辉. 化解工伤保险基金支付风险的对策与措施 [J]. 中国医疗保险，2015 (8).

[3] 刘铁民. 关于建立工伤保险制度的原则及其方式（工伤保险改革与实践）[M]. 北京：中国人事出版社，2000.

对工伤认定、劳动能力鉴定和工伤待遇审核支付中若干问题的思考和建议

张强林　上海市人力资源和社会保障局

【摘　要】自《工伤保险条例》颁布实施以来，我国工伤保险事业得到了较快发展，但一些影响和制约工伤保险健康发展的矛盾和问题也逐步显现，其中既有因法律法规和政策规定不够完善及不同地区、不同部门理解把握不一致而产生的行政风险问题，也有因不同地区、不同部门相关人员政策业务水平和专业知识能力不适应造成的法律适用不当和行政效能低下的问题。本文旨在通过对工伤认定、劳动能力鉴定和待遇审核支付实践中客观存在的问题进行梳理，提出相应的对策和建议，以推动工伤保险依法实施的要求得到全面的落实。

【关键词】工伤认定　劳动能力鉴定　待遇支付　依法行政

工伤保险是指劳动者在生产劳动过程中或者从事与工作有关的经济活动中遭受事故伤害、患职业病或者死亡时，劳动者或其遗属能够从国家和社会获得物质补偿和医疗救助的社会保险制度。在现有经济环境和劳动保护条件下，工伤作为一种职业风险仍难以避免。据人力资源和社会保障部（本文以下简称“人社部”）公布的统计数据，“十二五”期间我国每年参加工伤保险的人数分别为 1.77 亿、1.90 亿、1.99 亿、2.06 亿和 2.14 亿人；同期因遭受事故伤害、患职业病被认定为工伤的人数分别为 120.13 万、117.14 万、118.3 万、114.7 万和 107.6 万人。党和国家对工伤职工的权益保障历来高度重视。2004 年，国务院制定的《工伤保险条例》（本文以下简称《条例》）开始施行，2010 年全国人民代表大会常务委员会通过的《中华人民共和国社会保险法》（本文以下简称《社保法》）对工伤保险作了专章规定。《条例》和《社保法》的全面实施，使我国工伤保险事业得到了较快发展：法律框架和制度体系逐步形成，适用范围和参保人数不断增加，用人单位的经营风险和经济负担逐步降低，工伤人员的待遇项目不断完善，保障水平不断提高，工伤保

险的地位作用得到了社会各方的充分认可。但与此同时，一些影响和制约工伤保险健康发展的矛盾和问题也逐步显现，引起了有关部门和领导的高度关注和重视。

一、目前在工伤认定、劳动能力鉴定和工伤待遇审核支付方面存在的主要问题

（一）法律法规的原则性和事故伤害的多样性导致工伤认定风险不断加大

工伤认定是社会保险行政部门依据法律和政策规定，对劳动者遭受的事故伤害或者患职业病的性质进行确认，作出认定（视同）为工伤或者不认定（视同）为工伤结论的行政行为。工伤认定涉及劳动关系双方的切身利益且关系到工伤保险基金的安全与完整，因此《条例》对工伤认定的条件及作出工伤认定结论的依据、程序、时限等都作了明确的规定，同时规定工伤认定申请人对工伤认定结论不服的，可以依法向行政复议部门和司法审判机关提起行政复议或行政诉讼。随着劳动者维权意识日益增强、利益诉求主体多元格局的形成，围绕着工伤认定出现的行政复议和行政诉讼案件日益增多，而工伤认定所依据的法律法规相对原则和事故伤害情形的复杂多样，使社会保险行政部门在工伤认定方面面临工伤认定难和行政风险大的双重压力。目前工伤认定比较突出的问题是对《条例》第十四条第（五）项、第（六）项和第十五条第（一）项等规定如何准确理解和在工伤认定时如何正确适用。

1.《条例》第十四条第（五）项规定："因工外出期间，由于工作原因受到伤害或者发生事故下落不明的"，应当认定为工伤。从该项规定的文义来看，因工外出期间受到伤害或发生事故认定工伤是有前提的，即所受伤害是因"工作原因"所致。但不同省市、不同部门对"工作原因"的理解把握存在差异，导致同一种情形的工伤认定在不同省市、不同地区出现完全不同的结果。比如，对用人单位组织职工外出旅游时发生意外伤害是否属于因工作原因所致？用人单位组织职工吃年夜饭、聚餐发生意外是否属于因工作原因受到伤害？用人单位组织职工参加唱歌等娱乐活动以及打球、游泳等体育锻炼活动是否与本职工作有关？除此之外，职工因工外出期间发生的其他情形意外伤害是否属于工作原因也存在较大的争议和困惑。比如上海市发生的某企业组织高管人员外出公干期间，其中1人在住宿宾馆游泳池内溺水身亡，可否认定工伤？广东省发生的某单位职工因工外出期间因身体不适、疲劳，在宾馆按摩时猝死，是否可以认定工伤？凡此种种，皆因缺乏细化规定和权威解释以及不同部门理解把握不一致，致使社会保险行政部门在工伤认定时深感困难重重。

2.《条例》第十四条第（六）项规定："在上下班途中，受到非本人主要责任的交通事故或者城市轨道交通、客运轮渡、火车事故伤害的"，应当认定为工伤。人社部在相关配套政策中规定："'非本人主要责任'的认定，应当以有关机关出具的法律文书或者人民法院的生效裁决为依据"，同时明确："职工以上下班为目的、在合理时间内往返于工作单位和居住地之间的合理路线，视为上下班途中"。按照上述法规和政策规定，社会保险行政部门对此类情形的工伤认定申请，应在掌握"非本人主要责任"和"合理时间、合

理路线”等证据要素的基础上进行认定。但受多种因素影响，非机动车事故、单车事故以及对方逃逸的事故等往往因为缺乏目击证人、未及时报警而导致申请人无法提供公安交通管理部门出具的交通事故责任认定书，或者只能提供公安交通管理部门未区分责任的交通事故责任认定书，此类情形的工伤认定申请显然不符合《条例》的规定和人社部的要求。但在工伤认定实践中，社会保险行政部门若以申请人未能提供有关机关出具的法律文书为由中止工伤认定，则有可能承担“消极不作为”的责任；若认为公安交通管理部门无法查明事故责任则社会保险行政部门更无法查明而直接作出不予认定工伤的结论，则更有可能承担“积极瞎作为”的后果。对“合理时间、合理路线”的把握也是如此，因为“合理时间”无法量化，实践中曾有在异地工作的职工提前两天返回工作地城市途中发生交通事故被判定属于“合理时间”的判例。上海市也曾发生过职工上班前修车、购物后从非常规的上班路线上班途中发生事故申请工伤认定，因不同部门看法完全不同导致难以认定的问题。

3.《条例》第十五条第（一）项规定：“在工作时间和工作岗位，突发疾病死亡或者在48小时之内经抢救无效死亡的”，视同工伤。此项规定出于保障职工权益的目的，对工伤认定的条件作了一定的扩张和延伸，但同时又有一定的条件限制，即突发疾病的情形只能发生在工作时间和工作岗位；自突发疾病起到抢救无效死亡的时间不得超过48小时。虽然这一规定在实践中多有诟病，但按依法行政的基本要求，在进行工伤认定时仍应严格按照规定执行。从近期发生的多起因突发疾病死亡申请工伤认定引发的行政诉讼案件审判结果来看，不同部门对此项规定的理解把握差异较大，比如海南省发生的教师在家批改作业猝死后要求认定工伤的案件；又比如湖北省发生的职工突发疾病超过48小时死亡，在行政诉讼过程中出现了死亡时间是按“脑死亡”还是按医疗机构出具的死亡证明（心肺死亡）确认的争议。出现此类情况，既影响和降低了工伤认定的行政效能，又加大了政府部门的行政风险。

（二）法律法规不够完善和配套政策相对缺失导致的劳动能力鉴定信访和纠纷时有发生

劳动能力鉴定是指劳动者因工负伤或者患职业病，导致本人劳动与生活能力受到影响，由劳动能力鉴定委员会根据职工本人或者近亲属的申请，组织劳动能力鉴定医学专家，根据国家制定的评残标准，按照工伤保险的有关政策，运用医学科学技术和手段，确定劳动者劳动功能障碍程度和生活自理障碍程度的一种综合评定制度。劳动能力鉴定结论是工伤职工依法享受工伤保险待遇或获得相应赔偿的依据，因此鉴定等级结论的高低对劳动关系双方会产生直接的影响，并受到高度关注。为了维护劳动关系双方的合法权益，《条例》对工伤职工的初次鉴定、再次鉴定和复查鉴定作了明确规定，并对劳动能力鉴定机构作出鉴定结论的流程、时限等作了相应规定。但在劳动能力鉴定实践中，因法律法规尚不完善、配套政策相应欠缺而导致的信访诉求和纠纷时有发生。矛盾焦点集中在以下几个方面：

1. 与用人单位依法解除、终止劳动关系的工伤职工，因伤情发生变化，是否还可以申请劳动能力复查鉴定？

《条例》规定，因工致残一级至四级的工伤职工，保留劳动关系，退出工作岗位，按月享受伤残津贴；因工致残五级、六级级的工伤职工，经本人提出，该职工可以与用人单位解除或终止劳动关系，由工伤保险基金和用人单位分别支付一次性工伤医疗补助金和一次性伤残就业补助金；因工致残七级至十级的工伤职工，劳动合同期满终止，或者本人提出解除劳动合同的，由工伤保险基金和用人单位分别支付一次性工伤医疗补助金和一次性伤残就业补助金。应该讲，《条例》已经对依法解除、终止劳动关系的工伤职工后续保障和补偿问题作了相应规定。但在劳动能力鉴定实践中，确实存在解除、终止劳动关系并依法享受了一次性补偿待遇的工伤职工因伤情发生变化申请进行复查鉴定的问题，由于《社保法》和《条例》对此类人员是否还存在工伤保险关系没有明确，故不予受理往往会导致激烈的信访矛盾和纠纷。

2. 解除、终止劳动关系的工伤职工若可以进行复查鉴定，伤残等级提高后劳动关系和工伤待遇如何处理？

鉴于法律法规未对此类情形的复查鉴定申请作过禁止性规定，故劳动能力鉴定机构只能依申请进行鉴定。但一旦出现复查鉴定等级从原来的因工致残五级至十级上升到一级至四级范围之内，就产生了劳动关系如何处理和工伤待遇如何落实的问题。上海市曾发生过九级伤残职工依法解除劳动关系后，旧伤复发申请复查鉴定后伤残等级达到四级的案例。由于《社保法》和《条例》对这一问题同样没有作过规定，故劳动能力鉴定机构面对此类问题如何处理始终处于茫然和困惑之中。

3. 工伤职工申请鉴定的伤残部位与医疗诊断记载和工伤认定确认的部位不一致时如何鉴定？

实践中，经常会出现发生工伤抢救治疗的部位与申请伤残鉴定的部位不完全一致的情况。这里既有因伤残部位影响导致身体其他部位发生关联性损伤的情形，也有申请人为了提高伤残等级将自身原有伤病与伤残部位挂钩的可能，因此简单地“接受”和“拒绝”都是不合适的。但如何区分则因缺乏法律规定和政策指导而难以实施和操作。

（三）待遇审核支付方面因第三人侵权出现的“双赔”和先行支付后追偿无果的矛盾逐步显现

工伤保险待遇是职工在受到事故伤害或者患职业病时获得的医疗救治和经济补偿。工伤保险作为社会保险体系中待遇项目最多、享受条件最优的一个险种，应当遵循“待遇法定、依法支付”的原则。目前在工伤保险待遇审核支付方面，也存在一些值得研究、亟待规范的问题。

1. 因遭受第三人侵权导致工伤的人员，可否同时获得侵权损害赔偿和工伤保险待遇？

《社保法》规定：“由于第三人原因造成工伤，第三人不支付工伤医疗费用或者无法确定第三人的，由工伤保险基金先行支付，工伤保险基金先行支付后，有权向第三人追偿”。对工伤医疗费用以外的其他工伤待遇是全额享受还是按项目竞合则未予明确。而在工伤保险待遇支付实践中则因理念和理解把握不同，长期存在工伤待遇“双赔”是否“合法合理”的不同看法。一种观点认为因第三人侵权造成工伤的待遇给付应当遵循国际社会的通行做法，由被侵权人选择并按就高的标准享受相关待遇，无法确定第三人或侵权人逃逸的，由工伤保险基金先行支付并获得代位追偿权。产生这一认识是基于工伤人员待遇法定且应体现公平合理，不能因为导致工伤的原因不同而使同样等级的工伤人员享受截然不同的工伤待遇。另一种观点认为因第三人侵权而造成的工伤，既适用工伤保险的规定，也适用侵权责任法的赔偿规定，不能因为被侵权人参加了工伤保险而豁免侵权人依法应当承担的责任，也不能因为工伤人员已经获得了侵权责任赔偿而抵扣或减少工伤保险应当支付的待遇水平。对"双赔"问题因理念认识不同而引发的争议和风险由此产生。

2. 先行支付后因追偿无果形成的"呆账"如何处理?

为了维护工伤人员的合法权益，《社保法》对工伤保险基金先行支付的情形作了相关规定。但社会保险经办机构在履行先行支付职权过程中，还面临着配套政策缺失、无法追偿和审计追责的困惑。按《社保法》规定，社会保险经办机构对符合规定条件的工伤待遇先行支付后，往往出现"支付有道、追偿无门"的结果。因为"无法确定第三人"意味着侵权人逃逸或有权机关也无法确定第三人是谁；而用人单位"被依法吊销营业执照或撤销登记、备案"，往往意味着该用人单位已经破产、灭失或因经济效益不好确实无力支付待遇。对此类情形下的先行支付往往很难实施有效追偿，由此出现了"执行先行支付规定越主动，难以追回的基金支付额就越多，社会保险经办机构应当承担的责任和风险就越大"的情况。长此以往，先行支付规定在执行中遇到的瓶颈和阻力也会增加。

二、进一步推进工伤保险健康发展的几点想法和建议

工伤保险是依法实施的社会保险，党的十八届四中全会通过的《中共中央关于全面推进依法治国若干重大问题的决定》，对包括工伤保险在内的依法行政提出了新的要求。为了有利于推进工伤保险的健康发展，笔者提出下列想法和建议：

（一）要进一步调整完善现行的工伤保险法律法规和政策办法，为工伤保险依法实施提供依据

1. 建议国家立法部门对长期存在争议的工伤待遇和侵权赔偿"双赔"问题作出合理的法律界定。从国外的成功经验和基本做法来看，劳动者因第三人侵权造成工伤的，待遇就高但不应重复。工伤人员一般都是按工伤保险的规定享受待遇，对侵权人的责任追偿则让渡给社会保险经办机构。因为工伤职工若选择按侵权责任赔偿的法律规定获得赔偿，在待遇不能重复的前提下，还要适用"过错责任"原则。而工伤保险适用"无过错责任"原则，这对处于弱势地位的工伤职工来讲，无疑保障力度更大。采用待遇就高不重复的方法，还可以有效避免"双赔"带来的工伤待遇不公平、不合理的问题。

2. 建议国家立法部门对解除、终止劳动关系的工伤人员是否还存在工伤保险关系和可否申请劳动能力复查鉴定的问题作出明确规定。一般理解，劳动关系是工伤保险关系存在的前提，劳动关系终止，工伤保险关系也应随之终止。否则，《条例》对解除、终止劳动关系的工伤人员所作的保障性规定就失去了意义。另外，允许此类对象因伤情发生变化继续进行复查鉴定，还会出现因无法律依据，即使伤残等级提高也无法调整劳动关系和无法落实伤残待遇等诸多法律问题。鉴于工伤职工中的职业病患者具有病情不可逆的特点，建议今后《条例》修订时，能对此类人员的劳动关系和待遇处理问题作出特别规定，以保障

其合法权益。

3. 建议国家立法部门和有权机关对目前法律层面难以调整细化的问题及时作出权威的解释，避免出现因为对法律法规理解有误而将应当认定为工伤的没有依法认定，不应当认定为工伤的却被认定的情况。比如：对“48小时之内经抢救无效死亡”的判定标准是按“脑死亡”还是按“心肺死亡”界定的问题，应当明确严格按照《中华人民共和国民法总则》的有关规定执行，任何人不得将个人的理解作为评判定性的标准。再如：对因工外出期间，“由于工作原因受到伤害”如何理解把握的问题。这里的“工作原因”是认定工伤的前提，不宜再作无限制的宽泛化解释。用人单位组织职工外出旅游、参加聚餐、唱歌以及打球、游泳等活动性质既与劳动合同规定的工作内容无关，也与用人单位临时指派的工作无关，更多体现的是用人单位为职工提供的福利或企业文化而已。

4. 建议人社部会同有关部门对工伤保险待遇先行支付后的追偿和财务处理问题制定相应政策办法，指导和督促社会保险经办机构依法做好工伤保险待遇先行支付工作。

对特定情形下工伤人员的待遇由工伤保险基金先行支付，是《社保法》提出的明确要求，虽然在执行中存在这样或那样的问题，但必须不折不扣地执行。随着社会保险费征缴职能的转移和调整，社会保险经办机构原先承担的追偿职能也将同步移交给税务机关。但这并不意味着长期困扰社会保险经办机构的问题可以迎刃而解。建议人社部抓住契机，积极会同有关部门对工伤保险基金先行支付后的追偿问题和财务处理问题制定相应的政策办法，确保有关法律规定和要求得到全面的贯彻落实。

（二）要加强机构队伍建设，进一步增强法律意识和专业能力，为工伤保险制度顺利实施提供保证

工伤保险涉及工伤认定、劳动能力鉴定和待遇审核支付诸多环节，依法行政的要求和社会关注度相对较高。因此，加强机构队伍建设，努力培养和打造一支对事业忠诚、熟悉法律、精通业务、素质优良的工伤保险专业队伍就显得尤为重要。

1. 建议人社部根据工伤保险事业发展需要，有计划地对各省市、各地区从事工伤认定、劳动能力鉴定、社会保险经办工作的人员开展专业培训，努力提高专业队伍对相关法律法规和政策的理解能力和依法行政的水平，为广大劳动者和用人单位提供更高效、更优质的服务。

2. 建议人社部会同有关部门，对工伤保险实践中长期存在且易产生歧义的共性问题开展专题研讨和调研，分析梳理产生问题的原因，提出化解矛盾、解决问题的思路和举措，总结、推广不同省市在工伤认定、劳动能力鉴定和待遇审核支付方面好的经验做法，指导推动面上工作的开展。

3. 为了防止出现“消极不作为”和“积极瞎作为”现象，有效避免不必要的行政风险，建议社会保险行政部门进一步转变工作作风和管理理念，加深对“依法认定、合情合理、保护职工、有效证据证明、统筹兼顾和工作原因推定”等基本原则的理解，在法律允许的范围内对工伤认定过程中出现的特殊情形合理行使自由裁量权。比如，对发生上下班交通事故受到伤害的工伤认定申请分类处理：发生交通事故后申请人当场报警、公安交通管理部门到现场处置后无法确认事故责任的，一般可按“有利推定”原则处理；发生交通事故后未及时报警、公安交通管理部门未到现场处置或虽到现场但因事后报案已无法确认事故责任的，以及申请人未提起民事诉讼又无新的证据证明事故责任的，可按申请人未能提供有权机关出具的“非本人主要责任”的法律文书处理，中止工伤认定。类似处理方法，既可提升政府部门的行政效能，也可使工伤职工权益保障最大化。

参考文献

[1] 尹蔚民. 中华人民共和国社会保险法释义 [M]. 北京：中国劳动社会保障出版社，2011.

[2] 胡晓义，刘梅. 工伤保险 [M]. 北京：中国劳动社会保障出版社，2012.

[3] 胡晓义. 走向和谐：中国社会保障发展60年 [M]. 北京：中国劳动社会保障出版社，2009.

[4] 杨科雄. 最新工伤认定规则与适用 [M]. 北京：法律出版社，2014.

建筑行业农民工工伤预防机制优化研究

赵永华 浙江省湖州市长兴县人力资源和社会保障局

【摘 要】工伤保险不仅是我国社会保障体系的一大重要组成部分，也是农民工应当具备的基本权益之一。而工伤预防工作又是工伤保险工作的重中之重，控制工伤事故的发生、完善工伤预防机制对保护职工劳动健康、减轻基金支付压力、提高企业市场竞争力、促进社会和谐稳定都具有十分重要的意义。本文旨在工伤保险体系构建的宏观背景下，对建筑公司农民工工伤预防机制的构建和完善进行研究，发掘目前建筑公司农民工工伤保险工作存在的问题，并着重从工伤预防机制的角度考虑提出一系列的对策建议，以期为建筑公司以及同类型建筑企业农民工工伤保险体系的完善提供一定的参考和借鉴。

【关键词】工伤保险 工伤预防机制 建筑业农民工

一、研究背景、意义及价值

（一）背景

当前，我国正处在城镇化、工业化快速发展时期，农民工群体作为我国现代化进程推进的重要力量，为我国社会经济建设和发展做出了巨大贡献。建筑行业往往具备劳动人员密集的特征，在我国则表现为农民工密集，且由于建筑行业的工作性质，发生工伤事故的概率高，使得建筑行业农民工的工伤保障问题尤其受到社会的关注。

（二）意义

目前国内外关于工伤保险的研究已经有一定的积累，但对于工伤预防的研究仍然薄弱，而对于基数庞大的农民工群体而言，尤其是处于建筑行业的农民工群体而言，相关的工伤预防体系无论在理论研究还是实践应用方面都存在不足的态势。本文以建筑公司农民工工伤预防为研究对象，期望可从理论层面上为我国工伤保险研究体系的完善进行有益的补充，因而具有一定的理论意义。

（三）应用价值

随着我国工伤保险政策制度的不断完善，预防、康复、补偿“三位一体”的工伤保险机制不断发展并逐渐成为主流思想。而在“三位一体”所包含的三个要素中，工伤预防无疑是极为重要的组成部分。尤其是近年来，国家屡屡提倡应当以预防为主导，努力降低事故的发生概率和严重性程度，因此从这一层面而言，对工伤预防工作进行研究，很好地顺应了国家对工伤保险工作的部署思路。

二、建筑行业农民工工伤预防机制的问题及原因分析

（一）农民工群体对于工伤预防个人意识薄弱

农民工群体不了解工伤预防对于其安全与健康的保障意义，甚至对其享有工伤保障的权益也不了解。这是由农民工群体本身知识面局限所决定的，再是由农民工群体普遍的心理定位所决定的，长久以来，农民工群体在城市当中缺乏应有的归属感和主人翁意识，对保护自身的权益表现出怯懦的一面。

（二）对农民工群体工伤预防的相关培训不充分

具体表现为 2 个方面：一是相关经费投入不足；二是培训时间少，培训形式的多元化、适用性和创新性欠缺。

（三）农民工群体工伤预防的专门组织机构缺位

目前建筑公司一般不专门设立工伤保险业务部门，不能针对性地提供工伤预防的日常指导和咨询。

（四）农民工工伤预防的相关制度体系建设不系统

目前多数建筑公司农民工工伤预防机制的构建与完善缺乏稳固的依据，究其原因，主要仍是由于领导层对工伤预防工作认识不足、重视不够，没有将其视作公司管理的重点，没有形成系统性的专门制度体系。

（五）农民工工伤预防相关工作的监督反馈机制不完善

具体体现为：一方面，监督机制不完善，即多数建筑公司无专门的责任单位或责任人对公司农民工工伤预防工作的推进状况进行考核和控制；另一方面，反馈机制不完善，即当一线施工作业的农民工群体提出有关工伤预防的一些意见或建议时，也缺乏反馈渠道。

三、建筑公司农民工工伤预防机制优化的具体策略

（一）加强面向农民工群体的工伤预防观念宣传工作

观念作为存于人们大脑中的一种思维模式，在大多数时候对个体甚至群体的行为起到关键性的影响作用，且观念大多需要一段时间予以形成，且一旦形成不易于轻易改变。具体而言，可通过定期开展专门面向建筑公司农民工群体的观念宣传活动，并在团体活动中活跃宣传氛围，潜在地增强农民工在企业中的存在感和对工作的归属感，让其真正意识到工伤预防乃至工伤保险是其正当享有的权益，应当予以争取和保护。

（二）全面开展对农民工群体的工伤预防培训活动

有研究数据显示，“职工未接受过工伤预防培训比接受过培训发生工伤事故的概率大2.4倍”，这说明人的因素还是很重要的，个人对工伤预防越加重视，了解越多，发生工伤的可能性越小。因此，在建筑公司全面开展对农民工群体的工伤预防培训，其作用不容小觑。培训的手段可以是多样的，培训的内容要通俗易懂，结合图片、画册、表演、现场教育等简洁明了的方式，更易于农民工群体接受。

（三）设立专门对口农民工工伤预防的咨询小组

对于一项革新工作，往往需要设立一个专门的组织机构负责实际的推进。

（四）提升公司领导层对农民工工伤预防机工作的战略认识

公司领导者要起表率作用，在各类会议和活动中增加对“农民工工伤预防”问题的提及和讨论的频次，从而强化公司对该问题的认识和重视程度。公司应尽可能地将对农民工工伤预防机制的构建工作写入年度的工作计划当中，并做好中期和期末的考核工作，从而更加明确提升该项工作的优先次序和重要性。

（五）构建与完善农民工工伤预防机制的相关制度体系

激励就是组织通过设计适当的外部奖罚措施，来激发、引导、保持和规范组织成员的行为，以有效地实现组织及其个人目标的过程。在建筑公司农民工工伤预防机制的优化中同样可以利用制度体系的激励作用。激励既可以面向建筑公司的相关工作人员，又可面向农民工群体。具体而言：面对建筑公司工伤预防相关工作人员，其作为农民工工伤预防工作组织实施的主体，需要通过一系列的制度确立其权力与责任，并将相关工作列入其绩效考核内容中，对工作落实到位且年度内没有发生工伤事故的状况，进行奖励；相反则予以扣除奖金、通报批评、领导降职等处罚。而面对建筑公司的农民工群体，制度激励主要是其在接受工伤预防的相关宣传培训后，可定期组织一些考核或比赛，以理论或实操的方式考查其工伤预防知识和技术的掌握程度，根据考核结果予以物质性或精神性的奖励，从而帮助其激发积极性和主动性。

四、建筑公司农民工工伤预防机制优化的保障措施

（一）完善农民工安全生产的监督管理机制

根据过往的工伤事故分析，大多数的工伤事故属于农民工个人的责任事故，即违章作业、违反劳动纪律等导致。因此，在对建筑公司农民工工伤预防机制的保障中，需要严格落实安全生产监察制度，完善对农民工安全生产的监督管理机制。首先，建筑公司应加强对安全生产监察的建设，明确相关人员安全监察的权力与职责；其次，加强工伤风险因素评估，对工伤事故发生的原因、时间、地点、伤残情况、医疗救治情况等数据进行统计，确定科学的评估指标，从而为工伤预防策略制定提供依据。例如，对于危险系数较高的岗位农民工，提供更高频次的工伤预防培训、更严格的工伤预防考核，以及更加紧密的安全生产监督和危险因素隐患排查。

（二）畅通农民工工伤预防工作的沟通机制

工伤预防是一项系统工程，往往需要多部门协同工作，建筑公司应构建一个高效、便捷的工伤预防信息交换和共享平台，定期交流、总结工伤数据信息，实现资源共享和信息公开，使各部门能及时了解工伤发生状况、本企业新的安全生产规范和技术方法，促进工伤预防工作的组织实施。

此外，还需要畅通农民工群体与建筑公司的沟通机制，鼓励他们及时反映在施工作业一线所发现的隐患问题，从而帮助公司收集信息、制定决策、快速响应，将一些工伤事故“扼杀在摇篮中”，并对一些优良预防经验予以总结、采纳，融入到未来的工伤预防培训内容当中，从而形成良性循环机制。

（三）加强与政府相关部门联动沟通

建筑公司农民工工伤预防机制的优化工作需要在我国工伤保险政策的大背景下运行与发展。因此，公司应注意加强与政府相关部门联动沟通。

一方面，每年按时缴纳农民工工伤保险投保费用，积极参与政府工伤保险制度培训会，紧跟国家和区域工伤保险政策的发展，适时调整自身工伤预防工作的具体制度和流程。

另一方面，积极主动地将公司农民工群体关于工伤预防的经验和诉求反馈给政府相关部门；邀请业内专家深入到公司一线予以审查、提出意见和建议，帮助公司更高效地推进农民工工伤预防机制的优化工作，提升公司安全生产水平。

五、结语

本文通过对建筑公司农民工工伤预防机制的构建和完善进行研究，发掘目前建筑公司农民工工伤保险工作存在的问题，并着重从工伤预防机制的角度考虑提出一系列的对策建议，以期为建筑公司以及同类型建筑企业农民工工伤保险体系的完善提供一定的参考和借鉴。

参考文献

[1] 孙树菡，朱丽敏. 中国工伤保险制度30年：制度变迁与绩效分析 [J]. 甘肃社会科学，2009 (3)：59-65.

[2] 张军. 工伤预防历程与发展 [J]. 中国社会保障，2016 (10).

[3] 陈刚. 工伤保险新热点——工伤预防和工伤康复 [J]. 劳动保护，2008 (1)：48.

[4] 乔庆梅. 基于工伤预防的工伤保险制度构建 [J]. 中国劳动，2010 (6)：18-20.

[5] 国务院法制办. 工伤保险条例释义与实务 [M]. 北京：中国劳动社会保障出版社，2011.

[6] 罗万桥，李文胜. 探索"三位一体"模式实现工伤保险跨越 [J]. 人力资源管理，2016 (11)：239-241.

[7] 秦迪. 我国农民工工伤保险的必要性及对策研究 [J]. 现代交际月刊，2011 (12)：30.

工伤康复早期介入的探索实践和改进策略研究

冯　烨　王　燕　郭　进　翟　华
上海市养志康复医院（上海市阳光康复中心）工伤康复管理办公室

【摘　要】 工伤康复早期介入可提高康复效果、促进工伤人员重返工作岗位、优化工伤保险基金的使用效率。从 2011 年起上海市开展工伤康复早期介入的探索实践，具体做法为设立工伤康复咨询受理窗口、试行《住院工伤康复筛选指南》、创建工伤康复申请快速通道。抽取 2011 年、2014 年、2017 年养志康复医院出院工伤人员从认定工伤至入院康复的间隔时间统计分析，从 124.64 天下降至 52.44 天。为了进一步推进工伤康复早期介入工作，建议贯彻执行“先康复、后鉴定”的原则；按区域增设工伤康复定点医疗机构；进一步优化经办管理流程；加强工伤医疗期的康复早期介入；持续加强政策宣传，建立定期培训机制。

【关键词】 工伤康复　早期介入　改进策略

近年来，随着康复医学的迅速发展，越来越多的学者认识到早期康复治疗的重要意义，康复治疗越早介入，患者的恢复效果就越好。为了进一步健全社会保障制度、更好地满足工伤人员的需求，上海市人力资源和社会保障局于 2011 年起实施工伤康复的早期介入试点工作。工伤康复早期介入是指工伤事故发生后，通过政策宣教，引导工伤人员尽早参加康复治疗，使其最大限度地改善和提高生理功能和劳动能力，早日重返工作岗位和回归社会。

一、工伤康复早期介入的重要性

（一）早期介入可提高康复效果

Lin 等的研究得出重要结论，踝关节骨折术后固定期早期介入康复治疗，即轻柔的关节主被动活动和负重活动，有助于患者的肢体功能恢复。张玥等的研究显示，脑梗死患者在早期应用下肢重复训练系统，使患侧与非患侧下肢同时进行反复训练，在治疗第 4 周、8 周、12 周后观察到其 FMA（Fugl-Meyev 评估）与 FAC（功能性步行量表评定）均较治疗前得到明显改善；与此同时，早期康复治疗组 FMA 评分较常规康复治疗组也均呈现显著性的提高。据湖南省工伤康复中心对 20 例不完全性脊髓损伤病例（术后 1 个月内 10 例和术后 6 个月 10 例）康复治疗 3 个月的疗效分析，两组在日常生活能力、二便管理、心理评估等指标的差异均具有统计学意义（$P<0.01$）。由此可见，康复早期介入对于预防制动对人体带来的不良反应和并发症、促进机体功能恢复、减轻恐惧心理、提高康复效果、减少因伤致残等方面起了重要作用。

（二）早期介入可促进工伤人员重返工作岗位

我国是一个职业伤害比较严重的国家，尤其进入 21 世纪以后，随着以高科技为特征的知识经济时代的到来，新的职业伤害因素不断涌现，全国因工致残或造成身体功能障碍的人员呈上升趋势。据不完全统计，全国每年认定工伤和视同工伤的人数超过 100 万人，其中约 40 万人具有康复价值。陆佳妮等的研究显示，早期介入 BTE 职业功能训练与评估系统对于改善上肢损伤工伤患者的提举力量有着显著的效果；王燕等的研究显示，通过康复早期介入，脊柱脊髓损伤、颅脑损伤工伤患者的返岗率明显高于非早期介入组，手外伤、骨折工伤患者的返岗率略高于非早期介入组。因此，康复早期介入有利于工伤人员更有效地恢复身体功能和职业劳动能力，从而促进其重返工作岗位。

（三）早期介入可优化工伤保险基金的使用效率

崔晓冬等的研究均显示，早期介入工伤人员的康复意愿更为强烈，康复治疗开始时间更为提前，康复效果更为明显，人均住院天数、床日均费用和人均总费用均低于非早期介入人员。提示及时有效的康复早期介入手段可以缩短康复治疗期限、降低治疗费用、减少后期赔偿的开支，从而优化工伤保险基金的使用效率。

二、工伤康复早期介入的探索实践

（一）设立工伤康复咨询受理窗口

上海市于 2011 年起，依托工伤康复定点医疗机构养志康复医院的专业技术力量，开展工伤康复早期介入试点工作。养志康复医院派出具有医疗背景的专管员，先后在松江、闵行、浦东、嘉定、青浦、金山、奉贤 7 个区的工伤认定部门设立工伤康复咨询受理窗口，在用人单位、工伤人员及其近亲属提出工伤认定申请时，由专管员负责工伤康复政策咨询与宣传，并对工伤人员是否具有康复价值进行初期评估、信息登记、电话回访，引导符合条件的工伤人员申请住院工伤康复。

（二）试行《住院工伤康复筛选指南》

上海市劳动能力鉴定中心在人力资源和社会保障部颁发的《工伤康复服务规范（试行）》（2013 年版）的基础上，充分听取了有关医学专家、康复定点医疗机构管理人员意见，制定了《住院工伤康复筛选指南（试行）》，对符合住院工伤康复的对象、病种、功能障碍和禁忌证等作了明确的规定，从而为窗口专管员早期甄别具有康复价值的工伤人员提供了强有力的抓手。

（三）创建工伤康复申请快速通道

工伤康复专管员在审核工伤认定申请材料时，按照《住院工伤康复筛选指南（试行）》，筛选出符合条件的工伤人员。对于事实清楚、证据确凿、无争议且具有康复价值的工伤案例，执行“工伤认定申请—住院工伤康复申请—专家确认—工伤人员凭康复确认意见入院康复”的快速通道。即区县工伤认定部门于15个工作日内完成工伤认定；在工伤人员领取工伤认定书的同时，窗口专管员进行政策宣传和咨询、初审评估、受理住院工伤康复申请；及时将申请信息报送市劳动能力鉴定中心，经专家审核确认后，于受理申请之日起15个工作日内作出确认意见后送达用人单位、工伤人员或其近亲属以及工伤康复定点医疗机构；工伤人员持康复确认意见于30个工作日内到工伤康复定点医疗机构进行住院康复治疗。工伤康复快速通道使得从工伤认定到康复申请和专家确认直至住院康复治疗的全过程，由原来的60~90天缩短到了45~60天，为工伤人员赢得最佳康复介入时间。

工伤康复申请快速通道流程见图1。

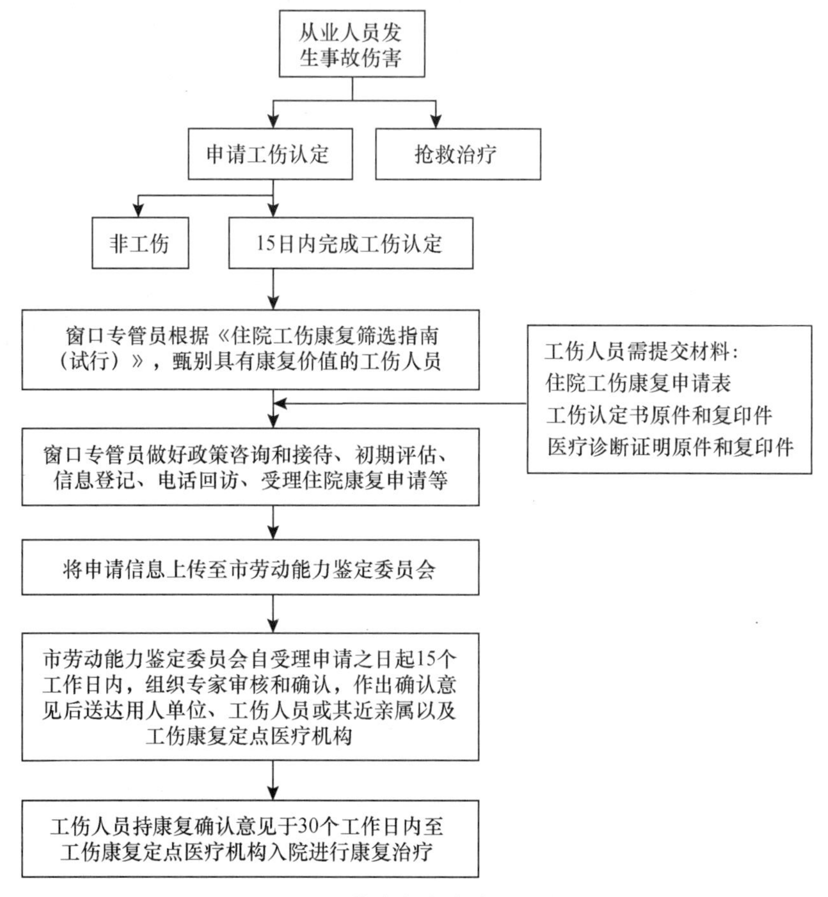

图1　工伤康复申请快速通道流程

三、工伤康复早期介入的开展情况

2011—2017 年，上海市申请住院工伤康复人次逐年增加，分别为 82、210、443、605、763、1 047 、1 157 人次，共计 4 307 人次；通过早期介入接受住院康复治疗的人次同样逐年递增，分别为 15、80、161、191、282、537、732 人次，累计达 1 998 人次，占申请总人次的 46. 4%。

抽取 2011 年全年、2014 年全年、2017 年全年养志康复医院出院工伤康复人员的信息，统计工伤人员从认定工伤至入院康复的间隔时间，呈下降趋势，从 124. 64 天下降至 52. 44 天，缩短了 72. 2 天。

具体情况详见图 2 和表 1。

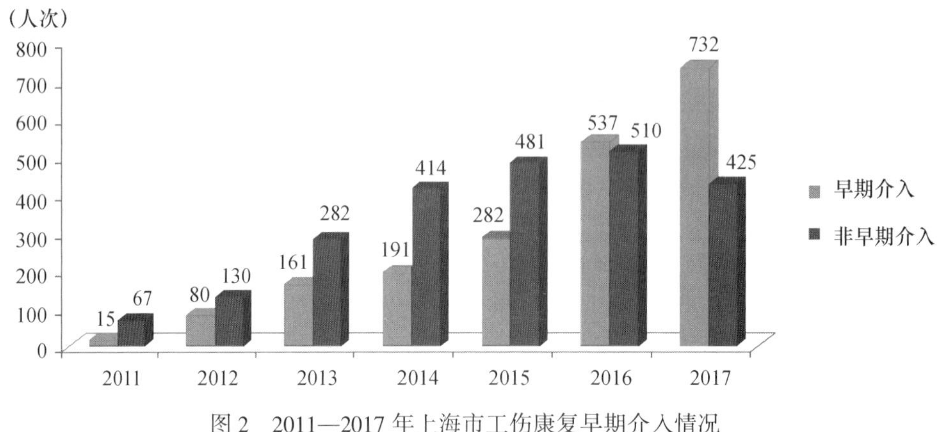

图 2　2011—2017 年上海市工伤康复早期介入情况

表 1　2011 年、2014 年、2017 年养志康复医院出院工伤人员工伤康复开始时间统计

年份	出院人次	认定工伤至入院康复间隔/天
2011	23	124. 64±49. 10
2014	430	72. 81±30. 57
2017	811	52. 44±19. 72

四、影响工伤康复早期介入工作的因素

上海市工伤康复早期介入工作开展至今已超过 7 年，至目前为止取得了一定的成绩，然而存在以下几个因素影响早期介入工作的开展。

（一）工伤人员的病情严重程度和并发症情况

对于单一工伤病种或者病情较轻的工伤人员而言，比较容易控制康复早期介入的时机；而对于部分伤情严重复杂，而且合并高血压、糖尿病等基础性疾病的工伤人员而言，生命体征的不稳定势必会影响康复的介入时间。例如，脊髓损伤工伤人员通常合并呼吸衰竭、呼吸道感染、高热和低温、泌尿系统感染和结石、便秘和压疮等，这些在一定程度上不得不延长康复治疗的介入时间。

（二）康复定点医疗机构的收治压力

上海市现有7家工伤康复定点医疗机构，其中5家为综合性医院、2家为康复专科医院。综合性医院一方面面对人满为患的医保和自费患者，另一方面接受平均住院天数、床位周转率等指标考核，某种程度上影响收治工伤人员的积极性。而作为康复专科医院的养志康复医院虽然承担着全市85%的工伤人员收治任务，但是在床位总数核定的情况下，床位周转率较慢，也会影响工伤人员的入院时间。

（三）工伤康复政策知晓度偏低

据统计，2017年上海市住院工伤康复1 094人次，劳动能力鉴定38 879人次，享受工伤康复待遇的人次仅占劳动能力鉴定人次的2.8%，很多具有康复价值的人群并未享受到康复服务，工伤康复受益人群有限。这说明工伤康复政策知晓度从整体上来说是偏低的，很多工伤人员和用人单位对此缺乏认知，不清楚工伤保险政策，也不了解工伤康复的重要性。甚至有部分工伤人员在申请工伤康复以后还心存怀疑，不相信康复政策的好处，最终放弃康复治疗。

五、工伤康复早期介入工作的思考和改进策略

针对以上影响因素，并且根据人力资源和社会保障部进一步做好工伤康复试点工作的有关要求，建议在以下几个方面推进实施和不断完善。

（一）贯彻执行“先康复、后鉴定”的原则

为了建立健全工伤预防、工伤康复和工伤补偿“三位一体”的工伤保险制度体系，保证工伤康复早期介入工作的顺利开展，应根据《上海市工伤康复管理办法》的要求贯彻执行“采取治疗和康复并重的方式，实行先治疗康复、后鉴定补偿的原则”，明确工伤康复是工伤人员进行伤残等级鉴定的前置程序，从制度上保障工伤康复工作的顺利开展，有利于工伤人员在最佳时期接受康复治疗。同时，为了体现“以人为本”的理念，建议对于个别经劳动能力鉴定后伤（病）情发生变化或出现新的功能障碍的工伤人员，经确认具有康复价值的，也可纳入工伤康复的对象范围。

（二）按区域增设工伤康复定点医疗机构

针对部分区域定点医疗机构资源缺乏、部分工伤人员无法尽早收治入院、定点医疗机构收治压力大等现状，建议按区域适时增设工伤康复定点医疗机构，方便本区域内工伤人员就近接受康复治疗。同时，进一步完善住院工伤康复支持政策，激发定点医疗机构从事工伤康复工作的热忱和积极性，从而推进工伤康复早期介入工作的开展。

（三）进一步优化经办管理流程

为了使工伤人员能够获得及时的救治和康复，工伤认定机构在事实清楚、证据确凿、

程序合法的情况下，应尽可能地简化经办过程、缩短工伤认定审核的时间。继续推广运用《住院工伤康复筛选指南（试行）》，指导窗口专管员不仅在工伤认定早期，还要延伸至劳动能力鉴定前，引导符合标准的工伤人员积极参加康复治疗。

（四）加强工伤医疗期的康复早期介入

已有大量文献报道，临床医疗期内的康复介入越早，患者的功能恢复和整体疗效就越好。在美国，甚至设置了急诊医疗机构以进行早期的床边康复医疗。我国各地康复发展水平不一，急性期过后的绝大部分患者没有及时介入康复治疗，导致早期康复训练与临床治疗衔接不紧密。因此应推广和加强工伤医疗期间的康复早期介入，工伤人员在急救后，只要生命体征稳定，便可适当介入康复治疗，从而改善临床整体疗效。

（五）持续加强政策宣传，建立定期培训机制

面对工伤康复政策知晓度偏低的现状，有必要持续加强工伤保险法规普及和工伤康复政策宣传。借助电视、广播、报刊、互联网等媒体，有效提高公众关注度和认可度；通过在工伤认定受理点、地铁广场、医院等地，发放宣传册、现场咨询解答等，使工伤康复理念开枝散叶、深入人心；通过开展“工伤康复开放日”活动，使工伤人员、用人单位、医学专家、工伤保险行政管理人员直观地了解康复训练的内涵，提高工伤人员依法维护自身合法权益的意识，增强用人单位遵守劳动法规的自觉性，从而利用多方力量共同引导工伤人员积极参加康复治疗。

另外，针对用人单位社会保险经办人员业务素质良莠不齐的状况，建议各级社会保险行政部门和经办机构定期组织开展工伤保险政策、工伤康复知识和经办流程的培训工作，并定期进行考核。

参考文献

［1］Sherrill S，Susan R. Early intervention care in the acute stroke patient［J］. Archives of physical medicine and rehabilitation，1986，67（9）：319-321.

［2］刘欣，王磊，陈先，等. 早期介入康复治疗对 Pilon 骨折手术后踝关节功能的影响［J］. 中国康复医学，2014，29（3）：269-271.

［3］Thomas G，Whalley H，Modi C. Early mobilization of operatively fixed ankle fractures：a systematic review［J］. Foot & ankle international，2009，30（7）：666-674.

［4］孙树菡，毛艾琳. 工伤康复的问题与解决［J］. 北京劳动保障职业学院学报，2007，1（4）：9-13.

［5］Lin CW，Moseley AM，Refshauge KM. Rehabilitation for ankle fracture in adults（Review）［J］. Cochrane Database System Review，2008，16（3）.

［6］Egol KA，Dolan R，Koval KJ. Functional outcome of surgery for fractures of the ankle. A prospective，randomized comparison of management in a cast or a functional brace［J］. The Journal of bone and joint surgery，2000，82（2）：246-249.

[7] 张玥，王轶钊，侯玮佳，等. 早期介入下肢重复性训练对脑梗死患者下肢运动功能及步行能力的影响 [J]. 中国康复医学，2017，32 (11)：1285-1287.

[8] 申关平，刘辉霞，谭红专，等. 湖南省工伤康复早期介入现状分析与对策 [J]. 中国基层医药，2011，18 (19)：2723.

[9] 应永胜. 中国农民工工伤保险制度演进及运行效果评介 [J]. 北京航空航天大学学报 (社会科学版)，2014，27 (1)：6-12.

[10] 陆佳妮，白钟飞，史晓宇，等. 职业能力训练与评估系统对上肢损伤工伤患者的疗效 [J]. 中国康复理论与实践，2018，24 (1)：107-111.

[11] 王燕，翟华，冯烨，等. 工伤康复在工伤认定阶段早期介入的研究 [J]. 中国医疗保险，2015 (3)：58-60.

[12] 崔晓冬. 青岛市开展工伤康复早期介入的成效分析 [J]. 中国医疗保险，2014 (10)：60-64.

[13] 丁永超，田文华，许苹. 发达国家及地区康复医疗服务系的特点及启示 [J]. 中国卫生质量管理，2013，20 (5)：125-128.

共享经济高风险行业从业人员纳入工伤保险制度研究

庞季俐　上海市人力资源和社会保障局

【摘　要】在大众创新、万众创业的时代背景下，“共享经济”以势不可当之势渗透社会生活的各个层面。共享经济作为一种新型业态，在给社会经济带来巨大改变的同时，也引发了一系列的问题。共享经济高风险行业从业人员工伤权益保障就是伴随共享经济发展而出现的新情况，成为当前需要解决的新问题。本文根据共享经济高危行业相关特点，依据我国现行法律法规，借鉴相关经验，提出不拘泥于劳动关系认定，先行将共享经济高风险行业从业人员纳入工伤保险，对参保对象确认机制、工伤保险计费方式、工伤保险费率机制、工伤认定和劳动能力鉴定程序、工伤待遇支付等方面进行制度设计，并在事故预防机制、制度实施保障等方面明晰政府和用人单位等各方的职责。

【关键词】共享经济　工伤风险　工伤保险

一、研究背景

（一）共享经济蓬勃发展

伴随“互联网+传统产业”的新兴经济发展模式得到快速发展，以网络约车、网络购物、网络订餐等为代表的共享经济平台企业呈现井喷式发展态势，已逐渐成为支撑国民经济健康、快速发展，提供更多就业机会的中坚力量。统计数据显示，预测到 2020 年国内共享经济规模可能会占到 GDP（国内生产总值）的 10%以上。共享经济的飞速发展将会填补传统业态留下的空白，向市场提供稳定和多样的就业机会。

（二）共享服务触发交通事故数量上升

随着共享经济的兴起，网约车、外卖送餐、快递服务提供者迅速增加。由于存在抢单或准时送达的压力，这些劳动者一心追求速度，使得本就处于较高风险道路运输环境的他们，比一般驾驶员、非机动车驾驶人员面临更高的交通事故风险。2017年上半年，上海市在外卖送餐方面的交通事故一共发生76起，平均每两天半就有一起事故发生。外卖快餐行业已经发展成为工伤发生率最高的行业之一。

（三）从业人员工伤事故的保障制度缺失

共享经济作为一项新生事物，政府规制尚留空白。目前共享经济从业人员的用工形式未做法律界定，共享企业出于用工成本的考虑，大多不与从业人员签订劳动合同，以规避法律风险。我国现行的社会保障制度整体上尚不收纳灵活就业人员参加工伤保险。这意味着这部分从业人员一旦发生工伤事故，其责任赔付难以通过制度执行来保障落实。

（四）将共享经济高风险行业从业人员纳入工伤保险的条件日渐成熟

职工身份以外的非职工群体参加工伤保险，最大的掣肘在于劳动关系以及工伤认定方面的难题。近年来通过政策试点，劳动关系确认机制在突破创新方面有了建筑业按项目参保制度可参考借鉴，共享经济所依托的互联网平台电子数据记录对工伤认定提供了技术上的解决方案。

二、研究意义

共享经济的飞速发展要求政府职能部门转变思想观念，紧跟时代发展的步伐，以更加开放、积极、包容的姿态来审视新业态所带来的变化，研究分析共享经济从业人员就业用工、参保缴费所发生的变化和影响，研究完善与之相适应的社会保障制度，体现社会公平正义。

（一）有利于保障劳动者权益，体现社会公平

国家建立社会保险制度，是为了保障全体公民而非仅仅是全日制职工。工伤保险制度建立的初衷是分散企业用工风险，保障劳动者的合法权益。当前的政策存在一定的不完善：保障过分和保障不力共存，有保障和无保障共存。从实践意义上讲，高风险行业从业人员却未得到工伤保障，无法体现政策的合理性和公平性。

（二）有利于推进共享经济有序发展促进就业

共享经济是我国近阶段实现就业优先战略的重要举措。近年来我国就业率不降反升，共享经济功不可没。但这部分从业人员社会保障问题也浮出水面，且伴随就业人群的不断扩大，保障问题也愈发凸显。为了使共享经济能健康发展，必须制定适合共享经济特点的保障制度，既不阻碍共享经济的有序发展，也为劳动者提供更多的社会保障，吸引更多的灵活就业人员安心投入共享经济发展洪流。

（三）有助于维护社会稳定

目前许多共享经济平台企业采取购买商业意外险的办法来赔偿职工的工伤损失，然而商业保险有诸多的免责条款，获赔费用与工伤保险存在一定差距，这些赔偿不足的风险最终都将转化为影响社会安定的不利因素。将共享经济高风险行业从业人员纳入工伤保险制度，有利于工伤待遇问题的妥善解决，也有助于分散平台企业的工伤风险。

三、共享经济高风险行业从业人员存在工伤风险的现状

（一）共享经济高风险行业的工伤风险

1. 共享经济的用工形式。共享经济用工形式呈现出多样化的形态，既有全日制职工，又有灵活就业人员。我国目前常见的共享经济用工形式主要有全日制用工、兼职、劳务外包关系及加盟制。

劳务外包关系指平台企业并不直接与资源拥有者发生雇佣关系，而是借助于第三方进行“挂靠”。专车企业多为这一用工形式。

加盟制是以转包、分包、承揽方式加盟至平台企业或总包公司的用工模式。这一类用工形式目前集中体现在快递行业。这种盘根错节的用工方式导致实际用工中环节复杂，企业与劳动者之间的用工关系难以厘清。

2. 共享经济高风险行业工伤事故理赔与风险隐患。由于共享经济从业人员普遍未与企业建立劳动关系，其发生事故时只能由保险公司理赔。商业保险既可以按合同的约定减赔，也可以按保险行业法则如《人身保险残疾程度与保险金给付比例表》进行减赔。因此，人身意外险在很多情况下不是全额赔付，且赔付额度与保额挂钩，一般小于工伤保险赔付额度。

共享经济高风险行业从业人员一旦发生事故伤害，很可能无法得到相应的足额理赔。特别是重大交通事故伤害，从业人员失去或暂时失去就业能力，不但给身心造成痛苦，经济损失也无法得到赔偿，只能依靠社会救助补给生活。一旦救助不足，不但使事故伤害人员的家庭遭受巨大的经济负担，也给社会带来不安定因素。

（二）共享经济高风险行业从业人员无法纳入工伤保险的原因分析

1. 平台企业与从业人员劳动关系的法律界定不明晰。共享经济的发展又一次印证了法律之于现实的滞后。互联网的崛起实现了以“劳务”为交易标的的新型业态，这是对以“物”为标的传统交易的冲击。平台企业主张其仅仅为信息提供商，通过 P2P（点对点）的模式提供交易机会，但实质上这些平台企业或衍生的劳务企业对从业人员的工作进行规范、指导及考核。因此，二者之间的关系暧昧不清。在国家没有专门立法界定前，共享经济平台下的从业人员与平台企业间究竟是何种关系依然会在司法界、学术界或实务界争论不休，无法统一。

2. 灵活就业人员参保的政策缺失。由于我国的灵活就业人群起步较晚，早期的灵活就业规模较小，更多的是以“自由职业”形式存在。早期的工伤保险制度已经不适应解决灵活就业人员的工伤保险问题。虽然随着灵活就业人群不断壮大，政府及学术界均已考虑到灵活就业人员的职业伤害风险，并在部分地区个别高危行业进行政策试点，但在《工伤保

险条例》中尚未作出制度安排。

四、非职工人群纳入工伤保险制度的经验借鉴

（一）各类人群参加工伤保险政策的比较

为了比较几类工伤保险政策的异同，总结出符合共享经济行业特点且能被企业与劳动者接受的参保方式，笔者从参保范围、计缴方式、待遇享受、执行效果等几个重要方面对目前已实施的几项工伤保险政策进行了梳理比较（见表1）。从表1反映的结果导向来看，执行效果较好（平稳）的4类办法，均未脱离《工伤保险条例》的框架制定专门的政策，而是通过不同的接入方式直接纳入现行工伤保险制度中。最突出的表现是4类政策均严格按《工伤保险条例》给付待遇，而无论对雇主还是受雇者而言，这一制度设计的总体思路充分贯彻了社会保险公平理论，体现了权利与义务对等。南通市执行的灵活就业人员工作伤害保险虽然脱胎于工伤保险制度，但参保人员按面上职工同一标准缴纳工伤保险费却不能享受同等的待遇，严重阻碍了劳动者的参保积极性。另外，该办法要求参保人员同时缴纳养老和医疗保险，这对那些已经符合退休条件且无意继续缴纳养老保险费的人员来说无疑是一道重要障碍，同时也将一些不符合灵活就业参保条件的外来务工人员排斥在参保范围之外。

表1　几类工伤保险参保政策的比较

比较内容	职工工伤保险	建筑业按项目参保	非全日制职工参加工伤保险（上海）	灵活就业人员参加工伤保险（泰州）	灵活就业人员工作伤害保险（南通）	家政综合险
是否属于工伤保险制度	是	是	是	是	否	否
覆盖范围	职工	建筑业职工	非全日制职工	商贸、餐饮、住宿等服务业未稳定就业人员	受雇或以本人名义申办了个体工商户营业执照的灵活就业人员	从事家政服务的灵活就业人员
是否与单位建立劳动关系	是	应当建立	是	否	否	否
是否需向就业部门进行用工备案	是	否	是	否	否	否
是否强制参加工伤保险	是	是	是	是	否	否
是否强制参加五险	是	优先参加工伤保险	本市户籍必须缴纳养老、工伤保险费，非本市户籍必须缴纳工伤保险费	否	与养老、医疗保险合并征收	否

续表

比较内容	职工工伤保险	建筑业按项目参保	非全日制职工参加工伤保险（上海）	灵活就业人员参加工伤保险（泰州）	灵活就业人员工作伤害保险（南通）	家政综合险
个人是否需要缴纳工伤保险费	否	否	否	否	是	否
保险费核定	企业上年度工资总额×行业差别费率	项目合同价×1‰	非全日制职工人数×养老保险缴费基数下限×行业差别费率	定员定额，费用缴纳周期为每6个月一次	灵活就业人员医保缴费基数×0.5%	每人每年30元
补偿内容是否包含全部工伤保险待遇	是	是	是	是	否	否
受第三方伤害时是否可由工伤保险基金先行支付	是	是	是	是	是，但略有差异	否
执行情况	平稳	平稳	平稳	平稳	困难	初期困难，目前无官方统计数据

数据来源：笔者根据政策文件整理。

（二）非劳动关系就业人员工伤理赔方法的启示

1. 简化劳动关系确认机制。在第48届国际劳工大会上通过的《工伤事故和职业病津贴建议书》中，将工伤定义为工作时间、工作地点或附近发生事故，不管事故原因，均作为职业事故处理。可见劳动关系是否存在并非最关键因素。劳动关系的范围不仅包括传统意义的职工，也在逐步吸纳各种存在雇佣关系的劳动形式。

2. 优先参加工伤保险。优先参加工伤保险可以有效促使企业缴纳费用。当前我国经济增长已步入慢车道，人口红利出现拐点，企业用工成本节节高涨，优先参加工伤保险政策为企业解决了后顾之忧。企业只需缴纳很少的费用就能通过工伤保险制度分散企业的工伤风险，劳动者有了制度保障也就能更加安心地投入工作。可以说，优先参加工伤保险制度是打开非职工通往工伤保险制度大门的钥匙。

3. 制定合理的缴费标准。合理的缴费标准是促使企业参保的“助燃剂”。过高的标准使企业望而却步，过低的标准则会引发共享经济企业与面上企业间的攀比，影响社会公平。针对目前共享经济行业人员流动性较大的特点，可以考虑利用“互联网+”政府的办公平台，动态管理，定额缴纳，使工伤保险的缴费更加方便快捷。地方政府也可以根据自身经济发展条件以及基金结余情况，对于新兴行业，在工伤保险缴费政策上给予一定的支持。

4. 优化工伤认定方法。非职工身份从业人员工伤认定政策，要充分考虑到行业自身的特点和习惯。南通和太仓两市的工伤认定办法，是对非职工身份劳动者工伤事故认定办法的有效实践。一方面通过有关部门核实灵活就业人员的身份信息、工作信息以及缴纳社会保险费的信息；另一方面在取证时，侧重灵活就业人员及其目击证人等知情人的证明。

5. 强调监督管理。工伤保险制度中明确了政府监管职能，这是商业保险无法借助的强制推进手段。建筑业及服务业从业人员参加工伤保险制度规范中均不约而同地明确了政府职能。

因此，目前现行的各类工伤事故保险处理办法，只有在工伤保险制度的大框架下进行适度改革才能平稳过渡，从而实现参保人员权益的有效保障。商业保险以及其他自立门户的保险办法在体现社会保险公平性、有效化解用人单位风险等方面有所欠缺，加之缺乏政府部门的有效监管，无论对于企业或者个人都缺乏吸引力，也缺乏强制力。

五、共享经济高风险行业从业人员纳入工伤保险的制度设计

（一）符合共享经济风险行业特点的纳保办法

1. 参保对象及用工单位确认机制：

（1）共享经济高风险行业从业人员身份界定。共享经济高风险行业从业人员是指依托互联网平台提供交通运输服务或物流辅助服务的符合法定从业年龄的从业人员，人员身份锁定为专车司机（客、货运）、代驾司机、快递员、送餐员。今后基于共享经济平台提供的服务行业中如出现同等及以上工伤风险的岗位，经政府主管部门审议后可增加相应岗位种类。

（2）参保资格确认机制。共享经济高风险行业从业人员中与企业签订劳动关系的职工，应当按国家规定由用人单位为其参加社会保险，包括养老、医疗、失业、生育以及工伤保险；不能按用人单位参保的，平台企业应作为形式上的用工单位，为提供这些服务的劳动者优先缴纳工伤保险费。企业每吸纳或离开一名从业人员，无须向就业登记部门备案，仅需向社会保险经办部门进行实名制申报登记即可，登记时必须明确标注岗位名称，如专车司机、送餐员等，社会保险部门对申报对象进行实名制管理。同时，企业应建立从业人员花名册、工资发放表等台账。

（3）确定形式用工单位。工伤保险制度为雇主责任制，因此，其劳动者参保，必须有明确的雇主单位。在国家尚未出台相关法律法规明确共享经济从业人员属于何种用工形式前，将平台企业直接定义为用工单位有违现状，也可能引起企业抵触情绪。因此，笔者认为可将承担工伤保险单位责任的企业定义为形式用工单位，负责从业人员工伤保险费用的缴纳，并承担发生工伤后的浮动费率及经济补偿。

2. 工伤保险费率机制。工伤保险费率机制按《工伤保险条例》的相关要求实施，应主要包含缴费基数与工伤保险费率两部分内容。具体计算公式如下：

$$应缴工伤保险费=缴费基数\times工伤保险费率$$

（1）缴费基数的确定。由于共享经济从业人员未与单位建立劳动关系，其就业形式带有灵活就业的特点，因此缴费基数参考本地区灵活就业人员的基数标准，一般为上年度全

市平均工资的60%。所有参保人员无论实际收入高低均采用统一标准。采用灵活就业人员的缴费基数标准，主要是考虑到共享经济从业人员工作灵活、收入起伏较大、难以统计管理的特点。

（2）工伤保险费率的确定。工伤保险费率的确定应按照从业人员所从事工作所属的行业类别确定工伤风险类别及费率，并在政策推进之初适当下浮档次。这里的行业，并非形式用工单位登记的营业范围第一项内容。这些单位的经营内容一般登记为提供互联网信息服务，对应的行业类别为一类，费率为0.2%。但这一费率代表了企业正式职工的工伤风险程度，不体现网约车司机等服务提供者真实的工伤风险水平。因此，在确定行业费率时应以从业人员的工作内容作为确定依据。根据目前主要涉及的行业，提供道路运输服务的行业类别为五类，对应费率为1.1%。

工伤保险费率浮动机制在工伤预防方面具有重要作用，也是国际上普遍采用的一种激励手段。浮动费率与单位的工伤发生率及工伤保险费使用情况挂钩，对用工单位积极预防工伤事故是一个直接而显著的经济刺激。基于浮动机制在工伤预防方面的有效性，共享经济企业应按照《工伤保险条例》的规定执行浮动费率。

3. 创新工伤认定和劳动能力鉴定程序。共享经济高风险行业从业人员纳入工伤保障制度后，其工伤认定及劳动能力鉴定程序应基本按照《工伤保险条例》有关规定执行。但在申请材料上需根据共享经济的特点作出调整，建议以社会保险申报材料及形式用工单位从业人员花名册等台账资料取代劳动合同；另外，申请人必须提供包含事故发生时所履行的工作内容的电子信息记录，可补充提供证人证词及证人居民身份证复印件；在建立工伤认定小组时，小组成员应吸纳相关行业协会专业人员，以便于对事故的调查、分析和认定。

4. 落实工伤保险待遇支付。共享经济高风险行业从业人员发生事故伤害后，应当按《工伤保险条例》的规定享受各类工伤保险待遇。其中，按规定由单位支付的工资福利等待遇由形式用工单位支付。考虑到共享经济的特点，本人工资难以计算的，可参照所在省（市）上年度职工月平均工资作为计发基数计发工伤保险待遇。

工伤保险待遇支付依据是形式用工单位向社会保险经办部门申报的人员登记信息。若从业人员发生事故伤害时，已在社会保险经办部门登记备案的，可以享受工伤保险待遇。

（二）完善事故预防机制

1. 企业内部建立工伤事故预防机制。共享经济行业普遍准入门槛低，从业人员缺乏集中管理与岗前培训，安全生产知识淡薄。为了有效开展工伤预防工作，减少事故发生，在将共享经济高风险行业从业人员纳入工伤保险制度的同时，需要在制度实施过程中完善工伤预防制度建设。我国的工伤保险制度中仍存在忽略工伤预防工作的弊端，在制度上没有制定相应的规范。笔者希望通过共享经济高风险行业从业人员的工伤预防制度建设，为工伤预防工作开展积累经验。

（1）开展工伤预防宣传。企业应该积极地开展工伤预防的宣传，可以通过建立专门的宣传部门进行安全工作的宣传，对全体从业人员进行安全知识的普及，真正营造人人懂安全、人人重安全的工作氛围。

（2）组织工伤预防培训。形式用工单位应建立并切实执行从业人员岗前培训制度，着重对工作内容中的工伤风险及安全生产规范加强培训，不断提高从业人员对工作内容的熟练程度，培养预防工伤的防范意识。

（3）做好员工的身体健康检查。企业应当定期组织员工参加身体检查。一旦发现相关的职业病患或影响正常工作的身体疾病，就应该安排员工及时就医，保证在职人员的身体健康。

（4）建立企业内部安全管理规范。企业内部应当制定安全管理规范，一是要求从业人员定期开展车辆设备等生产工具的安全检查并做好相关记录；二是定期开展工伤预防知识测试，未通过人员应暂停提供服务；三是对于多次发生因本人过失引起工伤事故的，阶段性限制其工作量；四是建立任务分配的警示系统，对于当天驾驶时间已超过 8 小时的劳动者，或者连续驾车 4 小时没有停车休息超过 20 分钟的，应暂停向其派发任务。

（5）建立工伤预防咨询服务工作。工伤预防咨询服务是针对劳动者的不同安全问题进行相关安全生产知识的普及，保证劳动者在工作中有意识地对相关危险因素进行自我防范。

2. 建立行业自律机制。行业协会在行业自律方面的作用举足轻重。在政府管理尚在摸索之时，建立行业协会，加强行业自律，将在很大程度上成为决定该行业能否健康发展的重要因素。笔者认为，通过行业协会来统一行业内的职业道德规范及安全生产规范，是当前形势下较为有效的管理路径。一方面，通过行业协会的监管，可以统一制定共享经济平台企业的行业准入机制、工伤事故预防机制，守住工伤预防的底线，使企业间良性竞争，互相监督，提升行业自律性；另一方面，行业协会作为企业与政府间的桥梁，可使共享平台企业在政府的指导下，建立健全从业人员的安全意识及职业道德规范。

（三）落实制度实施的保障措施

共享经济高风险行业从业人员纳入工伤保险政策的推进必然面临多重障碍。政府部门必须未雨绸缪、全面布局，通过多重渠道，保障制度落实。

1. 加强工伤保险政策宣传和培训。政府部门应当牵头行业协会、用人单位建立多层次的培训体系，不断提升高风险行业从业人员的安全意识、工伤维权意识和岗位技能水平，从源头上控制和减少安全事故。

2. 加强安全生产监督管理。政府应定期对用人单位的安全生产情况进行抽查，以确保用人单位建立起各项安全生产防护措施。一旦发现侵害劳动者安全的行为，要依法进行遏制及处罚。同时建立起合理的奖惩机制，以激励用人单位落实安全生产，降低高危行业劳动者的职业风险。

3. 严肃查处漏保骗保行为。完善的立法固然重要，但执行情况及其监督更加重要。人力资源社会保障部门、建交委、公安局、邮政总局等政府部门要在监管上形成合力，加强对用人单位的监管，完善各部门的监管衔接，堵塞逃保、漏保、骗保漏洞。笔者认为，共享经济平台企业所对应的国家监管部门应当对从业人员建立动态备案制度，要求企业按实申报。监管部门的人员名单应与社会保险经办部门登记名单进行定期匹配，从而梳理出企业参保情况。各监管部门可通过定期召开联席会议，通报工伤事故发生情况以及企业参保情况，对于逃避参保责任的单位由主管部门进行约谈或责令整改。

另外，监管部门应建立黑名单制度，将因违反交通规则而多次造成交通事故人员纳入交通事故黑名单，将存在骗保行为的个人纳入诚信黑名单。黑名单同时报备行业协会，由行业协会制定管理规则，禁止黑名单对象在3年内从事同类行业工作。

参考文献

［1］雷切尔·博茨曼，路·罗杰斯．共享经济时代［M］．唐朝文，译．上海：上海交通大学出版社，2015.

［2］景天魁，毕天云．论底线公平福利模式［J］．社会科学战线，2011（5）：161-167.

［3］国家信息中心分享经验研究中心．中国分享经济发展报告2017［R］．北京：国家信息中心分享经济研究中心中国互联网协会分享经济工作委员会，2017.

［4］唐清利．"专车"类共享经济的规制路径［J］．中国法学，2015（4）：286-302.

［5］汤天波，吴晓隽．共享经济："互联网+"下的颠覆性经济模式［J］．科学发展，2015（85）：78-84.

［6］丁元竹．推动共享经济发展的几点思考——基于对国内外互联网"专车"的调研与反思［J］．国家行政学院学报，2016（2）：106-111.

［7］张军．新业态从业人员参加工伤保险难点及对策建议［J］．中国医疗保险，2017（6）：57-59.

［8］孙树菡．工伤保险［M］．北京：中国劳动社会保障出版社，2007.

［9］翟玉娟．工伤保险覆盖面存在的制度缺失及完善［J］．深圳大学学报，2009（5）：78-82.

［10］于欣华，向春华．灵活就业人员工伤保障的合法性及其路径［J］．中国社会保障，2013（10）：22-23.

［11］陈敏．"非职工"群体纳入工伤保险制度保障探析［J］．政治与法律，2017（2）：151-161.

［12］沈建峰．灵活就业人员如何迈进工伤保险之门［EB/OL］．（2016-05-10）．http://www.spicezee.com/xinwen/133403.html.

［13］张娟，张伯生．灵活就业人员工伤保险政策国际比较［J］．劳动保障世界，2011（11）：51-55.

［14］张艳辉．保险经营中的大数法则与规模经济性［J］．财贸研究，2003（3）：36.

［15］杨思斌．社会保险权的法律属性与社会保险立法［J］．中州学刊，2010（3）：96.

［16］人民网舆情监测室．互联网大数据：网约车平台就业状况调查报告［EB/OL］．（2016-07-15）．http://yuqing.people.com.cn/n1/2016/0715/c405425-28556585.html.

［17］郑功成．中国社会保障论［M］．北京：中国劳动社会保障出版社，2009.

［18］赵春江，胡超凡. 社会公平视角下俄罗斯养老保险制度改革及启示［J］. 学习与探索，2014（10）：99-105.

［19］唐鑛，李彦君，徐景昀. 共享经济企业用工管理与《劳动合同法》制度创新［J］. 劳动关系，2016（7）：41-52.

［20］陈小武，吴进军. 关于促进快递行业规范用工的几点建议［N］. 中国劳动保障报，2017-03-28（6）.

［21］王立东. 论商业保险与工伤保险的区别、互补与结合发展［J］. 劳动保障世界，2008（11）：88-90.

［22］吕红，金喜在. 我国灵活就业劳动关系之探讨［J］. 当代经济研究，2007（5）：29-31.

［23］中国劳动和社会保障部劳动科学研究所课题组. 中国灵活就业基本问题研究［J］. 经济参考研究，2005（45）：2-16.

［24］王绍光. 波兰尼《大转型》与中国的大转型［M］. 北京：生活·读书·新知三联书店，2012.

［25］李凌. 平台经济发展与政府管制模式变革［J］. 经济学家，2015（7）：27-34.

［26］李凌. “普兰式”困境试解［N］. 东方早报·上海经济评论，2013-07-16.

［27］葛晓萍. 完善工伤保险的事故预防机制［D］. 上海：上海交通大学，2008.

［28］包冬冬. 建筑业参保仍是核心工作［J］. 劳动保护，2017（8）：59-61.

［29］威廉·贝弗里奇. 贝弗里奇报告：社会保险和相关服务［M］. 北京：中国劳动社会保障出版社，2008.

［30］王涛. 灵活就业人员工伤保障法律问题思考［D］. 西安：西北大学，2014.

［31］张小平. “三位一体”工伤保险体系下的工伤预防机制研究［D］. 北京：中国人民大学，2008.

［32］王树远. 工伤保险制度国际比较［J］. 商，2016（4）：243-244.

［33］王天玉. 基于互联网平台提供劳务的劳动关系认定——以“e代驾”在京、沪、穗三地法院的判决为切入点［J］. 法学，2016（6）：50-60.

［34］金剑. 中日工伤保险制度比较研究［D］. 北京：首都经济贸易大学，2013.

多重劳动关系人员工伤保险问题探究

高　琦　江苏省无锡市人力资源和社会保障局

【摘　要】 在多重劳动关系中，每个劳动关系都构成一个相对独立的劳动关系权利义务体系，每个劳动关系中的劳动者都应依法享有作为劳动者的全部权利并履行全部义务；每个劳动关系中的用人单位也同样依法享有全部权利并履行全部义务。根据相关规定：职工在2个或者2个以上用人单位同时就业的，其就业的每一个用人单位都应当为其缴纳工伤保险费；用人单位应当为本单位全部职工缴纳工伤保险费。因此，多重劳动关系人员工伤保险政策依据明确，需要根据不同类型分别建立优化渠道。

【关键词】 多重劳动关系　工伤保险　问题探究

随着经济社会的发展、市场分工的深化，就业形式、组织形态日益多样化，劳动关系也呈现出越来越复杂的表现形态，其中多重劳动关系人员大量涌现。这些人员的从业性质和用工方式决定其工伤风险和保障需求在不断增加，因此多重劳动关系人员的工伤保险问题亟待探究。

一、多重劳动关系人员的含义与主要类型

多重劳动关系人员主要指一个劳动者在同一时期与2个或2个以上的用人单位建立起2个或2个以上劳动关系的人员。该劳动关系包括劳动合同关系、社会保险关系、用工关系，所涵盖的范畴相较于《关于确立劳动关系有关事项的通知》（劳部发〔2005〕12号）界定的范围更宽泛，即包含没有实质用工的虚化的劳动合同及社会保险关系。

目前我国多重劳动关系的表现形态多样，大致可以分为3类：第一类是建立在法定用工形式基础上的相对标准的多重劳动关系，细分为全日制多重劳动关系与非全日制多重劳动关系；第二类是虚实并存的多重劳动关系；第三类是建立在新就业形态上，以新型劳动关系为基础的多重劳动关系。

（一）建立在标准劳动关系基础上的多重劳动关系人员

主要是指以全日制或非全日制形式建立起的符合目前最高层面劳动关系确认的规范性文件《关于确立劳动关系有关事项的通知》（劳部发〔2005〕12 号）中 3 项标准的多个劳动关系。此 3 项标准包括用人单位和劳动者符合法律、法规规定的主体资格；用人单位依法制定的各项劳动规章制度适用于劳动者，劳动者受用人单位的劳动管理，从事用人单位安排的有报酬的劳动；劳动者提供的劳动是用人单位业务的组成部分。这一类型还可以细化为 2 种，即全日制多重劳动关系与非全日制多重劳动关系。

第一种在全日制用工基础上通过兼职建立起的多重劳动关系（本文以下简称全日制多重劳动关系），主要指劳动者与一个单位（本文以下称本职单位）建立全日制劳动关系（每日工作时间不超过 8 小时，平均每周工作时间不超过 40 小时的用工），同时在其他单位（本文以下称兼职单位）从事其他兼职类工作，由此建立起多个劳动关系。《中华人民共和国劳动合同法》第九十一条中“用人单位招用与其他单位尚未解除或者终止劳动合同的劳动者，给其他用人单位造成损失的，应当承担连带责任”条款，既为多重劳动关系存在提供法律依据，又规定了因多重劳动关系造成先建立劳动关系的用人单位损失的救济措施。

第二种通过非全日制用工形式建立起的多重劳动关系（以下简称非全日制多重劳动关系），即符合《中华人民共和国劳动合同法》第六十九条第二款的规定，从事非全日制用工的劳动者与一个或者一个以上用人单位订立劳动合同，形成并列形态的多重劳动关系。非全日制用工是以小时计酬为主，劳动者在同一个用人单位一般平均每日工作时间不超过 4 小时，每周工作时间累计不超过 24 小时的用工形式，因其适应企业降低成本灵活用工的需要、促进就业、缓解劳动力市场供求失衡矛盾等优势而迅速发展。

（二）虚实并存的多重劳动关系人员

这一类是基于我国特殊历史原因而产生的虚实结合的多重劳动关系。在多个劳动关系中，因为存在有名无实的劳动合同关系、社会保险关系，而无实质的用工关系，所以属于非标准多重劳动关系。非标准多重劳动关系主要存在于企业停薪留职人员，未达到法定退休年龄的内部退养、离岗退养人员，协保人员，下岗待工人员及企业经营性停产放长假人员中，这些人员实际上已经不在该单位上班，也不受单位规章制度的约束，但仍然与原用人单位保持虚化的劳动关系，即属于在册不在岗的职工，只存在形式上的劳动合同关系、社会保险关系，而无用工之实，在其重新就业后，与其他单位又建立起名副其实的劳动关系，这类人员属于虚实结合的多重劳动关系人员。最高人民法院 2010 年 9 月 14 日出台的《关于审理劳动争议案件适用法律若干问题的解释（三）》第八条规定：“企业停薪留职人员、未达到法定退休年龄的内退人员、下岗待岗人员以及企业经营性停产放长假人员，因与新的用人单位发生用工争议，依法向人民法院提起诉讼的，人民法院应当按劳动关系处理”，这是在法律上承认其多重劳动关系的合法性。

（三）基于新就业形态产生的多重劳动关系人员

随着“互联网+”兴起，平台经济、分享经济等新经济、新业态茁壮成长，催生出大量新的就业形态，如网约车司机、网络主播、淘宝客服等，呈现出机会互联网化、任务碎片化、工作弹性化、身份个人化等新特点，依托新经济、新业态，区别于传统劳动关系的新型劳动关系大量出现。从属性是劳动关系的本质属性，是认定劳动关系的首要标准。在传统劳动关系中，人格从属性、经济从属性、组织从属性特征明显；而非传统的新型劳动关系虽还具有劳动关系特征，但劳动关系的从属性明显减弱。

由于工作时间灵活、工作地点自由等特点，大量劳动者依托新经济、新业态从事着兼职工作，由此形成以新就业形态为基础的多重劳动关系。

二、多重劳动关系人员工伤保险存在的主要问题

（一）全日制多重劳动关系人员的工伤保险问题

对于全日制劳动者来说，其社会保险账户是在本职单位名下，由本职单位为其代扣代缴社会保险费，并产生对应的社会保险个人权益记录。根据《中华人民共和国社会保险法》的规定，国家建立全国统一的个人社会保障号码，个人社会保障号码为公民身份号码，因此个人社会保障号码具有唯一性，个人社会保险号码下对应唯一个人账户，新的单位不能再建立额外的社会保险账户；且由于现行的社会保险缴费制度是基于劳动者只与一个用人单位建立劳动关系而设计的，金保系统暂时不支持个人社会保障号码下有 2 条或多条缴费记录。因此，全日制劳动者兼职的其他单位暂时无法为劳动者参加社会保险，包含工伤保险。

（二）非全日制多重劳动关系人员的工伤保险问题

1. 参保体制的障碍。一方面是针对全日制职工的“五险”捆绑征缴的模式阻碍非全日制从业人员单独参加工伤保险。《中华人民共和国社会保险法》规定，未在用人单位参加基本养老保险、基本医疗保险的非全日制从业人员以及其他灵活就业人员可以参加基本养老保险、职工基本医疗保险，由个人缴纳基本养老保险费、基本医疗保险费。《劳动保障部关于非全日制用工若干问题的意见》（劳社部发〔2003〕12 号）规定，从事非全日制工作的劳动者应当参加基本养老保险，原则上参照个体工商户的参保办法执行；从事非全日制工作的劳动者可以以个人身份参加基本医疗保险；用人单位应当按照国家有关规定为建立劳动关系的非全日制劳动者缴纳工伤保险费。由此看来，对非全日制从业人员，法律未强制要求用人单位按照全日制职工“五险合一”参保，只规定应当参加工伤保险，由用人单位缴纳工伤保险费，职工个人不缴纳工伤保险费。因此，针对全日制职工的“五险”捆绑征缴的模式使得非全日制从业人员的工伤保险费暂无缴纳渠道。

另一方面，申报周期与非全日制劳动者流动性的不适应。工伤保险费由国家强制向用人单位征收，由用人单位独立按照本单位职工工资总额，根据社会保险经办机构确定的费率缴纳。缴费单位必须按月向社会保险经办机构申报应缴纳的保险费数额，经其核定后，

在规定的期限内缴纳工伤保险费。但非全日制劳动者在一个月内可能频繁流动，以自然月为申报周期有一定难度，申报周期内可能存在流动的非全日制劳动者漏保的可能。

另外，非全日制用工以小时计酬，大部分人员的月工资低于社会保险最低缴费基数，而以最低缴费基数申报造成用人单位缺乏积极性。

2. 社会保险信息系统的障碍。在现行针对全日制职工设计的金保系统中，唯一的个人社会保障号码（公民身份号码）下只能记录一条缴费记录，因此从事非全日制用工的劳动者在与一个以上用人单位订立劳动合同后，现行的社会保险系统无法在唯一的社会保障号码下记录多条社会保险缴费记录。

3. 参保人员难以确定的障碍。《中华人民共和国劳动合同法》第六十九条规定，非全日制用工双方当事人可以订立口头协议，因此，在就业登记环节，就业管理服务机构无法掌握非全日制从业人员的录用人数及合同签订等情况。《中华人民共和国社会保险法》第五十八条第二款规定，自愿参加社会保险的无雇工的个体工商户、未在用人单位参加社会保险的非全日制从业人员以及其他灵活就业人员，应当向社会保险经办机构申请办理社会保险登记。因此，在社会保险登记环节，社会保险经办机构无法掌握用人单位中非全日制从业人员的具体情况，包括人数、工资等，无法确定当期缴费基数。

（三）虚实并存多重劳动关系人员的工伤保险问题

离岗退养、协议保留社会保险关系等方式属于我国国有企业破产、关闭、撤销后职工分流安置的主要途径，是我国经济体制和产业结构调整过程中的特殊处理方式。这类人员到退休年龄的基本养老和基本医疗保险费均由原单位向社会保险经办机构一次性缴清，因此这些人员重新就业后，有的用人单位为降低人工成本及规避其他用工风险不再为其缴纳社会保险费。目前，无锡市国有企业改革中办理离岗退养、协保、续保人员约 10 余万人，其养老保险和医疗保险费由原单位按规定一次性缴纳至法定退休年龄的有 1.5 万人。这部分人中又有再就业的，与新单位建立起劳动关系。目前，这部分人参加工伤保险有两种实现途径：一是由新用人单位为其叠加参加社会保险（包括工伤保险，除失业保险），这部分人数约 4 000 人；二是用人单位与市人力资源市场订立服务外包协议，通过信息技术处理，在市人力资源市场参保名下，单险种参加工伤保险，这部分人数约为 110 人。

（四）新就业形态下的多重劳动关系人员工伤保险问题

对以新就业形态为基础建立多重劳动关系的人员来说，因其流动性大、工作时间弹性大、工作地点自由、工资支付周期灵活等特点，以规范的、传统的用工模式为基础设计的现行工伤保险参保体制与此类人员难以对接，现行的缴费基数、费率、申报周期、工伤认定标准等与灵活用工模式不相适应。

1. 缴费基数的不合理。由于社会保险月缴费基数针对全日制用工来设计，是以统筹地区职工平均工资的百分比确定缴费基数的上限和下限，而不少灵活就业人员的工资难以达到缴费基数的下限，因此用人单位出于降低用工成本的考虑，缺乏为灵活就业人员缴费的积极性。

2. 工伤保险费率以行业风险程度确定，缺乏对具体职业风险的细分。

3. 工伤保险以自然月为申报周期的规定与此类用工的灵活性不适应。《社会保险费申报缴纳管理规定》（人力资源和社会保障部令第20号）规定，缴费单位必须按月向社会保险经办机构申报应缴纳的社会保险费数额。而非标准的多重劳动关系人员流动性大，工资支付周期灵活，以自然月为申报周期的规定难以适应其参保便捷性和灵活性的要求。

4. 工伤认定难度大。工伤认定中，工作原因是核心要件，但此类人员往往没有劳动合同，无须办理用工备案申报，加之工作时间弹性大、工作地点灵活、工作方式多样，为工伤认定程序中核实“工作原因”带来困难，工伤认定的“三工”原则很难确定。

三、多重劳动关系人员工伤保险实现路径

在多重劳动关系中，每个劳动关系都构成一个相对独立的劳动关系权利义务体系，每个劳动关系中的劳动者都应依法享有作为劳动者的全部权利并履行全部义务；每个劳动关系中的用人单位也同样依法享有全部权利并履行全部义务。

2011年7月1日施行的《实施<中华人民共和国社会保险法>若干规定》第九条规定：职工（包括非全日制从业人员）在2个或者2个以上用人单位同时就业的，各用人单位应当分别为职工缴纳工伤保险费。2015年《江苏省实施〈工伤保险条例〉办法》（江苏省人民政府令103号）第三十七条规定：职工在2个或者2个以上用人单位同时就业的，其就业的每一个用人单位都应当为其缴纳工伤保险费；第四条明确用人单位应当为本单位全部职工缴纳工伤保险费。因此，多重劳动关系人员工伤保险政策依据明确，需要根据不同类型分别建立优化渠道。

（一）全日制多重劳动关系人员的工伤保险解决路径

对于全日制兼职形成多重劳动关系人员来说，其兼职用人单位参加工伤保险的主要障碍在于现行的社会保险缴费制度是基于劳动者只与一个用人单位建立劳动关系而设计的，金保系统暂时不支持个人社会保障号下有2条或多条缴费记录。

全日制从业人员已经由本职单位按照“五险合一”为其缴纳社会保险费，为更好地促进就业、维护职工工伤权益、分担用人单位风险，应允许其他兼职的用人单位单独为其参加工伤保险。为解决个人社会保障号下只能记录一条缴费信息的问题，可以在现行社会保险信息系统之外建立另一个数据库，兼职用人单位为职工参加工伤保险的信息记录在新数据库，并通过个人身份证号将现行的社会保险信息系统与该数据库关联，职工工伤后通过身份证号可以调取出此身份证号下本职单位与兼职单位参加工伤保险的所有信息。

（二）非全日制多重劳动关系人员的工伤保险解决路径

1. 改进现行征缴模式。现行的征缴模式是针对全日制用工设计的，实行“五险合一”捆绑征缴，实现统一参保登记、统一缴费基数、统一保费征缴、统一待遇发放、统一基金管理、统一信息管理。“五险合一”参保模式可以提高社会保险的覆盖面，提高社会保险费的征缴率，节约社会保险经办成本，为参保单位提供了一站式服务，减少了业务办理的

环节，提高了业务经办效率和五项保险征缴收入，增强基金抵御风险能力。但随着非全日制从业人员的增加及其用工风险、参保需求的增长，应调整捆绑式征缴模式，开通用人单位单独参加工伤保险的渠道；针对非全日制人员流动性大与现行申报周期不适应、月工资低于最低社会保险缴费基数等情况，应按照《国务院关于做好当前和今后一段时期就业创业工作的意见》（国发〔2017〕28号）关于完善适应新就业形态特点的用工和社会保障等制度的要求，探索更灵活的工伤保险保障方式，使申报周期、缴费方式等与非全日制用工的灵活性相适应；依托劳动保障信息化建设，在金保系统中开发独立的模块，为非全日制从业人员建立相对独立的工伤保险数据库，记录工伤保险的数据信息，并在必要功能上关联所有数据库来调取受伤职工在不同用人单位参加工伤保险的信息。

2. 通过用工登记管理，方便核定工伤保险费及工伤待遇。《中华人民共和国劳动合同法》第十条规定，建立劳动关系应当订立书面劳动合同。虽然《中华人民共和国劳动合同法》也明确非全日制用工双方当事人可以订立口头协议，但为了促进规范用工管理，方便用人单位办理工伤保险参保，准确核定参保人数、缴费基数、工伤待遇等，应建立非全日制职工就业登记制度，用人单位与非全日制从业人员建立或解除劳动关系时，应在就业管理服务机构为其办理登记手续，进行用工、退工备案。用人单位为非全日制职工办理用工登记时，仅需报备职工录用基本信息，无须提供劳动合同等相关资料；申报缴费基数时，用人单位应向社会保险经办机构提供申报周期内的非全日制用工名单、缴费基数等；申请工伤待遇时，应提供终止劳动关系的证明材料。

（三）虚实并存多重劳动关系人员的工伤保险实现路径

离岗退养、协保、续保人员已经有基本养老保险和基本医疗保险，为更好地化解用人单位工伤风险，保障这些特殊人员的工伤权益，促进其再就业，应本着尊重历史、妥善解决、依法保障的原则，开通新就业单位为其单独参加工伤保险的渠道，在金保系统中单独标记，将参加工伤保险信息纳入金保工程信息库统筹管理。

（四）新就业形态的多重劳动关系人员工伤保险实现路径

由于现行的以规范的、传统的用工模式为基础设计的工伤保险制度很难适应新用工形态，应探索建立更灵活便捷的工伤保险参保方式。

一种途径可在相对集中的商贸、餐饮、住宿、美容美发、洗浴以及文体娱乐等小型服务业按照《部分行业企业工伤保险费缴纳办法》（人力资源和社会保障部令第10号）的指导意见，探索按照营业面积的大小核定应参保人数，按照所在统筹地区上一年度职工月平均工资的一定比例和相应的费率缴纳工伤保险费，或采取按营业额的一定比例缴纳工伤保险费等更灵活的缴费方式。例如，可通过营业面积核定最低参保人数，用人单位在不低于最低参保人数基础上，按本单位一年内月平均雇工人数申报参保人数，“定员定额”缴纳工伤保险费用，从业人员出现增减变化的，用人单位应在规定工作日内办理从业人员变更备案手续，用人单位未按规定办理备案的人员发生工伤后，工伤保险基金不予支付相关费用。灵活、可操作性强的参保方式可以进一步降低职工工伤保险参保门槛，减轻用人单位参保负担，调动了用人单位和职工参加工伤保险的积极性。

另一种途径对于灵活度更大、劳动关系相对更松散、职业风险高的多重劳动关系人员，可采用行政部门制订政策和引导实施、商业保险公司具体承办的“政府推动、市场运作”模式，探索建立重大职业伤害保险。针对新业态用工模式的特点，建立一套更具灵活性、可操作性的缴费方式、认定范围、赔偿标准等匹配性制度，充分利用商业保险公司在核保、理赔以及医疗行为规范管控等风险管理、精算技术等方面的优势，提高职业伤害保险服务能力和工作效率，降低行政运行成本。

四、其他应注意的问题

（一）加强对用人单位非全日制用工行为的监督

全日制从业人员是按照“五险合一”参加社会保险，而对非全日制从业人员，用人单位可单独参加工伤保险。因此，针对用人单位以非全日制用工之名掩盖全日制用工之实来逃避用人单位义务的情况，社会保险经办机构与劳动监察部门应该注重对非全日制职工单独参加工伤保险的运行分析与监督管理，规范用工行为，防范道德风险。

（二）完善相关法律法规，健全非标准劳动关系的确定机制

对于以非全日制用工及其他更灵活就业建立起的多重劳动关系人员，劳动关系的人格从属性、经济从属性及组织从属性相对减弱，给劳动关系认定带来新的挑战。我国法律实践中认定劳动关系一般依据《关于确立劳动关系有关问题的通知》（劳部发〔2005〕12号）等相关规定，判断标准已很难适应当下新经济、新业态下的新就业形态和用工模式，其他劳动立法也缺乏对多重劳动关系定性和处理的明确规定。因此，应完善相关法律法规，完善劳动关系判定标准，建立健全劳动关系的确认机制，增强实务的可操作性，保障多重劳动关系人员的合法权益。

参考文献

［1］郑功成. 中国社会保障改革与发展战略——理念、目标与行动方案［M］. 北京：人民出版社，2008.

［2］郑尚元. 劳动法与社会法理论探索［M］. 北京：中国政法大学出版社，2008.

［3］王霞，刘珊. 我国劳动关系认定规则的反思与完善——从退休返聘人员工伤损害赔偿困境说起［J］. 湘潭大学学报，2016（3）.

［4］吴清军，刘宇. 劳动关系市场化与劳工权益保护——中国劳动关系政策的发展路径与策略［J］. 中国人民大学学报，2013（1）.

［5］杨慧. 工伤保险保障主体理论反思及其重构［J］. 人民论坛，2013（5）.

［6］陈敏. “非职工”群体纳入工伤保险制度保障探析［J］. 政治与法律，2017（2）.

［7］陈晓宁. 论非标准劳动关系的法律规制［J］. 时代法学，2010（3）.

［8］李培智. 建立多重劳动关系的管理与责任［J］. 管理方略，2011（6）.

国外石棉及石棉相关疾病政策法规

许云皓　邹建芳
山东省医学科学院医学与生命科学学院
山东省医学科学院山东省职业卫生与职业病防治研究院

【摘　要】青石棉是世界卫生组织确认的致癌物，同时也是《鹿特丹公约》中受限制的46种化学品之一。青石棉的危害性已有定论，但温石棉的危害性，各国仍存在较大的争议。2017年4月24日，第八届《鹿特丹公约》缔约方会议（COP8）在瑞士日内瓦举行。尽管绝大多数国家投票将温石棉列入危险化学品限制名单，但仍有7个国家反对。西方国家石棉治理初见成效，其中的一些做法可供我国借鉴。

【关键词】石棉　石棉相关疾病　工伤赔偿

石棉是6种天然的纤维状的硅酸盐类矿物质的总称，具有绝热、绝缘、耐高温、耐酸碱、隔音、耐磨和耐腐蚀等特性，被世界各国广泛应用。世界卫生组织（World Health Organization，WHO）已将所有形式的石棉判定为致癌物。石棉相关疾病（asbestos related diseases，ARDs）是由吸入石棉纤维引起的肺和胸膜疾病，包括非恶性病症（石棉肺、弥漫性胸膜增厚、胸膜斑、胸腔积液、肺不张）和恶性肿瘤（肺癌和恶性间皮瘤）。WHO估计全球有1.25亿人在工作场所中接触石棉。国际劳工组织（ILO）报告，每年大约有10万人死于工作场所接触石棉的情况。

青石棉是世界卫生组织确认的致癌物，同时也是《鹿特丹公约》中受限制的46种化学品之一。青石棉的危害性已有定论，但温石棉的危害性，各国仍存在较大的争议。2017年4月24日，第八届《鹿特丹公约》缔约方会议（COP8）在瑞士日内瓦举行。尽管绝大多数国家投票将温石棉列入危险化学品限制名单，但仍有7个国家（俄罗斯、哈萨克斯坦、津巴布韦、印度、吉尔吉斯斯坦、白俄罗斯和叙利亚）反对。国际癌症研究机构（IARC）和美国卫生部（US Department of Health and Human Services，HHS）已将温石棉确定为人类致癌物质。

一、世界主要石棉生产国和进口国

目前世界主要石棉生产国有俄罗斯、中国、哈萨克斯坦、巴西，且以生产温石棉为主，其中温石棉产量约占世界各国石棉总产量的95%。表1显示，俄罗斯是世界上最大的石棉生产国，2017年的石棉产量约为69万吨。2017年较2016年相比，世界主要石棉生产国石棉产量均有大幅度下降。全球石棉产业正在萎缩。表2显示，印度是世界上最大的石棉进口国，2017年的石棉进口金额达到了17 591万美元。世界十大石棉进口国均为发展中国家，发展中国家正日渐成为石棉危害的主要受害国。

表1　　世界主要石棉生产国石棉年产量　　万吨

地区	石棉产量					
	2012年	2013年	2014年	2015年	2016年	2017年
俄罗斯	100.0	105.0	105.0	110.0	110.0	69.0
中国	42.0	42.0	40.0	40.0	40.0	21.0
哈萨克斯坦	24.1	24.2	24.0	21.5	20.0	21.0
巴西	30.7	30.7	28.4	31.1	30.0	20.0

注：数据来源于Statista（2018）。

表2　　2017年世界十大石棉进口国　　百万美元

排名	地区	进口金额
1	印度	175.91
2	印度尼西亚	66.36
3	斯里兰卡	38.9
4	中国	31.39
5	墨西哥	3.37
6	巴基斯坦	2.76
7	厄瓜多尔	2.53
8	吉尔吉斯斯坦	2.12
9	菲律宾	1.99
10	马来西亚	1.94

注：数据来源ReportLinker Research（2017）。

二、各国石棉危害及其环境管理

（一）美国

美国政府已于2002年禁止本土开采石棉，但不禁止企业使用温石棉。2016年美国温石棉进口量为705吨，较2015年的343吨，有巨大增长；但较2012年的1 060吨，则有明显减少。2017年3月，美国《发病率和死亡率周报》（MMWR）上一项研究显示，1999—2015年美国共有45 221人死于恶性间皮瘤，死亡人数从1999年的2 479人增加到2015年的2 597人。

1973—1990年，美国环保局（EPA）针对《国家有害空气污染物排放标准》（NESHAP）做了一系列修改。1973年，美国环保局禁止喷涂石棉材料用于防火和绝缘；1975年，禁止在设施部件上安装石棉保温材料和绝热材料；1978年，禁止喷涂表面材料。1977年，消费品安全委员会（CPSC）禁止在人造壁炉余烬和壁修补料中使用石棉。1989年，EPA根据《有毒物质控制法案》（TSCA）第6部分颁布了最终规定，禁止大部分含石棉产品。然而，在1991年，这条规则被第五巡回上诉法院撤销。1990年，EPA禁止将含有1%以上石棉的材料喷涂到建筑物、结构、管道和导管上。

（二）日本

日本使用的石棉几乎全部来自进口。1974年日本石棉进口总量达到了352 110吨。自1989年始，日本石棉进口量开始下降。1930—2005年间，日本共进口石棉9 879 865吨。1995年，日本政府禁止青石棉和铁石棉的使用；2004年10月禁止使用温石棉。2006年《石棉受害者救济法案》颁布后，日本全面停止进口石棉。1995年，日本有500例间皮瘤死亡病例，2015年达到了1 504例。

1960年，日本颁布《肺尘埃沉着病法》，旨在防止石棉沉着症和管理石棉接触工人的健康；1975年，修订了《预防特定化学物质危害条例》，采取更严格的措施，防止因石棉暴露而导致的职业性癌症。日本分别在1989年《空气污染控制法》和1992年《废物处置和公共清洁法》中制定了免受石棉污染的措施。在“久保田冲击”的巨大石棉丑闻冲击下，日本于2005年12月27日颁布《解决石棉问题的综合措施》，措施大纲如下：①为所有石棉受害者提供救济；②为工伤赔偿计划未涵盖的石棉受害者建立新的救济法案；③向公众宣传赔偿计划；④促进有助于救济受害者的研究；⑤采取主动措施防止进一步的痛苦；⑥从现有设施中清除石棉；⑦防止建筑物拆除过程中石棉的排放和暴露；⑧妥善处置石棉废物；⑨立即全面禁止石棉；⑩减轻公众（包括过去暴露于石棉的人）；⑪为公众查明真实情况提供积极的信息服务；⑫健康咨询等。2006年，日本颁布了《石棉受害者救济法案》，以补偿工人赔偿计划内未涵盖的石棉相关疾病受害者。此外，《空气污染控制法》《地方财政法》《建筑标准法》和《废物处理法》在同一年进行了修订。

（三）韩国

2009年，韩国正式实施石棉禁令，禁止使用所有类型石棉，温石棉进口量得到了有效限制，但韩国仍广泛使用温石棉。2004 年，韩国温石棉进口量为 14 636.133 吨，2009 年禁令实施后，当年韩国温石棉进口量仅为 2 千克。

韩国有《工业事故赔偿保险法》《职业安全与健康法》《石棉伤害救济法》和《石棉安全管理法》4 部关于解决石棉问题的法律。法律要求雇主每年检查所有石棉相关工作人员的身体状况。1997 年 5 月，《职业安全与健康法》规定禁止韩国企业生产石棉产品。自 1992 年以来，符合特定要求的退休石棉工人参加年度健康检查。2009 年，韩国禁止生产、进口和使用各种石棉。石棉的职业接触限值 TWA（时间加权平均值）修改为 0.1f/cm^3，环境接触限值修改为 0.01f/cm^3。2011 年，韩国成为世界第六个制定石棉危害援助法的国家，韩国公民有权获得终生医疗服务，并且在被诊断患有石棉相关疾病后可享受政府的月补贴，《石棉伤害救济法》于 2011 年开始实施。《石棉安全管理法》于 2012 年 4 月颁布并实施，以管理整个石棉生命周期。环境部提供建筑石棉控制，支持石板屋顶拆除和石棉伤害救济，规定含石棉矿物（可能含有石棉的物质）的石棉含量限制在 1%以内。截至 2012 年 4 月，政府机关、公共机构、学校、公用设施、医疗设施必须在 2~3 年内进行石棉调查。使用了大量石棉的建筑物必须备有标注所用石棉材料的位置、面积和状况的建筑石棉地图，并指定一名石棉建筑安全管理人员。如果健康风险值得关注，地方政府可以下令拆除或清除建筑物中的石棉。

（四）印度

2016 年，印度温石棉产量连续第二年达到 200 吨。1998—2016 年印度石棉产量年平均下降 10 308.63 吨。印度政府允许从俄罗斯、巴西、津巴布韦、哈萨克斯坦等国家进口温石棉。印度有超过 10 万人受雇于使用石棉进行生产的公司。温石棉在印度不被禁止，但被严格管理和控制。印度最高法院于 2011 年 1 月 21 日就一个要求禁止使用温石棉的非政府组织的主张作出判决，得出结论认为不可能以任何形式禁止使用石棉，包括温石棉。印度几乎所有的石棉都与水泥混合形成屋顶板。印度国家人权委员会（NHRC）已建议将石棉板屋顶更换为其他无害材料制成的屋顶。

在印度，石棉受 1948 年制定的《工厂法》管制，其中石棉沉着症在该法案被列为应通报的疾病。印度石棉的开采和使用受 1986 年制定的《环境保护法》、1989 年制定的《空气和水法》和《危险废物（处理和管理）规则》的管制。除此之外，印度标准协会（ISI）已经提出了许多与石棉开采、制造和处理有关的国家标准和规范。与大多数欧洲国家和美国相比，印度的环境石棉排放标准非常宽松。

（五）加拿大

石棉在加拿大经济中占有重要地位。1999 年，加拿大颁布《加拿大环境保护法》（CEPA），正式将温石棉列为有害物质，并对温石棉废弃物的排放标准进行规定。只允许有资质的机构对温石棉进行储存和处理，温石棉运输和处理之前，必须经过完全湿润处理。该规定也对温石棉废弃物的包装、运输工具、掩埋以及石棉工人的个体防护等提出了要求。《联邦运输危险品条例》（TDGR）规定，铁路和公路运输温石棉原材料及其制品之前，必须将温石棉密封保存。《加拿大消费品安全法》（CCPSA）和《危险物品法》（HPA）对石棉的出售作出了法律规定。《石棉制品条例》（APR）允许非角闪石棉制品的广告、销售和进口，这些制品包括高温防护服、儿童学习用品和玩具、墙板产品以及温石棉喷涂产品。关于劳动者的职业安全和健康，劳工部颁布《加拿大职业健康和安全条例》（COHSR），对与温石棉处理相关车间的工业卫生和通风要求进行了规定。加拿大《职业接触限值》规定劳动者温石棉粉尘的最高职业暴露限值为 0.1f/cm^3。

2012 年以前，加拿大还是世界上主要的石棉出口国之一。加拿大实际上只使用少量的温石棉，绝大多数的温石棉出口到了发展中国家，如孟加拉国、印度、印度尼西亚和泰国。加拿大魁北克省曾是世界上最大的石棉矿产地，2012 年最后一座石棉矿在魁北克停止运营。2011 年，加拿大约有 1 900 例肺癌病例和 430 例间皮瘤病例是石棉造成的。2018 年 1 月 6 日，加拿大发布《石棉和石棉制品禁止条例》以及《出口管制物质清单条例修订案》的提案。这些规定禁止使用、销售、进口和出口石棉和含石棉产品，以及制造含石棉产品。提案于 2018 年 3 月 22 日之前接受评论意见，并计划于 2018 年秋季发布最终法规。该提案比现行的《石棉产品法规》的要求更为严格。

三、各国石棉相关疾病的工伤赔偿政策

（一）美国

从 20 世纪 70 年代初到 2002 年年底，美国约有 73 万人提出了石棉相关疾病的工伤赔偿要求，企业和保险公司赔偿了 700 多亿美元。标准普尔数据显示，美国保险行业已经为石棉索赔支付了超过 220 亿美元赔偿金。多家评级机构甚至预计，保险行业将需要另外提供高达 200 亿~400 亿美元用以支付未来的石棉赔付。为了给予受害人公平的赔偿，缓解石棉损害给司法体系带来的压力，适度减轻侵权人的赔偿压力，美国在遭遇石棉诉讼“雪崩”的一系列危机后，采取了一定的应对措施，即设立损害赔偿基金对现有及未来的石棉受害人进行赔偿。

（二）日本

日本工伤保险是根据《劳动者灾害补偿保险法》实施的一种强制性保险制度，由日本政府直接管理，覆盖所有工业行业及雇佣工人。政府按行业类别征缴保险费建立保险基金，入不敷出时由日本政府补贴。日本的工伤保险模式具有强制性、社会性和非营利性，以保障劳动者的权益。石棉工人可根据《劳动者灾害补偿保险法》规定，申请劳动者灾害补偿。2006 年，日本颁布了《石棉受害者救济法案》和一系列的法律修订措施，使得受到石棉危害的工人能更容易获得劳动者灾害补偿。

（三）韩国

韩国 2011 年颁布的《石棉伤害救济法》旨在确保石棉受害者和丧失亲人的家庭成员得到及时和公平的救济。因在环境中石棉暴露而受到伤害的人有资格获得石棉伤害救济。

在申请石棉损伤认可后，他们可在石棉损害决定委员会申请获得救济补贴（疗养补助、医疗费用、丧葬费用等）。怀疑患有石棉相关健康损害的人可获得定期的健康检查等保健服务。截至 2013 年年底，韩国共有 1 035 人被认定为石棉伤害，获得相关救济。但相当数量的石棉受害者可能由于年老或行动受限制而无法主动申请救济，韩国政府通过信件、电话和家访等方式，寻找这些石棉受害者，并在他们许可的情况下，替他们完成申请。

（四）印度

1995 年，印度最高法院将职业卫生研究所（NIOH）确定为认证石棉相关疾病病例的权威机构，通过雇员国家保险公司（ESIC）对受害者给予补偿。1993 年，印度最高法院裁定工业单位必须保存每名工人的健康记录。根据《雇员国家保险法》或《工人赔偿法》为工人提供工伤赔偿或为每名工人提供健康保险。但事实是印度石棉工人出现健康问题，寻求工伤赔偿的过程异常艰难。石棉工人必须从印度雇员国家保险公司获得证明，才能领取到伤残补助金。2009 年，印度全国仅有 54 名石棉工获取了伤残补助金。

（五）加拿大

加拿大的英属哥伦比亚省工人补偿委员会（WorkSafeBC）有权对违反《职业健康和安全条例》和《工人补偿法》的雇主处以罚款。同时，工人可以申请 WorkSafeBC 残疾退休金，此退休金主要针对 65 岁以下的职业病受害者（间皮瘤和肺癌除外）。65 岁以上的工人没有资格获得 WorkSafeBC 残疾退休金，但可以申请加拿大境外的美国破产信托基金，在石棉相关疾病发生时，获得相应的赔偿。退休金计划（CPP）是为保障受保人在年老退休时、因伤残而失去工作能力或去世时，避免本人及其家属陷入经济困境。此外，加拿大退伍军人因公在军舰上接触到了石棉，可以申请加拿大的退伍军人残疾退休金。

四、结语

世界各国的石棉问题依然严重。美国、日本、韩国、加拿大对石棉问题的关注力度非常高，治理效果初见成效。但印度政府在温石棉治理方面的态度却模棱两可，相关健康和安全法规也很少，而且现有法规没有得到很好的执行。我国大规模使用石棉的高峰期比西方国家晚。以美国为例，美国的石棉消费量在 1973 年达到顶峰，而我国直到 20 世纪 70 年代末才开始广泛使用石棉。与此同时，因为石棉相关疾病具有超长潜伏期特性，这就意味着我国石棉相关疾病发病率未来可能会持续增高，必须引起警惕。政府为主导的基金政策是解决石棉相关疾病患者医疗、服务、就业和社会保障问题的主导力量，但即使法律再有用，也必须要不断完善和监督执行。温石棉危害相对较小，但仍具有致癌性。我国应借鉴国外经验，进一步完善温石棉的相关法规和使用标准，以保护公众健康和防治温石棉对环境造成的污染、破坏。

参考文献

[1] WHO. International Programme on Chemical Safety [EB/OL]. [2018-5-17]. http://www.Who.int/ipcs/assessment/public_health/asbestos/en/.

[2] ILO. Outline for the Development of National Programmes for Elimination of Asbestos-Related Diseases [EB/OL]. [2018-5-17]. http://www.ilo.org/safework/info/publications/WCMS_108555/lang--en/index.htm.

[3] InforMEA. Rotterdam convention [EB/OL].[2017-4-24]. https://www.informea.org/en/treaties/rotterdam-convention/.

[4] Statista. Major countries in worldwide asbestos mine production from 2010 to 2017 (in metric tons) [EB/OL].[2018-2-1]. https://www.statista.com/statistics/264923/world-mine-production-of-asbestos/.

[5] ReportLinker. Top Importers of Asbestos in 2016 [EB/OL].[2017-6-1]. https://www.report linker.com/data/series/pJpmjZR7LI8.

[6] Medscape. Malignant Mesothelioma Mortality-United States, 1999-2015 [EB/OL]. [2018-5-17]. https://search.medscape.com/search/? q=asbestos.

[7] Furuya S, Takahashi K. Experience of Japan in Achieving a Total Ban on Asbestos [J]. International Journal of Environmental Research and Public Health, 2017, 14 (10): 1261.

[8] Myong J-P, Cho Y, Choi M, et al. Overview of occupational cancer in painters in Korea [J]. Annals of Occupational and Environmental Medicine, 2018, 30 (10): 1-10.

[9] Attaran A, Boyd DR, Stanbrook MB. Asbestos mortality: A Canadian export [J]. The Northern Miner, 2008, 179 (9): 871-872.

[10] M Goldberg, E Imbernon, P Rolland, et al. The French National Mesothelioma Surveillance Program [J]. Occupational and Environmental Medicine, 2006, 63 (6): 390-395.

[11] EPA. United States Environmental Protection Agency. U. S. Federal Bans on Asbestos [EB/OL].[2018-5-17]. https://www.epa.gov/asbestos/us-federal-bans-asbestos.

[12] Ministry of Health, Labour and Welfare. Relevant Ministries Meetings on Asbestos Issues [EB/OL].[2018-5-17]. https://goo.gl/x9gnez.

[13] 张忠彬，周永平. 日本、韩国、东盟与我国石棉危害预防控制现状 [J]. 中国安全生产科学技术，2010 (1): 121-124.

[14] Kim HR. Overview of Asbestos Issues in Korea [J]. Journal of Korean Medical Science, 2009, 24 (3): 363-367.

[15] V Subramanian, N Madhavan. Asbestos problem in India [J]. Lung cancer, 2005, 49 (7): 9-12.

[16] RR Tiwari, A Saha. Knowledge and attitude towards asbestos hazards among Asbestos workers in India [J]. The International Journal of Occupational and Environmental Medicine.

2015，6（1）：58-60.

［17］陈刚，张忠彬，刘宝龙，等. 我国与主要国家温石棉安全使用政策和法规对比研究［J］. 中国安全生产科学技术，2018（1）：117-122.

［18］任仁. 石棉在美国引起了轩然大波［J］. 环境科学与管理，1988（4）：18-20.

［19］邢宏. 大规模侵权救济模式的域外经验与启示——以美国石棉诉讼赔偿案为例［J］. 科技与法律，2013，5（2）：26-32.

［20］陈蕾，张绍峰，钦嫣. 国外工伤保险制度比较与借鉴［J］. 国外医学卫生经济分册，2017（3）：102-104，112.

［21］WorkSafeBC. WorkSafeBC releases 2012 penalty report［EB/OL］.［2018-5-17］. http://www.safety-reporter.com/article view/17385-worksafebc-releases-2012-penalty-report.

［22］Cansav. Can sav the canadian society for asbestos victimis［EB/OL］.［2018-5-17］. http://cansav.ca/compensation.

工伤保险中的“先伤后保”行为及风险防范研究

刘　琼　上海市社会保险事业管理中心宝山分中心

【摘　要】 近年来，外来务工人员大量涌入制造业、建筑业等准入门槛相对较低的行业，工伤事故发生率持续走高，工伤保险经办机构承担了比以往更多的工伤保险待遇支付的核发任务。工伤保险基金用于工伤保险待遇支付本身无可厚非，但在实际执行中存在着一定风险，有时使基金额外承担了本应由用人单位支付的工伤保险待遇。本文将研究分析“先伤后保”行为在目前经办中的现状，分析其可能产生的原因，提出相应的建议和措施，做好工伤待遇支付环节的风险防控。

【关键词】 工伤保险　先伤后保　风险防范

一、绪论

（一）研究背景和意义

2003 年 4 月，国务院颁布了《工伤保险条例》，这是我国工伤保险方面的第一个单独条例，标志着我国工伤保险制度进入到一个迅速发展的阶段，2010 年修订后的《工伤保险条例》又进一步扩大了工伤保险基金待遇支付的范围和水平。但近年来，随着城市建设、社会发展的需要，外来务工人员大量涌入制造业、建筑业等准入门槛相对较低的行业，此类企业往往存在对安全生产不重视、员工培训不到位、组织管理不严格等疏漏，而职工本身也存在着忽略安全生产、技能掌握不到位、思想麻痹大意等问题，导致工伤事故发生率不断上升。工伤事故的频发继而引发了工伤认定申请大量增加，社会保险行政部门认定为工伤后，带来的则是社会保险经办机构业务量不断增大。以上海市宝山区为例，宝钢、冶金建设、宝山城市工业园区等工业单位集中，社会保险经办机构每月受理各类工伤待遇支付业务约 500 人次。

工伤保险基金用于工伤保险待遇支付本身无可厚非，但在实际执行中存在着一些风险，使得工伤保险基金可能被部分企业或工伤人员钻空子，削弱了工伤保险维护工伤职工利益、减轻所在企业赔偿责任的作用。根据《中华人民共和国社会保险法》的规定，职工应该参加工伤保险，由用人单位缴纳工伤保险费。在与劳动者建立劳动关系后，用人单位应当在30日内为职工办理参保缴费，才能在工伤事故发生后相应地得到待遇补偿、办理医疗费报销。而笔者在实际执行中发现，部分用人单位与劳动者建立劳动关系后，未正常为其缴费，直到工伤事故发生后，用人单位为减轻赔偿责任，才为职工办理参保手续，从而得到工伤保险基金所支付的待遇补偿。即先发生工伤，后参保缴费。此类情况往往多发于流动性强、劳动力成本低的用人单位。这类用人单位出于劳动者流动性强或用工成本的考虑，不愿意为劳动者在劳动关系建立之初就缴纳工伤保险费，往往等到事故发生时才认为有缴纳的必要；同时也存有侥幸心理，认为发生工伤事故的概率低。

本文将深入讨论工伤保险经办机构在处理工伤保险待遇申领时，如何判别用人单位此类“先伤后保”行为是否存在欺诈，并通过有效手段和措施予以遏制，从而把控风险，有效防范工伤保险基金不必要的流失。

（二）文献综述

通过查阅文献，目前工伤保险风险防范方面的研究主要集中在工伤保险基金运行风险防范的研究、对工伤保险制度存在的问题和缺陷的研究、用人单位工伤风险防范即工伤预防制度方面的研究，以及社会保险欺诈与反欺诈方面的研究。笔者认为，对实际执行即待遇支付方面的风险防范研究有所欠缺。

罗洪涛在《工伤保险基金流失的原因及对策》（中国医疗保险，2011年6期）中从就医环节即违规就医行为和违规提供医疗服务行为的方面阐述了工伤保险基金流失面临的严峻挑战，并找出了定点医疗机构违规提供服务、监督检查走过场及参保患者受利益驱使三方面的原因，提出了加强全民素质教育、完善基金监管措施、健全部门联动与社会监督机制、强化对医疗服务环节的监督检查，以及建立完善内控制度这五方面的对策。

沈锁桂在《透视工伤保险领域的骗保欺诈》（四川社会保障，2007年1-2期）中描述了在参保缴费环节、职业病诊断及工伤认定环节、劳动能力鉴定环节、工伤医疗及辅助器具配置环节、定期待遇领取环节、内部控制环节这6个环节中可能存在的骗保欺诈行为的主要表现形式。在分析以上6个方面欺诈行为的基础上，研究提出了对应措施，加大反欺诈力度，维护基金安全。

杨雯晖在《论劳动者工伤保险骗保行为的产生与防范——基于信息不对称理论》（知识经济，2016年5期）中分析了劳动者工伤保险骗保行为的产生原因，并以信息不对称理论为基础，探讨了劳动者的工伤保险骗保行为，提出了加强工伤预防力度、加强内部防范、建立举报奖励制度、规范工伤认定行政行为、建立严格的管理和控制机制等有效的反骗保措施。

工伤保险待遇支付的风险防范研究与社会保险经办机构的工作有着直接的关联，对实际工作有很大的启示作用。因此，本文将就这一问题展开思考和讨论。

（三）研究方法

1. 文献综述。在研究过程中，对国内外相关的书籍、学术论文、期刊等参考文献进行分类整理，同时在深入分析的基础上，对这些文献进行整合。以上文献的分析，主要作为本研究实证调查的理论基础。通过文献梳理，分析工伤保险待遇实际执行中可能存在的风险。

2. 访谈方法。为更好地了解掌握用人单位的实际用工情况，采用访谈的方法获取有效的实证资料。对工伤职工和规模较小的私营企业进行访谈，访谈时注意针对不同对象采取不同的访谈内容和方法，对工伤职工注重了解其对于参加工伤保险的真实想法；对私营企业注重了解其用工规范与否，及其对于工伤保险制度尤其是待遇支付方面的看法。

3. 定量分析法。针对工伤保险待遇支付的业务内涵和特点，抽取无序的3个月业务数据量为样本，统计"先伤后保"在工伤保险待遇申领中所占的比例，了解"先伤后保"的当前态势。同时分析目前工伤保险经办机构已采取的防范措施，比较措施实施前后"先伤后保"情况的变化。

二、工伤保险中的"先伤后保"行为——以上海市宝山区为例

（一）工伤保险待遇的申请

职工发生工伤事故，应根据《工伤保险条例》的规定，由所在单位在事故伤害发生之日起30日内，向社会保险行政部门提出工伤认定申请。社会保险行政部门作出工伤认定决定后，对确属于工伤的，所在单位可至社会保险经办机构申请报销因工伤产生的医疗费。职工发生工伤，经治疗伤情相对稳定后存在残疾、影响劳动能力的，应当进行劳动能力鉴定。劳动能力鉴定结论认为达到伤残十级及以上等级的，所在单位可至社会保险经办机构申请工伤保险伤残待遇。

以上为一般工伤事故发生后，所在单位需进行的处理流程。工伤保险待遇核发的重要前提是，由认定部门认定为工伤。享受伤残待遇的重要条件之一是达到相应的伤残等级。可以说，工伤认定和劳动能力鉴定满足一定条件是工伤保险待遇申请的重要前道程序，但仅具备这两点对于工伤保险经办机构的待遇支付是远远不够的。

（二）工伤保险待遇的审核支付

已经认定为工伤的，所在单位应携带工伤认定决定书、工伤职工身份证复印件、本市银行结算账户复印件、医疗费原始凭证、病例记录等材料，填写申报表并加盖公章，至社会保险经办机构申领工伤医疗费。对于已参保且材料齐全，符合受理条件的，由柜面经办人员受理该笔业务。医疗费原始凭证流转医保中心审核是否属于工伤保险基金可报销范围，审核完成后流转至审核科进行下一步的审核操作。审核科是工伤保险待遇支付的重要环路，承担了核发工伤保险待遇的重要职能。依目前的审核要求，经办人员应比对工伤职工发生工伤时间与实际参保时间的先后关系，若工伤发生在前，对此类"先伤后保"人

员，应要求单位进一步补充劳动合同、工资发放凭证等证明工伤职工用工情况的材料，排除单位未按规定缴纳社会保险费的情况，方可操作支付。

（三）“先伤后保”行为在目前工伤保险待遇支付中的现状

“先伤后保”行为在目前工伤保险待遇支付中的现状到底是怎样的呢？每月大约有多少“先伤后保”的情况发生呢？以上海市宝山区 2018 年 1 月的数据来进行简要分析。2018 年 1 月上海市宝山区共受理工伤伤残待遇申请 348 份，工伤医疗费报销 370 份，一次性医疗补助金申请 160 份，其中 235 人次同时申请了工伤伤残待遇及工伤医疗费，合计 2018 年 1 月申请工伤伤残待遇及医疗费的共有 483 人次。经统计，“先伤后保”情形共有 20 人次，占到了全部申请人次的 4.1%，20 人中除 5 人仅申请工伤伤残待遇外，其余 15 人既申请了工伤伤残待遇，也申请了工伤医疗费的报销。因此，工伤伤残待遇中“先伤后保”的比例为 5.7%，工伤医疗费报销中“先伤后保”的比例为 4%。比例虽然不高，但不要小看这 5%左右的数值。工伤保险待遇数额较大，若以最低缴费基数核算一笔工伤十级伤残待遇，也将达到 27 314 元。若 20 笔“先伤后保”经核查，均不能支付，以最低缴费基数核算将对应 546 280 元的工伤保险待遇。同时，比较前后两个月的数据，“先伤后保”行为的比例数值基本稳定。也就是说，这样的情况每月均有发生，且发现不少属于未按规定缴纳社会保险费而不能支付待遇的情况。

2018 年 1 月的“先伤后保”情形中最终不予支付的有 12 人次。不符合办理条件的理由主要有：①工伤发生后且用工超过 30 日为职工办理参保登记手续；②核查单位工资发放凭证等资料后发现，工伤职工已入职数月，但单位在工伤发生后才为其参保；③提供给社会保险经办机构的劳动合同与工伤认定时提供的劳动合同不一致，用工起始时间存疑。

同时调取、统计的其他数据包括：2016 年 1 月受理工伤伤残待遇申请 284 份，工伤医疗费报销 341 份，一次性医疗补助金申请 266 份，无因“先伤后保”导致不支付待遇的情形；2016 年 8 月受理工伤伤残待遇申请 363 份，工伤医疗费报销 399 份，一次性医疗补助金申请 244 份，其中因“先伤后保”行为而引发核查，核查出单位未按规定缴纳社会保险费而不予支付工伤保险待遇的共 12 人次。

2016 年 3 月 28 日，人力资源和社会保障部发布《关于执行〈工伤保险条例〉若干问题的意见（二）》，明确“新发生的费用”是指用人单位参加工伤保险前发生工伤的职工，在参加工伤保险后新发生的费用。上海市社会保险事业管理中心随后确定了对“先伤后保”人员的核查要求，通过核查的方式判定工伤职工的参保缴费情况是否符合规定，能否支付相应的工伤待遇。核查在一定程度上降低了“先伤后保”情形中未按规定缴费的待遇支付，但执行中也消耗了大量的人力成本。

三、“先伤后保”形成的原因

要想在目前核查的基础上提出更优的解决方法及对工伤保险待遇支付的风险防范措施，首先应知道“先伤后保”产生的主要原因。

（一）访谈单位了解“先伤后保”形成的原因

笔者访谈了部分单位对于目前社会保险制度的看法，主要包括对上海市目前社会保险费缴纳比例的看法、单位用工及参保情况、发生“先伤后保”的原因等。

两家从事运输行业的企业经办人均向笔者反映，公司规模很小，职工人数分别为 7~8 人和 10 人左右，与前两年相比，单位职工参保比例已大幅提升。但仍有部分职工不愿意参保，该类人群主要是 50 岁以上的外来务工人员，认为在上海参保的意义不大，参保缴费也无法让他们在上海退休，不如将单位缴费的部分折合在他们的收入中。若发生工伤，该类人群的权益该如何维护呢？据用人单位称，参保人员大多从事驾驶或货物搬运工作，对于发生工伤往往存在侥幸心理，认为发生概率并不高。两家单位对此类工伤的处理方式是相类似的。他们会与未参保的职工进行协商，双方就工伤赔偿的事宜提出各自的诉求，最终达成一致后赔付。赔付金额与社会保险经办机构相比往往少很多，但流程简单，赔付速度快，未参保人员也未曾投诉、举报单位。但这样的处理方式对单位是存在风险的，发生事故后成本也往往比较高。因此，用人单位含蓄地表达了工伤发生后立即为职工参保的情况，以期望最大限度降低成本，由工伤保险基金支付工伤人员的伤残待遇及医疗费。

一家从事家具制作的企业经办人在访谈中表示，他们作为一家有数百位员工的企业，严格管理员工的参保缴费，及时完成参保手续。发生“先伤后保”的主要原因在于，每月有数十近百的人员入职、离职，一线岗位的部门将人员信息汇总至行政人事部门可能已是入职半个月以后了，且社会保险经办机构有 10 日左右无法办理业务。若职工在该段时间内发生工伤，单位再办理参保手续，即出现“先伤后保”的行为，但行政人事部会确保在用工 30 日内为职工参保缴费。这样的处理方式是被认为合理的，也符合目前工伤保险待遇享受条件。

上述整理出的几家用人单位的访谈比较有代表性，分别代表了两类，一类为规模较小的私营企业，其为了控制成本及满足职工的诉求，“先伤后保”行为的发生多是因为单位未按规定为职工缴纳社会保险费，在工伤发生后希望得到工伤保险基金的赔偿，而立即为职工参保缴费。另一类为规模较大的企业，其办理参保手续均是符合规定的，但工伤事故的发生并不可控，因条件制约造成个别“先伤后保”行为的发生。

（二）工伤保险制度中易对“先伤后保”行为产生影响的因素

为什么部分“先伤后保”行为被认为是允许的？为什么 2016 年 1 月统计数据未进行“先伤后保”核查的情况下，待遇直接支付了？这样的待遇支付符合规定吗？要解答这些问题首先应了解两点内容。

1. 社会保险经办机构的“月结算、月处理”模式对“先伤后保”行为产生的影响。

在目前的“月结算、月处理”模式下，每月 5—26 日为业务可申报、审核、操作的期限。27 日至次月 4 日为数据处理、结算的时间，该段时间内用人单位申报业务及大多数业务变更无法办理，网上自助经办平台关闭。

用人单位为职工参保缴费需办理新进或转入手续，在每月 5—26 日“变更期”内，可在自助经办平台上自行完成，简单快捷。在这 22 日内的任意时间办理，都视为当月参保手续完成。

因此，在人力资源和社会保障部发布关于“参加工伤保险前发生工伤”这样的表述以前，只要用人单位为职工在工伤发生当月办理了新进或转入，均视为完成参保手续。其因工伤产生的医疗费及伤残待遇均可享受。这也是 2016 年 1 月数据统计中虽存在“先伤后保”行为，但待遇都进行了核发的原因。

2.《中华人民共和国社会保险法》第五十八条对“先伤后保”行为产生的影响。

《中华人民共和国社会保险法》第五十八条规定，用人单位应当自用工之日起 30 日内为其职工向社会保险经办机构申请办理社会保险登记。即用人单位在用工之日起 30 内办理参保手续的，均符合规定。这一条款实则是对“先伤后保”中非主观恶意造成的情形的保护。但被部分单位钻了空子后，这一条款也成了未按规定缴纳社会保险费的“保护伞”。实践中，曾发生用人单位在被要求提供劳动合同、工资发放凭证等材料后，后补制作了工资发放凭证等材料的现象。对劳动合同的签订同样也不合乎规范，哪个部门需要了就签一份，不然就不签，根本无备案一说。在这类用人单位眼中，虽然发生了“先伤后保”行为，但认为只要在规定的用工 30 日内为职工缴纳社会保险费，待遇总是可以拿到的。其忽视了目前上海市社会保险经办机构对于“先伤后保”工伤保险待遇支付的严格把握。

四、工伤保险待遇支付的风险防范措施

（一）提高企业参保认识，加强教育培训

从上述访谈中可以发现，部分用人单位尤其是规模较小的私营企业，对于职工的参保认识仍有不足，还存在与职工协商进行缴费的情形发生。充分发挥新开户企业培训的作用，加强参保的教育培训，使企业认识到参保缴费的必要性，知晓未按规定缴纳社会保险的严重后果。推进全民参保登记计划的实施，提高全民参保登记率。

（二）适时降低行业费率，减轻企业用工成本

适时调整社会保险费率，减轻企业用工成本，促使企业积极主动为职工参保缴费。对于部分已临近退休年龄，养老保险转移接续有困难的外来务工人员，参考执行按项目参保的方式，探讨仅收取工伤保险部分社会保险费的可行性。若仅收取该类人员的工伤保险部分社会保险费，可以在一定程度上增强用人单位为此类人员参加工伤保险的主动性，维护工伤职工的合法权益。

（三）优化参保经办流程，提升服务效能

人力资源和社会保障部《关于执行〈工伤保险条例〉若干问题的意见（二）》发布后，对“新发生的费用”的解读，引入了发生工伤与参加工伤保险两个时点的先后比较。依照目前“月结算、月处理”的模式，参保缴费只要在当月完成即可，这在一定程度上产生了冲突和矛盾。为更好地提升服务效能，建议实行“日结算”模式。在“日结算”模

式下，服务对象可自由选择需办理业务的时间，不再受到“非变更期”无法办理业务的限制，这样可打消部分工伤发生风险较高的用人单位担心在“非变更期”有新进职工招录用却无法及时办理参保手续的顾虑。另外，“日结算”模式在业务撤销方式上也会相应发生改变，“月结算”模式下当月数据结算前均可撤销业务，但“日结算”模式撤销需在当日数据结算前完成。这一方式的改变，也会遏制部分用人单位为避免出现“先伤后保”而在同一月度内反复操作转入、撤销的情况。

（四）增强知识宣传普及，切实维护职工利益

利用工伤保险宣传月，采用新媒体等宣传方式，加强社会保险参保缴费的宣传力度，促使职工增强主动要求参保缴费的积极性，维护参保缴费的合法权益。对于未按规定缴纳社会保险费的，向职工宣传普及救济渠道，同时增强对用人单位的惩罚力度，以儆效尤。

（五）及时调整政策缺陷，做好制度保障

建议充分发挥外来人员用工备案登记的作用，要求填写真实的劳动合同信息，形成电子档案，固化实际用工情况。此后在申请工伤认定及申领工伤保险待遇时，无须再重复提供劳动合同及用工备案登记等材料，做到无纸化办公的同时做好制度保障，也同样是工伤保险风险防控中必不可少的一部分。

（六）强化监督检查手段，完善风险防控

扎实做好内部控制，保证一定的抽查比例，重点核查存在“先伤后保”行为的待遇支付。将检查评估与内部控制检查评估、风险专项行动有机结合。业务经办人员在业务经办完成后，认为经办材料存疑的，移交稽核部门实施稽核，由稽核部门对经办材料的真实性、反映内容的逻辑性做进一步核实检查。稽核后，发现用人单位确有违规情况的，根据案件实际情况，追回已支付的工伤保险待遇。要强化稽核手段，做好业务经办后的风险防范工作。

（七）形成防控联动机制，切断风险源头

建议各相关部门加强在工伤认定、劳动能力鉴定等方面的工作联系，形成防控联动机制。申请工伤认定时需提交工伤人员与用人单位存在劳动关系的证明材料，工伤认定部门将此信息录入后与工伤保险经办机构进行信息交换。经办机构在受理时，应查询交互的劳动关系信息及用工备案登记内容，结合参保缴费情况，判断是否存在违规现象。除对上述登记信息存疑外，不再要求核查单位工资发放凭证等材料。

参考文献

[1] 程巧玲. 新《工伤保险条例》的进步与缺陷 [J]. 劳动保障世界，2011（11）.

[2] 陈曦. 基于工伤保险体系下的我国工伤预防机制的研究 [J]. 特区经济，2010（6）.

[3] 罗洪涛. 工伤保险基金流失的原因及对策 [J]. 中国医疗保险, 2011 (6).

[4] 王涵. 我国工伤保险基金待遇支付问题探析 [J]. 劳动保障世界, 2014 (6).

[5] 冷明祥. 江苏工伤保险基金运行风险防控研究 [J]. 中国医疗保险, 2016 (7).

[6] 于欣华. 工伤保险条例的"进与退" [J]. 中国社会保障, 2011 (4).

[7] 李月月. 上海市工伤保险基金运行风险研究 [J]. 社会保障研究, 2015 (6).

[8] 赵永生. 工伤预防的新形势与机制创新难点及思路 [J]. 中国医疗保险, 2013 (7).

[9] 陶恺. 论我国工伤预防制度体系的建构策略 [J]. 江汉论坛, 2016 (6).

[10] 周慧文. 工伤保险基金支付保障与可持续性研究——以浙江省为例 [J]. 经济论坛, 2009 (2).

[11] 沈锁桂. 透视工伤保险领域的骗保欺诈 [J]. 四川社会保障, 2007 (1).

[12] 杨雯晖. 论劳动者工伤保险骗保行为的产生与防范——基于信息不对称理论 [J]. 知识经济, 2016 (5).

[13] 周慧文. 德国工伤保险事故预防机制评介 [J]. 中国安全科学学报, 2005 (5).

国内外工伤康复标准和规范编制研究

陈　叙　欧阳亚涛　唐　丹
广东省劳动能力鉴定中心　广东省工伤康复中心

【摘　要】本文通过收集美国、加拿大、德国、澳大利亚、新西兰等国家工伤保险管理部门发布的工伤康复标准和规范，初步了解欧美国家工伤康复标准建设情况，并对我国工伤康复标准编制现况进行回顾。由于我国工伤保险与医疗保险在医疗、康复保障程度上存在较大差异，工伤康复服务具有“俱乐部产品”特征，标准特异性更加明显，工伤保险管理部门需要更加积极地主导本领域医疗、康复服务标准研究，细化准入标准设计、充实服务（项目、技术）标准、丰富支付标准，指导工伤康复服务机构和专业技术人员开展工作，提升工伤康复效果，提高基金使用效率。

【关键词】工伤康复　标准　国际比较

工伤康复作为工伤保险“三位一体”的组成部分，以社会保险基金为支撑，以医疗、康复为主要服务载体，以伤残再就业和社会回归为结局评估焦点，是一项涉及社会保险、医学、工程和社会学等多领域的工作。欧美国家以立法的形式确立了工伤康复的“双重性”——既是工伤职工的权利，也是义务。一方面，伤者有权利通过积极的医疗和康复服务重新获得健康；另一方面，伤者有义务接受合理的医疗和康复治疗，尽快、安全地返回到适宜的工作岗位，履行公民劳动义务，同时减轻基金的长期负担。由于工伤康复的“双重性”，欧美国家通过建立法律法规、标准规范，确保工伤康复服务的统一性、普遍性、强制性和可操作性。按照标准和规范约束的对象进行分类，工伤康复标准和规范可以分为针对人（机构）、服务和费用的标准和规范。本文通过收集美国、加拿大、德国、澳大利亚、新西兰等国家工伤保险管理部门发布的工伤康复标准和规范，初步了解欧美国家工伤康复标准编制情况，为推进我国工伤康复标准研究和体系建设提供借鉴参考。

一、国外工伤康复规范和标准制定情况

（一）制定工伤保险相关的康复服务提供者准入标准

美国的工伤保险制度决策权在州，各州制度设计存在差异。明尼苏达州为获得资格认证的服务提供者（机构）、工伤保险制度管理者举办培训班，进行工伤保险、工伤康复等相关政策标准的培训，指导他们按照制度规范开展相关服务和完成信息报送工作。德国是最早建立工伤保险制度的国家，工商联合会是工伤保险管理组织，其下有9个工伤事故医院、2个职业病医院以及2个门诊治疗中心，分别从事急救、康复和职业病诊断治疗工作，医生要满足资格准入条件、经过培训并且与工伤保险基金管理机构签订协议，才能成为服务的提供者。澳大利亚南澳州工伤保险公司（原WorkCoverSA，现为ReturnToWorkSA），和新西兰意外伤害补偿公司（ACC），均要求为工伤职工提供康复治疗的专业技术人员除了获得法定行业资格认证，还需要在工伤保险公司进行资格确认。由于职业康复服务的特殊地位，南澳州工伤保险公司制定了详细的职业康复服务人员资格要求，按照专业资格、工作经验进行分级分类管理。服务提供者准入标准的繁简主要取决于所提供的服务内容，例如南澳州工伤保险公司对医疗技术人员的资格标准表述相对简单，主要目的是为了资格核查和费用结算信息收集；对于职业康复服务提供者的资格要求表述相对复杂，体现了工伤保险管理部门在职业康复工作中的主导作用。

（二）制定工伤康复服务规范

工伤保险制度框架下，部分国家还编制了医疗康复服务规范和标准，主要用于指导工伤医疗和康复服务者提供规范、适宜的诊疗服务。按照规范和标准约束的对象不同，可以分为两类：一是按照工伤康复治疗专业和项目（服务包）分类；二是按照伤病种类分类。

1. 按照康复治疗专业和项目（服务包）分类。即按照物理治疗、作业治疗、语言治疗、职业康复等康复治疗专业分类和服务项目编制指南和标准。目前，南澳州工伤保险公司针对专科服务发布了物理治疗、运动治疗和水疗、作业治疗、语言治疗、职业康复等支付目录和政策指南，明确了项目支付标准，具体阐述了服务提供者、服务基本原则、结算原则和方式，以及每项服务的提供者资质、服务目标和报告要求等。早在2006年，南澳州工伤保险公司曾经发布过“职业康复标准和评估”文件，该文件定义了纳入工伤保险补偿范围的职业康复项目，制定了考核框架、服务标准和结局评估指标，包括绩效考核、重返工作率、伤者收入维持情况、职业康复治疗期限、费用控制等，体现了南澳州工伤保险公司对职业康复服务质量的要求。

2. 按照伤病种类分类。即按照疾病诊断或手术分类，制定相关疾病、手术后康复的医学指南，指导工伤医疗、康复专业技术服务。加拿大英属哥伦比亚工伤补偿部曾经制定了《前交叉韧带再造术后康复指南》《跟腱修补术后康复指南》等13份针对不同手术处理后情况的康复标准。以其《前交叉韧带再造术后康复指南》为例，该指南根据手术后不同恢复阶段情况规定康复治疗项目指南、阶段性康复目标，如术后第一周膝关节被动运动时的

关节活动度范围要达0°～70°。各指南一般是对术后16周以内的康复治疗进行指导，但是不同手术类型康复治疗期限不同。新西兰意外伤害补偿公司曾经采用新西兰临床指南制定协会编制的《膝关节软组织损伤内部紊乱的诊断和处理指南》《颅脑外伤的诊断、急诊治疗和康复指南》等临床指南。这些都是按照病种分类制定的医学指南，以医学理论为框架，阐述损伤的分类诊断、鉴别诊断、检查和处理方法（包括康复治疗方法），按照循证医学原则给予不同强度的推荐治疗建议。

（三）对纳入保障范围内的项目制定费用支付标准

解决各类服务费用支付问题是工伤保险基金管理工作的重中之重。美国明尼苏达州在州级法律条文中对医疗费用表进行具体的规定，设置了相对价值单位和转换因子，规范了服务支付标准。南澳州工伤保险公司支付标准分为专科医疗支付标准（物理治疗、作业治疗、听力治疗、水疗和体育、整脊治疗、心理等）、医院支付标准（公立、私立）、重返工作岗位（职业康复）支付标准等。南澳州工伤保险公司对专科服务采用服务项目（服务包）定价方式。在公立医院开展的医疗和康复服务，按照疾病诊断相关分组（DRGs）价格和成本权重或服务时间的乘积分别确定医疗或康复（护理）支付标准。

二、我国工伤康复标准现况

从全国范围来看，我国工伤康复相关技术标准制定工作尚在起步阶段。2008年3月，原劳动和社会保障部印发了《工伤康复诊疗规范》和《工伤康复服务项目标准》，填补了工伤康复服务规范和标准的空白。自此以后，人力资源和社会保障部陆续编制出台了系列工伤康复标准，这些规范标准的出台，初步探索了准入标准、服务（项目、技术）标准、支付标准，为各地工伤康复工作开展提供了必要的指导。

（一）准入标准

2007年，原劳动和社会保障部印发《关于加强工伤康复试点工作的指导意见》。2015年，人力资源和社会保障部颁布了《区域性工伤康复示范平台标准（试行）》，针对示范平台进一步细化、量化准入标准，阐述了示范平台（机构）在科室设置、人员配置、康复场地、设备和用具配置、服务质量和管理、业务指标方面应该达到的要求。

（二）服务（技术）标准

2013年人力资源和社会保障部修订发布的《工伤康复服务规范（试行）》、2014年人力资源和社会保障部颁布的《工伤保险职业康复操作规范（试行）》以及广东省2006年制定出台的《工伤康复介入标准》均属于服务（技术）标准。《工伤康复服务规范（试行）》围绕颅脑损伤、持续性植物状态、脊柱脊髓损伤等9个常见工伤病种的住院康复服务，从康复住院标准、康复住院时限、医疗康复、职业社会康复和出院标准5个方面阐述服务要求。《工伤保险职业康复操作规范（试行）》具体阐述了纳入支付范畴的职业康复服务项目内涵、设备用具和操作方法等内容，编制了职业康复常用术语表。《工伤康复介入标准》阐述了早期康复治疗介入指征和急慢分治的转诊指征，期望解决接续性康复服务的启动时点问题。

此外，在医疗康复服务方面，卫生行业也翻译或编写了相应的指南和规范，如陆芸等翻译的美国《骨科术后康复指南》、原卫生部印发的《常用康复治疗技术操作规范》等。这些行业服务（诊疗）指南对工伤康复中医疗康复部分发挥了重要的指导和规范作用。

（三）支付标准

2013 年，人力资源和社会保障部修订发布的《工伤康复服务项目标准（试行）》属于支付标准范畴，明确了纳入工伤保险基金支付范畴的医疗康复服务和职业社会康复服务项目，共计 236 项（未计中医治疗类项目），基本涵盖了工伤康复服务所必需的各种功能评定和治疗训练项目。然而，该项目标准仅仅约定了具体项目清单，支付标准的确定由各省、自治区、直辖市予以界定。因此，从支付标准的角度来看，这一标准又是不完整的。

三、启示

由于各国工伤保险制度、医疗和康复管理方式、医疗和康复服务提供者的组织形式、服务提供者与工伤保险管理机构之间权责关系等存在较大差异，在工伤康复标准制定方面的侧重点也有不同。例如，南澳州重点围绕职业康复和支付建立标准；新西兰、加拿大除上述标准外还专门制定系列医疗指南指导医疗康复服务，而这类工作在其他国家可能主要由卫生行政部门或者学术组织完成。我国工伤保险与基本医疗保险对医疗、康复的保障程度存在较大差异，工伤康复服务具有“俱乐部产品”特征，因此，工伤康复标准的特异性变得更加明显。借鉴国际经验，工伤保险管理部门需要更加积极地主导本领域医疗、康复服务标准研究工作，联合行业管理部门、学术组织和专家制定适合本国国情和工伤保险政策的行业服务标准，用于指导工伤康复服务机构和专业技术人员开展工作，提升工伤康复效果，提高基金使用效率。

（一）细化准入标准设计

在准入标准领域，目前我国主要建立了机构进入标准，尚未完善监督管理、质量考评标准以及必要的退出机制，特别是工伤康复结局指标、信息采集标准均未建立，缺乏对服务提供者的纵向和横向评估比较，难以科学合理地指导服务提供者持续改进工伤康复服务。工伤康复服务提供者的管理，还停留在机构管理层面，可以借鉴国外经验建立专业技术人才注册管理，例如“保险注册医生”或“保险注册治疗师”，建立更加精细化的服务人员管理制度，从源头上促进工伤康复服务质量提升。此外，由于工伤保险医疗和康复保障水平高于职工基本医疗保险保障水平，更迫切地需要面对新技术、新服务、新材料的挑战，所应用的技术相对更广、更新、更快，需要建立一套服务（项目、技术）准入标准，开展技术或项目的遴选、评估工作，筛选成本效果比好的服务或技术进入保障范畴，促进提高工伤康复服务质量和基金使用效率。

（二）充实服务（项目、技术）标准

重点围绕职业康复和基本医疗保险以外的康复服务（项目、技术）开展循证研究，在现有行业服务标准和规范基础上编制补充性服务标准，指导工伤康复专业人员做出适宜、科学的诊疗决策，加快工伤职工康复速度。工伤保险率先医疗保险将接续性医疗纳入保障体系，也更早地遭遇分级诊疗的困境。通过探索建立服务标准，解决服务衔接和转诊介入时机、介入条件问题，有助于建立有序分工的医疗和康复服务秩序。

（三）丰富支付标准

我国工伤康复已经建立了分层级诊疗康复的服务模式，这与深化医药卫生体制改革、构建分级诊疗的新型就医秩序高度一致。现阶段我国基本医疗保险就医新秩序尚未完全建立起来，分层级、分类型、多种形式的支付模式和监管机制仍处在探索阶段，在这种情况下，工伤保险需要尽快解决制度框架下的分级诊疗康复工作的有序开展问题，可以考虑根据服务类型、服务阶段开发设立支付标准，运用经济杠杆理顺服务衔接、转诊，提高资源利用效率和费用管控水平。

参考文献

［1］The Department of Labor and Industry，Minnesota. Work comp：Become a rehabilitation provider［EB/OL］．［2018-6-7］．http://www.doli.state.mn.us/business/workers-compensation/work-comp-become-rehabilitation-provider.

［2］BG Kliniken. Facilities［EB/OL］．［2018-6-7］．http://www.bg-kliniken.de/en/facili-ties.

［3］葛蔓．德国工伤保险制度的特点及成功之处［J］．中国劳动，1998（3）：32-35.

［4］ReturnToWorkSA. Occupational therapy fee schedule and policy［EB/OL］．［2018-6-5］．http://www.rtwsa.com/service-providers/payment-and-invoicing/fee-schedules.

［5］ACC. Register with us as a health provider［EB/OL］．［2018-4-6］．https://www.acc.co. nz/for-providers/provide-services/register-health-provider/.

［6］ReturnToWorkSA. Return to work services fee schedule［EB/OL］．［2018-6-5］．http://www.rtwsa.com/media/documents/fee-schedules/Fee-schedule-2018-Return-to-work-services-fee-schedule.DOCX.

［7］ReturnToWorkSA. Physiotherapy fee schedule and policy［EB/OL］．［2018-6-5］．http://www.rtwsa.com/media/documents/fee-schedules/Physiotherapy-fee-schedule-and-policy.DOCX.

［8］Health and Rehabilitation Operations. Vocational Rehabilitation Standards and Evaluation［EB/OL］．［2006-11-22］．http://www.workcover.com/ documents.aspx? fno= documents.aspx? fno.

［9］NoertjojoKukuh，Martin Craig W，McNestryAilve，et al. The Development of Post-

Operative Rehabilitation Protocols at the Workers'Compensation Board of British Columbia [EB/OL]. [2007-4-3]. http://www.worksafebc.com/health_care_providers/Assets/PDF/ poster-presentations/developmentpost-operative rehabprotocols. pdf.

[10] Workers'Compensation Board. ACL Reconstruction Post-op Rehabilitation Guidelines [EB/OL]. [2007-4-3]. http://www.worksafebc.ca/health_care_providers/ Assets/PDF/prot_aclreconstruct. pdf.

[11] The New Zealand Guideline Group. The Diagnosis and Management of Soft Tissue Knee Injuries: Internal Derangements [EB/OL]. [2007-4-8]. http://www.nzgg.org.nz/Public-cat-ion/guidelines.

[12] The New Zealand Guideline Group. Traumatic Brain Injury: Diagnosis, Acute Management and Rehabilitation [EB/OL]. [2007-9-2]. http://www.nzgg. org. nz/publication/guidelines/neurology/rehabilitation.

[13] The Office of the Revisor of Statutes. Chapter 5221, Fees for Medical Services [EB/OL]. [2018-6-2]. https://www.revisor. mn. gov/rules/5221/.

[14] ReturnToWorkSA. Public hospital fee schedule and guidelines [EB/OL]. [2018-7-5]. https://www.rtwsa. com/media/documents/fee-schedules/Public-hospital-fee-schedule-and-policy. docx.

上海市建筑业农民工工伤预防制度研究

孙　逸　上海市嘉定区人力资源和社会保障局

【摘　要】随着中国城市化进程的加速，越来越多的农民工选择进城工作，有些便选择了建筑行业，主要从事脏、苦、累、险的工作。虽然我国的工伤保险制度已经得到了很大的发展，一定程度上保障了农民工的合法权益，但我国的工伤保险制度由工伤预防、工伤康复和工伤补偿三部分组成，在现阶段实施中存在“重补偿、轻预防”等问题。工伤预防作为工伤保险制度中的重要组成部分，注重从源头上控制工伤事故的发生，这正是我国工伤保险制度急需解决的关键问题，也是上海市作为工伤预防试点城市的关键问题。如何完善上海市农民工，尤其是建筑业农民工的工伤预防制度是本文研究的重点。

【关键词】建筑业　农民工　工伤　工伤保险　工伤预防

随着我国改革开放的不断深入，城镇化进程不断推进，越来越多的农民选择进城务工，有些便选择了建筑行业，主要从事脏、苦、累、险的工作。根据国家统计局的统计数据，2017 年我国农民工已经达到 28 652 万人，而吸纳农民工的第四大行业就是建筑业，已经达到全国农民工总人数的 18.9%. 建筑业属于劳动密集型高风险行业，在劳动生产过程中，建筑业农民工不可避免地会受到各种伤害、疾病甚至死亡的威胁。目前，从上海市工伤预防制度建设方面看，建筑业农民工工伤预防制度存在诸多问题，如政府工伤预防监管职能不明晰、政府工伤预防中经济措施和法律手段不足等，因此，健全建筑业农民工工伤预防制度已经成为一个重要课题，也是构建社会主义和谐社会的一个重要组成部分。

一、上海市建筑业农民工工伤预防制度现状

目前，上海市整体工伤保险工作重心还是侧重在工伤事故的事后补偿上，存在“重补偿、轻预防”的情况。但随着工伤保险制度的不断发展，工伤保险的理念已经由过去的以“重补偿”逐步向控制事故源头、预防为先的方向过渡。上海市相关行政主管部门在建筑业工伤保险工作上也已充分意识到了预防的重要性，从 2015 年 8 月起结合全民参保登记

计划的实施，实现全市建筑业工伤保险全覆盖，同时建立健全上海市建筑业农民工工伤预防制度。

上海市工伤保险行政部门、安全生产监管部门、城市建设管理部门、工会组织等相关部门形成联动机制，贯彻落实上海市建筑业工伤保险实施工作。各部门相互配合、沟通，建立部门间信息共享机制，及时沟通项目开工、项目用工、参加工伤保险、安全生产监管、职工维权等信息，实现建筑施工企业职工参保等信息互联互通。定期组织开展建筑施工企业工伤保险参保及工伤预防工作的联合检查，及时发现问题，及时督促整改。

虽然上海市工伤保险行政主管部门联合其他相关部门已经开展了一系列的建筑业农民工工伤预防工作，但是由于一些客观因素，导致在制度实施过程中出现了一些问题，如政府部门工伤预防职能分工不明晰、工伤预防立法不健全、工伤预防政策措施滞后等。

二、上海市建筑业农民工工伤预防制度存在问题分析

（一）相关政府部门工伤预防职能问题分析

1. 政府部门工伤预防职能边界模糊。政府各职能部门在工伤预防方面都有相关工作，但每个部门的职权与责任都不相同。在部门信息管理上，部门之间各自为政，缺乏有效的沟通和协调，使工伤信息数据得不到对比与分析。各部门在工伤防控管理上也没有有效的衔接，没有形成统一、互补的协调机制，职能不清晰，常出现部门间信息沟通障碍，甚至责任推诿现象。

2. 政府专业人才供需不对称。对于工伤预防工作成效起重大影响作用的因素之一便是工伤预防专业人才。目前，我国对于工伤预防专业人才的需求量较大，而事实上，上海市因受到编制管控等原因影响，社会保障行政部门中并没有建立起专业的工伤预防机构，工伤预防工作现在主要由工伤事故认定部门兼管。工伤认定部门中缺乏专业人才从事工伤预防工作，又没有权限对管辖区内的建筑施工企业进行工伤风险检查，无法对建筑施工企业进行有效的工伤事故预防风险评估，导致工作没有着力点，最终造成无法发挥工伤预防的功效。

（二）工伤预防立法问题分析

1. 工伤预防立法局限。

（1）《工伤保险条例》在工伤预防立法方面的局限。2011 年 1 月 1 日实施的《工伤保险条例》是现阶段我国工伤保险的核心法规。《工伤保险条例》对工伤预防原则方向上做了规定，但没有涉及具体操作层面的内容，在实际运用过程中缺乏操作性。目前，我国相关法律法规的重心还停留在工伤补偿上，而工伤预防具体内容、工伤预防费用的具体规定等都没有在我国相关法律法规中明确。

（2）《中华人民共和国安全生产法》等其他相关法律在工伤预防立法上的局限。《中华人民共和国安全生产法》是我国安全生产方面的基本法律，也是安全生产上的综合性法律。这部法律中只涉及了工伤保险的缴费及补偿赔偿，但没有明确如何进行工伤预防工

作。同样,《中华人民共和国职业病防治法》《建设工程安全生产管理条例》《中华人民共和国建筑法》《中华人民共和国劳动法》《中华人民共和国劳动合同法》都没有直接涉及工伤预防的相关规定。

2. 工伤立法适用性差。随着我国政治经济体制的不断转型,建筑业农民工受到工伤事故伤害的风险越来越高,其权利保障问题受到社会越来越多的关注。虽然《工伤保险条例》《中华人民共和国安全生产法》等工伤预防相关法律都有少量内容涉及工伤预防,但与建筑业农民工工伤预防直接相关的《农民工工伤保险法》一直没有颁布,仅仅有一些规范性文件为建筑业农民工工伤预防的实施提供了相关的法律依据,如人力资源社会保障部出台的《关于进一步做好建筑业工伤保险工作的意见》《关于铁路、公路、水运、水利、能源、机场工程建设项目参加工伤保险工作的通知》等文件。

从法律的层级效力来看,《工伤保险条例》是由国务院制定发布的,显然其效力低于全国人大制定的法律,法律的位阶较低直接影响法律的实施效力。从古至今,就建筑业农民工工伤保险而言,我国尚未出台专门的法规、政策,也迟迟未能建立符合建筑业农民工特点的独立制度模式,这无疑体现了工伤立法对建筑业农民工的适用性差。

(三)工伤预防政策措施问题分析

1. 工伤保险的行业差别费率和浮动费率不够完善。调整行业差别费率与浮动费率是政府对企业在经济上的激励机制之一,同样也是一种用经济杠杆作用来区分对待不同行业不同工伤发生率的有效措施。2015 年的《关于调整本市工伤保险费率等问题的通知》和 2016 年的《上海市工伤保险浮动费率管理办法》实施以来,较以往几年确实在一定程度上降低了企业工伤保险缴费压力,但仍然存在问题:一方面,在工伤保险行业风险上的划分还不够细致,对行业工伤风险的判定不够科学合理;另一方面,在浮动费率方面,企业费率调整的衡量标准不够真实全面;此外,工伤保险行业差别费率和浮动费率增加了企业经济压力,从而导致企业工伤预防的消极性。为合理减轻企业工伤保险费用的缴费压力,2018 年 5 月 1 日起上海市已对工伤保险基准费率进行了 50%的下调。当然不可否认,这种经济激励机制是一个长效经济激励机制,是一种事后间接的经济激励机制。目前制定的工伤保险费率是否对工伤预防有长效的经济激励作用,还需要一段时间在实际操作中去验证和总结。

2. 工伤预防基金提取比例偏低。从立法的角度来确定工伤预防费用提取比例,应该从法律法规上明确最低提取比例,再结合各地区实际情况调高提取比例。2013 年 12 月 30 日实施的《关于做好本市工伤预防工作的试行意见》中明确了上海市工伤预防费用不得超过本市上年度工伤保险基金征缴收入的 2%。在全国范围内看,这个提取比例偏低。在较低提取比例下,历年的工伤预防费用的使用情况也不容乐观(详见图 1)。2017 年 9 月 1 日实施的《工伤预防费使用管理暂行办法》对工伤预防费用提取比例进行了调整,调整为不得超过统筹地区上年度工伤保险基金征缴收入的 3%。据统计,2017 年上海市工伤预防费用预算约为 0.98 亿元,而 2017 年工伤预防费用的实际使用率却不到 10%,可见工伤预防基金提升提取比例之后,实际使用情况还是不理想。同时,上海市工伤预防费用也未规定最低提取比例，这样只会造成实际提取比例过低，甚至会出现几乎未提取的情况。

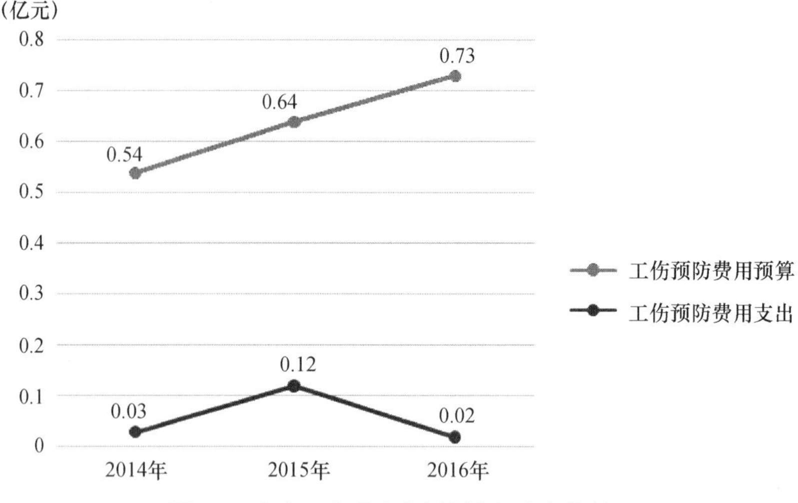

图 1　上海市工伤预防费用预算与支出情况

根据上海市人力资源和社会保障局统计的数据，上海市工伤保险基金每年都有结余，而且累计结余金额截至 2017 年年底达到了 68.3 亿元，累计结余金额是 2017 年当年工伤保险基金收入金额的近两倍之多（详见图 2）。这部分工伤保险基金没有发挥更大的作用，且工伤保险结余基金有逐年上升趋势。如何提高基金的利用率，利用这部分工伤保险基金结余资金更好地为劳动者的生产安全服务，是工伤保险面临的重大课题。

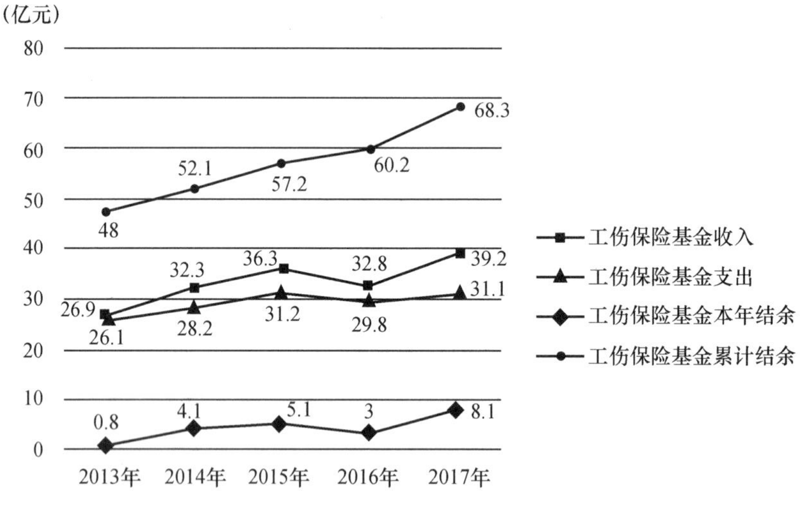

图 2　上海市工伤保险基金收支情况图

三、上海市建筑业农民工工伤预防制度的建议与创新

工伤预防制度是国家政策层面的制度设计，核心内容就是实现工伤预防机制，即工伤预防的实现手段。工伤预防管理、政府工伤预防职能、工伤预防法律与政策等方面研究是

工伤预防机制研究的主要内容。

（一）强化政府工伤预防相关职能

1. 健全工伤预防管理机制。工伤预防管理机制包括卫生医疗服务、安全生产监督管理、职业病防治等相关职能。目前，我国的行政管理体系属于混合型工伤预防机制，即工伤预防管理相关部门之间存在着许多交叉点。因此，必须先要理顺工伤预防工作的管理机制，实现工伤预防和安全监察的协调统一。借鉴发达国家的工伤预防管理机制，再结合我国的国情，提出以下几个建议：①设立相对独立的工伤预防机构，建立起一个集安全生产检查、工伤预防等职能于一体的工伤预防机构，并构建完善的综合性工伤预防管理机制。②设立专门的工伤预防协调机构，在不改变目前机构设置的情况下，人力资源和社会保障部门协调安全监督管理部门、城乡建设和管理部门等各相关部门之间的工伤预防工作，完全负责工伤预防的各项事宜。③建立和完善工伤保险管理机构，更好地落实工伤预防的各项工作。

2. 建立扎实的专业人才保障制度。人才保障是指配备一支工伤预防专门、专业的队伍。大多数发达国家在工伤预防方面设有专门、专业的队伍，其中德国尤为典型：约 2 200 名技术型劳动监察员；约 37 万人参加初级和继续安全卫生技术培训；6 万多名安全代表和 8 000 多名职业安全卫生专职服务人员。然而，我国工伤保险方面人员严重不足，有些地方在工伤保险行政管理方面尚未建立专业机构和队伍，更没有专业工伤预防队伍，严重影响工伤预防工作成效，因此我国应该尽快加强工伤保险行政机构的建设和完善工作，设立专门、专业队伍负责工伤预防工作。只有机构完善、职员充足的前提下，工伤预防的各项工作才能更好地实施。

3. 加强工伤“大数据”的信息化建设。随着信息技术的不断发展，人类迈入了电子信息的大数据时代。在这大数据时代的背景之下，工伤预防应该从“业务驱动”转变为“数据驱动”，基于大数据思维的智能化决策是工伤预防未来的发展方向。大数据时代背景之下建立工伤预防大数据平台尤为重要，建立人力资源和社会保障部门、安全生产监督部门、城乡建设和管理部门等相关部门共同参与的工伤预防一体化平台，整理融合各部门的数据信息，让原本“各自为营”的数据突破传递渠道滞塞、信息反馈延时、问题处理不及时、预测不精准等障碍，信息共享后不仅有利于各部门之间信息协调沟通，更有利于推进政府在工伤预防各种措施的有效实施。大数据信息化平台还能解决海量数据的处理问题，快速分析出企业的工伤风险情况，以及企业所存在的事故隐患，为工伤预防政策提供有效全面的大数据，提高工伤预防政策的可行性，从而有效降低安全生产事故和职业病的发生率，实现工伤预防的事先防范功能。

（二）完善工伤预防立法机制

1. 明确工伤预防立法理念。现行的《工伤保险条例》“重补偿、轻预防”，要转变这种消极、被动的补偿为重的思想，树立起工伤预防、工伤补偿、工伤康复“三位一体”的工伤保险新理念，将工伤预防放在工伤康复和工伤补偿的同等重要位置。据统计，有 80%

以上的工伤事故是人为原因造成的，多数是可以避免的。显而易见，工伤预防是非常重要的，只有从源头上规避了工伤风险，才能在建筑施工中避免工伤事故的发生，从而减少工伤保险基金的支出，节约社会成本，也减少农民工不必要的职业伤害，降低社会劳动力的损耗，最终提高社会效益。因此，我国有必要针对工伤预防具体实施细则进行立法。

2. 提高工伤预防的立法层级。为了工伤预防工作顺利开展，很多发达国家都制定了全国性的工伤保险法、劳动安全生产法、劳动卫生法等关于工伤预防的法律。而我国关于工伤预防的法律多以条例、通知、意见、办法的形式发布，如《工伤保险条例》《关于进一步做好工伤预防试点工作的通知》《关于进一步做好建筑业工伤保险工作的意见》《工伤预防费使用管理暂行办法》等，其效力低于法律。因此，相对于国外发达国家而言，我国的工伤预防法律层次较低，缺乏有力的法律约束力。我国可以通过建立全国性和地方性工伤预防法规，明确工伤预防的目的，明确工伤预防的实施主体、实施具体内容和实施对象，明确工伤预防费用提取比例和支出预算决算制度，明确工伤预防费用使用情况的监督和成效评估等内容，使上海市建筑业农民工工伤预防制度的建立有法可依。

（三）完善工伤预防的经济运行机制

1. 细化工伤保险中的行业差别费率和浮动费率机制。工伤保险行业差别费率和浮动费率机制是工伤预防制度的核心之一，工伤保险行业差别费率和浮动费率机制设计直接影响工伤保险基金的安全性、企业开展工伤预防工作的积极性和工伤预防的效能发挥情况。对于企业的风险行业类别，虽然上海市已经由三类增加到八类，但随着市场不断细化，企业的行业风险类别也应该进一步细化精分，同时应对于各个行业进行定期的工伤风险评估，加大工伤风险程度不同的行业类别之间的基准费率差距。浮动费率应该与企业的工伤保险基金的收支情况、工伤预防政策的实施情况、工伤预防的成效、工伤事故发生率等多方面进行挂钩，建立工伤保险费收缴的数学模型，对工伤保险浮动费率进行定期调整改进。

2. 建立企业安全技术改进方面的工伤预防费用机制。按照安全经济学的理论，我国20世纪90年代时期安全投入产出比例达到了1：5.83，安全生产对社会经济的贡献率达到2.4%。因此，为了提高企业生产的安全性，政府可以建立企业安全技术改进的工伤预防费用机制，从工伤预防费用中设置一项费用支出，用于建筑业等高危行业企业的安全技术改进补助，可以采用贷款贴息、配套补贴、重点补贴等形式，通过用小数目的工伤预防费用带动高危行业企业投入大量的安全技术改进资金，并通过安全生产再扩大企业的经济效益及社会经济贡献，形成安全投入和产出的良性循环，从而有效利用经济杠杆作用强化工伤预防。

3. 建立安全生产检测检验、评估调查、科研等方面的工伤预防费用机制。建立起安全生产检测检验、评估调查、科研等方面的资金支持机制，不仅有利于安全生产的早预防、早改造及职业危害的早发现、早治疗等，且能降低工伤事故发生率和职业病发病率，降低建筑业农民工的整体工伤风险，从而降低工伤保险基金的支出。同时，基于“损失控制”原理，用工伤预防费用支持安全生产和职业危害防护技术研究以及相关标准的制定、修订等，最终的科研成果能用于工伤预防的实际工作中，发挥重要的工伤预防作用。

四、结论

与发达国家相比，我国的工伤预防管理开展较晚，目前只处在起步探索阶段，但随着工伤预防、工伤康复、工伤补偿“三位一体”的工伤保险制度的形成以及工伤预防工作的深入开展，建立建筑业工伤预防制度是工伤保险制度发展的目标之一，这有利于实现工地安全施工，维护建筑业农民工的基本权益，维护社会的安稳与发展。笔者在今后的工作和学习中会针对如何完善上海市建筑业农民工工伤预防制度这一主题做进一步的研究。

参考文献

[1] 豆蒙佳. 建筑业农民工的工伤预防机制研究 [J]. 劳动保障世界，2013（1）：26-29.

[2] 郑尚元. 工伤保险法律制度研究 [M]. 北京：北京大学出版社，2004.

[3] 卢荡. 建筑农民工工伤保险问题分析 [J]. 社会视点，2016（23）：234.

[4] 刘建伟. 我国农民工工伤保险存在的问题及措施 [J]. 金融经济，2017（2）：36-38.

[5] 李俊生，高东旭. 建筑施工工伤预防 [M]. 北京：中国劳动社会保障出版社，2015.

[6] 李明甫. 国外工伤预防机制研究 [J]. 劳动保障世界，2010（3）：59-63.

[7] 连坎根. 发挥经济杠杆作用促进工伤事故预防安全管理 [J]. 安全管理，2006（6）：32.

[8] 孟繁元，田旭，李晶. 我国农民工工伤保险存在的问题及对策分析 [J]. 农村经济，2006（2）：47-49.

[9] 王黎. 浅谈大数据背景下工伤预防的智能化建设战略 [J]. 中国医疗保险，2015（11）：61-63.

[10] 周慧文. 德国工伤保险事故预防机制评介 [J]. 中国安全科学学报，2005（5）：52-53.

[11] Skogstadlaila，ToienKirsti，Hem Erlend，et al. Psychological distress after physical injury：A one-year follow-up study of conscious hospitalized patients [J]. Injury，2012（45）：289-298.

某康复医院工伤控费管理的评估与展望

孔丽丽　王凤颖　张　静　张富云　刘铁军
首都医科大学附属北京康复医院工伤管理办公室

【摘　要】本文以工伤住院费用作为研究对象，分析 2015 年 1 月至 2018 年 5 月出院工伤患者费用相关指标的变化，对北京康复医院控费管理办法进行阶段性总结。只有在保护工伤患者的合法权益，并使其得到及时有效救治的前提下，加强医院控费管理，进一步规范工伤医疗行为，确保医疗资源的合理利用，才能有效地遏制工伤费用的不合理增长。

【关键词】工伤医疗　控费

工伤保险是我国五大社会险种之一，《工伤保险条例》明确规定工伤保险基金的支付范围，包括职工工伤治疗的相关费用、康复性治疗费用及生活护理费用等。由于现行的工伤医疗费用结算方式大多是全额报账，而工伤医疗费用变动性较大，由此产生的费用难以得到有效的控制，极易出现医疗资源浪费现象，更严重的还会由此引发工伤保险基金赤字。随着医疗改革的不断推进，合理控制医疗费用，防止其过快增长是当前管理的重点和难点。

2015 年北京康复医院被人力资源和社会保障部定为全国区域性工伤康复示范平台，医疗服务能力不断提升，工伤患者逐年增加。为了加强工伤医疗管理，提高医疗服务质量和管理水平，降低工伤保险基金在工伤医疗过程中的浪费，北京康复医院在寻找合理的控费管理方法方面进行了积极探索，采取了一系列管理措施，取得了一定的效果。

一、住院费用现状

随着北京康复医院的不断发展，医疗服务能力不断提高，社会影响力增加，收治的工伤患者逐年增多。本文对 2015 年 1 月至 2018 年 5 月出院工伤患者住院费用结构进行分析比较，出院人次逐年增多，而平均住院日、住院次均费用、药占比等均明显下降，可以看出通过一系列控费管理措施，取得了令人满意的效果（见表 1）。

表 1　　2015 年 1 月至 2018 年 5 月出院工伤患者住院费用结构

年度	人次	平均住院日	次均费用/元	药占比/%	耗材占比/%
2015 全年	1 111	62	64 344. 18	28. 24	3. 56
2016 全年	1 501	55	65 804. 20	32. 38	7. 41
2017 全年	2 470	40	56 785. 46	23. 24	8. 50
2018 年（1—5 月）	1 360	31	40 629. 61	14. 79	7. 97

（一）出院人次逐年增多，医院影响力不断扩大

由于 2018 年数据仅为 1—5 月数据，因此使用每月平均出院人次进行比较（见图 1）。

图 1　每月平均出院人次

（二）平均住院日、住院次均费用、药占比均呈明显下降趋势，住院费用得到有效控制，费用结构趋于合理（见图 2、图 3、图 4）

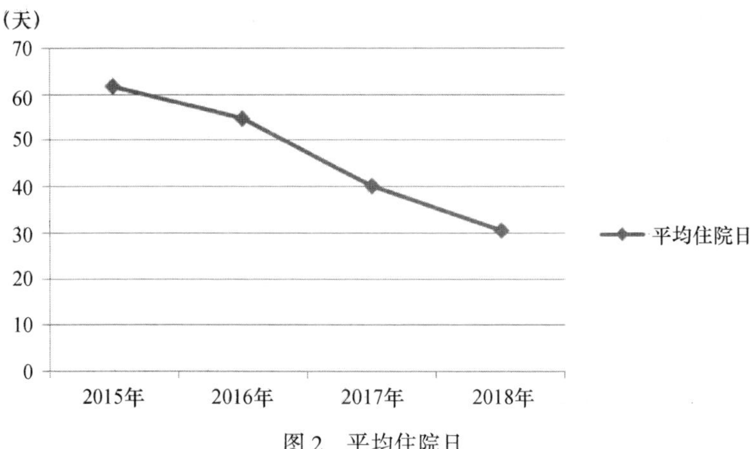

图 2　平均住院日

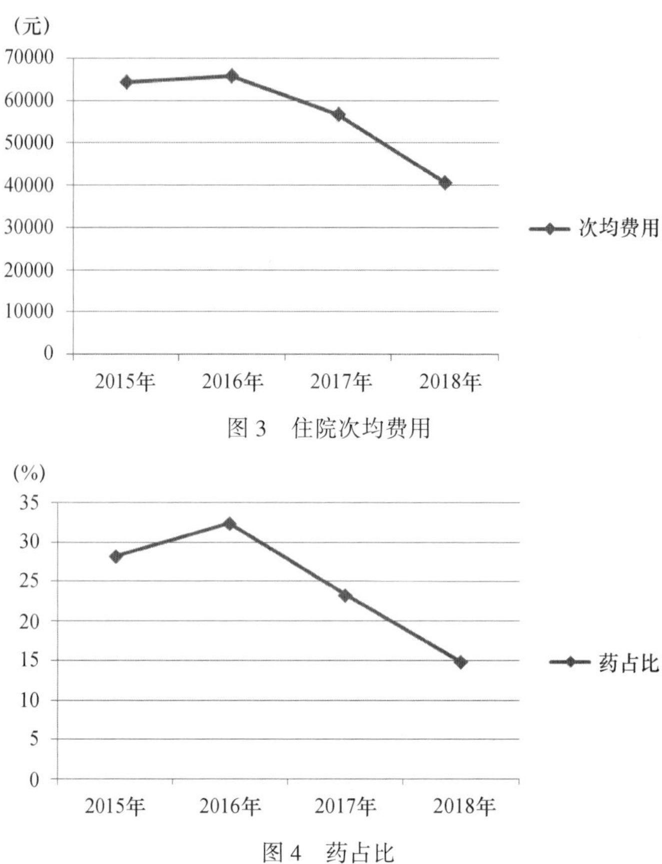

图 3　住院次均费用

图 4　药占比

（三）耗材占比有所升高，需要加强引导及控制（见图 5）

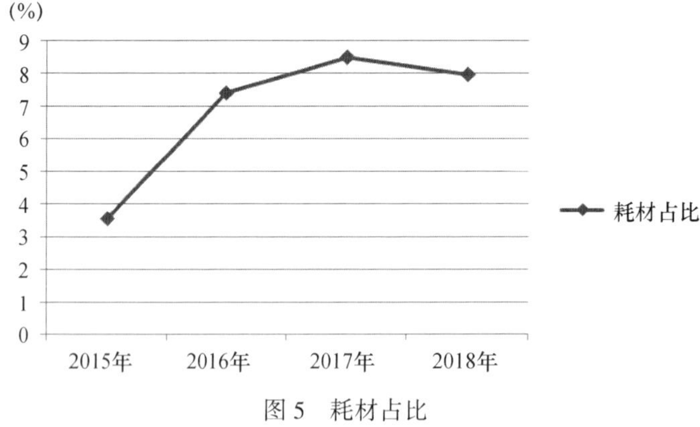

图 5　耗材占比

二、控费管理具体措施

（一）健全工伤管理科室架构，完善各项管理制度

设立工伤管理办公室，接受业务主管院长直接领导，由工伤管理办公室主任负责。制

定医院《工伤管理和考核办法》，进一步完善工伤医疗服务的一系列相关管理规程，并保证落实，始终把提高对工伤患者的服务作为医院管理目标。

（二）加强工伤管理办公室管理，提高自身素质

1. 加强业务学习，增强主动服务意识，坚持原则。正确掌握并理解工伤医疗相关政策，同时不断学习相关临床知识，提升综合职业素质，从而有效监管工伤医疗中的不合理收费。针对审核中发现的问题进行汇总分析，深入各临床康复科室进行政策再培训及问题解答，进一步保证政策的落实和正确理解。

2. 加强上下级部门间沟通协调。办公室专人负责，积极配合区经办机构对诊疗过程及医疗费用进行监督、审核，按要求进行相应整改。院内落实指定联络员管理制度，在各科设置工伤医疗联络员 1~2 名，明确联络员职责，定期举办联络员培训，负责本科室政策的传达及问题反馈，从而建立上、下有效沟通机制。

3. 加强信息管理。在医嘱界面设置对话框进行工伤相关检查及药品限定使用的提示，约束和提醒医师规范化诊疗。

4. 跟踪问效。工伤管理办公室每月、每季度对工伤管理情况进行统计分析，上报主管院长，定期开展工作例会，对存在问题进行通报，提出整改要求。

（三）加强部门间协作，实行团队管理

联合医务处、药学中心加大对处方、病历等医疗档案的审核力度。

1. 医务处进一步加强医疗文书的规范化管理，病历书写完整清晰，治疗记录单按要求详细记录，避免重复检查等。

2. 康复药学中心加强临床合理用药的指导及管理，定期进行处方点评，不断加强对药品的包装和标记管理。

3. 工伤管理办公室加强费用审核力度，杜绝重复收费、分解收费现象，发现超工伤范围用药、检查等不合理项目及时整改，对拒不整改的给予相应惩罚。

（四）加强对各临床中心、各科室的监督管理

1. 严格要求医师遵守各项医疗规范，规范诊治流程。对工伤患者因病施治，进行合理检查、合理用药、合理收费，坚决禁止做一些与工伤伤残无关的检查及治疗；认真进行早期、中期、末期评定，加强三期评定表书写管理；原则上不得使用自费项目，确需使用自费项目的，要与患者及其单位同时签订自费协议。

2. 严格掌握出入院标准，不定期对科室进行抽查，坚决制止“挂床住院”“顶替住院”等弄虚作假的违规行为。

3. 严格执行物价政策，积极发挥联络员监督职责。严格执行医嘱单、检查治疗单、收费单三单一致的收费要求。

4. 细化考核办法，实施奖惩激励。对临床业务科室进行每月考核评分，并与科室和个人奖金挂钩；登记违规事件，提出整改意见，并组织科室进一步学习相关政策。

（五）加强医患沟通交流

开通服务热线，设置政策宣传栏和价格公示栏、投诉意见箱，导医服务台增设工伤医疗咨询功能。将检查、治疗、药品各项目的收费标准对外公示，及时向工伤患者提供费用结算清单，热心提供咨询服务，妥善处理投诉，积极推动工伤患者宣教工作，正确引导工伤职工就医诊治。

三、讨论

医院控费是保证工伤保险基金平稳运行的重要环节，涉及“医、患、保”三方管理。只有三方共同努力，才能缓解基金和医院的压力，保证有限的基金合理使用。在当前形势下，医院应从自身出发，加强精细化管理，提升管理水平，提高医疗服务质量，合理控制医疗费用。

（一）工伤医疗费用增长原因分析

工伤医疗缺少起付线、自付比例、最高支付限额，因而约束性差，标准区别大，易滋生各种乱收费、乱用药等。①随着诊疗技术的改进、物价水平的上涨，以及新药、新设备、新材料的不断引入，医疗服务成本随之上升；同时从降低治疗风险、实现更好的疗效角度出发，医生也会选择新药、新技术，从而引起医疗费用增长。另外部分医院管理松散，控费意识淡薄，甚至有些医生受经济利益的影响，提供过度医疗，形成医疗资源的浪费。②工伤医疗的全额报销政策刺激了医疗消费需求，某些工伤患者本身也可能追求过度消费且存在投机行为，轻伤长住、小病大养，主动要求多检查、多用药、用贵药等，导致医疗费用剧增。

（二）国内外控费管理办法

关于医疗费用的控制策略，国内外学者从多个角度进行了大量的理论和实证研究，主要集中在针对供需两方的控制上，取得了一定的研究成果。但在不同医疗保障体系中，医疗费用报销比例和范围、医疗保险基金的监管方式、医疗保障覆盖面、医疗技术水准等不同，因此，彼此经验相互借鉴的程度相当有限。为控制医疗费用的不合理增长，国内多家医院进行了多方有益的探索，如推广“按疾病诊断相关组分类付费办法”（DRGs）、实施临床路径管理、实施单病种定额管理等，以期探索更为科学的管理办法，达到既能控费又能合理诊疗的目的。

（三）目前存在的问题和不足

从北京康复医院治疗费用构成看，随着出院人次增加，平均住院日、住院次均费用、药占比均呈明显下降趋势，取得控费管理的预期效果；然而耗材占比却有增加趋势，初步分析主要原因可能与物价上涨、耗材定价升高有关，另外，随着北京康复医院医疗水平的提高，收治急性期危重工伤患者以及手术增加导致相应耗材使用有所增加，尚需进一步查找原因进行管控。观察近3年半费用构成情况，不难看出，药占比虽然明显下降，仍然占据相当大比例，分别占28.24%、32.38%、23.24%、14.79%，与文献报道相似（药品费用是治疗的最大支出）。国外人力成本是治疗的最主要构成，而人力成本在国内长期没有得到重视。因此，缩短住院时间、降低药品费用，合理提高人力成本价格，应是医保控费管理的重点。

（四）控费建议

1. 在保障工伤患者的合法权益，使其得到及时救治的同时，确保医疗资源合理利用，达到合理控费的目的。

2. 既要加强医院的工伤管理，也要加强对工伤病人的宣传，形成控费的长效机制。

3. 完善支付方式，探寻新的付费模式，形成更好的约束机制，确保工伤保险基金不发生浪费。

4. 建立政策信息预警提示系统、数据反馈系统，使医保管理实现精细高效管理。

总之，工伤医疗住院费用的管理，必须推行可持续发展的理念，除了完善相关配套政策，在医院内部管理上要向精细化管理方向发展，通过一系列具体举措，达到控费的目的，尤其缩短住院天数、降低药占比是控费的关键。

参考文献

[1] 郑丽英，王建民．减少工伤保险不合理费用的出路在哪儿［J］．天津社会保险，2017（1）：18-19.

[2] 何国忠，马敬东，肖嵩．我国现阶段医疗控费策略执行效果情景分析［J］．中国卫生事业管理，2010（10）：684-691.

[3] 贾建英，沈惠萍．加强医疗管理控制我院工伤医疗费增长的探讨［J］．中国现代药物应用，2012，6（12）：140.

[4] 宋文艳，乔玲梅．加强对工伤住院医疗费用控制问题的思考［J］．中国社区医师，2011，13（5）：227-228.

[5] 苏颖．工伤医疗费审核存在的问题与对策探讨［J］．首都食品与医药，2017，24（2）：6.

[6] 陈蕾，张绍峰，钦嫣．国外工伤保险制度比较与借鉴［J］．国外医学卫生经济分册，2017，34（3）：102-112.

[7] 余飞跃．美国工伤保险制度概述［J］．中国医疗保险，2016（1）：67 -70.

[8] 饶惠霞，唐丹，孟光兴，等．德、美、韩三国工伤康复体系观察及其启示［J］．现代医院，2012，12（4）：1-3.

[9] 苗丽壮，李涛，傅华．我国工伤保险现况及对策［J］．工业卫生与职业病，2000（6）：27.

[10] 郝琦．工伤保险康复基金使用效率研究［D］．青岛：青岛大学，2015.

[11] 赵永生，赵菁．工伤医疗费用结算方式浅议［J］．运城学院学报，2006（5）：

109-110.

[12] 张铭盛，贝涛，何伟章，等. 工伤断指再植患者实施临床康复路径的应用评价 [J]. 实用中西医结合临床，2017，17 (2)：131-132.

[13] 张文波. 关于工伤医疗实行单病种定额管理的探讨与分析 [J]. 中国疗养医学，2007，16 (7)：385-386.

[14] 王云川. 探索工伤保险结算办法 [C]. 第一届全国医院医保管理学术年会，2009：293-294

[15] 李晓翠. 某省工伤保险住院费用影响因素研究 [D]. 湖南：中南大学公共卫生学院，2013.

[16] 董轩. 2000—2007 年我国军队医院烧伤患儿住院费用分析 [J]. 中国中医药现代远程教育，2013，11 (10)：146-147.

[17] 朱丽敏. 工伤保险制度的可持续发展：从“控制成本”到“以人为本”[J]. 云南社会科学，2010 (4)：70-75.

[18] 汪文婷. 我国工伤保险发展历程及其可持续发展的思考 [J]. 管理观察，2017 (3)：168-170.

工伤认定和待遇申报流程的效率问题

林　昌　广州市惠城区人力资源和社会保障局

【摘　要】工伤职工在受到工伤意外之后迫切需要工伤待遇的支持以解燃眉之急，而工伤认定和工伤待遇申报是获得工伤待遇的基本程序，但是其中却受许多的因素的影响，导致总体效率不够高，用人单位和职工在申请的过程中会感到办事程序比较烦琐、等待时间比较漫长。本文梳理了现行“工伤认定—劳动能力鉴定—工伤待遇申报”流程中存在的可能对工作效率产生负面影响的因素，包括重复提交资料、办事地点分散、一次工伤两次认定等问题，并针对这些问题提出了设立工伤一站式办公平台、建立工伤材料共享机制、统一工伤保险申报流程规范、实施工伤工作专人专职等建议。

【关键词】工伤认定　工伤待遇申报　效率

一、背景和目的

（一）研究背景

职工因工作受到事故伤害后，面临着医疗费用的压力，而且工伤职工经常是其家庭的经济支柱，因此迫切地需要获得工伤保险待遇的支持以解燃眉之急。但是实际操作中，获得工伤保险待遇的时间却比较长，工伤保险待遇申报等程序需要多次提交资料和等待结果，行政效率不高。无论是用人单位还是受伤职工或其近亲属申请，往往需要耗费较多的时间成本和人力成本，特别是由受伤职工或者其家属办理的情况下，长时间的申办过程额外增加了受伤职工及其家属的负担。另外，因为没有风险和重要性的区分，重伤与极轻伤申请工伤保险待遇的总体流程没有太大的区别，对于轻伤职工来说，工伤获得的赔偿往往还不如付出的时间、人力和交通的成本，申请工伤成了得不偿失的选择。

综上所述，梳理影响工伤认定和工伤保险待遇申报行政效率的问题，再根据现有的条件尽可能地进行调整，能够在一定程度上提高工伤职工和用人单位享受工伤保险待遇保障时的获得感，有利于更好地保障工伤职工的权益，促进服务型政府的建设。

（二）研究方法和目的

参考相关研究，根据实际的工作经验和通过对工伤认定到待遇申报整个流程中行政管理影响效率的问题进行梳理，以更好地发挥工伤保险保障受伤职工获得医疗救治和经济补偿、分散用人单位风险的作用为目标，研究和探讨工伤认定和工伤保险待遇申报中提升行政效率可能的方向，为工伤保险流程的优化、机构人员的配置和制度机制的完善提供参考。

（三）研究的范围和边界

因受时间和能力所限，为避免争议和误导，本文只讨论在现行法律法规和“工伤认定—劳动能力鉴定—工伤保险待遇申报”总体行政程序不变的情况下，社会保险行政部门和经办机构通过申报流程优化、信息技术运用和人员管理等手段解决工伤行政效率不高的问题，不涉及行政程序的合并调整、劳动关系仲裁、复议诉讼、相关法律法规的修订完善等其他影响因素。

二、影响工伤认定和待遇申报流程的主要行政管理因素

（一）对于不同程度的工伤没有区分

虽然同样是工伤，但是受伤害职工的受伤程度可能差别很大，而工伤认定到工伤保险待遇申报的流程，对受到轻微工伤、发生费用很少的职工而言，可以说是如同鸡肋，“食之无味，弃之可惜”。比如只是表皮擦伤或是轻微扭伤的受伤害职工，为了获得工伤保险待遇，一样需要按照统一的标准要求在社会保险行政部门和经办部门分别提交资料，因为这一流程是为了应对所有的工伤情况所制定的。对于发生费用极少的轻伤职工或用人单位来说，很可能获取工伤保险待遇的投入成本比工伤造成的损失还多，这样使得工伤保险待遇并没有真正地起到保护工伤职工权益以及降低用人单位风险的作用。

（二）申请资料重复提交

要获得工伤保险待遇一般要经过工伤认定、劳动能力鉴定、工伤保险待遇申报 3 个程序，这 3 个程序虽然关联性很强，但也需要分别提供材料。对这个过程，虽然各地要求略有不同，但一般都需要重复提交大量的材料，如疾病证明书和病历等医疗资料或是代理人的委托手续材料，并分别向社会保险行政部门、劳动能力鉴定委员会、社会保险经办机构提交。有时因办理时间存在一定的间隔，其间若是受伤害职工或用人单位遗失了部分资料，更会加大申请的难度。申请人多次准备和补正相似度极高的材料影响了工伤认定到工伤保险待遇申报的总体行政效率。在现行的技术条件下，这个问题是可以通过流程整合，利用网络信息技术申请材料互通互认来解决的。

（三）办事机构地点分散

工伤认定、劳动能力鉴定、工伤保险待遇申报3个程序的办理部门（社会保险行政部门、劳动能力鉴定委员会、社会保险经办机构）往往不在同一个办公地点，要在不同的地点之间往返，对申请人而言的感觉很可能就是办事难，需要过多地消耗时间成本和人力成本。

（四）一次工伤"两次认定"

《工伤保险条例》《工伤认定办法》等对工伤认定的受理条件、认定流程和时间限制作了明确规定，但是对工伤保险待遇申报流序却没有明确的规范要求，各地往往各自为政。许多地区的社会保险经办机构可能出于对社会保险基金负责的态度，要求申请人在待遇申报时除提交工伤认定决定书外，还需提交证实工伤情况的其他相关资料，如工作说明、公安机关处理结果、交通事故认定书、法院判决书、仲裁决定书等，对于报销费用达到一定数额的可能还要进行调查核实。这对工伤职工或用人单位而言，事实上是一次工伤"两次认定"，过程冗长，对行政资源来说也是一种浪费。如果工伤保险待遇申报过程中还需要对是否属于工伤或属于何种工伤进行核实，那么工伤认定程序将失去意义。

（五）工伤认定工作人员权责不够统一

《工伤保险条例》中列出了社会保险行政部门工作人员在工伤认定中依法给予处分的3种情况，但是过于简单笼统，对于其他情况是否会受到处罚并不明确。受理工伤认定申请到作出结论的过程中，能够获得的证据材料事实上都以说服性资料为主，社会保险行政部门工作人员的调查权限和时间成本等客观条件都是有限制的，事实上不可能对职工当时是否发生了《工伤保险条例》中规定符合工伤或视同工伤的情形进行绝对保证。因此，应当对其承担的责任和边界进行划分。例如，社会保险行政部门工作人员在完全按照《工伤保险条例》和《工伤认定办法》等政策法规的要求，规范地进行受理和核实情况后仍未能发现用人单位或职工提供虚假材料，造成社会保险基金损失的，应不承担任何责任。否则，因为风险回避的原因，在实际工作中工作人员最合理的处理方式就是尽可能多的要求工伤认定的申请人提供各种材料，最终导致工伤认定手续越来越复杂，行政效率低下。

（六）信息化水平的限制

在工伤保险待遇申请过程中，许多程序难以进一步优化和提高工作效率是受到信息化技术水平限制的，常见的是材料核实认证。工伤认定、劳动能力鉴定、工伤待遇保险申报需要的材料许多是由其他行政机关和公共服务单位所掌握的，如公安部门掌握人员户籍身份信息，市场监督部门掌握企业注册信息，交警部门掌握交通事故认定书，公立医院掌握病历诊断等信息。实际工作中，为了核实这些材料的真实性，往往需要核对原件或提供证明。一个较常见的例子也是前些年在网上引发众多讨论的例子："证明我妈是我妈"的情况。假设一位外地务工人员在工作岗位突发疾病死亡，一位自称是他母亲的人，要以受伤害职工近亲属的身份提出申请，但是她和死亡职工并不在同一个户口簿上。如果不进行核实，可能导致真正遭到丧失至亲的家庭没有得到补偿，而投机取巧的人拿走了丰厚的工伤保险待遇。为避免这种情况，迫于无奈，社会保险行政部门的工作人员只能要求其提供公安部门出具的证明亲属关系的材料，这个问题不能简单地归属于哪个人，也不是单位不作为或者设置“障碍”造成的。如果能够从全局规划，在政府各个行政部门和公共服务单位之间通过信息化手段实现根据工作权限和需要提供一个实时信息的核对窗口，就既可以让群众“少跑路”提高工作效率，也可以保证材料核实的可靠性。

四、意见和建议

（一）设立无争议轻伤的快速流程

尝试设立无争议轻伤的快理快办程序，只需提交职工身份证、企业注册登记信息和疾病诊断书 3 项资料后可直接作出工伤认定结论并同步申报工伤保险待遇，一天内完成全部流程，使得轻伤职工也确实受到工伤保险的保障。在考虑便利性和工伤保险基金承受风险的基础上，工伤快理快办程序应满足以下条件：

（1）用人单位和受伤害职工对工伤事实均无争议。

（2）发生的工伤医疗费用低于一定标准（如当地月社平工资的 20%，这个数字仅是举例使用，现实标准应经过保险精算师测算后结合实际确定）。

（3）受伤害职工无须进行劳动能力鉴定。

（4）用人单位提出工伤认定申请。

（5）用人单位已为受伤害职工参加工伤保险。

同时，应当设立对快理快办工伤 10%左右的回看检查机制，一经发现造假舞弊的问题，采取提高工伤保险缴费的浮动比例以及禁止该用人单位在一定时期内通过工伤快理快办程序申办工伤等惩罚性措施，达到对用人单位威慑和惩戒的作用。

（二）建立工伤一站式办公平台

在有条件的地区设立工伤认定到待遇申报的一站式服务窗口，将社会保险行政部门和社会保险经办机构中的工伤业务相关的窗口都整合到一起，除了要在一栋办公楼内，还应当尽可能在同一个大厅，受理窗口接近，真正方便群众咨询和办事，减少群众来回奔波的辛苦，提高办事效率。

（三）建立工伤流程内资料共享机制

工伤认定到待遇申报虽然要经过工伤认定、劳动能力鉴定、工伤保险待遇申报 3 个基本流程，但是对于办事的群众和用人单位来说就是要解决一个事情，因此可以此为切入点，建立一套工伤材料共享机制，通过材料复印移交或是扫描后，在内部实现材料共享互认，避免了同一材料反复提交反复验证、同一经办人反复委托等情况。

（四）制定工伤保险待遇申报基本规范

制定全国通用的工伤保险待遇申报的基本规范或指导意见，明确工伤保险待遇申报过程中不应当对是否属于工伤或视同工伤进行再认定或设置有近似目的的程序和材料要求，避免行政资源的浪费和办事群众的时间和精力损失。同时，设定办理时限要求，统一申请表格样式，尽可能将所有工伤保险待遇申报的需求整合到一张表中，加强内部管理，提高工作效率。

（五）实施工伤工作专人专岗

清理社会保险行政部门工伤部门过多除工伤外的其他业务，完善机构设置和科学进行编制配套，综合考虑一个地区的面积、人口、产业分布和往年工伤案件的平均数量等因素，科学地配备工伤部门工作人员的数量，并明确不得要求其承担工伤相关业务之外的工作，为工伤认定工作可以获得专业、高效的处理提供人员保障。

（六）明确工伤认定的责任边界

社会保险行政部门严格按照《工伤保险条例》《工伤认定办法》政策要求，对于存在做假可能的材料进行了尽职的核实，对存在重大风险的事项进行充分调查后作出的工伤认定结论，后期因行政诉讼发现用人单位或职工提供虚假证据材料而被撤销及造成工伤保险基金损失的，明确不应当追究作出工伤认定的社会保险行政部门及工作人员的责任。在要求社会保险行政部门工作人员认真尽职完成工作的同时，解除其后顾之忧，明确作出的工伤认定结论是对受伤害职工属于工伤或视同工伤可靠性的合理保证，因用人单位或职工造假舞弊和法院对工伤认定范围的理解不同而导致原工伤认定结论被撤销，并不是工作错误或失误。

（七）加强政务信息化建设

加大投入力度，可以从发达的省份或地区先行先试，探索将所有公共行政部门和公共服务部门掌握的基础信息整合到一个信息共享平台，并与各个部门内部的信息平台对接，每天实时更新。为保障信息安全，可以不直接提供信息的浏览和查询，而是根据各个部门的工作需要设定不同的权限和流程。如工伤认定中在收到工伤认定申请后，根据伤者身份证号码可直接查询工伤参保信息，而身份证信息可直接申请查询并打印，交通事故认定书则上传后可申请核实真假；工伤保险待遇申报中可直接查询工伤认定结论等。在保护信息安全的前提下，尽可能地方便群众办事，减少提供已经被公共行政机构和公共服务部门掌握的材料，真正从根本上让办事群众可以“少跑路”“少折腾”。

参考文献

[1] 赵磊，刘文华. 社会保险法律规制研究 [J]. 中国劳动，2018 (1).
[2] 刘文华，白宁. 社会保险法治化政策研究专题——工伤认定制度与实践 [J]. 社

会保障，2018（2）.

[3] 林嘉. 工伤保险与民事损害赔偿竞合问题之检讨 [J]. 中国医疗保险，2016（10）。

[4] 邱明月. 建设法治工伤保险亟待破解的困惑与难点——“工伤保险制度发展与相关法律制度的关系研讨会”综述 [J]. 中国医疗保险，2016（8）.

[5] 董保华，李干. 我国社会保险权利救济制度的理论悖论与现实困境——“裕元事件”引发的思考 [J]. 法学，2015（1）.

[6] 郭晓宏. 日本“过劳死”工伤认定的立法及启示 [J]. 中国人力资源开发，2014（19）.

[7] 何励钦，周劲松. 浮动费率在企业工伤保险中的应用研究 [J]. 安全与环境学报，2013（1）.

[8] 章志远. 工伤认定行政法规范解释的司法审查 [J]. 清华法学，2011（5）.

[9] 翟玉娟. 工伤保险覆盖面存在的制度缺失及完善 [J]. 深圳大学学报（人文社会科学版），2009（5）.

[10] 王显勇. 未参保单位职工职业伤害法律问题研究 [J]. 当代法学，2009（4）.

[11] 谢增毅. “工作过程”与美国工伤认定——兼评我国工伤认定的不足与完善 [J]. 环球法律评论，2008（5）.

[12] 王建军. 工伤认定：行政与司法的冲突及消除 [J]. 社会科学研究，2007（2）.

[13] 陈文瑛. 工伤保险行业差别费率确定方法探讨 [J]. 安全与环境学报，2005（3）.

工伤医疗待遇经办过程中的实践与思考

俞小育　上海市社会保险事业管理中心长宁分中心

【摘　要】工伤医疗待遇是工伤保险待遇的重要组成部分，也是社会保险经办机构审核的重点和难点。本文简述了上海市工伤医疗待遇经办管理方面的现状，分析了具体工作中遇到的问题和难点，并提出了一些较有针对性的优化建议，以最大限度地发挥工伤保险基金的保障作用，在维护工伤人员权益的同时，提高上海市工伤保险业务的经办效率和服务质量。

【关键词】工伤医疗费　问题　建议

工伤保险对于及时救治和补偿受伤职工，保障工伤职工的合法权益，分散用人单位的工伤风险，发挥了积极重要的作用。在工伤待遇结算中，医疗待遇审核和结算是重点工作，也是难点工作。在工伤医疗待遇经办实际工作中，仍有一些问题需要认真思考、总结经验，并针对具体问题提出较为可行的建议和解决方法。

一、工伤医疗待遇经办管理基本概况

（一）工伤医疗待遇经办流程

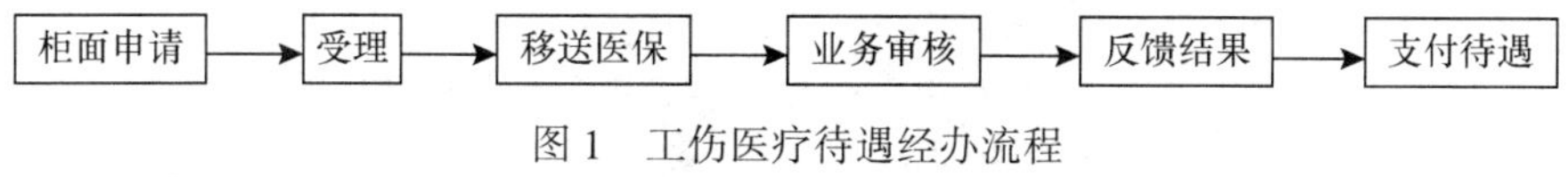

图1　工伤医疗待遇经办流程

工伤医疗待遇经办流程见图1。用人单位至其参保所在地区（县）社会保险经办机构申请办理，个人可至各街道、镇（乡）社区事务受理服务中心或各区（县）社会保险经办机构申请办理。对于按项目参保的工伤职工，则统一由用人单位至建设项目（施工合同备案）所在地的区（县）社会保险经办机构申请办理。

（二）工伤医疗待遇经办管理概况

1. 工伤医疗待遇结算基本情况。2014 年 2 月 10 日起，随着《上海市工伤就医和医疗费用结算管理办法》（沪人社福发〔2013〕27 号，以下简称《管理办法》）出台，上海市工伤医疗费用报销业务开始单独作为工伤业务受理项目。对于用人单位或者工伤职工先期支付的工伤医疗费用，用人单位或工伤职工可携带相关材料至各区（县）社会保险经办机构申请报销。职工被认定为工伤后治疗工伤的医疗费用，由工伤保险定点医疗机构（以下简称定点医疗机构）记账后每月与各区（县）医疗保险事务中心申报核定，而工伤职工治疗工伤时只要在定点医疗机构出示工伤认定书，核对相关信息无误后即可完成治疗结算，从一定程度上省去了工伤职工的报销环节，缓解了工伤职工的垫资压力。

2. 工伤医疗待遇审核基本情况。以上海市社会保险事业管理中心长宁分中心（以下简称长宁分中心）为例，自 2014 年实行“一窗受理、全科审核”经办模式以来，由受理科负责核对工伤职工医疗费用报销材料，确定工伤职工待遇享受条件，进行业务受理，同时由专人每周二、四与长宁区医疗保险事务中心（以下简称医保中心）进行移交医药费发票审核。

2018 年年初，在上海市人力资源和社会保障局信息技术部门和市医保中心的大力支持下，社会保险与医疗保险网络直连环境及其数据共享交互系统正式启用，对于当日已受理通过的工伤职工信息，于当天晚上自动传送至医疗保险部门，次日业务操作人员在进行工伤医药费凭证信息录入时，即可获取工伤职工当年及历史库共 3 年的医疗保险就医结算信息。交互系统的启用改变了原医疗保险数据每月由人工交换一次的方式，大大提高了工伤保险医疗费凭证数据录入效率。2018 年，整个工伤医疗待遇业务从受理到完成待遇支付平均需要 25 天。

2015—2017 年，长宁分中心工伤业务量见图 2。由图可知，长宁分中心工伤业务总量呈下降趋势，但工伤医疗待遇业务量一直占比最高。根据笔者多年的工作经验，工伤医疗待遇业务一直具有业务量大、难点多的特点。

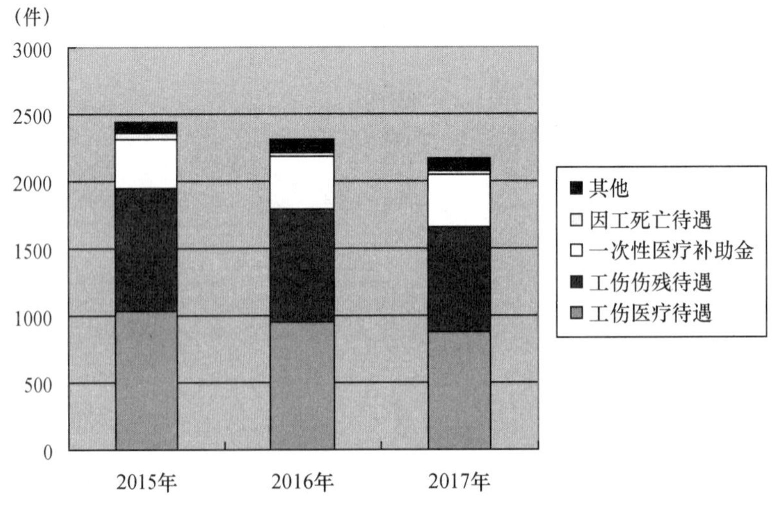

图 2　2015—2017 年长宁分中心工伤业务量

二、工伤医疗待遇经办管理中的问题和难点

（一）工伤医疗待遇结算存在的问题

1. 工伤医疗待遇结算监管难。定点医疗机构即上海市基本医疗保险定点医疗机构，由上海市医疗保险监督检查所负责监督检查。据不完全统计，上海市共有各级定点医疗机构1 500多家。在经济效益驱动下，部分医院为了追求自身利益最大化，一是将可以由本医院收治的工伤职工误导转往下属非定点医疗机构进行治疗，从而造成工伤职工产生的医疗费用无法由工伤保险基金报销。二是未按规定收取医疗费用，造成工伤职工部分医疗费用无法由工伤保险基金报销。这种情形主要发生在私立医院，工伤职工出院时未通过医疗保险系统结算，造成工伤职工只能自行承担本可以由工伤保险基金承担的医疗费。三是对于长期需要进行治疗的老工伤人员来说，随着其病情的不断衍变，伤与病之间的界限变得越来越模糊。他们的诊治医生往往较为固定，容易有意将疾病与伤情挂靠，造成医患同谋，共同侵占工伤保险基金。

除利益驱动造成的不规范收费外，不少定点医疗机构还存在以下问题：一是医疗费用原始票据容易遗漏收费章；二是医疗费用原始票据上工伤职工姓名打印错误，且未加盖更正章或将非工伤职工本人的医疗费用原始票据错给工伤职工；三是工伤职工就医记录不全或将工伤部位写错（如将“左＊骨”写成“右＊骨”等）；四是医务工作者书写病史时字迹潦草，导致后续审核时难以准确判断。针对前三类问题，大多数工伤职工由于不想往返折腾，索性选择放弃报销。

2. 工伤保险基金市级结算未发挥重要作用，具体体现在以下3个方面：

（1）工伤职工主观排斥，习惯传统结算模式。这一情况主要集中在年龄偏大的工伤人员，他们对新鲜事物往往比较排斥，不愿意接受，习惯长期固定的生活模式。此外，这类人员中有相当一部分都属于老工伤人员，其工伤医疗费用在纳入工伤保险基金前一直是由单位负责报销。这类人员的工伤医疗费用纳入工伤保险基金后，他们仍喜欢由单位先行垫付工伤医疗费用，特别是对于一些自费药品，工伤保险基金无法全额报销，而单位也怕造成不必要的麻烦愿意维持原报销模式。

（2）交通事故导致的工伤客观上不满足结算条件。实践中，发生交通事故后，一般都是按机动车交通事故处理，找侵权方赔偿，很难通过医疗保险报销。所以，因交通事故造成工伤的职工在定点医疗机构进行治疗时，医院往往会建议通过现金方式进行结算，方便工伤人员后续向侵权方进行追偿。然而近几年，因第三方侵权导致的工伤医疗待遇申领业务日益增多，此类工伤由于涉及第三方赔偿而无法在工伤职工劳动能力鉴定前或完成第三方赔偿前直接进行工伤保险基金结算，而在劳动能力鉴定完成后，工伤职工伤势也已基本稳定，不再需要治疗，故此类人员几乎无法享受工伤保险基金直接结算带来的便利，值得今后进一步探讨。

（3）政策宣传力度有待加强。近几年，人力资源和社会保障部充分利用网络平台，开设了“中国工伤保险”微信公众号，力求做好工伤保险政策宣传，传播工伤保险知识。上

海市人力资源和社会保障局也在不断加大宣传力度，已连续几年在全市集中开展工伤保险宣传咨询活动，吸引了不少工伤职工、普通市民甚至是农民工前来参与。在五大社会保险中，工伤保险一直是关注度最低的一个险种。任何人都不想发生工伤，单位或个人往往也是碰到工伤事故了，才会想起研究工伤保险政策，更不知晓上海市工伤保险基金市级结算这一惠民政策，这是政策宣传无法从一开始就充分发挥作用的主观因素。

客观上来说，工伤保险基金市级结算涉及医院、医保中心、社会保险经办机构等多个政府部门或机构，需要同心协力一起推广。仅仅靠几次集中推广，很难达到全市普及的效果。目前，上海市所有定点医疗机构都可为符合条件的工伤人员提供工伤保险基金市级结算服务，但仍有一些医院不仅未作推广，碰到结算问题不向上级部门反映解决，反而让工伤人员自行奔波于医院与社会保险经办机构或医保中心之间，从一定程度上阻碍了市级结算的推广和使用。

（二）工伤医疗待遇审核存在的问题

1. 工伤医疗待遇申领材料烦琐。目前，在社会保险经办机构柜面申请医疗费用结算时需提供用人单位盖章确认的申请表、待遇领取人的身份证及实名制银行卡、工伤认定书、医疗费用专用收据、门诊急诊病历、出院小结、住院费用清单及单位先期支付凭证等有关资料。对于大部分单位和个人来说，工伤保险政策的普及率偏低，而工伤医疗费用报销所需申请材料较多，在第一次申请时材料不一定能准备齐全。

虽然工伤认定部门与社会保险经办机构已实现了信息共享，但工伤职工申请医疗待遇时，仍需重复提供工伤认定书、身份证。对于需多次申领工伤医疗待遇的工伤职工，每申请一次都需重新再提供工伤认定书、身份证及实名制银行卡等材料，在未方便服务对象的同时，也浪费了一定的公共资源。

2. 与相关职能部门之间存在的问题。

（1）与工伤认定部门之间的问题。在受理过程中，时常会发生工伤人员提供了工伤认定书而系统中无任何工伤认定信息的情况，或者系统登记的工伤认定信息与工伤认定书记载的内容不一致，目前主要集中在“用工单位”和“受伤部位”两个栏目。

笔者曾向工伤认定部门了解情况，出现第一种情况主要是用人单位和工伤人员已收到工伤认定书，但未将收件情况及时反馈给工伤认定部门，导致工伤认定部门无法在确认工伤认定书已送达的情况下上传工伤认定信息。当单位或工伤人员到社会保险经办机构申请工伤待遇，查询发现系统内无数据时，才电话联系工伤认定部门进行确认登记。第二种情况则是工伤认定部门信息共享系统与出具工伤认定书的系统不同步，导致部分数据不一致。碰到此类情况，工伤认定部门不能当场修改或添加相关数据，需由其重新翻阅材料后才能予以确认。而有些工伤认定决定是几年前作出的，工伤认定部门需要查询历史库才能确认，耗时更长。因此，如社会保险经办机构以工伤认定信息与工伤认定书不一致为由不予受理，很容易造成待遇申领人不满。从经办角度考虑，仅凭两部门间电话沟通不够规范严谨，虽方便了工伤待遇申领人，但也变相增加了社会保险经办机构的经办风险。

（2）与医保中心之间的问题。在《管理办法》未出台前，用现金支付医疗费的工伤职工，需先至区（县）医保中心开具相关核定凭证后，再至社会保险经办机构申请工伤医疗费报销。《管理办法》的出台虽方便了工伤职工，减少其往返两个经办机构的次数，但从另一个角度看，却增加了社会保险经办机构的经办风险。由于该业务需要一定的从医经验，业务专业性强，可替代性不高，虽然社会保险经办机构提高了与医保中心的交接频次，最大限度地保障了工伤医疗费在规定期限内支付到账，但仍不能排除人为因素对整个支付流程的影响，如医保中心发票审核人请假外出、公休等。另外，所有工伤医疗费发票可支付金额由医保中心负责审核，但是当单位或个人来社会保险经办机构咨询不予支付的依据时，相关人员对于一些医学专业方面的解释心有余而力不足。

（3）与人民法院之间的问题。随着第三方侵权导致的工伤不断增多，通过法院判决执行的工伤医疗费赔偿也日趋增多。对于人民法院出具的民事判决书或调解书，社会保险经办机构在审核时较难分清工伤职工获得赔偿的医疗费用的具体金额，增加了审核的难度，往往需要工伤职工进一步提供相关资料进行证明及判断，从而造成工伤职工的不满。

三、对于工伤医疗待遇经办管理的思考

（一）加大工伤保险政策宣传

通过开展多形式、多渠道的宣传活动，加大工伤保险政策宣传力度和广度。一是依托日常经办，在经办工伤保险业务时进行面对面宣传。利用工作便利，对前来办事的单位或个人发放政策宣传资料，让工伤保险政策法规深入人心。二是利用社会保险业务自助经办平台（本文以下简称 RA 平台）逐步将政策精神第一时间告知用人单位，以便其能及时对内部员工开展宣传教育。三是利用网站、微信等新媒体，开展有广度、有深度、有力度的宣传活动，使工伤保险政策家喻户晓。四是通过沙龙、讲座的形式对一些小微企业进行工伤保险政策宣传，让其知晓工伤保险与商业保险的区别，解决单位和个人认识上的不足和观念上的误区等问题，强化用人单位参保意识。

（二）加强对定点医疗机构的监管

1. 合理选择工伤定点医院，加强集中管理。上海市定点医疗机构众多，为保证工伤保险基金的安全，规范定点医疗机构管理，建议将工伤保险定点医疗机构与基本医疗保险定点医疗机构分开划分。在上海市各级定点医疗机构中选出技术水平高、服务态度好、医疗设备过硬的医疗机构作为工伤保险定点医疗机构，也可选取一些有专业特色和权威的重点特色科室进行集中管理，通过签订服务协议来规范对工伤医疗的服务管理。

2. 规范医务工作者的行医行为。加强对医务工作者工伤保险政策的培训，区分伤和病引起的医疗费用，理顺工伤保险和医疗保险的关系，规范记录工伤职工的病情，合理用药，避免重复用药、过量用药等现象的发生。

（三）简化经办流程，优化审核程序

1. 将工伤保险基金结算产生的住院伙食补贴列入工伤保险基金市级结算范围。目前，

申领住院伙食补贴且住院医疗费已通过工伤保险基金市级结算的工伤职工，仍需提供众多材料至社会保险经办机构办理。建议将此类住院伙食补贴同步列入市级结算范围，不再要求工伤职工重复提供材料，方便工伤职工。

2. 拓展自主经办模式。随着社会保险业务自助经办平台的不断完善，越来越多的社会保险业务能直接由单位在网上自主完成。考虑到上海市社会保险与医疗保险网络直连环境及其数据共享交互系统已正式启用，建议将此系统逐步推广到 RA 平台及“上海社保”应用程序。由单位或个人自行在网上获取医疗保险数据并生成申请表，完成操作后携带相关材料再至社会保险经办机构进行后续审核。若工伤职工身份证、银行卡、工伤认定书等材料未发生变更的，在单位或个人完成承诺后可不再重复收取。

（四）加快各部门信息共享速度，建立长效的沟通机制

1. 逐步开发工伤保险信息共享系统。社会保险行政部门、社会保险经办机构及医保中心都涉及工伤管理工作，有效地保障了工伤职工的合法利益。然而这 3 个职能部门相对独立，缺少有效的业务交流，使上海市工伤保险管理的发展受到了一定的限制。建议建立无缝对接、数字贯通共享的工伤保险信息共享系统，一是可以避免由于信息不同步等原因造成单位或个人来回奔波，引发不必要的矛盾；二是减少资源重复浪费，提高工作效率；三是便于相关数据的统计分析，从而制定更为积极有效的方案与政策。

2. 定期沟通协调，促进部门交流。各部门建立联络人机制，遇到问题由专人负责点对点联系，并将沟通情况上传至工伤保险信息共享平台，提高沟通效率。按照“特殊问题特殊沟通、共性问题集中沟通”的原则，定期组织各部门之间的业务交流，从而提高工作质量和服务质量。

参考文献

［1］郝锦秀. 对加强工伤保险医疗费管理的思考［J］. 新疆农垦经济，2005（7）：98-100.

［2］马素美. 工伤保险医疗待遇结算存在的问题及建议［J］. 内蒙古煤炭经济，2014（11）：44.

［3］龙善民. 青岛市工伤保险医疗管理的问题分析与对策［J］. 中国医疗保险，2016（5）：60-62.

［4］邱晓禹，苑继宁，郑辉. 工伤保险医疗费支出分析与医疗管控——以天津市为例［J］. 中国社会保障，2017（10）：34-36.

对现行工伤保险政策中两个问题的思考

肖兰成　槐更奇　刘伯洲　河北省人力资源和社会保障厅

【摘　要】围绕《工伤保险条例》颁布、实施和修订，我国工伤保险制度建设逐步完善，事业发展成就显著。《中华人民共和国社会保险法》《工伤保险条例》及其部门规章、规范性文件组成的政策体系，在规范工作、推动事业、保障权益等方面发挥了重要作用。进入新时代，我国社会的主要矛盾表现为人民日益增长的美好生活需要和不平衡不充分的发展之间的矛盾，工伤保险政策体系也应针对形势新变化、人民新需求进行调整。就目前实施的五级至十级伤残职工一次性补助金政策和认定工伤决定书个别程序性政策而言，通过政策调整实现管理的精细化和服务的个性化，从而提高保障的可靠性、长期性，让包括工伤职工在内的全体人民在发展中有更多获得感、保障更加全面。

【关键词】工伤保险　一次性补助金制度　认定工伤决定书要素

目前，我国广义上的工伤保险政策由《中华人民共和国社会保险法》（以下简称《社会保险法》）、《工伤保险条例》及其部门规章（如人力资源社会保障部《工伤认定办法》等）、地方配套规章和大量的规范性文件组成。2004 年《工伤保险条例》的颁布实施，特别是 2010 年国务院进行修改并重新公布施行后，我国工伤保险制度法治化进程大大加快，我国工伤保险事业发展成就显著。到“十二五”时期末，我国工伤保险制度体系基本建立，实施范围基本实现制度全覆盖，对高风险企业、小微企业及建筑业等重点行业、重点人群的保障作用日益突出。我国在工伤保险事业上取得的成就，连同其他社会保险的成就，得到国际社会的高度认可，中国政府在 2016 年 11 月国际社会保障协会第 32 届全球大会获得了“社会保障杰出成就奖”。

随着中国特色社会主义进入新时代，我国社会主要矛盾已经转化为人民日益增长的美好生活需要和不平衡不充分的发展之间的矛盾。工伤保险政策体系应按新的历史方位，针对形势新变化、人民新需求，在发展中对不再适应新变化的政策进行调整，对不能满足新需求的服务加以提升，在发展中保障和改善民生、增进民生福祉，坚持改革、调整完善、承前启后、继往开来，为决胜全面建成小康社会，进而全面建设社会主义现代化强国，奋力实现中华民族伟大复兴中国梦不断做出新贡献。对现行的法规、规章在实施中反映出来的问题进行总结、分析和思考，进而寻求更加符合新时代、新理念的应对之道和政策建议，是摆在每一位工伤保险工作者面前义不容辞的责任。本文试图针对《工伤保险条例》《工伤认定办法》等现行法规规章规定的五级至十级伤残职工一次性补助金政策和认定工伤决定书个别程序性政策在实施中反映出来的若干问题，结合河北省工伤保险工作的实践及笔者在实际工作中的感受，进行归纳整理、总结分析，并从让人民在发展中有更多获得感、保障更加全面的角度出发，提出一些建议。

一、解除劳动关系后五级至十级工伤职工旧伤复发保障政策

目前，因工致残后伤残等级为五级至十级的工伤职工，针对其与用人单位解除劳动关后工伤复发的风险和因工伤所致劳动功能障碍进而导致的收入损失，国家采取的是一次性保障的措施。2010 年国务院《关于修改〈工伤保险条例〉的决定》规定将原《工伤保险条例》第三十四条改为第三十六条，其第一款第（一）项修改为：“从工伤保险基金按伤残等级支付一次性伤残补助金，标准为：五级伤残为 18 个月的本人工资，六级伤残为 16 个月的本人工资；”第二款修改为：“经工伤职工本人提出，该职工可以与用人单位解除或者终止劳动关系，由工伤保险基金支付一次性工伤医疗补助金，由用人单位支付一次性伤残就业补助金”。相应地，将第三十五条改为第三十七条，规定职工因工致残被鉴定为七级至十级伤残的，劳动、聘用合同期满终止，或者职工本人提出解除劳动、聘用合同的，由工伤保险基金支付一次性工伤医疗补助金，由用人单位支付一次性伤残就业补助金。两项一次性待遇的具体标准授权省、自治区、直辖市人民政府规定。

以上两项政策措施实施后，特别是在实施初期，在保障五级至十级工伤职工离职后工伤复发的医疗救治，补偿重新就业时因劳动功能障碍造成的收入下降等方面发挥了一定的积极作用。但随着以人民为中心发展思想的确立、工伤保险统筹层次的提高以及工伤保险业务管理和经办信息化手段的进步，一次性解决的政策理念和处理方法也逐渐引发了一些问题。特别是一次性工伤医疗补助金制度，越来越不适应工伤保险工作实践的现实需要，与伤残职工长期的、可靠的保障期待，与基金使用效率及确保基金安全的要求，与“纪录一生、服务一生、保障一生”的理念，形成了明显的反差，所引发的矛盾和冲突亟待解决。

（一）引发的矛盾和冲突

1. 一次性工伤医疗补助金政策不能可靠保障五级至十级伤残职工的医疗权益，不能确保伤残职工在旧伤复发时得到可靠的医疗保障。医疗补助数量不精确。一次性解决措施出台之时，受制于落后的信息系统和管理手段，对未来将有多少职工会旧伤复发，复发后会发生多少医疗费用支出，哪些伤残种类更易复发、哪些基本不会发生复发做不到精确的统计分析，只能对复发情况作出粗略评价和整体估量。特别是对于矽肺、布氏病等难以根治且逐渐加重的职业病，解除劳动关系时的一次性工伤医疗补助金显然不能满足治疗需求。

早年广东省深圳市建筑工人因尘肺病集体上访、近年来河北省承德市和保定市等以前在房山煤矿的工人维权事件等，都属于已经按照政策结清一次性工伤医疗补助金后，旧伤复发没有保障引发的维权事件。

2. 一次性工伤医疗补助金政策无法满足需要配置辅助器具的伤残职工更换辅助器具的需要。根据《劳动能力鉴定 职工工伤与职业病致残等级》（GB/T 16180—2014），一侧前臂缺失、一侧膝以下缺失、一侧踝以下缺失、一侧眼球摘除、双耳听力损失大于等于81分贝等约20项可能需要配置辅助器具的伤情均在五级或者以下，可能存在需要与用人单位解除劳动关系的情形，但目前的一次性工伤医疗补助金政策中并不包括解除劳动关系后辅助器具配置费用。根据2016年《河北省工伤保险辅助器具配置项目及费用限额标准》，腕离断肌电假肢每具为28 000元，上臂肌电假肢每具47 000元，赛姆假肢和组件式小腿假肢每具需要18 000元。假如存在以上伤情的职工解除了劳动关系，其一次性工伤医疗补助金显然不足以支撑日后更换辅助器具的需要。例如，河北省邢台沙河市某厂职工任某某前臂截肢，一次性解除劳动关系后假肢费用得不到保障，其信访问题曾经时任全国人大常委会委员长的张德江同志批示并经人力资源社会保障部批转河北省，此维权事件也产生了一定影响。

3. 一次性工伤医疗补助金政策影响了工伤保险基金的使用效率。一次性工伤医疗补助金制度设计的初衷，是保障五级至十级伤残职工解除劳动关系后旧伤复发的医疗救治。但实际上根据国家规定的致残等级标准，五级至十级伤残大部分属于截肢或者器官切除所致伤残，截肢或切除后极少复发。五级至十级伤残标准共366条，其中属于截肢或者器官切除所致伤残的有201条，约占55%，级别越低、比例越高。在实践中，涉及单纯性骨折或者手、足的伤残情形更是占绝大部分。特别是九级、十级伤残职工，属于骨折愈合后有或无功能障碍、截指（趾）或者指关节及掌指关节缺失的约占达到伤残等级职工的80%。这部分职工基本不存在旧伤复发的情况，他们在解除劳动关系时获得一次性工伤医疗补助金标准，2017年河北省九级伤残约7万元，十级伤残约4万元。2017年河北省这部分支出总额超过了4亿元。单纯从这部分补助的实际用途考量，此项目支出的基金使用效率是极低的，挤占了其他急需的工伤保险资源，也加重了企业的负担。

（二）制定以上现行政策的制约因素

1. 当时较为陈旧的保障理念的影响。《工伤保险条例》实施之初，在当时的历史条件下，问题的关键是解决有或没有的问题，包括工伤保险在内的社会保障事业，其“纪录一生、服务一生、保障一生”的理念是逐步建立的，当时提供长期的、可持续的保障理念尚未完全确立。

2. 当时设区市统筹层次制约的影响。在《工伤保险条例》实施之初，规定工伤保险基金实行设区的市级统筹。在市级统筹制度框架内，在不同统筹地区，甚至同一统筹地区内尚做不到工伤职工劳动关系变更后的伤残信息共享和转移接续。为确保工伤职工在重新就业后能够得到基本的保障，只能按照预估的标准，以一次性解决的方式给予简单的保障。

3. 当时历史条件下较为落后的管理手段的影响。具体分析，一是管理手段没有完全实现信息化，参保、登记、缴费、认定、鉴定，直到待遇支付，大部分停留在手工操作阶段；二是管理信息没有实现统筹地区之间、行政经办之间的互联互通；三是大量历史数据尚未实现可即时查询的、方便的数字化、信息化档案。

（三）目前现实情况和条件的重大转变

1. 发展理念有了重大转变，为完善工伤保险制度提供了方向。党的十九大提出“按照兜底线、织密网、建机制的要求，全面建成覆盖全民、城乡统筹、权责清晰、保障适度、可持续的多层次社会保障体系”“努力实现更高质量、更有效率、更加公平、更可持续的发展”。这要求切实转变发展理念，适应发展理念从“以人为本”转变为“以人民为中心”的要求，改变以往简单、粗放、一次性的解决思路，树立精细化管理、个性化服务、长期化保障的理念，对每一个级别不同、伤情不同、需求不同的工伤职工，采取区别化对待的措施，确保他们都能够得到应有的补偿和切实的保障。

2. 统筹层次的提高，为完善现行政策提供了制度保障。《社会保险法》和《工伤保险条例》把工伤保险统筹层次由市级统筹提升为省级统筹，全省范围内工伤保险基金统筹管理、使用，为建立全省统一的保障体系提供了制度基础。只要具有工伤职工的身份，无论同一地区是在这个企业还是那个企业，甚至在不同地区之间流动，工伤保险关系都可以随着职工而流动，真正实现“职工单位随意走、工伤医疗永相随”。

3. 工伤保险信息化建设快速发展，使解决上述问题具备了客观条件。目前，工伤保险信息化建设日新月异，基本上工伤保险所有管理和经办业务、管理手段都实现了信息化；河北省部署的省级系统支撑着工伤职工全部信息全省查询、全省调取，实现统筹地区之间、行政经办之间的互联互通；伴随老工伤问题的较好解决，大量的历史数据经过整理、规范，实现可即时查询的、方便的数字化、信息化档案。工伤职工的个人基本信息及何时、何地、受到何种伤害一目了然，是否旧伤复发、应当采取何种医疗措施清清楚楚，既可保障职工需求，又避免浪费。

综上所述，建议国家尽快对《工伤保险条例》第三十六条、三十七条进行修订，将工伤复发保障政策由一次性解决改为长期保障、足额保障。即因工致残被鉴定为五级至十级伤残的职工，在劳动、聘用合同期满终止，或者职工本人提出解除劳动、聘用合同后，其工伤复发时治疗工伤的医疗救治费用、安装配置辅助器具所需费用仍由工伤保险基金支付。

二、《认定工伤决定书》规定载明事项政策

目前，按照《工伤保险条例》的规定，职工所受伤害是否属于工伤，依据不同情形确定事故性质，即对伤害事故只采取事件定性的原则，并不包括伤害造成的具体的和最终的结果。例如，《工伤保险条例》第十四条、第十五条、第十六条分别规定了职工认定工伤、视同工伤和不得认定为工伤或者视同工伤的情形。但根据 2010 年 12 月 31 日重新修订、颁布的《工伤认定办法》（人力资源和社会保障部令第 8 号）第十九条规定，《认定工伤

决定书》应当载明下列事项：①用人单位全称；②职工的姓名、性别、年龄、职业、身份证号码；③受伤害部位、事故时间和诊断时间或职业病名称、受伤害经过和核实情况、医疗救治的基本情况和诊断结论；④认定工伤或者视同工伤的依据；⑤不服认定决定申请行政复议或者提起行政诉讼的部门和时限；⑥作出认定工伤或者视同工伤决定的时间。第三项规定的《认定工伤决定书》的必需要素不仅包括“情形”，还包括具体的、最终的结果。

对《认定工伤决定书》必需要件的这项细化规定，给工伤认定实践带来了一些问题，具体如下：

（一）拖慢了作出认定决定的速度，影响工伤职工的医疗救治

目前工伤职工负伤送医后，往往需要治疗一段时间，医疗救治机构才能出具较为准确的诊断证明书。特别是较为严重、较为复杂的伤情，或涉及多部位、多脏器的伤害，更是要等待数周乃至数月。在此期间，即便工伤事实清清楚楚、工伤情形简单明了、劳动关系明明白白，但由于病人没有出院，医疗机构不提供最后的诊断，造成工伤认定决定不能及时作出和及时送达。工伤医疗协议机构的直接结算和工伤医疗费的保障等便民措施落不到实处。

（二）增加了不必要的矛盾冲突

伤害本身客观存在的复杂性、伤情影响的长期性和某些伤情的隐蔽性，造成了工伤认定决定作出之后，随着原有复杂伤情本身未包括的伤害被补充，某些伤情长期影响的显现和某些隐蔽性伤情的暴露，以及个别工伤职工对工伤、因工伤引起的疾病和与工伤无关的疾病发生混淆，造成作出的工伤认定决定不断被修改，引发了行政部门与工伤职工之间大量的矛盾冲突，影响了服务质量和工伤职工的感受。

（三）造成了重复劳动和资源浪费

在经办环节，因为涉及费用支出，经办部门对每项治疗费用要进行非常细致的审核，涉及是何伤情、由何引起、如何治疗、是否合理，相对于认定部门对伤情材料的审核要细致全面得多。前置的认定环节相对于后面的经办环节实际上是不必要的重复劳动，同时工伤认定环节所需的病历、诊断等材料，在经办环节还要提交，造成大量资源浪费。

对此，建议按照《工伤保险条例》的规定，对《工伤认定决定书》构成要件进行重新考虑。考虑的指导思想应体现以确定事件性质的原则为主，即定性原则为主，兼顾伤害结果。具体建议：将《工伤认定办法》第十九条第三项“受伤害部位、事故时间和诊断时间或职业病名称、受伤害经过和核实情况、医疗救治的基本情况和诊断结论”，改为“受伤害情形和受伤害主要部位、事故时间和诊断时间或职业病名称、受伤害经过和核实情况以及医疗救治的基本情况”，删除必须载明“诊断结论”的要求。改动虽然不大，但其意义在于更加充分地体现工伤认定的定性原则，有效提高工伤认定的工作效率，减少争议纠纷，促进资源节约。

基于信息共享的上海工伤保险业务经办模式建设研究

徐怡华　吴晓倩　徐　梦　陈　烨　上海市社保中心静安分中心

【摘　要】进入21世纪以来，工伤保险经办日趋法制化，上海市现行的经办模式从工伤的治疗、认定到待遇申领等一系列过程各自有相应的规定，但这对于缺乏工伤知识的申请者来说，复杂的政策、烦琐的流程还是给他们带来较大的困扰。在产生这些问题的诸多原因中，本文将重点研究各部门间缺少信息共享相关内容。本文提出了医院、工伤认定部门、社会保险经办机构等机构之间共享医疗费用信息、工伤认定信息、工伤缴费信息等数据的设想，建议完善医院系统、工伤认定系统和社会保险经办平台等渠道，实现基于信息共享的工伤保险经办模式。信息共享是政府部门提高行政效率的重要手段，有利于简化工伤人员待遇申请的过程，提高服务对象的满意度。

【关键词】工伤保险　信息共享

一、工伤保险业务经办模式的发展概述

新中国成立伊始，政府部门就制定了针对工伤的相关政策，以保证劳动者和用人单位的相关权益。随着社会经济的发展和生产模式的转变，工伤保险的重要意义得以显现，我国工伤保险相关政策也在逐渐调整、发展、完善。进入21世纪，依法治国的理念也让工伤保险政策进入法制化的转型提升阶段。2004年1月1日我国开始施行《工伤保险条例》。2004年7月1日《上海市工伤保险实施办法》（自2013年1月1日起废止）出台，上海市社会保险经办机构根据该办法制定了相应的工伤保险经办规则。2012年11月21日上海市政府第156次常务会议通过《上海市工伤保险实施办法》（沪府令93号），自2013年1月1日起施行。该实施办法针对人员范围、伤残补助金、伙食费等工伤待遇作了相应修正，从而有效保障了工伤人员的权益。而2013年5月1日起实施的《上海市工伤就医和医疗费用结算管理办法》使工伤人员在定点医疗机构能使用工伤保险基金实时结算医疗费用，无须再至社会保险经办机构申请待遇。2018年1月1日起在上海市推行的社会保险

业务全市通办工作则进一步扩大了业务受理的机构范围，工伤人员可以到就近的街道社区事务受理服务中心进行待遇申领，进一步提高了便利性。

根据不同的法规、政策，上海市工伤保险业务经办模式也在逐渐调整。经过十多年的发展，目前劳动者在发生工伤后一般要经历以下几个过程：一是在定点医疗机构进行治疗；二是向区、县人力资源社会保障局提出工伤认定申请；三是向社会保险经办机构申报相关的工伤保险待遇；四是通过医疗保险机构对治疗工伤所需医疗费用进行审核，再通过社会保险经办机构予以支付。若工伤人员康复后存在残疾、影响劳动能力的，应当向劳动能力鉴定委员会提出劳动能力鉴定申请，根据鉴定结论再向社会保险经办机构申请伤残待遇等。

工伤人员从发生工伤到获得相关待遇，经历的时间长、过程复杂，对于他们来说是一种压力。所以，政府部门有必要考虑如何简化经办模式，提高服务效率，更好地为工伤人员服务。而实现各机构部门之间的信息共享，使相关信息可以互通共用，将对上海市现行工伤保险经办模式的发展起到重要作用。

二、信息共享缺失引发的问题

（一）信息共享缺失使部分政策普及不到位

1. 关于“先伤后保”政策。社会保险经办机构在受理时会先对工伤人员基本的参保情况进行查询，有一部分人员存在着“先工伤、后参保”的问题。用人单位应当自用工之日起 30 日内为其职工向社会保险经办机构申请办理社会保险登记，但是由于工伤发生的突发性和不可抗性，在上海市工伤保险经办过程中“先伤后保”、甚至没有参保的情况还是时有发生，很多工伤人员发生工伤后到社会保险经办机构查询时，才发现用人单位根本没有为自己缴纳社会保险费。排除用人单位非法故意不为员工参保之外，许多单位还是由于不了解政策或是不熟悉经办流程，导致工伤人员无法通过工伤保险基金获得相关待遇，损失了个人和用人单位的利益。这不仅是工伤保险宣传力度不够的问题，一定程度上也是信息共享缺失使得经办复杂化造成的。

2. 关于工伤认定。职工发生事故伤害或者按照职业病防治法规定被诊断、鉴定为职业病，所在单位应当自事故伤害发生之日或者被诊断、鉴定为职业病之日起 30 日内，向统筹地区社会保险行政部门提出工伤认定申请，但是由于政策普及不全面、信息互通不到位，大多数用人单位的经办人对工伤保险政策不熟悉，造成工伤人员医药费报销受到影响，特别是许多工伤人员大部分医药费花费在工伤当天的急救等手术和住院阶段，导致这部分费用无法报销。虽然根据政策，用人单位应承担此部分费用，但在实际操作中，肯承担此费用的用人单位寥寥，因此造成了工伤人员与用人单位、社会保险经办机构三方间的矛盾与摩擦，使工伤人员的切实利益受损，无法得到真正保障。

3. 关于异地就医政策。根据《上海市工伤保险实施办法》及《上海市工伤就医和医疗费用结算管理办法》的有关规定，上海市社保中心结合实际制定了相关的制度要求，其中工伤人员因伤情治疗需要，确需转往外省市治疗的，原则上应事先提出申请，并符合一定条件。

案例：朱某于2016年6月18日因工出差在湖北省武汉市发生交通事故，该人员事故发生后被“120”急救人员送入武汉市A医院，当日办理出院，即转入武汉市B医院，次日下午办理出院手续。2016年6月20日凌晨0点至父母居住地附近的C医院治疗，2016年6月21日入院，2016年8月10日死亡。A院于2016年10月31日出具的转院证明：“入院后患者因怀疑高位脊髓损伤，当日办理出院，建议转院治疗。”B院于2016年11月1日出具的转院证明：“入院后给予对症支持治疗，因患者及家属强烈要求转院治疗，充分告知病情及相关风险，并强烈建议继续治疗颈髓损伤，避免二次损伤，患者及家属表示理解并签字，并办理出院。”该人员事故发生后伤情严重，在外省市3家医院就医期间属于持续抢救过程，且朱某因工伤过重已死亡，用人单位首次发生工伤职工异地就医情况，对政策不熟悉，事先未办理相关手续。事后用人单位申请补办异地就医备案手续并报销异地就医费用。

分析上述案例可知，事先未办理异地就医备案手续而直接前往医院就医且转院的情形确实会发生，而且难免也会发生险情重伤、甚至死亡的情况。由于异地相关机构的信息不互通，需要进行就医备案，对于受伤人员来说也是一种麻烦。

（二）信息共享缺失使经办流程复杂化

1. 工伤客观原因造成的政策复杂性。工伤的发生是不可预测的，情况也多种多样，因此必须根据实际情况不断完善相应的政策。虽然这一出发点是好的，但反向思考，工伤政策也因此越来越复杂烦琐。这种烦琐不单单对工伤人员造成理解和申报上的困难，更是对经办机构的考验。

2. 具体经办要求造成的复杂性。上海市现行的经办规则对工伤业务的受理、审核都有细致的规定，比如医药费的报销，很多经办人反映表格填写烦琐复杂，填写内容过多。在完全没有指导的情况下，经办人往往无从下笔或者填写的内容错漏百出，消耗大量的时间，填写的内容准确性也不高。很多经办人遇到此类情况，往往当天无法申报，造成多次往返。

3. 涉及经办流程的复杂性。整个流程参与部门过多、环节链过长、信息处理整合度不高，其中任何一环的缺失都会导致问题的发生。比如，在受理环节中，首先要求工伤认定和劳动能力鉴定的信息流转过来，在此环节中，信息未能及时流转或流转错误的情况时有发生。因为部门不同，需要经办人员去催促确认信息流转，造成经办人员多次往返。医药费的申报更是问题的“重灾区”，工伤人员需要携带在医院看病的发票到社会保险经办机构申报，社会保险经办机构再递交至医疗保险部门审核，医疗保险部门审核后再交由社会保险经办机构进行待遇核准发放，如此多的环节下，造成的问题比比皆是。

三、信息共享缺失的原因分析

（一）政策制度方面的原因

1. 政府部门信息资源的私有性。所谓“术业有专攻”，不同职能的政府部门掌握的信息各有不同，工伤认定部门掌握工伤发生的具体情形，医疗保险部门掌握就医信息，社会保险经办机构掌握缴费信息等，这些信息数据则是相应部门最核心的价值所在。大多数情况下，各部门分别通过自己的信息收集渠道各自收集和处理信息，独立地建立自己的信息库和信息体系，各自使用各自的信息，相互之间并不互联互通和共享信息。

2. 政府部门规划建设的独立性。由于对于信息数据的采集、管理、应用等没有统一的要求，各部门根据自己的实际所需来制定数据信息的管理规范。同样地，政府各个部门针对各自的行政范围和内容各司其职，其电子政务系统建设也是以满足各自的需求为主，工伤认定部门重劳动关系，医疗保险部门重报销范围，社会保险经办机构重缴费和支付情况等，故很难设立统一的标准和规范。所以说，政府各部门缺少整体的规划和部署是导致信息共享无法实现的主要原因之一。

3. 法律制度保障的片面性。目前我国法律只规定了不能公开的政府信息，而对哪些政府信息应该公开则没有明确的规定。相关法律制度方面的缺失也对信息共享的安全可靠性带来风险。数据信息在采集、保存、使用、交互、应用等各个环节过程中，都有被泄露、窜改的可能性，这样的风险需要有法律制度的保障。在推进信息交互共享、实现信息公开的建设过程中，需要考虑信息数据在这一过程中的法律地位，保护、使用好信息，才能使信息共享得到有力保障。

（二）技术数据方面的原因

1. 信息共享平台建设的局限性。政府部门近几年越来越重视信息共享的“大数据”建设，但是限于资金、技术条件等原因，所使用的硬件设备基本还是政府部门原有的系统设备，达不到信息共享的条件。上海市现有经办工伤的几个部门也都有各自运行的系统和设备，一定程度上阻碍了政府部门间信息共享的实现。

2. 信息数据被使用的安全性。虽然目前尚未发生重大的社会保险数据安全方面的问题，但是随着社会保险缴费在生活中的地位越来越重要，买房、读书、居住证积分都需要凭社会保险缴费决定；同时随着信息技术的发展，网络黑客、病毒事件时有发生。在这样的情况下，难免要考虑各部门间信息共享的安全性。所以，在无法确保政府数据合理、合法使用的情况下，实现政府部门之间的信息共享也就存在一定难度。

四、上海市工伤保险信息共享模式的研究设想

（一）信息共享的部门

根据《上海市工伤保险实施办法》的相关规定，劳动者发生工伤后，至医院治疗、申请工伤认定、申请待遇，一般涉及医疗机构、工伤认定部门、劳动能力鉴定部门、社会保险经办机构和医疗保险部门等。若是上述部门之间可以实现一定程度的信息共享，势必减少工伤人员或用人单位在经办过程中花费的时间、精力和物力，避免群众跑“部”办事的情况出现。

（二）信息共享的内容

工伤认定信息是一切工伤保险待遇的基础，决定了发生的相关费用是否能得到工伤保险基金的支付。劳动能力鉴定信息是对伤残待遇和离职后一次性医疗补助金等待遇支付的重要依据，而这两部分金额目前最少为两万元。工伤医疗费用信息主要体现在发票上，包括发票编号、金额、日期等许多内容，是目前医疗机构确定支付范围的主要依据。工伤保险缴费信息则是工伤保险基金支付与否的依据，用人单位应按规定为劳动者缴纳工伤保险费。

以上内容都对工伤保险待遇的支付起到重要作用。若实现各个部门间的信息共享，可以确保信息的准确性和完整性，避免书面资料交互过程中可能产生的信息丢失、被窜改等情况发生，也可以解决经办过程中书面材料反复提供的问题，节约精力、物力。

（三）信息共享的渠道

1. 社会保险自助经办平台上实现信息共享。比如，用人单位通过“法人一证通”申报相关工伤保险业务时，录入工伤人员的身份证号码和工伤认定决定书编号后，系统即可显示该人员的工伤认定信息、缴费信息等内容，再选择申报“医疗待遇”，输入发票编号后，系统即会自动显示该发票的日期、金额等内容，降低手工填写申报可能产生的差错风险，提高经办效率。

2. 社会保险操作系统内实现信息共享。社会保险经办机构工作人员在审核、操作相关业务时，可通过系统准确查询到工伤认定信息、缴费信息等，无须再通过纸质材料核对。同样地，在操作医疗待遇时，录入发票编号后，系统会自动显示相关信息，并根据相关目录标准，判定该发票可由工伤保险基金支付的金额标准，无须再通过医疗保险部门审核。

3. 异地就医备案实现信息共享。考虑到就医费用、康复环境等问题，工伤人员异地就医康复的情况时有发生。若能实现医疗机构与社会保险经办机构之间的信息交互，由医疗机构直接通过系统将异地就医证明等信息上传至系统内，无须再由经办人员送纸质材料至社会保险经办机构办理备案手续，这就可以避免因不熟悉政策、流程烦琐对工伤人员造成的利益损失。长远考虑，若在全国范围内实现工伤保险的信息共享，也将解决异地就医的问题。

4. 业务结果的反馈方式实现信息共享。对于工伤人员申请的医疗待遇、伤残待遇的支付信息，可以通过 App（应用程序）等方式告知申请人。尤其是医保支付金额的明细，哪些可报、哪些不属于支付范围等信息，申请人可通过 App 查询，避免再到社会保险经办机构等咨询报销情况。

五、关于信息共享建设的建议举措

（一）政府部门建立大数据库

随着信息技术的发展进步，“大数据”“云数据”已经被越来越广泛地应用到生产、生活中，要建立信息共享框架，数据是关键因素之一。“大数据”不仅是技术上的一次飞跃，还体现在思维方式上的转变。“大数据”的根本思想是将分散的资源集中起来，发挥更大的作用。各政府部门之间要共享各自的信息数据，所以建立大数据库是实现信息共享框架建设的必要措施。

（二）建立信息共享的整体发展思路

建立信息共享的整体发展思路，需要上级政府在制定电子政务事业发展规划时提前考虑，把信息共享作为一个大的建设基础，对政府各部门的建设发展给出指导方向。据此，政府各部门的电子政务建设就会考虑实现信息共享所需要的条件，为数据互通共享框架的建设做准备。目前上海市工伤保险经办过程中涉及的各个部门都隶属于上海市人力资源和社会保障局，这对完善工伤保险经办模式的整体规范较为有利。上海市人力资源和社会保障局可作为责任主体，来实现各个部门之间的统筹协调，负责从各个部门间采集数据，建立共享数据库，并共享给各个部门等，调动各个部门的参与积极性，使整项建设工作在统一、高效、科学的方式下进行。

（三）建立健全各项法律法规

法律是行政行为的保障，一切行为都应在法律的允许下进行。通过立法的手段可以促使信息共享建设更为顺畅，在法律面前各个部门必须承担各自的责任，从而避免政府部门为己谋利的抵触行为。发展信息共享需要有完善的法律法规作为保障，避免有人利用电子化办事的便利而钻空子、搞破坏。上海市人力资源和社会保障局可以制定相应的规章制度，保障工伤保险信息共享模式的建设。

（四）解决技术设备的硬件问题

信息技术的发展是信息共享的必备条件，所以网络、设备、信息技术等无疑都是决定信息共享模式能否实现其价值的关键。上海市先行的工伤保险经办模式的完善，同样离不开对各部门系统的调整和更新。主管部门需要从技术、设备、甚至资金等方面进行考虑，统筹协调，实现改进。

（五）强化政府部门的服务理念

实现信息共享的经办模式，最重要的是通过这一更为便捷、高效的方式来提高行政效率，提高政府的服务能力和服务水平，进一步提高群众的满意度。其实，信息共享的主要价值就是通过更具透明度和公开性的方式让群众参与行政事务，以此来提高群众对政府部门的满意度和信任度。因此，政府部门要有让群众满意的服务意识，在信息共享实际建设的过程中，更多地从为群众服务的角度出发，不仅仅关注本部门的利益，更要从整体社会效益考虑。所以说，政府部门要有信息共享互通的意识，通过政府部门之间的信息互通，方便群众，这样才能实现其价值。

参考文献

[1] 齐爱民. 电子化政府与政府信息公开法律问题研究 [M]. 武汉：武汉大学出版社，2010：9.

[2] 刘德浩. 社会保障公共服务体系构建——基于服务型政府的分析视角 [M]. 北京：中国经济出版社，2012：3.

[3] 胡小明. 信息共享策略反省 [J]. 中国信息界，2005 (2).

[4] 何振. 电子政务信息资源的共建与共享研究 [M]. 北京：中国社会科学出版社，2009.

[5] 闵丹丹. 服务型政府电子政务建设研究——以武汉市社保服务为例 [D]. 武汉：华中师范大学管理学院，2013：5.

[6] Christopher G. Reddick. Information resource managers and E-government effectiveness：A survery of Texas state agencies [J]. Government Information Quarterly，2005，23 (2).

浅析工伤保险待遇的公平性问题

严其庆　江苏省如皋市社会医疗保险管理处

【摘　要】工伤保险待遇的公平性问题，是社会关注的一个热点问题。本文对目前工伤保险各项待遇标准进行了分析，对部分工伤保险待遇进行差异性比较，并将部分待遇与最低工资标准和职工平均工资标准进行比较，说明工伤保险待遇的公平性有待提高。据此提出实现工伤保险待遇公平性的必要性，并提出相关建议。

【关键词】工伤保险待遇　公平性

工伤保险待遇是职工在受到事故伤害或者患职业病时获得的医疗救治保障和伤残、工亡后获得的经济补偿。工伤保险待遇必须保持相对公平和相对统一的待遇水平。本文对目前工伤保险各项待遇标准进行分析，并对部分工伤保险待遇进行差异性比较，探讨工伤保险待遇的公平性问题。

一、目前工伤保险各项待遇的标准

《工伤保险条例》中规定应由工伤保险基金支付的工伤保险待遇主要包括医疗康复待遇、伤残待遇和工亡待遇。

（一）在全国标准一致的待遇

一次性工亡补助金的标准在全国都是相同的，为上一年度全国城镇居民人均可支配收入的20倍。

（二）在统筹地区标准一致的待遇

丧葬补助金为6个月的统筹地区上年度职工月平均工资。同一统筹地区的丧葬补助金是相同的。

生活护理费按照生活完全不能自理、生活大部分不能自理或者生活部分不能自理3个不同等级支付，其标准分别为统筹地区上年度职工月平均工资的50%、40%或者30%。因此，同一统筹地区、同一护理等级的工伤职工，其生活护理费是相同的。

各统筹地区上年度职工月平均工资不同，导致各统筹地区工亡职工的丧葬补助金金额以及有护理等级的工伤职工的生活护理费金额不相同。

（三）标准相对一致的待遇

相同伤残等级的一次性伤残补助金标准是相同的，标准为一级伤残为27个月的本人工资，二级伤残为25个月的本人工资，三级伤残为23个月的本人工资，四级伤残为21个月的本人工资，五级伤残为18个月的本人工资，六级伤残为16个月的本人工资，七级伤残为13个月的本人工资，八级伤残为11个月的本人工资，九级伤残为9个月的本人工资，十级伤残为7个月的本人工资。但因各人的“本人工资”不一致，所以相同伤残等级的工伤职工实际补偿金额并不相同。

相同伤残等级的伤残津贴标准是相同的，一级至四级伤残的工伤职工，从工伤保险基金按月支付伤残津贴，标准为一级伤残为本人工资的90%，二级伤残为本人工资的85%，三级伤残为本人工资的80%，四级伤残为本人工资的75%。伤残津贴实际金额低于当地最低工资标准的，由工伤保险基金补足差额。但因各人的“本人工资”不一致，所以一级至四级伤残的工伤职工，即使级别相同，实际每月发放的伤残津贴金额是不相同的。

供养亲属抚恤金也是相同的情况。供养亲属抚恤金按照职工本人工资的一定比例发给由因工死亡职工生前提供主要生活来源、无劳动能力的亲属。标准为配偶每月40%，其他亲属每人每月30%，孤寡老人或者孤儿每人每月在上述标准的基础上增加10%。核定的各供养亲属的抚恤金之和不应高于因工死亡职工生前的工资。但工亡职工的“本人工资”不一致，所以不同工亡职工的供养亲属抚恤金金额并不相同。

另外，同一统筹地区的工伤医疗待遇是相同的。但因工伤医疗待遇实行目录管理，伤情不一、受伤部位不一，导致每一位工伤职工的医疗费明细都不一致，结果必然是每一位工伤职工医疗费金额也不一致，工伤职工负担也就不一样。

相同级别、在同一统筹地区的工伤职工领取的一次性工伤医疗补助金是相同的。

二、部分工伤保险待遇差异性比较

《工伤保险条例》第六十四条规定：“本条例所称本人工资，是指工伤职工因工作遭受事故伤害或者患职业病前12个月平均月缴费工资。本人工资高于统筹地区职工平均工资300%的，按照统筹地区职工平均工资的300%计算；本人工资低于统筹地区职工平均工资60%的，按照统筹地区职工平均工资的60%计算。”

假设统筹地区职工平均工资为A元，甲职工的“本人工资”为统筹地区职工平均工资的300%，乙职工的“本人工资”与统筹地区职工平均工资相同，丙职工的“本人工资”为统筹地区职工平均工资的60%。根据《工伤保险条例》的规定，分别计算甲职工、乙职工和丙职工的部分工伤保险待遇，进行差异性比较。

（一）一次性伤残补助金的差异性比较

甲职工、乙职工和丙职工应领取的一次性伤残补助金金额见表1。从表1中可以看出，丙职工即使是一级伤残，其领取的一次性伤残补助金也远低于十级伤残的甲职工，只与六级伤残的乙职工相当。

表1　甲职工、乙职工和丙职工应领取的一次性伤残补助金金额

伤残等级	甲职工的一次性伤残补助金/元	乙职工的一次性伤残补助金/元	丙职工的一次性伤残补助金/元
一级	81*A*	27*A*	16.2*A*
二级	75*A*	25*A*	15*A*
三级	69*A*	23*A*	13.8*A*
四级	63*A*	21*A*	12.6*A*
五级	54*A*	18*A*	10.8*A*
六级	48*A*	16*A*	9.6*A*
七级	39*A*	13*A*	7.8*A*
八级	33*A*	11*A*	6.6*A*
九级	27*A*	9*A*	5.4*A*
十级	21*A*	7*A*	4.2*A*

（二）伤残津贴的差异性比较

甲职工、乙职工和丙职工按月领取的伤残津贴金额见表2。从表2中可以看出，丙职工即使是一级伤残，其按月领取的伤残津贴金额也远低于四级伤残的甲职工，只有四级伤残甲职工的24%；也低于四级伤残的乙职工，是四级伤残乙职工的72%。

表2　甲职工、乙职工和丙职工按月领取的伤残津贴金额

伤残等级	甲职工的伤残津贴/元	乙职工的伤残津贴/元	丙职工的伤残津贴/元
一级	2.7*A*	0.9*A*	0.54*A*
二级	2.55*A*	0.85*A*	0.51*A*
三级	2.4*A*	0.8*A*	0.48*A*
四级	2.25*A*	0.75*A*	0.45*A*

（三）供养亲属抚恤金的差异性比较

如果甲职工、乙职工和丙职工均为工亡职工，他们的父母能享受供养亲属抚恤金待遇，将其中一人进行比较，则甲职工父母中一人的抚恤金待遇每月为0.9*A*元，乙职工父

母中一人的抚恤金待遇每月为0.3A元，丙职工父母中一人的抚恤金待遇每月为0.18A元，丙职工父母每月享受的抚恤金待遇只是甲职工父母的20%。而甲职工父母中一人每月享受的抚恤金待遇与统筹地区职工平均工资只相差10%，高于统筹地区职工平均工资的60%，相当于表2中乙职工一级伤残的伤残津贴待遇水平，也就是说，甲职工父母中一人每月享受的抚恤金待遇比部分在职职工工资都要高。

三、与最低工资标准、职工平均工资标准的比较

从2017年7月1日起，江苏省南通市最低工资标准为1 890元/月，同期南通市执行的统筹地区职工平均工资标准为5 804.5元/月，统筹地区职工平均工资的60%为3 482.7元/月。最低工资标准是职工平均工资标准的32.56%，是职工平均工资60%的54.27%。

以南通地区为例，表2中甲职工一级伤残每月领取的伤残津贴是统筹地区职工平均工资的2.7倍，达到15 672.15元；部分供养亲属每月享受的抚恤金待遇接近于统筹地区职工平均工资，达到5 224.05元，远高于统筹地区职工平均工资60%的3 482.7元，更不用说最低工资标准了。这让人深思，这绝对不是一种合理的现象。这种现象反映的深层次问题，仍然是工伤保险待遇存在的巨大个体差异性，说明工伤保险待遇的公平性有待提高。

四、思考

工伤保险待遇的公平性问题，是社会关注的一个热点问题。自从一次性工亡补助金的标准定为上一年度全国城镇居民人均可支配收入的20倍后，“同命同价”的争论渐渐平息了，但“同伤同价”的争论却一直存在。在实际工作中，同单位、同一起工伤事故中死亡的两人，其供养亲属抚恤金待遇却不相同；同单位、同一起工伤事故中受伤的两人，伤残级别一致，领取的一次性伤残补助金却不相同。这既是对工伤保险待遇公平性问题的质问，也是践行和尊重生命价值、经济权利最基础、最本源的平等价值观的困惑。

（一）工伤保险待遇的公平性是工伤保险的特性所决定的

工伤保险作为我国社会保险的一种，具有强制性、非营利性、保障性和互助互济性。工伤保险是国家对工伤职工履行的社会责任，也是工伤职工应该享受的基本权利。国家将参保单位缴纳的工伤保险费在人员之间、单位之间实行再分配，让工伤职工获得医疗救治保障，并提供伤残、工亡后的经济补偿。在参保职工发生工伤事故后，对工伤职工或者供养亲属发放的工伤待遇要能保障他们的基本生活。

工伤保险基金由用人单位缴纳的工伤保险费、工伤保险基金的利息和依法纳入工伤保险基金的其他资金构成，职工个人不缴费。工伤保险保障的对象是参保单位的所有职工，不因身份、工资收入差异而有区别。将个人工资与工伤保险待遇水平挂钩，显然是有违“互助互济性”的。同为职工个人不缴费的生育保险，其生育津贴按照职工所在用人单位上年度职工月平均工资计发，并不与个人工资挂钩。

（二）工伤保险待遇的公平性是人的平等权所决定的

不管工资收入高低、职务职称差别，所有参加工伤保险的职工个人是不缴费的。只要

用人单位履行了缴费义务，参保职工的权利应该是平等的。

法律面前人人平等，人的生命健康权不会因其身份、收入等不同而有所不同。遭受事故后，工伤职工在感受伤痛、生命健康减损等身体本身方面，每一个人的感受也都是一样的。仅仅因为个人工资的不同，获得的经济补偿就有差别，有时差别还相差悬殊，这是人为地将人的感受进行不同的区分，是毫无道理的。“同命同价”“同伤同价”应是工伤职工获得医疗救治保障和伤残、工亡后经济补偿的平等权利，应是人人平等最直接的体现。

也许有人会说，如果两个人的工资收入本身就相差悬殊，工伤待遇却相同，又有什么公平可言？这显然是对工伤保险待遇公平性的曲解。人的生命和健康都是平等的，相同等级的伤残，其伤残程度基本是一致的，并不会因为工资收入的高低而有所不同。而一次性伤残补助金，是对致残的工伤职工给予的一次性职业伤害补偿，而不是对工资收入的补偿。

（三）工伤保险待遇的公平性是维护社会稳定的需要

伤残职工按月领取的伤残津贴远高于在职职工平均工资水平，或者同级别伤残职工按月领取的伤残津贴相差悬殊；供养亲属每月享受的抚恤金待遇接近于统筹地区职工平均工资水平，或者供养亲属每月享受的抚恤金待遇相差悬殊，给社会带来的绝对是负面影响。在同一统筹地区出现这种情况，更加明显地突出了待遇的差异性。有时这种负面影响会在一定范围内发酵，产生一系列的连锁反应。

社会保险的本质是维护社会公平，进而促进社会和谐、稳定发展。社会保险的公平性，不仅表现在保障范围的公平性和保障过程的公平性，还表现在保障待遇的公平性。工伤保险作为社会保险的一种，必然具有社会保险保障国民生活、维护社会稳定、促进和谐发展的作用。如果说，在同一统筹地区参加工伤保险的职工发生工伤后的待遇不同，特别是在同一单位参保、同一起工伤事故中发生工伤的职工待遇不同，必然会让工伤职工本人感觉自己受到了不公平待遇，从而产生怨恨情绪，既可能影响工作积极性，也会对社会保险、政府公信力产生怀疑态度，不利于社会的和谐稳定。

五、建议

全国各统筹地区工伤保险基金收支情况不一，各统筹地区职工平均工资水平不一，各统筹地区的经济发展水平也不一致，因此要求不同统筹地区的工伤保险待遇水平完全相同是不现实的。工伤保险待遇的公平性不能违背经济规律，工伤保险待遇的公平性建设是一个系统工程，只能循序渐进，否则就会影响工伤保险事业的可持续发展。因《工伤保险条例》中对各项待遇计算标准进行了明确，因此在工伤保险待遇的公平性建设过程中，需要国家立法机构进行授权后才能实施。

（一）改变用“本人工资”计算待遇的模式

工伤保险待遇中一次性伤残补助金、供养亲属抚恤金、伤残津贴等待遇均与“本人工资”有关，这也是造成这些待遇因人而异的根本原因。为了避免出现同一起工伤事故中伤亡的两人工伤待遇不一致的尴尬，摈弃用“本人工资”计算待遇模式势在必行。在实践中，各统筹地区可以探索用“用人单位上年度职工月平均工资”“统筹地区职工平均工资”等指标来计算待遇的可行性，可以由国家立法机构授权部分统筹地区进行试点。

（二）研究制定工伤保险待遇的具体标准

目前一次性工亡补助金的标准实现了全国统一，丧葬补助金、生活护理费、一次性工伤医疗补助金的标准在统筹地区内相同，工伤医疗待遇在统筹地区内也是相对一致的，只有一次性伤残补助金、供养亲属抚恤金、伤残津贴等待遇因人而异。因此各统筹地区应积极研究制定这几项待遇的具体标准，做到同一统筹地区相同级别的一次性伤残补助金、伤残津贴标准相同，统筹地区内所有的供养亲属抚恤金待遇标准相同，维护工伤保险待遇的公正性。当然这也需要国家立法机构进行授权后才能进行试点或实行。

（三）加快推进省级统筹，提高统筹层次

全国只有少数几个省份实现了省级统筹，部分地区实现了市级统筹，有许多地方还处在县级统筹管理模式。《中华人民共和国社会保险法》和《工伤保险条例》都明确了要实现工伤保险省级统筹。提高工伤保险的统筹层次，不仅可以提高管理效率，降低管理成本，增强基金的抗风险能力，还能克服区域间的不平衡，最大限度地实现工伤保险待遇的公平，维护社会稳定，促进和谐发展。因此，加快推进省级统筹，提高统筹层次，尤显重要。

新时代工伤保险审计路径初探

赵永生　审计署社会保障审计司

【摘　要】工伤保险基金审计，对促进党中央令行禁止、维护基金安全、推动工伤保险制度改革完善，具有重要作用。比较1949年以后的2次工伤保险基金审计，前者是“大社保”审计子项，多关注资金和业务规范问题；后者是专项审计，更关注制度完善及体制机制问题。新时代下，工伤保险基金审计应提高政治站位，坚持新发展理念，推进审计全覆盖，促进全面深化改革，促进反腐倡廉，并创新审计方式，更好发挥审计对工伤保险制度持续发展的重要作用。

【关键词】工伤保险审计　路径

工伤保险是世界范围内实施最广、立法最早的社会保险制度。1883—1889年，德国在铁血宰相俾斯麦主持下，制定了疾病、工伤和养老三项社会保险法律，其中1884年《工人灾害赔偿法》的颁布，建立了世界上第一个社会保险制度。随后，欧洲国家纷纷仿效，英国于1884年颁布《雇主责任法》，法国于1898年推行工伤保险，工伤保险制度由此至今遍及全球。

工伤保险是我国社会保险制度的重要组成部分，在维护工伤职工合法权益及维护社会稳定方面发挥着十分重要的作用。《2017年度人力资源和社会保障事业发展统计公报》显示，截至2017年年末，全国参加工伤保险人数22 724万人，工伤保险基金收入854亿元，占当年五项社会保险基金收入的1. 27%；工伤保险基金支出662亿元，占当年五项社会保险基金支出的1. 16%。从基金收支规模来看，工伤保险似乎是五项社会保险中的“小险种”，但如果抛开追求长期平衡的养老保险基金（收支各4万亿元）来看，在现收现付的社会保险基金中，工伤保险基金的规模和作用仍不可小觑。工伤保险基金安全完整是工伤保险制度可持续发展的重要保障。进入新时代，为促进党中央令行禁止，维护工伤保险基金安全，推动工伤保险制度改革完善，审计在工伤保险制度发展中的重要作用越发凸显。

一、工伤保险与工伤保险基金审计

（一）工伤保险

工伤保险是指国家和社会，为在劳动生产、工作中遭受事故伤害（我国工伤保险制度还涵盖了上下班途中的交通事故）和罹患职业性疾病的劳动者及其供养亲属，提供医疗救治、生活保障、经济补偿、医疗和职业康复等物质帮助的一项社会保险制度。

1951 年政务院颁布的《中华人民共和国劳动保险条例》，即规定了“因工负伤、残废”“工人与职员及其供养的直系亲属死亡时”等工伤保险待遇。1996 年《企业职工工伤保险试行办法》，确立并统一了改革开放以后的企业职工工伤保险制度体系。2003 年 4 月 27 日，国务院颁布《工伤保险条例》，2004 年起开始施行全国统一的，涵盖各类企业、有雇工的个体工商户企业的工伤保险制度。2010 年，修订后的《工伤保险条例》将事业单位、社会团体、民办非企业单位、基金会等各类新兴群体纳入工伤保险制度。其后，一些地方相继把公务员及参照公务员法管理的事业单位工作人员纳入到工伤保险制度。

（二）工伤保险基金审计

工伤保险基金是社会保险基金的一项。工伤保险基金审计，主要围绕工伤保险基金开展，在调查了解工伤保险政策制定执行、基金规模结构等情况的基础上，揭示政策执行和基金筹集、管理、使用中存在的突出问题，并从体制、机制、制度层面提出有针对性的建议。审计内容包括但不限于组织机构、基金财务、业务运行、信息系统、内部控制、工伤认定和劳动能力鉴定、工伤预防和工伤康复，以及重大违法违规违纪问题等。

二、历次工伤保险基金审计对比

截至 2018 年 7 月，除了地方审计机关不定期开展的工伤保险基金审计以外，审计署于 2012 年和 2016 年对工伤保险基金共开展过 2 次大规模的审计。

第一次，2012 年 3—5 月，审计署组织全国审计机关 4 万多名审计人员，对 31 个省、5 个计划单列市本级及所属市、县三级政府和新疆生产建设兵团管理的 18 项社会保障资金进行“大社保”审计。这是审计署自 1983 年成立以来，第一次全国大规模的社会保险基金审计。不过，此次审计的重点是基本养老保险基金、基本医疗保险基金和最低生活保障资金，因此工伤保险基金审计发现的主要问题（见表 1），无论是数量还是金额都不大，工伤保险制度发展及体制机制等深层次的问题未得到关注。

第二次，2016 年 2—3 月，审计署组织了 18 个特派办，对北京、山西等 17 个省、直辖市，2013—2015 年工伤保险政策执行情况和工伤保险基金的筹集、管理、使用情况进行了审计。由于是专项审计，此次审计覆盖了工伤保险基金管理的全过程，审计发现的主要问题（见表 1）既有制度层面的，也有政策层面的，还有经办管理层面的。相较 2012 年，审计还发现了大量的违纪违法问题线索。

表 1　　2012 年、2016 年审计署工伤保险基金审计发现的主要问题比较

项目		2012 年	2016 年
政策层面	应保未保/万人	42.89（仅农民工）	114.95
	先行支付制度执行城市/个	—	16
	享受工伤康复人数/万人，占比/%	—	1.69，9.2%
	未开展职业康复地区/个	—	15
制度层面	工伤预防费管理办法是否出台	—	未出台
	费率浮动办法未出台地区/个	—	11
	开展工伤预防城市/个，占比/%	—	115，51.34%
经办管理层面	未纳入财政专户管理资金/亿元	5.78	—
	征收机构延压工伤保险费/万元	1 943.37	—
	基金会计记账和核算错误/亿元	12.06	—
	未及时足额拨付财政补助资金/亿元	3.50	—
	应征未征工伤保险费/亿元	0.33	—
	擅自减免工伤保险费/亿元	0.58	—
	少缴工伤保险费/万元	8 250.34	—
	欠缴工伤保险费/亿元	3.89	—
	未及时发放工伤保险待遇/万元	450.09	—
	骗取基金/万元	4.56	6 489.55
	冒领待遇/万元	—	358.21
	挪用工伤保险基金/万元	3 098.72	5 596.71
	违规多征或预收工伤保险费/万元	—	7 061.34
	违规发放待遇/万元	168.35	1 662.08
	少计基金收入、少报单位欠费/万元	2 112.37	17 406.51
其他	封闭运行单位/家	55	—
	自定政策限制参保地区/个	2	—
	基金不同保障项目间串用/亿元	4.02	—
	以物抵费/亿元	3.21	—

说明：根据审计署《全国社会保障资金审计结果》（2012 年第 34 号公告）及《工伤保险基金审计结果》（2016 年第 8 号公告）整理。

三、新时代工伤保险审计路径

2018 年 5 月 23 日召开的中央审计委员会第一次会议，习近平总书记深刻阐述了审计工作的一系列根本性、方向性、全局性问题，指明了新时代审计事业的前进方向，为新时代审计工作提供了根本遵循。新时代下工伤保险基金审计的实现路径应遵循以下几点：

（一）提高政治站位

在习近平新时代中国特色社会主义思想指引下，审计机关首先是政治机关，必须提高

政治站位，牢固树立“四个意识”，坚决维护习近平总书记在党中央和全党的核心地位，坚决维护党中央权威和集中统一领导，自觉在思想上、政治上、行动上，同以习近平同志为核心的党中央保持高度一致。

在新时代工伤保险基金审计工作中，应自觉服从和服务于加强党的全面领导，紧紧围绕党和国家中心工作，着力反映党中央重大决策部署贯彻落实、三大攻坚战重点任务推进、中央八项规定精神落实等情况，促进党中央令行禁止，使党对审计工作的集中统一领导更加细化、实化和具体化。

（二）坚持新发展理念

进入新时代，我国经济由高速增长阶段转向高质量发展阶段，这是我国发展新的历史方位。在工伤保险基金审计中，应深刻理解和准确把握新时代的新特点、新使命、新部署、新要求，坚持质量第一、效益优先，将绩效审计理念贯穿于审计工作全过程和各环节。

新时代工伤保险基金审计工作，应聚焦深化供给侧结构性改革、激发各类市场主体活力等重点工作，不仅关注钱花得对不对，更关注花得好不好、有没有成效，以及相关政策目标的实现情况，从而促进提高工伤保险基金绩效，推动工伤保险制度发展实现质量变革、效率变革、动力变革。

（三）推进审计全覆盖

落实党中央对审计工作的部署要求，积极推进工伤保险基金审计全覆盖。

1. 服务三大攻坚战。工伤保险基金审计全覆盖，应紧密服务打好决胜全面建成小康社会的三大攻坚战工作。审计中，应重点关注打好防范化解重大风险攻坚战，防控金融风险，服务于供给侧结构性改革主线，促进形成金融和实体经济、金融体系内部等的良性循环，坚决打击违法违规金融活动，加强薄弱环节监管制度建设等。同时，也应关注打好精准脱贫攻坚战，审查社会保险扶贫政策推进情况。

2. 配合党和国家机构改革。此次党和国家机构改革，直接涉及工伤保险基金的有：组建应急管理部，负责安全生产综合监督管理和工矿商贸行业安全生产监督管理等，涉及工伤预防工作；组建国家卫生健康委员会，负责职业安全健康监督管理，涉及工伤预防及职业病工作；组建国家医疗保障局，涉及工伤保险经办、工伤医疗、工伤康复管理等工作；改革国税地税征管体制，将各项社会保险费交由税务部门统一征收，涉及工伤保险费征缴工作。

其中，应重点关注组建国家医疗保障局后，现行全国大部分地区医疗保险、工伤保险经办为一家机构，在原隶属人力资源社会保障部门的医疗保险（含生育保险）行政及经办机构迁出后，工伤保险经办机构，尤其是工伤医疗费用管理、工伤康复管理等工伤保险基金管理的发展动向及管理模式的变化。

3. 适应工伤保险制度发展。自 2004 年《工伤保险条例》实施以来，全国统一的工伤保险制度已经走过了 14 个年头。工伤预防、工伤补偿、工伤康复“三位一体”的现代工伤保险制度体系日臻完善。

新时代工伤保险制度，将覆盖公务员和参照公务员法管理事业单位，还将积极推进灵活就业人员参保；工伤预防费管理办法出台，工伤预防工作正在全国推进；工伤保险参保缴费，继建筑业后，交通运输、铁路、水利、水运、能源、机场等工程建设项目也实施了“项目参保、概算提取、一次参保、全员覆盖”的制度安排；湖南省长沙市等地区已经启动补充工伤保险项目等。

面对新时代工伤保险制度发展的新变化、新特点、新趋势，工伤保险基金审计必须尽早深入研究、谋划，积极拓展审计监督的广度和深度，着力消除监督盲区，努力做到应审尽审。工伤保险基金审计全覆盖，不仅要体现在基金审计全覆盖，更应体现在制度政策落实审计全覆盖上。

4. 增强人民群众的幸福感、获得感。新时代工伤保险基金审计全覆盖，应坚持科学统筹，分清轻重缓急和主次矛盾，什么问题迫切就先解决什么问题，什么矛盾突出就先解决什么矛盾，将有限的审计资源更好地配置到重大事项上。

“人民对美好生活的向往，就是我们的奋斗目标。”新时代工伤保险基金审计，应紧扣我国社会主要矛盾变化，围绕与人民群众切身利益联系最紧密的先行支付、工伤认定、工伤预防、职业康复等问题，加大审计力度，及时揭示政策落实、资金使用、项目运营等方面存在的普遍性、倾向性问题，切实促进增强人民群众的幸福感、获得感。同时，工伤保险基金审计还应通过督促整改、追责问责，促进惠民富民政策落地生根、发挥实效，有效发挥工伤保险基金审计在促进满足人民日益增长的美好生活需要方面的作用。

（四）促进全面深化改革

2018 年是改革开放 40 周年。随着党和国家机构改革全面深化，一些涉及深层次利益格局调整和制度体系变革的问题逐渐浮出水面，改革的复杂性、敏感性、艰巨性更加突出。工伤保险基金审计，围绕基金安全，开展财务收支真实性、合规性审计已经远远不够。

新时代工伤保险基金审计，必须从重点关注基金安全向关注制度完整性、有效性和可持续性转变。制度保障是根本性的，只有解决制度问题，才能确保基金安全、有效；只确保基金安全、有效，并不能保障工伤保险制度的健全、完整、有效和可持续。揭露和反映工伤保险的制度问题，对促进完善工伤保险制度，增强人民群众的幸福感、获得感更有意义。

因此，新时代工伤保险基金审计，应立足我国工伤保险制度不断变革、发展完善的现实状况，按照全面深化改革的要求，既坚持全面揭示问题，又注重把立足当前与着眼长远结合起来，把促进治标与推动治本结合起来，把揭示微观问题与服务宏观决策结合起来，深入分析问题背后的体制障碍、机制缺陷、制度漏洞并提出审计建议。工伤保险基金审计中，在揭示工伤保险制度建设、政策执行、业务管理和基金管理存在突出问题的同时，更应注重结合历史背景和现实情况，从体制、机制、制度等多方面、多层次深入分析原因，不局限于个别事项、个别领域，坚持宏观视野和全局观念，从推进国家治理体系和治理能力现代化的高度，提出有针对性和可操作性的建议，推动完善工伤保险制度体系和全面深化改革，更好发挥审计的建设性作用。

（五）促进反腐倡廉

群众利益无小事。工伤保险领域的违法违纪问题，虽然涉案金额小、人员级别低，但往往利益受损群体大、社会影响恶劣。

新时代工伤保险基金审计，应始终将打击犯罪、惩治腐败作为一项重要职责，注重充分发挥审计人员专业性强、涉及面广、反应快速等优势，坚持问题导向，紧盯腐败易发、多发的重点领域和关键环节，坚决查处骗取套取、挤占挪用、贪污侵占、以权谋私等违法违纪问题，对重点领域和关键环节靶向发力，扭住重大违法违纪问题不放、一追到底，及时移送有关部门处理，坚决维护工伤保险基金安全和人民群众的根本利益。

（六）创新审计方式

无论是工伤保险基金审计全覆盖，还是加强对全国审计工作的领导，加快形成审计工作全国一盘棋，都需要坚持科技强审，加强审计信息化建设，创新审计方式，积极探索大数据、人工智能审计，向信息化要资源、要效率。

为应对工伤保险在内的社会保险业务信息海量数字化存储的发展趋势，审计机关应大力推进以大数据为核心的审计信息化建设，探索“总体分析、发现疑点、分散核实、系统研究、有效预警”的数字化审计方式。从事后审计向事中、事后审计相结合转变，数据采集达到随需随取，数据周期大幅度缩短；从静态审计向静态和动态审计相结合转变，对实时数据进行审计，使审计预警成为可能；从现场审计向现场和远程审计相结合转变，经过处理的原始数据被重新整合，可有效提高延伸核查和现场取证的工作效率。此外，还可以通过宏观层面的大数据关联分析，突破地域限制和系统限制，有效揭示工伤保险制度运行的深层次问题及风险隐患，推动工伤保险制度良性运行和可持续发展。

参考文献

[1] 赵永生. 工伤保险医疗费用管理机制研究 [M]. 北京：中国言实出版社，2016.

[2] 宋明达. 我国社会保障基金审计探析 [D]. 沈阳：沈阳师范大学，2011：9.

[3] 审计署. 以习近平新时代中国特色社会主义思想为指导 更好担负起审计工作新职责新使命——2017 年度中央预算执行和其他财政收支审计工作报告解读 [EB/OL]. http://www.audit.gov.cn/n4/n19/c123682/content.html.

工伤康复服务体系建设回顾和思考

唐　丹　欧阳亚涛　陈　叙

广东省工伤康复中心　广东省劳动能力鉴定中心

【摘　要】工伤康复体系建设是现阶段工伤保险工作的重要内容。服务体系是工伤康复实践的载体，完善服务体系建设，是解决工伤康复发展“不平衡不充分”主要矛盾的重要手段。本文回顾了2010年以来我国工伤康复服务体系建设政策发展情况，总结梳理了“国家—区域—地区（社区）”工伤康复服务体系内部功能定位，提出以工伤康复机构间技术协作网以及医联体、医共体等协作形式，沟通单个服务机构，建立共享共赢共同发展的合作形式，逐步形成以医疗康复为基础、以职业康复为核心、以促进工伤职工回归社会和重返工作岗位为目的，具有中国特色的工伤康复服务体系。

【关键词】工伤康复　服务体系　技术协作网络

2007年，《关于加强工伤康复试点工作的指导意见》（劳社厅发〔2007〕7号）印发，第一次确定了我国工伤康复工作发展的总体思路，并对工伤康复工作提出了具体设想和工作部署，初步明确了工伤康复的概念框架，引起了全社会对工伤康复工作的关注，激发了工伤保险工作队伍开展工伤康复试点工作的积极性，推进了工伤康复纳入社会保障体系的进程以及省市一级工伤康复配套政策的出台。随后颁布的《中华人民共和国社会保险法》和《国务院关于修改〈工伤保险条例〉的决定》，将工伤康复进一步纳入工伤保险制度体系。工伤康复工作在中国的实践已经进入第12个年头，工伤康复服务体系得到了一定程度的培育和发展。本文通过回顾服务体系政策发展和实践情况，探讨我国工伤康复服务体系发展方向。

一、服务体系建设政策发展情况

（一）“十二五”期间初步形成工伤康复服务体系建设思路

2010年《社会保障“十二五”规划纲要》将建设工伤康复示范平台列入社会保障重

大建设项目，提出“要充分利用现有医疗和康复资源，以国家级和区域性工伤康复平台为示范引导，以地区级工伤康复平台为基础，以购买服务为主要方式，以促进工伤职工职业康复为主要目标，逐步构建功能完备、分布合理的工伤康复新格局”的总要求。人力资源社会保障部 2013 年印发的《关于进一步做好工伤康复试点工作的指导意见》（人社部发〔2013〕83 号）和 2015 年发布的《关于设立公布第一批区域性工伤康复示范平台名单有关问题的通知》（人社厅发〔2015〕178 号），提出“国家级、区域性工伤康复示范机构与地区级工伤康复服务机构相结合的工伤康复服务体系建设”的工作目标，由此勾勒出“国家—区域—地区（社区）”“充分利用现有各类医疗、康复资源，通过购买服务和协议管理，逐步形成不同层次的工伤康复机构相互衔接、优势互补”的工伤康复服务体系建设思路，以完成“示范指导、技术探索、业务支持”三大功能任务。

分层级的工伤康复服务体系与卫生系统建立“分层级分阶段的康复医疗服务体系”是一致的。“十二五”期间，《“十二五”时期康复医疗工作指导意见》（卫医政发〔2012〕13 号）提出“将康复医学发展和康复医疗服务体系建设纳入公立医院改革总体目标，与医疗服务体系建设同步推进、统筹考虑，构建分层级、分阶段的康复医疗服务体系”的指导思想，以及“明确不同层级康复医疗机构的功能定位，实现分层级医疗、分阶段康复”的工作任务，建立“三级综合医院康复医学科以疾病急性期患者为主，立足开展早期康复治疗，及时下转患者，并承担人才培养（培训）任务；康复医院以疾病稳定期患者为主，提供专科化、专业化康复服务；基层医疗机构以疾病恢复期患者为主，为患者提供专业康复医学指导”的康复诊疗秩序。工伤康复以购买服务为主要实现形式，卫生系统分层级的康复医疗服务体系建设与工伤康复服务体系建设政策契合，为更好地执行购买服务奠定了政策和操作基础。

（二）“十三五”期间继续推进体系建设

进入“十三五”，人力资源社会保障部发布了《人力资源和社会保障事业发展“十三五”规划纲要》（人社部发〔2016〕63 号），推进工伤康复体系建设、建设国家级和区域性工伤康复示范平台成为该阶段规划纲要中工伤保险工作的重要内容。工伤康复体系，可以分为制度体系、服务体系、标准体系、管理体系等若干子体系，这些体系互相关联、相对独立、相互作用，维持工伤康复工作的正常运作。规划纲要从更广义的层面提出了工伤康复体系，但是服务体系仍然是这个阶段的工作重点。习近平总书记在党的十九大报告上明确指出，“中国特色社会主义进入新时代，我国社会主要矛盾已经转化为人民日益增长的美好生活需要和不平衡不充分的发展之间的矛盾”，这一主要矛盾在工伤康复服务过程中也有表现。服务体系是工伤康复实践的载体，完善服务体系建设，是解决工伤康复发展“不平衡不充分”主要矛盾的重要手段。

二、工伤康复服务体系内部功能定位

“国家—区域—地区（社区）”工伤康复服务体系是以标杆理论为基础，以点带面，通过国家、区域示范作用，促进工伤康复国内交流、加强科研活动和普及先进康复技术。

（一）全国工伤康复综合基地

根据国家对工伤康复工作的总体要求，建设一家国家级工伤康复示范中心，按照“面向全国、辐射周边、国内领先、国际一流”的建设目标，建设成为集国家医疗康复和职业康复基地、康复人才培养基地、康复科研基地和工伤康复国际交流合作基地于一体，具有国际先进水平的大型综合性国家级工伤康复示范中心。

目前“全国工伤康复综合基地”落户广东省工伤康复中心。广东省是全国最先探索开展工伤康复工作的省份，广东省工伤康复中心于2004年11月被确定为国家劳动和社会保障部“工伤康复综合试点单位”和“广东省工伤康复基地”，作为全国的工伤康复试点单位，为实现“四个基地、一个家”（国家级的职业康复基地、国家级的康复科研基地、工伤康复人才培育基地、工伤康复国际交流基地和工伤职工之家）的目标而不懈努力。广东省工伤康复中心承担全国工伤康复综合基地、全国首批区域性工伤康复示范平台职能，是全国博士后科研工作站、中国康复医学会康复治疗师培训中心、中国康复医学会康复护理专科护士培训基地、中国康复医学会清洁间歇性导尿教育项目培训基地、广东省残疾人康复人才培训（进修）基地、广东省联合培养研究生示范基地、广东省医学3D（三维）打印应用转化工程技术研究中心临床基地。2017年5月，广东省工伤康复中心顺利通过CARF（康复机构认证委员会）国际对综合住院项目（成人、儿童）和职业康复项目最高级别权威认证，是目前中国单次通过CARF认证项目最多、医院体量最大的康复专科医院，也是亚洲首个通过职业康复项目标准认证的机构。除承担广东省内外工伤职工的康复服务任务外，广东省工伤康复中心致力于探索工伤康复制度模式、技术标准和业务规范、工伤康复专业人才培养等工作，承担工伤康复的相关政策和技术规范探索和示范任务，为全国工伤康复工作的全面开展提供经验积累。广东省工伤康复中心编写了《工伤康复协议机构准入标准》《工伤康复介入标准》《工伤康复服务规范》《工伤康复服务项目》和《工伤保险职业康复操作规范》等工伤康复规范性文件，成为十多所医学院校的康复专业实习基地，接受来自全国各地二十多所工伤康复协议机构的进修人员，向湖南省、江苏省输出工伤康复技术和管理，帮助其快速发展工伤康复。其先进的技术和管理辐射全国，成为全国工伤康复的一面旗帜。

（二）区域性工伤康复示范平台

按照全国工伤康复试点工作的统一部署，在省市普遍发展的基础上，按区域规划选择布点，将开展工伤康复工作较成熟、人才和技术力量较强、有区域特色、管理规范的中心城市省级康复机构建设发展成区域工伤康复中心，由人力资源社会保障部门集中工伤康复资源，通过间接管理和引导，进一步将其发展为现代化的专业工伤康复中心。

应充分利用区域工伤康复中心的技术、人才和管理优势，进一步深入探索工伤康复技术标准和服务规范，并为周边地区康复机构提供技术支持、人才培养和示范服务。同时加强区域合作，发挥大区工伤康复中心的康复资源优势和区域辐射作用，为周边地区的工伤职工提供特色康复服务。多年来，许多省市人力资源社会保障部门在开展工伤康复试点工作中进行了积极的尝试，取得了很多有益的经验，有的已形成区域性工伤康复中心雏形。特别是广东、黑龙江、湖南、山东等省市在保障工伤职工权益、探索工伤康复标准、培养工伤康复人才等方面富有成效的探索，对逐步建立以区域康复中心为龙头、地区康复机构为网络的康复服务发展格局积累了可喜的成绩和经验。

区域性工伤康复机构的功能定位如下：

1. 示范指导。按照人力资源社会保障部门要求，为区域内工伤职工特别是疑难重症职工提供全面的康复服务，示范、指导和带动区域内工伤康复协议机构规范康复服务，提升区域内工伤康复服务水平。

2. 技术探索。研究开发工伤康复特别是职业康复和本区域重点工伤病种的康复技术、标准。配合人力资源社会保障部门，探索工伤康复服务机制和工作模式。

3. 业务支持。协助人力资源社会保障部门开展工伤康复质量控制和费用控制工作，为人力资源社会保障部门加强管理提供业务支持和技术咨询，推进工伤康复规范化发展。

2015 年，人力资源社会保障部组织评选了区域性工伤康复示范平台，经过地方推荐、专家评估和网上公示，首都医科大学附属北京康复医院、上海市阳光康复中心、广东省工伤康复中心、重庆西南医院 4 家医疗机构，成为我国第一批区域性工伤康复示范平台机构。

（三）地区级工伤康复机构

地区级工伤康复机构主要包括省、市和县等以行政区划建立的工伤康复机构，由各级康复医院组成。2008 年全国工伤康复试点工作铺开以后，各省市基本上都设立了一家工伤康复试点医院。2009 年以后，人力资源和社会保障部组织全国工伤康复专家咨询委员会的专家，分别对全国 30 余家工伤康复协议机构进行评审，严格按标准准入，规范康复机构管理，这些机构构成了省级工伤康复机构的主体。省级工伤康复机构承担的职能：独立或协同省内其他协议康复机构完成好本省工伤职工的全面康复服务；确认工伤职工的康复价值和康复期，做好早期介入、康复评定和康复治疗计划，开展全面的医疗康复；建立和发展职业康复，建立全省工伤康复协作网，指导省内其他工伤康复协议机构的分级转诊工作；承担省内疑难重症工伤职工康复服务，对本省的地市级工伤康复协议机构进行技术支持，发挥指导性作用。

部分地区的人力资源社会保障部门还需要根据各省市工伤保险参保人数、工伤发生率、工伤康复需求和工伤保险基金实力，发展一定数量的市、县级工伤康复机构，为有需求的工伤职工提供康复服务。这类工伤康复机构需要承担的职能：对人力资源社会保障部门转送的工伤康复申请材料进行确认，提出是否具有康复价值的意见以及康复期建议，做好早期介入、康复评定和康复治疗计划，重点做好全面的医疗康复工作；加入省内工伤康复协作网，认真执行分级转诊制，认真履行服务协议职责，遵照本省市的工伤康复管理办法，严格执行医疗卫生和工伤保险关于工伤康复的相关规定，开展治疗和收取合理费用，提供规范、优质、高效的工伤康复服务；积极探索和完善医疗康复管理和技术规范，培养机构内专业人才。

三、工伤康复服务体系协作机制建设思考

十余年来，我国签订服务协议的工伤康复机构已有200余家，覆盖全国31个省、自治区、直辖市，初步形成了全国工伤康复技术协作网，见图1。这些机构本身是一个个“孤岛”，只有通过一定形式的信息互联互通、技术交流共享，才能够成为互相促进、共同发展的工伤康复服务体系。目前我国不同地区间经济发展状况差异较大，对工伤康复工作的认识也有很大不同，康复人才、技术水平和管理能力参差不齐，在这种情况下，迫切需要构建行之有效的协作机制，切实发挥各级示范平台的标杆作用，传播工伤康复技术，提升服务质量。医药卫生体制改革的深化，为医联体、医共体、专科联盟等医疗机构间合作创造了良好的政策环境，未来工伤康复服务体系内的联系和发展，将以有形的医联体和无形的技术协作网络为依托，让服务机构多方互通有无、密切交流合作成为可能。特别是以技术协作网络为依托的协作形式，在当今中国社会更具普遍性。

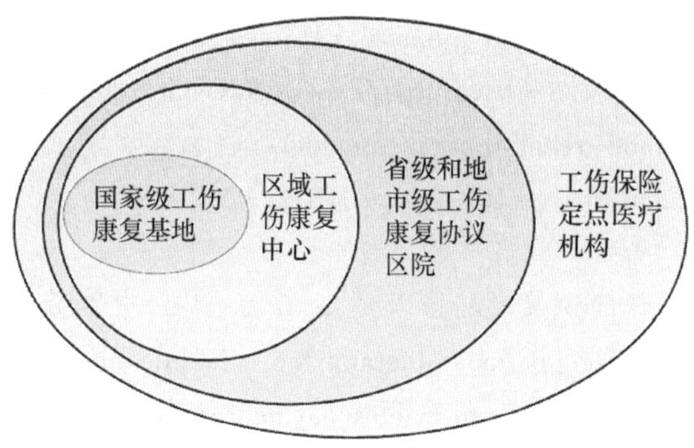

图1 全国工伤康复技术协作网

（一）工伤康复技术协作网的性质和宗旨

工伤康复技术协作网络是在人力资源社会保障部门指导下，由工伤康复机构志愿组成的非营利性业务协作组织。

协作网的宗旨：充分利用协作网的桥梁与纽带作用，加强全国各地工伤康复机构之间的业务协作与技术交流，发展和推广工伤康复技术，促进人才培养，增进信息交流，共同拓展工伤康复服务内涵，优化服务管理，提高服务质量，以实现“政策统一、业务规范、相互协作、资源共享”。

（二）技术协作网的协作内容

1. 工伤康复模式探索。共同探索适合国情的工伤康复服务模式，共同拓展医疗康复、职业康复和社会康复服务技术，逐步统一业务规范和服务标准。

2. 康复技术合作。逐步建立包括会诊、转诊、技术指导、专家支援等协作机制，开展常见工伤病种的临床康复合作、远程会诊及远程康复指导等。

3. 科研合作与开发。共同申请工伤康复科研立项，联合开展科研攻关和多中心研究协

作，开发与推广实用康复技术、康复设备及辅助用具。

4. 教学与人才培养。设立培训中心，培训临床康复专科医生、治疗师、护理人员，合作开展实用康复治疗技术及康复工程、职业康复专题讲座和培训班，提高成员单位专业人员技术水平。

5. 信息咨询服务。通过收集、整理并发布相关政策动态、康复技术进展信息、成员单位的业务和人才需求信息等，加强相互合作，建立工伤残疾人士就业供求信息数据库，提供相关再就业信息咨询服务。

工伤康复技术协作网络建立并运行后，最终形成一个体系，即逐步形成以医疗康复为基础、以职业康复为核心、以促进工伤职工回归社会和重返工作岗位为目的，具有中国特色的工伤康复服务体系。

参考文献

[1] The Department of Labor and Industry, Minnesota. Work comp: Become a rehabilitation provider [EB/OL].[2018-6-7]. http://www.doli.state.mn.us/business/workers-compensation/work-comp-become-rehabilitation-provider.

[2] BG Kliniken. Facilities [EB/OL].[2018-6-7]. http://www.bg-kliniken.de/en/facilities.

[3] 葛蔓. 德国工伤保险制度的特点及成功之处 [J]. 中国劳动，1998 (3): 32-35.

[4] ReturnToWorkSA. Occupational therapy fee schedule and policy [EB/OL].[2018-6-5]. http://www.rtwsa.com/service-providers/payment-and-invoicing/fee-schedules.

[5] ACC. Register with us as a health provider [EB/OL].[2018-4-6]. https://www.acc.co.nz/for-providers/provide-services/register-health-provider/.

[6] ReturnToWorkSA. Return to work services fee schedule [EB/OL].[2018-6-5]. http://www.rtwsa.com/media/documents/fee-schedules/Fee-schedule-2018-Return-to-work-services-fee-schedule.DOCX.

[7] Return To WorkSA. Physiotherapy fee schedule and policy [EB/OL].[2018-6-5]. http://www.rtwsa.com/media/documents/fee-schedules/Physiotherapy-fee-schedule-and-policy.DOCX.

[8] Health and Rehabilitation Operations. Vocational Rehabilitation Standards and Evaluation [EB/OL].[2006-11-22]. http://www.workcover.com/ documents.aspx? fno= documents.aspx? fno.

[9] NoertjojoKukuh, Martin Craig W, McNestryAilve, et al. The Development of Post-Operative Rehabilitation Protocols at the Workers'Compensation Board of British Columbia [EB/OL].[2007-4-3]. http://www.worksafebc.com/health_care_providers/Assets/PDF/ poster-presentations/developmentpost-operative rehabprotocols.pdf.

[10] Workers' Compensation Board. ACL Reconstruction Post-op Rehabilitation Guidelines [EB/OL].[2007-4-3]. http://www.worksafebc.ca/health_care_providers/ Assets/PDF/prot_

aclreconstruct.pdf.

[11] The New Zealand Guideline Group. The Diagnosis and Management of Soft Tissue Knee Injuries: Internal Derangements [EB/OL].[2007-4-8]. http://www.nzgg.org.nz/Publiccation/guidelines.

[12] The New Zealand Guideline Group. Traumatic Brain Injury: Diagnosis, Acute Management and Rehabilitation [EB/OL].[2007-9-2]. http://www.nzgg.org.nz/publication/guidelines/neurology/rehabilitation.

[13] The Office of the Revisor of Statutes. Chapter 5221, Fees for Medical Services [EB/OL].[2018-6-2]. https://www.revisor.mn.gov/rules/5221/.

[14] ReturnToWorkSA. Public hospital fee schedule and guidelines [EB/OL].[2018-7-5]. https://www.rtwsa.com/media/documents/fee-schedules/Public-hospital-fee-schedule-and-policy.docx.

试论工伤保险经办的精确管理

陆秀华　黑龙江省农垦宝泉岭社会保险事业管理局

【摘　要】本文针对工伤保险经办管理服务体系建设的课题，从精确管理这一角度，分析了精确管理的内涵，指出了对工伤保险经办进行精确化管理的现实意义，并从提高统筹层次、加快信息化建设等几个方面，提出了对工伤保险经办实施精确管理的几点建议。

【关键词】工伤保险经办　精确管理

1996年8月，国家对沿用了40余年的企业自我保障的工伤福利制度进行了改革，颁布了《企业职工工伤保险试行办法》，第一次将工伤保险作为独立的保险制度组织实施。22年来，全国各地的工伤保险经办机构积极探索、努力实践，构建了较为完善的经办管理服务体系，工伤保险经办工作得到长足发展，为保障工伤保险参保人员权益、维护社会稳定及促进经济发展发挥了重要作用。随着国家"十三五"规划的实施，全面建成小康社会的目标对工伤保险经办管理服务也提出了更新、更高的要求。笔者认为，现阶段，各级工伤保险经办机构必须运用现代管理手段，创新管理服务模式，完善管理服务体系，在原经办管理服务"规范化、信息化、专业化"基础上，实现"精确化"，全面提升经办管理服务水平，使之与新时期所承担的新任务相适应。

一、精确管理的基本内涵

精确管理的概念最先出现在企事业单位管理领域，它是为了控制和防范组织中的基础管理风险，而将计算机技术、国际互联网、管理目标和文化价值取向等融合形成的系统解决方案。精确管理创始人栾润峰先生指出，"精"是指工作要精细，做深、做透，做到位、做出高水平；"确"是指工作要明确，指令准确、具体，可操作、可控制、可衡量。精确管理就是在管理过程中运用信息技术、数理方法和计算机技术，把管理手段信息化，将其贯穿于计划、组织和协调等各种管理职能之中，建立科学、动态的管理机制和评价系统，对管理对象进行定量分析和量化管理，使管理者心中有数。国家曾在"十二五"规划针对社会保障提出精确管理，这已经超出了企事业单位内部管理的范畴，是对社会保障工作规律性的深刻认识和新要求，也是工伤保险经办机构更好履行管理和服务职能的新途径。笔者认为，工伤保险经办管理服务的精确管理，就是要形成一种技术化、具体化、操作性强、行之有效的管理模式，经办机构能依此解决在管理和服务过程中的问题，有效规避和防范各种风险，确保经办工作顺畅高效运转。

二、工伤保险经办精确管理的现实意义

（一）全面建成小康社会的迫切要求

目前，我国已经进入全面建设小康社会的决胜阶段，社会各界高度关注社会保险。社会保险主要由养老保险、医疗保险、工伤保险、生育保险和失业保险五大险种构成，每一个险种都关系到广大人民群众的切身利益，每一个险种都有其特殊性。工伤保险具有参保范围广泛、享受待遇群体特殊、资金分配刚性、个性化需求多等特点，这就要求经办机构坚持“人本”理念，实施精确化管理，加强管理服务体系建设，通过努力践行工伤保险制度、承担工伤保险事务、管理工伤保险基金、提供工伤保险服务，切实保障工伤保险参保人员权益，切实保证惠民政策在经办管理服务层面有效实施，以适应新形势下全面建设小康社会和构建和谐社会的要求。

（二）实现社会保障目标的基本保证

随着《中华人民共和国社会保险法》（以下简称《社会保险法》）和《工伤保险条例》的全面实施，工伤保险体系发展迅速，工伤保险参保覆盖面逐步扩大，工伤人员的各项权益得到保障。2018 年是国家“十三五”规划实施的第三个年头，按照“十三五”规划确定的社会保障目标，要巩固“十二五”期间的成果，继续扩大工伤保险覆盖面，完善工伤保险政策体系，不断提高保障水平，并实现社会保障的精确管理。面对当前的形势和任务，工伤保险经办机构要抓住这个有利时机，加强基础建设，加强制度建设，创新管理手段，提高管理水平，实现“规范化、信息化、专业化、精确化”，促进经办管理和服务上档次、上水平，为《工伤保险条例》的推行和社会保障规划目标的实现提供有力保证。

（三）健全社会保障体系的重要内容

社会保障体系是一个庞大而复杂的系统工程，包括诸多环节，如制度建设、机制创新、城乡统筹、管理服务体系等，而每一个环节的建立、实施与发展都离不开经办机构的管理与服务，因此，完善经办管理服务体系是健全社会保障体系的重要内容。工伤保险是这个系统工程的一部分，工伤保险经办机构应结合本统筹地区的实际情况，不断夯实管理基础，提升管理手段，改进服务方式，拓展服务内容，通过实施精确管理，从而不断加强工伤保险经办管理服务体系建设，为健全社会保障体系、发展社会保障事业起推动作用。

三、工伤保险经办精确管理的几点建议

（一）提高统筹层次，创新经办管理服务模式

统筹层次的高低，决定着资金保障能力和风险分散范围，影响着工伤保险资金调剂功

能，影响着缴费水平和参保覆盖面，更直接影响着经办机构的管理和服务模式。工伤保险经办机构应明确发展目标，打破区域分割，打破工伤保险固有利益和责任格局，提高统筹层次，提升保障能力，彻底改变目前统筹层次较低的现状，实现工伤保险省级统筹。省级统筹的重要组织保障是垂直管理，工伤保险经办机构应实行省以下垂直管理，创新管理服务模式，建立省、市、县三级经办管理服务体系，坚持集中管理与分层管理相结合的管理原则，合理调整匹配管理权限和服务职能。例如，省级负责集中管理工作，享有基金和信息数据的管理权限，主要负责组织规划、基金结算、信息统计、协调督导、综合调研、系统内审、人员培训等宏观管理工作；市级负责分层管理工作，享有部分管理权限，主要负责业务复核、审批、基金结算、统计、稽核监督等管理和监督工作；县级则负责服务职能，主要包括前台操作和宣传工作，直接为工伤参保人员提供服务，并对上级经办机构负责。只有这样，才能提升工伤保险经办管理服务层次，有效避免“铁路警察各管一段”各地分散管理带来的种种弊端，做到“管理向上集中、服务向下延伸”，实现精确化管理，做到“六统一”，即参保范围统一、行业差别费率统一、基金管理统一、工伤认定和劳动能力鉴定统一、待遇支付标准统一、经办流程和信息系统统一，实现省级统筹目标，最大限度发挥省级统筹的管理和服务效应。

（二）加快信息化建设，实现管理服务提档升级

信息化的主要标志是经办业务实行计算机操作，完成数据采集、信息传递、实时监控，通过网络信息系统实现整合资金流、信息流和业务流的一体化运作，对于传统管理而言，它是管理理念和管理方法、管理手段的创新。工伤保险经办机构应清醒地认识到，信息化是经办管理和服务的重要技术手段，实现精确化管理，实现管理与服务的提档和升级，必须不断加快工伤保险的信息系统建设。

1. 建立统一的工伤保险信息系统。经办机构应彻底改变过去信息系统各自为政、自行开发的现状，根据统筹层次，由省统一做出规划，确保信息系统建设的一致性和规范性。统一后的工伤保险信息系统，应集原各自开发的信息系统的优点于一身，不仅要符合《社会保险法》和《工伤保险条例》的政策规定，而且要符合社会保障体系建设发展的新要求，是原信息系统的升级和优化。

2. 建立高效的工伤保险信息系统。经办机构应秉承“以人为本、高效便捷”的服务理念，不断提高工伤保险信息系统的利用效能。比如，积极推进定点医疗机构直接结算工作，应在定点医疗机构建立信息管理系统终端，实现与工伤保险信息系统的实时网络连接，畅通信息传输渠道，提高管理服务效率，保证工伤人员发生的工伤医疗待遇在定点医疗机构能够全部实现直接结算。

3. 建立完善的工伤保险信息系统。经办机构应加快利用现代信息方式的步伐，在信息系统开发建设中充分融入经办机构内部控制要求，实现内控机制建设的信息化，采用现代化管理手段，加强基金安全监管，提升工伤保险经办服务水平和监督管理水平。比如，对于工亡职工供养亲属的待遇支付审核，可以借鉴养老保险资格认证调查的既有经验，采取人脸识别、指纹识别等方式进行。

（三）加强队伍建设，为精确管理提供组织保障

在工伤保险经办管理服务体系建设过程中，经办机构队伍始终是制约管理服务的一个重要影响因素。最近几年来，工伤保险参保覆盖面逐步扩大，老工伤人员全部纳入工伤保险，工伤人员个性化需求逐渐增多，经办业务量不断加大……面对日益增多的服务对象和精确化的管理目标，经办机构应合理配置人员，加强行风建设，广泛开展业务培训，积极开展创优活动，不断提高工作人员的学习能力、执行能力、管理能力、服务能力和风险控制能力，努力打造一支政治坚定、思想合格、业务精湛、作风优良的经办队伍。

1. 合理配置工作人员。人力资源和社会保障等相关部门应根据工伤保险事业发展的形势和专业结构的需要，合理设计工伤保险经办机构的内部组织架构、职能分工、管理体制和经费保障方式，尤其是工作人员的配置。例如，配置人员时，可以按照目前国际的通行做法，以人均管理幅度配备工作人员，省级按 1： 10 000 的标准配置，市级、县级按 1： 5 000 的标准配置。工作人员必须优化结构，合理选配，对于市级、县级的管理层面，必须选精、配齐。

2. 积极培育社保文化。工伤保险经办机构应针对本行业的特点，积极培育组织文化，加强行业作风建设。根据工伤保险工作的实际情况，通过开展形式多样的活动，如团队拓展训练、微机操作技能大赛、工伤保险知识竞赛、创先争优评比等，在广大经办工作人员中牢固树立“一切为了参保人员、为了参保人员一切”的服务宗旨，提高工作人员的管理和服务能力，营造“团结、奉献、务实、创新”的行业氛围，不断增强经办机构的凝聚力和向心力。

3. 加快建设培训体系。工伤保险经办机构应以实现经办队伍的“高素质、专业化”作为培训目标，加快全程多样的培训体系建设。应采用现代化的信息技术手段，将文字和图片等培训内容具体形象地展现在工作人员面前，对工作人员进行综合培训、分层培训和专业培训，提高工作人员的专业理论知识，全面提升工作人员的综合素质。比如，开展《社会保险法》和《工伤保险条例》等知识培训，强化工作人员的法律意识，提高依法办事能力。

（四）跟进制度体系建设，确保工伤保险经办有章可循

《社会保险法》《工伤保险条例》以及《人力资源和社会保障事业发展“十三五”规划纲要》，为工伤保险经办管理服务工作提供了法律保障和基本依据，是经办工作中的最高行为准则。工伤保险经办机构必须加强法律意识，认真组织学习，及时建立和修订工伤保险经办管理的相关制度体系。

1. 完善工伤保险经办政策体系。经办机构应根据《社会保险法》《工伤保险条例》以及《人力资源和社会保障事业发展“十三五”规划纲要》，研究制定公务员和参照公务员法管理事业单位、社会团体以及灵活就业人员等各类人员参加工伤保险的相关政策，进一步修订工伤保险费率、待遇先行支付、稽核监督等内容，确保经办机构的管理和服务依法、规范运行。

2. 建立工伤保险经办联动体系。经办机构应与安全生产监督管理、卫生、康复中心等部门联合，共同积极推进工伤预防和工伤康复工作。工伤预防着重把保障的关口前移，加强职工安全教育培训，及时治理安全事故隐患，有效预防和减少工伤发生，从根本上保障职工的生命和健康安全；工伤康复则着重把工伤职工回归社会、重返就业岗位作为最终的工作目标。

3. 建立工伤保险社会监督体系。经办机构应定期向社会公布工伤保险基金的收入、支出和结余情况；为用人单位建立参保档案，准确记录工伤保险参保信息，妥善保管登记、申报的相关资料，并为工伤人员建立个人档案，完整记录工伤人员的工伤认定、劳动能力鉴定和工伤保险待遇享受相关资料，用人单位和工伤人员本人可随时查阅；为参保人员提供工伤保险政策咨询、投诉和监督举报设施，如设立专用举报意见箱等。

4. 建立工伤保险定点谈判机制。经办机构应与定点医院、定点康复医院、定点辅助器具安装机构等协议机构建立谈判机制，针对工伤人员的疾病病种和特定的个性化需求，以"工伤基金运行安全、定点服务优质规范、工伤待遇兑现及时"为基本原则，进一步完善定点单位的协议管理、结算价格和付费方式。

（五）规范业务规程，推进经办工作精确化运行

规范和统一经办业务规程，是规范工伤保险业务经办行为、提高服务质量和工作效率的必要条件，是工伤保险经办管理和服务的重要基础性工作，更是精确管理的要旨所在。国家为全面贯彻落实《社会保险法》《工伤保险条例》以及相关的法规和配套政策，进一步规范、统一工伤保险经办管理工作，印发了《工伤保险经办规程》。今后，结合《人力资源和社会保障事业发展"十三五"规划纲要》通知精神，各统筹地区的工伤保险经办机构应按照国家的总体要求，结合本地区的实际情况，借鉴省内外的好做法，采取行之有效的办法，进一步科学合理设置岗位，规范管理服务标准，设定管理流程，优化经办模式，简化操作手续，强化内控体系，将成熟业务流程固化。例如，参保审核登记、基金收缴和管理、待遇审核支付、信息管理、档案管理等，坚持做到"管理有制度、流程有规范、操作有标准"，在经办机构内部形成整体运转协调、业务操作规范、便捷流畅优质的局面，保证参保人员在不同时间、不同地点都能够享受到同质同效的服务，实现工伤保险经办业务平稳、安全、高效运行的目标。

相关资料显示，人力资源社会保障部组建了全国社会保险标准化技术委员会，启动了社会保险标准化建设工作，《社会保险服务总则》和《社会保障服务中心设施设备要求》两个标准通过了国家标准委的审批，并在江苏省南京市召开了上述国家标准的宣传贯彻动员会议。笔者认为，社会保险标准化的出台，为精确化管理目标的实现，必将起到强有力的推动作用。

参考文献

[1] 郭健. 精确管理助力社保经办 [J]. 中国社会保障，2011 (4)：29-30.

将渔民纳入工伤保险的必要性与可行性研究

林存斌　海南省人力资源和社会保障厅
罗中意　海南省社会保险事业局
黄煜阳　海南省社会保险事业局
陈楚滨　海南省社会保障研究会

【摘　要】海南渔业人口约有50万人，担负着发展海南海洋经济和维护南海主权领土完整的双重责任。目前渔民的作业风险依然很大。在全面建成小康社会以及全民医保背景下，将渔民纳入工伤保险制度范围成为社会关注的焦点。本文结合工伤保险制度发展情况、海南渔业生产及渔民生活特点、社会经济等情况，提出探索建立渔民工伤保险制度的必要性、可行性。

【关键词】渔业　渔民　工伤保险

2018年，恰逢海南建省30周年，党中央着眼于国际国内发展大局，决定支持海南省全域建设自由贸易试验区，支持海南省逐步探索、稳步推进中国特色自由贸易港建设。海南省是海洋大省，自贸区港的建设意味着海洋产业将迎来新的发展。发展是机遇，也是挑战。发展海洋产业离不开全省数十万渔业从业者（渔民）。由于海上作业风险高，渔民的生命财产安全长期以来备受社会各界关注。在新形势下，探索建立覆盖海南渔民的社会保险制度尤其是工伤保险制度，解决社会保险“不平衡、不充分”问题，具有十分重要的现实意义。

一、海南省工伤保险制度及其特点

工伤保险制度最大的意义在于保护劳动者免遭职业伤害（工伤预防），并确保劳动者在遭受职业伤害时获得医疗与物质帮助，维护社会稳定。在世界范围内，经过一个多世纪的实践和探索，工伤保险已从借鉴思维逐步走向完善、创新、发展。一方面，各国工伤保险参保对象呈扩大态势，一些工伤保险制度推行较早、较成熟的国家，已出现向全民意外伤害保险制度转化的趋势；另一方面，工伤认定范围逐步外延，职业病种类增加，"过劳死"等情形被列入工伤范畴。比较西方发达国家的工伤保险制度，我国工伤保险制度正处于发展和完善阶段。党的十九大明确指出，我国现阶段社会主要矛盾是人民日益增长的美好生活需要和不平衡、不充分的发展之间的矛盾。目前我国的工伤保险制度保障面不够广，保障力度不足，还不能适应人民日益增长的美好生活期望的实际。让工伤保险制度覆盖更多人群，是新时代工伤保险的课题。海南省具有得天独厚的海洋资源，包括渔业捕捞在内的海洋产业对推进海南省经济发展至关重要。研究海南省工伤保险制度发展特点，探索建立更广泛的工伤保险制度，将更多工伤风险较高的劳动者纳入工伤保险制度范围，促进海南省经济全面快速发展，是政府相关部门的使命担当。

海南省的工伤保险特点主要有以下四方面：

（一）立法早

1988 年海南建省办经济特区，作为综合改革试点，工伤保险各项改革也在改革探索之列。1992 年 1 月，在海口市 3 年试点经验基础上，海南省实施《海南省职工工伤保险暂行规定》及其实施细则。经过 2 年的总结提高，1993 年 12 月 30 日，海南省人大以地方立法形式颁布《海南经济特区城镇从业人员工伤保险条例》。1994 年 8 月，海南省政府颁布了《海南经济特区城镇从业人员工伤保险条例实施细则》。以省级地方立法颁布工伤保险制度法律法规，海南省在全国是第一个。

（二）产业结构分布不均

由于历史原因，海南省属"边防"地区，产业结构以轻工业及农业、林业、渔业为主，重工业基础薄弱。建省办特区后，海南省发展方向以旅游服务行业为主，产业结构因此与内地主要省（市）存在显著差异。党中央提出推进海南自贸区港建设，着重点是旅游和贸易两大领域。可以预见，海南的产业结构未来不会发生重大变化。从表 1 数据可看出，2017 年海南省第一产业、第二产业工伤保险参保人数占比仅 17%，第三产业参保人数占比在 80%以上。2017 年，海南省工伤保险参保人数为 151.41 万人，仅占全省人口的 16.36%（2017 年海南常住人口 925.76 万人），是全省养老保险参保人数的 28.74%，是全省医疗保险参保人数的 16.60%。工伤保险参保人数与养老保险、医疗保险存在明显差距，不利于全域实行自由贸易区（港）建设。

表 1　　2017 年海南省第一、二、三产业工伤保险参保情况

	参保户数/户	占总户数比例/%	参保人数/人	占总人数比例/%
总计	91 499	100	1 514 111	100
第一产业	4 209	4.60	109 394	7.22
第二产业	11 529	12.60	148 984	9.84
第三产业	75 761	82.80	1 255 733	82.94

（三）农业产业工人（农垦系统人员）占比大

截止到 2017 年年末，全省工伤保险参保人数达 1 514 111 人，企业参保人数占 68.72%（见表 2）。由于特殊的历史原因，海南省农垦系统在全省经济结构中占有相当比例，历来有“小省大农垦”之说。全省农垦系统基本属农业性质的企业，鼎盛时期超过 85%的在职从业人员属农业工人性质，人数达 29 万人，主要从事橡胶、水稻种植。2009 年农垦系统移交属地管理后，职工基数依然庞大。截止到 2018 年 6 月，原农垦系统从业人员 43.4 万人，其中在职人员 18.25 万人，占工伤保险总参保人数的 12%。2001 年农垦系统实行工伤保险，基金征缴与经办管理方面不完全照搬“地方”的做法，而具有农垦特点。

表 2　　2017 年海南省工伤保险参保结构

	参保户数/户	占总户数比例/%	参保人数/人	占总人数比例/%
总计	91 499	100	1 514 111	100
企业	73 770	80.62	1 040 559	68.72
机关、事业单位	9 126	9.97	351 927	23.24
个体工商户	5 571	6.09	21 569	1.43
建筑业单独参加工伤保险	3 032	3.32	100 056	6.61

（四）工伤保险参保企业以低工伤风险企业为主

2017 年海南省工伤保险各风险类别行业参保情况见表 3。从表 3 可以看出，全省工伤保险仍以低风险行业为主，一、二、三类风险行业参保人数占比高达 78.31%。低风险行业占比高，与改革开放后海南省产业结构调整有关，符合海南省今后发展的方向。低风险行业为主，是海南省工伤保险基金支付少、滚存结余高的直接原因。

表 3　　2017 年海南省工伤保险各风险类别行业参保情况

	参保户数/户	占总户数比例/%	参保人数/人	占总人数比例/%
总计	88 467	100	1 414 055	100
一类风险行业	30 913	34.94	349 694	24.73
二类风险行业	37 475	42.36	666 287	47.12
三类风险行业	3 598	4.07	91 387	6.46
四类风险行业	4 724	5.34	153 688	10.87
五类风险行业	8 116	9.17	109 822	7.77
六类风险行业	2 674	3.02	32 346	2.29
七类风险行业	732	0.83	3 145	0.22
八类风险行业	235	0.27	7 686	0.54

注：表中数据不含 2017 年第四季度建筑业单独参加工伤保险情况。

二、海南省海洋及渔民基本情况

与内陆省份相比，海南是海洋大省，而海洋捕捞是广大沿海居民世代赖以生存的产业。

（一）海洋情况

海南省位于祖国最南端，是一个海岛省份，行政区域为海南岛、西沙群岛、中沙群岛、南沙群岛等岛屿及海域，陆地面积 3.4 万平方千米，海域面积 260 多万平方千米，海岸线总长 1 823 千米，共建港湾达 84 处，其中渔港 43 个。广阔的南海海域是海南省乃至全国的重要渔场，盛产优质海产品。海南省海岸带面积 7 000 平方千米，可发展养殖海岸带 4 000 平方千米。

（二）渔民基本情况

全省渔业乡镇 29 个、渔业村 436 个，渔业人口 50 余万人。渔业捕捞人员（以下简称渔民）约 24 万人，其他渔业生产链的从业人员约 10 万人。以渔业较为发达的临高县为例，截至 2016 年，登记在册的渔船 4 486 艘，渔民总数达到 79 849 人。渔民的生产方式主要以家庭或合作（联合）进行海上作业，所捕捞的鱼类自产自销或集中在岛内、外销售。渔民收入一般高于本地农民。小型渔船渔民年人均收入约 23 000 元，大中型渔船渔民年人均收入约 45 000 元。渔民群体构成以中老年为主。

（三）渔民职业风险情况

渔民的海上作业风险非常高。据有关统计，近年来我国海洋捕捞平均约每万吨产量死亡 1 人。海上作业风险主要有以下 2 个方面：

1. 海难事故。一是气象灾害。海洋气候变幻莫测，加上海洋气象通信条件受客观因素影响，气象因素导致的海上事故时有发生。据调查，2011—2013 年全省有 69 名渔民因海难事故丧生。二是船舶触礁。海南省周边海域海底礁石遍布，暗流涌动，渔船触礁是海难事故的常见原因。2013 年 6 月，一艘海南文昌籍渔船在湛江海域触礁侧翻，造成一人死亡；2016 年 1 月，“琼临渔 11198”渔船触礁沉没；同年 10 月，“台沙 2979”渔船在永兴岛码头防波堤外触礁搁浅。

2. 海上维权。近十年来，南海局势紧张升级，国外势力干扰活动加剧，外国船只除了从事电、炸、毒等方式捕鱼、搭建晒鱼平台等设施外，还有袭扰、抓扣渔船等行为，严重威胁我国渔民的人身财产安全。渔民在捕捞作业的过程中，常为维护海洋权益与国外不法分子发生冲突，招致伤害，有时被非法扣押，致使身心健康受到极大损害，同时给家庭经济带来较大负担。

（四）渔民职业风险化解情况

目前渔民作业风险主要依靠海上人身意外伤害保险抵御。从 2007 年起，海南省通过财政补贴方式，鼓励渔民参加渔业互保协会提供的渔民海上人身意外伤害险。保险额度分为A、B两个档次供渔民选择，A档52万元（含意外伤害险50万元，意外伤害医疗保险2万元），B档26万元（含意外伤害险25万元，意外伤害医疗保险1万元），保费分别按每年1 200元/人和600元/人计收，其中渔民分别自付480元/人和240元/人，自付率40%，中央和省财政共同承担60%。据海南省海洋渔业厅统计，2016年海上人身意外伤害险参保渔民43 125人，占渔民总数的17.9%，保费收入3 463.31万元，支付赔款1 038.04万元，赔付率接近30%。

三、将渔民纳入工伤保险的必要性

海南省渔业人员50万人，加上与渔业形成产业链的从业人员超过60万人，占全省人口的六分之一以上，是全国沿海地区渔民占比较高的省份之一。海洋产业与全省经济发展关联密切程度可想而知。尤其是习近平总书记在海南建省办特区30周年讲话中，明确提出要把海南省建设成为“中华民族后花园”，海南省委省政府在部署规划中提出的保护中部森林绿地生态、加大海洋经济发展力度，成为全省人民共识。因此，发展海洋渔业经济，将是海南长期的发展目标。

（一）渔民参加工伤保险是构建美丽海南的需要

经调研得知，渔民是其家庭的精神和经济支柱，是家庭主要（基本或唯一）的经济收入来源。只要有出海，就能基本保障家庭的生活。而一旦发生重大事故中断生产，全家的生活势必受到严重影响，从而致贫、返贫，即便有政府补助，短时间内也难恢复家庭的元气，结果是子女中途辍学，老人失去赡养。将渔民群体纳入工伤保险，一旦发生意外事故，由工伤保险基金承担各项待遇，可免除事故家庭灾难性的经济负担。在此基础上，如有其他商业保险、精准扶贫政策的共同扶持，形成多层次风险防范机制，工伤事故家庭可以在较短的时间恢复生机，建设美丽海南、建成小康社会才能成为可能。

（二）渔民参加工伤保险是南海维权的需要

260万平方千米的南海自古以来是沿海渔民百姓世代赖以生存发展的蓝色资源。《更路簿》详细的“耕海图”便是领海主权和渔民生产的史实。然而近年来南海争端事故频发，渔民在正常生产的同时，承担着维护南海主权的义务和责任。渔民生产作业过程是国外势力侵犯南海岛礁主权与海洋权益重要信息的获得渠道，因此渔民是维护国家领海安全的重要力量。将渔民纳入工伤保险制度，帮助他们抵御职业伤害风险，解除渔民由于维权遭受伤害所带来的后顾之忧，有利于提高和增强渔民自觉维护国家利益的意识，激发他们的爱国热忱，有助于提高我国南海维权力度。

（三）渔民参加工伤保险是发展海洋经济的需要

广阔的海洋是海南发展的潜在优势。大力发展海洋产业、提振海洋经济是海南“十三五”规划的重要内容之一。2016年海南省农、林、牧、渔业完成增加值1 000.18亿元，其中渔业完成增加值263.73亿元，比上年增长3.5%；水产品总产量214.64万吨，增长3.5%。海洋产业作为海南十二大支柱产业之一，在国际旅游岛的建设中发挥着重大作用。根据海南省海洋经济发展目标，到2020年，海南省海洋经济生产总值预计占GDP（国内生产总值的）的35%，海洋经济综合实力进一步提升，并构建起“一环四带三区三岛群”海洋经济空间开发格局。发展海洋产业，海洋捕捞必不可少，这就需要社会保障制度保驾护航，因而建立多层次职业伤害保险尤为关键。回顾国际工伤保险发展史，生产社会化催生工伤保险制度。反过来，海南省渔民工伤保险制度的实施，有利于传统渔业捕捞由分散管理向社会化管理转型，从而实现渔业生产现代化。

（四）渔民参加工伤保险是解决不平衡不充分矛盾的需要

实现小康社会，解决社会保障民生问题是关键。全民社保背景下，高风险作业的渔民群体，缺乏工伤保险制度支持显然是社会治理的短板。将全省渔民群体逐步纳入工伤保险制度覆盖之下，让渔民伤有所恤，应是中国特色社会保障的应有之义。在调研过程中，当渔业社区的居民了解到工伤保险相关政策、待遇项目及其支付标准等时，渔民群众纷纷表示盼望早日参加工伤保险。临高县调楼镇一位县人大渔民代表对渔民参加工伤保险非常支持、关切，主动提出假如工伤保险在该渔区实施，将无偿提供力所能及的协助。

四、渔民参加工伤保险的可行性

将渔民纳入工伤保险制度范围在当前社会保险体系建设进程中尚属新课题。鉴于国家近年提出的大胆探索体制机制创新、突破体制束缚的相关精神，把渔民纳入工伤保险制度范围符合海南省的实际情况，有利于维护广大渔民的切身利益，是海南自贸区（港）建设和经济发展的内在要求。

（一）符合法律政策规定

渔民参加工伤保险符合《中华人民共和国宪法》精神，符合法理和相关政策制度。《宪法》第十四条第四款规定：“国家建立健全同经济发展水平相适应的社会保障制度。”《中华人民共和国社会保险法》第一条规定的立法目的为“规范社会保险关系，维护公民参加社会保险和享受社会保险待遇的合法权益，使公民共享发展成果，促进社会和谐稳定”。渔民参加工伤保险符合海南省“十三五”规划提出的“加快探索渔民参加工伤保险办法”。《中共中央关于构建社会主义和谐社会若干重大问题的决定》（中发〔2006〕19号）提出，至2020年，构建社会主义和谐社会的目标和主要任务之一，就是要基本建成覆盖城乡的社会保障体系。同时，渔民参加工伤保险与海南省已实行的单险种参加工伤保险制度可衔接。

（二）海南省工伤保险制度可依托

海南省工伤保险制度覆盖城镇所有用工单位，包括机关、事业单位以及各类企业。20多年来，工伤保险制度为海南省“小政府、大特区”建设、国企改革、经济转型发挥了应有作用，为一批工伤人员、遗属乃至“老工伤”人员提供了比较优厚的工伤保险待遇，得到社会的普遍认可。同时，工伤保险制度本身在海南省获得健康发展。2003 年，海南省被国家确定为全国工伤预防三个试点省份之一。经过 15 年实践探索，试点经验可圈可点。前两年开展的单险种即建筑用工等高风险行业参加工伤保险，也取得较好的成效。海南省工伤保险制度总体运行平稳，可为实行渔民工伤保险制度衔接、经办服务管理，以及建立基金运行机制提供经验。同时，具有农业工人特点的海南省农垦系统和具有渔业捕捞特点的渔业企业参加工伤保险，也为渔民实行工伤保险提供制度基础。2001 年，海南省将具有农业工人特征的农垦系统全部纳入工伤保险制度之内，成为最具开创性和符合海南“小省大农垦”实际的工伤保险制度，一度被劳动部所肯定。1992 海南省将“渔业捕捞”企业职工纳入工伤保险，为探索工伤保险产业结构外延积累了经验。

（三）基金风险可承受

截至 2017 年，海南省工伤保险基金当期结余 34 849 万元，累计结存约 164 000 万元，可支付月数 122 个月，排全国首位。2017 年，海南省享受工伤保险待遇 3 645 人，同比增加 8%，享受待遇人数与参保人数比为 1∶388，为全国最低。2017 年，海南省工伤保险待遇支出 15 622.55 万元，基金风险可承受。2017 年海南省工伤保险待遇支出见表 4。

表 4　　2017 年海南省工伤保险待遇支出

项目	工伤保险待遇支出		
	工伤医疗待遇支出	伤残待遇支出	工亡待遇支出
金额/万元	4 502.38	2 986.96	8 133.21
年度增长率/%	5.7	28.3	34
占总支出比例/%	29.6	16.2	42.2

（四）经济测算可持续

渔民工伤保险可参照职工工伤保险做法，资金筹措实行现收现付、以支定收的原则。海南省当前有渔民约 24 万人，按参保率 70%、2017 年度全省社平工资 5 755 元/月的 60%为缴费基数、以 1%的费率缴纳工伤保险费计算，年工伤保险基金收入将有 6 948 万元。以海南省职工工伤保险高风险行业（即缴费费率 1.5%的参保单位）工伤保险基金收支的比例概算，近五年来支出平均约占收入的 32%，工伤保险基金的预期运行应处于可控的风险范围。同时，可建立与职工工伤保险基金对接机制，以防万一发生不可预见的重大海难事故，渔民工伤保险基金面临收不抵支的风险。

（五）外地做法可借鉴

山东省于 2007 年 1 月 1 日施行的《山东省渔业港口和渔业船舶管理条例》中规定，渔业船舶的所有者或经营者，应当依法为渔业从业人员办理（参加）工伤保险。辽宁省大连市直接把渔民按照农民工单险种缴费纳入工伤保险覆盖范围。2013 年 1 月 1 日起施行的

《上海市工伤保险实施办法》将家政服务人员纳入了工伤保险，要求从事家政类的人员，如果与专业家政公司签订合同，专业家政公司应按《上海市工伤保险实施办法》参加工伤保险，为家政人员缴纳工伤保险费。江苏省南通市、太仓市把灵活就业人员纳入工伤保险范围。将灵活就业人员纳入工伤保险的成功实例，为海南省渔民参加工伤保险提供了可借鉴的经验。

综合以上分析，笔者认为将渔民纳入工伤保险制度范围，在法律依据、基金运行、经办服务管理等方面，条件具备、切实可行。

五、基本思路和措施

将渔民纳入工伤保险制度体系，应本着从实际出发、从易到难、化繁为简的思路逐步展开。制度设计应结合渔民生产作业特点，经办管理服务更应灵活简便。

（一）制度框架

渔民参加工伤保险依照海南省职工工伤保险制度，在参保范围（含年龄界限、工种）、基金征缴、工伤认定、伤残评定、待遇项目及标准、待遇支付、监督管理等方面，结合渔民作业特点设置，实行全省统筹，由人社部门统一管理。总的原则是所构建的制度必须符合渔区的客观实际，保证可持续、基金运行安全、便民利民。为保证制度的顺利实施，可考虑以政府规章的形式颁布试行办法，以强制方式要求符合要求的对象务必参加渔民工伤保险，同时明确相关部门的责任，以形成协同机制。

（二）参保形式及缴费

为方便管理，参照城镇职工单险种参加工伤保险的做法，以渔船为单位缴纳渔民工伤保险费。按照渔船的船型、吨位及作业方式制定最低配员标准，船主按照最低配员标准为雇用的渔民缴费参加工伤保险。当发生伤害事故时，实际的工伤人数大于参保人数，则工伤保险基金只按照参保人数进行赔付，其余由船主负责。缴费时间为每年 7 月，主要基于海南省休渔期在 7 月，渔民有充裕的时间办理相关手续。

（三）经办管理服务

渔民工伤保险基金实行全省统筹，在省财政部门设立专户，由各乡镇财税所代收渔民工伤保险费。市县社保局为渔民工伤保险经办机构。渔民工伤保险实行基层（渔业社区）经办或代办，各渔村社区设立代办岗位，负责具体经办事宜（缴费、申报工伤等业务），代办人员列入社区公益岗位，由当地乡镇或村委会统一管理。

（四）开展先行试点

通过一两个渔业较发达的市县先行先试，进一步摸清渔民工伤保险的特点、规律，掌握渔民工伤保险各个环节的经办需求，掌握合理的工伤保险待遇实际所需要的缴费费率，逐步积累经验，以便确立更符合渔民实际的工伤保险制度及其管理经办模式。试点结束后通过总结提高，全面开展。

（五）建立多部门合作机制

由海南省政府成立工作协调领导小组，海南省人力资源和社会保障厅、省财政厅、省海洋渔业厅、省地方税务局、武警海南省边防总队和试点市县政府作为协办单位协调领导小组成员，建立工作运行机制，形成合力。定期组织召开联席会议，通报工作开展情况和政策调整建议。建立各单位间的信息沟通联系方式，制作工作简报，加强工作信息的交流。

（六）财政予以必要的扶持

建立渔民工伤保险制度，财政扶持是关键。因此在筹备阶段，需要财政在资金预算方面予以安排。五年前，海南省相关部门曾就渔民参加工伤保险拟定了方案，因为资金来源问题未明确而推进缓慢。笔者认为，在全民参保的背景下，在渔业互保制度的对比衬托下，在当前精准扶贫政策强力推进下，财政予以适当的支持，对于保证渔民工伤保险制度的启动实施至关重要。

（七）统筹安排，协调推进

将渔民工伤保险纳入区域社会经济发展规划。工伤保险制度覆盖的乡镇，应将经济发展指标、区域基础建设及其他社会管理（如社会保险经办、代办）统筹规划。明确管理职责，制定工作方案与措施，以及配套检查考核指标，一级抓一级，层层抓落实，以确保制度实施成效。

（八）结合扶贫政策实施

扶贫工作是当前最大政治，消除贫困人口是实现国富民强中国梦的国策。渔区贫富不均的情况相比农村农民更明显，雇用现象更普遍。被雇用者普遍经济状况较差，一旦发生伤残，更容易使整个家庭陷入经济危机。如结合扶贫政策，让政府对贫困渔民家庭以适当经济支持，改善生产作业条件，降低工伤风险，提高经济收益，值得探索和实践。

六、处理好几个关系

（一）与渔业互保的关系

工伤保险与渔业互保协会所管理的海上渔民人身意外伤害险并非单一替代的关系，而是互补和多层次的关系。海上人身意外伤害险赔付金额不高，一次性理赔过后不再有任何后续补偿，而且有诸多不予赔偿的条款，同时医疗费用封顶 2 万元，尤其不能解决长期待遇问题，如遗属抚养及对丧失劳动能力者支付生活、护理费等，这就需要工伤保险予以解决。渔民工伤保险无论在社会保障体系的制度构成，还是在保障机制、保障水平等方面，都显示出无比优越性，是构成渔民多层次工伤保险制度的主体，承担抵御渔民生产事故风险的主要功能。

（二）与职工工伤保险的关系

渔民工伤保险依托职工工伤保险，但又相对独立。在工伤认定、待遇支付项目、经办管理、工伤预防等方面有其特点，不完全等同于职工工伤保险。尤其在工伤认定、待遇项目的确定，需要与渔民的作业特点、作业场所和缴费水平关联。

（三）与城乡养老保险、医疗保险以及扶贫政策的衔接

渔民几乎都参加了农村养老保险与医疗保险。渔民工伤保险的待遇项目涉及达到法定退休年龄的养老金待遇以及城乡居民医疗保险，在待遇选择时应根据相关规定处理好各险种待遇的衔接。渔民发生工伤事故在享受工伤保险待遇期间，能否再享受扶贫政策的相关待遇，视其具体政策规定执行。

七、结语

海南省特殊的地理位置和党中央最近对海南省发展作出的重大决策，确定了海南省的发展方向，旅游和贸易将是以后发展的重点。将工伤保险覆盖更多人群，特别是渔业从业人员，符合海南省特殊时期的全新战略，同时也可优化全省工伤保险的参保结构，充分发挥工伤保险制度的作用。

由“视同工伤”案例引发的工伤保险制度思考

孙 莉 黑龙江省人力资源和社会保障厅工伤保险处

【摘 要】《工伤保险条例》自2003年颁布到2010年重新修订，至今已历经15年。工伤保险制度的建立提高了企业抗风险能力，保障了职工利益，为维护社会稳定发挥了巨大作用。然而，社会保险行政部门在执行《工伤保险条例》第十五条第一款第（一）项“在工作时间和工作岗位，突发疾病死亡或者在48小时之内经抢救无效死亡的”视同工伤过程中感到该条款存在法律边界模糊、法条理解和法律适用底线不清晰等问题，导致站在不同的角度和立场会对工伤认定得出截然相反的结论。本文结合我国工伤保险政策在实践中的矛盾和问题提出相关建议，希望能为进一步完善工伤保险制度体系，使工伤认定条款更加清晰有可操作性、统一尺度依法履职提供参考。

【关键词】工伤保险 突发疾病 工伤认定

一、现行工伤保险制度亟待规范视同工伤认定条款

（一）如何界定“工作时间和工作岗位”

工伤保险的立法目的是“为了保障因工作遭受事故伤害或者患职业病的职工获得医疗救治和经济补偿，促进工伤预防和职业康复，分散用人单位的工伤风险”。从现实意义理解，工伤保险实际上是职业伤害保险，既包括工作中事故造成的人身伤害，也包括职工按照《职业病防治法》被诊断、鉴定为职业病后导致的各类疾患及死亡。“视同工伤”情形与工作没有直接或间接关系，并不具备职业伤害属性，职工在工作时间、工作岗位上突发疾病，可能是生活压力等身体机能导致的，也可能是工作过度劳累、紧张导致的。《工伤保险条例》将职工在工作时间和工作岗位，突发疾病死亡或者在48小时之内经抢救无效死亡视同工伤，立法本意应该是体现“以人为本”，是对劳动者的一种保护。但就工伤保险制度而言，将“突发疾病死亡”纳入工伤认定范围已经扩大了“工伤”的范围。这里

“突发疾病”包括各类疾病，因此不再是人力资源社会保障部门工伤认定机构所纠结的疑难问题，但突发疾病的时间、地点是否与工作时间、工作岗位有关却成为难点问题。

基本案例：施某系建材公司的机动车驾驶员。2015 年 11 月 28 日，建材公司安排施某于次日外出送货。2015 年 11 月 29 日凌晨 2 时 45 分左右，施某突发胸闷、胸痛，并于当日 4 时 22 分左右致电妻子，随后又找到同事曹某，告知其身体不适的情况。公司法人江某得知此情况，立即驱车至公司内载施某、曹某于当天 4 时 45 分到达医院对施某实施抢救，后施某因抢救无效于 5 时 35 分被宣布死亡，死亡原因为急性心肌梗死。施某家属到当地人力资源社会保障部门申请工伤认定，人力资源社会保障局认为施某于 2015 年 11 月 29 日凌晨在建材公司欲驾车外出送货时突发疾病，径直送医后抢救无效，于当日 5 时 35 分身亡，符合《工伤保险条例》第十五条第一款第（一）项规定，视同工伤，并作出〔2017〕105 号《工伤认定决定书》。用人单位不服，提起诉讼，请求依法撤销人力资源社会保障局作出的《工伤认定决定书》。

一审法院意见：施某存在凌晨发车送货的情形，且在实践中，由于运输工作内容的特殊性，工作时间并不是固定 8 小时工作制或是标准工时，往往根据所载物品、天气、车况、道路管制、目的地的远近等诸多因素进行适度调整，故人力资源社会保障局根据调查核实情况，作出认为无法排除施某系在工作时间突发疾病的结论并无不当。而建材公司主张施某是在单位宿舍突发疾病，并非在工作岗位上突发疾病。一审法院认为，根据《工伤保险条例》的立法宗旨，对“工作岗位”的理解不应过于狭隘和片面，对于在工作场所内，为满足劳动者生理需要、进行工作前的准备活动、适当休息的场所和空间也应当包含在工作岗位的范围之中。本案死者施某为建材公司运输货物，且送货时间相对不固定，在建材公司安排的宿舍休息并于当日凌晨突发疾病，符合《工伤保险条例》第十五条第一款第（一）项之规定，维持人力资源社会保障局作出的工伤认定决定。建材公司不服，上诉。

二审法院意见：根据《工伤保险条例》第十五条第一款第（一）项规定，职工因“病”被认定为视同工伤需同时满足 3 个条件，一是在工作时间，二是在工作岗位，三是突发疾病死亡或者在 48 小时之内经抢救无效死亡，3 个条件缺一不可。二审法院认为，对劳动者而言，“病”和“伤”的保护一般属于不同的法律规范和政策调整范畴。《工伤保险条例》保护的是在工作中遭受事故而发生伤害的情形，而疾病通常不属于其保护范围。《工伤保险条例》第十五条第一款第（一）项中将“突发疾病”纳入工伤范畴，体现了立法对劳动者群体的保护精神，已经扩大了工伤的范围。因此，“视同工伤”条款应严格执行，不能再作扩大解释。凌晨 2 时多应当属于人们正常的休息时间，人力资源社会保障局认定施某在工作岗位的主要依据是证人陈述施某在凌晨 2 时多已经起床准备发车，该陈述指向的事实明显违背常理。在此情形下，人力资源社会保障局要认定这一违背常理的事实，必须要有其他的直接证据加以证明。对于施某而言，在单位宿舍休息与在家中休息并无实质区别，均是人的正常生理需要。单位提供住宿，并不意味着因此而承担全天候的无限责任。人力资源社会保障局认为建材公司提供给施某的宿舍系送货的预备性工作岗位，显然突破了《工伤保险条例》第十五条对“工作岗位”的界定，属于扩大解释。最终认定，人力资源社会保障局认定施某符合在工作时间和工作岗位，突发疾病死亡或者在 48

小时之内经抢救无效死亡的情形，证据不足，撤销人力资源社会保障局作出的《工伤认定决定书》。在本案中，二审法院对工作时间、工作岗位的解释如下：

1. 关于工作时间的认定。第一，工作时间是指劳动者依照法律规定、单位制度或者单位临时工作安排进行劳动的时间。施某是机动车驾驶员，负责为建材公司运送货物，平时没有“三班倒”的工作要求。事发当天施某送货属于正常的工作任务，单位没有安排加班的情形。第二，施某突发疾病的时间是凌晨2时45分左右，依常理判断，该时间属于正常的休息睡眠时间。人力资源社会保障局将正常的休息时间认定为施某的工作时间，属于在常规之外的判断。第三，人力资源社会保障局在未查明送货、收货时间的情形下，以施某可以综合考量自主决定送货时间，直接认定施某突发疾病时在工作时间，证据不足。最后，施某家属认为午夜0时后都属于施某合理的发车时间。如果这一解释成立，意味着对工作时间的认定无须证据加以证明，显然突破了《工伤保险条例》第十五条对“工作时间”的界定，属于扩大解释。

2. 关于工作岗位的认定。第一，所谓工作岗位，是指劳动者劳动所处的位置和状态。施某作为机动车驾驶员，工作岗位应当是与驾驶职责相关的场所。第二，建材公司与施某家属各执一词。一方认为施某在宿舍休息突发疾病，不在工作岗位；一方认为施某在准备发车时突发疾病，在工作岗位。双方陈述指向的待证事实截然相反。由于双方提供的证人均与当事人具有一定的利害关系，其所作的有利于一方当事人的证言证明效力较低，依法均不能单独作为认定本案事实的依据，还要结合施某突发疾病的时间及日常生活经验法则进行综合判断。第三，依常理判断，凌晨2时多应当属于施某正常的休息时间，人力资源社会保障局认定施某在凌晨2时多已经起床准备发车，该陈述指向的事实明显违背常理。

终审法院认为：根据《工伤保险条例》的规定，社会保险行政部门应当在事实调查清楚的情况下，兼顾劳动者和用人单位双方的利益，依法作出工伤认定。从被诉工伤认定决定来看，人力资源社会保障局认定视同工伤的理由是现有证据不能排除施某突发疾病时在工作时间、工作岗位。不能排除是指施某突发疾病具有视同工伤和不能视同工伤两种可能性，人力资源社会保障局直接推定施某视同工伤，只考虑了保护劳动者，而忽略了用人单位的利益。作为劳动者与用人单位之间工伤事宜的确认者，人力资源社会保障局如此认定有违工伤认定的基本原则。

（二）认定机关与法院如何统一执法标准

法院对《工伤保险条例》第十五条第一款第（一）项中突发疾病的时间、地点是否与工作时间、工作岗位有关联已经有明确指导意见，人力资源社会保障部门也认为对类似工伤认定案例都应遵循法院立法解释，不应再突破《工伤保险条例》第十五条对“工作时间”的界定，要统一尺度与标准判定工伤认定的合法性。但是，相同案例在法院之间却有不同判决，对2018年的教师家中猝死案，法院对“工作时间”“工作岗位”又进行大相径庭的解释，引发社会各界的关注与评判。

基本案例：冯某系琼山中学教师，担任该校高中部数学课教学和高中班主任工作。2011年11月15日晚，冯某任教的两个班级进行测验考试。考试结束后，冯某回到家中。

次日早上7时左右，同校老师在冯某家中发现其趴卧在床上，感觉异常后立刻拨打“120”急救电话。最后冯某因抢救无效死亡，死因为突发心肌梗死。2011年12月15日，学校以冯某因长期工作劳累过度，在工作时间、工作岗位中突发心肌梗死死亡为由，向当地人力资源社会保障局提出申请，要求认定冯某为工亡。经认定机构查明：2011年11月15日晚修时间，冯某约晚上10时带女儿离校回家。冯某发病时已上床休息，且学校规定不得利用晚修时间上课或考试，学校也并未安排冯某进行数学教研活动，亦没有要求老师当天必须批改完作业或试卷的规定。冯某发病死亡在家中，不是工作时间，也不在工作岗位上，不符合《工伤保险条例》第十四、十五条认定工伤或视为工伤的情形，决定不认定为工伤或视为工伤。冯某妻子俞某不服，申请复议。复议机关维持当地人力资源社会保障部门作出的不予认定工伤或视同工伤的决定。俞某不服，提起行政诉讼。经一审、二审，直至2017年申诉到省高级人民法院再审后，省高级人民法院要求当地人力资源社会保障部门重新作出认定，理由如下：《工伤保险条例》第十五条第一款第（一）项规定，职工在工作时间和工作岗位，突发疾病死亡或者在48小时之内经抢救无效死亡的，视同工伤。该项规定视同工伤包括两种情形：一是在工作时间、工作岗位上，突发疾病死亡；二是在工作时间、工作岗位上，突发疾病，48小时内经抢救无效死亡。未经抢救死亡，可能存在两种情形：一是突发疾病，来不及抢救即已经死亡；二是发病时，没有其他人员在场，丧失抢救机会死亡。无论属于上述哪一情形，视同工伤的关键都在于必须是在“工作时间和工作岗位”上突发疾病死亡。通常理解，“工作时间和工作岗位”应指单位规定的上班时间和上班地点。法院认为职工为了单位利益在家加班工作，也应当属于“工作时间和工作岗位”，主要理由如下：

第一，根据《工伤保险条例》第一条规定，制定和实施该条例的目的在于对“因工作遭受事故伤害或者患职业病的职工获得医疗救治和经济补偿”。因此，理解“工作时间和工作岗位”首先应当要看职工是否为了单位的利益从事本职工作。在单位规定的工作时间和地点突发疾病死亡视同工伤，为了单位的利益将工作带回家，占用个人时间继续工作期间突发疾病死亡，其权利更应当受到保护，只有这样理解才符合倾斜保护职工权利的工伤认定立法目的。

第二，《工伤保险条例》第十四条第（一）（二）（三）项认定工伤时的法定条件是“工作时间和工作场所”，而第十五条视同工伤时使用的是“工作时间和工作岗位”。相对于“工作场所”而言，“工作岗位”强调更多的不是工作的处所和位置，而是岗位职责、工作任务。职工在家加班工作是为了完成岗位职责，应当属于第十五条规定的“工作时间和工作岗位”。

第三，视同工伤是法律规范对工伤认定的扩大保护，的确不宜将其范围再进一步扩大理解。但是《工伤保险条例》第十五条将“工作场所”替换为“工作岗位”，本身就是法律规范对工作地点范围的进一步拓展，将在家加班工作也解释为“工作岗位”，是对法律条文的正常理解，不是扩大解释。本案中，冯某虽然在家中死亡，但从本案查明的事实可以看出，冯某在被发现死亡的前一天晚10时许，组织学生晚修测验回家，利用个人休息时间连夜评完两个班学生的数学试卷，并进行试卷分析，显然是加班从事教学岗位职责工作，属于“在家加班工作”的情形。冯某被发现时已经没有呼吸和心跳，属于深夜在家发病，无人发现、未经抢救死亡的情形，不属于经抢救无效48小时内死亡的情形。法院认为，在职工发病和死亡是否发生在工作时间、工作岗位上缺乏相关证据证明、难以确定的情况下，根据倾向性保护职工合法权益的原则，应当作出有利于职工的肯定性事实推定，而非否定性事实认定。

很显然，两起案例中职工均在住所突发疾病死亡，争议焦点同为“工作时间”“工作岗位”是因“工”还是因“私”，社会保险行政部门在执行法律条款中均围绕“工”进行判定，但是法院对案件却作出截然相反的判决。社会保险行政部门根据《工伤保险条例》依法履职、据理力争，被法院断定为“社会保险行政部门行政积极不作为”。法院就“工作时间和工作岗位”，是需要“延伸掌握”还是“严格掌握”，是“倾向性保护职工合法权益的原则”，还是“不能只考虑保护劳动者，而忽略了用人单位的利益”等涉及劳资利益或工伤是否给予认定的重要环节所作出的裁定前后矛盾，甚至对法律关键条款内容的解释不统一，直接导致工伤认定案件混乱现象，使工伤行政复议、行政诉讼案件居高不下、争议不断，让社会保险行政部门骑虎难下、无所适从。工伤保险是社会保险体系的重要组成部分，工伤认定工作是保障职工获得工伤待遇的前提，不应掺杂其他超越法律之外的因素，法律面前必须人人平等，只有这样方能体现我国法律的正义、公平与公正。

规范制定视同工伤认定条款已是大势所趋，社会保险行政部门在履职中主要依据国家政策、法律与规章，公职人员要依法办事、遵法、守法，树立法律面前人人平等理念。法院的论述与判决将直接影响社会保险行政部门在依法履职中认定行为的导向。目前，“工作时间和工作岗位”界定不清，使社会保险行政部门与人民法院之间就个案存在很大分歧。一方面，社会保险行政部门在依法行使权利中受制于法院对具体条款的解释与延伸；另一方面，法院之间对此解释也相互矛盾，很难自圆其说。随着我国工伤保险待遇水平逐年提高，一次性工亡补助金已由2011年的43.62万元提高到2017年的72.79万元，这种高额的死亡赔偿考量着社会的道德伦理及人性尊严。这对我国工伤保险制度体系建设如何更加缜密、严谨、公平、规范提出了巨大挑战，同时也是对执法者提高专业素养的一场严峻考验。如何在执法中彰显法律的公平正义，做到既保护国家利益又使劳动者权益不受侵犯，值得深思。

二、规范视同工伤认定条款必须坚持的原则

（一）工伤认定情形延伸要明确定位原则

2010年重新修订的《工伤保险条例》对工伤认定范围已经进行了扩大，在工作时间、工作岗位上突发疾病在48小时内经抢救无效死亡的情形始终是执法中争议较大的难点。一旦当事人不服人力资源社会保障部门作出的决定，往往会向法院提起行政诉讼。法院受理工伤案件时，大部分判决为应当认定工伤。例如，湖南长沙某大学政法学院教师在学校篮球场等候指导学生毕业论文期间，因打篮球晕倒，经抢救无效后于48小时内死亡。人力资源社会保障部门作出不予认定为工伤或视同工伤的决定。但是经过2轮诉讼、4次审

判，人力资源社会保障部门均败诉，被要求重新作出认定。笔者从法院判决中发现，由于对“工作时间”“工作岗位”界定模糊，法院办案人员主观判定意识较重，扩大了工伤认定范围。比如，法院认为“工作岗位”的界定不应仅限于劳动者日常的固定工作地点，应当包括满足劳动者生理需求的工作场所内的附属建筑范围，如单位食堂就餐、上下班校园或厂区内通勤车站点、单位宿舍、家属楼等，并将“工作时间”延伸到自愿加班或自行在家加班等，显然是不恰当的。工伤保险制度的建立虽然是为保障所有劳动者在受到伤害后能够得到工伤补偿，但也不能让工伤认定范围无限扩张，改变工伤保险制度制定的初衷。因此，在今后修订或制定工伤保险制度时，应该对此现象加以控制或明确定位，以防在新业态下多种用工形式出现时，因工伤认定范围不清造成社会各界对人力资源社会保障部门工伤认定把握不满的局面。

（二）必须坚持“因工”原则

对“工作时间”的界定，应以法律规定的或者工作单位要求职工工作的时间为限；“工作岗位”为职工日常所在的工作岗位和本单位领导指派所从事工作的岗位。对于特殊情况，“工作时间和工作岗位”应采取以工作原因推断的原则，依据相关法律法规进行判断，不应以法院司法解释作为行政机关认定依据。《中华人民共和国宪法》是我国的根本大法，它是治国安邦的总章程，是“依法治国”方略的根本依据，它不仅对公民权利进行了确认和保障，同时对国家权力的设置和行使进行了规范。《中华人民共和国宪法》规定，全国人民代表大会常务委员会行使解释宪法和解释法律的权力，《中华人民共和国立法法》也规定法律解释权属于全国人民代表大会常务委员会，同时还规定全国人民代表大会常务委员会的法律解释同法律具有同等效力，即具有高于行政法规、地方性法规、规章的效力。最高人民法院、最高人民检察院（以下简称“两院”）认为司法解释具有法律效力的依据来源于全国人大常委会《关于加强法律解释工作的决议》及《中华人民共和国人民院组织法》第三十二条的规定。此外，2007 年 3 月 9 日发布的《最高人民法院关于司法解释工作的规定》（法发〔2007〕12 号）中第五条规定：“最高人民法院发布的司法解释，具有法律效力。”2015 年 12 月 31 日发布的《最高人民检察院司法解释工作规定》中第五条规定：“最高人民检察院制定并发布的司法解释具有法律效力。”但笔者认为司法解释不具有法律效力，《中华人民共和国宪法》没有规定“两院”有解释法律的权力。全国人民代表大会常务委员会的法律解释是对法律的进一步阐释，这些阐释可作为法律的组成部分，具有法律同等的效力。根据新法优于旧法的法效原则，“两院”的司法解释具有“法律效力”只能理解为指导司法机关内部开展工作的“实质性法律效力”，而不是面向全社会具有普遍指导意义的“文字形式的法律效力”。因此，对“工作时间”“工作岗位”“工作场所”等“工”与“私”的判定，应由权力机关作出决定，司法解释不具有同等法律约束力。

结束语：建立完整、严谨、规范、统一的工伤保险制度体系，对顺应新时期、新时代的发展形势，保障事业发展、社会安定团结具有重要意义，是党心民心之所向。本文结合社会关注度较高的因“工”、因“私”死亡的真实案例与判例，分析工伤保险制度实施过程中存在的问题，建议立法机关在制定法律法规时充分聚焦科学立法，强化法治支撑，明确和细化如"工作时间""工作岗位""48 小时""突发疾病"条款，减少认定差异化，充分体现工伤保险制度的初衷与本意，真正保护因工致伤（亡）职工的合法权益。

参考文献

[1] 向春华. 工伤理论与案例研究 [M]. 北京：中国劳动社会保障出版社，2008.

[2] 范围. 丁雯雯. 工伤保险法律应用指南 [M]. 北京：法律出版社，2011.

[3] 张军.《工伤保险条例》"突发疾病死亡"条款实施情况分析报告 [J]. 社会保障研究，2015（6）.

工伤保险医疗费专业化审核结算模式探讨

胥怡沁　傅文珏　上海市社会保险事业管理中心虹口分中心

【摘　要】 上海市根据《工伤保险条例》和《上海市工伤保险实施办法》，结合实际制定的《上海市工伤就医和医疗费用结算管理办法》中规定，现行工伤保险医疗费结算模式采取由工伤人员至社会保险经办机构申请工伤医疗费报销，再由经办机构与定点医院结算的直接结算方式。工伤费用的这种结算模式相对于企业垫付更为便捷，然而随着时间推移，在依法经办实际操作中，因专业化知识、前期数据缺失而出现各类经办问题，专业化审核结算模式出台迫在眉睫。为了推动社会保险经办管理和服务的变革，实现快捷、便民的赔付方式，保障工伤人员应有的权益以及工伤保险基金安全性，本文将针对工伤保险医疗费由医疗保险经办机构进行专业化审核结算的模式作尝试性探讨。

【关键词】 工伤保险医疗费　医疗保险经办机构　专业化审核结算

一、工伤医疗费结算模式现状

《上海市工伤就医和医疗费用结算管理办法》中针对工伤保险医疗和康复费用支付与结算作了如下陈述：工伤人员治疗工伤时使用社会保障卡（医疗保险专用卡），特殊情况下用人单位或者工伤人员也可用现金先期支付工伤医疗费用。上海市的工伤保险诊疗项目目录、工伤保险药品目录、工伤保险住院服务标准按照上海市有关基本医疗保险诊疗项目范围、用药范围以及医疗服务设施范围等规定执行。工伤人员确因抢救需要发生超出国家和上海市工伤保险药品目录的工伤医疗费用，由治疗工伤的定点医疗机构出具证明并加盖公章，报市社会保险事业管理中心（以下简称社会保险经办机构）核准后，由工伤保险基金支付。从业人员发生事故伤害或者患职业病被认定为工伤前治疗工伤的医疗费用，由定点医疗机构（上海市基本医疗保险定点医疗机构为工伤保险定点医疗机构）按照上海市基本医疗保险办法的规定执行。现行工伤保险医疗费支付几乎全部由定点医疗机构先行结算与审核，或由定点医疗机构依据上海市基本医疗保险办法的规定执行。以上各环节说明工伤医疗费需要专业化机构结算，更需要出台医疗保险经办机构依据定点医疗机构前期数据共享进行专业化审核结算模式。

二、非专业化结算模式的问题

实例：2016 年 7 月，上海市黄某因在工作时间、工作场合跌倒致伤，经社会保险行政部门认定为工伤。根据工伤保险报销范围，合计报销费用（配置辅助器具假牙 3 颗和住院费用）为 81 866. 31 元，其中医疗保险统筹 28 303. 33 元，单位垫付 45 000 元，个人自付 8 562. 98 元，可报销金额为 70 556. 91 元，自费金额为 11 309. 4 元。根据以上案例，分析如下：

（一）其他疾病引发的医疗费用无法区分

根据出院小结，黄某在住院期间诊断出肝炎，并非此次工伤所至，但在住院期间肝功能的检查及药物治疗一并计入住院费用中，甲类、乙类药物（甲类药物医疗保险全额承担，乙类药物医疗保险承担 90%、个人承担 10%）在用社会保障卡结算中已从医疗保险基金直接支付。实践中往往会发生住院手术时须全身检查，核定部门（社会保险经办机构）相关人员由于不具有专业化的医疗知识，无法从医疗保险基金直接支付的医疗费中扣除非工伤疾病费用，故而无法准确核定。有时经医疗保险经办机构审核后的发票单据上发现明显非工伤引发的疾病但又是基本医疗保险目录范围内药物后，需另附说明，让医疗保险经办机构注意剔除非工伤疾病后再审核，终而导致表格填写、所需附件资料出错，导致社会保险业务经办初审反复与出错，以及单位经办人员往返提供资料，直接影响依法经办程序与社会保险对外服务承诺。

（二）无法了解关联疾病和并发症

黄某的门诊报销单据中出现内科 2 688. 9 元，部分发票涉及肾功能检查，药物涉及六味地黄丸、补肾强身胶囊，相对应门诊病历主诉为腰部受伤。由此可见，有些工伤部位会在治疗后期引发别的关联部位的疾病，核定部门（社会保险经办机构）相关人员由于没有专业化的医疗知识，不了解工伤可能引发的相关疾病，也无法查阅病历，故而只能作出不受理工伤的判断，不利于工伤人员的赔付。而工伤有许多并发症，核定部门（社会保险经办机构）无法把握何种发票该受理、何种不可受理，而有时不可受理的发票医疗保险经办机构却给予认可。这种社会保险经办机构与医疗保险经办机构不一致的审核结果，将直接影响政府部门整体的公信力。

（三）超出目录的费用支付无法核定

个人手术期间所用的跟腱缝合导向器，价值 10 200 元，未在工伤保险诊疗项目目录、工伤保险药品目录、工伤保险住院服务标准范围之内，但医院开具证明表示该器具是因疾病需要使用且在其医院仅有此一种吻合装置。确因抢救需要发生超出工伤保险药品目录的工伤医疗费用，由治疗工伤的定点医疗机构出具证明，报社会保险经办机构核准后，由工伤保险基金支付。核定部门（社会保险经办机构）由于不具有专业化的医疗知识相关人员，无法核准标准。而医疗保险经办机构拥有专业医疗知识人员，可以进行准确核定。

（四）病历字迹不清无法鉴定

上述案例人员在门诊报销过程中发现该人员门诊发票 15 764.28 元，其中口腔科 11 560 元，自费部分中有一项为全瓷冠 10 500 元，可报销部分中有一项为复合树脂填充 300 元，可相关病历记录模糊，只能看清：“主诉：×××外伤，查体：11、22×××，诊断：牙体××，处理：11、22××，××2M2”。病例往往因医生字迹潦草导致核定部门（社会保险经办机构）无法看清具体病因，更无法确定是否为工伤部位。同样情况，老工伤人员的治疗，病历内容往往仅一句话：“病史同前”。但核定部门（社会保险经办机构）受理时由于无法实现对定点医疗机构前期数据共享，无法查阅相关病历，更不能直观了解该病史具体内容、配发药物、是否为专业术语，也无法判断是否与工伤部位相关。而医疗保险经办机构可以通过查阅相关医疗数据，直观了解该病史详细情况、配发药物是否为专业术语，判断是否可予以报销。

（五）非医疗保险经办机构直接审核结算的行政矛盾

在审核流程中，医疗保险经办机构已审核通过的项目无法在社会保险经办机构通过，容易产生矛盾。矛盾焦点又容易集中在社会保险经办机构，因为医疗保险审核点一般只是审核药物是否在国家规定范围内，而社会保险审核点在于是否是工伤部位或工伤引起的疾病，这也是矛盾问题所在。

三、对策和建议

（一）工伤医疗费用实行医疗保险经办机构专业化审核结算模式的重要性

1. 专业化的结算方式更便捷。工伤职工在发生工伤后，首先去医疗机构治疗，然后经工伤认定后，把治疗的发票、病历本、工伤认定书等送至用人单位，再由用人单位将材料、表格备齐直接交至医疗保险经办机构审批，待审批完成后由医疗保险经办机构经办部门移交至社会保险经办机构，进行结算支付，流程将更简便。

2. 专业化的系统更直观。针对手写的病历字迹潦草无法辨认，以及老工伤人员病历简化的问题，可以经由医疗保险经办机构的专业化系统查阅相关病历，直观了解病史、配发药物、是否为专业术语、是否可予以报销。

3. 专业化的人员更高效。工伤部位经治疗后期可能引发别的关联部位的疾病、非工伤引发的疾病医疗费用该如何剔除（如住院手术期间的相关费用）、确因抢救需要发生超出工伤保险药品目录的工伤医疗费用并由治疗工伤的定点医疗机构出具证明后进行的核定、对于假牙等一些辅助器具的专业医疗术语的判断、对老工伤人员并发症的把握等内容，对于具备专业化医疗知识的医疗保险经办机构人员而言，都是能直接回答的问题，无须其他部门审核。所以专业化审核结算能做到一次性告知办事人员所有资料及办理后予以报销的发票等具体结果，从而减少现有矛盾，起到高效便民的作用，维护权责统一、诚实守信的政府形象。

（二）工伤医疗费用实行医疗保险经办机构专业化审核结算模式探索与实践

企业将受伤职工送到定点医疗机构后，在后者协助下填写《工伤医疗费用直接结算备案表》，同时向工伤保险经办机构通报事故情况，工伤保险经办机构开展调查取证，核实其参保缴费情况，完成直接结算备案。企业职工治疗工伤，定点医疗机构不收取任何费用。工伤职工伤愈出院后，定点医疗机构持发票、处方、病历与医疗保险经办机构直接结算工伤医疗费用，经审核出的不合理费用由定点医疗机构负担。

1. 医疗保险经办机构专业化审核结算模式提高了工伤认定工作的质量和效率。按照《工伤保险条例》规定，企业应当自职工发生事故伤害之日或者被诊断、鉴定为职业病之日起 30 日提出工伤认定申请。由于申请时限较长，企业并不急于工伤申报，很容易导致工伤现场证据的灭失。实行医疗保险经办机构专业化审核结算模式后，企业可及早申请工伤认定以完成直接结算备案，工伤保险经办机构得以在第一时间展开现场调查，提高了工伤事故调查的准确性。如实行医疗保险经办机构专业化审核结算模式，定点医疗机构将不会再发生谎报或冒名认定工伤的现象。

2. 医疗保险经办机构专业化审核结算将会增强定点医疗机构的自我约束，控制工伤医疗费用的不合理增长，提高基金的使用效率。定点医疗机构应严格掌握各种伤情辅助检查和适应证，并尽可能在工伤保险诊疗项目和用药目录内施治。对工伤职工施用工伤保险诊疗项目和用药目录以外的药品或超标准使用医疗服务设施时，必须与企业或者工伤职工签订使用协议，告知不能报销的理由。未经企业、工伤职工同意所发生的费用，医疗保险经办机构可在费用拨付时直接扣除，由定点医疗机构承担。

3. 医疗保险经办机构专业化审核结算将会减轻企业职工经济负担，有利于构建和谐的劳动关系。以往发生工伤事故后，企业不但要为工伤职工预付押金，而且还得全额支付工伤医疗费用。由于有些工伤职工的伤情疗程较长，如装拆钢板等，少则几个月，多则一二年甚至更长，企业和职工都承受着很大的经济负担。实行医疗保险经办机构专业化审核结算之后，工伤职工在定点医疗机构只需备案就可以得到及时的治疗，出院时也没有负担，真正实现工伤医疗费用的零负担，企业和职工也不会再因费用分担引发争议，劳资关系将更加和谐。

4. 医疗保险经办机构专业化审核结算将会简化工伤保险待遇的审核拨付流程，提高办事效率和基金管理水平。专业化审核结算模式将省却企业就工伤医疗费用的申报环节和经办机构逐项拨付程序，极大地提高办事效率，同时也使社会保险基金的管理更加规范和高效。

总而言之，在提倡合法行政、合理行政、程序正当、高效便民、诚实守信、权责统一的原则下，为了更好地体现尊重和保障人权、高效便捷、一次告知二次受理三次上门的依法经办服务原则，由医疗保险经办机构专业化审核结算将是未来保障工伤保险基金运行安全，更是保障工伤人员得到社会及时救护的最切实可行的方法。

参考文献

[1] 孙向东. 对工伤医疗费用结算方式的探索与实践［J］. 企业改革与管理，2016（12）：131.

工伤认定中“伤”与“病”的区分与处理

黄　燕　佛山市南海区人力资源和社会保障局

【摘　要】工伤认定是职工享受工伤保险待遇的前提条件。随着我国社会的迅猛发展，职工伤害事件频发，工伤认定难度也在增大，新情况不断出现，其中常见的问题之一是“事故伤害”与“疾病”之间应如何辨别。本文通过对政策法规的解读，结合具体案例情况，提出工伤认定可借助医疗技术、司法鉴定等手段来统一“伤”“病”的鉴别标准，从而公正公平、客观准确地开展工伤认定工作，保护劳动者的基本权益，维护用人单位的合法权利，促进经济发展，维护社会繁荣稳定。

【关键词】工伤认定　伤害　疾病

20 世纪 50 年代初，我国建立了工伤保险制度。我国第一部专门的工伤保险行政法规《工伤保险条例》于 2004 年 1 月 1 日正式施行，这既是工伤保险发展中的里程碑，也是妥善解决工伤保险争议和推进工伤保险制度科学、规范、系统运行的重要手段。

随着社会的不断发展，人民生产生活方式不断丰富，工作种类在扩充，工作时间和工作地点在延伸，人们的维权意识也在增强，而与此同时，人力资源社会保障部门收到的工伤认定申请数量也在递增，工伤情形更是纷繁复杂。《工伤保险条例》抓住了工伤认定的主线与原则，列明了认定工伤的 7 种情形和视同工伤的 3 种情况，但具体到个案中，由于知识面的限制、证据的不确定性等原因，工伤认定实践中部分问题还存有较大争议，如“伤害”与“疾病”的联系与辨别就是目前工伤认定实践中亟待研究解决的问题之一。

一、案例引入

游某是一建筑装饰工程有限公司的员工。2015 年 9 月 17 日，其在公司承建工地为高楼层通道贴砖时，从凳子上摔倒在地，造成头部受伤，后被送医院救治。游某被诊断为脑出血并破入脑室（脑干出血），高血压 3 级极高危，右额部头皮血肿，右额部皮肤挫伤，肺部感染。2016 年 1 月，游某向当地人力资源社会保障部门提出工伤认定申请。人力资源社会保障部门受理后，经过调查取证，并经劳动能力鉴定委员会的医学专家确认诊断为自发性脑出血，于同年3月作出了工伤认定决定书，认定结果如下：游某脑出血并破入脑室（脑干出血）、高血压3级极高危、肺部感染，属于自发疾病，不认定为工伤；游某右额部头皮血肿、右额部皮肤挫伤，认定为工伤。

游某不服决定，申请行政诉讼。一审诉讼过程中，司法鉴定中心作出了《司法鉴定意见书》，认定结果如下：游某脑出血并破入脑室（脑干出血）、高血压3级极高危等自身疾病为摔倒的主要原因，其参与度建议不高于80%；而外伤系起轻微作用，参与度建议不低于20%。一审法院认为，结合病历资料及《司法鉴定意见书》，证实游某脑出血并破入脑室（脑干出血）、高血压3级极高危等为主要原因的事实，故驳回游某诉讼请求，维持人力资源社会保障部门作出的决定书。

游某不服一审判决，上诉至中级人民法院。二审法院认为，根据《工伤职工劳动能力鉴定管理办法》第四条的规定，劳动能力鉴定委员会的主要职责是对工伤职工劳动功能障碍程度和生活自理障碍程度组织技术性等级鉴定，而没有对损伤因果关系等病理司法鉴定的职权。本案中，一审法院委托司法鉴定中心对游某的病情进行鉴定，且该司法鉴定中心属于具有法医病理司法鉴定资质的专业司法鉴定机构，因此，其出具《司法鉴定意见书》对于游某损伤因果关系的鉴定意见比劳动能力鉴定委员会的鉴定意见效力更高。司法鉴定中心出具的《司法鉴定意见书》认为，游某所受外伤与其脑出血并破入脑室（脑干出血）、高血压3级极高危等存在一定的因果关系。即游某的该部分病情与其在工作时间、工作场所因工作原因从凳子摔下致伤相关，至于因果关系的比例大小不影响工伤认定的结果。人力资源社会保障部门的工伤认定决定中认为“脑出血并破入脑室（脑干出血）、高血压3级极高危、肺部感染”属自发疾病，因而不认定为工伤，属于证据不足，依法应予以撤销。

二、关于“伤害”与“疾病”的探讨

（一）工伤认定实践中“伤害”与“疾病”的判定意义

1. 维护工伤职工权益。职工受到伤害后能否获得工伤救济，最基本、最关键的就是工伤认定。《工伤保险条例》第一章第一条明确，建立工伤保险制度的主要目的是“为了保障因工作遭受事故伤害或者患职业病的职工获得医疗救治和经济补偿，促进工伤预防和职业康复，分散用人单位的工伤风险”。因工作遭受事故伤害的职工，可享受相应的工伤医疗及工伤康复待遇、停工留薪期待遇、生活护理费待遇、伤残待遇等。

2. 确保社会保险基金专款专用。工伤保险和医疗保险都是社会保险的险种，但内涵却大不一样。工伤保险是职工在工伤或在规定的某些特殊情况下因遭受意外伤害和患职业病，暂时或永久丧失劳动能力或死亡时，职工或遗属从国家和社会获得物质帮助的一种社会保险制度。参保的工伤职工相关待遇从工伤保险基金中列支。医疗保险指集合具有同类疾病风险的单位和个人，通过预先筹集资金的形式，对被保险人患病后的医疗费用损失提供补偿的保险。患病的参保人员可通过医疗保险报销相关的治疗和药物费用。

判断“工伤”与“疾病”，可最大限度确保社会保险基金专款专用，不被挤占和挪作他用。

3. 增强政府公信力。根据《工伤保险条例》第五条第二款确定的“县以上地方各级人民政府社会保险行政部门负责本行政区域内的工伤保险工作”，人力资源社会保障部门具有对本行政区域内的工伤事故进行调查并作出工伤认定的法定职权，若处理不恰当，很容易给社会带来不利影响。因此，科学、准确判断每一次事故是“工伤”还是“疾病”，是增强政府公信力和执行力、建设法治政府的重要一环。

（二）“伤害”与“疾病”的相互关系

1. 区别。

（1）从主体上来看，工伤是因为工作受到伤害，适用主体是与法人具有劳动关系的职工。疾病是在一定病因作用下自稳调节紊乱而发生的异常生命活动过程，会引发一系列代谢、功能、结构的变化，表现为症状、体征和行为的异常。疾病对应的主体是所有人。

（2）从诱因上来看，工伤的诱因是外来因素，主要源于职工自身之外的工作因素，如物体打击、交通事故、火灾、爆炸等。疾病的诱因一般是内因，是人体自身产生的结果，起因复杂，有一定潜伏期，如腰椎间盘突出、脑出血等病症。

（3）从关联性来看，工伤与工作事故有直接的关联，可直观发现导致伤害的原因，如皮肤挫伤、骨折。疾病则与事故可能存在间接关联，如通过事故发现存在疾病或加重原有疾病，或者疾病的发生与事故不存在任何联系。

2. 联系。哲学理论上，矛盾是对立统一的，矛盾双方之所以相互转化，就是因为对立的双方之间包含、存在着由此达彼的桥梁。同理，“工伤”与“疾病”亦是如此，它们或是因果关系，或是转化关系，相互区别、相互联系。例如，《工伤保险条例》第十四条第四款规定，患职业病的应当认定为工伤；第十五条第一款规定，在工作时间和工作岗位，突发疾病死亡或者在48小时之内经抢救无效死亡的，视同工伤。

（三）判定方法

对于工伤认定实践中，判断事故伤害是属于工伤还是疾病，目前主要通过询问证人证言、咨询医生意见和委托司法鉴定机构3种方式进行，但每种方式各有利弊，具体见表1。

表1　工伤与疾病的判定方式

判定方式	做法	优势	劣势
证人证言	向事故现场人员进行调查询问，了解伤者的受伤时间、受伤经过、受伤表现及平时情况，结合事故现场和证人证言综合判断	证人作为事故现场第一见证人，其证言是对事故最直接的反映	①不一定每个事故都能找到证人 ②证人与单位或伤者间可能存有利害关系，证言客观性存疑，有作假供的风险
医生意见	针对伤者的伤情、病历有关情况向医生专家询问，由医生给出专业的意见	工作人员医学知识方面水平有限，请教医生专家能迅速作出判断，确定事故伤害是工伤还是疾病	医生虽掌握专业的医学知识，但是法院倾向认为医生对伤害与疾病关系的判断证明力较弱

续表

判定方式	做法	优势	劣势
司法鉴定	委托有资质的司法鉴定机构对人身事故伤害情况进行临床鉴定	司法鉴定机构由司法行政部门管理，其资质、人员、设备都是获得法院认可的，其证明力较强	①司法鉴定所需费用较高，鉴定费用由伤者还是行政部门承担，并无明确规定 ②司法鉴定机构作出的结论没有从工伤认定角度出发，未必确切表明伤害与疾病存在的联系，人力资源社会保障部门与法院各自对鉴定结论理解可能会存有偏差

本文引入的案例中，游某的事故伤害和疾病判断综合运用了上述 3 种判定方法，其中脑出血并破入脑室（脑干出血）、高血压 3 极极高危等属自身疾病，均得到用人单位、人力资源社会保障部门和两级法院的认可。

案件争议焦点是游某自身疾病发作摔倒，引起继发外伤，自身疾病能否认定为工伤。按以往的习惯做法，自身疾病发作，一般只认定继发的外伤为工伤，自身疾病是不纳入工伤范围的。二审法院依据司法鉴定中心对游某损伤因果关系出具的鉴定意见，撤销人力资源社会保障部门认定结论。因本案中二审判决结果与以往的习惯做法有明显区别，日后工作中是否需明确对相关损伤的作用超过多少比例可以认定为工伤？是否超过 1%的参与度就需认定为工伤？

三、工作建议

在工作实践中，事故伤害与疾病的判断并非特殊个例，已成为工伤认定实践当中不可回避的一个问题。例如，杨某 2017 年 11 月在上班途中发生交通事故，造成全身多处受伤，经医院诊断：①颅脑损伤：左额部硬膜外血肿，左侧额骨、颧骨骨折；②左侧上颌窦、左眼眶外侧壁多发骨折；③左眼挫伤；④左侧颌面部多处挫擦伤；⑤左侧眉弓多处挫裂伤；⑥左肺上叶支气管扩张；⑦左肺多发肺大泡。杨某被认定为工伤后提交了补充工伤认定申请，称其 2018 年 6 月在医院诊断的“屈光不正”与 2017 年事故有关。经过多次比对就医诊疗记录及咨询多位医学专家意见，认为杨某既往病史显示左眼挫伤，但双眼视力平衡，均为 0.8，且左侧视力无明显下降，故判定屈光不正应与外伤无关。由此可见，在日后工作中如何科学、客观判断工伤情况，提高工伤认定水平，是工作实践过程中的重中之重。就“伤”与“病”的区分与处理，笔者认为可以从以下方面着手：

（一）制定出台工伤认定中事故伤害与疾病关系的指导性文件

建议国家出台相关的指导性文件，进一步明确事故伤害与疾病的界限和范围。例如，高某下班返回出租屋途中与一辆轿车发生碰撞，造成头部、腰部等全身多处皮肤搓擦伤，医院诊断为：轻型闭合性颅脑外伤，全身多处皮肤挫擦伤，L5/S1 椎间盘突出，L5 椎体峡部裂并 I 度滑脱。“L5 椎体峡部裂并 I 度滑脱”属于伤害引致的还是属于自身疾病？受认知所限，工作人员在认定过程中往往缺乏判断“伤”“病”的专业知识，对此制定整体把握"伤""病"的判定尺度，为基层人力资源社会保障部门在办案过程中提供科学的参照标准和针对性支持，有利于提高工伤认定的权威性和实效性。

（二）加大对工伤疑难案例、典型案例的学习交流

虽然工伤认定由人力资源社会保障部门负责，但实质上认定过程与医院、交警、公安、法院等各方面有着千丝万缕的联系，闭门造车不如集思广益，在工作中，一是加强与法院等相关业务部门交流案例，加深对相关法律法规的理解，进一步了解相关业务部门对工伤案件的审判标准，就相关业务及法律问题同各部门达成共识，促进法律解释、运用的统一性，努力提高人力资源社会保障部门工伤认定业务能力和办案水平；二是举办联席会议，邀请专科领域专家对伤害情况进行指导、交流和总结，普及医学常识，解答疑惑，促进工伤认定专业化水平。

（三）加大对工伤认定业务人员的培训

一方面在工伤调查取证环节，工作人员要根据伤者受伤情况，提前列好笔录提纲，确保提问具有针对性，更细致、更实效，如了解伤者平常的身体状况、受伤时的具体表现、伤后曾做过何种检查及检查结果等，为后续的"伤""病"判断提供参考。另一方面及时组织工作人员对政策法规、最高人民法院关于工伤的相关司法解释、法院的判例进行学习，并把新政策融入到实际工作中，提高专业素质和认定水平。

（四）借助司法鉴定手段

工作人员虽受医学知识水平所限未能及时对"伤""病"作出区分，但政府部门或当事人可以申请委托有资质的第三方机构如司法鉴定所，就"伤""病"问题开展鉴定工作。借助司法鉴定机构的专业人员、医学仪器等，可为认定结论的科学化奠定基础。同时第三方鉴定机构作为只提供意见的中立方，更容易被当事人认可，有利于证明工伤认定结论并非工作人员的主观臆断，是公平公正的，亦增加工伤认定结论的权威性。

参考文献

[1] 邓大松. 社会保险（第二版）[M]. 北京：中国劳动社会保障出版社，2010.
[2] 黄乐平. 工伤保险实务精解 [M]. 北京：中国法制出版社，2008.
[3] 叶静漪. 劳动合同法十二讲 [M]. 北京：中国法制出版社，2007.
[4] 郑功成. 社会保障概论（第八章）[M]. 上海：复旦大学出版社，2005.
[5] 李响，裴媛媛. 既往病史是否影响突发疾病工伤 [J]. 中国社会保障，2010（1）.
[6] 张胜男. 突发疾病工伤认定的问题研究 [D]. 烟台：烟台大学，2014.

工伤保险医疗服务协议管理初探

薛冰寒　江苏省如皋市社会医疗保险管理处

【摘　要】工伤医疗、康复和辅助器具配置实施定点服务和协议管理，起步相对较晚，大多与基本医疗保险合并进行。基本医疗保险从人力资源社会保障部门分离后，工伤保险需要独自对定点机构进行协议管理。要使协议管理成为提高工伤保险基金使用效率的有效手段，经办机构需要对协议管理的依据和作用有清楚的认识，需要将工伤保险相关规定和要求转化成工伤保险服务协议的具体条款。经办机构应该在协议管理中发挥主导作用，做好协议签订前的协商沟通、协议履行中的指导和管理工作，对定点机构的协议履行情况进行评价，并能够利用评价结果进一步改善协议管理，促进定点机构合理使用工伤保险基金。

【关键词】工伤保险　协议管理

2004 年实施的《工伤保险条例》（本文以下简称《条例》）要求职工治疗工伤（紧急情况除外）和工伤康复都必须在与经办机构签订了服务协议的定点机构进行，对工伤医疗、康复、辅助器具配置机构实施协议管理。在《条例》要求的基础上，人力资源社会保障部门联合相关部门发文，就如何进行协议管理作了一些原则性规定，文件有《关于加强工伤保险医疗服务协议管理工作的通知》《关于加强工伤康复试点工作的指导意见》和《工伤保险辅助器具配置管理办法》。由于工伤协议管理起步相对较晚，且又与基本医疗保险同属人力资源社会保障部门，目前大多数地方没有单独确定工伤医疗定点机构，而是直接将医疗保险定点机构作为工伤医疗定点机构，工伤协议管理多与基本医疗保险合并进行。眼下，基本医疗保险即将与人力资源社会保障部门分离，工伤保险需要单独进行定点机构协议管理，本文从分析协议管理的作用开始，就如何具体实施协议管理，以及如何利用协议管理促进定点机构合理使用工伤保险基金、提高基金使用效率，作了一些粗浅的探讨。

在工伤保险基金的支出中，医疗、康复和辅助器具配置费用占有相当的比例，而且不同地区、年份占比变化幅度较大。江苏省宿迁市 2016 年工伤医疗费用支出占当期工伤保险基金总支出的 24.63%，河北省廊坊市 2014 年工伤医疗费用支出在工伤保险基金总支出中占比 48.85%。影响医疗费用支出的因素较多，有些需要尽量避免，比如由于医疗机构的过度医疗、辅助器具缺乏有效市场竞争导致的价格虚高等。通过有效的协议管理，减少不合理的检查、治疗和用药，挤出医疗中的“水分”；通过协议直接限定价格或使用其他方法以降低虚高的辅助器具价格。因此，工伤保险经办机构与工伤医疗、康复和辅助器具配置的定点机构签订服务协议，实施协议管理，对于提高工伤保险基金使用效率有着不可替代的作用。

一、医疗服务协议在工伤保险经办工作中的作用

(一) 服务协议是工伤定点服务机构了解国家关于工伤服务要求的主要途径

从国家到地方都有对工伤保险经办管理的规定，其中相当多的内容需要工伤定点服务机构配合执行。对这些散在各级文件中的规定和要求，工伤定点服务机构既无主动了解的动力，也无全面了解的可靠渠道。定点服务协议将分散的工伤保险政策规定和要求编写成协议的可执行条款，将原则性要求具体化、系统化，针对性更强、目的更明确。实施协议管理可以解决定点服务机构了解政策规定动力不足问题，通过有效的协议管理，工伤保险的一些特别要求和规定就可以得到可靠的执行。

(二) 服务协议是对工伤定点服务机构服务行为进行约束的依据

工伤保险经办机构与医疗机构及辅助器具配置机构分属不同的行政部门，工伤保险经办机构隶属人力资源社会保障部门，医疗机构隶属卫生部门，辅助器具配置机构隶属民政部门。由于经办机构不能对医疗行为和辅助器具配置行为进行直接管理，而这些行为又与基金支付风险有关，服务协议的出现打破了工伤保险经办机构对这些行为想管而又管不了的局面。通过签订服务协议，要求定点机构做到合理检查、合理治疗、合理用药、合理收费，并通过采取制定医疗费用支付标准及开展服务质量检查、审核与评价等措施有效管理定点机构的服务行为。

(三) 服务协议是工伤职工在定点机构直接享受涉医工伤待遇的必要手段

在定点机构方便快捷地享受工伤待遇，让“信息多跑路、群众少跑腿”，既是发展的趋势，更是现实要求。在工伤定点服务机构直接享受工伤医疗待遇是一个系统工程，涉及定点机构相关人员的业务培训、信息网络的建设与管理、各种基础信息录入与维护、定点机构内部相关岗位职能设置与管理、内部管理制度的制定、医疗服务管理等诸多方面，有些岗位还需要配备相应职业技能的专职人员。如此纷繁复杂的事项，只有通过服务协议以具体条款形式才能够让定点机构知道做什么和如何做。

二、协议管理的实现

(一) 工伤定点服务机构申请及定点机构遴选

相关机构有为工伤职工服务的意愿是签订服务协议的前提，对本行政区域内有影响力

和有意愿的机构，卫生、民政部门应按要求做好工伤定点服务机构申请的组织、动员工作。工伤的诊治不同于普通疾病，常见涉及多器官、组织的严重损伤，不恰当的处理极易产生影响人体生理机能的后遗症。为了保证定点机构的服务水平，需要根据机构的服务能力对提出申请的机构进行遴选。遴选工作还包括对定点机构履约能力的检查，具备健全并运行良好的内部管理制度是定点机构履行协议的基本保证。

（二）服务协议的签订

签订服务协议是实现协议管理的关键步骤。一方面，工伤保险经办机构作为签订协议的主导方，编制服务协议并发出邀约，相关服务机构接受协议条款并签订协议。工伤定点服务协议虽然是经办机构与相关机构在平等协商一致的基础上达成的“合意”，但它的签订意味着相关机构要接受经办机构的监督、检查和管理。另一方面，定点机构理解并接受协议条款，成为工伤服务定点机构，按要求为工伤职工提供服务，不仅要符合一般的医疗规范，还要满足工伤保险的特殊要求。

沟通与协商是协议签订不可或缺的环节，它有多个作用：一是向定点机构传达国家有关工伤保险的管理要求，二是向定点机构解释协议条款，三是可以就某些具体事项达成一致。在沟通与协商中，经办机构应做到有理、有利、有据，合理控费同时兼顾定点机构的利益。有理即要有国家的规定与要求、行业的标准与通行做法作为协议条款约束性规定的依据。不管定点机构的性质如何，作为工伤定点服务机构，都必须遵守国家的相关规定和要求，其执业行为都应该符合行业标准或行业通行做法。有利即有利于定点机构更好地服务工伤职工、为工伤职工带来实惠，有利于控制基金支出风险。有据即有说服力的数据分析，量化评价定点机构的服务，只有通过可靠的数据分析才能够真正做到兼顾定点机构的利益。

沟通与协商是否充分直接关系到协议的执行，这是由经办机构与定点机构签订协议的目的不一致所决定的。定点机构签订服务协议的主要目的是为了增加服务收入，而经办机构是为了约束相关服务行为，以确保工伤职工得到适当的服务而不是过度服务。通过充分沟通，经办机构才能了解和尊重定点机构合理的利益需求，定点机构才能够理解对服务质量以及与提供服务相关的制度、人员和基础设施等方面的要求，这样才能将两者不一致的目的统一到协议的具体条款中，才能确保协议的效能。

（三）定点机构构建履约框架

工伤服务协议涉及面广，定点机构全面履行协议需要以协议为蓝本构建履约框架。框架内容包括工伤相关业务的管理架构（管理人员的层次结构与组织）、相关人员岗位职责和工作制度、配备专（兼）职人员、完善相关基础设施（信息网络建设、服务窗口或科室设置等）等方面。通过构建履约框架、梳理协议要求，定点机构可以在较短时间内完整掌握协议内容，为全面执行协议打下坚实基础。对经办机构而言，沿着履约框架进行检查能够快速、全面评估定点机构的履约质量。

虽然协议是双方平等协商的产物，但经办机构与定点机构的协商过程可能会被简化，比如相同级别、相同服务能力的定点机构常常合并签署相同的服务协议。缺乏单独的沟通往往导致这些定点机构不能全面理解协议要求而出现囫囵吞枣的现象，最典型的就是履约框架缺陷，诸如组织分工不明确、职责不清、制度缺失、基础设施不到位等。对于这种集体签订的服务协议，经办机构有必要对定点机构如何进行履约框架的构建进行特别说明和专门培训，否则不可避免地会有定点机构在协议履行上发生较大失（错）误。

（四）工伤服务计量及兑现

工伤服务的计量与兑现是服务协议的核心内容，是经办机构与定点机构能够达成一致的关键环节。如前所述，双方签订协议的目的并不一致，能将目的不一致的双方统一起来的就是工伤保险基金的使用（分配）。

1. 计量方法。对工伤服务的数量进行统计以作为日后经办机构兑现的依据，是工伤服务计量的目的。如何计量定点服务机构为工伤职工提供的服务，可以参照医疗保险的相关做法，但需要结合工伤服务的特点。工伤的发生有很大的偶然性，伤情差异大，大部分工伤服务适宜按服务单元进行计量。职业病是工伤的一种情形，其用药、检查与治疗相对固定，适宜使用按病种付费，工伤康复也与此类似。义体（肢）配置建议纳入政府招标采购目录，引入市场竞价，以挤出价格“水分”。

2. 定义无效服务。无效服务是经办机构兑现定点机构的服务时需要扣减的部分，这直接关系到定点机构的经济利益，必须准确定义，否则将会影响整个协议的可操作性。无效服务可大体分为两类：一类是超量服务，如按定额结算的病种费用超过了规定的结算定额；另一类是低质量或违反有关规定的服务，如过度医疗、空挂病床住院及“搭车开药”等。前一种无效服务的定义较为简单，即超出结算定额的即为无效服务。低质量服务或违反规定的服务定义较为复杂，评价标准需要经办机构与定点机构协商一致后才能确定。例如，对于过度医疗，需要双方共同商定医疗服务质量评价的标准。

3. 兑现方式。根据是否能够联网刷卡结算，可将兑现方式分为实时兑现与协议兑现两类。不能联网刷卡结算医疗费用时，工伤职工支付全额医疗费用，应由工伤保险基金负担的部分先由职工或单位代为垫付，医疗终结后工伤职工或单位凭定点机构提供的相关材料至经办机构结算应由工伤保险基金负担的部分。在这种就医模式下，定点机构实时兑现工伤医疗服务。在联网刷卡结算医疗费用的模式下，工伤职工只负担目录外的医疗费用，应由工伤保险基金负担的部分则在定点机构记账，由定点机构定期与经办机构按协议结算。

在实时兑现模式下，经办机构对定点机构缺乏有效的考核评价手段，定点机构的费用控制意识差，服务协议对规范定点机构医疗行为的作用基本得不到体现。

三、协议的履行

签订服务协议意味着相关机构成为工伤定点服务机构，经办机构须按约定兑现定点机构提供的服务，同时按协议管理定点机构的服务行为，但要最终实现协议管理的目的，还需要双方如约履行协议。

（一）经办机构履行服务协议

实行协议管理是由国家法律规定的，经办机构以自己的名义确定定点机构并签订服务协议，在协议签订和协议履行中居于主导地位。签订协议在形式让相关机构成为工伤定点服务机构，目的是为了实现国家“加强对工伤保险医疗服务费用的管理和监督检查”的要求。经办机构对服务协议的履行主要体现在3个方面：工伤保险相关业务要求的告知、解释和培训，对定点机构履行协议情况的检查，费用给付。

1. 工伤保险相关业务要求的告知、解释和培训。告知定点机构与工伤保险相关的业务要求、解释协议条款、培训定点机构专（兼）职人员是经办机构的首要义务。首次接触工伤相关服务业务的定点机构，对相关业务要求可能一无所知，甚至存在错误认知，这就需要经办机构做耐心细致的工作，确保定点机构能够准确理解和全面掌握相关业务要求。需要掌握相关知识的人员不仅有临床一线的医生，还有窗口收费、目录维护等人员，因此工伤保险相关业务知识的培训应采取由点及面的培训方式，即通过对专（兼）职人员培训带动定点机构相关人员的培训，并能够使培训持续进行。

2. 对定点机构协议履行情况的检查。经办机构对协议履行情况进行检查是保证服务协议得到正确履行的主要措施。通过检查监督定点机构履行服务协议情况，及时发现并遏制可能会增加基金支付风险的服务行为。经办机构与定点机构签订协议目的上的差异决定了定点机构在履行协议时不可避免地会发生不符合协议规定的服务行为，决定了经办机构对定点机构进行检查监督的必要性。经办机构的监督检查可以采取多种形式，可以将日常巡查、临时抽查、年终检查等形式结合起来，将监督检查常态化，时刻提醒定点机构按约履行协议，将检查结果与年终考核、费用给付结合起来，形成对定点机构的持续压力。

3. 费用给付。费用给付是协议管理的落脚点，它不仅可以影响和引导定点机构的行为，还是控制基金支付风险的有效工具。费用给付能够发挥作用的前提是工伤职工就医时刷卡结算，形成服务机构记账医疗费用，只有这样才能形成对医疗机构有约束力的基金支付考核，才有可能用服务质量评价结果指导基金的支付。与服务计量方法相适应，费用给付的方法有多种，具体可以参照基本医疗保险的做法。不管采用哪种费用给付方法，都需要留有一定比例的保证金，保证金的比例、具体支付办法、与服务质量考核挂钩的程度等应与定点机构协商一致。

实行协议管理需要改变传统的就医方式和改进工伤认定工作。改变就医方式就是要将现金结算医疗费用改为记账结算，而要记账结算就需要改进工伤认定工作。由于《条例》规定的工伤申请时限较长，往往在工伤认定时医疗行为已经终结。经办机构需要加大宣传力度及采取相关措施，提高用人单位和职工及早申报工伤意识，督促医疗机构对疑似工伤要及时提醒参保人员进行申报工作，经办机构也要提高工作效率，尽可能在医疗终结前作出是否认定为工伤的决定。对于已经终结的医疗，可以通过协议约定相关医疗机构为参保人员补记账，并退回参保人员垫付的现金。联网刷卡可借助基本医疗保险网络系统这一政府公共资源平台，该平台已沿用多年，技术较为成熟，可以避免重新开发新系统所造成的资源浪费。

（二）定点机构履行协议

全面履行服务协议是一个系统工程，涉及医院不同的管理层面和业务层面，因此定点机构建立健全协议履行机制非常重要。有了健全的协议履行机制，定点机构才能够在实践中不断完善相关规章制度，保证协议履行的持续性，并在遇到问题时及时应对和解决。健全的协议履行机制应该包括定点机构领导层的分工、内部考核、内部沟通与信息反馈，还包括定点机构与经办机构临时的沟通与协商。

定点机构自查自纠是另一个重要方面，定点机构对照协议要求自我检查是定点机构如约履行协议的基本保证。定点机构自查不仅可以早期发现协议履行中存在的问题，还有以查促学的功效。定点机构履行服务协议的关键是一线工作人员了解和掌握协议要求，并按要求开展相关工作。定点机构的自我检查有助于实时掌握本单位人员对协议要求的了解程度，并有针对性地开展协议内容的学习。定点机构在自查工作中要注意发挥工伤保险业务专（兼）职人员的作用，他们是经办机构与定点机构联系的枢纽，在定点机构内部工作中起着承上启下的作用。

四、结语

在基本医疗保险没有从人力资源社会保障部门分离之前，大多将基本医疗保险的定点机构作为工伤保险的定点机构，其管理也大多依附于基本医疗保险。在这种管理体制下，即便没有单独签订工伤服务协议，人力资源社会保障部门依然对相关定点机构有较为充足的话语权，能够通过对定点机构的资格管理或借助医疗保险协议遏制部分违规行为。但这种附属管理终究是比较粗放的，不能够从根本上满足工伤保险协议管理的要求。

基本医疗保险从人力资源社会保障部门分离出去，既是对工伤保险单独进行协议管理的挑战，更是机遇。定点机构的服务质量不仅与工伤保险基金的支出风险直接相关，其医疗服务还与工伤认定、伤残等级的评定等多个方面相关。经办机构可以依据国家规定制定出更有目的性和针对性的服务协议，根据工伤保险自身的特点遴选定点医疗机构，通过协议管理改进定点机构的工作，提高工伤保险基金的使用效率，推动工伤保险经办管理工作更上新台阶。

参考文献

［1］宿迁市社会保险基金管理中心．2016 年宿迁市工伤保险基金运行情况分析［EB/OL］．http://www.sqshbx.cn/index.php? m=content&c=index&a=show&catid=25&id=1437.

［2］孟昭环．工伤保险基金运行现状及对策建议［EB/OL］．http：//www. docin. com/p-1423566395. html.

［3］李鹏．尘肺住院病人单病种测算管理与思考［EB/OL］．http：//www. doc88. com/p-5959751414244. html.

职业病工伤权益保障问题探讨

杜　舟　黄　英　宜昌市疾控中心

【摘　要】目的：分析职业病诊断鉴定、工伤认定等有关问题，提出工作模式与策略。方法：总结我国职业病（工伤）保险制度及实践中有关问题。结果：职业病是工伤的一种，但又不同于事故工伤，在疾病特征等方面有其特殊性，而我国职业病工伤认定及工伤保险待遇又有一些特别规定，职业病诊断难、工伤认定难等问题突出，给劳动者、用人单位、诊断机构、工伤保险机构带来很多困扰。结论：建议建立工伤保险集体责任制或职业病基金制，将工伤认定与职业病诊断合二为一，对职业病实行新的健康管理模式，完善工伤权益保障制度。

【关键词】职业病　工伤　工伤保险待遇　职业病诊断

《中华人民共和国职业病防治法》（以下简称《职业病防治法》）所称职业病，是指企业、事业单位和个体经济组织等用人单位的劳动者在职业活动中，因接触粉尘、放射性物质和其他有毒、有害因素而引起的疾病。职业病是工伤的一种，职业病患者依法享受工伤保险待遇。但职业病有其特殊性，实践中，职业病诊断难、工伤认定难、待遇落实难等问题突出，给劳动者、用人单位、诊断机构、工伤保险机构带来很多困扰。本文试就职业病特殊性及工伤保险待遇理论与实践有关问题进行剖析，提出完善的策略与建议。

一、职业病伤害与事故伤害疾病特征、社会特性比较

从工伤定义来看，工伤可分成两大类：事故伤害和职业病伤害，但两者有重叠，如由事故引起的急性化学中毒、化学灼伤等。《工伤保险条例》第十四、十五条规定了应认定（视同）工伤的两大类 10 种情形，在认定工伤的情形中，除患职业病的情形外，其他均为事故伤害或意外伤害。《职业病分类和目录》由法定授权机构制定发布。我国现行职业病目录中，从疾病特征（发病潜伏期、病情进展等）来看，大致可分成两类：第一类为急发性职业病，如职业性急性化学中毒、职业中暑等；第二类为慢性迟发性职业病，如职业性尘肺病、职业性慢性化学中毒、职业性肿瘤、职业性噪声聋等。急发性职业病多见于生产事故，疾病特征与事故伤害类似。慢性迟发性职业病占据我国诊断报告病例的绝大部分，

仅尘肺病就占职业病总数的80%以上，其疾病特征与事故伤害差别很大。

从工伤认定要素相关的社会特性（伤害发生与工作时空关系、与企业利益相关性）来看，急发性职业病与事故伤害相似，但如职业性尘肺病、职业性肿瘤、职业性噪声聋、职业性慢性化学中毒等慢性迟发性职业病，则与事故伤害差别很大

二、职业病伤害与事故伤害疾病工伤认定、工伤待遇比较

《工伤保险条例》第五章规定了工伤保险待遇的类别与标准、支付主体，总体来说，工伤保险待遇可分为两类：一类是由工伤保险基金支付的待遇，如医疗费、住院伙食补助费、康复费、评残后生活护理费、伤残补助金、伤残津贴、工伤医疗补助金等；一类是由用人单位支付的待遇，如停工留薪期待遇等。《工伤保险条例》第三十条第五款规定，工伤职工治疗非工伤引发的疾病，不享受工伤医疗待遇，按照基本医疗保险办法处理。但《职业病防治法》第五十六条规定，疑似职业病病人在诊断、医学观察期间的费用，由用人单位承担。在我国工伤保险体系中，工伤待遇与工伤保险待遇两者的区别在于承担主体不同：工伤待遇由用人单位承担，而工伤保险待遇由工伤保险基金承担。职工在受到工伤后享受工伤待遇是其享有的法定权利，如果因用人单位的过错未缴纳工伤保险费，致使职工的合法权益受到侵害，那么本应由工伤保险基金负担的费用则需由用人单位来负担。也就是说，工伤保险基金支付工伤保险待遇的前提条件是职工发生工伤事故或被诊断为职业病时，用人单位为职工缴纳了工伤保险费。以伤害后果发生或发现时职工所在的用人单位为工伤待遇支付责任主体，而不是由接触职业病危害时的用人单位直接支付费用，即致害主体与支付工伤待遇的责任主体可能分离，在尘肺病等慢性迟发性职业病（工伤）中常见。

三、职业病工伤权益保障主要问题与困扰

1. 职业性尘肺病、职业性肿瘤等慢性迟发性职业病，多具有潜隐期长的特征，具有累积效应，而且脱离接触后病情仍可发展。随着社会发展，企业兴衰更替频繁，平均存续时间变短，企业跨区域迁移常见，就业人口流动性大，劳动者就业模式灵活多样化，工作单位及工种变换成常态。在这样的就业环境下，目前我国仍未实现工伤保险全国统筹，尘肺病等慢性职业病患者工伤保险待遇难以保障。在疾病潜隐期内，绝大多数劳动者都可能存在两种情况：其一，变换了工作单位和工种，甚至跨地区流动；其二，可能回村务农、做小生意或失业等，而且原致害用人单位可能解体。当劳动者发病时，如果遇到第二种情形，按目前工伤保险相关规定，患者不能从工伤保险基金获得赔偿，也无法向用人单位索赔，诉求无门，很多农民工尘肺病患者的困境就属于此种情形。遇到第一种情形，按目前规定，可以由工伤保险基金及现用人单位支付费用，但现用人单位一般非实质致害单位，不一定存在相同职业病危害，往往难以配合职业病诊断及工伤认定，患者维权难度极大。对离职后的职业病工伤认定，业界也存在争议，也有报道职业病诊断至职业病鉴定期间费用难以落实的情况。现代分工越来越细，有些作业流动性极大，根本无法确定用人单位，劳动者工伤待遇难保障，如建筑爆破作业等。近几年职业病维权事件多有类似情节，如

“爆破工尘肺事件”“张海超开胸验肺事件”等。

2. 用人单位面临的问题与困境。对于慢性迟发性职业病，按我国现行规定与实践，用人单位面临承担“终生责任”的困境。劳动者离开用人单位后被诊断为职业病，可向原单位要求职业病待遇，此时用人单位不可能为其缴纳工伤保险费，而工伤保险基金不支付，就需原用人单位承担全部责任。劳动者患病，如果诊断为职业病，理论上应与事故工伤一样，医疗费用由工伤保险基金支付；如果确定不是职业病，则应按照基本医疗保险办法处理，但《职业病防治法》规定，疑似职业病费用由用人单位承担，显然不合理地加重了用人单位负担，特别是有些疾病，如三氯乙烯所致药疹样皮炎、白血病等多在作出职业病诊断之前已发生巨额医疗费用。存在长期效应职业病危害因素（如苯、镉）的用人单位在迁址、解体时，常可能面临以下难题：职工担忧以后可能出现身体损害，或已有职业病加重，按目前规定，工伤保险基金不能提供相应保障，只能要求单位预留资金作为保障，但在资金留存数、保管方等方面又无章可循，常难以协商统一，易引起劳资纠纷事件。

3. 近几年重大职业病事件，多与职业病诊断、鉴定有关。职业病诊断难为全社会所指责，如“开胸验肺事件”“爆破工尘肺事件”，这些事件终极原因是“患者赔偿未落实”。因为我国职业病工伤保险待遇及职业病诊断制度设计，要求将责任落实到用人单位，一方面用人单位尽可能地减轻或逃避责任，另一方面劳动者尽可能想获得更多的赔偿，造成职业病诊断时，用人单位与劳动者直接对立，加上职业病上述特殊性，必然造成双方争议大，相互配合差，而职业病诊断机构常处于两难地步：科学性、公正性与人文关怀有时难以兼顾。职业病诊断不可避免会出现诊断时间长、取证材料繁多、诊断不科学等问题。各地职业病诊断、鉴定宽严尺度不完全一致，工伤保险待遇计算存在明显地区差别，在“趋利避害”思维引导下，出现“因病择业”“为保就业”等情况。

4. 事故伤害与职业病伤害竞合问题。事故导致的急性化学中毒以及中暑，从理论上或实践中，既可以作为事故伤害直接申请工伤认定，也可以作为疑似职业病报告，经职业病诊断鉴定，再申请工伤认定。但两种处理途径，方便性及费用承担却相差甚远。如果以事故伤害直接申请工伤认定，只需提供医疗诊断证明，其间发生的医疗费用等由工伤保险基金支付，且工伤保险基金承担其他大部分费用。然而，以职业病（工伤）程序处理，则要经过烦琐的诊断鉴定程序，且诊断之前的医疗费用由用人单位承担。目前，职业病诊断过程较长，对于一般急性中毒、中暑病例，作出职业病诊断之前，医疗多已终结，如果没有后遗症致残情况，工伤保险基金几乎不承担费用。目前，对此种情形的处理方式没有明文规定，实践中也不统一，常引发争议。

5. 预防措施难以实施。“作业轮换”对一些职业病的控制是一种非常有效的措施，可以减少劳动者累积接害，控制职业病发生。例如，某镉电池厂每6~12个月就更换镉作业工人。从职业病防控技术来说，轮换用工，每个工人镉接触量相对减少，总体来说不失为一种可行有效的办法；但却可能同时带来严重的社会后续问题：轮工制造成接触镉作业工人数量庞大，一旦工人，特别是离职后工人发生职业损害，可能引发重大职业病事件，甚至影响社会稳定。对于流动性大的作业，上岗前、在岗时、离岗后职业健康体检难以执行。例如，建筑爆破对某一个企业或建筑工地来说，多为一项短期临时作业，不可能长期聘用工人，建筑爆破工常临时受雇于不同企业，甚至在一段时期内同时为多个企业工作。

四、讨论与建议

1. 建立“分级诊疗、定点救治、双向转诊、部门联动”职业病防治模式。建立职业病首诊医院首诊负责制，诊断明确后转诊到定点机构救治。将工伤认定与职业病诊断合二为一。我国实行职业病诊断鉴定制度，并作为职业病工伤认定前提，与国际通行做法不太一样，实践中问题较多，如果将工伤认定与职业病诊断合二为一，减少了中间环节，可以同时对发病原因、起病时间、医疗合理性、费用范围、责任划分进行综合裁定，可大幅提高鉴定的准确度和效率，减小劳动者维权难度。

2. 依托区域卫生信息化建设，整合各体检、诊断机构信息管理系统，打造职业病全程管理、质量控制、数据分析利用“三位一体”的信息化平台，实现职业病报告、初诊、转诊、确诊、登记、治疗、随访的全程管理。

3. 积极推进体检、诊断、鉴定、工伤认定机构职业健康教育与健康促进工作。建立职业病宣传健康教育基地，从正反两方面展示职业病危害，加强对职业病患者的健康教育与心理干预。

参考文献

[1] 廖晨歌. 关于我国农民工职业病维权困境的法律探讨［J］. 环境与职业医学，2010，27（9）：531-533.

[2] 林辉，何坚. 1起用人单位已解散职业病诊断案例分析与思考［J］. 中国职业医学，2013，40（3）：265-266.

[3] 赵永生. 离开单位后诊断为职业病人员的工伤认定及待遇核定［J］. 中国医疗保险，2013，60（9）：65-66.

[4] 唐庆军. 一起职业病诊断、鉴定过程诊治费用争议的分析与探讨［J］. 中国卫生监督杂志，2013，20（6）：577-579.

[5] 张军. 建筑业参加工伤保险比率低之分析［J］. 中国医疗保险，2015，77（2）：60-62.

探索贵州省公务员参加工伤保险工作的思路和对策

王　梅　贵州省人力资源和社会保障厅

【摘　要】 国家人力资源和社会保障事业发展“十三五”规划明确了“制定公务员和参照公务员法管理事业单位、社会团体工作人员工伤保险政策”任务，党的十九大报告也提出“全面建成覆盖全民、城乡统筹、权责清晰、保障适度、可持续的多层次社会保障体系”要求。因此，将公务员和参公管理单位人员纳入工伤保险统筹势在必行，但贵州省相关经验不足。本文在调研外省实施模式和省内部分地区试点经验的基础上，分析符合社会公平原则和可持续发展的公务员参加工伤保险方式，并提出了具体思路。

【关键词】 公务员　工伤保险

工伤保险是我国社会保障五大基本险种之一，具有强制性。当职工在生产经营活动中或在规定的某些特殊情况下遭受意外伤害，或是患职业病，以及因这两种情况造成死亡、暂时或永久丧失劳动能力时，职工及其供养亲属能够从国家、社会得到必要的物质补偿。这种补偿既包括医疗、康复所需，也包括生活保障所需。用人单位依法参加工伤保险后，职工发生工伤的，可以按照《工伤保险条例》的规定及时、足额享受由工伤保险基金和用人单位支付的各项工伤保险待遇。2011 年 1 月 1 日，修订后的《工伤保险条例》施行，将所有企业、事业单位、社会团体、民办非企业单位、基金会、律师事务所、会计师事务所等组织和有雇工的个体工商户纳入了工伤保险制度覆盖范围，使越来越多的职工合法权益获得了有效保障。《工伤保险条例》虽然明确了“公务员和参照公务员法管理的事业单位、社会团体的工作人员（以下简称公务员）因工作遭受事故伤害或患职业病的，由所在单位支付费用。具体办法由国务院社会保险行政部门会同国务院财政部门规定”，但是至今还未出台具体规定，使得各地区在推进公务员参保工作时缺乏上位法支撑。

随着信息沟通越来越便捷，两类群体职工发生工伤后处理途径、待遇项目和保障水平之间的差异受到广泛关注，给社会公平性带来一定负面影响。因此，一些省（自治区、直辖市）先行将本地区的公务员一并纳入了工伤保险制度统筹范围，贵州省部分市（州）

也先行开展了试点。通过对已启动公务员参加工伤保险的地区进行调研，分析贵州省全面推进公务员参保的可行性和解决途径。

一、将公务员纳入工伤保险统筹的必要性

党的十八大提出，社会保障改革“要坚持全覆盖、保基本、多层次、可持续方针，以增强公平性、适应流动性、保证可持续性为重点”，要建立“更加公平可持续的社会保障制度”。党的十九大报告也提出“全面建成覆盖全民、城乡统筹、权责清晰、保障适度、可持续的多层次社会保障体系”要求。从理论来看，公平理论的基本要点是人的工作积极性不仅与个人实际报酬多少有关，而且与人们对报酬的分配是否感到公平更为密切。人们总会自觉或不自觉地将自己付出的劳动代价及其所得到的报酬与他人进行比较，并对公平与否做出判断，公平感直接影响职工的工作动机和行为。从实际来看，维护社会公平，能促使社会合作取得成功，能协调社会各方面的利益关系，有利于社会和谐发展；能正确处理社会矛盾，减少或避免社会冲突，有利于社会长治久安。从导向来看，存在两种截然不同的工伤问题处理政策体系，势必导致两类群体永无止境地比较，程序耗时的长短、手续办理的繁简、服务质量的高低、待遇项目的多少和保障水平的高低，都将成为对比的焦点。因此，在社会保障改革要求全覆盖、要求公平的原则下，将公务员纳入工伤保险范围，实现各类用人单位制度全覆盖、待遇和标准相统一的工伤保险制度，既符合我国社会保险制度的发展方向，也能更好地体现党的十九大报告中“全面建成覆盖全民、城乡统筹、权责清晰、保障适度、可持续的多层次社会保障体系”的改革要求。

二、已启动公务员参保省份的经验做法

本次调研分别对浙江省、江西省、山东省、宁夏回族自治区、西藏自治区进行了了解分析。在政策出台的方式上，被调研省（自治区）均由人民政府下文或经人民政府同意后人力资源社会保障部门联合财政、税务等相关部门下文，最大限度保证政策效力。被调研省（自治区）在参保方式上也基本一致，本省（自治区）所属的国家机关和参公管理单位，以职工工资总额为缴费基数，根据行业风险划分确定基准费率，按照属地管理原则参加工伤保险。工伤认定和劳动能力鉴定的程序、标准也均与《工伤保险条例》等有关规定保持一致。只是在待遇的支付问题上存在一定差异，以前公务员发生工（公）伤后的工伤待遇参照革命伤残军人的标准执行，由民政部门发放；而公务员参加工伤保险后，也应按《工伤保险条例》规定享受工伤保险待遇，由社会保险经办机构发放。两套政策无论是从主管部门、认定标准，还是从待遇项目、资金渠道来比较，都不相同，因此各省（自治区）处理这一问题的方式也不尽相同。被调研省（自治区）待遇支付方式占比见图1。

（一）待遇补差

如果参加工伤保险的工伤职工，同时又符合其他相关公（工）伤保障政策规定的，不得重复享受工伤待遇，但其应享受的公（工）伤待遇总额超过《工伤保险条例》及相关配套政策规定部分的，应予以补足。即如果出现两套政策均符合领取待遇条件时，相同待

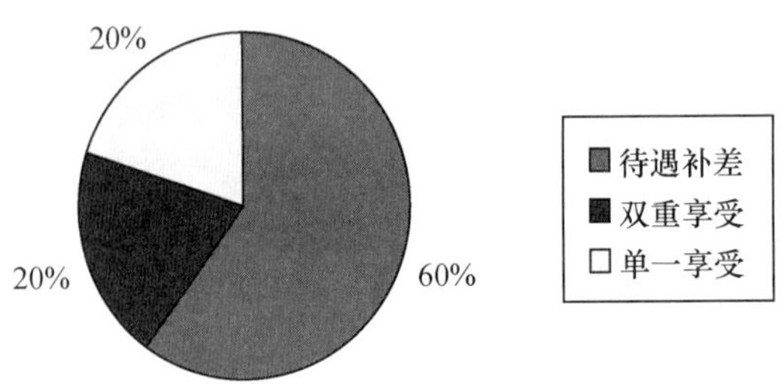

图1 被调研省（自治区）待遇支付方式占比

遇项目不得重复享受，但是因标准不同导致的超额部分待遇及不同保障项目的待遇，可以进行补差。例如，浙江省、山东省和西藏自治区执行补差规定，采取这一方式的优势在于，只会进一步提高公务员的工伤保险保障水平，不会出现因原执行政策的调整变化反而使待遇水平降低的情况。

（二）双重享受

参加工伤保险的公务员，在发生工伤后，依据《工伤保险条例》有关规定享受工伤保险待遇后，还可以同时向民政部门申请按照《伤残抚恤管理办法》等规定评残和享受残疾抚恤金待遇，两套政策同时执行，互不影响。在进行调研的省（自治区）中，只有宁夏回族自治区执行“双赔”规定，这一方式简单直接，立足社会保险“权利与义务对等”原则，不牵涉主管部门之间的职权分工，各司其职。但最大的问题是，形成了新的不公平现象，拉大了公务员与其他职工发生工伤后的待遇差距，易引起新的社会矛盾。

（三）单一享受

这种方式就是“一刀切”，公务员参加工伤保险后，工伤保险待遇只能按照《工伤保险条例》有关规定执行，国家机关工作人员公（工）伤不再办理因公伤残抚恤、一次性抚恤金等待遇。江西省对因公（工）牺牲（死亡）的情形，就明确了不得再按照《工伤保险条例》之外的政策再享受一次性抚恤金、丧葬费及遗属生活困难补助待遇。这种方式将公务员参加工伤保险作为一种政策的变革和更替，在新的政策出台后，旧的政策被替代，切实减轻了财政经费负担。但这种方式忽略了两套政策在保障形式上存在差异的问题，在利益驱使下，职工会偏向于选择保障能力更强的制度政策，可是如何判定孰优孰劣，又将增加政策推进完善过程中的阻碍。

三、省内先行探索地区情况分析

（一）启动和实施情况

目前贵州省9个市、州中，已有遵义市、安顺市、六盘水市、黔东南州、黔南州和黔西南州6个地区先行启动了公务员参加工伤保险工作，其中最早启动的地区是黔西南州，大部分地区启动时间集中在2012—2014年，借助国务院对《工伤保险条例》进行修订并扩大参保用人单位范围的契机，将公务员也一并纳入了工伤保险制度覆盖。贵州省各市、州启动公务员参保情况见表1。

1. 从参保费率来看，各地区均将国家机关划分为一类风险行业，初次缴费的基准费率定为0.5%。根据基金收支情况，黔西南州于2012年将基准费率调整到了1.0%。2015年，按照国家调整工伤保险基准费率工作要求，贵州省一类风险行业基准费率调整为0.4%。从基金收支情况来看，6个地区2017年度收入金额均大于支出，行业内工伤风险较小。

2. 从待遇享受方式来看，除了六盘水市明确参加工伤保险的公务员只能按照《工伤保险条例》享受工伤待遇以外，其余地区对此问题均未予以明确，对是否还能够按照民政部门有关规定享受工伤待遇、如何协调两套政策之间待遇差异的问题，均没有相关规定。

3. 从原有工伤的处理问题上来看，对启动公务员参加工伤保险之前已经认定为公（工）伤的人员，只有启动时间最长的黔西南州尝试将一级至六级伤残人员的工伤医疗待遇纳入工伤保险基金支付，其余地区均明确仍按照以前的政策处理，待遇维持不变，资金由原渠道解决。

表1　　贵州省各市、州启动公务员参保情况

启动地区		遵义市	安顺市	六盘水市	黔东南州	黔南州	黔西南州
启动时间		2012年	2014年	2012年	2012年	2007年	2005年
费率标准/%		0.4	0.4	0.4	0.4	0.4	0.4
缴费方式		列入财政预算管理					
2017年基金情况	收入/万元	1 356	416	758	1 227	849	652
	支出/万元	1 073	107	205	249	341	270
待遇方式		未明确	未明确	单一享受	未明确	未明确	未明确
参保人数/人		51 996	16 715	16 159	51 604	31 761	29 154
享受待遇人数/人		182	16	21	71	65	28
原有工伤处理方式		待遇维持不变，资金由原渠道解决					工伤医疗待遇纳入工伤保险基金统筹

（二）反映突出的主要问题

已启动公务员参加工伤保险的地区，都是由于发生了“同命不同价”的工伤事故，引起当地政府的高度重视，为体现制度的公平性，缓解社会矛盾，才将公务员一并纳入工伤保险制度统筹。但是在具体实施过程中，出现了较为突出的问题和难点，主要有以下3个方面：

1. 待遇差异问题。启动公务员参加工伤保险以后，原执行的民政部门政策并未修改或废止，原则上应该继续有效，那么两套工（公）伤（亡）政策之间的关系该如何处理？由于没有国家上位法的支撑，很难在市、州层面协调两者关系，所以大部分地区只能避而不谈这一问题，人力资源社会保障部门只负责参保的公务员工伤保险待遇获得足额支付，至于是否再通过民政部门途径享受待遇，不予干涉过问。如果有人钻了政策的空子，两头均享受了工伤待遇，势必导致待遇过高，引发攀比心理，造成负面舆论。

2. 认定鉴定差异问题。工伤保险制度强调职工“无过错责任”原则，而原执行政策中可认定为公（工）伤的条款多强调“非本人”原因，同时伤残鉴定适用标准也不一样，因此同样一起事故伤害，会发生一边政策可以认定为工伤、另一边政策不能认定为工伤，或一边鉴定伤残等级高、一边鉴定伤残等级低的情况。两套政策之间没有过渡和衔接的处理办法，使得政策体系缺乏严肃性，不利于政策的可持续发展。

3. 新老工伤差异问题。公务员参加工伤保险的工伤医疗费用尤其是轻伤的治疗和报销更加方便快捷，但参保前已经发生公（工）伤的人员仍继续按照原政策和原渠道执行，公费报销医疗费用手续繁杂，且保障项目没有工伤保险参保人员的多，因此将工伤医疗待遇纳入工伤保险统筹的呼声很高。此外，两套政策分别时有调整变化，新老工伤人群之间待遇差异矛盾便会越来越突出。

四、基本结论和对策建议

通过对贵州省内及部分外省（自治区）的调查分析，结合社会各界的需求和呼吁，可以得出基本结论：《工伤保险条例》从制度的规范性、项目的全面性、待遇的保障性等方面都得到了用人单位和职工的充分肯定，各类从业人员均具有较强的参保意愿，在贵州省已启动工伤保险省级统筹的基础上，工伤保险基金抗风险能力得到进一步提高，将公务员纳入工伤保险统筹具有可行性和稳定性。贵州省 9 个市、州已有 6 个市、州先行将公务员纳入工伤保险统筹，尽管有一些问题仍待理顺，但总体运行情况良好。通过省级人民政府层面在全省统一这一问题，不仅加大了政策执行力度，有效为地区解决实际困难，更增强了公务员参加工伤保险在促进社会公平和谐方面的重要性，易于加强部门之间的协调合作。

这个过程不是一蹴而就的，针对目前存在的问题和今后可能面对的困难，提出以下几点对策建议：

（一）抓住契机，逐步推进

抓住全面深化改革的良好形势，借助司法体制改革契机，先尝试将法官、检察官作为公务员纳入工伤保险进行试点，逐步推行至不同部门，尤其是推进公安等工伤风险高、参保意愿强的部门公务员参保，以点带面，实现突破。在此过程中，拿出翔实的理论分析、对比数据、典型案例等具有说服力的材料，通过实践成果向省委、省政府争取支持，最好能以省人民政府令或省人大立法的形式出台正式法规，从参保范围、基准费率、缴费方式、认定鉴定、享受待遇等方面给予全省统一的明确规定。提前与人力资源社会保障部沟通，统一工作思路，但不能被动地等待国家出台具体政策，否则将拖慢工作进程。

（二）吸收经验，借鉴做法

公务员参保工伤保险，既有外省的成功范例，又有省内地区的先行先试经验，可以充分总结借鉴这些好的做法，针对已经出现的矛盾问题，提出相应的解决办法。

1. 工伤待遇采取补差方式。工伤保险属于社会保险，参保对象履行了参保缴费义务，就有享受工伤保险待遇的权利，但这不能抹杀其他政策体系为其提供进一步保障的能力。从公平角度来看，相同的保障项目不应重复享受多次，因此笔者更倾向于采取补差的方式让工伤公务员享受工伤保险待遇。工伤公务员按照《工伤保险条例》有关规定享受相应待遇后，可同时按照民政部门仍执行的政策规定享受不同项目的公（工）伤待遇，相同待遇项目但标准不一样的，可以就高享受。这样既能全面保障公务员的工伤合法权益，又能通过工伤保险基金为财政经费减轻负担。

2. 将“老工伤”的相同待遇项目纳入工伤保险统筹。通过调研笔者了解到，湖南省常德市、岳阳市和贵州黔西南州都将行政机关和参公单位参加工伤保险之前已发生工伤事故或患职业病的人员，经单位缴纳一定费用后，旧伤复发医疗费由工伤保险经办机构报销待遇。如果采取待遇补差方式协调两套政策待遇之间的关系，那么重复的待遇项目，可以通过将“老工伤”纳入统筹的方式一并放在工伤保险基金中支付，缓解新老工伤之间的矛盾。

3. 逐步统一政策和标准。新、旧两套政策既要同时执行，又要兼顾公平，是公务员参加工伤保险工作上最难处理好的环节。建议设定一个过渡期，先将认定工伤的情形、伤残等级鉴定的标准逐步靠拢、统一起来，否则在待遇补差问题上工伤职工仍需同时走完两套程序，耗时费力。然后再不断完善配套政策，逐步实现制度的合并及职能的转变，充分体现工伤保险制度的公平性和可持续性。

（三）减轻负担，提高服务

工伤保险制度可以为工伤职工提供医疗、康复、补偿“三位一体”的全方位保障，这一优势可以充分调动用人单位和职工的参保积极性，有利于推进公务员参加工伤保险启动实施。

1. 下调费率，减轻用人单位负担。大部分行政机关单位和参公管理单位，从业工伤风险都不高，从贵州省已启动公务员参保的6个市、州基金支缴情况来看，基准费率确实具备下调空间。可借人力资源社会保障部、财政部要求阶段性下调工伤保险基准费率之机，通过科学合理调整公务员参保的基准费率，减少用人单位参保成本，建立激励参保长效机制。

2. 加大力度，多渠道宣传政策。公务员群体文化素质相对较高，大部分人员是通过互联网获知工伤保险政策，因此在传统电视、报纸、广播宣传手段的基础上，还应着重利用网站、微信、电子期刊等新媒体方式开展政策宣传，增强公务员参保意识。

3. 提高服务，加强业务经办能力建设。参保人员受利益驱使，更愿意选择完善、规范、高保障的制度，因此要不断完善工伤保险自身政策体系，提高办事效率，简化办理流程，为参保单位和工伤职工提供便捷服务，同时通过培训加强工作人员业务经办能力，准确解读和把握政策，才能切实贯彻执行相关法律法规。

（四）搭建平台，信息共享

无论是即将面临的两套工伤政策关联执行，还是将来的逐步变更整合，都需要一个信息平台进行沟通，一方面人力资源社会保障部门需要全面掌握民政部门已享受待遇的“老工伤”人员情况，另一方面民政部门需要及时了解参加工伤保险后工伤公务员待遇支付等情况。因此，必须加强信息系统建设，先实现人力资源社会保障系统全省参保信息的互通联网，再逐步推广到与民政、财政、税务等有关部门的信息共享，便于部门之间的沟通协调配合。

工伤保险制度的新挑战、新机遇
——以工伤预防的视角

孙树菡　中国人民大学
毛艾琳　首都经济贸易大学劳动经济学院

【摘　要】我国工业企业特别是能源与制造业在“中国制造2025”的转型与发展中，不仅将面临发达国家再工业化等外部环境压力以及内部重塑发展理念、调整失衡结构和创新的压力，而且将面临传统职业危害与新型职业危害风险并存的局面以及生产小型化、智能化等新型社会组织形式带来的劳动者队伍不稳定等状况，原有的劳动保护制度与工伤保险制度都会受到很大的挑战，因此必须从挑战中寻求机遇。本文试图从工伤预防视角进行研究，探索一条适合中国国情的预防、补偿、康复“三位一体”的工伤保险发展道路。

【关键词】工伤预防　职业风险

1978年的改革开放将中国工伤保险制度带入一个新的历史发展时期。改革开放40年，我国的工伤保险制度在风雨洗礼中经受着一次次的蜕变，不断成长壮大且日趋完善：工伤保险制度改革的价值取向由“单位承担风险”向“社会分散风险”转化；在保障职工权益方面逐步体现了以人为本、追求公平的精神；初步确立了预防、补偿、康复相结合的中国工伤保险体系以及行业差别费率和浮动费率的费率机制。改革后工伤保险覆盖面大幅扩展，由以国营企业职工为主扩大到中华人民共和国境内的企业及其职工（包括事业单位及公务员），以及有雇工的个体工商户。这样，参保人数由1995年年底的2 614.8万人到2003年年底的4 575万人，2018年6月已增至2.3亿人。

如今，我国的改革开放又进入了一个新时代。中国经济经过了快速的“粗放式增长”阶段，在发展质量与效益的追问下，经济领域现已迈进一个战略转型的关键时期。这既为快速发展的工伤保险制度提供了机遇，同时它也将面临诸多挑战：我国工伤保险制度是在原有的与计划经济相适应的“劳动保险”基础上改革并逐步加以完善的，在这一过程中面临着“新”“老”问题所带来的双重挑战。原有制度遗留下来的，以及在“渐进式”改革过程中出现的“老工伤”；“渐进式”改革过程中尚未被覆盖人群的“新工伤”；由于职业病迟发性的特点，大量原有制度尚未涵盖进的工伤人员特别是已经罹患职业病的农民工工伤认定、治疗等先行支付政策切实落地问题；在“大众创新、万众创业”新形势下，如何扩大覆盖面，较快地将这部分人群纳入制度覆盖范围，并进而逐步实现职业人群全覆盖；如何进一步提高伤残者及其家属的待遇；基金安全性及可持续性；提高统筹层次；工伤保险体系的“短板”问题，即如何提高康复技术与手段，使受伤害职工尽早重返工作岗位或回归社会，尽可能提升其生活质量；如何从源头抓起，提高预防工作效率，尽最大努力消除或降低事故与职业病危害程度等。本文仅讨论工伤预防问题。

一、尽快补齐预防“短板”，是制度发展与完善的必需

建立工伤预防、补偿和康复相结合的工伤保险制度是制度发展的目标；“以人为本”的理念，愈益公平、合理的制度安排为该目标的实现提供保证。我国工伤保险制度的建制理念是保护劳动者与分散企业风险：保护劳动者的基本目标是保障其伤后不致因此而生活陷入困境，最高层次是“无伤害”；而对企业来说，参加工伤保险的直接目的是不致因工伤事故导致企业经营出现障碍与危机，最高目标是“无风险”。因而，工伤保险制度的最终目标是实现“零工伤”。“零工伤”的制度目标要求制度建构时将工伤预防放在首位。

各国的研究与实践都证明了“事后的补偿”并非最佳选择。职业危害几乎是不可避免的，但充分的预防措施却可以在很大程度上降低事故发生的概率，同时职业病的预防亦胜于治疗。工伤预防可谓从根本上搞好工伤保险的“治本之策”。然而，在我国工伤保险制度创立与改革的过程中，传统路径依赖依然清晰可见，因此，工伤保险体系中“预防”的制度设计与试点“短板”，在传统思维模式与部门职能分工的现实下，“补”起来缺乏魄力且困难重重。

二、工伤保险在工伤预防方面面临的挑战

（一）产业转型期“新”“老”职业风险并存的挑战

我国相当一个时期可能需要同时推动“工业 2.0”“工业 3.0”和“工业 4.0”，既要实现传统产业的转型升级，也要实现在高端领域的跨越式发展。随着国家经济结构调整和资源的优化配置，许多对环境污染较大、职业危害严重的生产企业在推进“机械化换人、自动化减人”的同时，也面临着新一轮的“关停并转”。可以说，在“中国制造 2025”的进程中，我国工业企业特别是能源与制造业，将面临传统职业危害与新型职业危害并存的局面。一方面，多年来很多高危行业企业在追求经济效益与现代化安全管理及增大安全投入的天平上明显向前者倾斜，因而已经“累积”了许多安全及职业病风险和隐患，这不仅极大地侵害了劳动者的健康权益，也为工伤保险在今后的职业病待遇支出上增大压力。同时，由于产能过剩、效益下滑，这些生产经营单位将面临较大困难，安全投入可能进一步减少，从而在其逐步退出市场或转变生产经营方式的过程中，其“隐患效应”有可能会继续释放甚至放大。另一方面，新技术、新业态不断发展，生产小型化、智能化、专业化的新型社会组织形式大量涌现，劳动者队伍不稳定，会为工伤保险扩大覆盖面与管理带来新挑战。同时，新能源、新型材料、新兴工艺等不断增多，人们对新的职业危害因素的认识

滞后等，都将会是对工伤保险特别是工伤预防工作的极大挑战。

此外，在我国工业化仍处于较为快速发展的态势下，各地经济发展水平和产业结构不同，职业风险也相应有所差异，会出现“新”“老”职业性伤害和职业风险并存、传统的职业病与新的职业伤害及职业性疾患并存的现象。随着新一轮的产业结构调整与升级，传统产业就业人数将逐步减少，高新产业就业人数则快速增长，非全日制、灵活就业等非正规就业人员亦会大量增加，由此导致高流动性、不稳定的劳动关系等。若仅仅注重对新增劳动力和转岗劳动者的创业需求与技能训练，而忽视其在更为复杂的竞争环境下的安全知识及安全技能的培训，那么风险覆盖范围与程度将进一步扩大。

（二）面临新型职业风险与职业危害的挑战

“效率优先”的理念和片面追求经济增长的目标曾经导致安全生产被忽视，工伤事故频发、高发，这不仅制约了经济的发展，误解了工伤保险制度的发展理念，更严重地损害了劳动者的生命和人身健康。

发展经济与安全生产本不应该矛盾，安全生产不可能消灭事故，但可以减少事故，工伤保险也可以补救事故带来的“后遗症”。以补偿为主的工伤保险制度在改革过程中，既要解决历史遗留的问题，又要解决新发生的问题（上述种种原因导致事故高发以及职业病高发生率）。可以说，工伤保险改革的 20 多年（1996—2018 年），在完善制度的同时，更主要的是解决这些问题。目前其“后遗症”之一——职业病问题仍未被很好地解决。现在，我国又面临新的“转型”。这一次转型，经济结构发生转折性变化，城乡之间、投资与消费、劳动与资本以及一、二、三产之间的关系都将发生新的变化，劳动力市场和就业也都将出现新的变化，劳动者也将面临更为复杂和多变的竞争环境。对工伤保险来说，一方面旧的问题要逐渐解决；另一方面“新”“老”职业风险并存，要做好应对新风险的准备。

1. 新型职业风险：生产过程中的环境有害因素。随着我国产业结构的调整以及国家对职业病防治的重视，生产过程中的环境有害因素如噪声、粉尘、重金属等传统职业危害因素逐年减少，职业中毒、尘肺病和放射性疾病等一些职业病危害将逐渐得到控制。职业病危害正出现从传统煤炭、化工行业向计算机、生物医药等新兴产业蔓延的趋势，电磁波、辐射、有机溶剂、生物因素等新型职业危害加重。生物基因工程、纳米技术、精密微电子产业等，长期接触这些新兴产业对人体是否会产生危害、危害有多大，目前尚无定论，国际上也正在开展纳米材料对环境和人可能造成危害的研究。一些环境因素对人类的遗传学效应和可能诱发肿瘤的危险性也在增大。新兴产业从业人群的“工作相关性疾病”尚未被列入我国法定职业病。例如，工作环境密封过严，新鲜空气的补充量不够等，都会产生病患。

2. 劳动过程中的有害因素。劳动组织或劳动制度不合理（经常加班等），劳动强度过大；脑力劳动造成过度紧张或个别器官过度紧张；长时间处于某种不良工作体位或使用某种不合理工具，如人、机界面设计不合理，长期从事电脑打字工作，敲击键盘致“腕管综合征”“鼠标手”以及操作者视疲劳等。

3. 其他职业风险。物流配送行业快速发展，大量配送人员走街串巷，遭遇交通事故等的风险很大；劳动者面临的越来越复杂、越来越强烈的职业应激负荷所引致的精神神经疾患、行为异常、心血管疾病、消化道疾病、免疫功能紊乱和骨骼肌肉疾病等以及与职场压力等工作有关的疾病增多。

尽管医学科学技术飞速发展，但新兴产业会出现哪些职业危害因素、可能会对人体产生何种影响，或是危害程度如何等，尚不得而知。人们不能静待危害到来后，再采取法律或医学手段去应对。一些发达国家的装备制造业、航空航天、医药制造、电子信息等新兴产业起步较早，对于这类产业中的职业危险与危害因素及其防护方面的相关研究成果是可以借鉴的。

有些职业危害因素是无法预知的，但有些则不仅可以预知，也是可以预防的。工伤保险制度应充分考虑扩大覆盖面，研究新兴产业从业人员的职业特征、职业危害因素，以及在这些人员中多发的职业性疾患等，尽早制定相关劳动标准，并适时适当扩展职业病目录。

三、在挑战中寻求机遇，促进工伤保险制度的新发展

控制与减少职业风险，努力增强劳动者的工作安全性，是政府、用人单位（雇主）以及整个社会都应当高度重视并切实承担的重要责任。尽管职业风险与职业危害不可绝对避免，但可以通过各种职业安全卫生措施及相关制度保障来缓解或进行有效控制，并通过工伤保险制度保障劳动者的劳动权益。

（一）建立工伤预防新型“战略合作伙伴关系”

这应是目前我国工伤保险领域的紧迫任务，它直接关系到工伤保险制度的可持续发展。形成以企业预防为主体，安全生产监督管理部门实施预防监察，工会实行群众监督，健康与安全生产监督管理部门合作防治职业危害，人力资源社会保障部门提供预防服务的生产事故预防体系是符合我国国情并以立法形式确认的。但这一理想体系如何实施及如何与当前我国政治、经济环境相适应是一个难题。

目前我国相关部门已经出重拳解决发展生产带来的高污染。对于工伤事故及职业病高发问题，如果认为将工伤预防作为制度内容之一的工伤保险制度能够彻底解决，那将是该制度不能承受之“重”。工伤预防作为工伤保险制度的三大职能之一，其基本目的是通过相应的措施，降低工伤事故和职业病的发生率，从而使工伤保险待遇能够及时、充分地补偿工伤职工或其供养亲属。但是，在预防与治理方面，必须“铁壁合围”，而不是“单兵作战”。人力资源社会保障部门应该与安全生产监督管理、卫生健康部门形成合力，出重拳、组合拳。在目前的情况下，需要切实发挥联席会议作用，构建信息互通和交换共享机制，开展部门间联合执法并建立工伤事故预警通报制度，实现职能分割下预防与保险的互动，确保政府不同职能部门协调工作，“增效”而非“减效”。统一职业病和事故数据库，建立安全生产事故双向报告制度。企业发生事故不仅要向安全生产监督管理部门报告，同时也要向人力资源社会保障部门通报。围绕目标，形成合力，化消极因素为积极因素，防

止“掣肘”现象干扰，以保障资源充分利用，并最大限度地保障劳动者安全健康。

（二）倡导新的国家“能动”作用，进一步加强立法中用人单位的工伤预防责任

应将管制性政策与经济激励性政策相结合。前者是指利用法规来规范标的对象的行为，以达到政策目的。管制性政策针对市场失灵而设计，具有强制性与胁迫性。后者则是指提供某种经济上的激励，以促使标的对象自发地改变生产方式与消费方式，以达到遏制重特大事故的目的。管制性政策由政府直接介入，并应建立与加强新的国家“能动”作用。在这种作用下，应制定框架，提出宏观目标，在需要时给予指导和支持，从而让行为主体——用人单位和劳动者成为工伤预防的主角。例如，加拿大的工伤保险事故预防机制实行内部责任制，要求工作场所的每一个人，包括用人单位主要负责人、劳动者、现场监管人、现场负责人、承包人等都要为自己和同事的安全负责。在新加坡，为促使劳动者更直接地参与职业安全健康工作，政府在20世纪80年代末鼓励用人单位组建“安全创新队伍”。

（三）建立健全社会制约机制，促进预防机制的“激励相容”

社会制约机制是决定安全水平高低的最重要条件。社会制约机制是由多方面因素构成的。工业发达国家中安全状况不好的企业将面临多方面的制裁与制约，包括法律方面、行政方面、舆论方面、企业信誉方面、银行方面（增加贷款的难度）、保险方面（浮动费率）、工会方面、事故伤亡者及其家属方面。

长期以来，我国过于重视职业健康的外部监管，但一方面预防监管疲软，另一方面自律监管机制尚不健全。用人单位是职业健康治理的责任主体，是制约职业健康监管控制效果的逻辑起点和首要关口，但事实上很多小型企业的外部制约机制主要来自政府或上一级公司的压力，其他因素起到的作用较小或根本不起作用，制约力有限或基本没有制约力。例如，对一些多种经济成分的小企业，安全监管成本高昂与追责法制不完善共同导致安全违法成本低；中小企业低附加值造成安全生产投入能力弱。“生产事实上优先安全”加上安全生产所付出的投资费用和投资效益所呈现出的外部“非经济性”（即安全投资除了通过抑制或减轻事故损失表现出来外，不会马上见效，通常是以潜在的、间接的形式通过企业或社会整体经济效益表现出来），使得促进预防机制的激励相容成为关键：强化激励约束，改善社会监管机制，外部监管与自律监管机制相结合。

多元化社会监管机制的参与并不代表减轻政府或者企业的责任，特别是在多种经济成分企业增加的今天，应强化外部制约，促使企业内部在组织、制度、人员诸多方面重视和保障安全。多元化的社会监管机制可以起到填补空缺的作用，三者应当互动协调、优势互补。

（四）构建以费率调节为主、预防基金为辅的工伤预防机制

当立法确保工伤保险对事故预防的干预作用后，工伤保险行政及经办机构应直接参与工伤预防工作，并通过缴费手段和费率机制，将企业工伤预防与经济利益相联系。确定工伤预防在工伤保险基金支出中的比例，首先要充分合理平衡预防、补偿与康复三者的支出比例，其次应通过立法保证支出的制度化。在实践的过程中，要进行艰苦的调研与科学的精算。一方面，预防优先的原则要求通过风险关联费直接激励企业开展工伤预防工作。另一方面，由于工伤保险具有互助互济及分散风险的功能，对于高风险行业企业，要“奖惩结合”，在按法律规定调节下年度缴费费率基础上，亦需要提供基金支持其改善劳动环境及劳动条件，减少工伤事故及职业病发生率。这不仅符合其互济原则，也会降低总体事故率，进而减少基金总支出。

预防基金的使用必须与工伤预防定位相一致，为企业提供“为什么要预防、预防什么以及怎样预防”方面的相关服务。具体可以为企业提供风险评估服务；提供相关医疗服务，通过健康检查，发现职业病；提供安全培训，对用人单位和劳动者进行基础教育和安全教育培训，培训期间各项费用由工伤预防经费支付；制定、公布和印制劳动保护方面的法律法规及标准，印刷费用由工伤预防经费支付；参加事故调查，并提出预防措施；定期进行预防性安全检查；提供劳动保护监察和咨询服务（德国工伤保险同业公会的做法），同时还可建立多个检查站，免费为中小企业提供服务。

（五）以商业保险预防为补充，形成一个没有漏洞的保险“预防网”

目前我国数量庞大的灵活就业队伍以及越来越多的新型小微企业从业人员为商业保险留下了巨大的市场空间。商业保险以其灵活、便捷、简单及个性化的服务易于为这一群体所接受（但也会由于其营利性而将一部分人群排除在外，因而必须有相应立法加以规范）。

以工伤保险为主体，商业保险为补充是符合我国国情的工伤保障模式。由于两者进行预防的目的各异，预防手段与效果方面也存在很大差别。工伤保险的非营利性、制度内的公平性、预防的长效机制及对劳动者的无限保障是商业保险无法企及的，而商业保险预防以追求最大利润为驱动，灵活且效率卓著，其成熟的预防技术可以为工伤保险预防所借鉴与推广。在事故预防领域，两者应该相互学习，相互补充，形成良性竞争关系，而不是相互排斥与恶性冲突，为劳动者与企业编织一张没有漏洞的保险“预防网”。

（六）充分发挥中介机构的作用

通过中介机构对职业安全与健康状况进行评估、认证、鉴定，是国家安全生产监督管理工作的重要手段之一，是工业发达国家的通行做法；同时工伤保险行政、经办机构亦需要检测检验机构的技术支持。双方合作可采用签订合同的形式，明确检测检验的设备、次数和标准，确定所需费用，对被检测检验的企业免收或减收费用。购买中介检测服务，为企业全体成员提供宣传与培训服务、咨询与建议服务，以及资助科研机构进行急需的技术研究。其中为企业定期出具企业风险评估报告应成为预防基金的主要支出。

（七）重视并加强职业病预防工作

职业危害与职业病已经成为影响劳动者健康，或使劳动者过早丧失劳动能力的最主要因素。与显性的工伤事故相比，职业病危害往往具有初期隐蔽性（急性中毒除外）和发展渐进性。目前，职业风险已从工伤事故为主变为以职业病为主。全球每年死于工伤事故和职业病的劳动者约 234 万人，其中，职业病 202 万人，职业病死亡人数占总死亡人数的 86%，工伤事故死亡人数仅占 14%。根据国际劳工组织的估算，每年还有 1.6 亿非死亡性职业病患者。职业病问题已成为全球劳动者需要面对的集体挑战，因此必须重视并加强职业病预防工作。

参考文献

[1] 孙树菡. 工伤保险 [M]. 北京：中国劳动社会保障出版社，2007.

[2] 孙树菡. 劳动安全卫生 [M]. 北京：中国劳动出版社，1995.

[3] 孙树菡，毛艾琳. 中国工伤保险制度的发展回顾及展望 [R]. //王廷中. 中国社会保障发展报告（2015）No. 7. 北京：社会科学出版社，2015.

[4] 孙树菡，余飞跃. 构建科学的工伤保险预防机制 [J]. 中国社会保障，2007 (3).

[5] 孙树菡，朱丽敏. 中国工伤保险制度 30 年：制度变迁与绩效分析 [J]. 甘肃社会科学，2009 (3).

[6] 孙树菡，余飞跃. 民主管理与公权保障——德国工伤预防的两大基石 [J]. 德国研究，2009 (2).

[7] 孙树菡. 共同构建工伤预防的防御体系 [J]. 中国社会保障，2010 (1).

[8] The Prevention of Occupational Diseases. World Day for Safety and Health at Work, April 28, 2013 [C]. Geneva: International Labor Organization, 2013.

关于工伤保险费率机制的思考

王泰山　江　源　潘安然　南通市工伤保险基金管理中心

【摘　要】本文结合某统筹地区工伤保险基金运行实际，对影响费率的因素进行分析，认为现行的“基准费率+浮动费率”二元模式存在弊端，提出进一步完善费率机制的路径，使费率制度更有弹性和活力。

【关键词】工伤保险　费率机制　影响因素

工伤保险费率是指社会保险经办机构在一定时期计算和征收工伤保险费的比率。费率机制是工伤保险基金筹集的核心，也是工伤保险管理制度的核心，进一步建立健全符合新时代要求和各地实际情况的费率机制，是保障工伤保险发挥社会作用的物质基础，也是工伤保险制度走向成熟的重要标志。现结合某地级市实际情况，对现行工伤保险费率机制进行分析研究，为相关领域研究和实践提供探索基础。

一、现行费率机制概况

（一）费率确定权的“二元”分配

根据《中华人民共和国社会保险法》（以下简称《社会保险法》）以及《工伤保险条例》的规定，我国工伤保险费率由国家确定。《社会保险法》第三十四条、《工伤保险条例》第八条都明确，“国家根据不同行业的工伤风险程度确定行业的差别费率，并根据使用工伤保险基金、工伤发生率等情况在每个行业内确定费率档次。行业差别费率和行业内费率档次由国务院社会保险行政部门制定，报国务院批准后公布施行”。单位费率由社会保险经办机构根据用人单位使用工伤保险基金、工伤发生率和所属行业费率档次等情况确定。这意味着，国家层面确定费率基本模式，统筹地区经办机构可以在该模式下决定各用人单位的具体费率。

（二）费率确定的“三原则”

《工伤保险条例》明确了费率确定的基本原则，“工伤保险费根据以支定收、收支平衡的原则，确定费率”。一是以支定收、收支平衡。工伤保险基金实行现收现付制，即当期征缴的工伤保险费用于支付当期的各项工伤保险支出。工伤保险费率的确定，应该确保基金处于略有结余、平稳运行的状态。二是实行行业差别费率。用人单位的缴费与所属行业风险挂钩，费率高低水平与风险程度的高低挂钩。三是实行费率浮动机制。同一行业内也存在不同的工伤风险，需要不同的费率档次。

（三）现行“二元”费率机制

《工伤保险条例》第九条规定，“国务院社会保险行政部门应当定期了解全国各统筹地区工伤保险基金收支情况，及时提出调整行业差别费率及行业内费率档次的方案，报国务院批准后公布施行”。无论是现行的《关于调整工伤保险费率政策的通知》（人社部发〔2015〕71号），还是过去的《关于工伤保险费率问题的通知》（劳社部发〔2003〕29号），均规定我国的工伤保险费率机制主要包含行业差别费率和浮动费率。即按照《国民经济行业分类》，根据不同行业的工伤风险程度，由低到高划分。随着我国工伤保险工作的深入开展，工伤保险费率机制也日趋完善，其管理也由粗放逐渐转变为精细。2004年实施时，行业风险分类采用了3类11档，2015年改为8类33档。

二、存在问题及原因

（一）问题

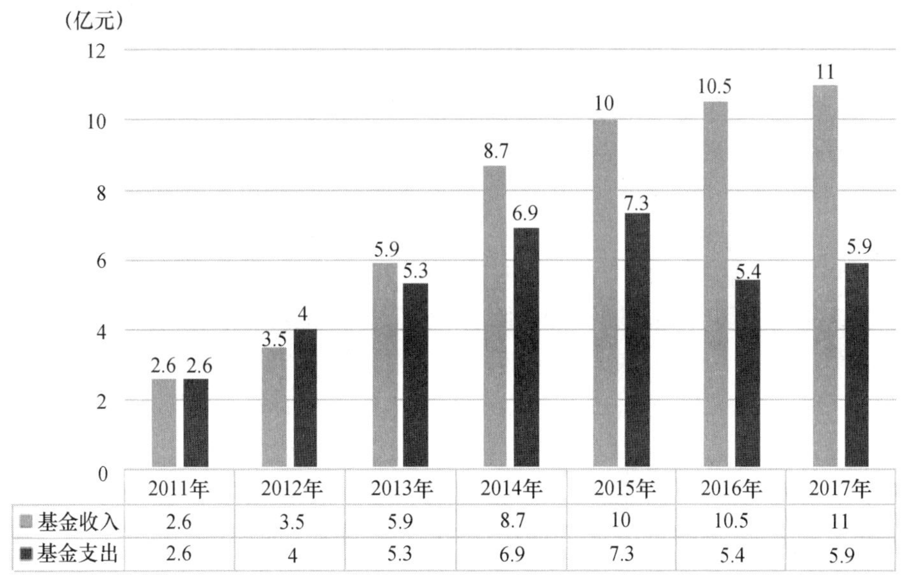

图1　2011—2017年某市工伤保险基金收支情况

1. 费率机制未能有效保证工伤保险基金平稳运行。全国范围内工伤保险基金收支平衡甚至结余，不仅无法反映统筹地区内的实际情况，更无法反映各统筹地区各行业的工伤发生情况。如图 1 所示，2011—2012 年，某市工伤保险基金出现当期财政赤字。2015 年之后，工伤保险收支又呈现结余过多的趋势。2017 年年末，工伤保险基金累计结余可支付月数甚至达到 36 个月。2012 年，由于收不抵支，部分职工工伤保险待遇不能及时兑付。为维护社会保险形象，保障社会稳定，解决基金支付问题，经市政府同意，该市从 2013 年 1 月 1 日起，对工伤保险基准费率和工伤保险费率浮动办法进行了调整和完善，提高了基准费率并完善了费率浮动办法，基金风险得到缓解，但未从根本上得到解决。苦于工伤保险费率机制的限制，该市最后只好借失业保险费率下调的契机，根据省市相关文件，在保证企业整体社会保险支出负担不加重的情况下，所有参保单位工伤保险费率提高 0.5%，进一步缓解基金压力。

2. 费率机制未能有效促进工伤预防、工伤补偿和工伤康复“三位一体”工伤保险制度均衡发展，整体呈现出“重补偿、轻预防和康复”的特点。现行工伤保险费率机制，无法体现通过建立工伤保险制度促进工伤预防的目标。费率级差过小，浮动“轻描淡写”，费率机制限制了工伤预防激励机制，不利于推动工伤预防工作。某市的工伤事故多发企业，一直相对固定。同样地，完全实现职业康复和社会康复的目标需要巨大投入，而目前的费率机制不足以提供有力支撑，工伤康复工作仍停留在医疗康复阶段，职业康复进程缓慢。

（二）原因

1. “二元”费率机制有效性和灵活性不足，无法应对费率影响因素的多元化。影响费率的因素包括以下几点：

（1）参保面。根据大数法则，参保面越大，基金抗风险能力越强，费率越低。目前我国实行“五险统征”的模式，因承受能力等因素，一定程度上影响了企业的参保积极性，并不能尽然做到应保尽保。

（2）产业结构。我国的经济发展极不平衡，南北差距、东西部差距显著存在，产业结构地区特点明显。国家制定的费率是在基于全国产业结构、各行业的参保人数测算的“收支平衡”基础上形成的，如果某一统筹地区的产业结构和各产业的参保人数比例与全国的不同，必然影响收支平衡；即使同一统筹地区，各阶段的产业结构发生变化，也会影响其收支平衡。某市的产业结构过去是以轻纺业为主，十几年后转型为以船舶制造、钢结构、建筑等行业为主。重工业以及建筑业具有高风险、高工伤率的特点，其从业人员占比越高，基金承受能力越弱。风险越高，工伤发生率越高，支缴率越大，费率水平越高。为保证基金的安全运行，该市工伤保险平均费率一直不断提升，从 2011 年前后的 0.9%左右至 2013 年一跃为 1.49%，2014 年以后变为 1.9%左右。如果主要参保人群为服务业人员，则平均费率必然降低。

（3）人员素质与设备工艺。全国范围内，各行业内部的设施设备、人员素质、工艺水平等差异巨大，同一行业内各企业之间的风险程度甚至超过行业之间的差距。如果从业人员中农民工比例较大，技术熟练程度不够，加之管理水平不高，工伤风险肯定高于其他企业。某市一行业，年工伤发生率甚至达到10%。

（4）统筹层次。统筹层次越高，抗风险能力越强，费率水平越低。而目前我国还是以县级统筹为主体，地市级统筹为补充，省级实行调剂金的低层次统筹现状。

根据《关于调整工伤保险费率政策的通知》（人社部发〔2015〕72号）要求的“实行地市级统筹的地区，基金累计结存（含储备金）的正常规模原则上控制在12个月左右平均支付水平”，从某市各县（市、区）2015年和2016年工伤保险基金累计结余可支付月数来看，各县（市、区）基金发展不平衡，尤其是2015年，除市本级外均未达到基金累计结存要求，且个别地方出现当期赤字。但从整个统筹地区看，基金累计结存基本达到了要求，保证了统筹地区的基金安全运行。

（5）政策效应。待遇支出政策对费率有直接的影响，其升降变化是费率水平高低的重要影响因素。以一次性医疗补助金和一次性就业补助金（以下简称“两金”）政策为例：由于“两金”补偿标准过高，由用人单位负担时，为了减轻负担，用人单位千方百计留下职工。2011年开始，一次性医疗补助金开始由工伤保险基金支付，单位不再挽留职工，甚至出现了职工积极解除合同或是与企业联手套取一次性医疗补助金的现象，有的工伤职工为了申请一次性医疗补助金，在退休前几天解除劳动合同。某市从2011年下半年开始发放一次性医疗补助金，当年共支出一次性医疗补助金1 035万元；2012年一次性医疗补助金全年支付9 940万元，占医疗待遇支出的52%，占工伤保险总待遇支出的26%；2013年一次性医疗补助金支出已达14 172万元，占总收入的26%，短短两年多内爆发式激增。2015年，新的“两金”标准出台实施，一定程度上降低了支付标准，一次性医疗补助金支出明显下降。2016年前三季度一次性工伤医疗补助金支出8 746万元，与上年同期相比减幅达到61.3%。该市2011—2016年政策影响下的待遇支出起伏，导致了平均费率趋同的升降幅度。

（6）工伤预防工作。工伤预防可以从源头上减少工伤事故发生，降低企业的支缴率，进而降低费率。某市一直致力于推进工伤预防工作，从宣传、培训、风险评估等方面具体开展，坚持政府主导、社会化运作，已经形成常态化、专业化、模式化的工作机制。经抽样选取工伤预防工作开展较好的单位进行统计，工伤发生率降低约20%。除此之外，还有其他影响费率的因素，但现行费率机制日趋僵化，并不能有效应对多元化影响因素。

综上，实行行业差别费率是通过经济杠杆反映用人单位的生产风险程度；浮动费率则是通过奖优罚劣，鼓励企业加强工伤预防、控制工伤事故。在全国各地统筹层次不一、产业结构不同、企业条件与人员素质及工艺设备水平千差万别的前提下，实行行业同一费率、同一费率浮动档次与幅度，即使赋予统筹地区经办机构浮动费率的权利，调节效果也很有限，无论如何都不能反映真实的风险程度，难以保障各地的收支平衡。

2.“以支定收、收支平衡”的适用范围不明确。《工伤保险条例》规定，工伤保险费根据以支定收、收支平衡的原则确定费率，但并未明确此原则的适用范围是全国还是统筹地区。如果默认此原则适用统筹地区，则是否应该全国统一确定工伤保险费率？如果适用范围是全国层面，在尚未实现全国统筹的情况下，各统筹地区能否获得国家层次的统筹？在全国各统筹地区参保面、产业结构、统筹层次等多种情形发展不平衡的情况下，影响费率的因素差异十分明显，基金收支情况差距很大，在未实现全国统筹的基础上制定统一的费率，有失科学性、权威性。

3. 全国统一的费率政策与各省不一的待遇政策的矛盾。《工伤保险条例》规定了基本的待遇支付标准，但在第三十七条规定："劳动、聘用合同期满终止，或者职工本人提出解除劳动、聘用合同的，由工伤保险基金支付一次性工伤医疗补助金，由用人单位支付一次性伤残就业补助金。一次性工伤医疗补助金和一次性伤残就业补助金的具体标准由省、自治区、直辖市人民政府规定。"

虽然只是对"两金"单独适用，但各省"两金"标准差异很大，对各地基金收支平衡也产生了巨大影响。如上文分析，2012 年某市工伤保险基金出现财政赤字，根本原因就是所在省的"两金"待遇过高。2015 年"两金"政策调整以后，该市工伤保险基金结余规模逐渐增大。而在应对此种影响方面，全国统一的费率政策与各地不一的待遇政策不能有效调配，不利于工伤保险基金平稳运行。

三、对策和建议

工伤保险费率的确定应该考虑的原则包括兼顾效率和公平的原则、社会共济的原则、工伤保险基金收支平衡的原则、促进工伤预防的原则。综上，实行行业差别费率是通过经济杠杆反映用人单位的生产风险程度；浮动费率则是通过奖优罚劣，鼓励企业加强工伤预防、控制工伤事故。在浮动费率难以影响风险程度的情况下，赋予统筹地区经办机构浮动费率的权利，调节效果也就很有限了。

应该从顶层政策设计层面进一步完善费率机制，使其更科学规范，更加具有适用性。为此笔者建议：

（一）统一分类标准，下放费率制定权限

改"国家根据不同行业的工伤风险程度确定行业的差别费率"为"国家制定工伤风险行业分类标准"，由省级或统筹地区"根据使用工伤保险基金、工伤发生率等情况确定行业费率及费率档次"。

（二）实行"三元"费率机制

改现行的"基准费率+浮动费率"二元机制为"统筹费率+基准（行业）费率+浮动费率"三元机制。加大浮动费率幅度，使费率制度更有弹性和活力，具体如下：

1. 坚持社会共济原则，确定统筹费率。以最低风险行业基金支出水平（最大公约数）的一定比例（如 50%）确定统筹费率。所有行业、参保单位的统筹费率一致，体现社会保险的共济性质。

2. 兼顾效率与公平，实行基准（行业）费率。基准费率反映行业的平均风险水平，基本做到风险类别内收支平衡。应进一步提高各风险类别内管理的精细化，提高对工伤保险基金的管控程度，增强基金应对各因素变化的灵活性。

3. 体现奖惩原则，确定浮动档次。可以选取同一风险类别中一定年数内风险最低、最

高和中等的行业、企业的收支进行测算，得出平均费率和高、中、低费率及中位数费率，确定费率档次。现有的费率档次偏少，风险感受较低，应增加档次，拉大费率差距，加大浮动幅度，上下浮动最高幅可以增至100%。

参考文献

［1］赵永生，张小平．完善工伤费率调节机制 促进工伤预防健康发展［J］．中国医疗保险，2009（7）：56-57.

［2］周德水．工伤保险基金：基金结余、待遇水平与费率调整［J］．安徽理工大学学报（社会科学版），2016，18（1）：22-27.

［3］张丽．我国工伤保险差别费率及浮动机制浅析［J］．人力资源管理，2017（5）：314.

职工补充工伤保险的必要性和可行性方案研究

曹岁明　福建省工伤保险协会

【摘　要】《社会保险法》明确规定："社会保险制度坚持广覆盖、保基本、多层次、可持续的方针，社会保险水平应当与经济社会发展水平相适应。"我国养老保险实行基本加企业年金和个人储蓄相结合的制度，医疗保险实行基本加大额商业保险和企业补充医疗相结合的制度。针对工伤保险是否有必要建立以提高工伤职工待遇保障水平和分散用人单位工伤风险为主导的补充工伤保险制度、如何建立、实践上是否可行，本论文结合国际工伤保险发展史对我国开展补充工伤保险的必要性和可行性方案进行探索性研究。

【关键词】补充工伤保险　必要性　可行性　研究

一、职工补充工伤保险的必要性

（一）我国职工补充工伤保险问题的提出

工伤保险是社会保险的重要组成内容。《中华人民共和国社会保险法》（以下简称《社会保险法》）的颁布施行，标志着我国社会保险制度进入一个全面推进和加快发展的最好时期。《社会保险法》明确规定："社会保险制度坚持广覆盖、保基本、多层次、可持续的方针，社会保险水平应当与经济社会发展水平相适应。"国家社会保障长期规划中，也明确提出"建立多层次社会保障制度"的基本方针。我国现行五大社会保险项目中，已有养老保险实行基本加企业年金和个人储蓄相结合，医疗保险实行基本加大额商业保险和企业补充医疗相结合的制度。从实施效果看，这两项社会保险的补充制度得到用人单位的普遍欢迎，职工个人普遍受益，且权利与义务基本对等，符合多层次的原则，也有利于减轻国家负担，思路清晰，方向正确。然而，工伤保险是否有必要建立以提高工伤职工待遇保障水平和分散用人单位工伤风险为主导的补充工伤保险制度，如何建立，实践上是否可行？特别是近年来一些省市已有商业保险机构在企业中推行补充工伤保险，但具体实施是否符合社会保险发展要求、是否规范并无定论。事关民生利益，同时还关系到整个工伤保险制度体系建设和未来的发展方向，因此政府相关职能部门有义务加以引导。此外，不少基层相关职能部门针对职业病等人员待遇保障水平不高、管理难度大等问题，对工伤保险制度参照医疗保险的模式开展补充试点的呼声很高。为此，本论文结合国际工伤保险发展史对我国开展补充工伤保险的必要性进行研究，并提出具有可行性的具体方案为决策单位提供参考。

（二）国际工伤保险的发展史证明我国建立职工补充工伤保险是必要的

工伤保险制度的建立和发展伴随着人类社会的生产和文明进程，虽然各国做法不尽相同，但基本上是沿着由劳动者个人承担风险、雇主过失赔偿、无责任补偿原则、覆盖人群由小到大、多层次模式的轨迹或过程演变发展的。社会保险实质上是一种社会互助行为，这种社会互助之所以必要，是因为劳动者仅仅靠自身的劳动收入无法承担在劳动过程中可能遇到的种种人身不测而带来的巨大开支，以及劳动者在丧失劳动能力之后维持基本生活的开支。因此，劳动者需要得到社会补偿。社会保险产生于 19 世纪末 20 世纪初，而且最早是以工伤保险立法的形式出现的。19 世纪 80 年代的欧洲，工业革命后社会化大生产飞速发展。大机器的运用导致劳动者在劳动过程中意外事故增加，与此同时，也直接威胁着劳动力的再生产，继而影响到生产的正常进行。为了鼓励劳动者不避艰险地从事生产劳动、勤奋工作，工伤保险制度产生并得到快速发展。随着社会文明不断进步，生产分工多元化发展，传统单一的工伤保险制度难以适应社会生产需要，世界各国纷纷探索以国家法定工伤保险制度为主导，用人单位向商业保险或同业工会投标的补充工伤保险，以进一步分散用人单位的工伤风险和提高职工的工伤保险待遇，因此，多层次工伤保险制度中的补充工伤保险应运而生。

笔者从 20 世纪 90 年代至 21 世纪初曾经多次参加人力资源社会保障部组织的中德工伤保险法研讨会，并从中了解到，德国是最早建立工伤保险制度的国家，其制度的核心理念是无责任补偿原则。无责任补偿原则的理论基础是“凡利用机器或者劳动者体力从事经济活动的雇主或机构就可能造成劳动者受到职业方面的伤害，其意外事故无论是由于雇主的疏忽，还是基于受害人的粗心大意，甚至根本不存在什么过失，雇主也应进行赔偿。雇主支付职业伤害赔偿金是一笔日常开支，就像是修理和维护设备、机器的保养费和职工工资一样，是生产必须支付的成本和开支”。无责任补偿原则为不同政治体制国家建立相同模式和多层次工伤保险制度奠定了基础。除德国以外，从世界大多数国家工伤保险具体实施来看，参保的范围不尽相同。其中参保范围比较广的主要是欧美国家，基本实现了职业劳动者的全覆盖。参保范围相对较小的，主要集中在发展中国家，这些国家的工伤保险制度仅覆盖到产业工人和稳定的职业劳动者。因此，所有实行工伤保险制度的国家，其覆盖人群的进程都经历了一个由小到大，从产业工人到非产业人员，从稳定就业的劳动者到灵活就业劳动者，从城镇从业人员到农业就业者的过程。一些国家还突破传统概念，将强制性的伤害保险制度，从职业人群扩大到非职业人群。

从国际上社会保障制度体系的发展历程和现阶段实施效果来说，工伤保险较之于养老保险、医疗保险等社会保险项目，在国际上的认同更趋一致，发展也更快，所产生的效益更加理想。各国对工伤保险的方向和目标基本是一致的。因此，基于这一点，笔者有理由相信，工伤保险的发展历程存在着一定的规律性，其中工伤保险制度保障人群的发展道路，决定了工伤保险制度的体系不可能是单一的层次，必须是多层次的模式。这是因为工伤保险在同一个国家或一个地区的发展，都是与一定时期内的经济发展水平、社会进步、文明进程相联系的。特别是现代文明已经成为一种无形的力量，推动着多层次和预防、补偿、康复“三位一体”的现代新型工伤保险制度快速发展。

2011 年，笔者有幸参加人力资源社会保障部组织的赴意大利工伤保险考察团，深入了解意大利的工伤保险制度模式，并较为深入地了解意大利的国情和多层次工伤保险发展模式。意大利共有 6 000 万人口（其中外籍流动人口 600 万），作为欧洲第四大工业国家，以机械制造、皮革加工业、服装设计为其工业基础。意大利是世界上最早建立工伤保险制度的国家之一，当时参保人数达到 1 500 万人。1898 年，意大利颁布王国第 80 号法令（当时还是国王时代），第一次规定了所有的雇主要为工人办理工伤事故保险，这标志着意大利开始建立工伤保险制度。1999 年，意大利出台家庭意外保险办法，将家庭妇女纳入工伤保险范围。

意大利工伤保险的主要特点：一是费率高。工伤保险缴费的平均费率为 6%~7%，自雇人群缴费费率为 4%左右。二是企业承担的民事责任比较重。如果是雇主责任引起的工伤事故，工伤事故保险局在对工伤职工进行赔偿后，会起诉雇主，让雇主偿还其所支付的所有待遇。70%~80%的建筑企业只要发生一起重大责任事故，就会倒闭，为确保企业发生重大工伤事故后不破产，雇主不得不购买商业保险。三是通过建立多层次的工伤保险，实现职业人员全覆盖。总之，意大利工伤保险制度是根据人群特点建立起来的。对受雇人群，包括职员、公务员，采取雇主缴费责任制；对自由职业者，实行个人缴费制；对家庭妇女，则实行意外保险制，主要针对其在家务劳动中出现的意外事故进行保障，保障的家庭妇女年龄为 18~65 岁。意大利根据保障对象从事的行业和职业执行不同的费率标准。比如，行业费率为 0.6%~13%，家庭妇女的工伤保险费为每月 1 欧元，其中没有家庭收入的人还可以不缴费。另外，待遇支付条件也不同，受雇人员和自雇人员伤残程度达到 6%以上的，给予一次性补贴或长期补贴。

二、我国工伤保险法规体系存在补充工伤保险政策出台的空间，且实际工作中也存在刚性需求

《社会保险法》确定了社会保险建立补充制度的合法性，《工伤保险条例》也确定了工伤保险建立补充制度的政策空间。一是“两个”（参保和工伤认定）范围扩大后存在明显的政策空间。如将公务员和参照公务员法管理的事业单位工作人员纳入工伤保险适用范围后，将面临一个十分突出的问题：其工作人员的一次性工亡补助金高出的 40 个月工资待遇如何处理？比较一致的意见是建立补充制度予以解决。又如调整扩大了工伤认定范围，将上下班途中机动车事故伤害，扩大到非本人主要责任的交通事故，包括机动车和非机动车的事故伤害都可以申请工伤认定，但机动车和非机动车以外如走路摔伤或步行上下

班发生意外事故受伤却得不到任何待遇，这在社会上反映十分强烈，认为是极不公平的政策。比较一致的意见也是通过补充制度予以解决。二是工伤保险待遇的提高，其中一次性工亡补助金标准从原来的48~60个月的统筹地区上年度职工月平均工资，提高至按上年度全国城镇居民人均可支配收入的20倍发放，比原标准增长两倍多（2017年全国城镇居民人均可支配收入为39 396元，一次性工亡补助金约为73万元）。这种情况下，职工受益，但企业负担并未减轻，特别是2011年温州动车事故发生后，社会上普遍接受的一次性工亡补偿金为120万~150万元，超出的部分仍要企业自行负担。因此，一些企业反映，修订后的《工伤保险条例》虽然增加了基金支出项目，实施的结果却是加重企业负担，工伤保险制度建立的目的和宗旨打了折扣。此外，修订后的《工伤保险条例》提高了一级到十级伤残职工的一次性伤残补助金，但仍然无法满足工伤职工的待遇需求，不少企业需要另外支付一部分费用。此外，工伤职工住院请护工的费用，企业一般只按一名护工的月薪标准支付，但实际是不够的。工伤职工停工留薪期满后死亡，按照《工伤保险条例》规定，不能享受一次性工亡补助金，工亡职工亲属不理解，有的企业被迫也要另外支付一定数额的费用。现阶段突发疾病死亡的案例时有发生，职工突发疾病死亡如果不能被认定为视同工伤，其供养亲属将享受不到任何待遇。以下两个案例，通过补充工伤保险制度，或许能够有效解决上述政策可能产生的负面影响。案例一：某省某单位一名职工在工作时间和工作岗位突发疾病，被紧急送往医疗机构抢救24小时左右脑死亡，因为在我国脑死亡不能确定为死亡，于是家属经过协商在未经医院准许的情况下，将氧气管拔掉，造成该职工在48小时内死亡，并被认定为视同工伤死亡。案例二：某年12月的一天，某市某彩印公司的一名职工王某上中班，工作一个多小时后突然下蹲，其丈夫正好在旁边，赶紧上扶，发现其处于昏迷状态，急送当地医疗机构抢救，当地医疗机构确认为脑出血（血管破裂），后送往某医院抢救，共支付医疗费9万多元。由于该职工在用人单位参加了工伤保险，但没有参加医疗保险，因此单位只是象征性地补偿了一部分医疗费，多数医疗费用由个人承担。上述例子充分说明，在工作时间、工作岗位突发疾病，如果死亡，则可以被认定为视同工伤死亡；如果没有死亡，不但得不到任何待遇补偿，甚至连医疗费用都无法解决。最现实的问题直接挑战职工家属的道德底线，因此如果能够通过补充工伤保险解决医疗费用或建立一次性补偿金制度，不但解决了职工的困难，还可以解决一次性补助待遇问题。三是从实践看，一些省市通过引入商业保险机构的方式，开展补充工伤保险试点，积极探索市场化的补充工伤保险模式，虽然也取得积极的效果，但由于缺乏政府方向性引导，商业保险机构无序竞争，很多企业无所适从。因此，用人单位呼吁政府相关职能部门尽快规范、理顺。这一情况也从另一个侧面说明，补充工伤保险在企业中存在刚性需求，应当尽快引导到正确的轨道上来运作。

三、厦门市政府出台实施办法，多家商业保险机构共保的补充工伤保险成效证明，我国建立职工补充工伤保险制度的可行性

福建省厦门市于2014年由市政府发文，建立以该市的社保中心为投保人，商业保险机构为保险人，用人单位及其参保职工为被保险人，已参加工伤保险的用人单位、职工或

其近亲属为受益人的职工补充工伤保险制度。经过几年的实施，既提高了保障水平，又改善了服务，取得了非常积极的效果。

第一阶段自 2014 年 7 月至 2016 年 6 月，试运行 2 年。综合评估结果为“在提高工伤职工待遇水平、减轻企业经济负担、优化工伤保险经办业务方面”发挥了重要的作用。据统计，全市共赔付一次性工伤补助金 212 件，金额 4 240 万元，涉及企业 172 家；生活护理费 167 件，金额 41.16 万元，涉及工伤职工 19 人；一次性就业补助金补助 1 928 件，共为企业减轻负担 2 112.21 万元，涉及企业 914 家。同时，补充工伤保险制度发挥商业保险机构全国网点密布的优势，借保险业务员上门探望慰问工伤职工，附带完成享受工伤保险定期待遇人员的生存确认工作，走遍全国 18 个省份，涉及 309 个工伤职工家庭。此举在工伤职工及家庭中反响强烈，得到很好的评价。

第二阶段，2016 年 6 月，厦门市政府修订并出台了《厦门市补充工伤保险实施办法》，自 2016 年 7 月 1 日起正式实施。新办法将企业全额支付的一次性伤残就业补助金的补助标准由第一轮的 30%提高到 50%，仅此一项可为企业每年减负约 3 000 万元。此举特别是对厦门市众多中小微企业有着重要扶持作用，防止中小微企业因个别职工的重级伤残而致贫倒闭；同时有利于引导企业一次性结清工伤职工的伤残就业补助金，构建和谐劳动关系。

在为工伤职工提高待遇方面。一是对于劳动能力鉴定为生活完全不能自理达到护理等级的工伤职工，厦门市补充工伤保险将生活护理费的支付标准调整为社会平均工资的 50%，随着社会平均工资的逐年增长，生活护理费也会相应提升。二是第二轮补充工伤保险项目继续延续了第一轮项目中对工亡职工近亲属的保障政策，保留工亡职工近亲属在享受全国统一工亡待遇的基础上，由补充工伤保险支付一次性工亡补助金 20 万元。此举对贫困家庭意义更为重大，补充工伤保险的雪中送炭能够帮助其在经济上暂时渡过难关。

在优化经办程序方面。第二轮项目简化了工伤职工申请生活护理费的程序，取消了第一轮项目中工伤职工享受 2 人生活护理费需要再次申请劳动能力鉴定的环节，即工伤职工在停工留薪期结束后进行劳动能力鉴定，经专家鉴定为生活完全不能自理的，可以直接享受补充工伤保险支付的 2 人生活护理费，大大提升了便民服务水平。

厦门市补充工伤保险第二轮项目实施至 2018 年 6 月 30 日，全市共受理理赔案 3 342 件，其中工亡 233 件，生活护理费补助 635 件，就业补助金补助 2 474 件。共支付理赔款 9 805.59 万元，其中工亡 4 660 万元，生活护理费补助 224.69 万元，就业补助金补助 4 920.9 万元，涉及企业 1 332 家。

厦门在全国首创政府主导的政策性补充工伤保险的举措，已为厦门市 13 万多家参保单位带来福利保障，有效地弥补了《工伤保险条例》的不足。

四、我国用人单位补充工伤保险具体实施方案的可行性探讨

为探索建立用人单位多层次工伤保险体系，进一步保障工伤职工的工伤保险待遇，分散用人单位的工伤风险，减轻用人单位的经济负担，本论文提出建立用人单位补充工伤保险可行性方案关键词。

一是关于适用范围，补充工伤保险应在我国已经参加工伤保险的所有用人单位及其职工中开展。未参加工伤保险的用人单位及其职工，应先参保，再开展补充工伤保险参保工作。非正规就业的单位及其人员不适用开展职工补充工伤保险。

二是补充工伤保险的投保人为各统筹地区（实行省级统筹后，应为省级工伤保险经办机构），由统筹地区或省级的工伤保险经办机构向商业保险机构投标，被保险人为已经参加工伤保险的用人单位及其职工。

三是统筹地区或省级的工伤保险经办机构与承保的商业保险机构签订合同，合同期应不少于5年。保险人应充分利用专业优势，根据合同约定为用人单位和职工提供优质的补充工伤保险服务。

四是原则上补充工伤保险实行以支定投，根据待遇项目的标准预算保费，所需保费由统筹地区（含省级）工伤保险经办机构或政府财政和行业合理分担。

五是用人单位和工伤职工或者其近亲属在保险期内，按以下规定享受补充工伤保险待遇：

（1）经认定为因工死亡的，增加支付工亡职工近亲属一次性工亡补助金20万元。

（2）经劳动能力鉴定委员会鉴定为生活完全不能自理的，从鉴定结论作出之日次月起，按上年度在岗职工月平均工资的50%增加支付工伤职工生活护理费。

（3）经劳动能力鉴定委员会鉴定并达到伤残等级的，从鉴定结论作出之日次月起，按伤残等级对应级别支付1万~20万元的一次性补充伤残补助金。

（4）工伤保险基金无法支付的药品目录之外的医疗费用，按伤残等级报销一定数额的医疗费用。

（5）补充工伤保险待遇的项目、标准，可以视政策变化情况，由投保人和保险人协商后调整。用人单位应当支付的一次性伤残就业补助金由承保的商业保险机构支付50%。

六是规定补充工伤保险按照“收支基本平衡、保本微利、商业保险机构单方承担风险、一年一投”的原则确定第一年保费标准；第二年开始，根据上年度补充工伤保险金结余或出险情况，按分别上浮或下调10%的比例缴交（逐年依次类推），上浮或下调的比例最高不超过30%。

七是规定补充工伤保险待遇由用人单位、工伤职工或者其近亲属向承保的商业保险机构申请，商业保险机构应当根据合同要求制定办事指南和经办程序并在合适的平台公布。

八是要求政府相关职能部门应当加强对职工补充工伤保险的监督指导，发现问题的，应当予以制止。如保险人无正当合法理由拒绝赔付，或拒不整改的，投保人有权解除合同。

五、结论

补充工伤保险是适应社会经济发展和文明程度提高的需要而产生和发展起来的多层次工伤保险制度，符合我国现阶段法律法规规定，也符合国际工伤保险制度发展的主流趋势和公平公正的价值取向，具有一定的必然性、规律性和不可抗拒性，能够兼顾国家、用人单位和职工个人各方利益，并取得多赢效果，深受用人单位和职工个人的欢迎，是件利国、利民、利单位并能够促进社会和谐发展的大好事。为把好事办好，考虑到制度建立的发展目标和平稳推进的需要，指导性原则是“非营利性、社商联办、试点报备、方案报备”。

参考文献

[1] 曹岁明. 工伤保险法规及社会保险概念 [M]. 福州：海风出版社，2012：175-237.

工伤保险制度建设发展有关问题的研究与思考

汪振东　沈阳市人力资源和社会保障局

【摘　要】我国工伤预防、补偿、康复“三位一体”工伤保险制度建设取得显著成绩，有效分散用人单位工伤风险，职工工伤保险权益得到有效保障，较好地服务于我国经济社会改革和发展。但是，工伤保险制度建设中也存在一些困难和问题，如工伤保险政策有待进一步完善、供养亲属界定政策不够完善、《工伤保险条例》法律地位偏低、事业单位改革工伤保险热点问题有待研究等。为此，应以问题为导向，加强工伤保险制度建设的研究和探讨，着力解决人民日益增长的美好生活需要和不平衡不充分的发展之间的矛盾。

【关键词】工伤保险　制度建设　问题困难　对策措施

习近平总书记在党的十九大报告中作出中国特色社会主义进入新时代，我国社会主要矛盾已经转化为人民日益增长的美好生活需要和不平衡不充分的发展之间的矛盾的重大政治判断，对社会保障体系建设提出了“按照兜底线、织密网、建机制的要求，全面建成覆盖全民、城乡统筹、权责清晰、保障适度、可持续的多层次社会保障体系的总要求”。总要求对推动我国工伤保险制度建设具有重大指导意义。“十二五”以来，我国工伤保险事业不忘初心、开拓创新、积极进取，工伤保险制度日趋完善，建立了工伤预防、工伤补偿、工伤康复“三位一体”的工伤保险制度。参保群体不断壮大，保障水平大幅提高，有效分散了用人单位工伤风险，工伤职工及家属得到了较好的保障，工伤保险制度建设翻开了崭新一页。但在工作实践中，笔者发现工伤保险制度建设中还存在一些问题和困难，影响和制约了工伤保险制度的深入发展。本文主要分析研究我国工伤保险制度建设中面临的问题和困难，并提出解决上述问题的对策建议。

一、工伤保险制度建设中面临的问题和困难

（一）工伤保险制度创新发展面临新情况新问题，工伤保险政策有待进一步完善

国家重视工伤保险制度的建设发展，2004 年实施《工伤保险条例》，2011 年对《工伤

保险条例》作出进一步修改完善。近年来，人力资源和社会保障部还研究出台了《关于执行〈工伤保险条例〉若干问题的意见》等政策文件，对工伤保险制度建设和发展起到巨大的推进作用，但实践中还有一些问题亟待解决。一是《工伤保险条例》规定，职工因工致残被鉴定为一级至四级伤残的，由用人单位和职工个人以伤残津贴为基数，缴纳基本医疗保险费。实践中，被鉴定为一级至四级伤残的工伤职工，企业不再为他们缴纳养老保险费，只为他们缴纳医疗保险费，这些职工在退休时因养老保险缴费年限比本企业同龄同岗职工少，养老金计领也因缴纳养老保险费时间长短不同而少领500～1 000元。而被鉴定为五级至六级伤残的工伤职工，同样领取伤残津贴，用人单位可以按照政策为他们缴纳各项社会保险费，他们与本企业同龄同岗职工养老保险费缴纳时间一样，养老保险待遇差距不大。一级至四级、五级至六级两类领取伤残津贴的工伤职工，实行两种缴纳养老保险费的政策，剥夺了一级至四级工伤职工缴纳养老保险费的权利，这样的政策不公平、不合理。二是参保单位破产关闭时，一级至四级工伤职工、退休职工工伤保险如何衔接，《工伤保险条例》没有明确，各地政策不尽相同：一是用人单位关闭破产的，这部分工伤人员直接纳入工伤保险基金统筹管理；二是用人单位关闭破产的，按10年或工伤职工余命趸交应缴纳的费用后纳入统筹；三是由用人单位与职工协商解决等。总之，政策多样，没有统一的政策标准，有待进一步研究。三是工伤职工跨统筹地区调动，工伤职工待遇保障难。大的行业企业如铁路系统，所属单位分布各省或省内各市，工伤职工因工作需要跨统筹地区调动，这类工伤职工待遇如何处理需要加强研究。

（二）供养亲属范围界定政策不完善，部分供养亲属待遇得不到合理保障

《因工死亡职工供养亲属范围规定》是2004年劳动和社会保障部出台实施的，由于制定政策时相关法律法规不健全，社会不断发展进步造成实际情况复杂，笔者认为此项政策规定有待进一步完善。第一，如职工工亡时妻子53岁，未满55周岁，政策规定不能领取供养亲属抚恤金。即使两年后，此人妻子达到55周岁时，也不能申请领取供养亲属抚恤金。第二，工亡职工子女年龄超过18周岁的，不能领取供养亲属抚恤金，但是有些工亡职工子女还处于上学阶段，因要完成学业，不能参加工作，生活保障无来源。第三，养子女因工死亡的，有些地区规定，只有生父母可以领取供养亲属抚恤金，这与《中华人民共和国婚姻法》（以下简称《婚姻法》）规定的“国家保护合法的收养关系。养父母和养子女间的权利和义务，适用本法对父母子女关系的有关规定。养子女和生父母间的权利和义务，因收养关系的成立而消除”相矛盾。第四，工亡职工子女，随父（母）再婚，子女与继父（母）已经构成法律上的父母子女关系，子女是否可以继续领取供养亲属抚恤金，政策没有明确。

（三）《工伤保险条例》法律地位偏低，工伤保险行政诉讼败诉率逐年增高

一是现行工伤保险政策与最高人民法院司法解释矛盾冲突。近几年来，最高人民法院对工伤保险行政诉讼案件的审理，不断提出对法院的独立指导意见。2014年9月1日实施的《最高人民法院关于审理工伤保险行政案件若干问题的规定》，突破《工伤保险条例》

规定的工伤认定有关政策。例如，《工伤保险条例》明确规定从受伤之日算起1年内申请工伤认定，逾期不予受理。但最高人民法院司法解释突破了此项界限，致使超期2年以上的案件仍然被法院判决受理。二是依法行政与法院判案原则的冲突。在进行工伤认定时，必须在《工伤保险条例》有关法条范围内进行，不能随意外延。而法院在审理行政诉讼案件时，可以通过司法实践和法官的站立角度，适用自由裁量权，独立审判，导致对政策的理解和适用产生矛盾。三是针对工伤保险行政诉讼热点难点问题，社会保险行政部门与人民法院沟通协调难。社会保险行政部门工作中遇到行政诉讼热点难点问题，能够采取多种形式主动与有关法院进行沟通协调，阐述工伤保险政策以及对问题的明确看法，但是法院与社会保险行政部门观点存在较大分歧时，这种协调沟通很难达到预期效果。

（四）着眼推进事业单位改革，工伤保险相关政策亟待创新发展

随着国家事业单位改革深化，各地事业单位改革已经陆续推开。事业单位改革人员安置和社会保险的衔接保障是改革顺利推进的关键。这次事业单位改革情况比较复杂，而《工伤保险条例》不涉及这次事业单位改革。针对各类事业单位改革特点，厘清改革人员身份变化，研究拟制改革单位工伤保险衔接政策，保障职工工伤保险权益，是当前工作的重点。

二、对策与建议

（一）不断完善工伤保险政策，促进工伤保险制度更加公平合理

一是按照《中华人民共和国社会保险法》“职工应当参加基本养老保险，由用人单位和职工共同缴纳基本养老保险费”要求，允许一级至四级工伤职工自愿缴纳养老保险费，使他们与同样领取伤残津贴的五级至六级工伤职工，同等享有缴纳职工养老保险费的权利。应在工伤保险政策中明确，用人单位可以为一级至四级工伤职工缴纳养老保险费和医疗保险费。以伤残津贴为基数缴费，由本人缴纳个人缴费部分。这样，退休时他们的养老金就不会比在岗工作同龄同岗职工少太多，能够体现社会保险制度的公平性，减少社会矛盾。二是对参保单位破产关闭时工伤保险政策的思考。国家养老、医疗、失业保险政策规定，用人单位和职工完成社会保险法定缴费义务后，社会保险基金承担相应的社会保险责任，职工退休有养老金，生病住院有医疗保险基金保障，职工失业能够领取失业保险金。笔者认为，工伤保险的立法宗旨与养老、医疗、失业保险是一样的。参保单位破产关闭前，已经按照政策规定缴纳工伤保险费，纳入工伤保险统筹管理的一级至四级工伤职工、退休工伤职工及因工死亡人员供养亲属，在参保单位破产关闭后应纳入工伤保险基金管理，由基金支付工伤保险待遇，不能再要求用人单位一次性趸交工伤保险费。同样，参保单位整体搬迁，离开原统筹地区生产经营的，已在原统筹地区由基金保障的一级至四级工伤职工、退休工伤职工及因工死亡人员供养亲属，也应继续由原参保地基金保障。三是研究探索工伤职工跨地区调动工伤待遇保障的有效途径。这类人群虽然只是小众群体，但工伤待遇问题关系工伤职工切身利益，影响用人单位与工伤职工的和谐关系。根据用人单位

和职工本人意愿，笔者认为有下列办法可以考虑：一是职工与原单位解除劳动合同，根据《工伤保险条例》有关规定领取一次性待遇，终止工伤保险关系，职工到新单位重新签订劳动合同，不再是工伤人员。二是加快推进工伤保险省级统筹，省级统筹后职工在省内行业企业的一个单位或部门调转到另外一个单位或部门，都在本统筹地区内，由统筹地区工伤保险基金负责。三是职工在原单位不解除劳动合同，不解除工伤保险关系，由新单位在驻地社会保险行政部门，按照国有企业老工伤人员纳入统筹政策，将职工纳入统筹，使其享受工伤保险待遇。

（二）修改完善《因工死亡职工供养亲属范围规定》，使工亡职工供养亲属能够依法领取供养亲属抚恤金

针对实践中的问题，应及时修改完善政策规定，使政策更加公平合理。一是职工工亡时，配偶或父母没有达到男 60 周岁或女 55 周岁，他们不能领取供养亲属抚恤金，但是当他们年龄达到男 60 周岁或女 55 周岁时，应可以领取供养亲属抚恤金，这样能够使他们在失去亲人的情况下，生活经济来源不断，有一定保障，体现供养亲属抚恤金立法本意。二是工亡职工子女、孙（外）子女、父母均已经死亡或丧失劳动能力，其兄弟姐妹已满 18 周岁，但在上学期间，应可以继续领取供养亲属抚恤金，直到学业结束（他们在学习期间根据有关政策规定不允许工作，挣取生活费），但是军事院校学员、高校国防生、各类补习生、进修生不应包括在内。三是《婚姻法》规定，养子女和生父母之间的权利和义务，因收养关系成立而取消。笔者认为，养子女工亡的，生父母不能领取供养亲属抚恤金，养父母可以领取供养亲属抚恤金，这样更能体现法律上养子女和养父母之间的权利、义务关系。四是《婚姻法》规定，继子女与继父或继母，按父母子女关系规定，继父或继母对继子女有抚养义务，因此，工亡职工子女随着父亲或者母亲再婚的，工亡职工子女不能再领取供养亲属抚恤金。

（三）积极争取立法出台《工伤保险法》，维护工伤保险政策的权威性

在不断健全完善工伤保险政策的基础上，人力资源社会保障部门应积极争取国家立法、司法等支持，立法出台《工伤保险法》。出台《工伤保险法》，有利于立法、司法、行政部门在更高层面、同一法律框架下，研究制定工伤保险相关政策，保证工伤保险法律法规的一致性、权威性，避免政策法规内容矛盾。出台《工伤保险法》，有利于立法、司法、行政部门建立统一的工伤保险法律思想，运用统一的法律标准进行工伤认定和行政诉讼判决，减少争议和矛盾。出台《工伤保险法》，还能增强职工对工伤保险法律法规权威性的认识，减少上访、闹访，维护社会稳定。

（四）加强改革热点难点问题研究，确保事业单位改革工伤保险衔接顺畅

党的十九大提出深化事业单位改革，强化公益属性，推进政事分开、事企分开、管办分离。此项改革是当前各级政府的重要工作，研究出台配套的工伤保险政策也成为推动改革顺利开展的关键。根据事业单位改革相关政策，笔者提出思路建议，希望能够起到抛砖引玉的作用。研究拟制事业单位改革工伤保险政策的指导思想：依法依规、以人为本，尊重历史、待遇合理，分类设计、稳妥有序。原为参照公务员法管理的事业单位人员，改革后身份不变的，工伤人员继续享受工伤抚恤待遇；事业单位合并或转为企业的，应当参加工伤保险。原已享受工伤待遇的职工（含离退休人员），工伤待遇不变，符合《工伤保险条例》规定的，由工伤保险基金支付，其以后待遇调整按《工伤保险条例》规定执行。工伤抚恤金等不在《工伤保险条例》规定科目的，由转制后的单位承担。改革后为企事业单位，新发生的工伤，按照《工伤保险条例》执行；事业单位人员改革后为公务员的，工伤人员享受工伤抚恤待遇。这种政策设计能够体现新人新政策、老人老办法，保证了政策的连续性和稳定性，易于被广大职工接受。

工伤职工开展早期康复的必要性及对策

舒　甜　陆佳妮　白钟飞
上海市养志康复医院（上海市阳光康复中心）

【摘　要】目的：描述上海市早期工伤康复的实施情况，并分析其必要性及促进对策。方法：对上海市养志康复医院 2012 年 10 月至 2014 年 3 月与 2017 年 1 月至 2018 年 5 月内，首次入院康复的工伤患者进行调查。收集人口学信息、受伤及首次康复入院日期，计算并对比工伤后开始康复时间。结果：共纳入 945 名患者，2012 年 10 月至 2014 年 3 月入院康复的工伤患者开始康复时间的中位数（最小值，最大值）为 108（36，622）天，2017 年 1 月至 2018 年 5 月入院康复的工伤患者为 94.5（11，684）天。脊柱骨折介入康复最早，而下肢损伤、多发性损伤、脑外伤等介入康复较晚。结论：上海市开展工伤康复以来，年度服务人次逐渐增加，工伤后开始康复的时间逐渐缩短，但早期康复开展还存在诸多困难。结合我国各地工伤康复模式与经验，探索符合上海市的工伤康复方案是十分有必要的。

【关键词】工伤　康复　职业康复　复工

我国工伤发生率较高。2004—2017 年，我国累计 2 024 万人享受工伤保险待遇，仅 2017 年就有 104 万人认定工伤。据国际劳工组织统计，每年工伤及职业病所造成的经济损失，占全球国民生产总值的 4%。由此可见，工伤不仅严重影响受伤职工的健康，也加重其家庭经济负担，增加照顾者的压力，降低社会生产力。

工伤康复是在工伤保险体系下，利用各种医疗及社会康复手段，最大可能恢复工伤职工身体功能、自理能力、职业能力，促进其回归生活及工作。其中，恢复身体功能和职业能力在世界各国都被认为是首要目标。而早期康复可预防严重并发症，缩短治疗过程，促进患者获得更好的躯体功能，早期接触工作环境也是促进患者返岗的有利因素。香港就把早期预防性康复作为医疗康复的重要环节之一；德国更是早期就开展职业康复，与医疗康复同步进行，促进患者返岗。

近年来，我国对工伤康复模式有大量探讨与实践。至 2017 年年末，我国工伤保险参保人员已达 22 724 万人，工伤保险基金累计结存 1 607 亿元（含储备金结存 270 亿元），说明我国有能力对工伤康复发展做出整体规划及改革。

但在临床具体实施中，早期推进医疗康复、职业康复、社会康复相结合的工伤康复还存在明显困难。虽然各地一致赞同工伤后需推行早期康复，但关于工伤后早期康复开展时间及实施情况的调查研究却十分罕见。因此，总结既往早期工伤康复开展情况，并在此基础上探讨必要性及促进对策，是十分有必要的。

本文的目的：描述上海地区工伤患者早期康复的开展情况，结合各地总结的工伤康复模式与经验，分析影响开展早期康复的可能原因，并探讨必要性及促进对策。

一、上海市养志康复医院工伤康复实施情况

（一）方法

本研究为回顾性队列研究。所有入选样本为 2012 年 10 月 1 日至 2014 年 3 月 31 日及 2017 年 1 月 1 日至 2018 年 5 月 30 日在上海市养志康复医院（上海市阳光康复中心）首次入院进行工伤康复的患者。

1. 样本纳入及排除标准。所有纳入研究的患者均满足以下标准：①工伤患者；②患者首次入院进行康复治疗。排除标准：①患者非工伤；②患者病史中明确交代在外院进行过康复治疗；③患者有慢性职业病；④患者资料不全。

2. 研究过程。由 3 名研究人员共同完成数据提取（数据提取人员不参与数据分析过程）。研究人员首先提取以上两个时段内登记入院的患者入院信息，根据病案号及入院日期，排除反复入院和首次入院日期在研究期之前的患者。根据医疗保险类型，排除非工伤患者。部分工伤患者曾在外院进行康复治疗，但因日期不详，统一排除处理。职业病如化学物品中毒、腰椎间盘突出等慢性疾病，因无法确定损伤日期，也一并排除。

研究人员提取的数据为年龄、性别、受伤日期、首次入院日期、工伤后开始康复时间、受伤类型。工伤后开始康复时间为首次入院日期—受伤日期。受伤类型分为上肢损伤、下肢损伤、脊柱骨折、脊髓损伤、脑外伤和其他。其中上肢损伤包括手、上肢、锁骨、肩胛骨及相应软组织损伤。下肢损伤包括髋骨、下肢骨及相应软组织损伤。脊髓损伤、脑外伤多由暴力冲击导致，通常合并其他损伤，但为突出这两种损伤特点，只要存在脊髓损伤，不管有无其他损伤，都记为脊髓损伤，脑外伤同理。烧伤、多发损伤、腰部扭伤、面部损伤、听力受损、视力受损因数量少，均列入其他类别。

3. 统计学分析。所有数据采用统计产品与服务解决方案软件 SPSS21 进行统计分析。将年龄、工伤后开始康复时间作为连续性变量，使用均值±标准差及中位数（最小值，最大值）进行描述；性别、受伤类型为分类变量，采用计数和百分比进行描述。

（二）结果

样本基本信息特征见表 1。

表 1 样本基本信息特征

		2012 年 10 月至 2014 年 3 月		2017 年 1 月至 2018 年 5 月	
		数量	比例	数量	比例
性别	男	201	74.7%	501	74.1%
	女	68	25.3%	175	25.9%
年龄		37.9±10.9	39（17，59）	40.7±10.4	42（16，79）
损伤类型	上肢损伤	98	36.4%	263	38.9%
	下肢损伤	79	29.4%	234	34.6%
	脊柱骨折	18	6.7%	25	3.7%
	脊髓损伤	19	7.1%	44	6.5%
	脑外伤	32	11.9%	55	8.1%
	其他	23	8.6%	3	8.1%
康复开始时间		154.6±121.4	108（36，622）	129.4±104.2	94.5（11，684）

注：年龄、康复开始时间按照均值±标准差，中位数（最小值，最大值记录）。

1. 2012 年 10 月 1 日至 2014 年 3 月 31 日入院工伤康复患者结果。上海市养志康复医院在此期间共服务工伤患者 413 人次，其中 269 名工伤患者符合本研究纳入标准。年龄为 37.9 岁±10.9 岁，开始康复时间为 154.6 天±121.4 天。男性患者较多，占 74.7%。第二、三、四个采样季度（2013 年 1 月 1 日至 2013 年 9 月 10 日）开始康复时间均超过 150 天。脊柱损伤后，开始介入康复时间最早；而脑外伤、下肢损伤及其他类别损伤，开始康复介入时间较晚。

2. 2017 年 1 月 1 日至 2018 年 5 月 30 日入院工伤康复患者结果。上海市养志康复医院在此期间服务工伤患者 1 141 人次，共 676 名工伤患者符合本研究纳入标准。年龄为 40.7 岁±10.4 岁，开始康复时间为 129.4 天±104.2 天。男性患者较多，占 74.1%。除第一个采样季度（2017 年 1 月 1 日至 2017 年 3 月 31 日）开始康复时间超过 150 天以外，其余季度均保持在 120 天左右。下肢损伤后，开始康复的时间最晚；而脊柱骨折、脊髓损伤、上肢损伤开始康复时间相对较早。

3. 两时段对比。2017 年 1 月至 2018 年 5 月期间的康复介入服务推广明显好于 2012 年 10 月至 2014 年 3 月，体现在工伤患者开始介入康复时间提前，及年度累计服务工伤患者人次增加。2017 年后，各种类型损伤（除脊柱骨折），工伤后开始康复时间均明显提前，见图 1。脊柱骨折在两时段内开始康复的时间都最短，平均伤后 91.61 天开始康复治疗，而下肢损失、脑外伤等工伤后开始康复时间明显较晚。

2012 年 10 月至 2014 年 3 月期间，季度间介入康复时间基本呈递减趋势。而 2017 年 1 月至 2018 年 5 月期间，各季度间介入康复时间出现波动，除第一季度开始康复时间较长以外，其余各季度均无太大差异，见图 2。

（三）讨论

1. 工伤后开始康复时间。此次纳入的患者平均开始介入康复时间超过 120 天，无法达

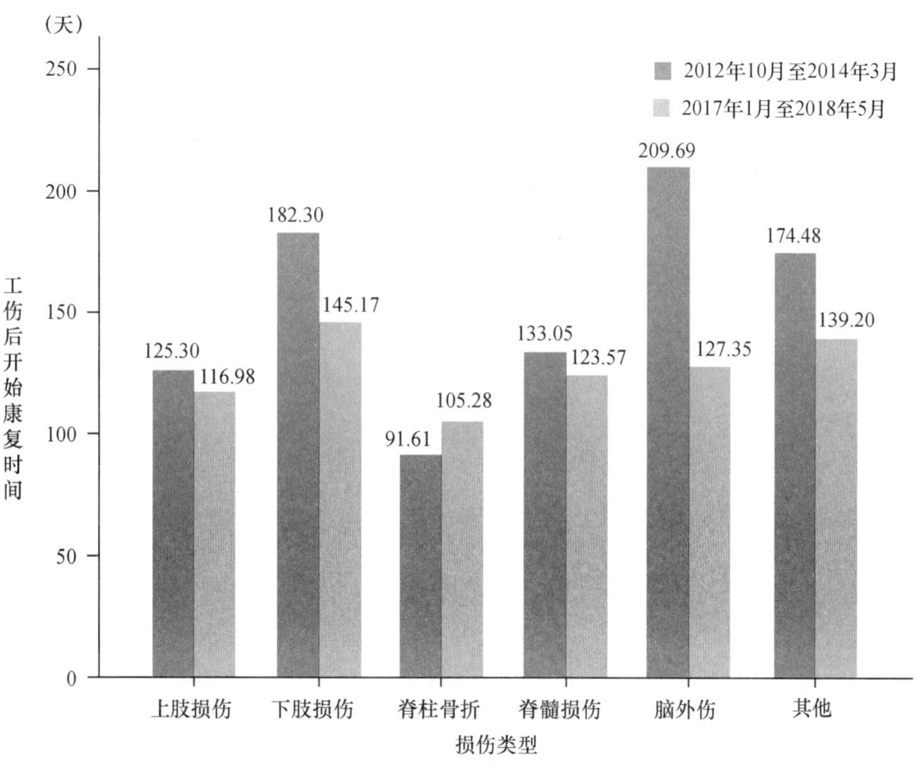

图 1　工伤后开始康复时间——损伤类型关系

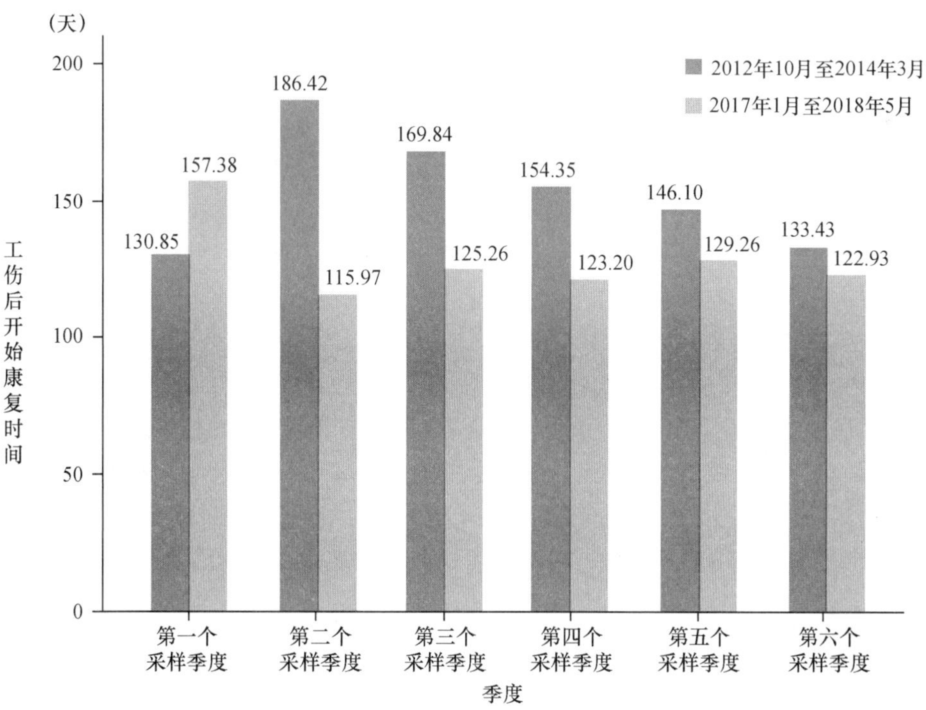

图 2　工伤后开始康复时间——季度关系

到早期康复的要求。国外康复指南建议一般术后第一周就可以进行肿胀管理、邻近关节活动训练、受伤部位保护下训练。而较晚介入康复治疗则需要花费更多的时间处理并发症，甚至遗留下终身残疾。研究工伤后开始康复的具体时间文章较少，但结论与本文基本一致。广东省佛山市 2015 年仅 4.3%的手外伤患者进入工伤康复机构进行工伤康复，仅 17%为早期康复。

（1）不同损伤类型具体情况如下：

上肢损伤在两时段内均占比最多。随着社会发展，机械化操作逐渐取代人工操作，工伤也随之而来。职工使用双手操作机器，手部发生工伤后使其难以返回原来岗位，加重残疾体验。增加职工安全意识，加强安全监管，减少因器械故障及操作程序错误带来的工伤是十分重要的。

脊柱骨折后开始康复介入时间均为最早。可能的原因是脊柱骨折后，多数患者被要求卧床休息，既无后续临床医疗服务，也不能完成生活自理，患者或倾向于主动寻找医疗机构进行康复治疗。而脊髓损伤、多发性损伤、脑外伤等伤情往往偏重，临床医疗处理时间较长，因此转入康复机构开始介入康复的时间较晚。

上肢或下肢损伤后，患者基本可以完成生活自理或在少量帮助下完成自理，因此不会主动寻求康复治疗。本文中纳入研究的下肢损伤患者，在两个时间段内均为较晚接受康复治疗的病患群体。根据病历信息，患者多在手术后回家休息，但具体影响患者休息时间长短的因素，仍需后续临床研究。

（2）不同时段具体情况如下：

2012 年 9 月，上海市养志康复医院开始为工伤患者提供工伤康复服务。故纳入研究的两个时段为上海市养志康复医院刚开始开展工伤康复服务时段与近期时段。上海市养志康复医院的基本工伤康复服务流程为：根据患者入院评估情况，医生及治疗师为患者安排综合医疗康复治疗，包括物理治疗、作业治疗、言语治疗、心理治疗、社工咨询等。对病情较轻或治疗后躯体功能进入平台期的患者，考虑介入职业康复。作业治疗师负责职业康复中职业评估与功能强化、职业模拟等。社工与患者及其单位沟通，商讨岗位更换、单位探访及返岗事宜。心理治疗师与患者沟通，并将可能影响患者返岗的因素与康复团队探讨，促进患者返回工作岗位。

虽然在 2017 年后，患者开始康复时间明显小于 2012 年，但在图 2 中，第六采样季度时二者的差距已大大缩小，可能提示上海市工伤康复处于较饱和状态，康复机构无法满足庞大工伤群体的康复需求，即使近年来转诊制度已经逐渐改进、完善，患者也需等待较长时间才能获得工伤康复服务。2017 年上海市认定工伤 4.77 万人，而工伤康复定点机构仅 7 家。这种缺乏专业机构与专业人员的现象在我国其他地区也显著存在。例如，湖北省武汉市仅 7 家工伤康复机构，每年却新增近 2 万名工伤职工；湖南省也因此大力推广社区康复模式，以服务更多工伤患者。

2013 年 1 月 1 日至 2013 年 3 月 31 日及 2017 年 1 月 1 日至 2017 年 3 月 31 日分别为两个时段内介入康复时间最晚的季度。因本文为回顾性研究，无法获得患者早期未参与康复治疗的实际原因。可能的原因为该季度包括中国传统节日春节，工伤患者或因考虑回家过节等延迟康复开始时间。

2. 早期职业康复。早期开展职业康复是工伤康复的重要环节，且职业康复结合其他形式的康复治疗能使复工率提高 1.53 倍。上海市养志康复医院职业康复是由医生及治疗师综合评估后，挑选符合条件的患者进行职业评估及治疗，故具体的开始时间与人数无法统计获得。

每年新增的百余万工伤患者中，至少一半需要职业康复服务，但我国目前每年仅 2 000 ~ 3 000 人得到职业康复服务，不足需求的 1%。因此，推进早期、规范职业康复是十分重要的。

上海市工伤康复服务项目包括评估项目 24 项、训练项目 22 项，但由于多种原因限制，部分项目实际使用率较低。实施困难的主要原因如下：

（1）康复机构与用人单位协调困难。部分项目如现场工作分析评估、现场工作能力测评等需社工提前与患者、用人单位进行协商，约定现场评估时间，确定评估参与人数及所需设备、专业指导等。而从事一线操作的工伤职工往往学历较低，从事岗位易被他人替代。用人单位对此类探访往往心存戒备或不重视，不愿接受职业康复团队的探访。

（2）工伤职工无返岗意愿。因患者在工伤停工留薪期内，原工资福利待遇不变，部分工伤患者期望享受整个停工留薪期，或完成劳动能力鉴定及赔偿后再返回工作状态，不愿积极训练，并拒绝参与部分评估及治疗，如现场工作评估、职业强化训练等。

（3）专业技术人员不足。有康复背景的专业人员、社工、职业技能培训师等都属于职业康复中的专业技术人员，人员缺乏使职业康复开展难度增加。评估类项目如现场探访需要较多人力及时间，而提供职业康复服务的工作人员往往还需完成医疗康复服务，综合各因素，成功实施用人单位探访率较低。训练类项目如职业技能再培训及工作安置协调等也面临类似窘境，如无适当社区对接人力资源，而医院环境下的职业技能培训多以短期培训班及工作站模拟操作为主。以电脑培训为例，培训讲师一般为医院员工或有相关经历的患者，适合基础较差的患者学习电脑基本操作，但不能满足工作需求。

3. 工伤预防。根据三级预防理论，开展工伤后早期医疗康复及职业、社会康复属于二级预防和三级预防范畴，而上海市在一级预防即减少事故发生上投入比例较低。2017 年，上海市工伤保险基金支出 30.72 亿元，仅 0.02 亿元用于工伤预防。工伤预防与工伤康复、工伤补偿并列工伤保险三大任务，是世界各国工伤保险发展的主流与趋势，对减少工伤事故发生有积极作用。

二、我国各地早期康复推行模式与经验

（一）促进早期康复实施

我国借鉴德国工伤保险“先治疗康复、后评残补偿”的原则，在处理工伤事件中，尽可能推行早期康复，最大化伤残职工躯体功能与职业功能，保存其生产力。为促进早期康复的顺利实施，各地进行了不同的尝试。

1. 湖南省多种模式的探索与比较。湖南省将社区康复作为工伤康复的重要部分，并尝

试了多种不同模式的社区康复。第一类是以社区卫生服务站或参保单位为依托。此种模式便捷且便于家庭康复及职业康复，但设施简陋、缺乏专业人才的弊端突出。第二类是以工伤保险经办单位为依托。此种模式优点在于调动性强，执行有一定监管作用；但经费支出不灵活，且运营成本较高。第三类是以康复机构为依托。此种模式虽可完成专业、规范康复，但较难早期介入及开展跟踪服务。最佳模式为由康复机构及省级工伤保险经办机构共同创建的资源中心模式，可克服上述几种弊端，有效实施早期康复及患者转介，但平台建立及管理存在一定难度。

2. 佛山市工伤康复调查制度。佛山市为促进早期康复及工伤患者转介，尝试了多部门协作的工伤康复调查制度。由佛山市人力资源和社会保障局聘任工伤康复调查员，调查员可登录社保信息管理端口了解各工伤定点医疗机构工伤患者信息，并在工伤患者住院早期接触患者，对工伤政策、早期康复等内容进行宣教，同时对手外伤患者情况进行评估，制定个性化介入时间及方案。工伤康复调查员与医生沟通，指导患者早期康复，并随后协助患者转介至康复机构。此种方案实施后，早期康复治疗率大大增加，且当年手外伤评残比例及级别均少于上一年。

低学历者在工伤后处于相对弱势，因学历、工种与躯体功能不匹配，返岗难度增加。但此类患者更相信权威，相信较早接收的信息，受暗示性强，康复调查模式可有效促进低学历人群接受工伤康复治疗。

（二）促进早期返岗实施

发生工伤后，患者生理、心理均发生变化，特别是一些永久性损伤如截肢、脊髓损伤及影响容貌的损伤。这些变化使患者无回归工作意愿，甚至在生活上产生依赖。早期未进行康复治疗的患者基础功能较差，自理能力不足，对康复治疗理解不全面。介入康复治疗后，躯体功能提高，注意力转变，心理应激反应也会逐渐减轻。但此类患者可能出现康复心切或期望过高心理，期待长时间的康复治疗后达到理想的恢复状况，从而辗转各康复机构，产生医疗依赖，不利于返回工作岗位。

研究发现，半年内复工的积极因素为年龄小、白领、具有复工意愿、受伤程度较轻，因此对年龄大、蓝领、复工意愿不强、受伤较严重的患者应给予更多的帮助，促进返岗。

对不同类型的损伤，不同的康复重点也有助于工伤职工重塑信心，早期返岗。烧伤职工容貌改变，害怕他人目光，进而导致社交障碍，应尽早开展小组治疗；下肢瘫痪职工需考虑无障碍设施，帮助其完成家庭、社区及工作环境的活动；女性患者或面临更大的身心障碍，家庭康复及社区支持可促进女性工伤职工缓解压力，早期返岗。

三、总结

目前，国内工伤康复面临的专业人员不足、工伤预防投入较低、转介不及时等情况在上海市都有不同程度的体现。但根据上海市养志康复医院近年来工伤康复开展情况，可以看出上海市在落实与推进工伤康复服务方面取得不小的进步。上海市可充分发挥工伤康复示范平台的优势和影响力，借鉴全国各地经验，探索符合上海市情况的工伤预防、工伤康复、职业康复方案。

参考文献

[1] 王黎，丁欣萍. 新疆工伤康复医疗机构发展模式初探 [J]. 中国康复理论与实践，2012，18 (1)：92-95.

[2] 中华人民共和国人力资源和社会保障部. 2017 年人力资源和社会保障事业发展统计公报 [R/OL]. http://www. mohrss. gov. cn/SYrlzyhshbzb/zwgk/szrs/tjgb/201805/W020180521567611022649.pdf.2017.

[3] 黄琼. 广东工伤康复患者睡眠状况调研分析 [J]. 中国康复医学杂志，2016，31 (4)：461-464.

[4] 蔡龙. 工伤康复：香港的实践模式及其启示 [J]. 湖北社会科学，2008 (12)：65-67.

[5] Leigh J. P. Economic burden of occupational injury and illness in the United States [J]. Milbank Quarterly，2011，89 (4)：728-772.

[6] 黄琼，梁玲毓，朱洁. 工伤康复患者的心理健康状况及分析 [J]. 中国康复医学杂志，2012，27 (8)：749-752.

[7] 孙树菡，毛艾琳. 工伤康复的问题与解决 [J]. 北京劳动保障职业学院学报，2007，1 (4)：9-13.

[8] Middleton，J. W. Early access to vocational rehabilitation for spinal cord injury inpatients [J]. Journal of Rehabilitation Medicine，2015，47 (7)：626-631.

[9] Krause，N. Determinants of duration of disability and return-to-work after work-related injury and illness：challenges for future research [J]. American Journal of Industrial Medicine，2001，40 (4)：464-484.

[10] 陈成文，赵玲. 工伤康复中的社区康复：国外模式及启示 [J]. 中国软科学，2008 (11)：74-81.

[11] 李家军. 工伤职业康复的价值及影响因素 [J]. 中国康复理论与实践，2012，18 (4)：395-397.

[12] JeMe Cioppa-Mosca，Janet B. Cahill，John T. Cavanaugh，et al. 骨科术后康复指南 [M]. 陆芸，周谋望，李世民，译. 天津：天津科技翻译出版公司. 2009.

[13] Brooke K. J. Outcomes of motor vehicle crashes with fracture：a pilot study of early rehabilitation interventions [J]. Journal of Rehabilitation Medicine，2014，46 (4)：335-340.

[14] 黄文柱. 工伤康复调查制度在早期介入手外伤康复治疗中的效果 [J]. 中国康复理论与实践，2017 (10)：1226-1230.

[15] 卢讯文. 我国工伤职业康复的发展现况分析 [J]. 中国康复医学杂志，2014，29 (8)：760-762.

[16] 杨珺. 湖北省工伤康复早期介入现状及分析 [J]. 按摩与康复医学，2015 (13)：117-119.

［17］刘辉霞. 湖南省工伤保险社区康复服务模式的初探［J］. 中国康复理论与实践，2010，16（10）：991-994.

［18］周慧玲. 现场工作分析评估对职业康复职工复工率的影响［J］. 中国康复医学杂志，2017，32（11）：1261-1264.

［19］李红玲. 我国的工伤康复现状［J］. 中国康复，2012，27（1）：71-72.

［20］李红玲. 工伤康复人员抑郁症的发生率及相关因素分析［J］. 中国康复医学杂志，2012，27（2）：150-153.

［21］舒甜. 上海地区工伤患者复工特点及预测因素［J］. 中国康复医学杂志，2018（2）：206-210.

［22］罗筱媛. 工伤职工职业康复及重返社会的行动研究［J］. 中国康复理论与实践，2007，13（8）：780-782.

工伤保险被保险人范围的确定

董钦臣　江苏省无锡市锡山区社会保障局工伤保险科

【摘　要】工伤保险不同于其他社会保险，费用完全由企业负担，企业将其纳入成本，最终由全体消费者负担，因此工伤保险费更具备税的特征，故工伤保险应当具有更广泛的参保范围。劳动关系作为参加工伤保险的前提，以及单一僵化的费用征缴渠道，缩小了工伤保险的参保范围。工伤保险应当突破劳动关系的束缚，放弃劳动关系作为工伤认定的前提，全面实行概算提取、全员覆盖的制度安排。应解除捆绑式参保，允许自雇人员个人参保和缴纳工伤保险费，最大限度地扩大参保范围。

【关键词】劳动关系　参保范围　征缴方式

工伤保险的参保范围在不断扩大，尤其是建设项目实施“先参保、再开工”及动态实名制管理后，建设工地的劳动者全员参保。但在其他行业，仍然有相当一部分劳动者没有参加工伤保险。以经济比较发达的江苏省无锡市锡山区为例，锡山区自2016年实施建设项目参保，新开工的建设项目已全员参保。2016年，锡山区工伤案件总数为1 792件，其中未参保案件数量为300件，未参保率为16.7%。2017年，锡山区工伤案件总数为2 009件，未参保案件数量为328件，未参保率为16.3%。这些未参保案件绝大多数来自非建筑领域的中小企业。影响参保范围扩大的因素主要来自理论与现实操作两个方面：劳动关系理论及工伤保险费征缴方式限制了工伤保险的参保范围。

一、传统的劳动关系理论缩小了劳动法的保护范围

（一）劳动关系是企业为劳动者建立工伤保险关系的基础

商业保险是以保险费的缴纳为基础建立保险关系，而工伤保险是社会强制保险，是否缴纳保险费，理论上不影响职工工伤保险待遇的取得。因为如果企业没有为应当参保的职工缴纳保险费，将承担职工的工伤保险待遇；企业无力承担的，社会保险经办机构先行支付工伤保险待遇。工伤保险的参保对象是与单位建立劳动关系的劳动者，由单位缴纳保险费，建立工伤保险关系。劳动关系是劳动者享受工伤保险待遇的前提条件。《工伤保险条

例》第二条规定，用人单位的职工和个体工商户的雇工有享受工伤保险待遇的权利。《工伤保险条例》第十八条规定，提出工伤认定申请，应当提交劳动关系的证明材料。无法确认劳动关系的，可根据《人力资源社会保障部关于执行〈工伤保险条例〉若干问题的意见》（人社部发〔2013〕34 号）的规定申请劳动仲裁。可见，劳动关系是劳动者享受工伤保险待遇的法定基础。

（二）非典型的劳动关系被排除在劳动法保护之外

非典型的劳动关系包括劳务关系或雇佣关系、承揽关系、网络平台用工关系及学生勤工俭学、实习等。这些非典型的劳动关系有的被确认为劳务关系，依据侵权法进行赔偿；有的则被归结到承揽关系，得不到赔偿。

劳动关系与劳务关系在遭受事故伤害后享受待遇方面是有差别的，有劳动关系的劳动者享受工伤保险待遇，被确认为劳务关系的劳动者只能依据《中华人民共和国侵权责任法》的规定进行索赔。首先，侵权责任的定残标准要远高于工伤保险的定残标准。很多依照工伤标准可以评定伤残等级的，按照侵权责任的定残标准就没有伤残等级或等级低于工伤的伤残等级，造成赔偿数额上相差很大。其次，在责任划分上，工伤保险待遇优于侵权责任。工伤保险制度建立的初衷便是要脱离传统民法的过错责任，“要建立一种公法意义上的无过错赔偿制度”。劳务关系的侵权责任往往要划分过错责任。最后，工伤保险待遇有先行支付制度作保障，赔偿能力强于侵权责任。基于上述原因，劳动者在争议中强烈主张劳动关系，劳动关系的确认成为工伤认定的首要问题。

无论是《中华人民共和国劳动法》，还是《中华人民共和国劳动合同法》，都没有给出劳动关系的认定规则。人力资源社会保障部 2005 年 5 月 25 日发布的《关于确立劳动关系有关事项的通知》，从主体资格、管理关系、业务组成 3 个方面对劳动关系进行了原则性的界定，并对承包问题进行了规定。然而近几年最高人民法院要求“严格依法区分劳动关系与劳务关系的区别，防止认定劳动关系泛化”。最高人民法院的这种要求进一步缩小了劳动关系的范围，非典型劳动关系的劳动者被排除在劳动法保护之外。超过法定退休年龄领取养老金的劳动者、勤工俭学学生、实习生、互联网平台用工、建筑无用工资质承包用工以及为企业提供临时劳动的人员，均不予以确认为劳动关系。例如，为企业提供临时性劳动的人员，其劳动被一些社会保险行政部门和法院定性为“系提供临时劳务的行为”，被排除在工伤认定的受案范围之外。一些夫妻替班受伤，也因无劳动关系而得不到赔偿。

（三）当前确定劳动关系存在的问题

首先，以身份特征和差别待遇区分劳动关系与劳务关系。通常应当以劳动的特点确定劳动的性质，进而确定劳动者的待遇，这是一种符合逻辑思维的方式。《最高人民法院关于审理劳动争议适用法律若干问题的解释（三）》将享受养老保险待遇的劳动者与用人单位之间的关系定性为劳务关系，这是一种以待遇确定劳动性质的方法，带有明显的计划经济时期的身份特征，虽然享受养老保险待遇人员与其他人员的工作性质相同。

其次，带有强烈的身份性歧视。认为一部分劳动者当然不应当享受劳动法规定的待遇，所以不应该被确认为劳动关系。例如，劳动者在层层转包的管理模式中被认定为无劳动关系，而不认定存在劳动关系的理由就有怕劳动者提出待遇要求。“要求为其办理社会保险手续，要求支付不签订书面劳动合同而应支付的双倍工资等，这些要求显而易见都是不应当得到支持的。”这部分人不应该有这样的待遇，所以就不是劳动关系。

二、工伤保险的参保缴费方式缩小了参保范围

（一）临时用工被排除在工伤保险范围之外

企业为职工缴纳工伤保险费，依据《工伤保险条例》第十条、第六十四条的规定，应按企业工资总额的一定比例缴纳。工资总额指的是单位全部职工的劳动报酬总额。而实际操作中，企业按职工个人实际申报的工资额计算每位职工的工伤保险费，之后再相加；或“相当一部分企业并不是按照规定以工资总额为基数，而是以社会保险所规定的社会平均工资的60%（缴费下限）进行缴纳”。这样操作不是按企业工资总额缴纳，而是按每位职工工资额缴纳。这样操作的弊端是企业的一些临时、短期用工付出的报酬就排除在了缴费范围之外，这部分被临时用工的劳动者也就被排除在工伤保险范围之外。

（二）捆绑式缴纳社会保险费挫伤企业参加工伤保险的积极性

职工的社会保险账户是多种社会保险统一的社会保险账户，工伤保险不单独立户。这些保险包括基本养老保险、基本医疗保险、失业保险、工伤保险、生育保险五种保险，工伤保险是其中的一项。例如，某一企业职工的社会保险账户明细见表1。其中工伤保险费占缴费基数的1.11%，工伤保险费率并不高，工伤保险费相比其他社会保险费是很低的，企业负担不重。采用五险捆绑式缴费，企业负担加重，缴纳社会保险费的积极性不高。一些企业为了减轻负担，选择一些商业保险来防范工伤事故带来的经济损失。商业保险是营利性质的，赔偿标准低于工伤保险，受伤职工与企业的赔偿纠纷仍然要通过仲裁、诉讼来解决。

表1　　某一企业职工的社会保险账户明细

缴费基数/元	养老保险费/元	医疗保险费/元	失业保险费/元	生育保险费/元	工伤保险费/元
2 800	756	277	28	22	31

（三）职工多处就业时工伤保险不能覆盖其就业范围

目前，在一个统筹地区，职工只能有一个社会保险账户。职工如果有两个就业单位，就只能在一个单位缴纳工伤保险费，另一个单位无法为该职工单独缴纳工伤保险费。如果职工在第二个单位受伤，就得不到工伤保险基金的赔偿。虽然人力资源社会保障部规定职工多处就业的，每一单位都应当为其缴纳工伤保险费，但这一规定并没有实际实施，反而成为社会保险经办机构不赔偿的依据。多处就业，无法多处缴纳工伤保险费绝非个案，这

类劳动者在缴纳了工伤保险费的同时却得不到工伤保险的保护，不是企业不为其缴纳，而是社会保险经办机构对参保操作的要求使企业无法缴纳，社会保险经办机构应承担行政赔偿责任。一些国有企业下岗职工，企业为其缴纳社会保险费，职工自谋出路后，新单位无法再为其缴纳工伤保险费。企业录用这部分劳动者，用工风险增大，职工的就业难度、维权难度也同时增大。

（四）下岗职工不能自己缴纳工伤保险费

在市场竞争中，企业面临倒闭、停产、半停产已经司空见惯，随之而来的就是职工下岗。下岗职工里的年轻人实现再就业比较容易，年龄大的就不容易再找到工作。这部分人员可能面临退休后无法享受养老保险待遇的问题，社会保险经办机构便允许职工个人缴纳应由企业和职工缴纳的全部养老保险费，以便正常享受养老保险待遇，但工伤保险费却不能自己缴纳。这部分人虽然不能在企业长期就业，但大多数人都在打零工，他们的劳动风险得不到保障。工伤保险的本意不只是对企业责任的一种保障，更重要的是“为了保障因工作遭受事故伤害或者患职业病的职工获得医疗救治和经济补偿”。

三、观念的更新

（一）工伤保险对劳动关系的突破

依据传统的劳动关系理论和现行的参保缴费管理体制，工伤保险的覆盖范围只是局限于有劳动关系的劳动者，其他劳动者因不符合传统劳动关系的特征被排除在工伤保险范围之外。随着时代的变迁，企业的用工形式越来越灵活多样，传统的劳动关系理论越来越不适应这种发展趋势，社会保险行政部门在固守传统劳动关系理论的同时，在处理工伤利益冲突时作出了让步。建筑领域转包过程中，在不承认有劳动关系的情况下，“并不意味着劳动者的民事权益得不到保护”，可由工伤保险待遇给予支持。另外，达到法定退休年龄或已领取城镇职工基本养老保险待遇，但以项目参保等方式参加了工伤保险的人员，依然享受工伤保险待遇。之前司法解释将领取城镇职工基本养老保险待遇的劳动者与用人单位的关系规定为劳务关系。这些突破仅限于矛盾突出、危险性高的建筑领域，在其他行业，人力资源社会保障部的《部分行业企业工伤保险费缴纳办法》并没有全面实施。

（二）强化工伤保险对劳动者的保障宗旨

工伤保险的目的是保障劳动者在遭受事故时能够及时得到救助，这一目的在《工伤保险条例》总则的第一条有明确的规定。但《工伤保险条例》以用人单位为划分单元，确定用人单位内的职工为参保对象，使人忽略了工伤保险保障职工获得救治与赔偿的宗旨，而把工伤保险视为一种官办的雇主责任险。“工伤保险制度的主要性质或根本属性仍是对损害赔偿责任的担保保障”，目前这一观点在现实中仍然占据主流，普遍认为没有固定的用人单位就没有工伤赔偿，工伤保险是对用人单位赔偿责任的一种保障。

（三）工伤保险的特征要求平等对待劳动者

平等不但是法律现代化的基本要求，也是工伤保险自身特点的内在要求。其他社会保险如养老保险、医疗保险都有职工本人缴纳的部分，受益可以限定在缴费人员范围之内。工伤保险不同，由企业缴费，职工不缴费。企业缴费并不是企业负担这笔费用，而是企业将该费用纳入成本，最终由消费者承担。企业不缴或少缴是不正当竞争行为，工伤保险费具有税的性质。灵活就业者与在企业有长期劳动关系的劳动者均是消费者，是工伤保险费的最终承担者，就应当同等地受工伤保险的保护，甚至没有缴费，也不应当影响享受工伤保险待遇，因为他们都是工伤保险费的承担者。

（四）放弃劳动关系作为工伤认定的基础

有的学者企图在理论上对边界型雇佣关系以劳动关系进行规制，“有条件地将边界型民事雇佣纳入劳动法法律规制范畴”，将一部分人纳入劳动法的保护范围。但以劳动关系规制边界型雇佣关系的理论难以厘清，实践中更难于操作。德国是世界上工伤保险实施最早、制度比较完备的国家，“自从 1942 年 3 月 9 日工伤保险第六次修正法出台以来，工伤保险已经脱离了通过劳动关系与企业建立保险关系的途径”。通过改进工伤保险费的征收渠道与征收方法，扩大参保人员的范围，让灵活就业者、自雇人员纳入工伤保险，放弃劳动关系作为工伤认定的基础。

四、参保缴费方式的改进

（一）实行概算提取、全员覆盖的征缴方式

工伤保险费是以企业全部职工的劳动报酬作为基数来确定的，现行的参保是以企业申报登记、以每位职工月工资为基数计费的。这样，企业的临时用工所支出的报酬就被遗漏，这部分人员也被排除在参保范围之外。针对这一问题，人力资源社会保障部在一些用工人员变动频繁、参保率低的企业采取了动态实名制的做法，2010 年 12 月 31 日出台了《部分企业工伤保险费缴纳办法》，涉及的企业包括建筑施工企业、小型服务业企业、有雇工的个体工商户以及小型矿山企业。之后在 2014 年和 2018 年先后出台了关于建设项目参加工伤保险的两个文件，规定建设项目实行一次参保、全员覆盖的制度。近两年，各地新开工的项目已经陆续参加了工伤保险，但其他领域的小型矿山企业、小型服务业企业还没有实施。在其他行业的企业运用同样的参保与缴费方法，实行概算提取、按月缴纳、动态实名制的方式进行全员覆盖，将会提高用人单位的用工灵活性，也可为灵活就业的劳动者清除就业障碍。

（二）解除捆绑，工伤保险可以单独参保

建筑施工企业的项目参保已经实现了工伤保险单独参保，解除了与其他社会保险的捆绑式参保。随着机构改革的实施，国家医疗保障局的组建，医疗保险与生育保险职能剥

离，医疗保险、生育保险也将与养老保险、失业保险、工伤保险分离。工伤保险与养老保险、失业保险不同：养老保险、失业保险的计费基数都是职工本人的工资额，用人单位与职工共担费用；工伤保险是企业缴费，劳动者不缴费，计费基数是企业的全部劳动报酬。如果实行概算提取、全员覆盖的参保方式，工伤保险与其他两项社会保险分离而单独参保是必然的，同时也解除了企业为逃避其他社会保险，而买团体意外险的尴尬局面，扩大参保覆盖面。

（三）允许自雇人员个人参保

目前工伤保险以用人单位为对象，由用人单位为其职工建立工伤保险关系，即劳动关系是职工享受工伤保险待遇的前提。工伤保险与其他社会保险不同，工伤保险费是税收性质的保险费，由用人单位将工伤保险费计入成本，最终由每一位消费者负担。自雇人员作为工伤保险费的承担者，却无权利参加工伤保险，凸显制度不公。社会保险费仅以单位缴纳的单一僵化的征收渠道，阻碍了自雇人员参加工伤保险。既然养老保险允许职工自己全额缴纳保险费，允许自雇人员以自己的名义参加工伤保险只是一个是否受重视与时间早晚的问题。

综上，工伤保险应当突破劳动关系的束缚，采取更加灵活的参保方式，扩大参保范围。

参考文献

［1］蔡和平. 中德工伤保险法律制度比较研究［D］. 北京：北京大学，2004.

［2］冷明祥，万彬，唐少文，等. 江苏工伤保险基金运行风险防控研究［J］，中国医疗保险，2016（7）：64.

［3］王敬波，王梦宣. 职工在两个单位同时就业工伤保险责任如何承担［N］. 人民法院报，2016-09-28（6）.

［4］郭晓宏. 中国工伤保险制度研究［M］. 北京：首都经济贸易大学出版社，2010.

［5］江峰，刘文华. 边界型民事雇佣劳动法律规制研究［J］. 中国劳动，2017（7）：20.

［6］最高人民法院. 第八次全国法院民事商事审判工作会议（民事部分）纪要［N］. 人民法院报，2016-12-01（3）.

如何保障“超龄”人员的工伤权利

黄家宝　广州市越秀区人力资源和社会保障局

【摘　要】随着社会的发展和劳动法律法规的不断完善，劳动者在就业中依法享有社会保险权利。工伤保险作为社会保险之一，其意义在于保障工伤职工能够得到救治和补偿，分散用人单位的工伤风险。但超过法定退休年龄人员（以下简称“超龄”人员），同样付出劳动，由于年龄的原因，工伤维权往往更加曲折。本文将通过对“超龄”人员工作的现实状况和工伤认定相关法律法规进行分析，结合实践经验，为人力资源社会保障部门进行工伤认定提供参考。

【关键词】“超龄”人员　劳动　工伤认定

我国现行的《关于工人退休、退职的暂行办法》和《关于安置老弱病残干部的暂行办法》规定，正常的法定退休年龄为男年满60周岁，女工人年满50周岁，女干部年满55周岁，达到此年龄的劳动者应当办理退休、享受基本社会养老保险待遇。但现实中超过法定退休年龄、选择继续工作的人比比皆是，由于年龄的问题，用人单位无法为其参加工伤保险。一旦发生工伤事故，用人单位一般不愿意按照《工伤保险条例》向人力资源社会保障部门申请工伤认定，或者超龄人员自行申报时，人力资源社会保障部门以其超过法定退休年龄将其拒之门外，造成这些弱势群体救济无门的窘况，使得他们的工伤权益无法得到有效保障。本文将结合工伤认定的实践经验，分析“超龄”人员现实状况以及工伤认定相关法律规定，为人力资源社会保障部门进行工伤认定提供参考。

一、“超龄”人员工作的现状和适用法律的冲突

随着我国人口老龄化的发展，“超龄”人员就业的现象在各行各业普遍存在，如医生、教师、律师等。在工伤认定实践工作中，申请工伤认定的“超龄”人员更多从事保洁、门卫工作。他们大部分是农村户籍、文化程度较低或者不工作将无法保障基本生活，因此他们认为自己具有劳动能力，通过打工获得报酬，保障基本生活。在工伤案件的调查中，曾

有保洁行业单位的负责人表示，保洁行业工资不高，工作环境不好且辛苦劳累，吸引不了适龄的劳动者。另外，除了保洁行业招工难，不得不聘用“超龄”人员的原因，还有用人单位节约工资和社会保险成本的考虑。

对于“超龄”人员就业的情况，我国现行法律法规未进行明确的规定，甚至在确认劳动关系上相关法律法规互相冲突。《中华人民共和国劳动法》第十五条规定，禁止用人单位招用未满16周岁的未成年人，而对于达到法定退休年龄继续就业的人员未作禁止性规定。《中华人民共和国劳动合同法》第四十四条第二款规定，劳动者开始依法享受基本养老保险待遇的，劳动合同终止。而《中华人民共和国劳动合同法实施条例》第二十一条的规定则是将劳动者达到法定退休年龄作为劳动合同终止前提，这对劳动合同法的规定作了扩大解释，直接将“超龄”劳动者排除在劳动法调整的范围外。另外，不同审判庭之间对于“超龄”人员与用人单位之间关系的定性不同：民事审判庭对于此类情形一般将其定性为劳务雇佣关系，属于民事法律规范调整的范围；行政审判庭则对此区分处理，认定了部分“超龄”人员与用人单位之间存在劳动关系。因此，法律规定适用标准的不统一，容易导致人力资源社会保障部门处理“超龄”人员因工伤亡的做法不同，由此引发极大争议。

二、“超龄”人员的工伤认定

在实践工作中，确认“超龄”人员是否与其用人单位存在劳动关系，目前人力资源社会保障部门的处理方法是本着工伤保险待遇与养老保险待遇不可兼得的原则，一般以“超龄”人员是否在工作地和户籍地享受养老保险待遇作为判断依据，而这里的养老保险待遇应该是能够维持“超龄”人员基本生活水平的，如城镇职工基本养老保险金，而非城乡居民养老保险金和新型农村社会养老保险金。但当人力资源社会保障部门对“超龄”人员作出认定工伤的结论后，用人单位往往以其与“超龄”人员建立的是劳务关系为由提起行政复议、诉讼，使得“超龄”人员的工伤维权之路艰难又曲折。

（一）基本案例

宋某是某清洁公司的保洁员，进入单位工作时已超过法定退休年龄，属于农业户口，未享受养老保险待遇。2016年1月25日，宋某在上班途中发生交通事故，经抢救无效于当天死亡。人力资源社会保障部门认定工伤后，单位不服，提起诉讼，主张宋某进入单位工作时已超过法定退休年龄，单位无法按照国家规定为宋某缴纳社会保险费。同时认为宋某与其建立的是劳务关系而非劳动关系，不属于劳动法的范畴，人力资源社会保障部门不应认定工伤。一审法院认为人力资源社会保障部门的决定并无不妥，认为清洁公司的主张于法无据，驳回其诉讼请求。而清洁公司在上诉中坚持宋某与其形成的用工关系，只能是劳务关系。

（二）法律分析

一审法院引用《最高人民法院行政审判庭关于超过法定退休年龄的进城务工农民因工伤亡的，应否适用〈工伤保险条例〉请示的答复》作为判决依据，即超过法定退休年龄的进城务工农民在工作时间内、因工作原因伤亡的，可依据《工伤保险条例》规定进行工伤认定。针对本案，该引用符合宋某的情况，宋某作为未享受养老保险待遇的"超龄"人员，其为单位提供的劳动无差别于其他未达到法定退休年龄劳动者，同样受单位管理，按劳分配取得报酬，应当受到平等的对待。如果因为年龄的因素而将双方的关系定性为劳务关系，将无法按照劳动法来保障工伤"超龄"人员的权益。

因此，对于宋某与清洁公司建立的是劳动关系或者劳务关系，可以从法律法规中分析。首先，《中华人民共和国劳动法》第十五条规定的是"禁止用人单位招用未满16周岁的未成年人"，但对于劳动者年龄的上限未作规定。而《工伤保险条例》第二条第二款规定，"中华人民共和国境内的企业、事业单位、社会团体、民办非企业单位、基金会、律师事务所、会计师事务所等组织的职工和个体工商户的雇工，均有依照本条例的规定享受工伤保险待遇的权利"。从条款上看，《工伤保险条例》也未将超过法定退休年龄的人员排除在"职工"之外。其次，《中华人民共和国劳动合同法》第四十四条第二款规定，"劳动者开始依法享受基本养老保险待遇的，劳动合同终止"，那么劳动合同的终止是否意味着劳动关系的终止？而这些终止又是以依法享受基本养老保险待遇为前提，这是否也就说明了未享受养老保险待遇的"超龄"人员与用人单位建立的依然是劳动关系。而2010年9月14日起施行的《最高人民法院关于审理劳动争议案件适用法律若干问题的解释（三）》第七条规定，"用人单位与其招用的已经依法享受养老保险待遇或领取退休金的人员发生用工争议，向人民法院提起诉讼的，人民法院应当按劳务关系处理"，正是从反面证明这点。所以，宋某与清洁公司建立的应当是劳动关系，因工伤亡的，依据《工伤保险条例》规定认定工伤或视同工伤。

三、"超龄"人员工伤认定难的相关思考

根据现有法律法规、规章规定，对于"超龄"人员工伤认定，一般有几种处理方法。例如，用人单位招用已经达到、超过法定退休年龄或已经领取城镇职工基本养老保险待遇的人员，在用工期间因工作原因受到事故伤害或患职业病的，如招用单位已按项目参保等方式为其缴纳工伤保险费的，应适用《工伤保险条例》。又如，离退休人员受聘于现工作单位，现工作单位已经为其缴纳了工伤保险费，其在受聘期间因工作受到事故伤害的，应当适用《工伤保险条例》的有关规定处理，以及上述案例中宋某适用的规定等。但这些规定只能解决部分"超龄"人员的工伤认定问题，未能在法律层面上实现全面覆盖。既然法律对于"超龄"人员继续就业未作禁止性规定，劳动市场又对"超龄"人员有所需求，为更好地保障工伤职工能够得到救治和补偿，分散用人单位的工伤风险，是否考虑将就业的"超龄"人员纳入工伤保险的保障范围。

《广东省工伤保险条例》规定，"超龄"劳动者受聘到用人单位工作期间，因工作原因受到人身伤害的，可以要求用人单位参照该条例规定的工伤保险待遇支付有关费用。双方对损害赔偿存在争议的，可以依法通过民事诉讼方式解决。但大部分人认为，工伤赔偿比人身损害赔偿更有保障，能够使自身利益最大化，而且工伤认定采取的是无过错原则，只要符合《工伤保险条例》规定的情形即可，因此"超龄"人员通常更愿意通过工伤认

定程序维权。既然劳动者有所选择，那么是否应当在法律上也有所倾向。

另外，如果用人单位一味追求利益，出于控制成本的目的而聘用“超龄”人员，在“超龄”人员遭受工伤事故后不管不顾，损害其权益，人力资源社会保障部门是否应该加大对其的惩罚力度，作出限期改正或者罚款措施。种种问题要求不得不考虑“超龄”人员的切身利益。

四、“超龄”人员工伤认定的建议

（一）加强工伤保险法律建设

人力资源社会保障部门进行工伤认定的主要依据是《工伤保险条例》及与其相关的规章规定。近年来，在工作实践中，人力资源社会保障部门在处理“超龄”人员工伤认定案件上有极大进步，尽可能保障了“超龄”人员的工伤权益。最高人民法院也越发考虑社会现实存在情况，作出相应的批复。但即便如此，在保护“超龄”人员工伤权益方面依然未有明确的成文法律，同时我国劳动以及社会保险方面的法律法规存在相冲突的地方，上位法与下位法的精神不一致。因此，为更好保障“超龄”人员的劳动权利，建议通过立法和修改法律，并对相关的条例规定做出一些补充和调整，将“超龄”人员纳入工伤保险保障范围，给予其与未“超龄”劳动者同样的工伤权利，享受同样的工伤保险待遇，使得“超龄”人员认定工伤有法可依、有理有据，从争议的源头上解决问题。同时，通过统一各地人力资源社会保障部门、不同审判庭的审判标准和做法，体现对法律的尊重和对“超龄”人员劳动权利的保护，使之更加符合《工伤保险条例》的立法精神，更有利于利益的平衡。

（二）完善工伤保险管理服务

在法律允许“超龄”人员参加工伤保险的前提下，工伤保险制度应当做好与法律规定的衔接，建立“超龄”人员工伤保险费缴纳、工伤就医登记制度。由于部分“超龄”人员存在知识盲点，可考虑实行工伤保险待遇支付“一站式”服务，为“超龄”人员增设服务窗口，简化手续，进一步改善“超龄”人员申请难的情况，给予更多便利的服务。

（三）加强用人单位保障监察

人力资源社会保障部门应当监督用人单位的招工录用，督促用人单位按照法律规定为“超龄”人员办理工伤保险手续，缴纳工伤保险费。同时应与用人单位建立沟通联系的平台，加大宣传力度，做到应保尽保。而对于一些为了减少成本、增加效益，不履行参保义务的用人单位，应加大监督和处罚力度。作为用人单位，应当具备更高的风险管理意识，在招用“超龄”人员时不应只考虑自身的经济效益，还应考虑员工健康及生产安全问题。“超龄”员工入职前，应全面检查身体状况，入职时办理好入职手续，依法签订劳动合同，入职后依法尽快为“超龄”人员缴纳工伤保险费。

五、结语

由于我国老龄化趋势的影响，“超龄”劳动者的存在是社会发展不可避免的，也是劳动力市场选择的结果。既然无可避免，应当给予“超龄”劳动者与一般劳动者无差别的权利，尽可能地保障他们的合法权益，而非区别对待。只有保障好“超龄”人员的工伤权利，才能最大限度地减轻“超龄”劳动者与用人单位的负担，达到真正的社会保障。

参考文献

[1] 奚晓明. 最高人民法院劳动争议司法解释（三）的理解与适用［M］. 北京：人民法院出版社，2010：97.

[2] 赵玲. 聘用超龄人员利弊分析及风险防范［J］. 人力资源管理，2017（7）.

[3] 何登香. 超龄人员工伤保险待遇与养老保险待遇不可兼得［J］. 劳动法库，2017（2）.

[4] 温楚威. 超龄人员的工伤认定及待遇补偿［J］. 律师文集，2016（10）.

社会法、破产法保护理念冲突与未参保工伤待遇救济

任宪华　上海市嘉定区人力资源和社会保障局

【摘　要】针对未参加工伤保险遭遇企业破产情形，本文提出3个问题：破产管理人身份定位、职工能否基于工伤债权取得企业破产申请权、行政（复议）程序及工伤医疗费支付程序应否自动冻结。基于破产法和社会法保护原则冲突，本文主张在社会法视角下职工工伤待遇属破产财产清算支付范畴（有权申请破产），破产管理人与职工非劳动关系（工伤之债无隶属性约束），单位未依法参保“刺破公司面纱”（工伤职工在企业破产后可要求原企业实际控制人、原股东等承担连带赔偿责任），自动中止制度不适用于工伤确认及行政诉讼程序，工伤待遇支付优于破产费用。

【关键词】工伤待遇　破产清算

一、问题提出

以下案例中职工均未参保。案例1：职工被认定为工伤后，A公司申请破产并由破产管理人担任代理人提起行政诉讼。案例2：上海B公司和安徽B公司破产申请被合肥某法院受理，破产管理人“代为续聘”的原上海B公司安保人员在上海被认定为工伤。破产管理人以自身名义申请行政复议，理由是社会保险行政部门应向破产管理人送达工伤认定决定。案例3：职工工伤理赔60余万元获裁决支持，C公司告知职工无财产支付，无人申请破产。可见：①身份定位问题。破产管理人是以破产财产为基础成立“破产财团”，还是依法指定的企业利益代表或各方利害关系人利益代表，又或为“人民法院的代表”？这将决定“破产管理人与职工能否构成劳动关系”，能否以自身名义提起复议、诉讼等。社会保险行政部门在破产申请受理程序中知情权问题值得研究。②未参保情形下工伤职工可取得破产申请资格，还是仅能在商业债权人或债务人自行申请破产时参与？③《中华人民共和国企业破产法》（以下简称《企业破产法》）没有将行政程序、行政诉讼程序和设立担保权行为纳入自动中止的对象范围，破产申请受理后工伤认定及复议和诉讼程序、工伤

医疗费及其他工伤待遇裁判行为及后续强制执行需要中止（破产费用、有抵押债权优先于伤者救治是否不合法理）？

未参保则转由用人单位支付工伤待遇不能不说是社会法漏洞。税务部门统一征收社会保险费亦未必能完全保证参保无遗漏。“无产可破”致社会保障责任落空，允许基金先行支付而未获追偿致基金流失——破产行为破除工伤保险责任绝非社会法本义。

二、社会法与破产法保护理念冲突

（一）社会法倾斜保护劳动者

“社会法的基本原则只能是‘倾斜保护’……是由‘倾斜立法’和‘保护弱者’两个方面构成的。”“表面看来，社会法似乎实行了一种‘不平等’的‘差别待遇’，其实这种‘不平等’是针对社会关系本身存在的‘不平等’……”即社会法调整的是实质不平等的法律关系，与民法、破产法公平保护债权人、债务人合法权益是不同的：前者倾斜保护劳动者、消费者等弱势群体权益，后者主要保护平等特征的商业债权债务主体的合法权益及维护社会主义市场经济秩序。《中华人民共和国社会保险法》（以下简称《社会保险法》）第三十三条规定，职工应当参加工伤保险，由用人单位缴纳工伤保险费，即是倾斜保护劳动者之体现。

（二）破产法保护理念分歧

破产法历来作为民商法组成部分，在保护理念或原则方面与社会法不同。破产法的立法目的，从债权人、债务人及社会经济角度可认为：“（一）债权人利益的终极保护……（二）债务人的必要挽救与救济……（三）健康的财务危机处理机制和有序的市场主体退出机制”。一些美国学者认为，美国1841年破产法才将破产法的债务救济功能和债权保障功能融为一体，因为它允许债务人提出自愿破产申请。我国现行企业破产法已体现出“保护债权人和债务人的合法权益，维护社会主义市场经济秩序”三重功能。那么可以认为破产法保护对象是债权人、债务人和社会主义市场经济秩序吗？事实却并非如此。“破产法的宗旨或目标是什么”这类问题，同样没有正确或错误的答案。正是由于破产法官从来不被要求确切地回答“破产法的目的或目标是什么”，破产法官的观点才能明显地影响着他所要解决的具体争议。

（三）破产法与社会法保护理念冲突

社会法以倾斜保护弱者利益为原则。破产法于此分为两派。反方强调将债权人利益得到满足的程度作为判断破产程序正当与否的唯一标准；主张破产法不应当将雇员或者其他更广泛的社区利益列入自己的保护范围，也不应当对各方的实体权利做出新的安排，因为破产法不可能发现解决社会整体利益问题的最佳途径。正方强调破产的损失分担，认为凡是受到企业破产消极影响的所有利害关系主体的利益均在破产制度设计的考虑之列，理由包括任何企业都不仅仅是债权人和企业所有者利益的集中焦点，同时也是其他相关利益主体的集合体。破产程序的功能就在于将所有可能受到破产影响的利益完整地予以考虑。《企业破产法》第一百一十三条将破产人所欠职工的工资和医疗、伤残补助、抚恤费用，所欠的应当划入职工个人账户的基本养老保险、基本医疗保险费用，以及法律、行政法规规定应当支付给职工的补偿金的清偿列在破产费用和共益债务后的规定，与反方观点一致。然而将工伤职工医疗费、停工留薪期工资、伤残补助金（伤残津贴）或工亡补助金列在破产费用和共益债务之后清偿，甚至工伤待遇与同一清偿序列的相关费用也未明确先后，未能彰显社会法属性，尤其是工伤职工的基本人权保障特征。

当前社会保险责任的社会法属性尚待完善，须探讨企业违法不缴纳社会保险费情形下破产完结允许职工对所有者或控制人等行使追偿权或者完善社会保险相关制度问题。

三、破产财产、财团及管理人的社会法审视

（一）破产财产与工伤待遇之债

企业破产后，企业所有者或控制人（法人或个人）都不在破产之列，职工个人因工伤等处于实质破产明显不妥。“法律不允许牺牲人的生存权益来实现生存权益以外的其他权利”，故工伤待遇“债权”应纳入破产财产清算获更优位清偿。

依社会法理念，“无产可破”应调整为“债务人的所有财产不足以支付破产企业的职工劳动或社会保险‘债权’情形”。因为“管理费用的第二点要求是，该产生于申请后的费用必须是用来维持财团‘实际的、必需的’费用”，既然“无产可破”，何须指定有报酬的管理人，又何来破产费用？“无产可破”则应组建公立破产服务机构开展清算事务。

（二）破产财团、管理人与职工

破产企业“原组织机构管理职能丧失”而债权人尚未取得破产财产所有权时，主体资格处于模糊状态。《企业破产法》第二十二条明确规定，管理人由人民法院指定，债权人会议可以其不能依法、公正执行职务或者有其他不能胜任职务为由申请人民法院更换。这说明：①管理人对破产财产缺乏所有之意思基础。“破产人虽因破产而丧失对其财产的管理权，但尚不失其所有权人的地位。”②管理人拥有诸多决定债务人内外事务权力，故其虽由人民法院指定但非人民法院派出的代表或代理机构。③管理人非经债权人协商确定（报酬由人民法院确定，辞职须由人民法院许可），故其非单纯债权人或债务人利益代表。因此，除非破产管理人自身用工，工伤职工一般不与破产管理人建立劳动关系。

有学者提出“将劳动债权列在有担保物的债权之前作为特别优先权清偿，但限定在债务人破产前一年的工资债权范围内，超过此范围的其他劳动债权作第一顺序受偿”观点有可借鉴之处。问题是工资债权其社会法属性因何在一年后改变？一年工资不足以保证破产法实现“保障职工不至于由于债务人的破产而失去劳动收入的社会功能”。一级至四级因工致残职工应按月领取伤残津贴，特定情形应“一次性提取至法定退休年龄时的基本医疗保险费”极易得不到落实。

（三）工伤待遇绝对优先权

“担保绝对优先的”民商法原则并非不可动摇，英国、澳大利亚保留“对董事个人的一定权利”，而“董事个人责任制度”对完善工伤待遇参与破产清算制度是有借鉴价值的。当前大多观点避谈“劳动债权人是否应参加债权人会议”这一“长期以来无论是理论上还是实践上一直困扰我们的一个问题”，本文则主张借鉴英国、澳大利亚等国家经验，建立工伤待遇绝对优先受偿而不得的工伤职工保留对企业所有者或控制人及原股东的连带追偿权；特定情形下，工伤职工可以申请企业破产。当然，社会保险法的保障功能应尽快完善，类似“无须提升劳动债权的次序……香港是通过欠薪保障基金来保障的”，职工人人参加工伤保险应予保证。

四、拒绝履行缴费义务和工伤职工生命救治“刺破公司面纱”

“自动中止是各国破产法共同的制度……定义为破产程序正式启动之日或之后，所有指向破产财产的法律程序和债务人的处分行为都应当停止的法律制度。”但是依据《企业破产法》第二十条规定，现行破产法自动中止范围并未包含行政（含复议）程序、行政诉讼程序等。人民法院受理破产申请及指定破产管理人，目前一般不通知社会保险行政部门，行政程序期限法定，如何处理？人民法院受理破产申请，工伤待遇支付自动中止？笔者认为在未建立完善的社会保障制度（含欠薪保障）前提下，此类中止有悖于社会法原则和属性。对工伤待遇而言，即使破产程序终结仍可继续追偿；建立个人破产制度后可停止。

违法拒绝履行缴费义务和工伤职工生命救治不只迫使自动中止制度对工伤待遇追偿无效，也有“刺破公司面纱”效果。被倾斜保护的工伤待遇应居于破产债权清偿的绝对优先地位。企业所有者应承担“企业社会责任，包括社会保险责任、经济补偿责任以及其他非财产性质的责任”。“社会保险责任、经济补偿责任本来就是国家规定的强制性义务”，倘若破产即可规避工伤等社会保险责任，则劳动者已付出劳动期间的职业或社会风险岂不是因事后破产行为而丧失保障？商业经营破产不等同社会法责任“破产”！本文主张以企业拒不履行工伤保险费缴费义务之违法行为及工伤职工生命救治需要来“刺破公司面纱”。

五、有关建议

笔者认为，现行《企业破产法》错在：①不应将工伤待遇“债权”列为破产费用、共益债务之后，清偿顺序不符合社会法属性或保护原则；②破产而抵消工伤保险责任，尤其抵消的是蓄意不缴费之违法行为于情、于理、于法不合。完善的社会保险立法执法决定了工伤待遇“债权”可在破产清算范畴外，通过社会保险基金支付解决。笔者建议：

（一）修改相关法律法规

1. 强化工伤保险强制性特征。进一步厘清工伤保险法律关系产生时间或要件（自用工之日产生，保费关系另行处理），扩大或完善社会保险基金保障范围及能力，细化行政部门主动征收社会保险费的监督措施，“对雇主和个人逃避缴纳社会保险费”进行“经济处罚”。进一步探讨企业拒不缴费，对雇主（实际控制人、现或原股东）个人进行行政征收工伤保险费的可行性。

2. 修改《社会保险法》《工伤保险条例》等，明确工伤待遇全由工伤保险基金支付。进一步商讨拒不缴费的行政法律责任问题，譬如责令停产停业。进一步研究基金先行承担支付责任，再以行政、司法手段（包括但不限于向投资人）追讨欠费之可行性。

3. 修订《企业破产法》，规定企业承担的工伤待遇债权破产清偿顺序优于破产费用、共益债务。允许职工在破产程序终结后可就其未获完全清偿的工伤待遇向企业所有人、实际控制人、现或（工伤时）原股东追偿。

4. 规定两方面刑事责任：其一针对企业（不包含劳动者，因企业代缴工伤保险费），其二针对征收部门。

（二）理念更新及制度改革

在相关法规尚未修改前提下，建议通过以下措施渐进改革：

1. 建立工伤待遇破产绝对优先保护理念。

2. 探索确立“小额”破产标的破产管理人由公办破产管理机构，甚至公职机构的公职律师执行制度。

3. 探索建立相应公益诉讼制度。该制度一般设置于破产程序之前，进入破产程序后，相关部门亦可协助工伤职工进行追偿。

参考文献

[1] 王欣新，尹正友. 破产法论坛（第八辑）[M]. 北京：法律出版社，2013.

[2] 韩长印. 破产法学 [M]. 北京：中国政法大学出版社，2007.

[3] 董保华. 劳动合同立法的争鸣与思考 [M]. 上海：上海人民出版社，2011.

[4] 董保华. 社会保障的法学观 [M]. 北京：北京大学出版社，2005.

[5] 常凯. 劳动合同立法理论难点解析 [M]. 北京：中国劳动社会保障出版社，2008.

[6] 大卫·G·爱泼斯坦，史蒂夫·H·尼克勒斯，詹姆斯·J·怀特. 美国破产法 [M]. 韩长印，译. 北京：中国政法大学出版社，2003.

[7] 董保华. 社会法原论 [M]. 北京：中国政法大学出版社，2001.

工伤认定实践之困惑和递进式解决方案探讨

李享昌　郭金荣　广东省珠海市人力资源和社会保障局

【摘　要】本文从《工伤保险条例》实施以来的工伤认定工作实践入手，着重分析现阶段工伤认定中的困惑及形成原因，并提出敢为天下先的递进式解决问题的构想和建议。

【关键词】工伤保险　司法衔接　救济途径

一、序言

工伤保险，即为了保障因工作遭受事故伤害或者患职业病的职工获得医疗救治和经济补偿，促进工伤预防和职业康复，分散用人单位工伤风险的一种社会保障制度。目前社会舆论大肆宣传"工伤保险保职工"，也反映了社会对工伤保险的普遍看法。笔者认为，媒体部分观点具有片面性。从工伤保险定义上看，媒体部分观点忽视了工伤保险分散用人单位工伤风险的职能。一定程度上说，是否参加工伤保险，对职工来说无足轻重，"工伤保险基金不对我负责，用人单位就要对我负责，工伤（或者患职业病）都是在法定的保障范围内"。从工伤保险的由来看，工伤保险初衷是为了分散用人单位的风险，即承担雇主责任（现在普遍演变为企业责任）。工伤保险制度建立之前，发生工伤事故后，单个雇主或者企业工伤责任负担过大、甚至无力支付，在这种情况下，产生了雇主或者企业联合基金，即雇主和企业共同缴纳一批资金，共渡难关，这也是欧洲等发达国家工伤保险发展的雏形。从雏形到现在的社会保障制度，工伤保险正在逐渐转变，从"同情老板"到现在的"同情弱者"，从工厂内工作事故伤害延伸为上下班交通、预备性和收尾性工作的事故伤害，从企业包干制到现在的企业有限责任。从感情承受上讲，现在社会舆论几乎是一边倒地倾向弱者，如职工在工作中受到事故伤害，"董事长就应该天天给伤者送鸡汤"，即使如此，社会上也有"这是个黑心老板，事后装好人"的声音。本文聚焦目前工伤认定的困惑，分析深层次原因，提出敢为天下先的构想，仅为工伤保险同行和热衷于工伤保险研究的同志抛砖引玉。

二、工伤认定实践的四大困惑

工伤保险相对于养老、医疗、失业、生育等累计式的社会保险来说，最大的特点就是突发性、不可预测性，也就是保险合同的最本质定义——射幸合同。偶然的事件在法律适用上争议颇大，行政与司法的尺度、合理路线和合理时间把握、伤病因果关系等均难以形成统一的共识，工伤保险在行政确认、法院裁决、工伤待遇支付中社会满意度有待提高。

（一）视同工伤“48小时之内”的起算点和终点的把握容易产生歧义

视同工伤条款中“在工作时间和工作岗位，突发疾病死亡或者在48小时之内经抢救无效死亡的”情形，48小时是客观值，容易把握，但48小时的起算点和终点在工伤认定和司法裁判中始终争论不休。起算点必须在工作时间和工作岗位也是明确的，但“突发疾病”如何起算？有的行政部门要求送医院救治才能起算，有的要求必须突发疾病后中断工作才能起算，有的要求只要职工在工作中有发病的征兆，比如不舒服、头痛脑热即可，有的要求职工明示说不舒服。多数在家或者宿舍死亡的职工，司法机关只要有发现职工在工作中有不舒服的证人证言就要认定工伤，在诚信如此缺失的今天，认定为工亡的随意性太大。同时，终点的计算争议也不小，国家目前的死亡标准以医疗或者相关鉴定机构出具的死亡证明为准，以心脏停止跳动为尺度。在现实医疗中，众多医生会宣布患者脑死亡，但还在抢救中。针对这段时间，家属认为应该以脑死亡为准，脑死亡到心脏停止跳动的时间不应记入48小时之内。反对者认为，既然脑死亡是死亡，那么医院怎么老是对“死人”（脑死亡者）还抢救，不是自相矛盾？死亡，涉及人身、财产、继承等一系列法律关系的变化，为什么在人身、财产、继承等民事权利义务纠纷中死亡标准争议均不明显，唯独在工伤认定中争议如此难以统一？

（二）上下班途中合理时间、合理路线难以把握

认定工伤条款中“在上下班途中，受到非本人主要责任的交通事故或者城市轨道交通、客船轮渡、火车事故伤害的”情形，上班的起点和下班的终点在目前工伤认定中争议不是很明显，上班一般以到单位前的最后一个出发点起算，下班一般以离开单位后最先到达点为终点。但最高人民法院的司法解释中明确要以“合理时间”“合理路线”（《最高人民法院关于审理工伤保险行政案件若干问题的规定》第六条，以下简称工伤司法解释）为尺度，如何合理把握，因人而异。合理时间、路线在交通日益拥堵的今天全靠个人说辞，张三认为合理的，李四认为不合理；法官认为不合理的，社会保险行政部门认为合理。

从合理时间上讲，目前职工下班后在单位健身数小时再回家的情形越来越多，有的职工甚至在单位叫外卖与同事聚餐后再回家，适当延长是应该的，但是如何把握？周末下班有的同事在单位娱乐到深夜再回家，是合理时间吗？有的同事住郊区，为避免工作日堵车，提前一天晚上到单位是合理时间吗？

合理路线问题争议也不小。工伤司法解释中工作地与配偶、父母、子女居住地以及日常工作生活所需要的活动场地之间，且在合理时间和合理路线的上下班途中均可作为合理

路线。但在现实工伤认定中，事实千差万别。上班途中绕道经常发生，绕道的合理性是否以绕道的目的来划分，绕道办私事不合理？绕道买菜、接送孩子上学和放学合理？绕道接配偶、同事合理？绕道接女朋友不合理？且交通事故发生时往往是在途中，是否为合理目的全靠当事人陈述。法律法规实施过程中，最大的难度莫过于对动机的揣测。伤者可能从最有利于认定工伤的角度考虑，但用人单位可能从非工伤的角度出发。

（三）职业病的“碰瓷”现象有所抬头

按照《工伤保险条例》规定，患职业病的应当认定为工伤。职业病的认定以职业病防治院的诊断为准。由于职业病筛查体检的费用往往大大高于一般的体检费用，有些企业在岗前和岗后均没有进行相应的职业危害因素体检。个别已患职业病的员工故意寻找相应的职业病危害因素岗位，在工作一段时间被诊断为职业病后，领取相应的工伤保险待遇，再寻找下一家单位炮制领取相应的待遇。由于各地的工伤认定、劳动能力鉴定和待遇支付系统均没有联网，这类人员在用人单位尽快结束工伤争议的动机下往往很容易得逞。

（四）劳动关系在工伤认定中的尴尬

劳动关系在工伤认定中的作用举足轻重，劳动行政部门具有确认劳动关系的法定职责，这点已经在社会保险行政部门和司法部门达成了共识。按照《工伤保险条例》受理工伤认定的条件来说，劳动关系是受理工伤认定的必要条件，即只有劳动关系存在才能受理工伤认定（建筑承包关系承担工伤保险主体责任的除外），然后开具《工伤认定受理通知书》。目前职工申报工伤认定时，如果不能提供劳动关系的证明材料，按理应当不予受理，但是司法机关建议劳动行政部门调查劳动关系是否存在，比如向用人单位发出《调查询问通知书》、实地调查工友等。早期司法部门认可这种行为，但有司法机关以没有受理径自调查为由，认为违反了“先受理后调查”的原则，而此时受理则违背了达不到受理条件但予以受理的规范，劳动行政部门进入了受理和不受理均两难的尴尬境地：受理后调查，有司法部门质问，没有受理条件，不应受理；不予受理，有司法机关质问，劳动行政部门具有劳动关系确认的职权，未调查就不予受理不妥。等同于，此种情况无论劳动行政机关如何作为均存在程序违法的嫌疑。

三、工伤认定困惑的成因分析

（一）工伤认定操作细则迟迟未出台

工伤认定目前均适用《工伤认定办法》（以下简称《办法》），但《办法》涉及程序和文书制作居多，对《工伤保险条例》第十四条、第十五条认定工伤和视同工伤的适用情形避而不谈，导致各地在适用时五花八门，司法机关甚至直接出台工伤认定审判意见来明确如何适用。工伤认定的行政属性，第一道关口应在行政机关，行政机关避而不谈如何适用，司法机关也无所参考，以致司法机关直接规范行政内部合理与否的问题，如工伤认定审判意见中直接提到“合理时间”“合理路线”的问题。

（二）行政与司法衔接不畅

工伤认定中行政与司法衔接不顺畅的问题日益突出，整体来说经过 3 个阶段。第一阶段，司法机关强势监督行政机关，行政机关基本以司法机关意见为准，以司法机关判例指导日常工伤认定工作。诸多地区都经历过第一阶段，因为行政败诉作为依法行政考核的一项重要标准，任何行政机关都不可能在司法监督外运行。日积月累，司法机关关于工伤认定的判决越来越多，导致同案不同判的情况逐渐增多。笔者见过法院的同一行政庭对同类案件在不同时间段竟然出现截然相反的判决，甚至在《工伤保险条例》明确醉酒不能认定工伤的前提下，仍然有法官以“立法本意”为由公然判决为工伤。法官揣测所谓“立法本意”，忽视了文字表述是立法最根本的“本意”，条文明文规定醉酒不能认定为工伤，但个别法官诠释这个明文不是立法的本意。如此，行政机关对个别案件无法作出工伤认定，按照个别法院判决无所适从。第二阶段，行政机关和司法机关各自为政、我行我素。工伤认定中行政败诉多数是对法条的理解不同，如上下班合理路线、合理时间，是否与工作相关等，均无客观标准执行。第二阶段造成的直接后果是工伤认定行政诉讼井喷式增长，司法机关与行政机关互不沟通，有媒体报道行政部门 4 次拒不执行法院判决就是鲜明的例子。第二阶段行政诉讼的井喷也造成法院审判的压力突增，亟待从源头上减少行政诉讼。司法机关则倾向于行政实际情况和社会效果，逐渐认同行政机关在一线作出的工伤认定决定，使“司法干预行政”得以缓解。第三阶段，司法机关和行政机关逐渐意识到司法、行政缺乏统一的标准所导致的后果不堪设想，均寻求价值取向一致的解决之道，双方均呼吁出台细则标准，统一认识，以利于行政、司法工作的顺利开展。

（三）公平正义的天平失衡

有人调侃，如果工厂有员工工伤住院，就是董事长天天给员工送鸡汤，社会舆论也有声音说这是“会演戏的无良老板”。在如此社会大背景下，参保职工发生伤害多数倾向于认定工伤；未参保的情况，以呼声高的一方意见为准。在息事宁人的氛围下，一些明文规定不是工伤的情形被认定为工伤，一些明明是工伤的情形没有被认定为工伤，此类现象对工伤认定行政行为影响极大。

四、敢为天下先的工伤认定递进式解决方案

（一）推进诚信建设制度化

贯彻落实《社会信用体系建议规划纲要（2014—2020）》，加强政务诚信、商务诚信、社会诚信和司法公信建设，切实形成良好的讲诚实、守信用的社会舆论环境、经济环境和社会环境，着力推进诚信建设规范化、长效化，建立起全覆盖的社会信用信息记录。将工伤保险管理和服务的全过程引入信用信息系统，实施诚信监督惩戒，从源头上遏制欺诈骗保等失信行为。

（二）细化并创新工伤认定细则

人力资源社会保障部门在《工伤保险条例》实施十几年来应当收集实施中遇到的实际问题，特别对上下班途中合理时间、合理路线以及48小时的起算点和终点等问题逐一进行明确，避免过多因素干预行政合理性，减少工伤保险行政争议。

（三）取消工伤认定司法救济途径

如上述两条无法实现，笔者建议取消工伤认定司法救济途径。《工伤认定决定书》和《道路交通事故认定书》理论上属于对事故不同性质的认定，相比《工伤认定决定书》，《道路交通事故认定书》更为重要。道路交通事故认定在决定民事赔偿责任的同时直接决定是否实施刑罚，比如造成1人死亡的交通事故肇事者负次要责任无须承担刑罚，负全部责任须承担刑罚，但针对《道路交通事故认定书》无单独的司法救济途径。建议《工伤认定决定书》参照《道路交通事故认定书》，取消针对《工伤认定决定书》单独进行行政复议和诉讼，可以申请在本部门或者上级部门复查，如复查后仍然有异议，可在民事、行政或者刑事诉讼中一并提出，司法机关将一并予以司法审查。即司法机关在工伤保险待遇劳资纠纷中将《工伤认定决定书》作为证据予以审查。

（四）取消工伤认定行政确认事项

如果上述方案都无法实施，建议直接取消工伤认定行政确认事项。同属于五项社会保险中的养老、医疗、失业和生育保险，如果职工参保，达到领取或者享受待遇条件的直接由社会保险经办机构在发放时一并审核是否应该享受，未参保的由仲裁、司法机构直接裁定用人单位未缴费造成职工的损失。工伤保险属于社会保险中的一种，为何要单独作出行政决定，然后由社会保险经办机构支付待遇？参照其他社会保险的做法，可以直接取消工伤认定行政确认事项，由社会保险经办机构在核发待遇时或者由仲裁、司法机构一并审查是否为工伤。

（五）快速核发工伤保险待遇

取消工伤认定后，工伤职工申请待遇前可进行劳动能力鉴定，劳动能力鉴定机构对是否为工伤不作判断，只对劳动能力鉴定等级进行评定。等级评定后，未参保工伤职工待遇直接由劳动监察、劳动仲裁或者司法机构裁决直接予以处理。处理待遇的同时直接将职工分为工伤职工和非工伤职工，职工或者用人单位对待遇处理结果不服的，则处理机关在审核待遇时一并审查是否为工伤的问题。参保工伤职工由社会保险经办机构直接核定是否按照工伤保险待遇发放及发放金额。职工或用人单位对核定结果不服的，直接提起行政复议或者行政诉讼，复议或者诉讼中审核待遇时一并审查是否为工伤的问题。这种方法解决了工伤认定司法救济途径问题，也简化了程序，在当前“群众最多跑一次”的背景下，可以大大提升行政和司法效能。这样既减少了诉累，又避免了职工在历经行政确认诉讼、劳动仲裁、工伤保险待遇诉讼后获得工伤保险待遇。

参考文献

[1] 人力资源和社会保障部工伤保险司. 工伤保险政策法规汇编（2018）[M]. 北京：中国劳动社会保障出版社，2018.

[2] 人力资源和社会保障部工伤保险司. 工伤预防培训教材（2018）[M]. 北京：中国劳动保障出版社，2017.

毕节市工伤认定行政复议和行政诉讼中存在的问题及建议

姜刚刚　毕节市人力资源和社会保障局

【摘　要】工伤认定是保障受伤害职工权益的基本前提，是维护社会稳定的重要基石。工伤认定行政复议和诉讼，是用人单位或工伤职工及其近亲属，依照相关法律法规规定，对工伤认定结论不服，依法向复议机关申请复议或者向人民法院提起诉讼的救济行为。本文通过对贵州省毕节市2014年以来工伤认定行政复议、诉讼案件进行分析，为人力资源社会保障部门创新工伤保险服务管理、优化办事流程，提出相应的对策和建议。

【关键词】工伤认定　行政复议和诉讼

作为贵州省脱贫攻坚战主战场的毕节市试验区，近年来，试验区高速发展，越来越多的农民工进城务工。农民工参加工伤保险成为工伤保险助力脱贫攻坚的主线，但相应地，农民工工伤案件逐年增多，随之而来的工伤认定行政复议、诉讼案件数量也逐年上升。通过对工伤认定行政复议、诉讼案例的研究分析，可以发现一些平时在开展工伤认定工作时没有注意到的问题。这些发现既能够查漏补缺，完善办案程序，避免类似问题再度发生，也能够提高工伤认定水平，同时更好地保障工伤职工和企业的合法权益，助推建筑业全面参加工伤保险，防止农民工因工致贫返贫，为确保毕节市与全国全省同步全面建成小康社会尽一份责任。

一、工伤认定及行政复议、行政诉讼基本情况

（一）行政复议和行政诉讼的案件情况

2014年1月至2017年11月，毕节市人力资源和社会保障部门被行政复议的工伤案件共90件，每年复议案件数基本保持稳定；被行政诉讼的工伤案件共173件，诉讼案件数呈递增趋势，详见表1和图1。

表 1　2014 年 1 月至 2017 年 11 月毕节市工伤认定行政复议和行政诉讼案件数量

年度	行政复议				行政诉讼			
	总数/件	维持/件	撤销/件	申请人撤回/件	总数/件	维持/件	撤销/件	原告撤诉/件
2014 年	19	18	1	0	24	23	1	0
2015 年	29	24	2	3	39	30	5	4
2016 年	22	19	2	1	54	38	6	10
2017 年	20	17	3	0	56	43	6	7
合计	90	78	8	4	173	134	18	21

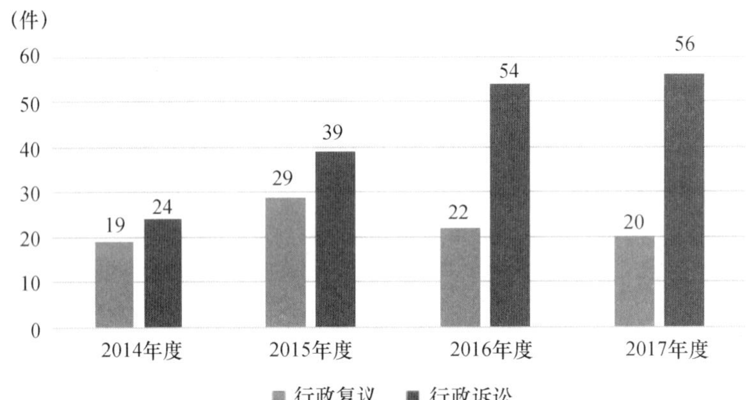

图 1　2014 年 1 月至 2017 年 11 月毕节市工伤认定行政复议和行政诉讼案件数量

（二）行政复议和行政诉讼案件中参加工伤保险的情况

2014 年 1 月至 2017 年 11 月，在毕节市人力资源和社会保障部门被行政复议的 90 件工伤案件中，未参加工伤保险的案件为 74 件，占行政复议工伤案件总数的 82%；被行政诉讼的 173 件工伤案件中，未参加工伤保险的案件数为 156 件，占行政诉讼工伤案件总数的 90%。可以看出，行政复议和行政诉讼的工伤案件中，绝大部分没有参加工伤保险（详见表 2）。

表 2　2014 年 1 月至 2017 年 11 月毕节市工伤认定行政复议和行政诉讼案件中参保案件数量

年度	行政复议		行政诉讼	
	数量/件	未参保案件数量/件	数量/件	未参保案件数量/件
2014 年	19	15	24	20
2015 年	29	25	39	35
2016 年	22	18	54	50
2017 年	20	16	56	51
合计	90	74	173	156

（三）行政复议、行政诉讼中因程序和实体违法被撤销的工伤案件情况

2014 年 1 月至 2017 年 11 月，毕节市人力资源和社会保障部门在行政复议被撤销的 8 件工伤案件中，因程序违法被撤销的案件为 3 件，呈递增趋势；在行政诉讼被撤销的 18 件案件中，因程序违法被撤销的案件有 6 件，也呈递增趋势（详见表 3）。

表 3　2014 年 1 月至 2017 年 11 月毕节市工伤认定行政复议和行政诉讼案件中因程序和实体违法被撤销的情况

年度	行政复议			行政诉讼		
	复议被撤销案件数量/件	因程序违法被撤销案件数量/件	因实体违法被撤销案件数量/件	诉讼被撤销案件数量/件	因程序违法被撤销案件数量/件	因实体违法被撤销案件数量/件
2014 年	1	0	1	1	0	1
2015 年	2	0	2	5	1	4
2016 年	2	1	1	6	2	4
2017 年	3	2	1	6	3	3
合计	8	3	5	18	6	12

（四）行政复议和行政诉讼案件在所有工伤认定案件中的占比情况

2014 年 1 月至 2017 年 11 月，毕节市人力资源和社会保障部门作出认定工伤决定和不予认定工伤决定的 15 169 件案件中，2014 年有 3 425 件，其中被行政复议的案件有 19 件，占所有工伤案件的比例为 0.55%，被行政诉讼的案件有 24 件，占比 0.7%；2015 年为 4 694 件，其中被行政复议的案件有 29 件，占比 0.6%，被行政诉讼的案件有 39 件，占比 0.83%；2016 年为 3 673 件，其中被行政复议的案件有 22 件，占比 0.6%，被行政诉讼的案件有 54 件，占比为 1.47%；2017 年为 3 377 件，其中被行政复议的案件有 22 件，占比 0.6%，被行政诉讼的案件有 54 件，占比 1.66%。工伤认定案件和行政复议案件数量基本保持稳定，但行政诉讼案件明显递增（详见表 4）。

表 4　2014 年 1 月至 2017 年 11 月毕节市认定工伤及不予认定工伤的案件中行政复议和行政诉讼情况

年度	认定和不予认定工伤案件数量/件	行政复议案件数量/件	复议案件数在案件总数中的占比/%	行政诉讼案件数量/件	诉讼案件数在案件总数中的占比/%
2014 年	3 425	19	0.55	24	0.7
2015 年	4 694	29	0.6	39	0.83
2016 年	3 673	22	0.6	54	1.47
2017 年	3 377	20	0.6	56	1.66
合计	15 169	90	0.59	173	1.14

注：表 1、表 2、表 3、表 4 的数据来源于毕节市人力资源和社会保障局法规科、工伤保险科、工伤认定办公室报表统计。

二、工伤认定行政复议、行政诉讼案件发生的原因

通过对近年来行政复议、行政诉讼案件的研究分析，引起行政复议、行政诉讼案件发生的主要有以下几个原因：一是职工对工伤规定了解不深，认为自己的伤或病是因为工作引起的，就应当认定为工伤，如上下班途中走路不慎摔伤等。二是认为工伤法规不完善，如在工作时间、工作场所突发疾病经抢救治愈或超过 48 小时死亡的，不能被认定为工伤。三是用人单位为追求自身利益，不为职工参加工伤保险，发生工伤后不愿按规定赔偿，利用法律规定恶意申请行政复议和行政诉讼，拖延赔偿时间，如毕节市一工伤职工，因用人单位恶意申请行政复议和行政诉讼，从工伤确认到获得赔偿，历时 6 年！

三、通过工伤认定行政复议和行政诉讼发现的问题

（一）认定程序不够规范

从表 3 可以看出，2014—2017 年的败诉案件中，因程序违法被撤销的工伤认定行政复议案件有 3 件，占被行政复议撤销总数的 37.5%；因程序违法被撤销的工伤认定行政诉讼案件有 6 件，占被行政诉讼撤销总数的 33.33%。通过对此类案件的分析，程序上存在的问题主要有以下几方面：

一是在核查申请人提交的申请材料时流于形式，未认真核实申请材料中的复印件是否与原件一致、相关证据材料之间是否存在关联性、相关文书是否符合国家规定的要求和格式。例如，申请人提供的职业病诊断证明书或者职业病诊断鉴定书不符合国家规定的要求和格式，社会保险行政部门可以要求出具证据部门重新提供。

二是未在《工伤保险条例》规定的时限内依法作出工伤认定申请受理决定或者工伤认定结论，出现工伤认定结论超期的现象，导致工伤职工不能及时获得医疗救治和经济补偿，同时以程序违法而被法院撤销。例如，法院在审理原告某煤矿诉该县人力资源和社会保障局及第三人王某某工伤认定行政管理一案中，发现人力资源和社会保障部门在受理工伤认定申请后，未在法律规定时限内向原告送达受理决定书和工伤认定限期举证质证通知书，也未在 60 日内依法作出工伤认定决定书，最后人民法院以程序违法为由，判决撤销人力资源和社会保障局作出的工伤认定决定，限期重新作出工伤认定决定。

三是文书送达程序不规范。少数县（区）没有严格履行直接送达程序，滥用邮寄送达和公告送达，混用留置送达，行政相对人由于没有收到行政机关送达的文书，导致没有在规定时限内行使其举证权利。例如，某县人力资源和社会保障局于 2016 年 4 月 19 日受理朱某某的工伤认定申请后，于 2016 年 4 月 27 日将《认定工伤举证通知书》（举证期限为 15 日）通过邮政快递邮寄到某建设有限公司，但并未留下该建设有限公司签收该邮件的记录，之后人力资源和社会保障局作出工伤认定决定后通过邮政快递将认定文书邮寄到该建设有限公司，但同样并未留下该建设有限公司签收该邮件的记录，最后被人民法院以程序违法撤销了本次工伤认定决定。

（二）部分工伤案件调查核实难度大

通过对因实体违法败诉案件的分析，笔者发现，工伤认定行为时间上的滞后性，导致部分工伤案件调查核实难度大，甚至通过调查无法还原当时情况，具体表现为以下几点：

一是劳动关系确定难。主要表现：农民工法律意识淡薄，不与用人单位签订劳动合同，致使农民工申请工伤认定时，因不存在劳动关系而无法受理。同时，许多用人单位利用农民工求工心切的心理，自己又想规避法律责任，故意找各种借口搪塞，拒绝与农民工签订劳动合同。另外，用人单位存在层层转包，导致确定劳动关系十分困难。农民工工伤认定中大量存在企业租赁、承包，工程转包、分包等情况，不少用人单位在生产经营过程中发生工伤事故后，企业的租赁方、发包方和承包方以及建筑工程的转包、分包方和承揽方互相推诿，以自己不属于受伤职工的用人单位为由拒绝承担责任。

二是工伤认定证据收集难。主要表现：社会保险行政部门调查取证时用人单位不配合，从而使得认定工作无法进行下去。例如，用人单位在社会保险行政部门工作人员前来调查时拒不开门，或拒收工伤调查通知书；有的是老板逃走或者单位地址更改等。

三是交通事故认定工伤难。对上下班途中发生非本人主要责任的交通事故，需要以公安机关交通管理部门的事故责任认定为依据。但对于公安机关交通管理部门无法认定事故责任或责任认定有明显错误的交通事故，当事人提出工伤认定申请后工伤认定难，如对“上下班途中”“合理时间、合理路线”的情形理解和处理不一。

（三）工伤保险法规政策宣传不够，工伤保险未实现全覆盖

通过表2有关数据可以看出，因未参加工伤保险引发的行政复议和行政诉讼案件占所有行政复议和行政诉讼案件的87.45%，反映出目前工伤保险宣传力度不够，用人单位对工伤保险认识不足，影响了其依法参加工伤保险的积极性，以致为追求单位利益而漠视职工的工伤保险权益。尤其是小型企业和个体工商户，他们对法律法规了解不足，加上自身资金不足，在成立后没有及时向社会保险经办机构申报及缴纳工伤保险费，加上安全生产管理不到位，一旦发生工伤事故，很容易引发行政复议和行政诉讼。

（四）用人单位滥用法定救济程序恶意诉讼

从表2和表4有关数据和对相关案件研究分析发现，部分用人单位未依法参加工伤保险，为躲避责任、拖延时间，存在滥用法定救济程序恶意诉讼的情况。根据有关法律法规规定，职工因工受伤后，工伤赔偿的最长程序为：劳动关系确认经历劳动仲裁、劳动争议一审二审，工伤认定经历行政复议、行政诉讼一审二审，工伤赔偿经历劳动仲裁、劳动争议一审二审、民事执行。如果用人单位未参加工伤保险，不愿意对工伤职工进行赔偿，只要充分利用法律赋予的救济程序，就可以将赔偿拖延数年时间。

四、相关工作对策和建议

（一）进一步严格程序，完善工作流程

一是严格审核申报材料。对重特大工伤事故的调查，坚持实地走访调查和集体分析讨论相结合，保障工伤调查的客观公正。同时，加强协调，提高办案效率。对需要裁定劳动关系的案件，及时与调解仲裁机构沟通对接进行劳动关系确认。对典型案件、重特大疑难工伤案件，及时与上级部门交换意见，保证政策答复一致。

二是健全行政决策机制，完善行政决策程序。把公众参与、专家论证、风险评估、合法性审查、集体讨论决定等机制作为行政决策的必经程序，确保决策制度科学、程序正当、过程公开、责任明确。

三是完善法律顾问制度。各级人力资源和社会保障部门均应当成立法律顾问组，明确本单位法学专业毕业或熟悉法律法规工作的同志作为法律顾问组成员。同时，充分发挥法律顾问的作用，定期不定期召开会议研判行政诉讼疑难案件，对案件事实是否清楚、程序是否合法、适用依据是否正确等问题进行审查。

四是进一步完善行政机关负责人出庭应诉制度，行政机关负责人带头学习《行政诉讼法》，严格按照《行政诉讼法》的要求出庭应诉。行政机关负责人出庭应诉，可以及时、准确掌握本单位在行政执法工作中的问题。同时，通过与行政相对人当面沟通、平等对话，可以使行政相对人感受到行政机关对自己诉求的重视及解决问题的诚意，对化解矛盾和案件的顺利协调起到促进作用。

（二）进一步加强工伤调查队伍建设

一是进一步加大行政执法培训力度。加强培训的针对性和有效性，严格规范日常执法行为，进一步提升基层执法人员综合素质和执法办案能力，进一步增强执法人员责任意识、危机意识和群众观念，以适应新形势下执法办案工作的需要。

二是各县（区）人力资源和社会保障部门要尽快建立健全法制工作机构，配齐配强行政执法、行政应诉人员。

三是坚持持证上岗、亮证执法。所有行政执法人员均须参加培训，经测试合格方能办理行政执法证。执法过程中要规范执法行为，端正执法态度，不粗暴执法，推行柔性执法。将精通法律、政策，协调能力强的干部充实到行政执法和法制工作机构，畅通投诉、申诉渠道。

四是通过专题会议、业务培训、个案交流等多种方式与人民政府法制办和人民法院进行沟通交流，以行政诉讼的标准和要求开展行政执法工作，尽可能缩小同市政府法制办、各级人民法院在法律认识上的差距。

（三）进一步提高工伤认定工作效率

一是提高办事效率，优化办案程序。对于事实清楚、证据确实充分的工伤案件，推出

工伤认定简易程序，在30天内作出工伤认定决定。积极协调劳动关系调查处理，从源头上预防和减少投诉、行政复议和行政诉讼案件的发生。

二是保证工作质量，搭建交流平台。针对工伤认定中出现的疑难案件，及时召开案例分析会。针对“偏、难、怪”的案件，及时与法院、人民政府法制办和省人力资源和社会保障厅工伤保险处、法规处沟通联系，确定方案，确保上下政策协调一致，有效预防工伤信访案件的发生。

三是加强行政调解在化解行政争议案件中的作用。特别是在工伤认定纠纷、劳动保障监察、社会保险等涉及民生的领域，能调解解决的行政争议尽量通过调解解决，减少行政诉讼案件发生。

（四）加强工伤保险宣传和安全生产教育

一是要加大工伤保险法规政策宣传，主要针对用人单位的负责人和社会保险经办人进行宣传，提高用人单位依法参保意识，从而保障职工工伤权益，分散用人单位工伤风险。

二是用人单位要加强劳动技能培训和安全生产教育，通过采取这两项措施提高职工安全生产能力，从源头上减少工伤事故发生。

（五）完善立法，避免恶意诉讼

《中华人民共和国劳动合同法》《工伤保险条例》及行政复议、诉讼等法律法规的救济规定，根本目的在于规范行政行为，保护用人单位和职工的合法权益，但如不加以限制，反而为部分用人单位通过恶意复议、诉讼来拖延承担责任的时间提供了合法的依据，不利于及时保护工伤职工合法权益，不利于社会稳定，建议在立法层面予以完善。

参考文献

[1] 杨科雄. 最新工伤认定规则与适用（第二版）[M]. 北京：法律出版社，2015.

娄底市工伤保险基金运行现状与思考

吴月松　邬明雄　娄底市工伤保险管理处

【摘　要】 工伤保险基金是工伤保险制度的重要内容，该基金通过社会保险经办机构向用人单位广泛筹集资金，用以保障工伤职工的基本权益。湖南省娄底市是典型的资源型城市，有大量的相关从业人员，但目前面临资源枯竭和产业结构调整的挑战，给工伤保险基金的正常运行带来了诸多问题。本文在对娄底市所辖各县市区、乡镇、企业进行实地调研和综合分析的基础上，针对其中所存在的问题提出了相应的措施和建议，以期对娄底市乃至其他地方工伤保险基金管理和运行有所补益。同时，也可以将本文作为个案研究，对相关问题的探讨提供一定的参考。

【关键词】 工伤保险基金　运行　对策

娄底市地处湖南省中部，是湖南省重要的工业城市。辖区资源丰富，为典型的资源型城市，拥有千万吨煤、千万吨钢、千万吨水泥的生产能力。这种丰厚的矿产资源和强大的生产能力，为全市、全省乃至全国的发展做出了重要贡献，但资源的枯竭和国家产业结构的调整，给工伤保险基金的正常运行带来了巨大挑战。娄底市拥有数量庞大的就业人口，工伤保险基金在保障从业人员工伤权益以及促进社会和谐发展方面有着不可替代的作用。纵观学界研究情况，关于工伤保险基金以及相关社会保障制度的研究大多都停留在较为宏观的理论层面，结合实际调研考察对工伤保险基金运行情况进行探讨的研究还相对较少。本文以娄底市为例，在对所辖各县市区、乡镇、企业进行实地调研考察和综合分析的基础上，针对其中所存在的问题提出了相应的措施和建议，以期对娄底市乃至其他地方工伤保险基金的管理和运行有所帮助，进一步对工伤保险基金制度的发展提出若干意见。同时，本文也可以作为个案，为此后这一类问题的研究提供参考。

一、娄底市工伤保险基金运行基本状况

娄底市工伤保险工作于 2005 年 5 月正式启动，2007 年 1 月 1 日起实行市级统筹，

2013 年 10 月 1 日起调整市级统筹方式，实行“统一政策、基金分级管理、建立储备金调剂制度”的基金运行模式。其工伤保险事业虽然起步晚、基础差、欠账多，但由于政府和用人单位比较重视，加之多方协调，所以发展较为迅速。经过不懈努力和不断改革创新，在短短十多年的时间，娄底市参保户数由 2006 年的 650 户增加到 2017 年的 4 353 户，工伤保险参保人数由 70 188 人增加到 405 209 人，基金征缴收入从每年 806 万元增加到 16 865 万元，增长 20. 9 倍，基金收入的“蛋糕”逐步做大。工伤保险事业的快速发展，极大地提高了工伤保险基金的保障能力和服务能力。截至 2017 年年底，娄底市共为 36 913 名工伤职工及其供养亲属支付工伤保险待遇 130 032 万元，有力地保障了工伤职工的合法权益，并且有效分担了用人单位风险，为推动娄底市转型发展和改善民生发挥了应有的作用。

二、当前工伤保险基金运行存在的主要问题及原因分析

当前，受资源日益枯竭和经济持续下行的叠加影响，娄底市工伤保险运行出现了一些不容忽视的困难和矛盾，不少问题交织出现，集中表现为“两大、两高、两多、两难”问题。

（一）基金征缴难度大与支付压力大并存

因娄底市工伤保险已实现辖区内煤矿企业、建筑施工项目参保基本覆盖，大部分大中型企业、事业单位、服务行业和部分公务员单位都已参保，征缴扩面的空间相对缩小。再加上近两年娄底市民间融资风险集中爆发，以及钢铁、煤炭、水泥、有色金属等传统支柱产业不景气，企业生产经营十分困难，其中大部分煤矿企业关闭退出，没有关闭退出的煤矿大部分处于停产、半停产状态，导致部分企业没有能力和意愿缴纳工伤保险费，欠缴情况很普遍。在这种形势下，2013 年娄底市工伤保险基金征缴收入同比减少 80 万元，增幅为-0. 59%。2014—2016 年，娄底市工伤保险基金收入相对稳定，但考虑缴费基数递增的因素，工伤保险基金收入明增实减。

作为典型的资源型城市，过去娄底市重工业占全部工业的比例达 80%以上，支柱产业主要集中在钢铁、煤炭、化工、有色金属、建材、火电这六大高污染、高能耗领域，占全部工业的比例达 60%。正因为这种经济结构，高危行业从业人员多，目前，全市高风险行业参保 195 938 人，占总人数的 48. 4%，高风险企业各类工伤（亡）事故的发生概率更大。以涟源市为例，该市 2007—2014 年共发生工伤事故 8 393 起，工伤 8 414 人次，工亡 266 人，支出工伤保险待遇 26 800 万元，其中煤炭企业共发生工伤事故 6 887 起，工伤 6 947 人次，工亡 243 人，支出工伤保险待遇 25 186 万元，煤炭行业缴支比例达到 190. 2%。同时，2011 年修订后的《工伤保险条例》实施，基金支付项目不断增加，即将原来由用人单位支付的一次性工伤医疗补助金、住院伙食补助费，以及到统筹地区以外就医所需的交通、食宿费等，均纳入工伤保险基金支付范围。同时大幅提高了待遇支付标准，即提高了一次性伤残补助金标准，七级至十级伤残提高 1 个月的本人工资，五级至六级提高 2 个月的本人工资，一级至四级提高 3 个月的本人工资；解除劳动合同的伤残职

工，工伤保险基金支付标准增加；一次性工亡补助金标准由原来的 54 个月调整为上一年度全国城镇居民可支配收入的 20 倍。这样，自 2011 年开始，娄底市工伤保险基金支出快速增长，当年工伤保险待遇支出比 2010 年增加 3 635 万元，同比增长 49.9%；2012 年同比增加 2 832 万元，增幅 25.9%；2013 年同比增加 1 535 万元，增幅 10.55%；2014 年同比增加 2 275 万元，增幅 14.13%；2015 年同比增长 3 946 万元，增幅 19.95%，基金难以保持收支平衡。尽管湖南省自 2013 年以来对娄底市调剂资金 14 986 万元，但截至 2017 年年底，全市 4 个县市应付未付的缺口资金仍达 1.4 亿元。

（二）职业病发病率高与治疗费用高并存

有关部门的统计数据表明，近年来娄底市职业病发病人数逐年攀升。在粉尘、铅、砷、镉、苯系物及噪声、高温、放射等主要危害因素引发的各类职业病中，以尘肺病危害最为严重。至 2016 年年底，娄底市累计报告职业病 12 357 例，居湖南省各市州前三位，其中尘肺病 12 132 例，占娄底市全部职业病人数的 98.2%，2015 年以前每年新增尘肺病人数达 500 人以上。由于娄底市职业健康体检覆盖率仅 10%，报告病例主要是从门诊病人中发现的，因此职业病实际发病情况要远高于以上数据。而且，大量的农民工群体在煤矿、化工中小企业从事有毒有害作业，已经成为受职业病危害最严重的群体。目前娄底市每例尘肺病患者每年用于诊疗或康复的费用 3 万多元，再加上陪护以及误工等费用，一例尘肺病患者每年直接费用达 5 万多元。高昂的治疗费用是娄底市工伤保险基金运行的一个重大难题。

（三）新发工伤事故人数多与遗留老工伤人数多并存

2007—2016 年，娄底市参保单位共发生工伤事故 31 336 起，平均每年约 3 134 起；发生工伤人数为 31 795 人，平均每年约 3 180 人；工亡人数为 869 人，平均每年约 87 人。近年来，娄底市平均每年事故发生率 1.18%，远高于湖南省平均水平，而且重特大事故较多。娄底市煤炭企业大多属于高瓦斯矿井，自 2006 年以来，重特大事故（死亡 5 人以上）共发生 12 起，2017 年涟源市又发生一起重大事故，死亡 10 人，给工伤保险基金造成巨大压力。

在国有企业改制过程中，娄底市纳入统筹管理的国有企业老工伤人员共 2.6 万人，除市本级部分企业预留了老工伤资金以外，县市改制国有企业基本没有预留老工伤资金，同时，中央及省属部分企业“六矿三厂”老工伤人员还未全部纳入统筹管理。娄底市已纳入统筹管理的老工伤人员待遇支付每年需近 3 000 万元，考虑每年待遇调整和医疗费用等增长因素，老工伤人员的待遇资金缺口将更大。值得注意的是，涟源市、冷水江市、新化县三县市 2015 年发生工伤的职工应该享受的待遇还有相当一部分没有到位，引发用人单位和工伤职工强烈不满，工伤保险经办机构无能为力，导致县市政府公信力下降。

（四）工伤认定操作难与工伤医疗监管难并存

经过调研，笔者发现，关于工伤认定主要存在以下 5 个方面的问题：一是由于目前工伤保险管理机制还不是很完善，一旦发生工伤事故，容易形成医疗机构、用人单位、工伤职工三方共同“吃工伤”的局面，主要原因是受利益驱动，社会上出现一批“专业掮客”，专门承接工伤赔偿官司或纠纷，钻法律空子和工伤监管漏洞，帮助非工伤人员通过作假申报工伤，或者以风险代理名义代工伤职工或家属打行政官司，从中获取利益。同时，一些用人单位和其他证人出于做“好事”的心态，医疗机构为增加医疗收入，帮助伤者违规出具证明申报工伤，甚至个别执法人员在交通事故责任认定中作假，违规作出责任认定书。二是人力资源社会保障部对视同工亡和上下班交通事故工伤认定没有明确的立法解释，在实际工作中，法院、政府法制部门、人力资源社会保障部门对工伤认定标准把握不一致，同一事实、同一证据的工伤认定案件出现不同的认定结果，法院对人力资源社会保障部门不能认定工伤（亡）的撤诉案件不断增加，导致社会保险行政部门在工伤认定工作中无所适从。三是尽管社会保险法明确了工伤保险基金先行支付的大政策，但湖南省还没有配套的操作办法，在基层难以执行，且在全社会信用体系还没有完全建立起来的情况下，先行支付政策的实施存在巨大的道德风险和财务风险。四是对于第三方承担侵权责任赔偿的工伤事故，工伤待遇补偿到底是“单赔”还是“双赔”，各地支付政策不一致，湖南省也没有出台正式文件进行明确，使得对存在第三方责任赔偿的工伤事故职工待遇补差赔偿难以实施。五是娄底市工伤事故调查人员力量普遍不足，现有事故调查人员整体素质不高，导致工伤事故调查的质量和数量都不到位，目前全市工伤事故调查率为60%。

在工伤认定操作难的同时，医疗监管方面也存在着不少问题。由于《工伤保险条例》和《湖南省实施〈工伤保险条例〉办法》对职工受伤后的工伤医疗管理没有明确具体的规定，对协议医疗机构的管理主要是靠工伤保险经办机构与其签订的协议来进行，制度约束刚性不强，以致医疗机构在抢救治疗因工伤残职工过程中，存在严重的诱导消费等“吃工伤”的行为。部分工伤职工本身需求比较高，总希望用最好的药，享受最好的待遇，过度检查、过度用药的情况比较多，甚至有个别医疗机构采取做假资料的方式套取骗取工伤保险基金。同时，娄底市工伤保险信息系统应用相对滞后，目前部分县市区仍未与协议医院实现联网结算，无法对每位工伤病人的治疗情况进行动态监控和管理。

三、加强工伤保险基金安全运行的对策及建议

（一）大力推动产业转型升级，优化参保行业结构

积极抢抓政策机遇，用好、用足、用活近年来娄底市争取到的10多项国家和省级层面的重大政策，特别要利用好省政府《关于支持娄底市资源型城市转型发展的实施意见》，借鉴国内外资源型城市转型成功的经验，深入调研，科学规划，加快全市转型发展。积极探索与实践“传统老工业基地向先进制造业基地转型、资源型产业为主向再生资源利用产业为主转型、城乡二元发展向城乡一体化融合发展转型”的三种资源型城市转型模式，坚持走全面、协调、可持续发展道路，构建现代产业体系，扩大战略性新兴产业规模，形成良性向好的经济发展形势，这对工伤保险基金有非常重要的“开源”意义。同时，要优化参保结构，在推进产业结构调整的过程中，提高科技水平与行业安全水平，注意就业人口

尤其是高风险行业的就业人口向相对低风险的行业转移，调整高风险行业尤其是煤炭行业参保比例以及参保标准。

（二）加大扩面征缴力度，促进基金应收尽收

加强扩面征缴，确保收支平衡，是工伤保险持续发展的生命线。一是实现职业人群参保全覆盖，同时注意向农村地区企业单位覆盖。参保的覆盖面越广，工伤保险基金的基础才越充实。建立工伤保险扩面部门联动机制，在高风险行业参保的基础上，积极推进公务员单位（含参照公务员法管理的事业单位）、服务行业等参加工伤保险，将工伤保险参保作为相关资格审查和年检的“准入门槛”，对未参保用人单位取消一切社会优惠政策，多措并举，努力实现工伤保险职业人群参保全覆盖。二是充分发挥税务部门征收社会保险费主体作用。工伤保险费等社会保险费将由税务部门征收，工伤保险管理部门要积极与税务部门衔接沟通，充分发挥税务部门强制征收的有力作用，同时综合运用工伤保险政策对征缴的杠杆作用，切实做到应收尽收。三是落实实名制参保。针对建筑业、煤炭业等行业人员流动性大的特点，严格落实动态实名制管理。煤矿企业实行实名制参保，按八类行业上浮 150%的标准征收工伤保险费，减少重复参保、“搭车”参保；建筑业按项目参保，优先办理工伤保险，确保建筑业从业人员全部参加工伤保险。四是营造良好的宣传氛围。充分利用报刊、电视、网络、微信等新闻媒介，广泛宣传工伤保险政策，深入乡镇、企业、社区等基层上门开展安全教育培训，营造良好的参保氛围。另外，财政部门应建立基金征收的激励机制，把基金征缴与经办机构的工作人员绩效奖励挂钩，调动工作积极性。

（三）加强基金监管，减轻基金支付压力

开源是根本，节流是关键。必须充分用好监管的手段，千方百计减轻支付成本。一是要加强工伤认定管理。建立健全事故调查责任追究机制，提高事故调查的及时性和准确性，明确事故调查人员责任，完善工伤认定的制度边界，严格把握上下班交通事故造成工伤的认定标准，进一步梳理工伤认定的程序，预防和减少工伤认定源头的败诉率。二是要严格实行伤残等级鉴定。进一步对伤残人员等级评定标准进行优化，严格伤残等级评定程序，严防冒名顶替进行等级鉴定，提高伤残等级鉴定的准确性和严肃性。三是要加强医疗管理。尽快实施工伤病人住院联网结算，建立定点、动态查房制度，实行工伤医疗专家集中会审制度，防止“拖床”“挂床”，避免“小伤大养”。建立“单伤种”包干和总额控制等支付方式的制度，推行工伤医疗费用与协议医疗机构直接结算。四是要加强工伤待遇审核。工伤保险管理部门要将稽核关口前移，落实“一事两岗两审”，对重要岗位每 3 年进行轮岗，完善内控制度，确保基金安全。五是要打击不法行为。完善向公安机关移送虚假工伤申报骗取工伤保险基金案件的程序，严厉打击“假工伤”，震慑骗取工伤保险基金的不法分子。

（四）健全部门联动机制，发挥工伤预防作用

一是完善工伤预防政策体系。根据《关于进一步做好工伤预防工作的通知》（娄政办

发〔2015〕27号)，建立人力资源社会保障、财政、安全生产监督管理、住建、卫生等部门参加的联席会议制度，定期反馈和交流事故快报情况、安全生产伤亡情况和职业病鉴定情况，实现资源共享，形成部门相互配合、紧密衔接、齐抓共管的长效机制。二是开展工伤事故联合排查专项行动。对当年工伤保险缴支率超过200%，或工伤事故发生率（含职业病发生率）超出本行业前三年平均水平2倍的用人单位，采取联合执法的形式，督促用人单位开展专项排查治理行动。三是建立安全生产与工伤保险费率挂钩机制。对因预防不到位发生工伤，每死亡1人加收工伤保险费10万元；对当年工伤事故发生率在3%以上，或者发生生产安全责任事故死亡3人及以上的用人单位，采取上浮费率、媒体曝光、限期整改等措施予以处理。

（五）强化工作责任，增强职业病防治合力

一是严格落实用人单位职业病防治主体责任。用人单位特别是企业要明确分管领导和具体负责人，全面落实职业病防治的相关工作措施，严格按照国家职业卫生标准和行业卫生要求，加大尘毒危害治理力度，不断改善劳动条件，组织员工定期体检，建立健全职工职业健康检查档案等机制，切实保障劳动者获得职业卫生保护。二是明确部门工作职责。安全生产监督管理、人力资源社会保障、卫生、工会等相关部门要积极联动、各司其职，安全生产监督管理部门要督促用人单位做好有毒有害岗位的“岗前、岗中、离岗”职业健康检查，工伤保险经办机构对未经检查的职工不予办理工伤保险登记参保手续。建立违反《中华人民共和国职业病防治法》“黑名单”制度，依法公布违法信息，对造成重大职业病危害事故或者其他严重后果且构成犯罪的企业，依法追究企业负责人及其他相关责任人的刑事责任。三是建立职业病救治基金。建议对从事有毒有害接触工种作业的企业，按其产量（如10元/吨）或者产值（工程总造价）征收一定比例的职业病防治基金，作为基金的主要来源，同时请中央、省级财政通过转移支付方式解决一部分资金，妥善解决资源型城市历史遗留的职业病患者救治和社会保障问题。

（六）完善工伤保险运行机制，打好制度漏洞补丁

一是建议人力资源社会保障部会同最高人民法院对视同工亡和上下班途中交通事故的工伤认定条款进行立法解释，以便各地准确掌握和认定，减少争议。二是湖南省要尽早出台文件，统一将第三方承担赔偿责任的工伤事故待遇实行项目补差赔偿。三是尽快出台关于先行支付的具体操作办法，明确先行支付如何操作、长期挂账如何处理、财务风险如何防范等内容。

（七）尽快实行工伤保险省级统筹，提高基金抵御风险能力

当前娄底市工伤保险基金收支缺口大，基金运行异常困难，加之经济下行压力大，财政紧张，财力不足，单纯靠娄底市自行解决基金缺口的问题难度非常大。为此，可以申请省人民政府尽快实行工伤保险省级统筹，以解决市、州工伤保险基金畸轻畸重的矛盾，提高娄底市工伤保险基金抵御风险的能力和各级政府的公信力。同时，建议建立全国工伤保

险基金统筹调剂制度，按各省（自治区、直辖市）工伤保险基金结余的一定比例收取调剂金，增强工伤保险基金在全国范围内的互济功能。

（八）进一步夯实经办工作基础，提升业务经办水平

根据湖南省统一要求对工伤保险信息系统进行升级，实现工伤保险业务数据向省级数据中心迁移，并推进协议医院工伤医疗费用联网结算，实时监管，同时与娄底市主要企业联网，为用人单位提供绿色通道，方便企业办理工伤快报等业务。增加职业病体检模块，跟踪用人单位三期体检落实情况和职业病发病情况。适当增加经办人员力量，加大对业务经办人员信息系统操作培训力度，提高经办人员的工作能力和业务素质，并进一步完善内控制度及经办程序，确保工伤保险系统与业务经办紧密结合，为用人单位和工伤职工提供更快捷、优质的服务。

参考文献

［1］韩烨，万彬，冷明祥．江苏省工伤保险基金的运行与分析［J］．南京医科大学学报（哲学社会科学版），2017（3）：173-176.

［2］李俊武．我国社会保险基金先行支付制度法律问题研究［D］．大连：东北财经大学，2013.

［3］雷学军．试论工伤保险的医疗服务管理［J］．天津社会保险，2008（1）：20-22.

［4］孟昭环．工伤保险基金运行现状及对策建议［J］．现代商业，2015（7）：62-63.

［5］周慧文，刘辉．我国工伤保险基金管理的现状与发展研究［J］．社会保障研究，2007（2）：203-209.

工伤医疗费用控制及支付方式运行分析

黄剑刚　江西省上饶市广丰区社会保险局

【摘　要】 目前，我国的工伤保险制度实行工伤预防、工伤补偿、工伤康复相结合的保障体系，这一制度极大地保障了工伤职工及其亲属的工伤保险待遇，降低了企业的用工风险。随着社会的发展、用工的多样性以及民营企业的蓬勃兴起，许多问题逐渐显现。工伤医疗待遇支付是工伤补偿环节中的一个重要内容，如何合理控制医疗费用，防止医疗费用畸高现象以及探索支付结算方式是当前遇到的热点问题。如不及时加以防范，仅靠提高费率和扩大征收额来实现工伤保险基金的收支平衡，势必加重参保单位负担，造成社会的不公平，甚至影响企业的参保积极性。如何防止工伤保险基金流失，让有限的工伤保险基金发挥最大的保障作用，是目前面临的艰巨任务。现就江西省上饶市广丰区近年来工伤医疗费支出情况及支付控制方式作一些阐析。

【关键词】 工伤医疗费用　支付　控制方式

工伤保险是社会保险制度的重要组成部分，随着改革的不断推进，工伤预防、工伤补偿、工伤康复相结合的工伤保险体系更加完善协调，极大地保障了工伤职工及其亲属的工伤保险待遇。随着社会的发展、用工的多样性以及民营企业的蓬勃兴起，许多问题逐渐显现，如工伤认定存在徇私舞弊问题；工伤预防工作不够普遍问题；工伤康复监管难以细化、精准化问题；特别是工伤医疗费用支出畸高，造成基金压力增大。因此，合理控制医疗费用，防止其过快增长以及探索支付结算方式是当前面临的热点问题。工伤医疗待遇支付是管理的难点，如不及时加以防范，仅靠提高费率和扩大征收额来实现工伤保险基金的收支平衡，势必加重参保单位负担，造成社会的不公平，甚至企业会因不堪重负而退出参保行列。如何防止工伤保险基金流失，让有限的工伤保险基金发挥最大的保障作用，是目前面临的艰巨任务。现就江西省上饶市广丰区近年来工伤医疗费支出的情况及其产生的原因进行分析。

一、工伤医疗费用概况

工伤医疗费用主要包括工伤职工治疗工伤或职业病所需的挂号费、住院费、检查化验费、药品费、手术治疗费、护理费、材料费（含特殊材料）等。通过对几家工伤协议医疗机构工伤职工住院发生费用进行对比，医疗费用中占比较高的项目主要是检查化验费、药品费、手术治疗费和材料费，一般占总费用的80%以上。广丰区各工伤协议医疗机构工伤医疗费用各项目占比见图1。

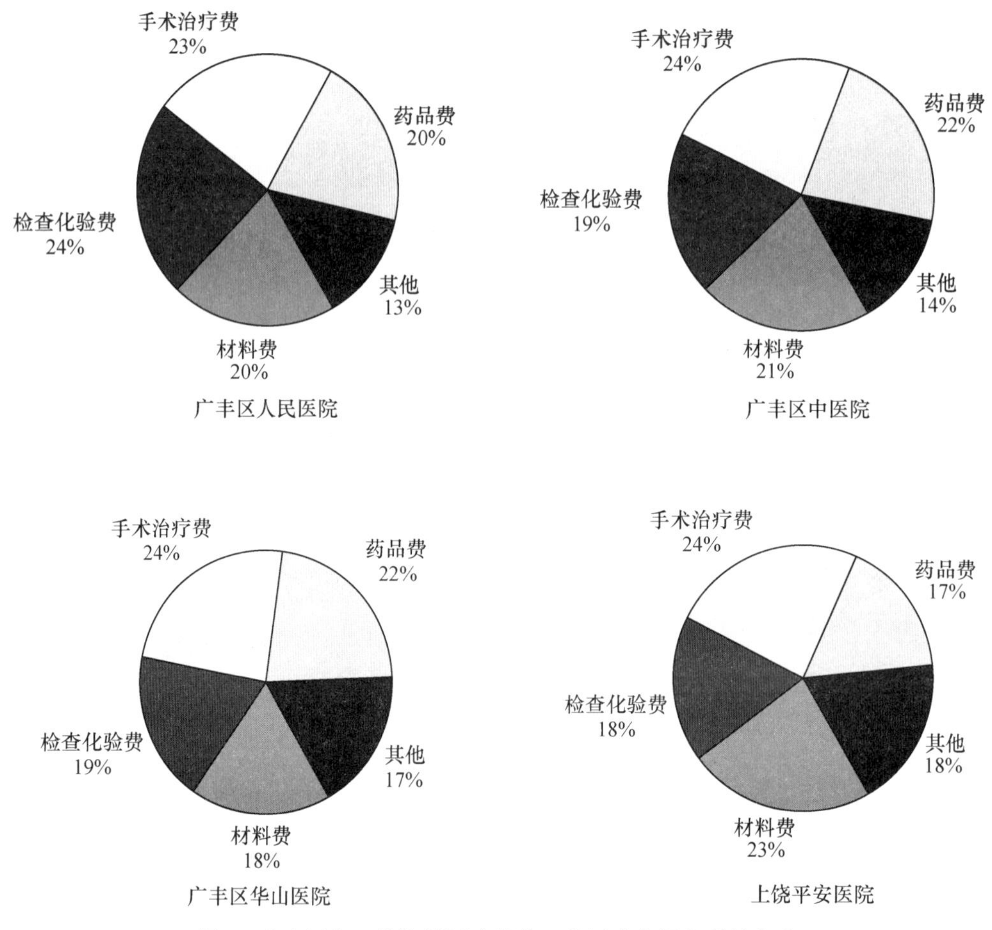

图1　广丰区各工伤协议医疗机构工伤医疗费用各项目占比

二、广丰区近年工伤医疗费支出对比

随着经济社会的不断发展，医疗技术和服务水平不断提高。各种医疗技术和新型检查设备的引进，促使医疗费用成倍增加。修订后的《工伤保险条例》实施以来，工伤保险待遇项目进一步增多，加重了工伤保险基金的支出负担。如果剔除一次性工亡补助金，工伤医疗费用支出仍然是工伤保险待遇支出的一个重头戏，几乎与其他工伤保险待遇之和持平。2003—2015年广丰区工伤医疗费与工伤保险其他待遇支出对比见图2。

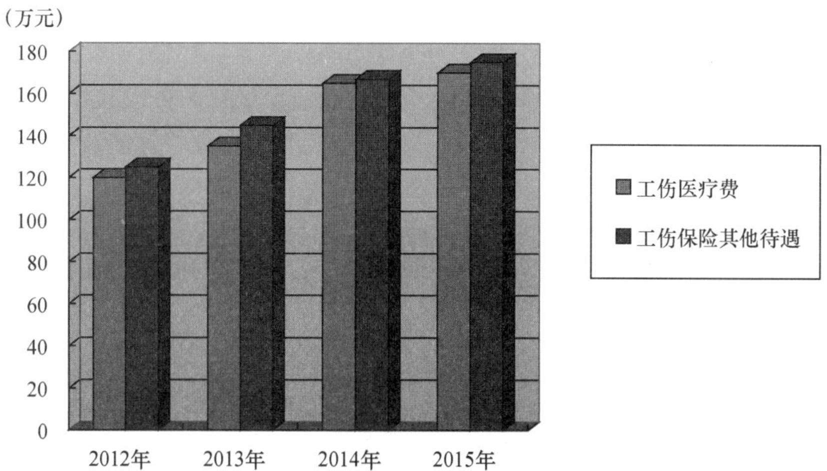

图2　2003—2015年广丰区工伤医疗费与工伤保险其他待遇支出对比

三、工伤医疗费用畸高的原因分析

（一）主观原因

1. 工伤患者的原因。工伤患者是因伤入院，不同于平时自己患病求医，医疗费用也会由单位垫付，不用自己花钱，所以对医疗技术和服务水平期望高，大部分存在小病大治、"拖床""挂床"现象。据统计，工伤患者住院平均天数达到10天。而这一阶段又是医疗费用集中发生的阶段，诸如很多检查、手术治疗都在这个时间段完成，加上"拖床""挂床"，甚至"搭车"开药，即使医生建议可以出院休养，他们也不愿意出院，导致住院天数延长，造成医疗费用畸高。

2. 用人单位的原因。用人单位潜意识认为参加工伤保险，医院应该无条件予以收治。医疗费用虽暂时垫付，但可以由工伤保险基金支付，只要工伤患者满意，不给单位造成负面的影响，用人单位就可以迁就，所以在诊疗过程中，用人单位会配合患者要求医院超范围救治，导致医生很难严格按照标准收治患者，从而也造成工伤医疗费用畸高。

（二）客观原因

1. 医疗技术和新型检查设备的引进。由于工伤医疗服务行业具有很强的专业性和技术性，医生是工伤患者医疗服务的提供者，同时医患双方存在着权利和义务的不对等，因此医生便利用这种不对等的优势，从降低治疗风险、实现更好的疗效角度出发，广泛使用新技术、过度诊疗手段，如微创、关节镜等医疗技术，使用大型的医疗设备，如磁共振、螺旋CT等。这些检查和技术的投入使用，促使医疗费用也随之增加；加上目前的医疗改革滞后，医疗资源共享没有得到很好落实，难免造成重复检查或大型医疗设备检查过度，导致医疗资源的浪费和过度消费，也是造成医疗费用畸高的原因。

2. 医疗特殊材料的革新。工伤患者很大部分都有鲜明的创伤特征，如骨折及血管神经、肌腱甚至是体内脏器的损伤，传统医学治疗时都以保守治陪为主，创伤小、费用低，但恢复较慢，容易产生后遗症。西方医学对创伤急救及内固定材料技术一直倍受推崇，从以前的普通内固定不锈钢材料，到后来的合金材料，直至现在的可吸收材料，都是直接影响医疗费用的因素。但从工伤保险基金的角度看，一些高端特殊材料的使用并不比普通材料更节约基金。

3. 其他因素。影响工伤医疗费用畸高的原因还有很多，因为工伤保险涉及面广，有用人单位、工伤保险经办机构、工伤职工和医疗机构等，所以要有一整套的管理规范。任何一方管理出现漏洞，都会导致医疗费用增高。

四、工伤医疗费用报销途径的困惑与情况分析

目前，《工伤保险条例》和地方有关配套政策都没有明确工伤医疗费用报销途径和结算方式，只强调用人单位有及时救治伤者的义务。据了解，全国各地的工伤保险经办机构，在工伤医疗费报销和结算方面都没有统一的模式。受工伤保险制度的影响，工伤医疗费无法像医疗保险费一样，采取出院直报的结算模式。这是因为享受工伤保险待遇前必须进行工伤认定，甚至是劳动能力鉴定结果出来之后，相比之下，过程漫长。由于目前上饶市还未建立工伤医疗费用联网结算平台，所以发生的医疗费用既不能直接在就诊的工伤协议医疗机构报销结算，又不能及时由工伤保险基金报销。本来企业为工伤患者能及时得到救治来回奔波已疲惫不堪，最后又要报销垫付的医疗费（有时是高额的），这样无形中增加了他们的负担，削弱了他们的参保积极性。这就是制度的瓶颈。虽然国家制定法律的本意是维护弱势群体，保障职工的利益，但工伤保险又是降低企业用工风险的一种保险制度。工伤保险费是由企业缴纳的，职工个人不用缴费。根据权益与义务对等的原则，最大的受益者应该是企业，所以在强调以人为本的同时，还要多多权衡企业的利益，只有这样，社会才会和谐稳定。

五、对策和措施

（一）加强对工伤医疗的管理

在保证治疗、节约开支、防止浪费的原则下，建立起对医患双方都有效的医疗费用控制机制，保障工伤职工得到及时、合理、优质的医疗服务，控制工伤医疗费用不合理增长，这是工伤保险经办机构亟待解决的新问题。规范工伤医疗行为，不断加强工伤医疗费用管理，减少工伤保险基金的流失。建立监督与制约机制，强化工伤医疗协议管理和工伤医疗行为，制定对工伤协议医疗机构的考核办法。广丰区依据《上饶市工伤定点医疗机构管理办法》精神，制定出《广丰区工伤和生育保险协议医疗机构目标考核办法》，每年对协议医疗机构从医院内部管理、医疗技术、医疗费用及服务质量等方面进行量化考评，并建立严格而公平的奖惩制度，积极正确地引导医院，以技术、服务、品牌塑造自己的形象，使医疗机构的利益取向与政府和工伤患者的利益一致，发挥医疗机构在费用控制方面

的把关作用。从目前的管理来看，收到了很好的效果。

（二）尽快出台工伤医疗审核规范

对工伤保险医疗费用的审核，相关工作人员需要懂得基本的医疗和诊疗知识，而社会保险经办机构工作人员很难掌握专业性强的诊疗和标准，且没有完善的相关审核规范要求。工伤医疗中的工伤保险药品目录、工伤保险诊疗项目目录、工伤保险住院服务标准，目前江西省只公布了工伤保险药品目录，其余两个目录还未公布，造成全省甚至各个统筹地区没有统一的审核标准。例如，对于骨科特殊材料的报销，没有设定上限，国产与进口材料价格相差很大，且没有核减依据，给相关工作造成困扰。如果稍微严格点，就会造成群体事件，给社会增加不稳定因素；若审核过松或是监督不严，不仅影响工伤保险基金支出，而且还会造成工作失职，甚至是渎职。广丰区在工伤保险待遇审核方面非常重视，由有医疗临床经验的工作人员专职负责，并成立工伤保险待遇审核领导小组，建立大额医疗费用专题会审机制，特别是对目前尚无规定的某些费用，统一规范，层层把关，使工伤保险待遇审核工作做到了制度化、规范化。

（三）探讨工伤医疗费支付办法

因受制度的约束，工伤医疗费不能在出院时实时结算，直接影响企业的参保积极性。《工伤保险条例》规定，对事实清楚、权利义务明确的工伤认定，要简化程序，目的就是缩短企业和工伤职工申请权益的时间，所以若能制定出可行的工伤医疗费结算办法，开发联网结算平台，是工伤保险经办工作的一个创新。其实，《社会保险基金先行支付办法》已出台多年，可是操作起来很不方便，又没有涉及正常的工伤医疗费可否适用该办法，如能探索和完善该办法，使经办工作有据可依，不仅可以充分保障企业和职工的利益，而且还可简化工伤经办流程，节省经办人力、物力。

（四）加强政策宣传力度，做好安全培训工作，完善预防体系

一是制定宣传工作方案，定期到企业宣传工伤保险政策，鼓励企业制定安全生产操作规程，加强职工培训，避免职工违规操作而引发的工伤事故。建立由企业、职工和经办机构三位一体的工伤预防信息系统，明确责任，立体考核。二是不断完善费率浮动管理办法，完善工伤保险经办机构的职能。例如，广丰区社会保险局每年都对部分企业实行费率浮动管理，取得了立竿见影的效果。这些举措可在相当大的程度上推动工伤预防，最终达到降低工伤保险基金支出的目的。

浅析事业单位工作人员因公伤残保健金与工伤保险待遇的合理衔接

晋鹏志　薛瑞琪　山西省人力资源和社会保障厅

【摘　要】《工伤保险条例》施行前事业单位工作人员因公负伤致残的伤残保健金标准，与国家机关同类人员的抚恤待遇标准差距较大，已成为工伤保险领域引发上访的不稳定因素之一。在社会保险全覆盖的背景下，为了体现政策的连续性、普惠性和享受待遇的公平性，应当以参加补充工伤保险的形式，取代历史形成的国家机关、事业单位工作人员因公致残抚恤金和伤残保健金。凡参加补充工伤保险的用人单位，不分单位性质，只要职工发生工伤，在按照《工伤保险条例》享受相应待遇的基础上，对工伤人员再给予一定标准的经济补偿，实现真正意义上的公平公正。

【关键词】伤残保健金　补充工伤保险　公平公正

一、历史渊源

为统一全民所有制事业单位工作人员的评残政策，进一步做好这些人员的伤残评定和抚恤工作，1989 年 8 月，财政部、民政部联合下发了《关于全民所有制事业单位工作人员因公负伤致残抚恤问题的通知》。通知明确了评残条件参照《革命伤残军人评定伤残等级的条件》执行，伤残等级共分 6 级，分别为特等、一等、二等甲级、二等乙级、三等甲级和三等乙级，伤残保健金的发放标准依次为每年 216 元、184 元、140 元、122 元、98 元和 82 元。

与此同时，民政部下发了《关于国家机关工作人员、人民警察伤亡抚恤如何办理的通知》（民〔1989〕优字 34 号），明确指出国家机关工作人员、人民警察因战因公负伤致残，其评残条件与范围、伤残抚恤（保健）金等，参照《军人抚恤优待条例》及其解释的有关规定办理。当时，国家机关工作人员因公负伤致残按民政部、财政部《关于提高革命残废人员抚恤标准的通知》执行，其中因公伤残抚恤标准与事业单位工作人员因公负伤致残的伤残保健金标准完全一致。

二、政策沿革

（一）伤残国家机关工作人员抚恤金持续提高

参照《军人抚恤优待条例》执行的优抚对象，抚恤补助标准分别于1994—2017年共进行过20次调整（提高），其中2017年《民政部财政部关于调整部分优抚对象等人员抚恤和生活补助标准的通知》明确的伤残国家机关工作人员残疾抚恤金标准（因公）与事业单位工作人员因公负伤致残伤残保健金标准对照见表1。二者相比，差距甚大，最高的特等（一级）伤残抚恤金（因公）是相同等级伤残保健金的326.6倍。

表1　伤残国家机关工作人员残疾抚恤金标准（因公）与事业单位工作人员因公负伤致残伤残保健金标准

伤残等级 / 抚恤金标准	特等（一级）	一等（三级）	二等甲级（五级）	二等乙级（六级）	三等甲级（七级）	三等乙级（八级）
伤残保健金/元	216	184	140	122	98	82
残疾抚恤金（因公）/元	70 550	54 360	32 380	27 380	19 680	12 710
对应倍数	326. 6	295. 4	231. 3	224. 4	200. 8	155. 0

（二）新旧残疾等级变更

2004年11月，民政部、总后勤部下发了《关于印发〈军人新旧残疾等级套改办法〉的通知》，明确了新旧残疾等级对应关系为：特等套改一级，一等套改三级，二等甲级套改五级，二等乙级套改六级，三等甲级套改七级，三等乙级套改八级。

（三）《工伤保险条例》公布施行

2003年4月，国务院公布《工伤保险条例》，自2004年1月1日起施行，参保范围为各类企业和有雇工的个体工商户，未将事业单位纳入工伤保险保障范围。

（四）规范事业单位工作人员工伤保险政策

2005年12月，劳动和社会保险部、人事部、民政部、财政部下发了《关于事业单位、民间非营利组织工作人员工伤有关问题的通知》（劳社部发〔2005〕36号），通知明确：①事业单位工作人员因工作遭受事故伤害或者患职业病的，其工伤范围、工伤认定、劳动能力鉴定、待遇标准等按照《工伤保险条例》的有关规定执行；②参加工伤保险的事业单位，其工作人员在通知下发前已发生工伤的，其原享受的工伤待遇不变。

（五）修订《工伤保险条例》

2010 年 12 月，新修订的《工伤保险条例》，明确了中华人民共和国境内的事业单位，应当依照规定参加工伤保险（该条例自 2011 年 1 月 1 日起施行）。

三、突出矛盾

因《工伤保险条例》规定的工伤待遇没有伤残保健金这一待遇项目，无法将其纳入工伤保险基金支付范围，而《工伤保险条例》施行前，事业单位工作人员因公伤致残抚恤待遇与国家机关同类人员相比形成的差距较大，部分单位无保障，导致上访不断，是当前工伤保险领域不稳定因素之一。

四、现状分析

针对事业单位工作人员因公负伤致残抚恤待遇与国家机关同类人员相比形成的巨大悬殊这一矛盾，不同地区的应对办法各异，归纳起来有以下几类：一是完全按照国家机关同类人员抚恤标准执行；二是参照低于国家机关同类人员的抚恤标准，另订政策，适当提高；三是省里未出台统一政策，各单位之间执行情况不一。就山西省而言，有的事业单位仍按《关于全民所有制事业单位工作人员因公负伤致残抚恤问题的通知》标准执行；有的事业单位参照国家机关同类人员标准执行；有的事业单位为缓解上访压力，采取临时性、应急性或阶段性安抚措施；也有部分自收自支和财政差额补助事业单位因无经费来源而不执行等。参照国家机关同类人员标准执行的单位，往往因审计被发现后，因无政策依据而终止。

以上 3 种形式的解决办法各有利弊。第一种形式虽然可以解决眼前矛盾，但因“新”“老”工伤职工之间的待遇悬殊，容易引发新的矛盾；第二种形式虽然缩小了事业单位工作人员因公负伤致残抚恤待遇与国家机关同类人员待遇差距，但“公平”问题仍未得到彻底解决；第三种形式是持续引发当前上访的主要原因。

五、对策建议

目前多数省份公务员尚未纳入《工伤保险条例》保障范围，发生工（公）伤后享受抚恤待遇；事业单位虽然均已参加工伤保险，但因伤残保健金的存在，从政策层面形成了“新”“老”工（公）伤之间的待遇差异；企业和其他用人单位工伤职工完全按《工伤保险条例》享受相关待遇。各类用人单位工（公）伤政策不一致，导致工（公）伤职工之间相互攀比，是形成此类信访等不稳定因素的主要原因。为彻底解决好这些矛盾和问题，笔者认为，应该把握好政策的连续性、普惠性和最终结果的公平公正。为此，笔者建议：

（一）实行工伤保险政策全覆盖

包括国家机关在内的所有用人单位，全部纳入《工伤保险条例》覆盖范围，工作人员遭受事故伤害或者患职业病的，其工伤范围、工伤认定、劳动能力鉴定、待遇标准等一律按照《工伤保险条例》规定执行。

（二）建立补充工伤保险机制

针对历史形成的因公伤残抚恤问题，可将现行伤残国家机关工作人员残疾抚恤金和事业单位工作人员因公伤残保健金转化为标准统一的伤残补贴，建立补充工伤保险机制，凡参加补充工伤保险的用人单位，不分单位性质，职工发生工伤后，一律享受相同的补偿待遇，实现真正意义上的公平公正。

海南省“突发疾病死亡视同工伤”争议焦点研究

陈五洲　海南省人力资源和社会保障厅

【摘　要】《工伤保险条例》“突发疾病死亡视同工伤”条款实施以来产生的行政争议案件数量多、社会影响面广，是全国普遍存在的一个问题。为全面推进依法行政，加快建设法治政府，本文重点梳理了“突发疾病死亡视同工伤”条款的历史沿革，分析了海南省执行“突发疾病死亡视同工伤”条款情况，并结合海南省近年来执行“突发疾病死亡视同工伤”条款发生的行政争议案件典型案例的争议焦点，提出应对意见及工作措施建议。

【关键词】 工伤保险　工伤认定　行政争议

2016年7月7日，为了全面推进依法行政，加快建设法治政府，《国务院办公厅关于加强和改进行政应诉工作的意见》（国办发〔2016〕54号）提出：“行政机关要积极履行人民法院生效裁判，从源头上预防和化解行政争议。”据不完全统计，2012—2017年，海南省人力资源社会保障系统220件行政复议和行政诉讼案件中，涉及工伤认定的有136件，其中对“突发疾病死亡视同工伤”条款的争议案件数量居多、情况复杂、较难把握。2018年，最高人民法院驳回海口市人力资源社会保障局再审申请之后，“教师通宵批改试卷猝死家中，其妻申请工伤获得法院支持”的新闻报道再次引发热议，社会各界对“突发疾病死亡视同工伤”条款的分歧进一步扩大。

因此，有必要针对“突发疾病死亡视同工伤”条款的法律法规更加深入地进行理解把握，对突发疾病死亡的各种情形作出进一步细化研判，进而对争议焦点难点进一步探讨梳理，提出相应的政策建议，以期对工伤认定工作和行政应诉工作有所裨益。

一、“突发疾病死亡视同工伤”条款的历史沿革

1996年，为进一步适应社会主义市场经济体制，推进工伤保险制度改革，劳动部出台《企业职工工伤保险试行办法》（劳部发〔1996〕266号），第八条规定：“职工由于下列情形之一负伤、致残、死亡的，应当认定为工伤：……（四）在生产工作的时间和区域

内，由于不安全因素造成意外伤害的，或者由于工作紧张突发疾病造成死亡或经第一次抢救治疗后全部丧失劳动能力的；……（八）因公外出期间，由于工作原因，遭受交通事故或其他意外事故造成伤害或者失踪的，或因突发疾病造成死亡或者经第一次抢救治疗后全部丧失劳动能力的。”在工作时间、工作区域、因工作紧张造成突发疾病死亡可以认定为工伤，或在工作时间、工作区域突发疾病，经第一次抢救治疗后经劳动能力鉴定确定其全部丧失劳动能力可以认定工伤，这是我国首次以法律法规形式对在工作过程中突发疾病认定工伤的情形进行保护，极大地保护了劳动者合法权益，体现了社会进步。

2003 年，在试行工伤保险制度的基础上，国务院颁布《工伤保险条例》，自 2004 年 1 月 1 日正式施行，并取代《企业职工工伤保险试行办法》。《工伤保险条例》第十五条第一款第（一）项规定：“在工作时间和工作岗位，突发疾病死亡或者在 48 小时之内经抢救无效死亡的，视同工伤。”与《企业职工工伤保险试行办法》规定相比，取消了“经第一次抢救治疗后全部丧失劳动能力”也可以认定为工伤的内容，并且用“48 小时”的限定取代了“第一次抢救”的限定。2004 年，为配合《工伤保险条例》的施行，原劳动和社会保障部出台《关于实施〈工伤保险条例〉若干问题的意见》（劳社部函〔2004〕256 号），规定“48 小时”的起算时间，以医疗机构的初次诊断时间为准。

2017 年，人力资源社会保障部对十二届全国人大五次会议第 1424 号建议的答复（人社建字〔2017〕133 号）提出：“我国《工伤保险条例》第十五条规定‘在工作时间和工作岗位，突发疾病死亡或者在 48 小时内经抢救无效死亡的’可以视同工伤。这一规定，将工伤保险的保障范围由工作原因造成的事故伤害扩大到了在工作时间、工作岗位突发疾病死亡的情形，考虑了此类突发疾病可能与工作劳累、工作紧张等因素有关，最大限度地保障了这部分人员的权益，充分体现了‘以人为本’的立法原则。这样规定，基本符合我国经济社会发展的国情，在保障工作时间、工作岗位突发疾病死亡职工权益的同时，可以避免将各类突发疾病无限制地纳入到工伤保险保障范围内，从而影响工伤保险基本保障作用的发挥。对于不符合工伤保险保障条件的职工，我国已建立了覆盖各类人群的、城乡统筹的、多层次的医疗保险制度，可以按照有关规定，通过医疗保险等其他社会保险渠道给予保障。”

二、海南省执行“突发疾病死亡视同工伤”条款情况

（一）海南省“突发疾病死亡视同工伤”发生概率低于全国平均水平

2010—2015 年，海南省认定的“突发疾病死亡视同工伤”人数 187 人，同期全省参保人数累计 704 万人次，发生概率大约为每参保 3. 78 万人次出现 1 人（见表 1）。根据人力资源社会保障部社会保险事业管理中心有关统计数据，2005—2012 年，全国认定的“突发疾病死亡视同工伤”人数 33 396 人，同期全国参保人数累计 11. 249 亿人次，发生概率大约为每参保 3. 38 万人出现 1 人。海南省“突发疾病死亡视同工伤”发生概率略低于全国平均水平，主要原因是海南省工作压力相对较轻，生活节奏慢，职工健康意识相对较好。

表 1　　海南省突发疾病死亡视同工伤人数情况

年份	突发疾病视同工伤数/人	当年工亡数/人	占比/%	当年参保数/万人
2010 年	30	64	46.8	95.8
2011 年	29	73	37.1	108
2012 年	23	72	31.9	119.5
2013 年	37	85	43.5	123.4
2014 年	42	101	36.6	126
2015 年	26	64	40.6	131.5
2016 年	45	91	49.5	138
2017 年	48	79	60.8	141.14

（二）海南省“突发疾病死亡视同工伤”人数占同期工亡人数比率较高

从近年情况分析，2010 年海南省突发疾病死亡视同工伤 30 人，2011 年突发疾病死亡视同工伤 29 人，2012 年突发疾病死亡视同工伤 23 人，2013 年突发疾病死亡视同工伤 37 人，2014 年突发疾病死亡视同工伤 42 人，2015 年突发疾病死亡视同工伤 26 人，与同期认定的工亡人数相比，占比分别为 46.8%、37.1%、31.9%、43.5%、36.6%和 40.6%，平均占比 39.4%。此数据与全国突发疾病死亡视同工伤人数占同期工亡人数 34%左右的数据相比，海南省偏高。主要原因是海南省工业经济不发达，职业病和工作意外伤害事故偏少。

（三）海南省“突发疾病死亡视同工伤”中男性突发心源性猝死或呼吸心跳骤停居多

在突发疾病死亡的原因中，突发心源性猝死或呼吸心跳骤停居多，多数不具备医疗抢救条件或者发现时已经死亡，突发疾病死亡人员年龄多集中在 45~55 岁，绝大多数是男性。说明男性职工对健康体检和日常身体锻炼重视不够，工作压力较大，需要进一步加强针对性工伤预防工作。

三、海南省“突发疾病死亡视同工伤”案件争议焦点

根据《工伤保险条例》规定，海南省各级人力资源社会保障部门对行政相对人提出的工伤认定申请依法认真调查核实，并于受理申请之日起 60 日内作出工伤认定决定，接受行政复议和行政诉讼的法律监督。2018 年工伤保险对因工死亡的一次性赔偿金额已达到 70 多万元，如此高的工伤待遇，加之目前《工伤保险条例》规定又不太明确，社会的法制意识普遍不高，人力资源社会保障部门、用人单位和职工家属对于当事职工是否适用“突发疾病死亡视同工伤”条款容易形成不同的认识与看法，引发行政争议。从近几年来的工伤争议案件分析，主要有以下几类争议焦点：

（一）突发疾病死亡是否在工作时间

根据规定，“突发疾病死亡视同工伤”条款是以发生“在工作时间”为前提的。工作

时间指法律规定或者单位要求职工工作的时间，《劳动法》规定劳动者每日工作时间不超过8小时，平均每周工作时间不超过40小时，但也可以实行不定时工作制。在实际的工伤认定中，对于职工是否在工作时间发病，主要的争议情形表现为“工作时间感觉不适，向单位领导请假或不请假，回到家中休息，晚上突发状况死亡或者送医疗机构抢救无效死亡”能否视同工伤。这种情况，如果按照发病时间算，适用于“突发疾病死亡视同工伤”条款；如果按照在医疗机构记录的抢救时间算，则不适用于“突发疾病死亡视同工伤”条款。

案例：某矿业有限责任公司职工陈某，工作岗位是选矿厂科员，工作时间是上午8：00至11：30，下午14：00至17：30。2012年11月14日上午上班期间有同事感觉他脸色苍白，11时左右陈某搭同事蔡某摩托车回家后，于12时30分左右在家中卫生间突然昏厥倒地经抢救无效死亡，死亡原因是“心源性猝死”。社会保险行政部门受理工伤认定申请后，经调查没有证据证明陈某在工作时间发病的事实，作出不予认定工伤决定。其亲属认为陈某在工作时间脸色苍白就是“心源性猝死”的前驱期临床表现，可以证明陈某在工作时间已经发病，经行政诉讼一审、二审、省高级人民法院司法审查和最高人民法院再审，驳回了申请人的诉讼请求，维持了社会保险行政部门的不予认定工伤决定。

（二）突发疾病死亡是否在工作岗位

工作岗位一般指职工日常所在的工作岗位和本单位领导指派所从事的工作岗位，用人单位能够对从事日常生产经营活动的区域和职工为完成某项特定生产经营活动所涉及的相关区域进行有效管理。根据国际劳工组织1981年《职业安全和卫生及工伤环境公约》第三条规定，工作岗位包含因工作而需在场或前往并在雇主直接或间接控制之下的一切地点。按照这一规定，“工作岗位”不仅包括日常的工作场所，也包括工作场所的附属建筑。在实际生活中，工作岗位已扩展到工作场所，即工作单位生产和管理所覆盖的区域。随着新型劳动形式的产生，对工作岗位的理解将更加多元。

案例：郑某系某农场割胶工人，双方签订了劳动合同并缴纳工伤保险费，家庭住址在农场内。郑某具体工作岗位是胶园的3号树位和13号树位，工作时间为综合工时制，一般为凌晨2时至中午11时。2014年7月11日凌晨4时左右，郑某和妻子胡某起床携带割胶工具前往胶园割胶，在通往胶园的乡间小路上郑某突发疾病摔倒昏迷后死亡，死亡原因为“猝死”，现场距离其树位百余米。社会保险行政部门受理工伤认定申请后，经调查核实，郑某突发疾病时不在割胶工作岗位上，而是在其上班（割胶）的路上，不符合“突发疾病死亡视同工伤”条款规定，决定不予认定为工伤。胡某不服，提出上诉。法院认为，农场及职工证明乡间小路在农场胶园内，社会保险行政部门无证据证明乡间小路不属于农场胶园，故认定郑某死亡时在工作场所，撤销社会保险行政部门作出的不予认定工伤决定。

（三）突发疾病死亡是否因工作原因导致

按照《关于实施〈工伤保险条例〉若干问题的意见》规定，“突发疾病”包括上班期间突然发生的各类疾病，一般多为心脏病、脑出血、心肌梗死等突发性疾病。但是现实中，有些疾病具有长时间反复发作的特征，疾病发作时好时坏，有时发作在工作岗位上，有时发作在其他场所，与其自身身体原因有直接关系，不是工作原因导致。按照规定，在工作岗位上突发病症死亡可以认定为工伤，不在工作岗位上突发疾病死亡不予认定工伤，导致申请人产生异议，认为不公平，从而产生行政复议或者行政诉讼。

案例：符某系某乡镇小学教师，长期患有冠心病，平时吃药缓解。2015 年 1 月 5 日符某在校工作期间身体曾偶发不适，下午 16 时 30 分左右符某下课后骑摩托车约四公里返回家中。当晚 19 时左右符某突发胸闷、冒冷汗，被家属送到医院经抢救无效于当晚 22 时 30 分左右死亡。社会保险行政部门受理工伤认定申请后，经调查核实，认为职工下班后，在家中突发疾病死亡或者从家里送医疗机构 48 小时内抢救无效死亡的，不能认定为工伤，作出不予视同为工伤的决定。符某亲属不服，提出行政复议和行政诉讼。法院认为，符某长期患有冠心病，虽然经同事证实，符某当天在上班期间曾有不适感觉，但其突然发病经抢救无效死亡发生在下班后，既不在工作时间，也不在工作岗位上，且其突发的冠心病是其身体机能变化导致的，与工作没有直接关系，属于不能视同工伤的情形，因此维持社会保险行政部门作出的不予认定工伤决定。

（四）抢救时间是否超出 48 小时

国家规定“48 小时”的限制，主要是考虑重症疾病患者的有效抢救时间一般在 48 小时以内，这样规定有利于防止将突发疾病无限制地扩大。海南省由于特殊的历史和人文风俗习惯，一直以来对死亡人员火化要求不严，允许土葬，因此出现职工突发疾病在医院救治，当出现临床死亡时，就放弃抢救，送回老家土葬或在其他地方等待死亡的情况，而且“居民死亡医学证明”上载明的时间只有年月日，没有时分秒。在这种情况下，抢救时间是否超出 48 小时很难准确把握。社会保险行政部门虽然已经了解到当事人超出 48 小时死亡，但是在没有证据和证人的情况下，作出的不予认定结果依然存在被撤销的风险。

案例：2013 年 6 月 19 日上午 10 时 40 分左右，某县教师韦某在为该校三年级一班学生上第二节美术课时突然发病，经“120”救护车送县人民医院抢救治疗，但患者的病情没有明显好转，继续加重。县医院将情况告诉患者家属，家属强烈要求办理出院，于当天 18 时 21 分办理出院手续，韦某回家后死亡。社会保险行政部门受理工伤认定申请后进行调查取证，认为其家属放弃治疗无法查明具体死亡时间，作出不予认定工伤决定。韦某亲属不服，诉至县人民法院。县人民法院以证据不足、认定事实不清、适用法律错误为由，撤销了社会保险行政部门作出的不予认定工伤决定，责令重新作出具体行政行为。

四、化解“突发疾病死亡视同工伤”条款争议的法律思考

（一）对“突发疾病死亡视同工伤”条款要注重收集医学证据，争取行政应诉的主动性

《最高人民法院关于行政诉讼证据若干问题的规定》（法释〔2002〕21 号）第六十三条规定，“证明同一事实的数个证据，其证明效力一般可以按照下列情形分别认定：（一）

国家机关以及其他职能部门依职权制作的公文文书优于其他书证；（二）鉴定结论、现场笔录、勘验笔录、档案材料以及经过公证或者登记的书证优于其他书证、视听资料和证人证言……"因此，突发疾病的职工，就诊时在医院或者"120"急救中心的门诊病历、急救记录、住院病案是非常关键的证据。要想对当事人死亡前的情形作出准确判定，必须发挥这些证据的作用，而不能单看证明人的证明。如果两者不一致的，应该以医疗机构的记录为准。医疗机构的记录是第一时间、患者或者亲属正常的意思表达，不会掺杂其他人为因素，相对于其他证据更加客观真实，而申请人及证明人为了实现认定工伤的目的，可能存在人为干扰因素。尤其是长期有慢性病病史，不是在工作岗位突发疾病的，更要注重病史资料的收集。

（二）对"突发疾病死亡视同工伤"条款要细化分类，增加制度的可操作性

2014 年，最高人民法院出台的《关于审理工伤保险行政案件若干问题的规定》（法释〔2014〕9 号）对工伤认定的情况进行了细化分类。在此基础上，要加强与司法机关、法院系统的沟通协调，统一把握认定尺度。如《重庆市高级人民法院印发〈关于社会保险领域涉诉相关法律适用问题的会议纪要〉的通知》（渝高法〔2014〕269 号）对"突发疾病死亡视同工伤"条款规定如下：①职工在工作时间和工作岗位突发疾病死亡；②职工在工作时间和工作岗位突发疾病，且情况紧急，直接送往医院抢救并在 48 小时内死亡；③职工在工作时间和工作岗位突发疾病，且情况紧急，经医疗机构当场抢救后在 48 小时内死亡。对"48 小时内"的时间计算，应从医疗机构的初次抢救时间开始计算较为合理，而医疗机构的初次抢救应当包括当场、在急救车内的急救或诊断。

（三）对"突发疾病死亡视同工伤"条款不宜作扩大理解，增强工伤认定的严肃性

"突发疾病死亡视同工伤"条款从《工伤保险条例》的立法宗旨看，不属于因工作原因遭受的事故伤害或者职业病范围，只是在我国社会保障制度不完善的特定历史背景下，将其纳入工伤保险视同工伤对待。随着我国社会保障制度的不断完善，养老保险已经将因病死亡职工的丧葬费和抚恤金纳入保障范围，因此，对于目前保留在《工伤保险条例》中的"突发疾病死亡视同工伤"条款不宜作扩大理解，应该从严把握。对于职工不在工作时间和工作岗位上突发疾病于工作场所内死亡或者从工作场所直接送医抢救无效死亡，而是在家中休息、从家中突发疾病死亡或者从家庭场所直接送医抢救无效死亡的，一律不予认定。

（四）对"突发疾病死亡视同工伤"条款要加强业务培训，提升工伤认定的准确性

在海南省被行政复议和行政诉讼的案件中，有一个明显的规律：法院维持的有认定为工伤的案例，也有不认定为工伤的案例，但被撤销的一定是不认定为工伤的案例。这一方面反映出当前时期社会各界对工伤保险的期待很高，希望工伤保险能够发挥出更大的民生保障作用，在当前分配制度中缩小收入差距，给尚未享受退休待遇的死者家属予以安慰照顾，防止因为家中"顶梁柱"的突然离去造成家庭返贫或破碎；另一方面也反映出行政机

关经办人员在工伤认定工作中思维过于保守，怕担责任，对于似是而非、可认可不认的情形不敢认定为工伤，影响了当事人工伤权益的取得。《国务院办公厅关于加强和改进行政应诉工作的意见》(国办发〔2016〕54号) 提出："行政机关要提高依法行政水平，从源头上预防和化解行政争议。努力把行政争议化解在基层，化解在初发阶段。"因此，对于已经生效的法院判决，要认真研究体会其指向意义，形成指导性意见，对经办人员加强业务培训，统一思想认识，从源头上预防和化解行政争议。

参考文献

[1] 胡晓义. 工伤保险条例释义与实务 [M]. 北京：中国劳动社会保障出版社，2011：88-89.

[2] 人力资源和社会保障部社会保障研究所.《工伤保险条例》"突发疾病死亡"条款实施情况分析报告 [R]. 2015：3-25.

"上下班途中"工伤认定的要件分析

陈伟东　广州市花都区人力资源和社会保障局

【摘　要】"上下班途中"工伤认定问题在学术界和实践中一直存在着很多争议。修订后的《工伤保险条例》从三个方面规定了"上下班途中"工伤认定的判定标准：一是"上下班途中"，二是事故性质，三是事故责任划分。虽然修订后的《工伤保险条例》对于"上下班途中"工伤认定问题作了一些有价值的修改，但是依旧未能突破在实践中难以操作的问题。深入剖析"上下班途中"工伤认定各判定要素的内涵和外延，对于准确把握工伤的界定尺度，维护当事人的切身利益和法律的权威尤为重要。

【关键词】工伤认定　上下班途中　举证责任

一、前言

2017年广东省广州市花都区共受理工伤认定申请1 065宗，涉及上下班途中的工伤有89宗，除一般生产性工伤类型外，所占工伤认定总数的比例最高；因用人单位、工伤职工或近亲属对工伤认定结论不服而提起行政复议和行政诉讼一共57宗，其中有19宗涉及上下班途中的工伤问题，占行政复议和行政诉讼总数的33.3%。

随着现代社会人员流动性和活动区域的加大、交通工具以及单位工时制度的多样化，"上下班途中"工伤认定争议愈加激烈，不仅影响到当事人的法律权益，也给行政和司法造成混乱，损害了工伤保险法律的权威性。基于此背景，修订后的《工伤保险条例》对"上下班途中"工伤认定的规定作了一些有价值的修订，扩大了工伤认定的范围，加强了对劳动者的保护力度。但是，修订后的《工伤保险条例》仍然只是对"上下班途中"工伤认定的要件作了原则性的规定，缺乏统一的指导性解释，这给行政执法和司法审判留下了较大的自由裁量空间，使得工伤认定随意性加大，也人为地在行政机关和司法机关之间制造分歧。

二、“上下班途中”工伤的法律沿革

我国最早关于职工“上下班途中”工伤认定的立法是1996年10月1日起试行的《企业职工工伤保险试行办法》（劳部发〔1996〕266号，以下简称《试行办法》）。《试行办法》第八条第九款规定：“在上下班的规定时间和必经路线上，发生无本人责任或者非本人主要责任的道路交通机动车事故的”，应当认定为工伤。该规定对于上下班途中的工伤设立了四个要件，即“规定时间”“必经路线”“无本人责任或者非本人主要责任”和“道路交通机动车事故”，具有较强的针对性和严谨性，但是也因此而产生了许多争议。一方面，“规定时间”和“必经路线”的表述过于死板和僵化，工伤认定的范围相对狭窄；另一方面，“无本人责任或者非本人主要责任”规定了工伤认定必须以公安机关交通管理部门对于交通事故的责任认定作为前置条件，延长了工伤认定的程序和时间。有些人甚至认为，要求受伤害职工“无本人责任或者非本人主要责任”违背了工伤事故无过失责任的原则。再者，非机动车事故并没有纳入到工伤认定的范畴，法律对于职工的保护力度不足。

2003年国务院颁布《工伤保险条例》，对上下班途中的工伤认定问题进行了修正。《工伤保险条例》第十四条第六款规定：“在上下班途中，受到机动车事故伤害的”应当认定为工伤。此次修改有两个亮点：一是取消了“规定时间和必经路线”的表述，以“上下班途中”替而代之；二是删除了“无本人责任或者非本人主要责任”的规定，即职工在机动车事故中负全责也能认定为工伤。此次修改极大地拓宽了“上下班途中”工伤的认定范围，加强了对劳动者的保护力度，但是这种宽泛的表述使得法律的解释空间扩大，工伤认定在实践中的操作难度增强。

正如前言所述，社会人员空间流动性加大，交通工具、工时制逐步多样化，使得“上下班途中”工伤案件情形日益复杂。面对新的形势和新的情况，2010年国务院颁布第586号令，决定对《工伤保险条例》进行修改。新修订的《工伤保险条例》于2011年1月1日开始施行，其中第十四条第六款规定：“在上下班途中，受到非本人主要责任的交通事故或者城市轨道交通、客运轮渡、火车事故伤害的”，应当认定为工伤。修订后的《工伤保险条例》不再限定机动车事故作为上下班途中工伤的必要条件，而是顺应当前自行车、电动自行车、货运三轮车等非机动车的普及趋势，进一步扩大了交通事故的范围，体现了对弱势群体的制度关怀。

从纵向看，“上下班途中”工伤事故的界定越来越公平，认定范围也随着时代的进步和发展而不断扩大，与时俱进。但是《工伤保险条例》对于公平原则的贯彻还是不够彻底，对于“上下班途中”工伤相关要件的定义还不够清晰，在实践中仍然存在着不少争议。这主要有两方面的原因：一是法律具有抽象性和概括性，不可能将所有情况囊括其中，而对法律条文的相关解释也只能在实践和经验中加以概括，不能涵盖具体的、特殊的、难以预见的情形；二是“上下班途中”的要件本身在理解上就存在争议。

三、“上下班途中”工伤的要件

《工伤保险条例》第十四条第六款规定：“在上下班途中，受到非本人主要责任的交通事故或者城市轨道交通、客运轮渡、火车事故伤害的"，认定为工伤。由于该条款规定的工伤要件定义较为宽泛，为了减少诸如自杀自残、故意骗保等法律漏洞和道德风险，人力资源社会保障部办公厅印发了《关于工伤保险有关规定处理意见的函》（人社厅函〔2011〕339号）（以下简称《函》），对上下班途中事故的工伤认定作了适当的限定，并对该规定作出进一步解释：

（1）"上下班途中"是指合理的上下班时间和合理的上下班路途。

（2）"非本人主要责任"事故包括非本人主要责任的交通事故和非本人主要责任的城市轨道交通、客运渡轮和火车事故。其中，"交通事故"是指《中华人民共和国道路交通安全法》第一百一十九条规定的车辆在道路上因过错或者意外造成的人身伤亡或者财产损失事件。"车辆"是指机动车和非机动车；"道路"是指公路、城市道路和虽在单位管辖范固但允许社会机动车通行的地方，包括广场、公共停车场等用于公众通行的场所。

（3）"非本人主要责任"事故认定应以公安机关交通管理、交通运输、铁道等部门或司法机关，以及法律、行政法规授权组织出具的相关法律文书为依据。

（一）"上下班途中"的内涵和外延

《函》规定，"上下班途中"是指合理的上下班时间和合理的上下班路途。不可否认的是，"合理时间"和"合理路径"对于界定"上下班途中"有一定的指导意义。但是"合理"一词本身就存在着不同的理解，上下班时间和路途是否合理，要根据实际的情况进行判断，而判断则不可避免地带有主观性和偏向性，特别是在工伤保险制度倾向于保障劳动者权益的前提下，"上下班途中"工伤认定问题似乎对用人单位一方不利，这违背了工伤行政确认的客观性和法律平衡各方利益的原则。

随着经济社会的发展，工伤认定面临的情况愈加复杂，对于那些上下班时间和路线范围不固定的工种或岗位而言，在判定"合理时间"和"合理路径"时缺乏常规的参照系，"合理"的概念变得愈加模糊。"合理"是指符合理性、逻辑和情理，即大多数人接受和认可的共同理念或准则，但是大多数人都接受和认可并不等于符合法律依据和事实基础，因此这种解释还是不能摆脱抽象和笼统。

从"上下班途中"概念本身出发，它是指职工以上班或者下班为目的，在合理时间段内往返于工作地和居住地的合理路线的过程。可以发现，其实际包含了空间、时间和目的三个因素，而且目的因素贯穿于空间和时间之中。

1. 空间因素。一般情况下，上下班的路径是工作地和居住地之间最直接的连线，但是实际上却经常发生绕道的情况，比如职工下班后顺路到学校接小孩放学，或者接完小孩后再到市场买菜。类似绕道（包括经常性和偶然性、近距离和远距离）处理其他事务的情况，如果该事务与工作、日常生活有着必然联系，该过程应该视为合理的路线。基于《工伤保险条例》保护职工的立法目的，工作地和居住地的定义也必然不能片面机械解读，应当从数量、位置、关联性等角度灵活理解。比如，工作地有可能指一处或多处、固定或临时，单位组织或指派所涉及的区域等。居住地可以指单位宿舍、固定居所、临时居所，或者父母、配偶、子女居所等。

2. 时间因素。排除其他条件影响的情况下，时间因素由居住地和工作地之间的距离决定，可以把这段路程所需时间称为 T_1。但是实际上，上下班途中的时间还应考虑到天气变化、交通工具种类、道路交通情况以及其他不可预估的因素，这必然会延长在路上的时间，可以把这段路程所需时间称为 T_2。当 T_2 减去 T_1 的数值符合上述其他因素所用时间，应当认定为合理时间。在工伤认定实践中，经常会遇到早到、迟退或者早退、迟到等影响上下班时间的情况，这加大了“上下班途中”工伤认定的难度，必须要根据实际加以调查和区分。早到、迟退的原因有多种，判定标准是公与私。如果早到、迟退是因为加班需要，根据原劳动部《关于实施〈工伤保险条例〉若干问题的意见》（劳社部函〔2004〕256）第二条的规定，上下班途中既包括职工正常工作的上下班途中，也包括职工加班加点的上下班途中，因此无论是提前上班或是推迟下班，只要是为了工作目的或工作需要，则其在前往或离开工作地的路途应当视为上下班途中。但是如果早到、迟退是因为处理私人事务，则不符合上下班途中的要件要求。早退、迟到的情形应该与用人单位管理制度以及职工本身的过错责任联系起来进行衡量区分，未经批准擅自早退或者因处理私人事务迟到，明显违反了劳动纪律，如果一概认定工伤，恐怕间接鼓励了职工的过错行为，对于用人单位而言也不公平。如果早退、迟到经过用人单位批准或是其他客观原因造成的，则原则上并不影响其上下班途中的认定。

3. 目的因素。从上述的分析中可以看出，“是否为了工作目的”或“是否因为工作原因”贯穿于空间和时间的整个过程，上下班时间和路线是上下班途中的具体表现形式。换句话说，判断上下班路线和时间合理与否，关键在于是否以上下班为目的。目的是活动主体在观念上事先建立起来的对活动未来结果的一种设想和认知，它是人的大脑的主观性产物，往往难以考量和验证。正因为如此，需要借助一般的社会生活经验、共识的道德观念、符合主流的社会情理等外在因素进行综合考察。另外，从举证责任角度来看，目的是否与工作或者日常生活有关，很大程度上取决于当事人提供的证据，其他人包括用人单位很难举证。

（二）“非本人主要责任”及其判断原则

《函》规定：“非本人主要责任”事故认定应以公安机关交通管理、交通运输、铁道等部门或司法机关，以及法律、行政法规授权组织出具的相关法律文书为依据。该规定主要出于以下考虑：一是当前我国公民遵守交通规则的意识还比较薄弱，如果将“本人主要责任”的交通事故纳入工伤认定的范围，会留下法律漏洞，鼓励甚至纵容职工违反交通规则，容易诱发个人风险；二是不将交通事故责任认定前置，难以还原和确认事实。

对于这一规定，一些反对观点认为，“非本人主要责任”违背了工伤事故无过失责任原则，缺乏理论依据且不利于维护职工的合法权益，实质上是工伤保险理念和制度设计的倒退，在实际操作困难与理念退步之间，他们宁愿选择前者。反对者的理由是不充分的。首先，《工伤保险条例》立法的本意和制度设计的初衷是为了保护弱势群体，因此在实践过程中，对于“可受理可不受理”“可认可不认”的工伤要尽量偏向弱势一方。但是，这并不意味着可以一味地损害用人单位的合法利益，《工伤保险条例》开篇就规定工伤保险的一个重要目的是"分散用人单位的工伤风险"。法律的根本作用在于调整和平衡社会成员之间的利益关系，若不对上下班途中发生的交通事故加以限制，盲目地将所有情形都认定为工伤，会增加用人单位的负担并损害他们的利益。其次，从工伤定义的角度看，工伤最基本的定义是指因工作本身所遭受到的伤害，即生产性工伤。劳动者在上下班途中受伤从本质上说并不是工伤，而是对工伤的扩展性解释，是基于社会制度和政策的考量，因此对于典型的生产性工伤和此类工伤不能不加以区别，意味着上下班途中的伤害可以排除无过失责任原则的约束。

有人认为，"非本人主要责任"要求公安机关交通管理等部门处理程序前置，延长了工伤认定的程序和时间，而且会导致社会保险行政部门依赖公安机关交通管理等部门的事故认定书，从而不对事故责任认定作实质性审查。这种观点混淆了前置和前提的概念，所谓前置是指提前做，而前提是指必须要提前做了才能做后面的。首先，交通事故处置前置，使得后面的工伤认定有更加充足的审理、调查和认定时限，工伤认定程序更加简便可行。其次，《工伤保险条例》规定了社会保险行政部门负有工伤认定的行政职权以及根据需要进行调查核实的职责，公安机关交通管理等部门的事故责任认定只是工伤认定的依据之一，而非必要的前提条件。在实务中，社会保险行政部门如果认为交通事故认定与事实不符，有权也有义务根据实际情况作出认定。

根据《工伤保险条例》第二十条和《最高人民法院关于审理工伤保险行政案件若干问题的规定》（法释〔2014〕9号）规定，交通事故中的"非本人主要责任"应当以有关行政部门出具的事故责任认定书为依据，在有关行政部门尚未作出结论期间，作出工伤认定决定的时限中止。但是时限中止不可能无限期，若遇到公安机关交通管理等部门始终无法认定交通事故责任的情形，社会保险行政部门应当根据实际情况进行自由裁量。目前关于交通事故事实不清、责任不明的司法纠纷，主要采用优者危险负担原则进行事故责任的判断，即根据双方对道路交通注意义务的轻重、机动车危险性的大小、减速避险能力的优劣等分配道路事故当事人的责任。优者的判断标准是：在机动车与非机动车之间，机动车为优者；在机动车与机动车之间或者非机动车与非机动车之间，则综合考虑车辆的质量、速度、控制能力、交通规定遵守情况等因素，危险性更大的则为优者。这种纠纷处断方法尽管不可避免地会产生自由裁量，但是如果自由裁量的最终目的是为公而非为私，且符合社会公众的合理预期，则这种自由裁量的标准及方法都是值得肯定和鼓励的。

（三）"交通事故"的概念及其局限性

2011年修订后的《工伤保险条例》扩大了交通事故的范畴，将非机动车事故伤害纳入到工伤范围，同时拓宽了道路的内涵，使得交通事故的类型和范围更加具体和明确，增强了法律的一致性，避免了法律法规之间的冲突，也规避了法律的滞后性和教条性，有利于事故伤害职工获得工伤保险的保障。

但是还应注意到，交通事故是指车辆在道路上因过错或者意外造成的人身伤亡或者财产损失事件，即交通事故必须是车辆在道路上导致人身伤亡。人撞人、物撞人并没有被纳入工伤认定的范围，比如职工上下班途中被高空落物砸伤，或者被路边物件伤害（落入沙井、悬挂物脱落砸伤等），或者职工在上下班途中遭到歹徒抢劫受伤等，《工伤保险条例》对此类情况并没有明确的规定。若职工上下班途中非因车辆造成意外事故伤害，工伤认定就会出现无法可依的情形，而在实务中社会保险行政部门经常会收到类似的工伤认定申请。

将上下班途中因交通事故发生的伤害纳入工伤，是基于社会公平原则，目的是为了保护劳动者的权益。从公平和情理角度看，实际上非交通事故与交通事故对于职工来说同样具有伤害性，只要其条件没有超出“上下班途中”，没有脱离“上下班目的”，没有超出工作时间、工作地点和工作原因的内涵和外延，将其纳入工伤范畴似乎更为恰当，也更符合社会期待。相反，严格地将交通事故和非交通事故区分开来，使得这种公平显得不彻底。

四、举证责任的分配

如上文所述，由于上下班目的带有很强的主观色彩，其真实性和可信性很大程度上取决于当事人提供的证据是否逻辑合理、理由充分，其他人包括用人单位很难举证。工伤是指劳动者为履行劳动职责而造成其人身伤害的法律事件，工作时间、工作地点、工作原因是工伤的三大要素。劳动者上下班途中虽然不在用人单位的控制范围内，但是依然与工作密切相关。由于“上下班途中”并不直接体现典型的工伤三要素，因此成为工伤认定实践中最难把握的问题。

《工伤保险条例》第十九条规定，职工或者其近亲属认为是工伤，用人单位不认为是工伤的，由用人单位承担举证责任。这样规定，主要考虑在用人单位与职工之间，用人单位处于管理者地位，职工对用人单位具有依附性和从属性，因而由用人单位承担较重的举证责任。但是上下班途中已经脱离了用人单位的直接控制和管理，因此从伤害的性质来看，该时间段本质上属于社会风险，而非劳动风险。社会风险是指由个人的行为或不行为而遭受损失的风险，因而劳动者对于上下班途中发生的情况和掌握的信息更加直观和清晰。

在这种情况下，应该重新合理分配举证责任。劳动者要为自己上下班的时间、路线、目的提供相关证明并作出符合逻辑的说明：一是解释说明与常规上下班时间差异较大但是符合上下班目的的原因并提供证明；二是对偏离正常上下班路线但是符合上下班目的的情况承担举证责任。劳动者未能提供符合逻辑的解释，则应承担举证不利的责任。

五、结语

“上下班途中”工伤属于工伤认定的一种特殊情况。一方面，对于特殊情况的工伤认定，不能机械照搬法律法规，更不能随意认定，要坚持具体问题具体分析，允许有不同的标准，灵活运用，但是必须建立在尊重事实的基础之上。另一方面，法律和相关配套的法规要积极应对实践中遇到的新情况，不断调整、补充和更新。

参考文献

[1] 胡晓义. 工伤保险条例释义与实务 [M]. 北京：中国劳动社会保障出版社，2011.

[2] 王朝. 对弹性工作时间人员"上下班途中"界定的探析 [J]. 江西警察学院学报，2012（1）：126-128.

[3] 曹淞茹. 上下班途中工伤认定的法律解释与适用 [J]. 太原城市职业技术学院学报，2012（2）：49-50.

[4] 杨兴坤. 上下班途中工伤类型探究 [J]. 中国社会保障，2011（2）：23-24.

[5] 梁三利. 通勤事故工伤认定的法律解释与适用 [J]. 中国劳动，2011（5）：14-16.

[6] 黎建飞. 对无过错赔偿原则在工伤认定中歧见的探讨 [J]. 河南省政法管理干部学院学报，2004（2）：116-118.

[7] 张敏. 试论我国道路交通事故损害赔偿责任之归责原则 [J]. 法制与社会，2010（11）：67-68.

工伤人员劳动能力鉴定前常见劳动争议讨论

陆卫倩　王　璀　上海市劳动人事争议仲裁院

【摘　要】工伤保险作为劳动者遭受工伤后的物质保障制度，具有社会保障性，是社会保障体系的重要组成部分，与劳动者的权益息息相关。劳动者工伤后进行工伤认定并经劳动能力鉴定是获得工伤保险待遇的前提条件。在工伤认定后，进行劳动能力鉴定前，劳动关系处理以及后续双方权利义务的分担等问题在实践中经常产生纠纷，如该期间单位的劳动合同解除权，劳动能力鉴定是否存在时间限制，未经劳动能力鉴定的劳动者与用人单位结束劳动关系的情况下，医疗费的承担主体等。上述问题无论在立法、司法实践、裁判过程中都存有一定争议，本文就以上几个问题进行简要讨论阐述。

【关键词】停工留薪期　劳动能力鉴定时间　医疗费的承担

工伤保险是指因工伤依法获得经济赔偿和物质帮助的社会保障制度，不仅有赔偿性质，更具有物质帮助性质，兼具社会保障性，是社会保障体系的重要组成部分，与劳动者的权益息息相关。根据相关规定，劳动者发生工伤后，用人单位应当自事故伤害发生之日起 30 日内向统筹地区社会保险行政部门提出工伤认定申请，用人单位未按规定提出工伤认定申请的，劳动者或者其近亲属、工会组织在事故伤害发生之日起 1 年内可以直接向用人单位所在地统筹地区社会保险行政部门提出工伤认定申请。劳动者发生工伤经治疗伤情相对稳定后存在残疾、影响劳动能力的，应当进行劳动能力鉴定。治疗工伤所需费用符合工伤保险诊疗项目目录、工伤保险药品目录、工伤保险住院服务标准的，从工伤保险基金支付。劳动者受工伤并经劳动能力鉴定后，根据因工致残等级向工伤保险基金申领一次性伤残补助金，解除或终止劳动合同时可享受一次性工伤医疗补助金等工伤保险待遇。由此可见，劳动者从发生工伤到工伤治疗结束病情稳定，再到实际获得相应的工伤保险待遇，会经历一段相对漫长的过程。而在此期间，工伤人员与用人单位之间的劳动关系如果发生变化，很可能导致工伤人员的社会保险费停缴，由此造成相关待遇如医疗费等无法从工伤保险基金处获得理赔。本文就工伤人员在劳动能力鉴定前劳动关系结束产生的医疗费用争议等相关的几个问题予以讨论。

一、在工伤人员劳动能力鉴定结论出具前，用人单位与工伤人员的劳动关系能否结束

目前的法律及相关规定对于工伤人员与用人单位解除劳动合同的权利并未进行限制，故在劳动能力鉴定结论出具前，工伤人员掌握结束劳动关系的主动权。对于用人单位是否可以主动与工伤人员解除或终止劳动合同，从保护工伤人员权益的角度出发，现行法律法规已有诸多限制，但用人单位是否完全不能与工伤人员解除或终止劳动合同，尚存不同观点。

（一）观点一：用人单位不能与工伤人员解除或终止劳动合同

《中华人民共和国劳动法》（以下简称《劳动法》）第二十九条规定，患职业病或者因工负伤并被确认丧失或者部分丧失劳动能力的，用人单位不得依据相关规定解除劳动合同。《中华人民共和国劳动合同法》（以下简称《劳动合同法》）第四十二条规定，劳动者在本单位患职业病或者因工负伤并被确认丧失或者部分丧失劳动能力的，用人单位不得依照相关规定解除劳动合同。《劳动法》第二十九条与《劳动合同法》第四十二条对于不得解除工伤人员劳动合同的情形作了明确规定，此外，根据《关于实施〈上海市工伤保险实施办法〉若干问题的通知》（沪劳保福发〔2004〕38 号）第二十四条规定，工伤人员在停工留薪期内或者劳动能力鉴定结论尚未作出前，用人单位不得与其解除或终止劳动关系。因此，工伤人员因工作原因受到伤害，经认定构成工伤，并处于受伤接受医疗阶段，该工伤是否对其劳动能力甚至生活自理能力造成影响以及影响的程度尚不清楚，故为了更好地保障工伤人员获得充分的治疗及相关工伤待遇，认为用人单位不得解除或终止与工伤人员的劳动合同。

（二）观点二：如果工伤人员存在《劳动法》第二十五条、《劳动合同法》第三十九条规定的情形，用人单位可以解除劳动合同

目前确实有“工伤人员在停工留薪期内或者劳动能力鉴定结论尚未作出前，用人单位不得解除或终止劳动关系”的相应规定，但根据《关于贯彻执行〈中华人民共和国劳动法〉若干问题的意见》（劳部发〔1995〕309 号）第三十条规定，《劳动法》第二十五条为用人单位可以解除劳动合同的条款，即使存在第二十九条规定的情况，只要劳动者同时存在第二十五条规定的四种情形之一，用人单位也可以根据第二十五条的规定解除劳动合同。

工伤人员首先是一名与用人单位签订劳动合同并接受用人单位管理的劳动者，应当遵守劳动纪律和职业道德，完成劳动任务，提高职业技能，执行劳动安全卫生规程。故无论是否是工伤人员，如希望与用人单位存续劳动关系，都应当接受用人单位的用工管理，严格遵守用人单位的规章制度。《劳动合同法》中明确规定，劳动者严重违反用人单位规章制度的，用人单位可以解除劳动合同。维护劳动者合法权益的同时，亦应当尊重用人单位

的用工管理权和经营自主权。同理，工伤人员因其触犯国家刑事法律或已被人民法院依法追究刑事责任，亦符合法律所规定的解除条件，用人单位可以解除劳动合同。

笔者认为：第二种观点在实务中更加有利于劳动关系双方权益的保护，虽然劳动者系因工作原因受伤，但该情形不应成为劳动者逃避承担因违反法律或者严重违纪行为所产生后果的保护伞。工伤人员违反法律或者存在严重违纪行为，用人单位在解除依据充分、解除程序合法的情况下可以行使解除权。当然笔者需要强调，此时用人单位解除劳动合同，还是应当采取审慎的态度，要兼顾依据充分、程序合法，避免构成违法解除，不利于双方权利义务的厘清和保护。

二、劳动能力鉴定伤情稳定的判定及因劳动关系双方造成的延迟鉴定问题

劳动能力鉴定是指劳动功能障碍程度和生活自理障碍程度的等级鉴定，是给予工伤人员工伤保险待遇的基础和前提条件，鉴定结论直接影响着工伤人员所应享有的工伤待遇。对于进行劳动能力鉴定的时间，根据《工伤保险条例》第二十一条的规定：职工发生工伤，经治疗伤情相对稳定后存在残疾、影响劳动能力的，应当进行劳动能力鉴定。由此可见，劳动能力鉴定应在工伤人员“经治疗伤情相对稳定后”进行，但是在实践中笔者认为还有以下问题有待明确：

（一）伤情稳定的判断主体和判断标准

在实践中，进行劳动能力鉴定产生的纠纷往往是工伤人员与用人单位之间对于伤情是否稳定存有争议，因而进一步对停工留薪期的长短产生纠纷。在目前现行法律法规中，对于“伤情稳定”这一抽象且具有专业性的概念由谁作出判断以及判断标准没有明确的规定。故笔者认为，为顺畅劳动能力鉴定流程，厘清双方权利义务关系，对伤情稳定的判断主体及判断标准应当作出明确的规定。

（二）劳动能力鉴定条件成就后，工伤人员与用人单位延迟鉴定问题

根据《工伤保险条例》第二十三条规定，劳动能力鉴定由用人单位、工伤人员或者其近亲属向设区的市级劳动能力鉴定委员会提出申请，并提供工伤认定决定和职工工伤医疗的有关资料。据此可知，用人单位和工伤人员都可以成为申请劳动能力鉴定的主体。在实践中，即便双方对于伤情稳定没有争议，鉴定条件成就，但是因为在现行法律法规中并无伤情稳定后具体多长时间内必须进行劳动能力鉴定的相关规定，双方往往在劳动能力鉴定条件成就后对于是否马上进行鉴定产生争议。故笔者认为，首先，在劳动能力鉴定条件成就后，工伤人员与用人单位应当尽快进行劳动能力鉴定，这是双方的权利，也是义务；其次，对于条件成就后多长时间内应进行鉴定，法律法规应当规定一个明确的期间标准；最后，对于超出规定期限进行劳动能力鉴定的，可以考虑参考过错责任予以归责，承担权利义务。

三、劳动能力鉴定结论尚未出具前，工伤人员与用人单位劳动关系结束的，工伤人员的医疗费应由谁承担

根据《工伤保险条例》规定，工伤人员治疗工伤所需费用符合工伤保险诊疗项目目录、工伤保险药品目录、工伤保险住院服务标准的，从工伤保险基金支付。而劳动关系的结束必然导致用人单位停止为工伤人员缴纳社会保险费，而工伤人员用于治疗工伤的医疗费用可能会继续产生，此种情形下，后续工伤人员的医疗费用该由谁来承担，这个问题目前也存在不同观点。

（一）观点一：应当由用人单位承担

工伤人员从工伤保险基金获得相关工伤医疗费用报销，是基于双方劳动关系存续且单位依法为工伤人员缴纳了工伤保险费。双方无论因何种原因导致劳动关系结束，用人单位在劳动关系结束后必然不再为工伤人员缴纳工伤保险费，故工伤人员将无法从工伤保险基金处获得相关医疗费用理赔。但是工伤人员系因工作而导致受伤，即便在劳动关系结束后，用人单位也应当承担原本由工伤保险基金支付的医疗费用。

（二）观点二：应当由工伤保险基金继续承担医疗费用

保险是指投保人根据合同约定，向保险人支付保险费，保险人对于发生合同约定的可能发生的事故所造成的财产损失承担赔偿保险金责任，或者当被保险人死亡、伤残、疾病或者达到合同约定的年龄、期限等条件时承担给付保险金责任的商业保险行为。工伤保险虽然与商业保险存有差异，但是其作为保险的基本原理和作用应当还是一致的，作为工伤保险参与者的社会保险经办机构、用人单位、劳动者就如同商业保险的保险人、投保人、被保人。因此在用人单位为劳动者缴纳工伤保险费后，三方保险关系成立，故劳动者一旦发生伤害并被认定为工伤，工伤保险基金作为保险人承担起理赔义务是基于三方的保险关系，而并非是劳动者与用人单位的劳动关系。此外，根据《中华人民共和国保险法》第三十一条的规定，单位作为投保人对与其具有劳动关系的劳动者具有保险利益，该保险利益应当是在工伤认定时就已经发生，故即便劳动关系结束，还是应当由工伤保险基金继续承担后续的工伤医疗费用。

（三）观点三：应当区分劳动关系结束的责任主体来判断医疗费用承担主体

若因工伤人员提出辞职或者用人单位依据《劳动合同法》第三十九条解除劳动关系且被认定解除合法的，那么用人单位停止缴纳工伤保险费系由工伤人员导致，用人单位不存在过错，故在劳动关系结束后产生的工伤医疗费用应当由工伤人员承担。反而言之，如因用人单位违法解除或终止劳动合同，或工伤人员以《劳动合同法》第三十八条解除劳动合同等因用人单位原因导致劳动关系解除或终止，即用人单位存在过错的，则应当由用人单位来承担后续医疗费用。

笔者认为，观点一系目前实务中的主流观点和做法，其根本是基于保障工伤人员能够

获得充分的医治。但按照观点一的做法，如果工伤人员存在《劳动合同法》第三十九条规定之情形，如给用人单位造成重大损失或者犯罪等，用人单位虽与工伤人员解除劳动关系，但还是应当承担原本可以由工伤保险基金承担的医疗费用，然而解除责任并不在用人单位，有失公平合理。因此，不对劳动关系结束的责任主体进行区分，一概由用人单位来承担劳动关系结束后的医疗费用的观点，虽然系出于对工伤人员的保护，但是过于刚性，是否能够公平合理地保护劳动关系双方权利义务，值得商榷。对于观点二，工伤保险与商业保险虽存有较大差异，但是其在作为一种保障救济手段的性质和目的上还是相同的，但是工伤保险更具有社会保障和物质帮助性，其适用无过错原则，这与商业保险还是不同的。因此，笔者更加倾向于以过错原则去判断医疗费用的承担主体，通过过错原则来判断承担主体更具有公平合理性。此外，采用过错原则可以促使工伤人员与用人单位对于后续劳动关系的处理有一个谨慎的态度；同时，过错原则既可以督促工伤员工遵守用人单位的规章制度，保障单位的自主管理，又可以保护工伤人员的合法权益。

对于工伤人员在劳动能力鉴定前结束劳动关系的后续医疗费用承担问题，除了明确判断承担主体依据外，笔者认为，还应当充分利用工伤保险基金，扩大先行支付范围。根据《中华人民共和国社会保险法》规定，目前工伤保险基金先行支付的范围如下：用人单位未参加工伤保险，且不支付工伤人员工伤保险待遇的；因第三人造成工伤，第三人不支付工伤人员医疗费用或者无法确定第三人的。先行支付主要是针对第三人侵权或者用人单位未缴纳工伤保险费的情形，但是为了更好地保护工伤人员，笔者认为，针对在劳动能力鉴定前工伤人员与用人单位结束劳动关系，并由此产生的后续医疗费用承担争议的情形，该工伤人员的后续工伤医疗费用可以由工伤保险基金先行支付。通过工伤保险基金先行支付的方法，首先确保工伤人员能够继续获得医治，避免在劳动争议纠纷处理过程中工伤人员因经济困难不能及时获得医治。在劳动争议纠纷处理完毕，双方权利义务厘清后，工伤保险基金可根据争议处理结果，向责任承担方主张先行支付的费用。

关于引入商业保险作为工伤保险有益补充的路径与意义

魏　东　张敬直　长春市人力资源和社会保障局

【摘　要】工伤保险制度是我国社会保险制度的重要组成部分，商业保险是现代经济的重要产业和风险管理的重要手段，工伤保险是保基本、保底线，商业保险可以提水平、提质量。本文结合工作实际，着重探讨如何将两者有机结合，优势互补，在工伤保险的基础上通过再保险，增强抵抗工伤风险能力，以此保障经济发展，体现人文关怀，提升社会治理，彰显社会进步。本文从引入商业保险作为工伤保险有益补充的整体思路、制度设计、实施路径、风险防控等几方面阐述观点。鉴于此项工作属于新生事物，虽然商业保险和工伤保险在本质上有相通之处，两者结合有先天优势，但在筹资模式、待遇审核、待遇支付、争议处理等方面仍有瓶颈性问题需要解决，本文也对解决这些问题提出了粗浅见解。

【关键词】商业保险　工伤保险　补充　路径

工伤保险制度是我国社会保险制度的重要组成部分，经过多年的发展与完善，已经形成了工伤预防、工伤补偿、工伤康复三位一体的制度模式。工伤保险制度保障了工伤职工的合法权益，促进工伤预防与职业康复，分散了用人单位的工伤风险，促进了社会和谐稳定。商业保险是现代经济的重要产业和风险管理的重要手段，是人文关怀和经济发展的重要保障，是提升社会治理能力的重要举措。

工伤保险和商业保险既原理相通，又各有侧重。工伤保险制度注重公平，强调底线思维；商业保险注重效率，强调提水平和提质量。因此引入商业保险作为工伤保险的有益补充，两者可以优势互补，构建起严密的保险民生保障网，完善多层次社会保障体系，把商业保险建成社会保障体系的重要支柱。

国家对把商业保险建成社会保险体系的重要支柱作出了战略部署，要求加强保险监管跨部门沟通协调和配合，促进商业保险与社会保障有效衔接、保险服务与社会治理相互融合、商业机制与政府管理密切结合。《人力资源和社会保障事业发展“十三五”规划纲要》中也明确提出，促进商业保险与社会保险、补充保险相衔接，鼓励商业保险机构参与医保经办，探索工伤保险与商业保险的合作模式，形成多层次的保障体系。

目前全国多个省、市陆续开展了补充工伤保险工作，做出了有意的探索和实践，取得了明显成效，丰富了工伤保险的内涵，对于提高工伤职工待遇，减轻用人单位负担，缓和日趋紧张的劳动关系及维护社会稳定具有重要意义。

近年来，吉林省长春市工伤保险工作取得了长足的发展，政策、制度、经办等体系日趋完善，开展补充工伤保险工作的条件已经具备。为切实做好长春市补充工伤保险工作，经吉林省人力资源社会保障厅推荐，长春市派员到国内补充工伤保险开展较有特色、具有一定代表性的厦门市、无锡市两地进行了专题调研。通过专题调研，结合长春市实际，可开展具有长春市特点的引入商业保险工作。

一、厦门市、无锡市两地开展补充工伤保险基本情况及主要做法

（一）基本情况

1. 筹资模式。无论工伤保险还是商业保险均涉及筹资模式，即缴费主体，目前国内开展补充工伤保险的城市，其筹资模式分以下两类：

一类是以厦门市（2016 年实施）为代表的，由工伤保险基金出资投保的模式，此类省、市还包括南通市（2011 年实施）、宁波市（2014 年实施）、珠海市（2015 年实施）、湖南省全省（2017 年实施）。

另一类是由企业出资投保的模式，此类城市以无锡市为代表，还包括东北地区部分城市，如本溪市（2009 年实施）、沈阳市（2011 年实施）、抚顺市（2011 年实施）、大连市（2013 年实施），以及吉林省吉林市（2016 年实施）、延边州（2017 年实施）、松原市（2017 年实施）。

2. 待遇补偿对象。补充工伤保险的核心是提高工伤职工待遇，但各地在实现路径上各有不同，概括起来有三种情形：一是直接补偿工伤职工（以吉林省部分城市为代表）；二是补偿用人单位应支付工伤职工的工伤待遇（以无锡市为代表）；三是既直接补偿工伤职工，又补偿用人单位应支付工伤职工的工伤待遇（以湖南省及厦门市为代表）。

（二）主要做法

1. 购买服务，商保为主。各地均采取招标方式确定由多家商业保险公司共同组成的共保体为补充工伤保险工作的服务方，由份额最大的商业保险公司协调其他公司服务，并重点开展以下工作：

一是承担经办服务的软硬件平台建设。具体内容包括开设业务所需的各级结算平台，购置所需的计算机设备，聘用相关专业人员，设立专用银行账户等。

二是开展补充工伤保险住院费用审核业务。对所有工伤人员的住院原始病历和费用清单进行初审，将初审结果及定点医院违规情况提交政府医疗保险管理机构复审。

三是开展异地工伤人员调查服务。借助商业保险公司全国网络优势，可在接到用人单位异地工伤人员报告后，委托商业保险公司第一时间赶到现场初步核实情况，并向人力资

源社会保障部门报告，便于人力资源社会保障部门掌握第一手资料。

四是在政府的指导下完成其他服务。具体内容包括向政府医疗保险管理机构提交工作报告，向社会定期公示补充工伤保险金的使用情况，协助政府开展宣传，录入和维护参保人员信息，制作相关证件等。

2. 管办分离，强化监管。各地人力资源社会保障部门不参与补充工伤保险的日常事务性工作，集中精力抓好以下各项工作：

一是建章立制。出台补充工伤保险实施方案（办法、细则）等规章制度，并以相关规章制度为依据与商业保险公司签订协议，严格约定双方的权利、义务及违约处理办法。

二是仲裁指导。人力资源社会保障部门按照申报补充工伤保险待遇支付材料的一定比例进行复审，组织专家对有争议性的案例进行终审和裁定，对商业保险公司开展经常性的业务指导。

三是监督考核。建立、完善监督制约和违约处罚机制，督促商业保险公司提高经办服务的质量。制定考核标准，量化考核指标，在合作年度内，对商业保险公司按委托协议履行责任的情况严格监督考核，如发生严重违反委托协议的责任事故，政府有权终止合作。

3. 围绕经办，深度合作。商业保险公司在对工伤人员待遇支付后，在经办机构授权下可为其定期开展健康管理服务，通过短信提醒、线上医生服务等多种方式，配合患者康复；针对在外地康复治疗的老工伤患者，也可委托商业保险公司巡查治疗情况，降低工伤保险基金运行风险。

（三）实施效果

以厦门市为例，补充工伤保险实施以来，取得明显成效，主要体现在以下几方面：

1. 资源整合更加高效。商业保险公司采取“一站式”办公的模式，提高了综合效率，在经办部门设立服务窗口，工伤职工进行劳动能力鉴定后，可直接在商业保险公司办理补充工伤保险待遇支付手续，实现工伤保险与补充工伤保险待遇支付同步，成本、耗时大幅降低。同时，资源的整合也使得经办服务层面突破了部门分割，实现统一。

2. 异地查勘调查更加便捷。异地调查一直是工伤认定过程中的难点问题，涉及行政资源的投入、异地有关部门的配合、案发第一时间需要到达现场等问题。实施补充工伤保险之后，可以依托商业保险公司全国性网络快速进行事故调查，为认定过程提供第一手资料，较好地解决了异地认定难的问题，有效防范工伤事故异地骗保，确保了基金安全。

3. 服务体系日趋规范。补充工伤保险制度将商业效率、政府权威和制度约束有机结合，在提高效率的同时有效控制了人为差错和争议，服务体系日趋规范。厦门市人力资源社会保障局同行表示：“商业保险公司审核比较严格，独立性和专业性强，服务流程非常规范，最大限度减少了人为因素干扰，为经办机构节约了很多隐性成本。”当地参保单位也普遍认为，商业保险公司服务体系透明度和操作性更强，因而对政府引入商业保险公司办理补充工伤保险持欢迎态度。

厦门市、无锡市两地做法和经验对长春市开展补充工伤保险工作具有十分重要的借鉴作用，对长春市选定商业保险公司的方式、筹资模式、经办流程、待遇支付、争议处理等核心要素具有一定的指导意义。

二、长春市开展补充工伤保险的重要意义及整体思路

（一）重要意义和政策目标

一是切实提高对工伤职工的补偿力度，有效分散企业承担工伤事故的经济风险，在全市范围内建立起广覆盖、多层次的工伤保险体系。弥补工伤保险制度不足，通过商业保险对工伤保险基金不进行赔付的费用（一次性就业补偿金、丙类自付药、住院期间护理费、五级和六级伤残人员伤残津贴等）进行二次理赔；提高死亡及有护理等级人员的待遇标准，维护弱势群体权益，促进社会稳定；探索通过商业保险公司开展先行支付业务。

二是为有参保意愿的用人单位提供便利条件。目前，长春市部分用人单位在参加工伤保险的基础上，已经自愿为职工投保了商业保险。如果商业保险公司能够在工伤保险经办机构设立投保窗口，用人单位可以一站式完成相关业务，不用往返于多家保险公司进行理赔。

三是结合国家降费率政策，在不增加用人单位支出的基础上提高工伤各项待遇。人力资源社会保障部、财政部于 2018 年 4 月 20 日联合下发了《关于阶段性降低社会保险费率的通知》（人社部发〔2018〕25 号），要求自 2018 年 5 月 1 日起，对累计结余可支付月数在 24 个月以上的统筹地区，现行费率下调 50%。按政策规定，长春市费率下调比例在 50%。长春市商业保险初步拟定的费率在一、二类行业为工伤保险费率的 50%左右，三类至八类行业为工伤保险费率的 35%左右。如果长春市补充工伤保险文件和降费率文件同期下发，将调动用人单位参保积极性，降低的工伤保险费足以为职工缴纳补充工伤保险费。

四是通过商业保险减少因伤致贫人口，维护社会和谐稳定。目前，虽然工伤保险甲、乙类药能 100%报销，但是重伤职工丙类自付药仍然成为用人单位和职工沉重的经济负担；有护理等级的职工，工伤保险基金支付的护理费根本不足以支付实际生活中雇用护理人员的费用。特别是一些小微企业抗击风险能力弱，发生事故后人去楼空，职工因伤致贫、因伤返贫现象时有发生，形成社会不安定因素。通过商业保险公司提高工伤职工各项待遇，能够缓解工伤家庭的经济压力，增强用人单位抵御风险能力。

五是提高对重特大突发事故的处置能力。重特大安全事故极易造成职工、家属群访事件，政府对事故的处置颇有压力。以 2013 年德惠宝源丰事故为例，对每名工亡职工在国家规定的工亡待遇基础上又多补偿了 10 万元。如果引入商业保险机制，由商业保险公司进行二次补偿，可提高待遇水平，帮助稳定职工和家属情绪，达到心理期望值，使事故的处理更为快捷。

（二）长春市工伤保险现状

目前，长春市工伤保险参保人数 128 万人，其中市本级参保人数 105 万人。2017 年，长春市工伤保险基金当期收入 5.34 亿元（含一汽集团纳入长春市工伤保险基金截转资金），支出 2.22 亿元；全市认定工伤 3 462 件（其中工亡 124 件），组织劳动能力鉴定

2 193 人，协助进行病退鉴定 1 122 人；行政诉讼 46 件，行政复议 7 件。长春市工伤职工伤残津贴、生活护理费、工亡人员供养亲属抚恤金已经连续 6 年上调，工伤保险基金运行平稳，工伤职工队伍稳定。2014—2016 年，长春市工伤保险待遇调整情况见表 1。

表 1　2014—2016 年长春市工伤保险待遇调整情况

项目 / 年度	一级至四级伤残津贴、供养亲属抚恤金、生活护理费平均增长比例/%			月平均工资、基本养老金、可支配收入/元			一级至四级伤残津贴、供养亲属抚恤金、生活护理费、老工伤伤残补助金占基金支出比例/%			
	一级至四级伤残津贴	供养亲属抚恤金	生活护理费	平均工资	基本养老金	可支配收入	一至四级伤残津贴	供养亲属抚恤金	生活护理费	老工伤伤残补助金
2014 年	11.4	11.4	11.5	4 667.8	1 897	2 274.9	2.11	2.94	1.5	0.23
2015 年	5.8	5.8	8.6	5 086.6	2 131	2 424.1	2.13	2.72	1.59	0.12
2016 年	4.6	4.7	9.0	5 579	2 282	2 589.1	2.44	3	1.67	0.14

（三）基本模式和制度框架

在充分学习借鉴部分城市补充工伤保险工作经验、做法基础上，结合长春市实际，确定了长春市补充工伤保险的制度框架和基本模式。

1. 筹资模式。采用工伤保险基金出资投保模式需要有立法权的省级或计划单列市政府出台文件，长春市暂时不具备条件。因此，长春市采用用人单位自愿出资投保的筹资模式。补充工伤保险由用人单位缴费，职工不缴费。用人单位为投保人，商业保险公司为保险人，补充工伤保险相关手续由投保人办理。

2. 享受待遇对象。根据工作实际，长春市采取既补偿职工，提高工伤保险待遇，体现补充工伤保险的核心价值；又部分补偿用人单位应支付工伤职工的待遇，以增加制度吸引力，提高用人单位参保积极性，促进补充工伤保险健康、可持续发展。

3. 承保主体。确定以共保的方式承办补充工伤保险业务，可以最大限度地避免发生保险公司违约风险。以招投标的方式确定承保主体，按照“政府引导、市场运作、单位自愿、注重公益”的原则，由社会保险行政部门与社会保险经办机构共同制定招标文件。

4. 商业保险公司应当具备的条件如下：

一是具有充足的资金支撑和优良的商业信誉，能够保证按时足额赔付。

二是能够建立补充工伤保险网络办理系统并及时予以改进。

三是在国内各城市具有完整的查勘网络，能够满足统筹地区内外的查勘工作。

四是具有较强的事故查勘能力，能够配备与工伤调查相适应的事故查勘车辆和查勘人员。

五是具有一定的工伤保险事务承办经验和理论研究与精算能力，能够为补充工伤保险的长期发展制定科学合理的规划。

5. 缴费模式及标准。

补充工伤保险投保人按实名制办理补充工伤保险参保缴费手续，每月缴纳职工工伤保险费的同时缴纳补充工伤保险费。

补充工伤保险缴费标准按用人单位的工伤保险行业风险等级分类确定，具体缴费标准如下：一、二类行业用人单位每人每月缴费 4 元；三、四类行业用人单位每人每月缴费 8 元；五、六类行业用人单位每人每月缴费 12 元；七、八类行业用人单位每人每月缴费 16 元。按建设项目参加补充工伤保险的，缴费标准为工程总造价的 0.3‰。

保险人应实行浮动费率政策，对安全生产管理规范、工伤事故发生率低、费用支出少的用人单位给予适当优惠，具体办法在补充工伤保险合同中予以明确。

保险人在社会保险经办机构设立窗口，方便用人单位办理参保手续。

6. 享受待遇条件。

一是用人单位和职工依法参加了工伤保险，并且无欠缴工伤保险费。

二是用人单位和职工按规定参加了补充工伤保险，并且无欠缴补充工伤保险费。

三是职工由社会保险行政部门认定为工伤或者视同工伤。

四是由劳动能力鉴定委员会进行了劳动能力鉴定。

7. 补偿标准。

一是提高工亡补偿金。由补充工伤保险一次性支付工亡职工近亲属 10 万元工亡补偿金。

二是提高生活护理补偿金。由补充工伤保险一次性支付工伤职工生活护理补偿金，具体标准为：生活完全不能自理的工伤职工补偿 8 万元，生活大部分不能自理的工伤职工补偿 5 万元，生活部分不能自理的工伤职工补偿 4 万元。

三是增加伤残补偿金。由补充工伤保险一次性支付给用人单位和职工伤残补偿金，具体标准如下：

支付给工伤职工的伤残补偿金标准：一级伤残 4.5 万元，二级伤残 4 万元，三级伤残 3.5 万元，四级伤残 3 万元，五级伤残 1.2 万元，六级伤残 1 万元，七级伤残 0.5 万元，八级伤残 0.4 万元，九级伤残 0.3 万元，十级伤残 0.2 万元。

支付给用人单位的伤残补偿金标准：一级伤残 4.5 万元，二级伤残 4 万元，三级伤残 3.5 万元，四级伤残 3 万元，五级伤残 2.8 万元，六级伤残 2.6 万元，七级伤残 1.3 万元，八级伤残 1 万元，九级伤残 0.7 万元，十级伤残 0.6 万元。

支付给用人单位的伤残补偿金用于补偿用人单位应当按照国家政策规定为工伤职工支付的各项工伤待遇，支付后仍有结余的，其结余部分必须全部给付工伤职工。

8. 办理流程。补充工伤保险理赔由投保人向保险人申请，经审核符合待遇支付条件的，保险人应在 10 个工作日内办理待遇支付手续。保险人要提供高效服务，优化经办流程，方便、快捷支付相关待遇。

9. 争议处理。用人单位、职工与保险人因补充工伤保险参保、缴费和待遇支付等发生争议时，按照双方签订的补充工伤保险合同约定和商业保险有关规定协商解决。协商不成的，可通过法律途径解决。

三、做好补充工伤保险工作的具体路径

（一）增加制度吸引力，提高参保率，扩大受益群体

一是在制度设计上要提高制度的吸引力，使用人单位积极主动参保，提高参保率。补充工伤保险既要提高工伤职工待遇，又要减轻用人单位负担，还要保证商业保险公司能有运行的必要利润。保证制度的可持续发展，需要找到实现各方利益诉求的平衡点。长春市采取用人单位出资投保的模式，用人单位参保的目的一方面是要提高工伤职工的待遇，以体现用人单位对职工的人文关怀和社会责任感；另一方面是分散事故成本风险，把发生事故后自身的经济成本降到最低，加大对自身的保护力度。综合考虑各方利益诉求、长春市经济发展水平、大中小型企业的不同需求和工伤事故发生率、工伤保险待遇支付等情况，需要确定合理的缴费标准和待遇支付标准，确保在不增加企业负担的情况下，通过再保险，适当补偿用人单位应当支付工伤职工的待遇，减少用人单位支出，适当提高工伤职工待遇标准，使用人单位和职工双方尝到“甜头”，提高参保意愿，不断扩大保险的受益群体。

二是加大精准宣传的力度，提高政策的知晓度，做好典型宣传、典型引领相关工作。充分利用网络、电视、广播、微信等宣传媒介大力宣传补充工伤保险的保障作用。制作宣传图册、宣传单等材料到用人单位实地发放，做好政策解读，使用人单位打消顾虑。要做好典型宣传，使用人单位算清参保的“成本账”，认清参保可以实现用人单位和职工“双赢”的局面，从而积极主动参保。

（二）加强信息化建设，提供高效便捷经办服务

加强信息化建设，参保缴费、人员变更、材料审核、待遇支付等全流程、全要素实现信息化管理。“让人员少跑路、让信息多跑腿”，及时回应、回复用人单位和工伤职工利益关切，答疑解惑，切实提高经办服务水平。窗口设置要科学合理，便民措施完善齐全，条件具备时，试行全程经办服务。

（三）根据社会经济发展水平，制定科学缴费标准浮动机制，不断提高待遇标准

根据补充工伤保险运行情况，适时调整缴费标准，减轻用人单位负担。适时提高待遇标准，增强用人单位和工伤职工的获得感。

（四）做好风险评估，制定完善应急处置预案

承保公司要做好风险评估，科学研判可能面对的各种问题，制定应急处置预案，坚决防止出现违法、违规、违约行为。

（五）促进工伤预防、工伤康复良性健康发展

工伤保险制度是工伤预防、工伤补偿、工伤康复三位一体的制度体系。补充工伤保险

也要为工伤保险制度体系服务。目前工伤预防、工伤康复环节受多种因素影响还比较薄弱，亟待加强。发挥补充工伤保险的制度性激励作用，支持鼓励用人单位积极开展工伤预防、工伤康复工作，对成效明显的可给予适当奖励。

（六）加强监督考核，完善退出机制

制定考核监督、违约退出机制，加强对承保公司的监督制约。补充工伤保险由政府引导，事关政府的公信力和用人单位、职工的切身利益。需要加强监督、考核，制定科学合理、公平公正的考核评价机制，督促承保公司依法依规履职，不断提高服务能力和水平。对违法违规、经常违约的行为，坚决严肃处理。

（七）在符合法律规定、确保支付的前提下，探索做好补充工伤保险基金的保值增值

在国家法律法规允许的框架内，探索做好补充工伤保险基金的保值增值，更好地为用人单位和工伤职工服务。

补充工伤保险属于新生事物，在实际运行中不可避免会出现各种问题。在工作中，要始终坚持问题导向、目标导向，及时发现、弥补不足之处，让参保职工、参保用人单位满意，享受到补充工伤保险带来的实实在在的好处。不断提高保障水平和保障质量，不断提高服务能力和创新能力，使补充工伤保险成为改进公共服务和加强社会管理的有效工具，成为社会的“稳定器”和经济的“助推器”。

我国实习生“工伤”的法律规制

李　静　中国人民大学残疾人法律研究与服务中心

【摘　要】我国对实习生“工伤”进行规制，在政策上，经历了计划经济初期的“公费医疗”制、改革开放初期的“事业费用”列支、费用与企业挂钩同时给予税收优惠的制度，但都没有提出实习生伤害保障的新路径。在立法上，20 世纪末法律认可的实习生“工伤”，现行立法中却不再对实习生“工伤”进行认定，但少数地方立法自行采用了工伤模式。司法审判中相关案件审理标准不一：或按照工伤损害标准赔偿，或按人身损害赔偿标准赔偿，或按照保险协议赔偿。因此，应当对学生实习劳动进行专项立法，既要承认学生实习中不同于常规的劳动关系，也要对实习生与用人单位之间关系作出法律上的认定，以保障实习生的合法权益。

【关键词】实习生　工伤　判例　立法

为了完成学业，同时尝试实际工作，从中感知职业经历，为未来的从业选择做准备，我国大中专院校学生都会进行专门的“实习”。此时，“学生”“劳动”“工作”“操作”“实习生”等不同词汇加在同一主体身上，由此导致的劳动风险、职业伤害也可能同时发生在同一主体身上。据教育部调查，2012 年每 10 万名实习学生中约 39.9 人发生一般性伤害，3.96 人死亡；2013 年每 10 万名实习学生发生一般性伤害的约 78.65 人，其中导致死亡的约 4.69 人。当这个数字被放在我国大中专院校各类学生数以千万计的总数中，就不能不认识到问题的严重性，也不得不承认我国现有立法不足以解决实践中的问题。

一、我国实习生“工伤”规范的沿革

（一）计划经济初期的“公费医疗”制

1952 年 3 月 3 日，政务院发布《关于整顿和发展中等技术教育的指示》，提出所设置科目应当包括实验实习课程，与工厂、矿上、农场密切联系，重视校内和校外的实验与实习，并对实习时间、经费、指导老师、管理部门作出了相关规定。中等技术学校毕业生工作由地方和中央共同分配。1953 年 7 月 31 日，政务院发布《关于加强高等学校与中等技术学校学生生产实习工作的决定》，强调实习对于提高教学水平有积极作用，要求各单位加强生产实习的组织工作，提高实习质量，落实学校指导实习的各项责任，明确实习生在实习期间应当接受实习所在机关或者企业的领导。1954 年 9 月 26 日，中央人民政府、政务院发布《关于改进中等专业教育的决定》，提出教学工作改进必须将教学实习、生产实习看作是完整教学过程必不可少的一部分，中等专业学校必须十分重视生产实习与教学实习。教学实习与生产实习的时间应占理论教学时间的 25%~35%。

应当看到，这个阶段我国关于学生实习的规范文件具体而多样，但均未涉及学生实习中受到伤害等意外情形及其法律责任，因为这个时期是高度计划经济时期，学校和工作单位一样都实行“公费医疗”。在这个意义上，这个时期学生在实习中受到的伤害及其治疗与康复是由国家“包医包治”的。这样的制度解决了学生在实习中受到伤害的抢救、治疗与康复，在很大程度上免除了学生在实习中的后顾之忧。但是也要看到，这个时期学习实习中受到的伤害并没有与其他职工一样认定为工伤，也不可能享受到与工伤有关的各项待遇。

（二）改革开放初期的“事业费用”列支

20 世纪 80 年代，我国进入改革开放时期。伴随着经济的发展，学生实习也有了新的发展和变化。

1980 年 10 月 7 日，国务院批转了教育部、国家劳动总局《关于中等教育结构改革的报告》，要求各地贯彻落实。其中“（三）各行各业举办职业（技术）学校”规定，“有条件的大中城市还可试办职业技术教育中心，开设若干职业技术教育科目，提供专业教师、设备和实习场所。”1987 年 9 月 19 日，国务院批转国家教委《关于改进和加强高等学校生产实习和社会实践工作的报告》，指出学校学生参加实习遇到一些新问题，落实实习场所相当困难，学生参加实习受到很大限制；实习要求不够明确，指导管理不力；思想政治工作薄弱，学生中有轻视实践、轻视劳动的倾向；有些单位实习收费偏高，学校实习经费开支困难。要求学校和有关接受实习单位要签订实习合同，就有关实习事项制定具体的规章制度。明确“高等学校要在核定的年度教育事业费预算中安排必要的经费用于实习开支”。在这里，明确了学生实习的费用来源于“年度教育事业费”，但仍然没有涉及学生实习中受到伤害的相关事项和费用，因为这个时期我国的医疗体制改革还没有完成，基本上还沿用的是“公费医疗”模式。

2005 年 10 月 28 日，国务院颁布实施《关于大力发展职业教育的决定》（以下简称《决定》），大力推行工学结合、校企合作的培养模式。中等职业学校在校学生最后一年要到企业等用人单位顶岗实习，高等职业院校学生实习实训时间不少于半年。《决定》明确“企业有责任接受职业院校学生实习和教师实践。对支付实习学生报酬的企业，给予相应税收优惠。”这是第一次将实习的相关费用与企业直接相联系，明确“给予相应税收优惠”，但同样没有提出实习生受到伤害后的相关规定。

二、我国实习生“工伤”专项立法的变革

（一）20 世纪末法律认可的实习生“工伤”

1996 年 8 月 12 日，劳动部颁布的《企业职工工伤保险试行办法》（以下简称《试行办法》）是我国第一个比较完整的工伤保险行政规章。此前，我国的第一部《劳动法》刚刚颁布实施，劳动制度的改革也取得阶段性成果。当时，全国已有 25 个省、自治区的 1 100 多个市县进行了工伤保险制度改革，明确规定在 1996 年年底要实现全国市县覆盖面达到 50%，到 20 世纪末，要有 90%以上的市县完成工伤制度的改革。

在这一背景下出台的《试行办法》不仅将工伤保险的范围扩大至所有城镇企业及其职工，有条件的地区还可探索在乡镇企业实施工伤保险的具体办法和措施。《试行办法》第六十一条规定：“到参加工伤保险的企业实习的大中专院校、技工学校、职业高中学生发生伤亡事故的，可以参照本办法的有关待遇标准，由当地工伤保险经办机构发给一次性待遇。工伤保险经办机构不向有关学校和企业收取保险费用。”

《试行办法》对于学生实习参照工伤保险处理的规定是应当充分肯定的。这是我国唯一一个国家级立法中关于学习实习受到伤害后处理方式的明确规定，更是我国唯一一个在立法中明确规定学生实习按照工伤进行处理的规定，还是唯一一个给受到伤害的实习学生享受工伤保险待遇的规定。在这项规定中，“工伤保险经办机构不向有关学校和企业收取保险费用”更是一大亮点，既符合工伤保险劳动者不承担费用的基本原则，也没有向实习学生所在的学校及实习单位收取保险费用，从而避免增加这些单位的负担，防止他们在学生实习上做出逆向选择——或者减少学生的实习，或者向实习学生转嫁他们的负担。

然而，随着《企业职工工伤保险试行办法》被 2004 年 1 月 1 日起施行的《工伤保险条例》替代，学生实习中受到伤害的问题再次凸显出来。

（二）现行立法中实习生的“工伤”规制

2004 年 1 月 1 日起施行《工伤保险条例》。2010 年 12 月 8 日，国务院第 136 次常务会议通过《关于修改〈工伤保险条例〉的决定》。2013 年 4 月 25 日，人力资源社会保障部印发了《关于执行〈工伤保险条例〉若干问题的意见》。2016 年 3 月 28 日，人力资源社会保障部发布《关于执行〈工伤保险条例〉若干问题的意见（二）》。这些规范性文件均未再对实习生“工伤”作出任何规定。

对此，2012 年 12 月 11 日，在上海市政府新闻办举行《上海市工伤保险实施办法》新闻发布会上，相关负责人表示：“实习生在实习的时候还是一个在校学生身份，实际上与实习单位之间不存在法定劳动关系。因为没有法定的劳动关系，所以他也不属于工伤保险适用范围。但是，实习单位在学生实习期间，应该负有安全保障义务，对发生的一些意外伤害应该承担相应责任。”在一些专门性地方立法中，也没有再对实习生工伤保险作出规定，而是采取以商业保险取而代之。例如，《广东省高等学校学生实习与毕业生就业见习条例》第四十一条规定：“见习人员可以在见习基地所在地参加城镇居民基本医疗保险，

个人缴费标准和政府补助标准按照当地学生参加城镇居民基本医疗保险相应标准执行，并享受相应待遇。见习单位应当为见习人员购买人身伤害意外保险。”

2016 年 4 月 11 日，教育部等五部门印发了《职业学校学生实习管理规定》。比较接近这个话题的两个部门都名列其中，一个是安全监管总局，另一个是中国保监会。对于学生实习，《职业学校学生实习管理规定》第三十五条提出了强制保险制度，即“推动建立学生实习强制保险制度。职业学校和实习单位应根据国家有关规定，为实习学生投保实习责任保险。责任保险范围应覆盖实习活动的全过程，包括学生实习期间遭受意外事故及由于被保险人疏忽或过失导致的学生人身伤亡，被保险人依法应承担的责任，以及相关法律费用等。”第三十六条规定了责任分担机制，即“学生在实习期间受到人身伤害，属于实习责任保险赔付范围的，由承保保险公司按保险合同赔付标准进行赔付。不属于保险赔付范围或者超出保险赔付额度的部分，由实习单位、职业学校及学生按照实习协议约定承担责任。职业学校和实习单位应当妥善做好救治和善后工作。”这些规定，要么还未落地实施，要么解决不了实际问题。因此，在司法实践中，有关学生实习中受到伤害后的争议与日俱增。

也有的地方立法自行采用了工伤模式，如浙江省、河南省、贵州省、海南省等，明确将实习生纳入工伤保险范围，实习生因工受伤后按照《工伤保险条例》处理，能够申请工伤认定，享受工伤保险待遇。吉林省等地虽然规定在校实习学生因工作原因受到事故伤害的，不进行工伤认定，但是明确由聘用或者实习单位参照《工伤保险条例》及相关规定支付相关待遇。2004 年，山东省青岛市劳动和社会保障局在《关于实习生工伤认定有关问题的批复》中，明确技术学校学生在实习期间，其个人身份为学生，与所在实习企业不形成劳动关系，对实习生在实习期间所受伤害提起的工伤认定申请不予受理。但也补充规定，《工伤保险条例》实施前学生实习期间发生伤亡事故的，按照原劳动部《企业职工工伤保险试行办法》第六十一条的规定执行。

如此多样的规定，不仅会造成实习学生、用人单位和相关学校的不适，也会给相关案件在司法审判中带来分歧。

三、我国实习生“工伤”的司法救济

由于立法上的不足与缺陷，司法审判中相关案件的处理更不尽如人意。有的法院认为实习生和用人单位之间不能成立劳动关系，所以援引调整雇佣关系等其他领域的法律来审理。有的法院又认为在特定情形下实习生和实习单位之间可能形成劳动关系，引用《劳动法》或者《劳动合同法》进行审理。在实习生与用人单位、所在学校之间，三方形成的受伤损害赔偿案件，有些法院认定实习生因工受伤赔偿应采取工伤保险救济，按照工伤损害标准赔偿；有些法院则支持实习生因工受伤后采取民事侵权救济，按照人身损害赔偿标准赔偿。

（一）李某某案中的民事侵权与损害赔偿

李某某诉上海某冷机有限公司、上海某学校一案，法院公布的“案由”即为“人身损害赔偿纠纷案”或者说“民事人格权纠纷，人格权纠纷，生命权、健康权、身体权纠纷”。就该案而言，原告李某某系被告上海某学校 2011 级模具专业学生。原告在被告上海某学校安排下，到被告上海某冷机有限公司处实习。2013 年 11 月 2 日，实习处的机械设备压伤原告右手，造成原告右手第二至第五指完全断离。经司法鉴定，原告右手伤残等级相当于道路交通事故九级伤残。故原告诉诸法院，要求判令两被告赔偿。如果不考虑原告是实习生的身份背景，这个案件是一起典型的工伤案件，应当由相关方承担工伤赔偿责任。但正是因为原告的实习生身份，案件由因工受伤变成了民事侵权。这两者之间的差异应当是不言而喻的。

在该案的“裁判摘要”中，法院虽然按照民事案件审理，却首先确认他的实习生身份，接着又运用工伤保险法律原理，确认“实习生在实习单位工作中，在工作时间、工作场所因工作原因受到伤害的，即使自身存在一般性过错，亦不能减轻实习单位的赔偿责任。”这样的说法不仅承认了原告遭受的是工伤，确认其受到的伤害完全符合工伤认定中的“三工”，而且还进一步明确了该案的审理适用工伤保险中的“无过错责任”，而不是民事侵权案件审理中的“过错责任”。之后，为了将学校纳入责任主体，指出“学校应就实习生在实习中的安全防范和权益依法提供必要的保障。学校未对实习单位尽到必要督促义务的，应根据其过错程度对实习生的伤害后果承担相应法律责任。”最后是赔偿标准，用的是“在城市中小学校就读的农村户籍学生，在学校的教育教学活动（含派出实习）中受伤致残的，其残疾赔偿金应当按照该校所在地的城镇居民标准计算。”将学生实习中受到的伤害等同于学校一般的“教育教学活动”，而实际上，这两者无论在缘由、性质、后果和责任，尤其是在风险程度和归责原则上都是相差甚远的。

由此可见，把学生实习中遭受的伤害人为地纳入民事侵权案件，不仅在审理上难以自圆其说，而且在责任归属上不得不引用工伤保险法律原理，否则，可能无法确认责任归属。

（二）黄某某案中非劳动关系的工伤赔偿

黄某某是某技校的学生。该技校隶属于某职教中心，系职教中心下属的非法人分支机构。2008 年 3 月 27 日，该职教中心与某公司签订协议书，约定包括原告在内的 14 名学员到某公司顶岗实习一年，由某公司负责对实习学员进行安全教育并为学员办理工伤保险，学员在实习期间发生人身事故的，由某公司按照《工伤保险条例》予以处理。2008 年 4 月 23 日，原告在工作时受伤，被送往河南科技大学第一附属医院救治，经诊断为左手挤压伤，左手食指中节指骨开放性、粉碎性骨折（截指），左手中指中节指骨骨折，进行了截指手术。原告起诉，请求法院判令三被告连带赔偿。法院认为，现行法律法规对学生在实习期间因工作造成的人身损害是否属于工伤尚无规定，因此本案不属于一般意义上的工伤法律关系。但《河南省工伤保险条例》第四十六条规定，学生因工作所受伤害参照工伤标准给予一次性赔偿，实习单位和学校可以约定赔偿责任主体，所以本案可按照工伤标准计算各项赔偿数额。依据《民事诉讼法》第六十四条第一款，《工伤保险条例》第二十九条第四款、第三十条、第三十一条、第三十五条，《河南省工伤保险条例》第二十七条、

第四十六条之规定，法院判决被告某公司赔偿原告一次性伤残补助金、一次性工伤医疗补助金、一次性伤残就业补助金、护理费、交通费、住院伙食补助费、鉴定检查费、伤残辅助器具费、就安装伤残辅助器具产生的咨询费、更换残疾辅助器具差旅费、补发停工留薪期工资合计 61 116.99 元。

这个案件的典型意义在于法院既能确认“实习生与用人单位之间的法律关系不属于劳动关系”，又能判决“实习生在工作中受伤，应当参照工伤获得赔偿”，从而使实习学生在工作中受到伤害后得到利益最大化的保护。能够将这样两种不同的法律要素组合在一起，并且由此判决相关各方承担责任，不能不说是《河南省工伤保险条例》起到直接和实质性的作用。尽管这一地方立法并没有明确的上位法依据，也没有充分的法理论证，但却实实在在地在司法审判中得到了运用，而且有效地解决了实践中长期困扰有关各方的法律问题。

（三）张某某案的实习责任险赔偿

2016 年 9 月 3 日，张某某与山东某通信实业有限公司签订实习协议，实习期为 2016 年 9 月 3 日至 2017 年 7 月 31 日。2016 年 10 月 11 日，李某某驾驶小型轿车与张某某驾驶的电动二轮车发生碰撞，张某某受伤经医院抢救无效，于 2016 年 10 月 14 日死亡。公安机关认定李某某和张某某承担事故的同等责任。此前，张某某所在的某职业学院为其在校教师和学生投保了实习责任保险，保险条款第四条第（五）项规定：“在实习工作上下班途中，受到非本人负主要责任的交通事故或者城市轨道交通、客运轮渡、火车事故伤害的，保险人应当按照保险合同约定负责赔偿。”法院依照《中华人民共和国保险法》第十条、第二十三条第一款和《最高人民法院关于民事诉讼证据的若干规定》第二条之规定，判决被告保险公司给付保险赔偿金 356 374.64 元，被告某职业学院不承担赔偿责任。

学生实习责任保险能够在一定程度上化解学生实习的责任风险，解决实习期间意外伤害事故引发的矛盾，也能够减轻学校对学生实习期间发生意外伤害的责任。但是，学生实习中受到的伤害毕竟不同于保险事故中受到的伤害，将工作中的伤害由社会保险转变为商业保险的赔偿本身就缺乏依据，也会在不同程度上损害实习学生的合法权益。因此，虽然商业保险是解决学生实习受伤的一剂“药方”，但并不是“良方”，也不是“治本之药方”。

四、规制我国实习生“工伤”的法律路径

在我国，不把实习生认定为一般意义上的劳动关系无疑是有道理的，但只是简单地把实习生排除在劳动关系之外，将在实习劳动中受到伤害的学生排除在工伤保险之外就不是明智之举了。“在校大学生仍然有学籍，其身份是学生，不是劳动者，其实习行为不是择业行为，也不是就业行为。”因此，出台专门的法律，专项调整学生实习中形成的劳动关系，专项救济学生在实习劳动中受到的伤害，是当前应当实行也可以实行的法律规制。

在学生实习劳动的专项立法中，既要承认学生实习中与用人单位形成的法律关系不同于现行《劳动法》和《劳动合同法》所调整的法律关系，也要给他们之间实际存在的劳

动关系作出法律上的认定，包括这种关系的性质、特征和法律构成要素，双方当事人的权利与义务，发生争议后的解决，学生所在学校的法律地位和诉讼地位，学校应当承担的责任性质与范围等。

制定出这样的法律，既能保障实习生的合法权益，也能将实习生所在学校和相对的用人单位从不可预知的风险中解放出来，使学生实习能够做到有法可依，使学生在实习劳动中的风险得到有效转移。

参考文献

[1] 全国职业院校学生实习责任保险统保示范项目联合工作小组. 全国职业院校学生实习责任保险工作2013年度报告［N］. 中国教育报，2014-10-13（5）.

[2] 闫晶晶. 学校和单位"弃儿"？实习生，谁来保障你的权益［EB/OL］.（2018-05-16）. https://news.china.com/domesticgd/10000159/20180516/32416094_all.html#page_4.

工伤职工劳动能力鉴定中的“伤”“病”关系探究

包新华　大庆市人力资源和社会保障局

【摘　要】工伤劳动能力鉴定是工伤职工在维权道路上的权益标尺，也是打开工伤职工与企业雇主之间矛盾的钥匙，更是彰显行政法度公平的一杆秤，准确把握、深刻理解、灵活运用鉴定标准，尤其是正确把握工伤劳动能力鉴定中涉及的“伤”“病”关系，则对鉴定结果起到“定盘星”作用。

【关键词】工伤　鉴定　“伤”“病”

工伤劳动能力鉴定是指劳动者因工负伤，导致本人劳动与社会生活能力受到不同程度影响，为享受相对应的社会保障待遇，由劳动能力鉴定机构根据用人单位、劳动者本人或者亲属的申请，组织有资质的专家，根据《劳动能力鉴定 职工工伤与职业病致残等级》（GB/T 161480—2014）的鉴定标准（以下简称鉴定标准），运用医学科学技术的检查方法和手段，确定劳动者丧失劳动能力程度的一种综合评定的制度。

黑龙江省大庆市劳动能力鉴定委员会近 5 年来平均每年受理工伤劳动能力鉴定申请 750 件，骨科门类占 55%，神经外科门类占 11. 7%，精神科门类占 2%，职业病门类占 3%，其余门类占 28. 3%。其中，骨科门类中脊柱损伤占比达 20%，外伤后腰间盘突出症及先天性疾病合并外伤是脊柱损伤鉴定中的难点；神经外科、精神科、职业病科门类中以脑外伤后或职业性气体中毒导致的后遗症，如损伤后遗留智能障碍、精神病性症状、癫痫类鉴定为难点，其中的“伤”“病”关系鉴定，是实际操作中不易把握、较难甄别的类型，本文仅就此中涉及的“伤”“病”关系做一些探究。

一、腰外伤与腰椎间盘突出症

腰椎间盘突出症是骨科的常见病与多发病，是腰椎间盘各部分在不同程度退行病变后，又在外界因素作用下，致使纤维环破裂，髓核从破裂处突出而致相邻受刺激或压迫，从而使腰腿产生疼痛、麻木、酸胀等临床症状。由于腰椎间盘突出症常常存在自身原有病理基础或根本系原有疾病，故在鉴定过程中甄别由外伤导致腰椎间盘突出症、原有腰椎间盘突出症、外伤后加重病情以及陈旧性腰椎间盘突出症，对工伤职工和用工单位意义重大。

［案例1］

简要病史：男性，46岁，2017年7月工作中抬油管时扭伤腰部，保守治疗。

检查情况：腰扭伤后，腰骶部两侧压痛（+），双下肢无放射感，运动及感觉正常。

CT（电子计算机断层扫描）、MRI（磁共振成像）：腰椎退变，L3-4、4-5、L5-S1间盘膨出。

鉴定结论：工伤伤残无等级。

案例来源：大庆市劳动能力鉴定委员会。

［案例2］

简要病史：男性，37岁，2017年6月工作中搬箱子，踩空台阶，将腰部扭伤，行腰椎间盘微创消融术。

检查情况：脊柱呈正常生理弯曲，活动自如，双下肢感觉运动自如。

MRI：腰椎退行性改变，腰5/骶1椎间盘轻度突出。

鉴定结论：工伤伤残无等级。

案例来源：大庆市劳动能力鉴定委员会。

以上两个案例均为腰部扭伤后腰椎间盘膨出，在鉴定过程中，两名伤者自述症状与查体及影像显示不符，经专家组讨论决定以客观检查为依据，现场查体判断为基础，作出工伤伤残无等级的鉴定结论。

［案例3］

简要病史：女性，52岁，2016年9月在工作中搬运药箱时出现腰部疼痛，被诊断为急性腰部损伤、腰椎间盘突出伴有神经根病，保守治疗。

检查情况：腰部外伤，腰腿疼痛伴下肢麻木。

MRI：腰椎退行性改变，腰3椎体下缘许氏结节形成，腰5/骶1椎间盘突出（中央型）。

鉴定结论：工伤伤残十级，一般医疗依赖。

案例来源：大庆市劳动能力鉴定委员会。

［案例4］

简要病史：男性，42岁，2017年2月在车间搬运袋子时将腰部扭伤，被诊断为腰骶关节扭伤、腰椎间盘突出、腰椎小关节紊乱。

检查情况：腰骶压痛，左直腿抬高测试（+），左小腿外麻木，足底麻木。

鉴定结论：工伤伤残十级，一般医疗依赖。

案例来源：大庆市劳动能力鉴定委员会。

鉴定标准对由急性外伤导致的椎间盘突出症作了明确的诊断规范。在实际操作中，将诊断规范前置，用于工伤认定环节中，明确外伤史是确定急性外伤导致的椎间盘突出症的基础，结合MRI影像，在认定过程中判断出是否由此次外伤导致腰椎间盘突出症，此举能避免在劳动能力鉴定时由于时间过长，基础资料保存不完整，伤情合并原有病情出现难以甄别的情况。在后期的劳动能力鉴定过程中，腰椎间盘突出症的鉴定必须要严格遵守鉴定标准中的诊断规范。对于确定的腰椎间盘突出症为外伤所致的，要判断其是否有坐骨神经刺激征或相应受损神经支配肌肉萎缩、肌力减退、异常神经反射等损伤。

二、原有病理性疾病合并外伤

这类情况虽然在日常鉴定中不占主要比例，但是在鉴定过程中准确把握原有疾病和外伤造成的关系，不但对伤者“病上加伤”的心理起到一定的安慰作用，也对伤者享受合理赔偿起到决定性作用。鉴定标准中提到，“如受工伤损害的器官原有伤残或疾病史，即：单个或双器官（如双眼、四肢、肾脏）或系统损伤，本次鉴定时应检查本次伤情是否加重原有伤残，若加重原有伤残，鉴定时按事实的致残结局为依据；若本次伤情轻于原有伤残，鉴定时则按本次工伤伤情致残结局为依据”。在鉴定实际操作中，原有病情的轻重和工伤损害后果的甄别是鉴定难点，主要是由于：①伤者不愿提供原始病情的医疗资料，导致无法与现在伤情进行对比；②伤者查体不配合，以家属代诉较多，不愿进行主观表述；③用人单位和伤者矛盾突出，不愿承担伤情加重病情的累加后果。基于这些原因，劳动能力鉴定机构在处理这类情况的时候慎之又慎，尽量以客观依据为主，减少主观因素对鉴定结果的影响。

［案例 1］

简要病史：男性，59 岁，2017 年 7 月在泵房巡检过程中，不慎滑倒受伤，被诊断为右股骨头缺血性坏死并骨折、右髋关节骨关节炎。

检查情况：右股骨颈骨折，关节置换术后，“4”字试验阳性，屈曲功能有障碍。

鉴定结论：工伤伤残七级。

案例来源：大庆市劳动能力鉴定委员会。

一般临床认为，股骨颈骨折后，发生股骨头坏死的概率为 30%，在鉴定时，应根据关节功能进行判断。此案例中，伤者原发疾病右股骨头缺血性坏死病史 10 余年，在单位摔伤后，出现右髋部剧痛，不能站立及行走，X 光片发现右股骨头缺血坏死并股骨头部出现塌陷碎裂，且骨折为新发骨折，工伤认定部位为右股骨。通过医学资料及影像学支持，伤者的新发伤情右股骨颈骨折是导致其股骨头出现塌陷碎裂的直接原因，也就是说，虽然新发伤情没有原发病情严重，但是新发伤情直接导致了原发病情的加重，导致伤者须实行右人工全髋关节置换术，所以在鉴定过程中，专家组除了考虑股骨颈骨折后关节的功能障碍程度，也将外伤对原有疾病造成的直接后果一并考虑，得出工伤伤残七级的鉴定结论。

［案例 2］

简要病史：男，59 岁，2017 年 11 月在修理发动机拉拽机体时，腰部受伤，诊断为腰部外伤。

检查情况：2017 年 11 月 10 日 CT 检查结果为腰椎退行性改变，L4 椎体前滑，L4-5 间盘突出。2017 年 11 月 15 日 CT 检查结果为 L4 及以上椎体略前移，L4 双侧椎弓峡部不连，考虑 L3-4 水平黄韧带肥厚并相应水平椎管狭窄，L3-4、L4-5、L5-S1 椎间盘膨出，腰椎退行性改变。肌电图检查结果为神经源性损害（根性损害的可能性大，请结合临床）。

伤者受外伤5天后，腰部活动受限，自觉伤情加重，到医院进一步就诊。伤者拒绝手术治疗建议，鉴定现场由轮椅推入。伤者自诉不能长时间站立，下肢麻木，小便不能控制，出门穿成人纸尿裤。查体腰椎扣痛（+），放射痛（+），双下肢肌力4级，双侧膝腱反射减弱，双侧跟腱反射减弱，提睾反射减弱，肛门反射减弱。

本案例中伤者腰部有L4双侧椎弓峡部裂，从MRI显示，L4椎体骨桥形成，滑脱为真性滑脱，椎管狭窄，经询问，伤者以前腰部无外伤史，判定峡部裂为先天病变。腰椎存在先天性病理改变，导致伤者腰椎不稳，极易导致滑脱，但MRI可见骨桥形成，判断受伤前应该有椎体滑脱。伤者受伤前是单位修理工，经常从事体力劳动，分析受伤前腰椎滑脱程度应该不严重，外伤后，MRI显示滑脱椎体前滑导致椎管狭窄，出现神经损伤症状。虽然腰椎滑脱并非此次外伤造成，但外伤加重了椎体滑脱症状，造成腰椎神经损伤，肌电图结果也印证确实存在神经损伤，故此次外伤是导致目前损伤后果的直接原因。

鉴定级别：工伤伤残六级。

案例来源：大庆市劳动能力鉴定委员会。

三、脑外伤与脑外伤后遗症

脑外伤是工伤案件中占比较高的伤害，尤以重度颅脑损伤后一系列后遗症的伤情鉴定为难点，如颅脑损伤后带来的各类型癫痫、人格改变、智能损伤、精神病性症状、失语及瘫痪等。这类鉴定由于大脑本身神经结构及功能的复杂性，损伤的严重程度和性质的不同，加上器质性因素和心理社会因素的共同作用，导致实际鉴定过程中出现查体不配合、询问不配合、客观检查不配合的困难，所以劳动能力鉴定机构在实际操作中坚持“多种方法、互相印证、综合考量、准确判断”的原则，做出相对公平的鉴定结论。

[案例1]

简要病史：男性，48岁，2004年8月工作中被人打伤，被诊断为开放性颅脑损伤、脑挫裂伤、硬膜外血肿、颅骨骨折（开放性未提及颅内损伤）、失血性休克、掌骨骨折。

2004年行颅脑损伤清创术，2005年再次入院，被诊断为脑外伤术后癫痫、创伤后颅骨缺损。病历记载2005年1月出现抽搐，发作持续约10分钟，后无诱因症状加重，呈大发作，持续30分钟，意识丧失，四肢强直，伴有尿便失禁，舌无咬伤。2006年入院两次，被诊断为癫痫。病历记载一月内平均抽搐6次，时间在5~30分钟，意识丧失、尿便失禁。至2017年2月提出申请劳动能力鉴定时，其间再未提供医疗资料。

检查情况：伤后继发性癫痫，语言笨拙，右侧肢体肌力四级，左侧肌力正常。

鉴定结论：工伤伤残四级，一般医疗依赖，部分生活自理障碍。

案例来源：大庆市劳动能力鉴定委员会。

依据鉴定标准，脑外伤后的颅骨缺损，不以缺损的大小为评定标准，而以实际造成的后果进行评定。癫痫的临床体征较少，鉴定时很少发生症状，所以脑外伤后癫痫的鉴定主要依据基础医疗资料，参考现场表现，结合家属代诉，对这三方面情况互相印证，做出鉴定结论。此案例中伤者虽未提供2007年以后的医疗资料，家属代诉从2007年至鉴定期间，平均每年因癫痫发作住院 3~4 次，每次发作时间 15~30 分钟，结合提供的基础资料，可以看出符合鉴定标准中重度癫痫的诊断，现场伤者表现语言迟缓，并伴有间歇性抽搐，且一直服药控制，控制效果不佳。鉴于以上情况，专家组对由于脑外伤引起的重度癫痫予以认可，并作出工伤伤残四级、一般医疗依赖、部分生活自理障碍的鉴定结论。

[案例 2]

简要病史：男性，38 岁，2016 年 8 月在运输作业中卸货，从货车顶部坠落。诊断：左侧额颞顶脑挫裂伤并广泛硬膜下血肿，右侧额部硬膜外血肿，颅骨多发骨折，右侧中颅底骨折，双肺挫伤，右侧胸腔积液，多发肋骨骨折，左侧大脑半球创伤性脑梗塞。住院行左侧额颞顶枕硬膜下血肿清除术、去骨瓣减压术、右额部硬膜外血肿清除术、颅骨修补术。2016 年 12 月以意识欠清、右侧肢体活动不利、气管插管、大小便失禁再次入院。

检查情况：头部摔伤致颅脑损伤 20 个月，曾手术治疗行开颅血肿清除术、去骨瓣减压术，后期行颅骨修补术，存在语言功能障碍，伴有失读、失认、失用等；不配合查体，四肢肌力四级。

脑电图：中等异常。

此案例中伤者在福建省厦门市受伤，单位注册地在上海，大庆市劳动能力鉴定委员会接受上海市金山区劳动能力鉴定委员会的委托对伤者进行伤残鉴定。因伤者家属称伤者自主行动不能，大庆市劳动能力鉴定委员会出于实际情况考虑，对伤者进行入户鉴定，见伤者躺于床上，四目不睁，呼叫无反应，给予刺激后有一定反应，查体不配合，家属代诉伤者不能自行吃饭，无法行走，二便失禁，有癫痫症状，口服托吡酯片，但工作人员在屋内未发现有任何辅助伤者行走的器具，如轮椅、拐杖，对于家属提及的二便失禁也没有相关医疗资料支持，询问伤者问题，不予配合，由于伤者年龄处于青壮年期，虽脑损伤严重，但是损伤部位与肢体表现不符，专家组对伤者目前表现不认可。鉴于此，大庆市劳动能力鉴定委员会为伤者安排了第二次鉴定，要求伤者提供脑电图检查资料，同时对伤者的自主行走能力进行了考察，发现伤者可以在不借助外力的情况下自主行动，但行走略显迟缓。经与伤者家属就这种情况进行沟通，希望伤者能到现场参加劳动能力鉴定，并积极配合专家询问与查体。在耐心沟通下，第二次鉴定伤者及家属全力配合，专家从肌力与脑外伤后遗症两方面考虑，做出准确的鉴定结论。

鉴定结论：工伤伤残四级，部分生活自理障碍，特殊医疗依赖。

案例来源：大庆市劳动能力鉴定委员会。

四、职业中毒与精神障碍

职业病门类是工伤鉴定中比较特殊的一类，其中职业中毒危害的后果可能会在诊断为职业病一段时间之后，甚至很长一段时间后才能显现，并且职业中毒伤害之后造成的精神与心理伤害，也是劳动能力鉴定中经常需要进行“伤”“病”关系判断的一种情况，其难点在于：①精神症状的出现无固定职业病病因；②精神症状出现的时间不固定；③个体差异大；④无法提前干预，发病突然；⑤伤者在鉴定现场表现少，往往与日常描述差距很大。基于以上难点，大庆市劳动能力鉴定委员会要求职业中毒后的“伤”“病”关系判断及鉴定必须提供精神专科的诊断及进行系统治疗一年以上的医疗资料，职业病、神经内科、精神科三个门类的专家同时对伤者进行现场鉴定，从不同角度对伤情做出判断，综合考量，得出鉴定结论。

［案例1］

简要病史：男性，47岁，2016年8月对公司罐区的低压瓦斯线进行吹扫，作业中发生中毒，被诊断为职业性急性轻度硫化氢中毒。2016年先后两次入院，经高压氧治疗后，间断出现头晕、头痛、心悸、周身无力等症状，无明显规律性，遇异味刺激即出现头晕加重、恶心症状。2017年1月再次入院，头晕、头痛、乏力症状加重，易怒、情绪不能控制，间断出现双上肢麻木及不自主震颤，被诊断为职业性急性轻度硫化氢中毒、高同型半胱氨酸血症、创伤后应激障碍、双眼结膜炎。2017年8月到精神专科医院就诊，精神检查：意识清晰，接触被动，对问话一律不答，始终眼望窗外，手里摆弄手机，未见兴奋冲动行为，检查不合作，被诊断为由于脑损害和机能障碍及躯体疾病引起的其他精神障碍。2018年1月由于病情加重，再次到精神专科医院就诊，精神检查：意识清晰，接触被动，对问话不愿回答，思维内容不愿暴露，存在言语性幻听、关系妄想、被害妄想，称有时感觉活着没意思，智力差，不能连续正确计算“100-7=?”，记忆力差，对中毒后的事情经过不能完全回忆，自知力丧失，情感平淡，情感反应与现场环境不协调，意志缺乏，孤僻，违拗，生活自理能力差，未见冲动行为。

检查情况：鉴定现场伤者表现神情冷漠，提问基本不答，问及与中毒有关事宜时，表情痛苦，情绪激动，有揪头发的举动，对中毒后事情记忆丢失比较严重。家属代诉伤者中毒前在单位从事领导职务，个性较强，中毒后心理落差大，不愿与人沟通。

神经内科查体：神情、表情淡漠，不能正常回答问话，四肢肌力、肌张力正常，双侧病理征阴性。建议：精神科鉴定伤病联系后再行等级鉴定。

精神科查体：意识清，接触被动，多问少答，称“耳朵吵，整天如大市场一样闹人”，表情愁苦，情绪不稳，强哭，称总感觉有人要害他。幻觉、妄想持续存在，社会功能明显受损，缺乏社交能力。

WAIS-RC（韦氏成人智力量表）：57。

急性轻度硫化氢中毒的主要表现是刺激症状，如头晕、头痛、乏力、恶心等症状，吸入浓度较大时，会对中枢神经系统产生伤害。该名伤者2016年8月被诊断为急性轻度硫化氢中毒后，症状呈逐渐加重状态，且病程陆续表现出一定的精神症状，伤者虽有焦虑及抑郁的病史，但伤者有因化工气体泄漏出现昏迷史，可排除焦虑障碍的诊断，2017年8月由精神专科医院做出“由于脑损害和机能障碍及躯体疾病引起的其他精神障碍”诊断，发病过程有明显诱因，有连续性，故认定精神障碍与硫化氢中毒损害具备因果关系。

鉴定结论：工伤伤残四级，部分生活自理障碍，一般医疗依赖。

案例来源：大庆市劳动能力鉴定委员会。

［案例2］

简要病史：男性，39岁，2016年2月进入沉降器内清焦，焦体自燃，撤离后出现呕吐、腿脚无力现象。2016年2月诊断：有害气体接触，可疑一氧化碳中毒；同年2月又诊断为职业性急性化学物中毒性神经系统疾病，中度中毒性脑病；2017 年 12 月精神专科医院诊断：中毒性脑病，由于脑损害和功能障碍及躯体疾病引起的精神障碍。

检查情况如下：

神经内科：①智能差，不能与他人交流，记忆力差，情绪不稳；②运动性失语，感觉性失语（查体不合作，疑似存在失语）；③尿失禁、便失禁（生活不能自理，需家人护理）；④情绪平淡，双下肢肌力三级；⑤右侧上肢抽动。

精神科：意识清，接触欠合作，对问话不能很好回答，言语内容离奇难以理解，表情呆滞，情感不协调。智力检查：理解力、判断力欠佳，简单计算不会做，检查不合作。右下肢肌力三级，右上肢肌力二级，左上下肢肌力四级。

MRI：脑内多发小变性灶。

鉴定结论：伤病与一氧化碳中毒直接相关，工伤伤残三级，部分生活自理障碍，特殊医疗依赖。

案例来源：大庆市劳动能力鉴定委员会。

一氧化碳中毒在日常工伤事故中占比不大，多为突发事件，大部分伤者通过高压氧治疗可以达到很好疗效，但由于一氧化碳中毒对大脑皮质的影响最为严重，有少部分伤者会有迟发脑病的发生。该案例中，伤者由可疑一氧化碳中毒发展为职业性急性化学物中毒性神经系统疾病，中度中毒性脑病，伤情逐渐加重，考虑病人脑损害基础上出现精神症状，主要表现为失眠、爱发脾气、行为异常等，社会功能明显受损，结合病史及目前精神检查结果（意识清，接触被动，口齿不清，存在言语性幻听、被害妄想，情感平淡，意志减退，无自知力），符合“脑损害和功能紊乱以及躯体疾病所致的其他精神障碍”的诊断标准。伤者无精神活性物质使用及滥用史，可以排除由于使用精神活性物质引起的精神及行为障碍的诊断；病人虽然存在幻听、妄想等精神病性症状，但是此症状出现在病人一氧化碳中毒之后，故排除精神分裂症的诊断。

以上 10 个案例是大庆市劳动能力鉴定委员会在工作中遇到的相对典型案例，在此做一些简单的探讨与研究。笔者认为，“伤”“病”关系鉴定一直是工作中的重点和难点，一是由于疾病成因复杂，现今的医疗技术水平有限，有时无法通过医学检查确定“病”与“伤”之间的必然联系；二是工伤事故多属突发情况，需就近紧急救治，医疗条件的限制加上抢救伤者为先的原则，往往会忽略自身原有疾病的诊断，导致后期区分难度加大；三是“伤”“病”关系鉴定一直未有统一衡量标准，完全依赖鉴定专家的专业知识、临床经验和医学检查手段，主观判断增多，难免有失偏颇；四是鉴定过程中，被鉴定人出于对自身利益的考虑，多数会选择对原有病情隐瞒，更有甚者坚称是由于工伤引起的新发疾病，拒绝提供以往医疗资料，尤以腰间盘突出为典型，由于劳动能力鉴定委员会无权向医疗机构调取个人医疗资料，取证和判定难度加大。基于以上几点原因，提出以下想法：①建议完善鉴定标准中关于“伤”“病”关系判定部分的操作规范；②劳动能力鉴定委员会应与各级医疗机构建立信息共享机制；③加强对鉴定专家的业务培训，统一对鉴定标准的认知；④对于无法判断“伤”“病”之间存在必然联系，但也无法排除“伤”“病”之间不存在必然联系的，应以维护工伤职工利益为先；⑤做好被鉴定人的心理疏导工作，不能让工伤职工伤身又伤心，以工伤保险立法精神为根本，全力保障工伤职工合法权益。

劳动能力鉴定工作不仅需要医疗技术手段支持，也需要从事劳动能力鉴定工作的专家和工作人员保持一颗公平公正之心，不断提高自身业务水平，在客观、准确掌握鉴定标准，深刻理解鉴定标准的基础上，做出正确的鉴定结论，切实保障工伤职工权益，使工伤职工能够得到经济上的补偿，享有职业康复和回归岗位的权利，维护社会稳定与和谐。

参考文献

[1] 刘梅. 职工工伤劳动能力鉴定标准应用指南［M］. 上海：上海科学技术文献出版社，2015.